BLSB
Bildungs- und Sozialwerk des
Lesben- und Schwulenverbandes
Berlin-Brandenburg (BLSB) e. V.
Kleiststraße 35 10787 Berlin
Tel.: +49 30 22 50 22 15
info@blsb.de   www.blsb.de

D1749510

Schriftenreihe

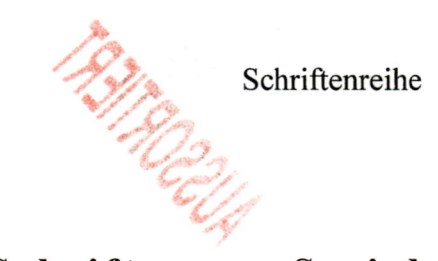

Schriften zur Sozialpsychologie

Band 19

ISSN 1618-2715

Verlag Dr. Kovač

Peter Schmalz

Ausprägungsformen von Einstellungen zu Homosexualität und Homosexuellen

Eine qualitative Untersuchung von Migrantinnen aus der ehemaligen Sowjetunion und Polen im Vergleich mit deutschen Frauen ohne Migrationshintergrund

Verlag Dr. Kovač

Hamburg
2009

VERLAG DR. KOVAČ
FACHVERLAG FÜR WISSENSCHAFTLICHE LITERATUR

Leverkusenstr. 13 · 22761 Hamburg · Tel. 040 - 39 88 80-0 · Fax 040 - 39 88 80-55

E-Mail info@verlagdrkovac.de · Internet www.verlagdrkovac.de

Bibliografische Information der Deutschen Nationalbibliothek
Die Deutsche Nationalbibliothek verzeichnet diese Publikation
in der Deutschen Nationalbibliografie;
detaillierte bibliografische Daten sind im Internet
über http://dnb.d-nb.de abrufbar.

ISSN: 1618-2715
ISBN: 978-3-8300-4386-7

Zugl.: Dissertation, Universität Kiel, 2008

© VERLAG DR. KOVAČ in Hamburg 2009

Umschlagillustration: Foto von Thomas Hasenbein.

Printed in Germany
Alle Rechte vorbehalten. Nachdruck, fotomechanische Wiedergabe, Aufnahme in Online-Dienste und Internet sowie Vervielfältigung auf Datenträgern wie CD-ROM etc. nur nach schriftlicher Zustimmung des Verlages.

Gedruckt auf holz-, chlor- und säurefreiem Papier Alster Digital. Alster Digital ist alterungsbeständig und erfüllt die Normen für Archivbeständigkeit ANSI 3948 und ISO 9706.

Danksagung

Das Verhältnis von Psychoanalyse und akademischer Psychologie kennzeichnet eine lange Tradition kontroverser Diskurse. Vor diesem Hintergrund stellte auch die hier vorliegende Arbeit eine spannende Herausforderung dar. Wenn ich mich als Psychoanalytiker mit einem der empirischen Sozialpsychologie verpflichteten Forschungsansatz einem gleichermaßen kontrovers zu diskutierenden Thema zuwenden konnte, so verdanke ich dies in erster Linie Prof. Bernd Simon. Bernd Simon gab den Anstoß für diese Arbeit und begleitete sie in gleichem Maße so fachlich umfassend wie interessiert. Ohne seine kontinuierliche und engagierte Betreuung wäre diese Arbeit in ihrer vorliegenden Form gewiss nicht zustande gekommen. Dank gebührt auch Prof. Udo Rauchfleisch für seine Bereitschaft und sein Interesse daran, mir als Psychoanalytiker kollegial und interdisziplinär aufmerksam zur Seite zu stehen.
Einen sehr dankenswerten Beitrag durch ihre finanzielle Unterstützung für die aufwendige Durchführung der Interviews in Berlin leisteten der Lesben- und Schwulenverband in Deutschland (LSVD) und das Bundesministerium für Familie, Senioren, Frauen und Jugend. Dadurch wurde manches erleichtert.
In besonderem Maße liegt mir daran, meinem psychoanalytischen Lehrer, Prof. Luciano Alberti, zu danken. Er begleitete mein Vorhaben mit großem Interesse, verstarb jedoch völlig unerwartet im März 2008, sodass er den Abschluss dieser Arbeit – und soviel mehr – nicht mehr erleben konnte.
Bei der Vermittlung von Kontakten zu Teilnehmerinnen, die bereit waren, sich den zeitlich aufwendigen und sicher auch emotional fordernden Interviews zur Verfügung zu stellen, waren neben verschiedenen Institutionen einzelne Kollegen besonders engagiert. Namentlich möchte ich mich dafür bei Bella Grigorova und Dr. Maria Rozumek bedanken. Dr. Maria Rozumek hat zusammen mit Simone Backhauß und Dr. Klaus Wackernagel zudem nicht die Mühe gescheut, aufwendige Kontrollanalysen der Interviews durchzuführen. Auch dafür bin ich sehr dankbar. Gleichfalls möchte ich den vielen, wenngleich nicht namenlosen, so doch anonymisierten Frauen danken, die bereit waren, sich für die Interviews zur Verfügung zu stellen. Mögen unter ihnen auch eine Bella und eine Maria auftauchen, so sind sie doch gewiss nicht mit Bella Grigorova und Dr. Maria Rozumek identisch.
Wenn die normative Kraft der technischen Probleme unumgängliche Fakten schuf, für die die wissenschaftliche Geduld keinen Spielraum mehr ließ,

erwiesen sich versierte Freunde als Nothelfer. Namentlich danke ich vor diesem Hintergrund Gabi Busch und Thomas Hasenbein, deren Kenntnisse der technischen Datenverarbeitung mir mancherlei Unbill ersparten.

Vor allem Thomas hat es darüberhinaus verstanden, mir in freundschaftlicher Verbundenheit während der Zeit, die es brauchte, diese Arbeit abzuschließen, zur Seite zu stehen. Danke vor allem dafür. Daneben sorgte auch Hugo, wenn er auf Waldspaziergänge nicht verzichten wollte, dafür, dass ein gelegentlich rauchender Kopf sich abkühlte, sodass sich Gedanken wieder sortieren konnten. Mochte dies auch nicht in erster Linie seine Intention gewesen sein, so war es doch in dankenswerter Weise hilfreich.

Ich widme diese Arbeit meiner verstorbenen Mutter und in besonderer Verbundenheit meinem Vater.

Peter Schmalz   Duisburg, im Mai 2009

Inhaltsverzeichnis

	Einleitung	13
1	Theoretische Bezugspunkte der Fragestellung	19
1.1	Antihomosexuelle Einstellungen – erste Annäherung und Definition	19
1.2	Aspekte der Situation Homosexueller in Deutschland	23
1.2.1	Politisch (Makro-Ebene)	23
1.2.2	Sozial (Meso-Ebene)	25
1.2.3	Individuell (Mikro-Ebene)	29
1.3	Homosexualität und Sexualität in den Herkunftsländern	32
1.3.1	Homosexualität in der ehemaligen Sowjetunion	33
1.3.2	Sexualität in der ehemaligen Sowjetunion	35
1.3.3	Homosexualität in Polen	36
1.3.4	Sexualität in Polen	38
1.4	Der Stellenwert der Religion in den Herkunftsländern	39
1.4.1	Ehemalige Sowjetunion	39
1.4.2	Polen	41
1.5	Migration aus der ehemaligen Sowjetunion und Polen	43
1.5.1	Aspekte der Situation zugewanderter Frauen aus Osteuropa	47
1.5.1.1	Berufliche Situation und Familienorientierung	47
1.5.1.2	Mutterschaft und Weiblichkeit	50
1.5.1.3	Erziehungsstile	52
1.5.2	Vergleichbarkeit der Zuwanderergruppen untereinander	53
1.6	Antihomosexuelle Einstellungen	54
1.6.1	Ausprägungsformen antihomosexueller Einstellungen	54
1.6.2	Prädiktoren für antihomosexuelle Einstellungen	60
1.6.3	Funktionen und Ursachen antihomosexueller Einstellungen	64
1.6.4	Funktionen und Ursachen antihomosexueller Einstellungen bei Frauen	68
1.6.5	Ergänzungen zu Ausprägungsformen und Ursachen antihomosexueller Einstellungen	69
1.6.5.1	Zusammenfassung	72
1.6.6	Stellenwert und Qualität der Kontakterfahrung	72
1.6.6.1	Zusammenfassung	75

1.7	Sozialpsychologischer Zugang	76
1.7.1	Theorie der sozialen Identität u. Selbstkategorisierungstheorie	77
1.7.2	Integrationsmodel „SAMI" nach SIMON (2004)	81
1.7.3	Zusammenfassung	94
1.8	**Empathie**	**95**
2	**Differenzierung der Ausgangsannahme**	**103**
3	**Methodisches Vorgehen**	**111**
3.1	**Qualitativer Zugang**	**111**
3.1.1	Interview-Leitfaden und soziodemographischer Fragebogen	113
3.2	**Auswahl, Rekrutierung und Beschreibung der Stichroben**	**116**
3.2.1	Auswahlkriterien	116
3.2.2	Rekrutierung der Stichproben	117
3.2.3	Beschreibung der Stichproben	119
3.2.4	Nachexploration	127
3.3	**Interviewsituation – Einflussgrößen und Durchführung**	**127**
3.3.1	Technische Aspekte der Erhebung	129
3.3.2	Auswahl, Auswertung und Analyse der Daten	131
3.3.3	Kontrollanalyse der Daten	135
4	**Ergebnisse**	**139**
4.1	**Frauen aus der ehemaligen Sowjetunion (*TNeS*)**	**143**
4.1.1	Spezifische Aspekte der soziokulturellen Rahmung	143
4.1.1.1	Tradition und Werte	143
4.1.1.2	Rollenerwartungen	144
4.1.1.3	Sexualität	146
4.1.1.4	Religion	148
4.1.1.5	Homosexualität	150
4.1.2	Erfahrungen in der aufnehmenden Gesellschaft	153
4.1.2.1	Diskriminierung und Integration	154
4.1.2.2	Geschlechterrollen	159
4.1.2.3	Homosexualität	161
4.1.3	Einstellungen zu Homosexualität und Homosexuellen	162
4.1.3.1	Allgemeine Auffassungen	162
4.1.3.2	Merkmale Homosexueller und Geschlechterrolle	164
4.1.3.3	Einstellungen zur rechtlichen Gleichstellung Homosexueller	168

4.1.3.4	Auffassungen zur Genese von Homosexualität	172
4.1.3.5	Einstellungen zur Möglichkeit, das eigene Kind wäre homosexuell	173
4.1.4	Stellenwert und Qualität von Kontakterfahrungen mit Homosexuellen	174
4.2	**Frauen aus Polen (*TNPo*)**	**189**
4.2.1	Spezifische Aspekte der soziokulturellen Rahmung	189
4.2.1.1	Tradition und Werte	189
4.2.1.2	Religion	190
4.2.1.3	Rollenerwartungen	193
4.2.1.4	Sexualität	195
4.2.1.5	Homosexualität	198
4.2.2	Erfahrungen in der aufnehmenden Gesellschaft	204
4.2.2.1	Diskriminierung und Integration	205
4.2.2.2	Geschlechterrollen	210
4.2.2.3	Homosexualität	211
4.2.3	Einstellungen zu Homosexualität und Homosexuellen	212
4.2.3.1	Allgemeine Auffassungen	212
4.2.3.2	Merkmale Homosexueller und Geschlechterrolle	214
4.2.3.3	Einstellungen zur rechtlichen Gleichstellung Homosexueller	218
4.2.3.4	Auffassungen zur Genese von Homosexualität	220
4.2.3.5	Einstellungen zur Möglichkeit, das eigene Kind wäre homosexuell	221
4.2.4	Stellenwert und Qualität von Kontakterfahrungen mit Homosexuellen	224
4.3	**Deutsche Frauen ohne Migrationshintergrund (*TNoM*)**	**235**
4.3.1	Spezifische Aspekte der soziokulturellen Rahmung	235
4.3.1.1	Tradition und Werte	235
4.3.1.2	Rollenerwartungen	238
4.3.1.3	Sexualität	240
4.3.1.4	Religion	243
4.3.2	Einstellungen zu Homosexualität und Homosexuellen	244
4.3.2.1	Situation in Deutschland	244
4.3.2.2	Allgemeine Auffassungen	246
4.3.2.3	Merkmale Homosexueller und Geschlechterrolle	249
4.3.2.4	Einstellungen zur rechtlichen Gleichstellung Homosexueller	254

4.3.2.5	Auffassungen zur Genese von Homosexualität	255
4.3.2.6	Einstellungen zur Möglichkeit, das eigene Kind wäre homosexuell	256
4.3.3	Stellenwert und Qualität von Kontakterfahrungen mit Homosexuellen	259
4.4	**Vergleich der Stichproben**	**275**
4.4.1	Tradition und Werte	275
4.4.2	Homosexualität in der Herkunftsgesellschaft	276
4.4.3	Diskriminierung und Integration	278
4.4.4	Einstellungen zu Homosexualität und Homosexuellen	279
4.4.5	Kontakterfahrungen mit Homosexuellen	281
5	**Interpretation und Diskussion**	**287**
5.1	**Interpretation vor dem Hintergrund der Fragestellungen**	**287**
5.1.1	Frauen aus der ehemaligen Sowjetunion (*TNeS*)	287
5.1.2	Frauen aus Polen (*TNPo*)	306
5.1.3	Frauen ohne Migrationshintergrund (*TNoM*)	325
5.2	**Diskussion**	**335**
5.3	**Fazit und Ausblick**	**354**
	Zusammenfassung	361
	Literatur	363

Anhang

Anhang 1:	Kodierschema und Kategoriensystem	373
Anhang 2:	Auswertungsschema	374
Anhang 3:	Der Interview-Leitfaden	380
Anhang 4:	Soziodemographischer Fragebogen	386
Anhang 5:	Merkblatt für Co-Rater	389

Tabellenverzeichnis

Tabelle 1:	Prädiktoren antihomosexueller Einstellungen	64
Tabelle 2:	Teilnehmerinnen aus der ehemaligen Sowjetunion (TNeS)	121
Tabelle 3:	Teilnehmerinnen aus Polen (TNPo)	122
Tabelle 4:	Teilnehmerinnen ohne Migrationshintergrund (TNoM)	123
Tabelle 5:	Beruf	124
Tabelle 6:	Alter	124
Tabelle 7:	Kinder	125
Tabelle 8:	Religion	125
Tabelle 9:	Staatsbürgerschaft	126
Tabelle 10:	Status zum Zeitpunkt der Zuwanderung	126
Tabelle 11:	Zeitpunkt der Zuwanderung	126
Tabelle 12:	Ort/Berlin	129
Tabelle 13:	Ort/NRW	129
Tabelle 14:	Transkriptionsregeln	131
Tabelle 15:	Seiten-/Zeichenzahl	131
Tabelle 16:	Kategoriensystem	134
Tabelle 17:	Ergebnisvergleich der Teilstichproben	284 - 286

Einleitung

Die dieser Arbeit zugrunde liegende Untersuchung zu Ausprägungsformen antihomosexueller Einstellungen im Kontext von Migration geht auf einen noch weitestgehend unerforschten Gegenstandsbereich sozialpsychologischen Interesses ein. Eine erste empirische Studie von SIMON (2008) belegt allerdings bereits die Relevanz des Themas. Allem Anschein nach birgt es heute in manch einem Lebensbereich keinen augenfälligen Nachteil mehr, als Homosexueller wahrgenommen zu werden. Im Alltag, vor allem dem städtischen, im öffentlichen Leben, in Politik und Kultur sind offen auftretende Homosexuelle oftmals gut wahrnehmbar repräsentiert. Und laut einer Umfrage von „ZEIT online" wäre auch *„für 79 Prozent* (der Bevölkerung; P. S.) *Homosexualität kein Hindernis für Kanzlerwahl"* (Zeit online, 2007).

Wie aber ist es um Anerkennung und Respekt bei jenen bestellt, die nicht in dieser und also auch nicht durch diese Gesellschaft sozialisiert wurden? Welche Matrix gibt ein so genannter *Migrationshintergrund* für Einstellungen zur Homosexualität ab? Aussagen können hier naturgemäß immer nur aus Untersuchungen von Teilgruppen abgeleitet werden. SIMON (2008) fand:

„robuste Hinweise darauf, dass sich in Deutschland Jugendliche mit Migrationshintergrund in ihrer Einstellung zur Homosexualität deutlich von Jugendlichen ohne Migrationshintergrund unterscheiden. Die befragten Jugendlichen aus den beiden größten Migrantengruppen in Deutschland (ehemalige UdSSR bzw. Türkei als Migrationshintergrund) gaben durchweg eine homosexuellenfeindlichere Einstellung zu erkennen als die befragten Jugendlichen ohne Migrationshintergrund" (SIMON, 2008, 97).

Könnte es also vielleicht sein, dass eine beinahe schon überwunden erscheinende Tendenz zu antihomosexuellen Einstellungen in der deutschen Mehrheitsgesellschaft auf dem Umweg der Migration wieder Fuß fasst?
Wenn antihomosexuelle Einstellungen mit SIMON (2008) als *„psychologische Tendenz, auf Homosexuelle bzw. Homosexualität mit einer negativen Bewertung zu reagieren"* verstanden werden, die *„ihren Ausdruck u. a. in negativen Affekten und Gefühlen (z. B. Ekel), negativen Kognitionen (z.B. abwertenden Stereotypisierungen) und negativen Verhaltenstendenzen (z.B. Vermeidungstendenzen)"* (SIMON, 2008, 88) findet, ist ein multifaktorielles Bedingungsgefüge angesprochen. Dieses dürfte in unterschiedlichen Kulturkreisen unterschiedliche Ausprägungsformen aufweisen. Daher wird mit der Auswahl von Müttern für diese Untersuchung dem Umstand Rechnung getragen, dass Müttern als zentralen Bezugspersonen ihrer Kinder maßgeblicher Einfluss auf deren Identitätsentwicklung zukommt (vgl. z. B. BOHLEBER, 1992), womit sie

in der Folge eben auch Vermittlerinnen nicht allein individueller, sondern auch *sozialer* und *kultureller* Werthaltungen und Moralvorstellungen sind. Dieser Umstand gewinnt gerade auch als Hintergrund der Befunde von SIMON (2008) für die ausgeprägten antihomosexuellen Einstellungen von Jugendlichen aus der ehemaligen Sowjetunion an Bedeutung. In diesem Zusammenhang erfordert zudem die Berücksichtigung des Grades der Integration in die aufnehmende Gesellschaft und die Beachtung vorliegender Diskriminierungserfahrungen Aufmerksamkeit. SIMON (2008) konnte zeigen, dass insbesondere auch das Erleben von eigener Diskriminierung bei den Jugendlichen aus der ehemaligen Sowjetunion bzw. bei Jugendlichen, deren Vorfahren von dort stammen, positiv mit Homosexuellenfeindlichkeit korreliert ist.

Abgesehen von dieser Studie von SIMON (2008) gibt es bisher keine Forschungsergebnisse, die den spezifischen Migrationshintergrund von Zuwanderern aus der ehemaligen Sowjetunion als Kontext für Ausprägungsformen von Einstellungen zu Homosexualität und Homosexuellen gegenüber berücksichtigen. Für Migranten aus Polen fehlen sie ganz. Dieser Mangel bedingt daher ein Desiderat, dem das Forschungsinteresse dieser Arbeit geschuldet ist. Ihr Ziel ist es, herauszuarbeiten, ob die Annahme Berechtigung hat, spezifische Ausprägungsformen von Einstellungen zu Homosexuellen und Homosexualität unter Bezugnahme auf die kulturellen Kontexte der Herkunftsländer der hier befragten Frauen identifizieren zu können. Darüber hinaus besteht ein Interesse, zu verfolgen, inwieweit solche Einstellungen im Kontext von Migration Modifikationen unterworfen sind oder sein könnten und welche Bedingungen dafür zugrunde gelegt werden müssen. Zum Vergleich soll eine Teilstichprobe mit deutschen Frauen ohne Migrationshintergrund herangezogen werden.

Eine Vielzahl empirischer Befunde deutet darauf hin, dass antihomosexuelle Einstellungen innerhalb der deutschen Bevölkerung im Rückgang begriffen sind. Hier scheint ein Prozess zu beobachten zu sein, der parallel zur gesellschaftlichen Anerkennung und rechtlichen Gleichstellung verläuft. Dennoch kann nicht übersehen werden, dass solche Einstellungen, hier verstanden als Wertorientierungen, in weiten Teilen der Bevölkerung weiterhin Bestand haben. RAUCHFLEISCH (1994) macht deutlich, dass an heterosexistischen Maßstäben orientierte Lebens- und Alltagszusammenhänge Homosexuellen in allen sozialen Strukturen begegnen können. Das bleibt nicht folgenlos. Homosexuelle sehen sich nach wie vor, abhängig von den Kontexten, in denen sie in Erscheinung treten, antihomosexuellen Verhaltensweisen als Ausdruck dieser Wertorientierungen ausgesetzt. Doch es bleibt nicht dabei. Psychische Belastungen als Folgen solcher Diskriminierungen dürfen nicht unterschätzt werden. Hinzu kommt, dass Homosexuelle in einer heteronormativ geprägten Gesellschaft auf erhebliche Widerstände und psychische Arbeitsanforderungen stoßen, wenn sie sich ihrer sexuellen Orientierung bewusst werden. Dennoch hat sich die Situation Homosexueller in Deutschland deutlich gewandelt.

Vergleicht man ihre soziale Situation mit der in den Herkunftsländern der im Rahmen dieser Untersuchung befragten Frauen, zeigt sich, dass in der Volksrepublik Polen und in der ehemaligen Sowjetunion homosexuellenfeindliche Werthaltungen und Verhaltensweisen quantitativ und qualitativ ganz andere Dimensionen - bis hin zu Verfolgung und Kriminalisierung - erreichten. Dabei war der Umgang mit Homosexuellen und Homosexualität in diesen Staaten eingebettet in eine oftmals insgesamt stark traditionell, ideologisch oder aber religiös geprägte Sexualmoral. Insbesondere der Religion kommt bezüglich der in der Herkunftsgesellschaft vermittelten Werteorientierung für die befragten Frauen aus Polen ein hoher Stellenwert zu, während in dieser Hinsicht in der ehemaligen Sowjetunion unhinterfragbare politische Ideologiebildungen maßgeblich waren.

Die Migration aus den Herkunftsländern der hier befragten Frauen fand zeitversetzt in jeweils erheblicher Größenordnung statt. Dabei handelt es sich nicht ausschließlich um „russische", „ukrainische" oder „polnische" Frauen. Vielmehr ist ihre Zusammensetzung recht heterogen. Insbesondere unter den Frauen aus der ehemaligen Sowjetunion sind drei Gruppen auszumachen: Spätaussiedlerinnen, Migrantinnen ohne Spätaussiedlerhintergrund und jüdische Kontingentflüchtlinge; Letztere finden sich nicht in der Gruppe der aus Polen zugewanderten Frauen. Um ihre im Migrationskontext vorgefundene Situation besser verstehen zu können, ist es notwendig, ausgewählte Aspekte der Lebenssituation von Frauen in den Herkunftsländern zu beleuchten. Die spezifischen, auf die Herkunftsländer bezogenen Ausführungen zu Homosexualität, Religion und Aspekten der Lebenssituation von Frauen beschränken sich dabei auf die Zeit vor den Wendejahren 1989/1990. Diese Einschränkung wurde vorgenommen, weil die hier befragten Frauen ihre entscheidenden Sozialisationserfahrungen in der Zeit vor diesem Umbruch unter den früheren, herrschenden Systemen erfuhren.

Betrachtet man den Gegenstand „antihomosexuelle Einstellungen", so zeigen sich vielfältige Ausprägungsformen, die teils recht umfangreich in der Forschungsliteratur Aufmerksamkeit erfuhren. Es liegt eine Vielzahl empirischer Befunde vor, die das Phänomen von unterschiedlicher Seite beleuchten. Dabei konnten spezifische Aspekte herausgearbeitet werden, die eine besondere Relevanz zu haben scheinen. Unter anderem sind die Rolle der religiösen Werteorientierung von Belang, aber auch traditionelle Geschlechterrollenvorstellungen, und in besonderem Maße haben Kontakterfahrungen Einfluss auf die Ausprägung solcher Einstellungen. Diese Befunde beruhen im Wesentlichen auf Untersuchungen in Deutschland und den USA; für analoge Themenkomplexe bezogen auf die ehemalige Sowjetunion und die Volksrepublik Polen liegen keine annähernd differenzierten Befund vor. Daher wurde als Zugangsweg zum Gegenstand dieser Arbeit der aktuelle Forschungsstand zum Anlass genommen, in der vorliegenden qualitativen

Untersuchung auf dem Wege iterativen Vorgehens spezifische Themenkomplexe einzugrenzen, die auch für die im Rahmen dieser Untersuchung befragten Teilstichproben Relevanz zeigten. Der sozialpsychologische Zugang zum Thema wurde gewählt, um aus den zu erwartenden Interdependenzen zwischen makro-strukturellen (gesamtgesellschaftlicher Kontext), meso-strukturellen (soziale Erfahrungswelt) und mikrostrukturellen (Ebene des psychischen Erlebens) Prozessen im Bedingungsgefüge der Generierung von Einstellungen zu Homosexuellen und Homosexualität aus unterschiedlicher Perspektive spezifische Einsichten zu gewinnen. Da die Fragestellung auf gruppenübergreifende Phänomene reflektiert, erschien es sinnvoll, auf individualpsychologische Zugänge zu verzichten. Insofern hatten die Theorie der sozialen Identität (TAJFEL & TURNER, 1979, 1986), die daraus hervorgegangene Selbstkategorisierungstheorie (TURNER, 1987) und vor allem das darauf aufbauende Integrationsmodell „SAMI" nach SIMON (2004) den Vorteil, dass aus ihnen fundierte Hinweise auf die Wechselwirkungen zwischen kollektiver und individueller Identität abzuleiten waren. Gerade auch vor dem Hintergrund der besonderen Situation der Zuwanderinnen, deren kollektive Identitäten in der Zuwanderungssituation einem Transformationsprozess unterworfen werden, standen auf diesem theoretischen Wege Instrumente des Verstehens zur Verfügung, die zugleich ihre Anwendung auf Inter-Gruppen-Wahrnehmungen und ihre Phänomene bezogen auf Homosexuelle, wie z. B. Stereotypisierungen, finden konnten.

Methodisch wurde ein qualitativer Zugangsweg gewählt. Zur Durchführung der insgesamt 35 Interviews wurde während des Forschungsprozesses ein Leitfaden entwickelt, dem der durch das Fortschreiten der Untersuchung sich stets erweiternde Kenntnisstand bis zu einem schließlich eintretenden „Sättigungsgrad" immer neu integriert wurde (iteratives Vorgehen; vgl. RUBIN & RUBIN, 2005). Für die Stichproben wurden lediglich die Herkunft, das Geschlecht, Mutterschaft und die ausreichend gute Möglichkeit, sich in deutscher Sprache zu verständigen als Kriterien festgelegt; Letzteres wurde für die Teilstichprobe der deutschen Frauen ohne Migrationshintergrund vorausgesetzt. Bezüglich der Auswertung wurde eine Entscheidung für die Qualitative Inhaltsanalyse nach MAYRING (2003) getroffen, weil sie aufgrund ihrer Möglichkeit, ein differenziertes Kategoriensystem zu entwickeln eine optimale Basis für die Auswertung der vorliegenden großen Datenmenge bereitstellte. Auch hier erfolgte die Bearbeitung der Daten im Rahmen eines iterativen Vorgehens, aus dem sich schließlich zusammenhängende Muster herausschälten.

Die Darstellung der Ergebnisse orientiert sich an übergeordneten Aspekten des Leitfadens und dem daraus hervorgegangenen Kategoriensystem, wie es der Auswertungsvorgang nahelegte. Die gefundenen Muster werden anhand einer umfassenden Anzahl von Beispielen aus den Interviews transparent gemacht und, wo sie weniger eindeutig identifizierbar sind, in ihren unterschiedlichen Ausprägungsformen dargestellt. In einem nächsten Schritt werden dann die theoretischen Modelle und empirischen Befunde an diese Ergebnisse herangetragen und diskutiert. Bei diesem Vorgehen erschien es sinnvoll, die Interpretationen aufgrund der das Vorgehen leitenden Annahmen zunächst getrennt nach den Teilstichproben vorzunehmen und diese Ergebnisse dann in der Zusammenschau zu diskutieren. In allen Schritten wurde jeweils Wert darauf gelegt, eine inhaltliche Struktur gemäß den jeweiligen Kontextebenen beizubehalten.

Die herausgearbeiteten Ergebnisse legen schließlich Einstellungskonstellationen offen, die innerhalb der jeweiligen Teilstichproben spezifische Charakteristika annehmen. Doch auch innerhalb der Teilstichproben zeigt sich ein Variantenreichtum, der nicht alle Ergebnisse einer Generalisierung zugänglich macht. Herausgearbeitet werden daher vor allem die weitgehend einheitlichen Strukturen, um aus ihnen schließlich Herangehensweisen abzuleiten, von deren Zuhilfenahme angenommen werden kann, dass sie dazu beitragen könnten, die vorgefundenen stark an Stereotypisierungen orientierten Einstellungen zu Homosexualität und Homosexuellen sowie oftmals auch offen zu Tage tretende antihomosexuelle Einstellungen zu modifizieren.

1 Theoretische Bezugspunkte der Fragestellung

1.1 Antihomosexuelle Einstellung - erste Annäherung und Definition

Die Begrifflichkeit *Antihomosexuelle Einstellungen* wirkt zunächst sperrig. Legt man die Definition von SIMON (2008) zugrunde, beinhaltet sie aber das auch für diese Arbeit konstitutionelle Bedingungsgefüge der relevanten Merkmale in seiner ganzen Komplexität. Es handelt sich dementsprechend um die

„psychologische Tendenz, auf Homosexuelle bzw. Homosexualität mit einer negativen Bewertung zu reagieren". Sie findet „ihren Ausdruck u. a. in negativen Affekten und Gefühlen (z. B. Ekel), negativen Kognitionen (z. B. abwertenden Stereotypisierungen) und negativen Verhaltenstendenzen (z.B. Vermeidungstendenzen)" (SIMON, 2008, 88).

Wenn dabei von Affekten und Gefühlen die Rede ist, impliziert diese Definition zugleich den Begriff der *Homophobie*, von dem auch HEREK (2004) sein Verständnis antihomosexueller Einstellungen herleitet, indem er deren Ausdrucksformen in drei Konstrukten präzisiert. HEREK spricht zum einen von *Heterosexism*.

„(H)eterosexism can be used to refer to the systems that provide the rational and operating instructions for that antipathy. These systems include beliefs about gender, morality, and danger by which homosexuality and sexual minorities are defined as deviant, sinful, and threatening. Hostility, discrimination, and violence are thereby justified as appropriate and even necessary" (HEREK, 2004, 15).

Während Heterosexismus die Tatsache der konsensuellen gesellschaftlichen Ächtung beschreibt, verweist der Begriff des *Sexual Stigma* darüber hinaus auf den Umgang mit den Stigmatisierten:

„Thus, the stigmatized are not simply different from others; society judges their deviation to be discrediting. Individual members of society may vary in how they personally respond to a particular stigma, but everyone shares the knowledge that the mark is negatively valued"(HEREK, 2004, 14).

Ist mit *Heterosexism* eher die *Makro-Ebene* angesprochen, wird mit *Sexual Stigma* auf die *Meso-Ebene* reflektiert. Dementsprechend wird für die *Mikro-Ebene* der Begriff des *Sexual Prejudice* eingeführt (s. ausführlicher unter 1.6.3). Dieses sexuelle Vorurteil wird als individuelle innerpsychische Einstellung verstanden, auf die aus konkret beobachtbarem Verhalten (Diskriminierung) geschlossen werden kann. Es weist letztlich hin auf die der Mikro-Ebene

zugehörigen Aspekte von SIMONS (2008) Konzept *Antihomosexueller Einstellungen.*
HEREK (2004) nimmt seinen Ausgangspunkt zur Begriffsdefinition und –differenzierung bei WEINBERGS Terminus *Homophobie*. In einem Interview mit HEREK vom 30. Oktober 1972 schilderte WEINBERG (vgl. HEREK, 2004), dass er bei der Arbeit an einem Vortrag vor einer Homosexuellen-Organisation darauf aufmerksam geworden war, dass viele heterosexuelle Psychoanalytiker im beobachtbaren nichtklinischen Setting auf die Gegenwart Homosexueller mit ausgeprägten negativen persönlichen Reaktionen eine Haltung zum Ausdruck brachten, die er als *Phobie* kennzeichnete. Homosexuelle als Objekte einer Phobie werden außerhalb der eigenen Person verortet. Die Phobie wiederum ist ein innerer psychischer Vorgang. Zwischen den beiden Polen entfaltet sich ein komplexes Interaktionsgefüge. WEINBERG (vgl. HEREK, 2004) beschreibt die Gründe, weshalb Homosexuelle bedrohlich wirkten.

„I coined the word homophobia to mean it was a phobia about homosexuals. (...) It was a fear of homosexuals which seemed to be associated with a fear of contagion, a fear of reducing the things one fought for - home and family. It was a religious fear and it had led to great brutality as fear always does"(zit. n. HEREK, 2004, S. 7).

Die Herleitung des Begriffes und auch die ausführliche Diskussion HEREKS (2004) lassen darauf schließen, dass *Homophobie* vor allem als mehr oder minder unbewusste und vor allem individuelle Kategorie verstanden wird. Und dies ist die Bedingung dafür, dass er von HEREK (2004) letztendlich für ein sozialpsychologisches Verständnis als unzulänglich erachtet und in die oben genannten Begriffe *Sexual Stigma, Heterosexism* und *Sexual Prejudice* aufgespaltet wird.

„A complete understanding of antigay hostility requires analysis of its roots in culture and social interactions as well as in individual thought processes" (HEREK, 2004, 11).

Diese Ausdifferenzierung war in WEINBERGS (vgl. HEREK, 2004) ursprünglicher Definition implizit bereits angelegt. Er beschrieb den kulturellen Hintergrund (religiöse und traditionelle Werte), die soziale Interaktion (Ausdruck von Abneigung) und die innerpsychische Komponente (Angst vor Ansteckung etc.). Unschwer sind in diesem Gefüge die drei Kontexte (Makro, Meso, Mikro) zu identifizieren.

In Abgrenzung zu einer kognitions- und sozialpsychologischen Sicht beschreibt Homophobie in der Psychoanalyse entwicklungspsychologisch bereitliegende eigene homosexuelle Impulse, die

„ ... jedoch aufgrund individueller Ängste und gesamtgesellschaftlicher Normvorstellungen unterdrückt werden(n) (...) (D)esto stärker drängen diese Impulse, die nun keine Realisierung mehr finden können, aus dem Unbewussten an und führ(.)en zu einer ängstlichen Vermeidungshaltung und zu Kontaktängsten im Umgang mit Lesben und Schwulen (Homophobie)" (RAUCHFLEISCH, 1994, 164).

RAUCHFLEISCH (1994) benennt hier die wesentliche Qualität von Homophobie als *unbewusste* Kategorie und führt unterschiedliche Aspekte als Agenzien für Homophobie an. Zum einen geht es um die individuell bereitliegenden, latenten homosexuellen Impulse. Psychogenetisch haben diese ihren Ursprung in den zärtlichen, libidinös getönten Bindungen gegenüber dem gleichgeschlechtlichen Elternteil, dem sich das Kind zugehörig fühlt. Hier spielen Wünsche nach Geborgenheit, Abhängigkeit und Schutz eine bedeutsame Rolle. Sie bleiben lebenslang bestehen, geraten aber im Erwachsenenalter in bedrohlichen assoziativen Kontext zu homoerotischen Beziehungswünschen nach Nähe und emotionalem Kontakt. Wenn vor diesem Hintergrund dann gleichgeschlechtliche Nähe erlebt wird, werden sogleich die homoerotischen Bedürfnisse der Kindheit angesprochen und müssen abgewehrt werden.

„So weist STREEK-FISCHER darauf hin, daß rechtsextreme Jugendgruppen Züge von Männerbünden tragen und hier homoerotische Beziehungen gesucht werden, die jedoch bei jugendlichen Skinheads eine ‚weit überdurchschnittliche Angst vor der eigenen Homosexualität' (CHAUSSY, 1989) hervorrufen und deshalb besonders abgewehrt werden müssen" (RAUCHFLEISCH, 1994, 165).

Unter expliziter Bezugnahme auf die Psychoanalyse benennt RAUCHFLEISCH (1994) als zweiten Aspekt unbewusster antihomosexueller Strebungen *Angst vor sozialer Unsicherheit und Streben nach Macht*. Am Beispiel der institutionalisierten Psychoanalyse macht er deutlich, wie sozialer Anpassungsdruck zur Ausgrenzung Homosexueller führt, wenn auf diesem Wege gesellschaftliche Anerkennung gesichert werden kann. Drittens kommt die *Angst vor der Infragestellung zentraler Normvorstellungen* ins Spiel. Was WEINBERG (vgl. HEREK, 2004) in Bezug auf Religion und Familie formulierte, begründet RAUCHFLEISCH mit ADORNO et al. (1950) damit,

„daß wir alle, wenn immer wir mit fremden Verhaltensweisen konfrontiert sind, mit Verunsicherung, Angst und häufig auch mit erheblicher Aggressivität reagieren" (RAUCHFLEISCH, 1994, 171).

Angst als leitender Affekt spielt nach RAUCHFLEISCH (1994) auch unter dem Gesichtspunkt, dass Homosexualität einen *Angriff auf die traditionelle Familie* darstellt, ihre zentrale Rolle im Kontext von Homophobie. Indem Homosexuelle Paarbeziehungen eingehen, stellen sie die in heterosexuellen Beziehungen nach wie vor gültigen (vgl. GRUNOW, SCHULZ, BLOSSFELD; 2007), an Geschlechter gebundenen Rollen- und Aufgabenverteilungen infrage.

"In der Beziehung eines lesbischen oder schwulen Paares lassen sich die Rollen eines dominierenden und eines submissiven Partners nicht mehr wie in der traditionellen Familie am Geschlecht festmachen und damit scheinbar logisch begründen (...). Die Infragestellung der Machtstrukturen ist verständlicherweise für die Männer, die eine liebgewonnene Machtposition zu verlieren haben, im allgemeinen die viel bedrohlichere Situation als für Frauen" (RAUCHFLEISCH, 1994, 174).

Zu dieser Bedrohung, auf die mit Angst reagiert wird, kommt die Verunsicherung in der (männlichen) Geschlechtsidentität hinzu. Für Männer überschneidet sich dieser Bereich mit dem der *Infragestellung des gängigen Männlichkeitsideals*. Gesellschaftlich vermittelte Leitbilder sind nach wie vor in vielen Lebensbereichen noch Stereotypisierungen unterworfen. Unter anderem werden sie medial durch Werbung oder Filme perpetuiert. Gibt es hier das gängige, eher an Härte orientierte Männlichkeitsideal, das wenig Raum für den emotionalen Bereich lässt und Gefühle als „Frauensache" deklariert,

„ ... lässt sich zu dieser Haltung kaum eine extremere Gegenposition finden als die Lebensweise des schwulen Mannes, der sich gerade nicht in einem Rivalitätsverhältnis mit anderen Männern befindet, sondern einem Mann emotional und intim eng verbunden ist. (...) Es geht nämlich um die Angst vieler heterosexueller Männer, zu einer kritischen Reflexion des traditionellen Männlichkeitsbildes und damit zum Erleben von Gefühlen „verführt" zu werden(...)(D)ies (ist) wohl die tiefste Angst vieler Männer; und die Befürchtung, es könnten eigene schwule Seiten angesprochen werden, dürfte oft nur die Oberfläche sein, hinter der sich die Angst vor dem emotionalen Berührtwerden verbirgt" (RAUCHFLEISCH, 1994, 176).

RAUCHFLEISCH (1994) denkt in den zitierten Zusammenhängen die Einstellungen vom Subjekt und seine Gründe zu antihomosexuellen Einstellungen auf Mikro-, Meso- und Makro-Ebene eben auch von unbewussten Motivationen her. Reziprok nehmen die Kontexte Einfluss auf die unbewussten Prozesse. Leitender Affekt dabei ist der der Angst.
HEREK (2004) grenzt seine Konzeptualisierung demgegenüber explizit von individual-pathologischen Definitionen ab. So verstanden wird auch im Konzept *Antihomosexuelle Einstellungen* nach SIMON (2008) kein pathologisches Syndrom beschrieben, sondern eines, das als Gruppierung von Erscheinungsformen, die in einem kontextuellen Zusammenhang stehen, zu erklären ist. *Homophobie* aber verweist auf eine individual-pathologische Entität. Psychoanalytisch verstanden handelt es sich dabei um eine Reaktion auf einen dem Bewusstsein nicht unmittelbar zugänglichen Komplex von im weitesten Sinne als verwerflich empfundenen Bedürfnissen, Strebungen und Impulsen, deren Realisierung (i. S. v. bewusster Reflexion) unter den Bedingungen des gesell-

schaftlichen Normengefüges verworfen werden muss. *Phobie* beschreibt damit eine umrissene, übersteigerte Befürchtung, die durch Vermeidungshaltung, nicht selten aggressiver oder destruktiver Natur, bewältigt wird (vgl. ERMANN, 1990). Maßgeblich ist bei der Entwicklung und Bewältigung phobischer Reaktionen der Abwehrmechanismus der Projektion beteiligt (vgl. u. a. FREUD, 1922, LAPLANCHE & PONTALIS, 1973/1986, MERTENS, 2000). Im vorliegenden Zusammenhang handelt es sich um eine *Projektion innerer Prozesse nach außen*. Psychogenetisch unausweichliche homoerotische Inhalte werden vom Selbst auf das äußere Objekt projiziert und durch aggressive Abwertung oder Vermeidungshaltung unterdrückt. Die zugehörige Kausalität hat RAUCHFLEISCH (s. o.) dargelegt. Ohne hier näher auf Symptomatik und diagnostische Klassifikation von Phobien einzugehen (siehe dazu u. a. DSM 3R, ICD 10), soll lediglich unterstrichen werden, dass Auslöser und Anlass phobischer Reaktionen in keinem angemessenen Verhältnis zueinander stehen.

1.2   Aspekte der Situation Homosexueller in Deutschland

Die Lebenssituation Homosexueller in Deutschland ist heute so vielschichtig und abhängig von unterschiedlichsten Faktoren, angefangen beim Lebensalter über soziale Netzwerke bis hin zu Einkommensverhältnissen, Wohnort usw., dass an dieser Stelle keine umfassende Darstellung erfolgen kann. Da es im Zusammenhang dieser Untersuchung um antihomosexuelle Einstellungen geht, sollen hier lediglich einige ausgewählte Aspekte der Ausgrenzung auf den drei Ebenen (Makro-, Meso, Mikro-Ebene) herausgestellt werden, um zu verdeutlichen, wie die weiter unten identifizierten antihomosexuellen Einstellungen Auswirkungen auf Homosexuelle haben.

1.2.1   Politisch (Makro-Ebene)

Politisch und juristisch hat sich die Situation Homosexueller in Deutschland seit Kriegsende sukzessive entschärft. Dabei gab es in den beiden deutschen Staaten bis 1991 voneinander abweichende Entwicklungen. Auch nach der Wiedervereinigung blieben für eine Übergangsfrist bis 1994 Unterschiede, zum Beispiel das Schutzalter betreffend, bestehen. Zunächst aber waren nach dem Krieg in der neu gegründeten Bundesrepublik die §§ 175 und 175a in der durch die Nationalsozialisten verschärften Fassung ins StGB aufgenommen worden.

„Die beiden Paragraphen seien ‚formell ordnungsgemäß erlassen' worden und nicht in dem Maße ‚nationalsozialistisch geprägtes Recht', dass ihnen ‚in einem freiheitlich-demokratischen Staate die Geltung versagt werden müsse'. Die unterschiedliche Behandlung männlicher und weiblicher Homosexualität wurde auf biologische

Gegebenheiten und das ‚hemmungslose Sexualbedürfnis' des homosexuellen Mannes zurückgeführt. Als zu schützendes Rechtsgut wurden ‚die sittlichen Anschauungen des Volkes' genannt, die sich maßgeblich aus den Lehren der ‚beiden großen christlichen Konfessionen' speisten" (WEIDNER, 2007).

Es bedurfte weiterer 12 Jahre bis die erste große Koalition 1969 § 175a abschaffte und § 175 entschärfte. Homosexuelle Handlungen unter über 21-Jährigen wurden nun nicht mehr bestraft. 1973 wurde das Schutzalter im Zuge der Herabsetzung des Volljährigkeitsalters auf 18 Jahre gesenkt. Während in einigen europäischen Nachbarstaaten, insbesondere in den Niederlanden weitere Liberalisierungen erfolgten, blieb es in der Bundesrepublik zunächst bei diesen Reformen. Die konservative Regierung Kohl zeigte keine Aktivität in Richtung einer rechtlichen Gleichstellung. In der DDR setzte das Strafrechtsänderungsgesetz von 1957 den zwar weiter bestehen bleibenden

„§ 175 faktisch außer Kraft, da das Kammergericht Berlin gleichzeitig urteilte, ‚dass bei allen unter § 175 alter Fassung fallenden Straftaten weitherzig von der Einstellung wegen Geringfügigkeit Gebrauch gemacht werden soll'." (WEIDNER, 2007).

Homosexuelle Beziehungen Erwachsener untereinander blieben seither straffrei. Ab 1968 wurden homosexuelle Handlungen Erwachsener mit Jugendlichen nach § 151 mit einer Freiheitsstrafe von bis zu 3 Jahren verfolgt.

„Am 11.08.1987 hob das Oberste Gericht der DDR ein Urteil wegen § 151 mit der Begründung auf, dass ‚Homosexualität ebenso wie Heterosexualität eine Variante des Sexualverhaltens darstellt. Homosexuelle Menschen stehen somit nicht außerhalb der sozialistischen Gesellschaft, und die Bürgerrechte sind ihnen wie allen anderen Bürgern gewährleistet.' Ein Jahr später strich die Volkskammer der DDR den § 151 ersatzlos. Das Gesetz trat am 30.05.1989 in Kraft" (WEIDNER, 2007).

Im Zuge der Rechtsangleichung nach der Wiedervereinigung wurde § 175 1994 endgültig aus dem StGB gestrichen. Allgemein wurde ein Schutzalter auf 14 Jahre festgelegt, in Sonderfällen auf 16 Jahre. Nachdem nunmehr auf gesetzgeberischem Wege die Kriminalisierung Homosexueller aufgehoben war, konnte die rechtliche Gleichstellung ins Auge gefasst werden, die politisch vor allem von Bündnis90/Die Grünen auf die Agenda gesetzt worden war und nach dem Regierungswechsel 1998 in der Koalition mit der SPD angegangen wurde.

„However, der Wechsel (the change) came in 1998, and the new government coalition consisting of the Green Party and the social Democrats agree to pass a domestic partnership law within the foreseeable future"(STEFFENS, 2004, 137).

Wenn auch das Lebenspartnerschaftsgesetz von 2001 einen Fortschritt darstellte, so war eine volle Gleichstellung homosexueller Paare mit verheirateten heterosexuellen Paaren – auch aufgrund des Drucks konservativer und kirchlicher Kreise – nicht erfolgt.

„Weiterhin gibt es (...) erhebliche Benachteiligungen im Steuerrecht – hier blockieren die konservativ regierten Bundesländer bislang jede Verbesserung. Ein gemeinsames Sorgerecht für Homopaare mit adoptierten Kindern ist noch nicht möglich, 2005 trat aber die Stiefkindadoption für eingetragene Lebenspartnerschaften in Kraft" (JETZ, 2007, 320).

Abgesehen davon ist in vielen berufsspezifischen Versorgungswerken die Hinterbliebenenabsicherung eines homosexuellen Partners nicht vorgesehen. Allerdings wird zum Beispiel die „Bayerische Ingenieursversorgung Bau" ihre Satzung zum 01.01.2009 dahingehend ändern, dass eingetragene Lebenspartnerschaften mit Ehen bezogen auf die Hinterbliebenenversorgung gleichgestellt werden. Ähnliche Bestrebungen gibt es bei der Zahnärztekammer Westfalen-Lippe. Im Beamtenrecht haben gegenwärtig die Bundesländer Berlin und Bremen Hinterbliebene homosexueller Partner denen heterosexueller Ehepaare gleichgestellt (vgl. JACK, 2008; Brandt, 2008).

1.2.2 Sozial (Meso-Ebene)

Wie bereits erwähnt, können Homosexuelle heute in vielen Lebensbereichen in der Öffentlichkeit wahrgenommen werden. Die Annahme, hier liege eine Verknüpfung mit politischer Entkriminalisierung und beginnender Gleichstellung vor, ist nicht von der Hand zu weisen. In weiten Teilen der Öffentlichkeit vollzieht sich ein Wandel in der Einstellung *zu* und im Umgang *mit* Homosexualität. Dabei bestehen weiterhin Klischeevorstellungen:

„Der verklemmte Schwule, frustriert, beziehungsunfähig, seine gleichgeschlechtliche Orientierung voller Scham verbergend und sich allenfalls in der „Subkultur" in promisker Weise auslebend – dies ist ein gängiges Bild des Schwulen, wie es sich hartnäckig im Bewusstsein der Öffentlichkeit hält und immer wieder weitergegeben wird. (...) Es scheint bei eine solchen Sicht auch gar nicht nötig zu sein, selbst Schwule kennenzulernen und sich ein eigenes Urteil zu bilden"(RAUCHFLEISCH, 1995, 7).

Dennoch ist durch die zunehmende gesellschaftliche Aufklärung etwas in Bewegung gekommen, wobei die Homosexuellen selbst ihre eigene Situation kritisch zu reflektieren begannen. Seit Rosa von Praunheims Film *„Nicht der Homosexuelle ist pervers, sondern die Situation, in der er lebt"* sind über dreißig Jahre vergangen. Der Filmtitel wurde zum Diktum im kollektiven Gedächtnis einer Generation von Homosexuellen, deren subkulturelle Lebenswelt geprägt war von Heimlichkeit und Verbot. *Was* verboten war, *was* in aller Regel im näheren und weiteren Umfeld geächtet wurde, *was Homosexuelle tunlichst verheimlichten, betraf einen zentralen Aspekt ihrer Identität: die eigene sexuelle Orientierung.* Der jahrzehntelange Kampf Homosexueller um Anerkennung und Respekt hat nunmehr strukturelle Änderungen in der Gesellschaft bewirkt. Dennoch:

„Schärft man den Blick, so zeigt sich (...) eine paradoxe Form der Ungleichzeitigkeit im gesellschaftlichen Verhältnis zur Homosexualität. Während die mediale Präsenz Homosexueller ein Klima der Akzeptanz suggeriert, entspinnen sich im politischen Raum subtile, aber auch ganz offen homosexuellenfeindliche Diskurse. Paradox erscheint auch die Lebensrealität von Lesben und Schwulen: Diskriminierungen, Beleidigungen, Pöbeleien und Gewalt häufen sich dort, wo Homosexualität offen und selbstbewusst gelebt wird" (ZINN, 2004, 207).

Zugleich lässt sich ein Trend zu größerer Toleranz vermuten, wenn ZINN (2004) konstatiert, dass es 1994 noch 57 % der Deutschen waren, die beispielsweise die „Homo-Ehe" ablehnten, während sich dieser Anteil bis 2001 auf 35 % reduziert hatte.

STEFFENS und WAGNER (2004) hingegen halten aufgrund einer repräsentativen Untersuchung von 2001 fest, dass 53 % der Bevölkerung negative Haltungen gegenüber Homosexuellen einnähmen. Abhängig von Alter, Bildung, Kontakterfahrung, politischer Verortung, Lebensmittelpunkt auf dem Land oder in der Stadt u. a. werden Gruppen beschrieben, für die spezifische Prädiktoren und eingrenzbare Bedingungsgefüge identifiziert werden können, aufgrund derer hier jeweils eher affirmative, neutrale oder negative Einstellungen vorgefunden werden. Die dadurch geschaffene soziale Realität hat für Homosexuelle dementsprechend sehr unterschiedliche Auswirkungen.
Diskriminierungserfahrungen Homosexueller decken ein breites Spektrum von Spott über Verächtlichmachung und Ausgrenzung bis hin zu körperlichen Gewalterfahrungen ab. Sie finden in der Familie, in der Schule, am Arbeitsplatz, in der Öffentlichkeit, in Medien und Kultur statt. RAUCHFLEISCH (1994) weist darauf hin, dass, wenngleich insgesamt manifeste Gewalt im Vergleich eher selten zu konstatieren ist, es doch eine Vielzahl von Verhaltensweisen gebe, deren verdeckter Gewaltaspekt *„erst bei einer genaueren Analyse erkennbar"* (RAUCHFLEISCH, 1998, 1) wird.
In diesem Zusammenhang haben für Deutschland KNOLL et al. (1995) in einer Erhebung unter 2522 homosexuellen Männern und Frauen die Situation am Arbeitsplatz analysiert. Sie kommen zu dem Ergebnis, dass 80,9 % der Befragten Diskriminierung am Arbeitsplatz aufgrund ihrer Homosexualität erfahren haben. Diese Erfahrungen reichen von Schwulen-/Lesbenwitzen (53,7 %) über Beleidigungen (15,5 %), die Erfahrung, lächerlich gemacht zu werden (20,6 %), unangenehme sexuelle Anspielungen (26,3 %), unangenehmes Interesse am Privatleben (35,6 %), ausbleibende Beförderung (7,9 %) und

Zurückhalten von Informationen (13,3 %), Gerede hinter dem Rücken (48,2 %) und Rückzug von Kollegen (18,2 %) bis zu sexuellen Belästigungen (5,2 %), physischer Gewalt (1,5 %) und Psychoterror (7,6 %). Abgesehen von sexueller Belästigung, die bei Frauen mit 10,7 % deutlich häufiger vorkam als bei Männern (3,1 %) gab es sonst insbesondere noch bei ausbleibenden Beförderungen einen geschlechtsspezifischen Unterschied (4,8 % der Frauen, 9,0 % der Männer).

Demgegenüber wird in einer Studie der Universität Bamberg aus dem Jahr 2002 eine Gruppe Homosexueller als die „kaum/nicht Isolierten" beschrieben, die mit 51 % beziffert wird und deren „Kontakte am Arbeitsplatz und in der Öffentlichkeit sind weitgehend unbelastet von Diskriminierung/sozialer Ausgrenzung" (SOFOS, 2002).

Ein weiterer Befund der Studie von KNOLL et al., von 1997 betrifft die Berufswahl Homosexueller:

„Lesben und Schwule arbeiten nicht – wie es das Klischee z. B. von schwulen Friseuren und Balletttänzern vorgaukelt – in ‚Nischen' des Tätigkeitsspektrums, sondern in gesellschaftlich relevanten und oft eher konservativen Branchen" (KNOLL et. al., 1997).

Auch RAUCHFLEISCH (1997) verweist wiederholt auf die hartnäckig bestehenden Klischees, mit denen Homosexuelle sich konfrontiert sehen:

„Es sind vor allem die Vorstellungen, Schwule seien weiblich identifiziert, Lesben hingegen männlich; zum weiteren ist es die Annahme einer – vor allem in Schwulenkreisen herrschenden – ‚Promiskuität', die auf eine prinzipielle Bindungslosigkeit hinweise; für alle, die im Bereich von Erziehung und Jugendarbeit tätig sind, ist ferner die angebliche ‚Verführungsgefahr' ein Klischeebild, mit dem sie permanent konfrontiert werden .." (RAUCHFLEISCH, 1997, 10).

Es sind diese Klischees, die zur Herabsetzung und Stigmatisierung Homosexueller führen. Insbesondere homosexuelle Jugendliche, deren Persönlichkeits-Entwicklung noch unabgeschlossen ist, können durch solcherlei Klischees eine tiefe Verunsicherung ihrer Geschlechtsidentität erfahren. Die Bedingungen für die innere Annahme unabweisbarer sexueller Präferenzen werden durch die im (Meso-) Kontext gemachten Erfahrungen maßgeblich determiniert. Eine vom Niedersächsischen Ministerium für Frauen, Arbeit und Soziales geförderte Studie dokumentiert für diesen Zusammenhang erhebliche Defizite im sozialen Kontext.

„Mehr als zwei Drittel aller Teilnehmer (67,3 %) geben an, dass sie wegen ihres Schwulseins mit größeren Belastungen fertig werden mussten bzw. müssen als gleichaltrige andere männliche Jugendliche. Als häufigster Grund wird hier der

erhöhte Kraftaufwand in Zusammenhang mit dem Coming-out genannt" (BIECHELE, 2001, 16).

Die Befragten sind in mehr als 50 % der Fälle Opfer verbaler Zurücksetzung durch Gleichaltrige geworden. Fast 40 % mussten erleben, das sich Freunde zurückzogen. Ebenso viele erlebten Beschimpfungen auch in der Öffentlichkeit. Von körperlichen Gewalterfahrungen in der Öffentlichkeit berichten 5,7 %. Gewalt in der Schule haben 7 % erlebt und 5,1 % wurden Opfer sexueller Gewalt. Auch unter Jugendlichen und jungen Erwachsenen in Berlin wurden entsprechende Befunde erhoben. In der Studie der Berliner Senatsverwaltung für Schule, Jugend und Sport (1999) wird festgestellt:

„Drei Viertel der weiblichen und sechs von zehn männlichen Befragten haben schon einmal eine negative Reaktion auf ihre gleichgeschlechtliche Lebensweise erfahren. (...) Am häufigsten berichten die Betroffenen von Beschimpfungen/Beleidigungen und von Kontaktabbruch: Über die Hälfte der Mädchen/Frauen berichtet von Beschimpfungen und Beleidigungen, jede vierte hat erlebt, daß eine Person den Kontakt mit ihr abgebrochen hat. Bei den Jungen/Männern sind 46 % beschimpft worden, 17 % haben einen Kontaktabbruch erfahren. (...) JedeR zehnte Befragte hat schon einmal körperliche Gewalt wegen ihrer/seiner sexuellen Orientierung erlebt ..." (SNSJS, 1999, 46).

Auch wenn - nochmals sei darauf hingewiesen - es an dieser Stelle nicht Zielsetzung sein kann, die soziale Realität Homosexueller in der Bundesrepublik abzubilden, belegen die hier dokumentierten Befunde, dass Homosexuelle in ihrer Sozialisierung, angefangen beim Coming-out über die berufliche und private Realität bis hinein ins Erwachsenenleben, mit erheblichen Widerständen konfrontiert sind. Festzuhalten bleibt, dass das Ausmaß erfahrener Diskriminierung in unterschiedlichen Stichproben Homosexueller ganz erheblich ist (wenngleich die Ergebnisse nicht miteinander vergleichbar sind, da unterschiedlich differenzierte Fragestellungen zugrunde lagen und die Teilstichproben sehr unterschiedlich ausgewählt wurden). Dabei spielen körperliche Gewalterfahrungen noch eher eine geringe Rolle. Mehr oder minder subtile Entwertungen prägen jedoch oftmals noch die Alltagserfahrung Homo-sexueller in verschiedenen Lebensbereichen.

Abschließend soll neben diesen ausgewählten empirischen Befunden exemplarisch auf den Aspekt antihomosexueller Einstellungen, die in Massenmedien und Unterhaltungskultur zum Ausdruck kommen, eingegangen werden. Auch hier sehen sich Homosexuelle mehr oder minder subtiler Diskriminierung gegenüber. So zum Beispiel in der Berichterstattung über Gewalttaten an Homosexuellen, wie sie eine besonders breite Aufmerksamkeit nach dem Mord an Rudolf Mooshammer widerspiegelte. Selten fehlte der Hinweis auf das homosexuelle *„Milieu"*, in dem das Opfer sich bewegt habe. RAUCHFLEISCH (1994) bemerkt dazu:

„Man könn(t)e höchstens die ‚unglückliche' Terminologie (‚Milieu') beklagen. Genau hier liegt jedoch das Problem: Es wird scheinbar sachlich ein bestimmter Tatbestand geschildert. Doch durch die verwendeten Begriffe werden die Gefühle und Einstellungen der Hörer und Leser solcher Berichte zwangsläufig in eine bestimmte Richtung gedrängt. (...) Dies ist der erste Schritt zu einer gefährlichen Verharmlosung solcher Gewalttaten ..." (RAUCHFLEISCH, 1994, 132).

Gänzlich unverdeckten Morddrohungen sehen sich Homosexuelle in einem anderen Zusammenhang ausgesetzt. Sogenannte „Gangsta-Rapper" fordern in ihren Texten zur Gewalt gegen und Tötung von Homosexuellen auf. Welche Folgen die Legitimierung von Gewalt gegen eine Menschengruppe aufgrund ihrer sexuellen Orientierung haben wird, ist noch unabsehbar. Sie ist aber gewiss eine eklatante Manifestationsform antihomosexueller Einstellungen, der sich Homosexuelle im öffentlichen Raum gegenübersehen, wenn „Künstler" wie „Sizzla" offen zum Mord an Homosexuellen auffordern können:

„Der 32-Jährige singt: ‚Shot Battyboy, my big gun boom' (‚Erschieß den Schwulen'), und er steht dazu. ‚Ein Mann muss sich entscheiden, ob er ein Stück Dreck sein will oder ein richtiger Mann', sprach er 2007 beim Kölner ‚Summer Jam' in einer Pressekonferenz" (SÜSSELBECK, 2008).

Wie gezeigt werden konnte, decken die Ausdrucksformen antihomosexueller Einstellungen, denen sich die Betroffenen gegenübersehen, ein weites Spektrum ab. Die soziale Realität hält in allen Bereichen Gelegenheiten zur Diskriminierung bereit, die hier nur exemplarisch dargestellt werden sollten

1.2.3 Individuell (Mikro-Ebene)

Man könnte meinen, der Hinweis auf die geschilderten Umstände im kulturellen und sozialen Bedingungsgefüge als Ursache psychischer Reaktionen sei obsolet. Tatsache ist aber, dass vereinzelte Kliniker, auch psychoanalytisch orientierte, bis heute nicht das gesellschaftliche Normengefüge als pathogen für psychische Erkrankungen Homosexueller anerkennen wollen, sondern Homosexualität als solche pathologisieren (zur Diskriminierung Homosexueller in der Psychoanalyse siehe u. a. GLEIS, 1995; RAUCHFLEISCH, 1993a, 1993b, 1994). BOLLAS (2000) stellt fest,

„daß die Ambivalenz des Heterosexuellen gegenüber dem Homosexuellen im Laufe der Jahrhunderte zu einem substantiellen Bestandteil der seelischen Qual des Homosexuellen geworden ist" (BOLLAS, 2000, 154).

In einer an heterosexuellen Normen orientierten Gesellschaft stellt die Einsicht in die eigene Homosexualität und deren innere Annahme eine tiefe Zäsur dar. Für diesen Prozess hat sich der Begriff *Coming-out* (zur kritischen Reflexion des Begriffs vgl. PANKRATZ, 1997) etabliert.

„Die amerikanische Homosexuellen-Bewegung hat diesen Begriff übernommen und bezeichnet damit den Prozeß vom ersten Endecken gleichgeschlechtlicher Gefühle bis zum endgültigen Akzeptieren der eigenen Homosexualität" (GROSSMANN, 1982, 8).

GROSSMANN (1982) legt die Herkunft des Begriffs dar. Zunächst wurde er für in die Geschlechtsreife kommende Mädchen, die im Rahmen eines Fests der Öffentlichkeit vorgestellt wurden, oder wie GROSSMANN (1982) es formuliert: *„offiziell ins Rennen geschickt"* wurden, verwendet. Diese Formulierung impliziert natürlich die im Begriff enthaltene sexuelle Objektwahl. Für schwule Männer bedeutet dieser für die sexuelle Entwicklung entscheidende Terminus gewiss dahingehend Konfliktpotential, dass er sich auf Mädchen bezieht, also dem allgemeinen, von RAUCHFLEISCH (1994) hervorgehobenen Vorurteil, „Schwule seien weiblich identifiziert", Vorschub leistet. Von FRIEDMAN (1993) wird *Coming-out* folgendermaßen definiert:

„Der Begriff (...) wird von einigen Autoren verwendet, um damit die erste öffentliche Selbst-Identifizierung einer Person als homosexuell oder heterosexuell zu kennzeichnen (...). Andere verstehen unter Coming-out eher, daß jemand sich selbst als homosexuell erkennt, ohne daß er anderen unbedingt sein Schwulsein mitteilt (...). Die häufigste Verwendung des Begriffs unter den Schwulen (...) ist einfach der, daß jemand erklärt, daß er schwul ist. (...) Die private Erkenntnis, schwul zu sein, ist nicht unbedingt eine Angelegenheit der Wahl. Die Entscheidung, es anderen mitzuteilen, sollte idealerweise – besonders in einem potentiell ablehnenden sozialen Klima – frei sein, was unglücklicherweise nicht immer der Fall ist" (FRIEDMAN, 1993, 157f).

Coming-out bezeichnet also die Schwelle zwischen innerem Prozess und innerer Auseinandersetzung hin nach außen, zum In-Erscheinung-Treten. FRIEDMAN (1993) betont, dass beide Prozesse nicht notwendig zeitlich zusammentreffen. RAUCHFLEISCH (2002) sieht das Coming-out als *lebenslangen Prozess*, der dreiphasig abläuft. Die *Prä-Coming-out-Phase* wird als entwicklungspsychologischer Abschnitt von der Geburt bis zur Wahrnehmung der Differenz von anderen (bezogen auf die sexuelle Orientierung) aufgefasst. Abhängig von der Reaktion der Bezugspersonen, insbesondere der Eltern, kann diese Wahrnehmung des Anders-Seins unterschiedlich erlebt werden, was wiederum Folgen für die weitere Entwicklung hat.

„Die Schwierigkeit des Prä-Coming-out liegt vor allem darin, daß die Heranwachsenden ebenso wie die nähere Umgebung erkennen und akzeptieren müssen, daß nicht die wie selbstverständlich erwartete heterosexuelle Orientierung

besteht, sondern daß eine lesbische, schwule oder bisexuelle Identität die Selbstwahrnehmung und die Gestaltung der sozialen Beziehungen bestimmt. Es geht in dieser Phase darum anzuerkennen, daß Verhaltens- und Erlebensweisen, die üblicherweise ‚typisch männlich' und ‚typisch weiblich' genannt werden, für diese Kinder keine oder eine nur begrenzte Gültigkeit besitzen" (RAUCHFLEISCH, 2002, 39).

Auf diese Phase folgt dann das *eigentliche Coming-out*, wie es in seinen Grundzügen oben beschrieben wurde. Diesem wiederum lässt RAUCHFLEISCH (2002) noch die *Integrationsphase* folgen. Die Integrationsphase beschreibt einen lebenslangen Prozess, in dem auf der Matrix der eigenen Homosexualität Partnerschaften, die sozialen Bindungen im engeren Familien- und Freundeskreis, aber auch im weiteren sozialen Umfeld gestaltet werden. Dabei muss der Umgang mit der eigenen Homosexualität immer wieder neu bewusst reflektiert werden, allein schon, weil *„(d)as Heraustreten als Paar in eine mehr oder weniger breite Öffentlichkeit ... immer auch ein gewisses Risiko"* (RAUCHFLEISCH, 2002, 48) für dieses Paar darstellt.

Mit der Gewahrwerdung, dass man homosexuell ist, geht unabdingbar die Erkenntnis der Differenz, der Abweichung von der und Nichtzugehörigkeit zur gesellschaftlichen Norm einher. Welchen innerpsychischen Belastungen Adoleszenten nach wie vor in dieser Phase ausgesetzt sind, belegen Untersuchungen zum Beispiel der Senatsverwaltung für Schule, Jugend und Sport (SNSJS) in Berlin. 18 % der befragten Jugendlichen hatten bereits mindestens einen Suizidversuch unternommen. BIECHELE et al. (2001) fanden in ihrer Untersuchung, dass 8,7 % einen oder wiederholte Suizidversuche unternommen hatten (Die erhebliche Differenz erklärt sich durch die unterschiedlichen Stichproben. Wenn es auch nicht explizit formuliert wird, so beruht sie doch augenscheinlich darauf, dass in der Berliner Studie bereits klinisch auffällige Jugendliche untersucht wurden), über 19 % hatten Suizid ernsthaft in Erwägung gezogen und fast 45 % darüber nachgedacht.

Nach 54,4 % der Befragten, die sich wegen Partnerschaftskonflikten psychisch belastet gefühlt haben, beschreiben 47,3 % der Befragten in dieser Studie Belastungen durch Einsamkeit als Problem in den der Studie vorangegangenen 12 Monaten. Bemerkenswert ist auch der Schluss der Autoren, dass der

„Schritt in die Gewissheit, schwul zu sein, ... heute mit dem gleichen Ausmaß an negativen Gefühlen wie Unsicherheit und Furcht verbunden (ist) wie vor 30 Jahren" (BIECHELE et al., 2001, 21).

Die SOFOS-Studie (2002) konstatiert demgegenüber aber mit zunehmendem Alter eine Angleichung des Ausmaßes von Einsamkeitsgefühlen Homosexueller an die Rate von Einsamkeitsgefühlen unter der durchschnittlichen deutschen Bevölkerung. Bei Homosexuellen beträgt sie jedoch immerhin noch ein Fünftel, während sie bei der Gesamtbevölkerung bei 16 % liegt.

„Mehr als ein Fünftel der Befragten Männer empfindet chronische Belastungen. Sowohl früher als auch heute erleben diese Männer verschiedene körperliche und emotionale Beeinträchtigungen. Bei dieser Gruppe ist das Belastungsausmaß insgesamt sehr hoch, insbesondere einsamkeitstypische Symptome wie Selbstwertprobleme, Depressionen, Bedrücktheit und Wertlosigkeit, Selbstverachtung usw., aber auch Selbstmordgedanken und –versuche sind bei ihnen überdurchschnittlich häufig" (SOFOS, 2002).

Auch in diesem Zusammenhang sollen die ausschnittweise herangezogenen Befunde dokumentieren, dass Homosexuelle nach wie vor mit nachweisbaren Konflikten im soziokulturellen Makro- und Meso-Kontext konfrontiert werden, deren Niederschlag im intrapsychischen Geschehen sie vor eine nicht zu überschätzende Entwicklungsaufgabe stellt. Deren Bearbeitung bringt oftmals noch Beeinträchtigungen und Symptome von Krankheitswert bis hin zur Suizidalität mit sich. Sie verweisen aber auch darauf, dass die Situation Homosexueller in vielschichtiger Weise spezifische Aspekte aufweist, die in der oberflächlichen öffentlichen Betrachtung kaum Aufmerksamkeit finden.

1.3 Homosexualität und Sexualität in den Herkunftsländern

Homosexuelle leben und lebten in Deutschland unter ganz anderen und vergleichsweise gut erforschten Bedingungen, wenn man die Datenlage mit der für die Herkunftsländer der im Rahmen dieser Untersuchung befragten Frauen vergleicht. Dennoch gibt es stichhaltige Hinweise, dass der Umgang mit Homosexualität (und mit Sexualität überhaupt) in Polen und in der Sowjetunion vor der Perestroika und dem Zusammenbruch der Nachkriegssysteme unterschiedlich akzentuiert war und je andersartigen Wurzeln entsprang. War in der Sowjetunion der ideologische Einfluss allein maßgeblich für die systematische Unterdrückung und Verfolgung, hatte das antihomosexuelle Klima in Polen vor allem durch den Katholizismus geprägte Ursprünge, während Homosexualität in Polen zugleich keinen Straftatbestand darstellte.
Wenn hier kurz die Situation Homosexueller vor den 1990er Jahren beleuchtet werden soll, wirft dies auch ein Licht auf den Stellenwert von Sexualität in diesen Gesellschaften im Allgemeinen - und damit auf die Rolle der Frau. Auf diesem Wege wird auch ein Aspekt der Situation der Teilnehmerinnen an dieser Untersuchung im Herkunftsland beleuchtet. Die Entwicklungen nach 1989 sollen hier nicht näher berücksichtigt werden, da dieser Zeitraum für die Sozialisation der befragten Frauen nur noch geringe Relevanz hatte.

1.3.1 Homosexualität in der ehemaligen Sowjetunion

Homosexuelle wurden in der Sowjetunion nach § 121 strafrechtlich verfolgt. Verurteilung zu Gefängnisstrafen oder Arbeitslager waren die Folge. Allerdings wurde die Situation erst 1934 wirklich repressiv. Bis dahin fanden die seit 1832 bestehenden Gesetze, vor allem seit Beginn des 20. Jahrhunderts, kaum Anwendung. Grund war, dass vor allem in aristokratischen, aber auch in intellektuellen und Künstlerkreisen Homosexualität relativ offen ausgelebt wurde.

„This legislation, however, was employed extremely rarely. Many Russian aristocrats, including members of the imperial family, as well as eminent artistic figures of the turn of the century openly led a homo- or bisexual way of live"(KON, 1993, 90).

Nach der Revolution 1917 tauchte Homosexualität nicht mehr im Strafgesetzbuch auf.

„Up to the 1930s the situation of Soviet homosexuals, who frequently called themselves ‚blues', was reasonably bearable and many played a prominent part in Soviet culture" (KON, 1993, 91).

Für den umgangssprachlich in der Sowjetunion gebräuchlichen Begriff „die Blauen" für homosexuelle Männer bietet KON (1993) unterschiedliche Erklärungen an. Mit Blau könnte ein Hinweis auf die in der Aristokratie oftmals recht offen ausgelebte Homosexualität stecken, i. S. v. blauem Blut,

„... although the notion of ‚blue love' ... does exist in several other languages, including the French. (...) It may even be connected with the colour of moonlight: hence the poet Rozanov's reference to ‚sodomites' as people of the colour of moonlight" (KON, 1993, Fußnote 114).

Warum 1934 „Sodomie" erneut zum Straftatbestand wurde (allerdings betraf der Paragraph ausschließlich Männer, wurde aber neben Homosexuellen auch auf Dissidenten angewendet; homosexuelle Frauen wurden nicht strafrechtlich verfolgt), der mit bis zu acht Jahren Haft verbunden war, ist unklar. KON (1993) führt jedoch aus, dass die Verschärfung mit der allgemein extrem repressiven und willkürlichen Atmosphäre der Stalin-Ära in Einklang stand. Die Begründung lieferte Volkskommissar und Generalstaatsanwalt Nikolai Krylenko 1936:

„(Krylenko) announced that homosexuality was a product of decadence of the exploiting classes; in a socialist society based on healthy principles, such people, in Krylenko words, should have no place. Homosexuality was therefore directly ‚connected' with counterrevolution" (KON, 1993, 92).

Um die eintausend Anklagen jährlich gab es auf der Grundlage von § 121, wobei hier keine offiziellen Statistiken verfügbar sind. Gesellschaftlich blieb diese

Politik nicht folgenlos. Homosexuelle wurden zur, laut KON (1993), am stärksten stigmatisierten Minderheit und

"noch Ende der 80er Jahre sprachen sich bei einer Umfrage 30 % der Sowjetbürger und Bürgerinnen dafür aus, dass homosexuelle Männer und Frauen zum Tode verurteilt werden sollten. 31 % bezeichneten sie als krank." (AMBERG, 1996, 92).

Im dazwischenliegenden halben Jahrhundert war Homosexualität zum gesellschaftlichen Tabu geworden, oder wie KON (1993) befindet:

"By the mid-1930s a complete and utter silence had fallen over the entire issue. Homosexuality was simply never mentioned anywhere; it became ‚the unmentionable sin' in the literal sense of the word" (KON, 1993, 93).

Der Autor referiert darüber hinaus Untersuchungen antihomosexueller Einstellungen in den einzelnen Bevölkerungsgruppen. Erwartungsgemäß wird das liberale, intellektuelle, großstädtische Milieu als weniger antihomosexuell eingestellt geschildert als ländliche, traditionelle und islamisch geprägte Gesellschaften im Süden der Sowjetunion. Aber auch ganze Regionen wie Litauen waren liberaler als beispielsweise das christlich geprägte Georgien. Als am meisten homophob werden zudem Pensionäre, Soldaten und Hausfrauen beschrieben.

Homosexuelle bewegten sich also in einem höchst bedrohlichen gesellschaftlichen Makro- und Meso-Kontext. Was dies für den psychischen, den Mikro-Kontext erwarten ließ, lässt AMBERG (1996) eine Zeitzeugin schildern:

"Diese Situation war ganz traurig. Schwule und Lesben haben keinen offenen Platz, keine eigene Subkultur, keine Möglichkeit, sich öffentlich zu treffen. Es war keine Disco, Bar, Café. Für Männer war nur Möglichkeit diese kleine Parks und für Frauen auch diese Möglichkeit war nicht möglich. In unseren medizinischen Enzyklopädien Homosexualität wurde beschrieben als Krankheit und manchmal in nicht-medizinischen als etwas ganz perverses (...) Und mit diese Reste kann und man soll kämpfen. Und dann kommt neuer Mensch, ganz neu ohne diese Reste mit normaler Sexualität, ohne diese Krankheit, ohne diese Perversität" (AMBERG, 1996, 92).

Unter solchen Bedingungen – so kann man unterstellen – war die Situation Homosexueller auch psychisch hochgradig belastend, sahen sie sich doch als stigmatisierte, pathologisierte und kriminalisierte Minderheit einer ständigen Bedrohung durch Entdeckung ausgesetzt. Allerdings gibt es über die psychische Situation Homosexueller kaum Material. Man kann jedoch annehmen: *Wenn* Homosexualität die Krankheit war, die es zu bekämpfen galt, wird es zu Sowjetzeiten kaum von Interesse gewesen sein, die psychischen Erkrankungen zu erforschen, die Homosexuelle entwickelten *aufgrund* von Stigmatisierung, Pathologisierung und Kriminalisierung. Mit etwas klinischer Erfahrung und aufgrund der Befunde für Deutschland heute, wo trotz erheblich veränderter Grundbedingungen weiterhin psychische Folgen beschrieben werden, muss auch für die Sowjetunion davon ausgegangen werden, dass Homosexuelle schwere psychische Schäden von Krankheitswert davontrugen.

1.3.2 Sexualität in der ehemaligen Sowjetunion

Abgesehen vom Themenkomplex Homosexualität war das Thema Sexualität in der sowjetischen Gesellschaft überhaupt außerordentlich prekär.

"For many decades Soviet Society hypocritically portrayed itself as utterly asexual, even sexless; it eventually even convinced itself of such drivel"(KON, 1993, 15).

Vor der stalinistischen Repression wurde Sexualität noch relativ offen diskutiert und gelebt. Voreheliche Beziehungen hatten bis zu 95 % der Männer und 62 % der Frauen. Freuds Arbeiten wurden nicht nur im wissenschaftlichen Diskurs aufgenommen; seine Hauptwerke waren in Übersetzungen verfügbar. In den 30er Jahren wurden sie jedoch verboten, von den Lehrplänen verschwand das Fach Sexualkunde. Abtreibung wurde 1936 verboten (bis 1955). Aufklärung sollte – wenn überhaupt, in den Familien mit Schwerpunkt auf Moral und Liebe – stattfinden. Die traditionelle Verknüpfung zwischen Sexualität und Familie wurde unter dieser Prämisse erneut maßgebend. Hinzu kam der ideologische Aspekt:

"If a person was first and foremost a productive force working for the universal future of humankind, he or she should produce material commodities during worktime, and at home, in the night, produce children"(KON, 1993, 24).

Womit das Abtreibungsverbot eine Erklärung fände und klargestellt wurde, dass Homosexualität unpatriotisch, weil unproduktiv, war. Allerdings ging die Verbannung von Sexualität aus der öffentlichen Wahrnehmung noch weiter. Absurd mutet KONS (1993) Anekdote an, dass die Reproduktion der *Venus von Milo* in den 50er Jahren als pornographisch untersagt wurde, nichtsdestotrotz wirft sie ein entlarvendes Licht auf die damaligen Verhältnisse. Die Sexualwissenschaft spielte zwischen 1930 und den 60er Jahren des vergangenen Jahrhunderts in der UdSSR praktisch keine Rolle mehr. Bis zu Beginn der 90er Jahre gab es keine ernstzunehmenden psychologischen Forschungen zu Themen der Sexualität (KON, 1993). Letztlich wurde Sexualität nur im Kontext von Ehe als akzeptabler Beweggrund betrachtet. Aufklärung fand praktisch nicht statt.

"The country has no family sex education. In February 1991, the All-Union Public Opinion Centre conducted a representative survey among the Russian population, asking ‚Did your parents talk to you about sex education?'. As few as 13 per cent said

‚yes'; 87 per cent said ‚no'. (...) Soviet schools had no real sex education. So, if their parents are not discussing the subject either, where are young people to obtain their information?" (KON, 1993, 30).

Noch im April 1991 wurde auf einem Kongress der pädagogischen Wissenschaften vor allem die moralische Situation in der Gesellschaft, fehlende Spiritualität etc. beklagt. Sexualität im engeren Sinne war kein Thema. Die rigide Sexualmoral in der sowjetischen Gesellschaft betraf also nicht nur die kriminalisierte Homosexualität. Generationen wuchsen zudem in einem allgemein sexualfeindlichen Klima auf. Sexualität umgab die Aura des Verbotenen, Homosexualität war in diesem Kontext erst recht *the unmentionable sin*.

1.3.3 Homosexualität in Polen

Für die Jahre vor 1989 ist die Quellenlage zur Situation Homosexueller in Polen dürftig. Wie in der Sowjetunion unterlag ihre Existenz einem kollektiven Schweigen. WARKOCKI (2006) schreibt dazu:

„In Polen war lange nichts Genaues über die Existenz von Homosexuellen bekannt. ‚Das Schweigen bestimmte ihr Dasein', so drückte es Julian Stryikowski (ein polnischer Jude aus der Ukraine, Schriftsteller, Kommunist und Homosexueller) in einer späten Erzählung einmal auf genial einfache Weise aus" (WARKOCKI, 2006).

Dieser Befund entspricht dem, was KON (1993) mit der *unmentionable sin* für die Sowjetunion ausdrückte. Für die Homosexuellen in Polen hatte das Schweigen zur Folge, dass sie meinten, sie seien die einzigen auf der Welt, wie in einer Interview-Studie der Soziologin MAJKA-ROSTEK erwähnt wird, die WARKOCKI (2006) zitiert. Abgesehen davon, dass es vor der Wende 1989

„gewiss homosexuelle Menschen (gab), ... sind nur wenige Spuren von ihnen erhalten. Nach wie vor fehlen systematische Forschungsarbeiten über die Geschichte von Homosexuellen in der Volksrepublik und in den Zeiten davor" (WARKOCKI, 2006).

Umso bemerkenswerter erscheint es da, dass Homosexualität in Polen seit 1932 legalisiert war. In der öffentlichen Wahrnehmung traten Homosexuelle jedoch nicht in Erscheinung. Hier mag der besondere Stellenwert, der der katholischen Kirche im Land zukam, eine wesentliche Rolle spielen.

„Besonders in Polen formte die Gesellschaft neben der kommunistischen, offiziellen Gesellschaftsstruktur einen privaten Gegenentwurf, wobei das Selbstverständnis auf der deutlichen Abgrenzung zur Staatsdoktrin beruhte und sich auf die Werte der christlich-abendländischen Tradition stützte" (FELDMANN-WOJTACHNIA, 2005, 3).

Der tief in der Gesellschaft verwurzelte Glaube hatte Abgrenzungsfunktion zum herrschenden politischen System und beinhaltete Ausgrenzungsstrategien gegenüber allem, was mit dem Katholizismus unvereinbar war. In diesem Kontext gewinnt WARKOCKIS (2006) Hinweis auf staatliche Repression eine zusätzliche Dimension, denn obwohl Homosexualität in der Volksrepublik Polen nicht verboten war, konnte der Staat Homosexualität als Druckmittel einsetzen. Er instrumentalisierte dadurch die im Volk vorherrschende christlich-traditionelle Wertorientierung zu eigenen Zwecken.

„Ein Teil dieser Geschichte ist die Aktion ‚Hyacint', eine geheime Maßnahme der Miliz (vermutlich zwischen 1986 und 1988), die darauf angelegt war, schwule Männer zu überwachen beziehungsweise unter Druck zu setzen. Die Rolle, die ‚Hyacint' spielte, ist bis heute noch nicht geklärt. Dass es aber eine solche Aktion gab, zeigt einerseits, dass Homosexualität in der Volksrepublik Polen sehr leicht als Anlass zur Erpressung und Verfolgung dienen konnte. (...) Was damals im Rahmen der Aktion jedoch wirklich passierte, bleibt ein Rätsel. Man darf sogar vermuten, dass diese Angelegenheit immer noch gravierende Folgen für die Betroffenen hat" (WARKOCKI, 2006).

Erpresst werden konnten die Homosexuellen nur, weil das gesellschaftliche Klima trotz fehlender legislativer Kriminalisierung ihnen gegenüber feindlich war. Und diese Feindseligkeit ist maßgeblich auf den Einfluss der katholischen Kirche zurückzuführen. In jedem Fall zielt Erpressung auf Angst vor Entdeckung vermeintlich oder real verwerflichen Tuns. Die wenigen Hinweise auf die psychische Situation Homosexueller, die der spärlichen Datenlage zu entnehmen sind, verweisen auf Isolation, Einsamkeit und Angst in einem gesellschaftlichen Klima der Tabuisierung und des Schweigens, das aus zwei Quellen gespeist wurde: einerseits durch die katholische Kirche, andererseits durch den Staat, wenn es in dessen Interesse war, Einzelne zu erpressen.
Auch in Polen werden spezifische Begriffe für Homosexuelle verwendet. Einer der gebräuchlichste ist *pedal*, wobei es keine Erklärungen für den Grund seiner Verwendung zu geben scheint.

„Es gibt ganz wenige Bezeichnungen mit neutraler Bedeutung wie homoseksualista oder lesbijka. Die meisten Begriffe sind pejorativ, wobei auch neutrale Lexik pejorativ verwendet wird, z. B. laska (Stock, Stab), pedal (Pedal)" (JUREK, 2006, 8).

Warum ein Begriff wie Pedal (im Sinne von Gaspedal z. B.) pejorativ für Homosexuelle verwendet wird, bleibt im Dunkeln.

1.3.4 Sexualität in Polen

Wie in der Sowjetunion beruhte das Geschlechterverhältnis vor allem auf patriotischen Prämissen. Sexualität spielte hierbei vor allem vor dem Hintergrund von Mutterschaft eine Rolle. In ihrer historischen Darlegung der Diskriminierung von Frauen in Ost- und Mitteleuropa verweist CHOLUJ (2003) auf deren Bedingtheit durch den Umstand, dass die „*Rechtslage der westlichen noch nicht angeglichen ist*" (CHOLUJ, 2003, 2). Dazu stellt sie fest:

„Polen ist für den ganzen sogenannten Osten nicht repräsentativ, jedoch die radikale Annäherung seiner politischen Eliten an die katholische Kirche zeigt, daß die Rückkehr zu traditionellen Auffassungen von Geschlechtern in der sozialen Politik immer noch möglich ist ... " (CHOLUJ, 2003, 4).

Wie FELDMANN-WOJTACHNIA (2005) zeigt sie den zweiseitigen Ansatz der polnischen Normenentwicklung auf. Dies habe mit der besonderen historischen Situation des Landes zu tun.

„Außerhalb der Frauenbewegung herrscht in Polen eine starke Abneigung gegen den Feminismus. Es ist nicht nur eine Folge der Frauenpolitik nach 1989, sondern verbindet sich mit der jahrhundertelangen Tradition der Geschlechterverhältnisse, die sich seit der ersten Teilung Polens 1772 zu entwickeln begann und die noch in der Volksrepublik Polen, also nach 1944, ungestört fortbestehen konnte. Die Teilungen Polens (...) führten dazu, daß sich der private Bereich in eine Ersatzöffentlichkeit verwandelte, in der die Erziehung der Kinder zu politischem Kampf um die nationale Unabhängigkeit wurde "(CHOLUJ, 2003, 6f).

Wenngleich CHOLUJ (2003) zum Teil auf die heutige Situation der Frauen in Polen Bezug nimmt, so sieht sie sie offenkundig in ungebrochener traditioneller Kontextuierung verortet. Die Autorin führt aus, wie sich diese Rolle („*Mutter Polin*") mit dem Marienkult verwob, der mit der Krönung der Heiligen Mutter Maria zu Polens Königin 1656 durch König Johannis III. Sobieski begründet wurde. Auf diese Weise hat die Rolle der Frau als Mutter eine traditionell verwobene religiöse nationalpolitische Struktur, die tief in der Gesellschaft verankert ist. Schließlich hat sich das kommunistische System diesen Umstand zunutze gemacht.

„In der Verfassung der Volksrepublik Polen war zwar die Gleichberechtigung der Geschlechter durch den Artikel 78 garantiert, aber in ihr gab es auch Paragraphen, die die Doppelbelastung der Frauen förderten. Unter anderem lesen wir dort: ‚Die Volksrepublik Polen fördert die Stellung der Frauen in der Gesellschaft, vor allem die der Mütter und der berufstätigen Frauen'. Diese Doppelbelastung war nicht eine Idee an sich, sondern erfüllte zwei Fronten: eine ökonomische auf dem Arbeitsmarkt, auf dem nach dem Kriege männliche Arbeitskräfte fehlten, und eine demographische. Der

Bevölkerungsmangel in den ehemaligen deutschen Gebieten (...) sollte durch eine erhöhte Geburtenrate ausgeglichen werden" (CHOLUJ, 2003, 13).

Sexualität findet bei diesen Überlegungen nur im Subtext statt. Ihre Funktion steht im Dienste der Reproduktion und des Gemeinwohls. Da überrascht es nicht, dass Aufklärung kaum eine Rolle spielte, wenn Sexualität letztlich eher einer patriotischen Pflicht gleichkam. Insofern dürfte auch in Polen Homosexualität als unpatriotisch gegolten haben. CHOLUJ (2003) spricht explizit von

„Themen, die in Polen in permanenter Rücksicht auf das Gemeinwohl der Gesellschaft jahrzehntelang ausgeblendet wurden – wie Sinnlichkeit, weibliche Identität, lesbische Beziehungen ... " (CHOLUJ, 2003, 13).

Wie in der ehemaligen Sowjetunion fand auch in der Volksrepublik Polen Sexualität als anthropologische Kategorie nur in ideologisch instrumentalisierter Ausdeutung Beachtung. In Polen kommt jedoch noch die vielschichtige Verbindung zum tief in der Gesellschaft verankerten katholischen Glauben hinzu. Folgen sind unter anderem ein fast vollständiges Fehlen sexueller Aufklärung und Intoleranz gegenüber sexuellen Minderheiten wie Lesben und Schwulen

1.4 Der Stellenwert der Religion in den Herkunftsländern

Während beide Staaten, sowohl die Sowjetunion als auch die Volkrepublik Polen, aus zutiefst religiös geprägten Gesellschaften hervorgegangen waren, unterschieden sie sich doch im Umgang mit den Religionen und den Gläubigen. Im Einzelnen können die historischen und soziokulturellen Bezüge hier keine annähernd ausreichende Würdigung erfahren. Es soll aber auf das allgemeine gesellschaftliche Klima im Hinblick auf die Religionen hingewiesen werden.

1.4.1 Ehemalige Sowjetunion

Russland wurde, beeinflusst durch die griechisch-orthodoxe Kirche, ab 988 durch Großfürst Wladimir von Kiew christianisiert. Nach der Eroberung Konstantinopels durch die Türken 1453 übernahmen die russischen Zaren die Führung der orthodoxen Kirche, nachdem sie Russland unter ihrer Herrschaft zusammengefasst hatten. Das entstehende orthodoxe Patriarchat wurde 1721 von Peter dem Großen aufgehoben, die kirchliche Verwaltung fiel unter staatliche Kontrolle. Diese Verbindung wurde 1917 nach der Revolution zunächst wieder aufgehoben (vgl. GLASENAPP, 1963). Sehr rasch setzte aber auch die Unterdrückung von Religion und Religionsausübung ein:

„In der Sowjetzeit wurden die Religion und die Kirche von den Behörden unterdrückt und Gotteshäuser zerstört. Viele Gläubige waren Repressalien ausgesetzt. Die völlige Vernichtung der Religion, die in allen 20er und 30er Jahren eines der wichtigen Ziele ... gewesen war, konnte in diesem Land nur durch die massenhafte Verhaftung der orthodoxen Gläubigen erreicht werden (...)Verhaftet und vor Gericht gestellt wurden Kirchenaktive. (...) Die religiöse Erziehung von Kindern wurde in den 20er Jahren als eine Straftat, die unter den Artikel 58-10 fiel, das heißt als konterrevolutionäre Agitation qualifiziert!" (http://www.russische-botschaft.de/Information/religion.htm).

Der Repression unterlagen nicht allein die russisch-orthodoxen Gläubigen, sondern auch die Mitglieder anderer Glaubensrichtungen, z. B. die Juden:

"Jewish cultural and communal life was suppressed and opportunities to maintain the Jewish tradition were eliminated. Major forms of traditional life were obliterated despite the preservation of social contacts among Jews" (MITTELBERG & LEV-ARI, 1995).

Dem Volk wurde alternativ eine Ideologie „angeboten", die die Erfüllung religiös motivierter Jenseitssehnsüchte schon im Hier und Jetzt versprach. Wie KLAUBER (1980) anmerkt, kann hier durchaus eine Parallele zur Religion gezogen werden:

„Das Bedürfnis des Menschen nach Phantasie wird nirgends so deutlich wie in der hohen Wertschätzung, die zu allen Zeiten der Einzelne und die Gesellschaft der Religion beimaßen – einbegriffen vielleicht unsere Epoche des messianischen Sozialismus" (KLAUBER, 1980, 225).

In diesem Zusammenhang ist MICHNIKS (1998) Interpretation des Kommunismus als prophetischer Heilsbringer interessant:

„Das klassenlose kommunistische Paradies war also nicht nur ein erträumtes, sondern auch ein ‚unausweichliches Paradies'. Nur ein Dummkopf und Verräter konnte sich gegen den Kommunismus stellen. Denn dieser gab den Menschen die Illusion einer vernünftig organisierten Arbeit und Beteiligung an der Macht. Deshalb war der sowjetische Kommunismus nicht einfach eine Form von ‚Polizeidiktatur'. Dieses System gewann die Unterstützung der Menschen, indem es ihnen Illusionen anbot. ‚Daß er diese Illusionen dem Kommunismus verdankte, machte den homo sovieticus vom Kommunismus abhängig', schreibt Tischner dazu" (Michnik, 1998, 94).

Nichtsdestoweniger hatte die orthodoxe Kirche ihren Einfluss auf das Volk jedoch bis in die Kriegsjahre beibehalten. So versuchte Stalin sie 1943 auf seine Seite zu bringen, weil er sie als Verbündete im Kampf gegen den deutschen Kriegsgegner gewinnen wollte. Letztlich blieb es jedoch bei einer weitestgehend kompromisslos atheistischen Strategie des Staates. Religion galt als konterrevolutionär und wurde bis zur Politik Gorbatschows (Stichwort Perestroika) unterdrückt. Es blieb bei der Verfolgung religiöser Bürger, Religionsunterricht war verboten, stattdessen wurde Atheismus unterrichtet. Auf diesem Wege sollte Religion gänzlich aus der Gesellschaft getilgt werden. Ende der 80er Jahre des vergangenen Jahrhunderts wurden von amerikanischen Soziologen und dem sowjetischen Institut für soziologische Fragestellungen Zahlen zur Religiosität unter der Moskauer Bevölkerung erhoben. Sie scheinen den „Erfolg" dieser Politik zu belegen: Nur 10 % der Moskauer insgesamt bezeichneten sich als gläubig, 13 % gaben an, dass Religion in ihrem Leben eine wichtige Rolle spielt (zit. n. BESSMERTNYJ & FURMAN, 1990, 223). Die auf dem Papier bestehende, unter Lenin 1918 verfügte Religionsfreiheit hatte rein deklarativen Charakter. Tatsächlich konnte Religion und Religionsausübung weitgehend nur im Verborgenen existieren und praktiziert werden, während Repression und Verfolgung stets präsent blieben.

„Nicht nur viele Geistliche, sondern auch viele Sympathisanten kamen damals wegen ihrer Überzeugungen in Gefängnisse und Straflager (...), waren Durchsuchungen und nicht enden wollenden Verhören ausgesetzt"(BESSMERTNYJ & FURMAN, 1990, 224).

BESSMERTNYJ und FURMAN (1990) sprechen hier die 70er Jahre an, in denen es unter den Intellektellen und den Dissidenten zum Teil zu einer *„Klerikalisierung"* gekommen sei. Breitere Bevölkerungsschichten waren davon aber nicht betroffen.

1.4.2 Polen

Anders als in der Sowjetunion gelang es auch trotz Repression in der Volksrepublik Polen nicht, den Einfluss der Religion und damit der katholischen Kirche einzudämmen. Wie bereits erwähnt waren Katholizismus und Polentum eng miteinander verknüpft, ja zum Teil wohl miteinander identifiziert. Die kommunistische Herrschaft in Polen wurde dagegen immer auch als Fremdherrschaft und daher als antinational erlebt. Für die nationale polnische Identität ist der Katholizismus seit der Christianisierung des Landes im 10. Jahrhundert konstitutiv. Dabei war der Umstand von Bedeutung, dass Polen im Laufe der Jahrhunderte immer auch ein von anderen Religionen und Konfessionen umgebener (katholischer) Grenzstaat war. Polen

„...grenzte an die Gebiete des russisch-orthodoxen Glaubens und zeitweise sogar an die der islamischen Mongolen und Türken. In der Reformation blieb Polen zwar katholisch, aber die Nachbarstaaten im Norden (...) und im Westen (...) schlossen sich dem Protestantismus an" (HOLZER, 1998, 67).

In klarer Abgrenzung dazu war die Gottesmutter Maria zur Königin von Polen avanciert. Dementsprechend, schreibt HOLZER (1998), blieb der „*nationale Charakter des polnischen Katholizismus erhalten, auch wenn der polnische Staat zwischenzeitlich zusammenbrach*"(HOLZER, 1998, 67). Der Katholizismus wurde zur identitätsstiftenden Klammer des Polentums. Wenn auch in der Volkrepublik Polen der von MICHNIK (1998) beschriebene und von KLAUBER (1980) sogenannte *sozialistische Messianismus* zur Staatsideologie avancierte und damit der gesellschaftliche Umbau einherging, so gewann er dennoch nicht die Kraft, den im Volk verwurzelten katholischen Glauben einzudämmen. Tatsächlich berief sich Kirche ihrerseits auf den Nationalismus, um sich der Kontrolle des Staates zu entziehen.

„(I)n mehreren öffentlichen Gerichtsprozessen wurden Vertreter der Kirche wegen Kriegskollaboration oder illegaler staatsfeindlicher Tätigkeit verurteilt. Die Kirche ihrerseits beantwortete die Versuche der staatlichen Behörden, sie einer uneingeschränkten staatlichen Kontrolle zu unterstellen, mit zahlreichen Protesten. Sie beschuldigte die Kommunisten, die nationalen Interessen zu verraten und die nationale Solidarität zerstören zu wollen" (HOLZER, 1998, 70f).

In Polen entwickelte sich die Rivalität zwischen Katholizismus und Kommunismus zum Machtkampf. Während in den 60er Jahren die Staatsmacht das tausendjährige Bestehen Polens feierte, stellte dem die Kirche die eigenen Feierlichkeiten zur Tausendjahrfeier der Christianisierung gegenüber. Da die Kirche Nation und Katholizismus miteinander identifizierte, der Staat aber das Nationale vom Katholizismus trennte, hatte erstere das fromme Volk auf ihrer Seite. Eindruckvoll zeigte sich dies 1979 beim ersten Besuch des „polnischen" Papstes Johannes Paul II in seiner Heimat:

„Der nationale Anspruch der Kirche wurde durch die Teilnahme von Millionen Menschen an den Gottesdiensten bestätigt. Gerade die Schikanen des Staates führten dazu, daß sich die Situation so darstelle, daß der millionenfachen Nation ein Häuflein kommunistischer Nomenklatur (...) gegenüberstand" (HOLZER, 1998, 70f).

In Abgrenzung zur Sowjetunion lässt sich zu Polen also sagen, dass Religion und Glaube aufgrund ihrer historischen Wurzeln und der konfessionellen Homogenität der polnischen Gesellschaft allen Repressionsversuchen widerstanden. Dies hatte - anders als in der Sowjetunion, wo Religion und Glauben weitgehend aus Alltag und Erleben der Menschen verschwanden - in der Volksrepublik Polen basale Auswirkungen auf das menschliche Miteinander. Ihre normative Kraft gestaltete weiterhin den Alltag der Menschen. Sie verbanden sich dabei mit den traditionellen familiären Werten, die immer auch als Widerstand gegen die Staatsgewalt verstanden wurden.

"Besonders in Polen formte die Gesellschaft neben der kommunistischen, offiziellen Gesellschaftsstruktur einen privaten Gegenentwurf, wobei das Selbstverständnis auf der deutlichen Abgrenzung zur Staatsdoktrin beruhte und sich auf die Werte der christlich-abendländischen Tradition stützte. Bei diesem Rückzug ins Private spielte die Familienbindung eine entscheidende Rolle, die in Polen im historischen Bewusstsein zu den Grundbedingungen des nationalen Überlebens gehörte. Die Familie wurde als Wiege des geistigen Widerstandes, als Filter und Korrektiv angesehen. Besonders zu sozialistischen Zeiten diente die Familie, in die auch Verwandte, Freunde und Nachbarn einbezogen wurde, als Institution zur gegenseitigen Hilfestellung bei der Bewältigung des Alltagslebens" (FELDMANN-WOJTACHNIA, 2005, 3).

In diesem Zusammenhang sei auch auf die Kirchengemeinde als Ort des Austausches und als quasi erweiterten Familienraum hingewiesen, der im Alltag der Bevölkerung tief verwurzelt war. Die Kirchengemeinde bot zudem Schutz vor anderen (politisch kontrollierten) Institutionen wie Schule oder Arbeitsplatz. Darüber hinaus fand in den Gemeinden ungehindert der Religionsunterricht statt.
Zusammenfassend lässt sich sagen, dass der Katholizismus in Polen eine – trotz zeitweise massiver Repression – ungebrochene Kraft und damit großen Einfluss auf moralische Werte- und Normenentwicklung des Einzelnen beibehielt, wobei Religion und Nationalismus untrennbar verbunden blieben, also doppelt identitätsstiftend wirkten.

1.5 Migration aus der ehemaligen Sowjetunion und Polen

Die Migration aus der Sowjetunion, ihren Nachfolgestaaten und aus der Volksrepublik Polen ist verknüpft mit der Thematik der Aussiedlerzuwanderung und dem Aspekt der jüdischen Auswanderung aus der Sowjetunion im Rahmen des Kontingentflüchtlingsgesetzes. In den Augen der Öffentlichkeit der aufnehmenden deutschen Gesellschaft werden diese Gruppen jedoch nicht anders als Ausländer wahrgenommen, wenngleich sie sich rein rechtlich von anderen Zuwanderern aus dem Ostblock unterscheiden.

"Die Rolle von ‚Aussiedlern' bzw. ‚Spätaussiedlern' ist dabei aus mehreren Gründen ein euphemistischer Mummenschanz; denn anerkannte ‚Aussiedler' haben im Sinne des Deutschen Kriegsfolgerechts zwar Anspruch auf die deutsche Staatangehörigkeit, sind mithin Deutsche mit allen Rechten und Pflichten. Sie kamen und kommen aber kulturell, mental und sozial in eine echte Einwanderersituation" (BADE & OLTMER, 2003, 32).

Analoges gilt für die jüdischen Kontingentflüchtlinge. Allerdings haben sie kein Anrecht auf Renten und die Anerkennung ihrer beruflichen Qualifikation, wobei ihre Zuwanderung jedoch keiner Quotierung unterliegt (vgl. HARRIS, 2003).

Zwischen 1950 und 1987 betrug die Anzahl der aus Polen kommenden Aussiedler fast 850.000 (61 %) Menschen, während der Anteil der aus der Sowjetunion kommenden Aussiedler lediglich 8 % (110.000) der Aussiedler betrug. (vgl. BADE & OLTMER, 2003). Zwischen 1988 und 1998 hatte sich das Verhältnis nahezu umgekehrt. Nun kamen von insgesamt 2,5 Millionen Aussiedlern aus Osteuropa 1,6 Millionen (64 %) aus der Sowjetunion und noch 600.000 (24 %) aus Polen. Es handelt sich dabei zum großen Teil um die Nachkommen der zuvor in den Osten Europas ausgewanderten Deutschen.

„Nach Hunderttausenden zählte noch bis weit in das 19. Jahrhundert hinein die kontinentale Auswanderung von Deutschen nach Ost- und Südosteuropa, vor allem nach Russland und in die Habsburgischen Länder. Viele Spuren deutscher Siedlungsschwerpunkte erloschen erst im Jahrhundert der Weltkriege, durch Zwangsumsiedlungen, durch kulturelle Repression und zuletzt durch die Ausreise derer, die heute als „Spätaussiedler" nach der Heimat der Vorfahren suchen, die dem Traum vom Leben als „Deutsche unter Deutschen" in vieler Hinsicht wenig entspricht" (BADE &. OLTMER, 2003, 10).

Sowohl bei den ausgewanderten Vorfahren als auch bei ihren rückkehrenden Nachkommen handelt(e) es sich also um eine kaum vorstellbare Massenbewegung. Sie selbst und die Generationen zwischen ihnen hatten epochale Veränderungen erlebt und zu bewältigen. Umfängliche soziokulturelle Transformationsprozesse, Assimilierungsdruck, Verfolgung und Vertreibung infolge (geo-)politischer Umwälzungen brachten es mit sich, dass die „Rückkehrer" nicht erst nach dem II. Weltkrieg in ein Land kamen, das nicht mehr mit den überkommenen Vorstellungen übereinstimmte. Vielmehr waren sie weitgehend zu Russen oder Polen mit deutscher Vergangenheit geworden. Untereinander bild(et)en sie nicht unbedingt homogene Gruppen, lagen ihre Siedlungsgebiete doch zum Teil tausende Kilometer weit auseinander. Oftmals hatten sie über Generationen hinweg durch Vertreibung und Umsiedlung bereits mehrfach ihre Heimat verloren, zum Teil auch durch Rückwanderung vor dem II. Weltkrieg oder währenddessen (vgl. BADE und OLTMER, 2003). Infolge des II. Weltkrieges kam es zunächst zu Vertreibungen, später dann zu repressiver Ausreisepolitik. Repression und Diskriminierung aufgrund ihrer Herkunft und Geschichte gehörten vor allem noch unter Stalin zum Alltag der Minderheiten in den Ländern des Warschauer Paktes. In der Volksrepublik Polen beispielsweise existierten Deutsche offiziell gar nicht mehr. Erst 1975 kam es zwischen der BRD und Polen zu einem Ausreiseabkommen. 1990 wurden im deutsch-sowjetischen Vertrag Minderheitenrechte ausgehandelt. Zu diesem Zeitpunkt hatte die Massenzuwanderung bereits eingesetzt.

„Wichtigste Antriebskräfte in den Ausgangszeiträumen für die jahrelang, zum Teil aber auch schon länger als ein Jahrzehnt betriebenen Ausreisebemühungen waren die Unterdrückung, Einengung bzw. Nichtakzeptanz ethnischer, religiöser und sprachlich-

kultureller Minderheiten in den Staaten des Warschauer Pakts (abgesehen von Ungarn). (...) Bei den Anziehungskräften, die aus den auf das Wanderungsziel Deutschland gerichteten Absichten und Hoffnungen sprechen, dominierten nach den Befragungen des Münchener Osteuropa-Instituts der Wunsch nach Familienzusammenführung und ethnische Motive, die in der Regel in der Zielvorstellung Ausdruck fanden, als ‚Deutsche unter Deutschen leben' zu wollen"(BADE & OLTMER, 2003, 26).

Mochte dies für die Aussiedler gelten, hatten die Zuwanderer nichtdeutscher Herkunft oftmals ähnliche Motive, ihre Heimat zu verlassen. Repression und Verfolgung in der ehemaligen Sowjetunion und in der Volksrepublik Polen betrafen nicht ausschließlich die Juden und Deutschen. Und familiäre Gründe waren zum Beispiel auch dann gegeben, wenn, wie bei einer Vielzahl der Zuwanderer, eine binationale Ehe geschlossen wurde. Auch wirtschaftliche Gründe spielten für sie in der gewaltigen Umbruchsituation im ehemaligen Ostblock eine ebenso große Rolle wie die politische und soziale Unsicherheit.
Durch den Assimilationsdruck war es in weiten Teilen der Bevölkerung zu Angleichungsprozessen zwischen Russen bzw. Polen und Bürgern deutscher Herkunft gekommen. Dies ergibt sich schon allein durch die vielfältigen familiären Verbindungen etc., was auch an den häufig russischen Familiennamen der Aussiedler deutlich wird.
Als Aussiedler wurden auch Menschen anerkannt, die nicht *ausschließlich* deutsche Vorfahren hatten. Hier ist es zu weitgehenden Vermischungen der Nationalitäten gekommen. Das im Einzelnen darzulegen, kann an dieser Stelle nicht geleistet werden und soll nicht Gegenstand weiterer Differenzierungen für die untersuchten Stichproben sein. Darüber hinaus scheint hier auch ein Forschungsmangel zu bestehen, wenn in der Vielzahl von Untersuchungen zur Situation der aus der ehemaligen Sowjetunion zugewanderten Menschen nicht klar zwischen russlanddeutschen und sowjetischen Herkunftshintergründen unterschieden wird. So stellt WESTPHAL (2003) fest:

„Weitere Ergebnisse können aus Untersuchungen über das Leben der gesamten weiblichen Bevölkerung in der ehemaligen Sowjetunion abgeleitet werden, wobei allerdings Untersuchungen zu der Frage der Vergleichbarkeit der russlanddeutschen mit der sowjetischen Gesamtbevölkerung, auch aus einer geschlechtsspezifischen Perspektive, fehlen" (WESTPHAL, 2003, Fußnote, 129).

Wenn im Folgenden insbesondere auf Aussiedler Bezug genommen wird, so soll dies exemplarisch auch für die anderen Zuwanderergruppen aus den hier interessierenden Herkunftsländern gelten. Dieser Zugang erscheint auch vor der Feststellung BADES (2003) legitim, dass die Aussiedler sowohl *kulturell, mental und sozial* wie die anderen Zuwanderer aus der Sowjetunion und der Volksrepublik Polen in eine *echte Einwanderersituation* kamen (s. 1.5.2; HERWARTZ-EMDEN, 2008).

An dieser Stelle sei dennoch kurz auf die spezifische Situation jüdischer Zuwanderer aus der ehemaligen Sowjetunion hingewiesen. Nach den Jahren 1989/90 kamen Juden als *Kontingentflüchtlinge* nach Deutschland. Das Kontingentflüchtlingsgesetz datiert auf Anfang der 80er Jahre und war zur unbürokratischen Aufnahme vietnamesischer *boat people* erlassen worden.

„*Als nach dem Niedergang der kommunistischen Herrschaft deutlich wurde, daß bei vielen russischen Juden der Wunsch nach Einwanderung in die Bundesrepublik bestand, beschloß die Bundesregierung die Anwendung des Kontingentflüchtlingsgesetzes auf diese Migrantengruppe" (HARRIS, 2003, 251).*

Im Wesentlichen beinhaltete es die umgehende Anerkennung als Asylberechtigte, was auf die besondere Verantwortung Deutschlands als verantwortliche Nation für den Holocaust zurückzuführen ist. Einreiseanträge russischer Juden wurden fast ausnahmslos positiv beschieden. Hier besteht eine deutliche Parallele zu den Aussiedlern.

„*Die Zuwanderung von russischen Juden und Aussiedlern weist neben der geographischen Herkunft weitere charakteristische Parallelen auf (...). Beide Einwanderergruppen sind gegenüber anderen vielfach privilegiert, was sich in erster Linie in ihrer unmittelbar nach dem Grenzübertritt erfolgenden rechts- und wohlfahrtsstaatlichen Inklusion ausdrückt (...) Als Deutsche gemäß Art. 116 GG erhalten Aussiedler binnen weniger Wochen den deutschen Paß und das Wahlrecht. Russische Juden werden zwar nicht sofort deutsche Staatsbürger, als Flüchtlinge im Sinne der Genfer Konvention steht ihnen jedoch ein exzeptioneller ausländerrechtlicher Status zu, der ihnen nach sieben Jahren Aufenthalt den deutschen Paß garantiert" (HARRIS, 2003, 249).*

Zentren jüdischer Zuwanderung waren Berlin, Köln, Frankfurt a. M. und Düsseldorf. Juden aus der ehemaligen Sowjetunion hatten zum Großteil den Bezug zu ihrer Religion aufgegeben bzw. verloren. HARRIS (2003) zitiert in diesem Zusammenhang MITTELBERG und LEV-ARI (1995):

„*A key characteristic of Russian Jewry throughout the years has been heavy pressure placed on them to assimilate. Jewish cultural and communal life was suppressed and opportunities to maintain the Jewish tradition were eliminated. Major forms of traditional life were obliterated despite the preservation of social contacts among Jews" (MITTELBERG & LEV-ARI, 1995).*

Während zwischen Juden und Aussiedlern ein fundamentaler Unterschied in der Hinwendung zur deutschen Kultur besteht, teilen sie zugleich die Erfahrung der Repression und der Zugehörigkeit zu einer Minderheit, die in der Sowjetunion erhöhtem Assimilationsdruck ausgesetzt war. Darin besteht ein Unterscheidungsmerkmal zu anderen Zuwanderergruppen aus Osteuropa, deren Hauptmotiv für das Verlassen der Heimat in der Hoffnung auf eine ökonomische Verbesserung ihrer Situation, nicht aber in ihrem Minderheitenstatus lag, wenngleich auch sie anderweitige Unterdrückung erlebt habe mochten.

1.5.1 Aspekte der Situation zugewanderter Frauen aus Osteuropa

Unter den Untersuchungen zur Situation zugewanderter Frauen aus Osteuropa gibt es keine vergleichenden Erhebungen, die differenzieren zwischen russischen Migrantinnen, jüdischen Kontingentflüchtlingen und Spätaussiedlerinnen aus Russland. Analoges gilt für polnische Migrantinnen und Spätaussiedlerinnen aus Polen. Es ist daher nicht möglich, für die einzelnen Subgruppen je spezifische und dann untereinander vergleichbare Aussagen zu machen. Allerdings gibt es eine vergleichende Verlaufsuntersuchung zur wirtschaftlichen Situation polnischer und russischer Spätaussiedlerinnen, auf die im Folgenden kurz eingegangen werden soll. Zum anderen wurden im Rahmen des von Leonie HERWARTZ-EMDEN (2003) geleiteten Forschungsprojektes FAFRA[1] spezifische Aspekte von Mutterschaft, Weiblichkeit und mütterlicher Erziehung bei Spätaussiedlerinnen aus der ehemaligen Sowjetunion untersucht. Auch darauf soll eingegangen werden. Die Übertragbarkeit der Ergebnisse auf die anderen Gruppen wird kurz diskutiert.

1.5.1.1 Berufliche Situation und Familienorientierung

Aussiedlerinnen und Aussiedler hatten in ihrem Herkunftsland zumeist einen sicheren Arbeitsplatz, mussten jedoch nach ihrer Übersiedlung *„fast alle eine Phase der Erwerbslosigkeit durchlaufen"* (GREIF et al., 2003, 81). Besonders für Frauen sieht die berufliche Situation schlecht aus, wobei insbesondere Akademikerinnen betroffen sind.

„Besonders schwierig ist die Situation für die erwerbssuchenden Frauen. Die Aussiedlerinnen treffen auf eine geschlechtlich segregierte Arbeits- und Lebenswelt und haben durch ihre ausländische Herkunft kaum Chancen, in höhere und sichere berufliche Positionen zu gelangen" (GREIF et. al., 2003, 82).

In einer Längsschnitterhebung zwischen 1992 und Ende 1994 ermittelten GREIF et al. (2003) die Chancen und Bedingungen für den beruflichen Wiedereinstieg von Aussiedlern und Aussiedlerinnen aus Polen, den Staaten der ehemaligen Sowjetunion und Rumänien. Insgesamt wurden 229 Familien in allen vier Wellen der Erhebung untersucht. Unter den polnischen Aus-

---

[1] „Familienorientierung, Frauenbild, Bildungs- und Berufsmotivation von eingewanderten und westdeutschen Frauen und Familien in interkulturell-vergleichender Perspektive" (HERWARTZ-EMDEN, 2003)

siedlerinnen hatten 29 % einen Arbeitsplatz, waren 45 % als erwerbslos gemeldet und 26 % suchten keine Erwerbstätigkeit. Für die aus Russland kommenden Frauen sah die Situation noch schlechter aus: 12 % hatten Arbeit, 49 % waren als erwerbslos gemeldet und 39 % suchen keine Arbeit. Besonders die Frauen mit Hochschulabschluss waren vom beruflichen Abstieg bedroht. Nur eine der befragten Akademikerinnen hatte Arbeit in ihrem Beruf gefunden, insgesamt betrug die Arbeitslosigkeit unter Akademikerinnen fast zwei Drittel. Aber auch die mittlere Qualifikationsgruppe der Technikerinnen und Facharbeiterinnen fand kaum eine Stelle, die ihrer Qualifikation im Herkunftsland entsprach (ca. ein Drittel). Die im Herkunftsland erworbenen Qualifikationen verloren in Deutschland ihren Wert. Bezogen auf die Herkunftsländer gibt es ein unterschiedliches Risiko der Erwerbslosigkeit:

„Die russlanddeutschen Aussiedlerinnen und Aussiedler sind eine Gruppe mit besonders ungünstigen Erwerbschancen. (...) Nur 12 % der Frauen und 33 % der Männer haben eine Arbeitsstelle gefunden (Polen: 29 % und 76 %;...) Die Abstände zwischen den russlanddeutschen Aussiedlerinnen und Aussiedlern und jenen aus den beiden anderen Herkunftsländern sind sehr groß" (GREIF et al., 2003, 103).

Das heißt, dass eine adäquate berufliche Wiedereingliederung von Frauen aus der ehemaligen Sowjetunion mit hoher Qualifikation besonders unwahrscheinlich ist. Oder anders ausgedrückt: *„Der Verlauf der beruflichen Eingliederung ist ... in Abhängigkeit vom Geschlecht, vom Herkunftsland und von der Ausgangsqualifikation sehr unterschiedlich"* (GREIF et al., 2003, 105). Diese Umstände bringen eine tiefe Zäsur für die in ihren Herkunftsländern oftmals hoch qualifiziert tätigen Frauen mit sich. So stellt WESTPHAL (2003) für die Frauen aus der ehemaligen Sowjetunion fest:

„Tatsächlich konnte in den 1970er Jahren ein mit westlichen Industrieländern unvergleichbar hoher Standard in der rechtlichen Gleichstellung, der Partizipation von Frauen auf dem ‚Arbeitsmarkt', dem Bildungsniveau, dem System der staatlichen Kinderbetreuung sowie den Regelungen von Mutterschaftsschutz und -urlaub präsentiert werden" (WESTPHAL, 2003, 129).

Bis zu 90 % der Frauen waren in der 80er Jahren in allen Berufszweigen erwerbstätig, wobei dies unterschiedliche Gründe hatte. Teils herrschte Arbeitskräftemangel, zum anderen war das Lohnniveau sehr gering, sodass sie zum Haushaltseinkommen beitragen mussten (30 % bis 35 % geringer entlohnt als gleich qualifizierte Männer). Zugleich blieben die Frauen nach der Berufsarbeit aber mit der Kinderbetreuung und Hausarbeit betraut, für die Männer sich nicht zuständig fühlten. Einen Dienstleistungssektor, der Entlastungen bei der Hausarbeit geboten hätte, gab es nicht. Unterstützung wurde im familiären Umfeld gesucht und in der Regel durch andere Frauen gegeben, zum Beispiel

kümmerten sich die Großmütter oder andere weibliche Verwandte um die Kinderbetreuung.
In Deutschland sahen sich diese Frauen dann mit andersartigen Bedingungen konfrontiert. So verweist WESTPHAL (2003) auch darauf, dass die unterschiedlichen ökonomischen Verhältnisse in gleichen Berufen auch unterschiedliche Qualifikationen im Herkunfts- und im Aufnahmeland notwendig gemacht hätten, was nur durch aufwendigste Umschulungen und/oder Weiterbildungen zu kompensieren gewesen wäre. Hinzu kam das Sprachproblem. WESTPHAL (2003) stellt fest, dass allen von ihr befragten russischen Aussiedlerinnen die Erfahrung beruflicher Dequalifizierung und Neuorientierung gemeinsam war. Aufgrund der Befunde von GREIF et al. (2003) kann diese Aussage auch auf die Aussiedlerinnen aus Polen ausgedehnt werden.
Diesen Umstand berücksichtigend, kritisiert WESTPHAL (2003) nach Durchsicht vorliegender Untersuchungen zum Rollenverständnis in Aussiedlerfamilien die wiederholt beschriebenen Befunde, dass der familiäre Hintergrund traditionell, konservativ und patriarchal-autoritär geprägt sei.[2]

„Frauen werden häufig als Traditionshüterinnen der Familie, vornehmlich auf ihre Hausfrauen- bzw. Familienrolle beschränkt, thematisiert. In ihrer Rolle als Mutter seien sie für die Vermittlung von autoritären und konservativen Werten und Normen verantwortlich. Ihr Erziehungsstil bringe sie nicht nur in Konflikt mit der jüngeren Generation, sondern auch mit den Erziehungsinstitutionen und Erziehungswerten in Deutschland" (WESTPHAL, 2003, 140).

Mit diesen Deutungen werde jedoch z. B. die prekäre Arbeitsmarktsituation für diese Frauen nicht ausreichend berücksichtigt.

„Gerade in einer Situation der gesellschaftlichen und beruflichen Benachteiligung, so ein hinlänglich gesichertes Ergebnis, erfüllt der Familienalltag und die Familienarbeit neben den Bedürfnissen Schutz, Sicherheit und Solidarität, auch Bedürfnisse der Entscheidungsmacht, sozialen Position und Anerkennung. Dies ist zu berücksichtigen, wenn eine stärkere Familienorientierung bei eingewanderten Frauen festgestellt wird." (WESTPHAL, 2003,148).

Es bleibt also festzustellen, dass die Familienorientierung von Aussiedlerinnen nicht wegen angenommener traditioneller Rollenmuster ausgeprägt ist, sondern eine Kompensation ist für im wirtschaftlichen Kontext erlittene Benachteiligung und den damit erzwungenen Rückzug ins Private. Sie ist

---

[2] Vgl. z. B.: KOLLER, B. (1994): „"almost al investigations on the socio-cultural background of the Aussiedler find that they maintain conservative, traditional, patriarchal values more frequently than the local population. (...) The traditional conservative values attributed to the Aussiedler, however, mean that from the point of view of social psychology they are not very open to change or co-existing competing values and standards which are typical for (Germany's) pluralist society." (zit. n. HARRIS, P. A., 2003, Fußnote 261).

kontextspezifisches Ergebnis des Einwanderungsprozesses. Gerade auch die Aussiedlerinnen, die sich aufgrund ihrer Herkunft als Deutsche erleben, stellen nunmehr fest, dass sie so in der aufnehmenden Gesellschaft weder gesehen noch behandelt werden.

„Einheimische Deutsche suchen diesen Kontakt nicht explizit, und sie nehmen Aussiedler und Aussiedlerinnen häufig nicht als Deutsche, sondern als Fremde bzw. als ‚Russen' wahr. So sind Aussiedler und Aussiedlerinnen, nicht zuletzt auch aufgrund der sich seit Anfang der 1990er Jahre zunehmend verschlechternden Wohn- und Arbeitsmarktlage, meist auf familiäre, verwandtschaftliche und nachbarschaftliche Bezüge innerhalb der Aussiedlergruppe verwiesen" (WESTPHAL, 2003, 127).

Im Umfeld von Familienorientierung und Kindererziehung kommt es dann zur Verschiebung der eigenen Wünsche auf die Kinder.

„Die eigenen Ansprüche der sozialen Zugehörigkeit und des Statuswechsels werden auf die Kinder verlagert und ihnen zur Verwirklichung angetragen. Auch aus dieser Perspektive erlangt der Bereich Erziehung der Kinder einen zentralen Stellenwert in ihrem Selbstkonzept" (WESTPHAL, 2003, 146).

Dieser Aspekt erfordert besondere Berücksichtigung, wenn an die Vermittlung von Werten gedacht wird. Die unreflektierte Weitergabe traditioneller Wert- und Moralvorstellungen würde der angestrebten Integration der Kinder entgegenstehen. Unter der Voraussetzung, dass ein Großteil der zugewanderten Frauen aus Osteuropa mehr oder minder Einsicht in diese Dynamik gewonnen hat, kann man mit HERWARTZ-EMDEN (2003) annehmen, dass auch innerhalb des buchstäblich hergebrachten Werte- und Normengefüges Transformationsprozesse angestoßen werden.

1.5.1.2 Mutterschaft und Weiblichkeit

Es kann also davon ausgegangen werden, dass die *Familienorientierung* der zugewanderten Frauen auch eine aufgrund der wirtschaftlichen Situation erzwungene *Rollenzuschreibung* ist. Dennoch sollte dabei nicht unberücksichtigt bleiben, dass die Zuwanderinnen spezifische Einstellungen zu Familie und Mutterschaft haben könnten, die sich von denen deutscher Frauen unterscheiden. HERWARTZ-EMDEN (2003) verglich Konzepte von Weiblichkeit, Mütterlichkeit und mütterlicher Erziehung von westdeutschen und türkischen Frauen sowie von Spätaussiedlerinnen aus der ehemaligen Sowjetunion. Sie stellt nach Auswertung ihrer Studie zu Einstellungen zur Mutterschaft fest,

"... daß weibliche Orientierungen und Konzepte nicht universal sind, sondern variieren und mit dem gesellschaftlichen und kulturellen Kontext in engem Zusammenhang stehen" (HERWARTZ-EMDEN, 2003, 85).

Stereotypisierungen der zugewanderten Frauen als aus traditionellem Rollenverständnis heraus ausschließlich familienorientiert kommen durch spezifische Vorannahmen, die je soziokulturell geprägt sind, zustande. HUTH-HILDEBRANDT (2002) erklärt diesen Umstand u. a. dadurch, dass

"Migration ... Männermigration geblieben (ist), und aus dieser Perspektive wurden und werden Frauen beschrieben. Diese Sichtweise hat zur Folge, dass in der Debatte um Migration lediglich abgebildet wird, wo und wie sich der Lebensalltag von Frauen in der Migrationssituation von (dem)jenigen der Männer unterschiedet" (HUTH-HILDEBRANDT, 2002, 87).

Eines dieser Unterscheidungsmerkmale ist Schwangerschaft, dann Zuständigkeit für Kinder und Haushalt und Verwiesenheit aufs Private. Wie sehr diese Setzungsweise reduktionistisch bleibt, ist am Aspekt Familienorientierung gezeigt worden. Mutterschaft als Teil von Weiblichkeit und weiblicher Identität von Migrantinnen gerät dann gar nicht mehr in den Blick. HERWARTZ-EMDEN (2003) stellt aber gerade dafür eine herausragende Bedeutung fest:

"Das Erleben von Mutterschaft ist, so wird deutlich, für Aussiedlerinnen (...) aufgrund der Erfahrungen ihres – jeweils spezifischen – Herkunftskontextes mit grundsätzlich positiven individuellen und sozialen sowie überwiegend statuserhöhenden Konsequenzen verbunden..." (HERWARTZ-EMDEN, 2003, 88).

Mutterschaft ist für die Aussiedlerinnen durchgehend positiv konnotiert, was die Autorin auf die bei diesem Personenkreis fehlende „Entweder-oder-Problematik" (bezogen auf Berufstätigkeit) zurückführt. Bei Aussiedlerinnen könnte in dieser Hinsicht die Vereinbarkeit beider Bereiche in den Herkunftsländern eine Rolle spielen (die allerdings durch ökonomische und gesellschaftliche Zwänge mitbedingt war). Für die Aussiedlerinnen stellt HERWARTZ-EMDEN (2003) zudem heraus, dass Versorgung und Behütung der Kinder eine „*Domäne der Frau*" ist, wobei sie nicht auf Berufstätigkeit als Lebenserfüllung verzichten wollen. Ersatz für Kinder wird in der Berufstätigkeit jedoch nicht gesehen. Berufstätigkeit und Mutterschaft stellt WESTPHAL (2003) in Zusammenhang mit in der Sowjetunion weniger stark polarisierten Rollenbildern als in westlichen Gesellschaften:

"Aufgrund andersartiger Industrialisierungsprozesse waren die Sphären Privatheit und Öffentlichkeit nur wenig ausgebildet, sie überschnitten sich vielmehr. Im Vergleich zu westlichen Gesellschaften kann zudem herausgestellt werden, daß die Geschlechtsstereotypen von Halbheiten, Unstimmigkeiten und Überschneidungen

geprägt waren und eher den Charakter einer ‚rudimentären Polarisierung weiblicher und männlicher Rollenbilder' zeigten" (WESTPHAL, 2003, 135).

Dementsprechend unterscheidet sich das Frauenbild der Aussiedlerinnen von dem der befragten westdeutschen Frauen:

„Die Aussiedlerin bringt in den von ihr geäußerten Erwartungen an ihr Leben ein Frauenideal zum Ausdruck, das herausragend die verschiedenen Bereiche kombiniert: Eine Frau ist in diesem Bild unhinterfragt weiblich-mütterlich und zugleich weiblich-berufstätig." (HERWARTZ-EMDEN, 2003, 97).

Damit verknüpft ist für die Aussiedlerinnen ein „ungebrochenes Verhältnis" zur einmaligen Erfahrung von Mutterschaft in *„einem Frauenleben"* (HERWARTZ-EMDEN, 2003, 97).

1.5.1.3 Erziehungsstile

HERWARTZ-EMDEN und WESTPHAL (2003) untersuchten auch die *„Beziehungsarbeit"* von Frauen in der Kindererziehung, wobei sie von der auch für die vorliegende Arbeit bedeutsamen Prämisse ausgehen, dass die Mutter für die Vermittlung elementarer Werthaltungen und Moralvorstellungen die maßgebliche Rolle spielt.

„Im Bereich Erziehung wird der praktische und alltagsorganisatorische Aspekt des Selbstkonzeptes (Mutterschaft, Weiblichkeit) gelebt und erfahren. Unterstellt werden kann, daß zuwandernde Frauen vornehmlich die Veränderungsprozesse in der Familie tragen. Die Mütter sind es, von denen Veränderungen im familiären Alltag initiiert und organisiert sowie dem Mann und den Kindern gegenüber vermittelt werden. Dieser Vermittlungsprozeß erweist sich als zunehmende ‚Beziehungsarbeit' der Frau und Mutter in der Familie, die sich in verschiedene Aspekte auffächern läßt wie etwa Ehepartner- und Elternbeziehung, Mutter-Kind-Beziehung und Hausarbeits- und Berufsarbeitsleistungen" (HERWARTZ-EMDEN, WESTPHAL , 2003, 101).

Die Autorinnen konnten herausarbeiten, in welchem Spannungsfeld Aussiedlerinnen ihre Erziehungstätigkeit ansiedeln. Zum einen stimmen sie einem eher autoritären Erziehungsstil zu, wenngleich sie jedoch auch permissive, *„westliche"* Strebungen in ihrem Selbstkonzept als Erziehende beschreiben. Diese Pole führen zur inneren Auseinandersetzung mit unterschiedlichen Erziehungsstilen:

„Die Aussiedlerinnen verändern dabei nicht unbedingt ihre normativen Erziehungseinstellungen, aber modifizieren und verändern ihre Haltungen zugunsten des erwarteten Integrationserfolges ihrer Kinder und damit auch der gesamten Familie" (HERWARTZ-EMDEN, WESTPHAL, 2003, 119).

Dazu trägt auch die von Aussiedlern/Zuwanderern gemachte Erfahrung bei, sich in einem Minderheitenstatus wiederzufinden. Gerade die Mutter-Kind-Beziehung hat hierbei eine bedeutsame Komponente, weil die Aussiedlerin mit ihrem Kind als Außenseiter konfrontiert, nicht zuletzt auch identifiziert ist, und kein Interesse daran haben kann, ihm eine Zukunft in Stigmatisierung zu wünschen.

„Mütterlichkeit und Mutter-Kind-Beziehungen sind weiterhin dadurch gekennzeichnet, daß Familien mit einem Minoritätenstatus zu kämpfen haben, der durch Antagonismen in den Machtverhältnissen und Diskriminierungen in der Aufnahmegesellschaft geprägt ist. Sie belasten die Familie und müssen in den Familienbeziehungen, vor allem in den Mutter-Kind-Beziehungen, ausgetragen werden. Mütter in Minoritätenfamilien befinden sich also in dauerhafter, präventiver Achtsamkeit und Schutzhaltung gegenüber ihren Kindern. Auch Aussiedlerfamilien unterliegen starken Ausgrenzungen, die sie in ähnlicher Weise betreffen wie andere Zuwanderergruppen" (HERWARTZ-EMDEN, WESTPHAL, 2003, 102).

Daraus ließe sich ableiten, dass die betreffenden Bevölkerungsgruppen in einer Defensivhaltung sind, wobei zugleich eine Motivation als gegeben angesehen werden kann, sich den gegebenen Verhältnissen anzugleichen. Zudem besteht für die Aussiedler die disparate Situation, dass sie sich als zugehörig definieren, so aber von der aufnehmenden deutschen Gesellschaft nicht wahrgenommen werden.

1.5.2 Vergleichbarkeit der Zuwanderergruppen untereinander

Für die Gruppen der aus Polen und der ehemaligen Sowjetunion zugewanderten *Spätaussiedlerinnen* gibt es kaum direkt vergleichende Studien. Die Untersuchung von GREIF et al. (2003) stellt eine Ausnahme dar. Damit ist aber darüber hinaus kein Vergleich zur beruflichen Situation von *Migrantinnen* aus Polen und der ehemaligen Sowjetunion gegeben; auch *jüdische Kontingentflüchtlinge* werden nicht einbezogen. Unterschiede in der Arbeitsmarktsituation könnten aber durchaus durch die unterschiedliche rechtliche Situation bezüglich des Status von Migranten, Aussiedlern und Kontingentflüchtlingen bestehen, sodass für die Migranten hier mit einer stärkeren Ausprägung der beruflichen Problematik zu rechnen ist.

Bezogen auf den allgemeinen kulturellen Hintergrund ist eine Differenzierung der einzelnen Gruppen ebenfalls nicht möglich. Wahrscheinlich sind eher Unterschiede zwischen den Regionen des Herkunftslandes als zwischen den Volksgruppen zu erwarten, sodass auch bezogen auf die von HERWARTZ-EMDEN und WESTPHAL (2003) gemachten Beobachtungen zumindest für Migrantinnen und Aussiedlerinnen aus der ehemaligen Sowjetunion Analogien angenommen werden können. Und bezogen auf die Alltagssituation wird dies von HERWARTZ-EMDEN (2008[3]) für die FAFRA-Forschung auch angenommen. Darüber hinaus unterstützt sie die Vermutung, dass sich bezogen auf die Selbstkonzepte der Frauen aus Polen, insbesondere in der *„höheren Integriertheit der Dimensionen Familie-Beruf"* (HERWARTZ-EMDEN, 2008), aufgrund der sozialistischen Gesellschaftsstruktur bis 1989 Entsprechungen zur Situation der Frauen aus der ehemaligen Sowjetunion finden müssten. Allerdings muss bei den Frauen aus Polen, unabhängig davon, ob sie nun als Migrantinnen oder Aussiedlerinnen kamen, der Einfluss des Katholizismus berücksichtigt werden, der wahrscheinlich für eine stärkere Akzentuierung tradierter Geschlechterrollen gesorgt hat, als dies in der Sowjetunion der Fall war. Letztendlich kann man bei den Aussiedlerinnen, Kontingentflüchtlingen und Migrantinnen nicht von einer homogenen Gruppe ausgehen, die einerseits klar abgrenzbar für Polen, andererseits für die ehemalige Sowjetunion beschreibbar wäre.

1.6 Antihomosexuelle Einstellungen

Definiert man mit HEREK (2002) *Antihomosexuelle Einstellungen* als nicht direkt der Beobachtung zugänglich, sondern in erster Linie aus dem offenen Verhalten erschließbar (entsprechend dem Verhältnis von Vorurteil zu Diskriminierung nach SIMON, 2004), macht es Sinn, diese zum Ausdruck gebrachten Einstellungen in ihren *Ausprägungsformen* zu untersuchen. Einen Zugang stellen Befragungen Homosexueller dar, in welcher Form sie mit antihomosexuellen Einstellungen konfrontiert werden. Zum Zweiten können mehr oder minder spezifische Bevölkerungsstichproben zur Erhebung herangezogen werden. Daraus müssten sich dann Antezedenzien oder/und Prädiktoren für antihomosexuelle Einstellungen ableiten lassen. Zudem könnten sich auf diesem Wege auch Hinweise darauf ergeben, welche Bedingungen einerseits antihomosexuelles Verhalten abmildern oder unwahrscheinlich machen, womit andererseits zugleich Zugänge zu möglichen Änderungsstrategien aufgezeigt werden könnten. Im Folgenden sollen diese Aspekte im Einzelnen ausgeleuchtet werden. In welcher Form Homosexuelle sich ihrerseits mit antihomosexuellen Verhaltensweisen konfrontiert sehen wurde bereits dargelegt.

1.6.1 Ausprägungsformen antihomosexueller Einstellungen

HEITMEYER (2003, 2004, 2005, 2006, 2007) untersucht in einer seit 2002 laufenden und breit angelegten Langzeitstudie das *Syndrom der Gruppen-*

---

[3] Schriftliche Mitteilung vom 08.04.2008

bezogenen Menschenfeindlichkeit, worunter Einstellungen und Erscheinungsweisen gegenüber definierten Minderheitengruppen zusammengefasst werden. Neben anderen werden auch die Ausprägungsformen von Homophobie im Langzeitverlauf gemessen. Zunächst wurde Homophobie als Syndromelement zusammen mit Obdachlosen- und Behindertenabwertung unter der Kategorie *"Heterophobie"* beschrieben. Seit 2006 wird Homophobie, definiert hier als Bündel *"feindseliger Einstellungen gegenüber Homosexuellen aufgrund eines ‚normabweichenden' sexuellen Verhaltens und damit verbundenen Auftretens in der Öffentlichkeit"* (HEITMEYER, 2006, 22) separat aufgeführt. Aber bereits 2004 konnte ZINN zum Thema feststellen:

"Das gesellschaftliche Klima für Lesben und Schwule hat sich deutlich verbessert. Homosexuellenfeindlichkeit scheint inzwischen ein Minderheitenphänomen zu sein. Die Untersuchungen zur Gruppenbezogenen Menschenfeindlichkeit zeigen, daß antihomosexuelle Einstellungen nur noch von etwa einem Drittel der Bevölkerung artikuliert werden. Das war nicht immer so. 1994 lehnten noch 57 % der Deutschen die sogenannte Homoehe ab. Als das Lebenspartnerschaftsgesetz 2001 eingeführt wurde, waren es noch 35%"(ZINN in HEITMEYER 2004, 207).

Während sich der Autor bei diesen Zahlen noch auf FORSA-Befragungen von 1994 und 2001 bezieht, scheinen auch die von HEITMEYER (2003, 2004, 2005, 2006, 2007) erhobenen Befunde in diese Richtung zu deuten. Ganz oder eher ablehnend standen 2005 noch 22,2 % (*ganz ablehnend*) bzw. 18,3 % (*eher ablehnend*) der Aussage, *"Ehen zwischen zwei Frauen bzw. zwei Männern sollten erlaubt sein"* gegenüber. 2005 waren die Werte rückläufig: 19,0 % (*ganz ablehnend*) und 16,1 % (*eher ablehnend*). Auch die Aussage „Es ist ekelhaft, wenn Homosexuelle sich in der Öffentlichkeit küssen" weist auf eine höhere Toleranz hin. Stimmten dieser Aussage 2005 noch 21,8 % ganz und 13,0 % eher zu, so waren dies 2006 noch 19,7 % bzw. 10,5 %. Wenn auch auf niedrigem Niveau, aber immerhin, stieg die Anzahl derer, die Homosexualität für unmoralisch hielten von 10,0 % (volle Zustimmung) und 6,6 % (eher zustimmend) auf 12,4 % bzw. 9,4 %. – Zusammenfassend stellt HEITMEYER (2007, 22) jedoch fest, dass die Homophobiewertung im Vergleich zum Vorjahr abgenommen hat.

Die rückläufige Tendenz antihomosexueller Einstellungen wird im Allgemeinen auch von anderen Autoren bestätigt (BOCHOW, 1993; STEFFENS & WAGNER 2004, STEFFENS, 2005), wobei dafür unterschiedliche Erklärungsansätze gewählt werden. BOCHOW (2001) beschreibt aus soziologischer Perspektive eine Verschiebung im gesamtgesellschaftlichen Normengefüge:

"Die Zunahme der Akzeptanz von homosexuellen Menschen in der Bevölkerung in den letzten 30 Jahren ist erklärungsbedürftig. (...) Ausgehend von der schon getroffenen Feststellung, daß die Abwertung des Weiblichen mit der Abwehr männlicher Homosexualität in patriarchalisch geprägten Gesellschaften Hand in Hand gehen, ist

im Beginn der Enthierarchisierung des Geschlechterverhältnisses die Ursache einer Zunahme der Akzeptanz von männlicher Homosexualität und in ihrer Folge auch von weiblicher Homosexualität zu sehen. Der Rückgang der Prägekraft traditioneller Männlichkeits- und Weiblichkeitsmuster, die Individualisierungsprozesse in den kapitalistischen, postindustriellen Dienstleistungsgesellschaften und der Rückgang konservativ-familienzentrierter Wert-orientierungen in der Mehrheit der Bevölkerung schaffen auch Freiräume für Lesben und Schwule" (BOCHOW, 2001, 14).

Ungeachtet dessen müssen Homosexuelle sich nach wie vor mit offen zum Ausdruck gebrachten Entwertungen, Vorurteilen etc. auseinandersetzen. Auch BOCHOW betont (auf der Grundlage einer Erhebung von 1994),

„daß noch mindestens ein Drittel der deutschen Bevölkerung als stark schwulenfeindlich eingestuft werden muß; ein weiteres Drittel ist ambivalent, (...)aber keinesfalls frei von ablehnenden oder klischeehaften Einstellungen" (BOCHOW, 2001, 13).

STEFFENS und WAGNER (2004) fanden antihomosexuelle Einstellungen bei mehr als 50 % der Befragten. Und RAUCHFLEISCH (1998) weist beispielsweise darauf hin, dass antihomosexuelle Gewalt im weiteren Sinne im Verhalten breiter Bevölkerungskreise anzutreffen ist, was u. a. darauf zurückzuführen ist, *„daß wir in einer heterosexistischen Welt leben"* (RAUCHFLEISCH, 2002, 54). Beispielhaft verweist er a. a. O. (RAUCHFLEISCH, 1998) auf Verlautbarungen sowohl der katholischen als auch aus Teilen der evangelischen Kirche,

„...wenn es um die konkreten Fragen etwa der spirituellen Unterstützung gleichgeschlechtlicher Paare („Segnungen") oder um die Anstellung homosexueller kirchlicher MitarbeiterInnen geht". (RAUCHFLEISCH, 1998, 1)

Konkret spricht RAUCHFLEISCH (1998) die wiederholt geäußerten Auffassungen an, Homosexuelle stellten eine *„Verführungsgefahr"* in Berufen dar, wo sie mit Kindern und Jugendlichen zu tun haben, ebenso wie Homosexuellen oft *„elterlich-erzieherische Kompetenz abgesprochen"* werde. Diese vom Autor gemachten Feststellung ergänzen und unterstützten das Erklärungsmodell BOCHOWS (2001) dahingehend, als hier Befunde aus Befragungen kirchlicher Mitarbeiter ausgewertet wurden, wobei gerade in der katholischen Kirche nicht von einer „Enthierarchisierung" des Geschlechterverhältnisses ausgegangen werden kann. Die Ausprägungsformen antihomosexueller Einstellungen sind also auch kontextabhängig.
RAUCHFLEISCH (1998) erwähnt darüber hinaus einen bedeutungsvollen Aspekt antihomosexueller Einstellungen auf der Makro-Ebene, der die impliziten, gesellschaftlichen Erwartungen anspricht:

„Ihren vielleicht subtilsten Ausdruck findet die Homophobie in der Tatsache, daß Kinder mit homosexueller Orientierung in eine Welt hineinwachsen müssen, die sie anders erwartet, als sie sind. (...) Es ist keine unzulässige Ausweitung des Gewalt-

begriffs, wenn wir auch in dieser Situation die Wirksamkeit gewalttätiger antihomosexueller Einstellungen sehen" (RAUCHFLEISCH, 1998, 3).

Folglich wachsen homosexuelle Jugendliche gewissermaßen orientierungslos auf:

"So erfahren sich lesbisch, schwul oder bisexuell entwickelnde Kinder, Jugendliche und auch Erwachsene kaum etwas über Alternativen zum allgegenwärtigen heterosexuellen Lebensentwurf" (RAUCHFLEISCH, 2002, 54).

Das Set der zur Verfügung gestellten kollektiven Identitäten beinhaltet in ihrer Mehrzahl kaum Homosexualität explizit affirmativ gegenüberstehenden Identifikationsmöglichkeiten. Homosexualität wird in dieser Gesellschaft nicht als erstrebenswert wahrgenommen. Es gibt selbst unter toleranten Personen eine überdeutliche Ablehnung, wenn es darum geht, sie selbst oder ihr Kind könnten homosexuell sein.

"... whereas interviewees strongly opposed discriminating against homosexuals at work and whereas they where liberal when rating policy issues like registered partnership laws or brand advertising in homosexuals' magazines, they would not want to have a homosexual child or be ‚turned' homosexual themselves" (STEFFENS & WAGNER, 2004, 147).

Dieser Befund aus der breit angelegten Studie von STEFFENS und WAGNER (2004) macht deutlich, dass das potentielle homosexuelle Subjekt schon von Anbeginn seines Lebens mit impliziter Ablehnung konfrontiert ist. (An dieser Stelle sei daher auch darauf verwiesen, dass der hierin zum Ausdruck kommende Heterosexismus durchaus auch von Homosexuellen verinnerlicht werden kann, wo er dann als *„internalisierte Homophobie"* auf der Mikro-Ebene seine Wirkkraft entfaltet; vgl. RAUCHFLEISCH, 2002; 40, 67ff).
Neben dem von BOCHOW (2001) zur Verfügung gestellten Erklärungsmodell für den Rückgang antihomosexueller Einstellungen könnte ein weiterer Mechanismus zu identifizieren sein, den STEFFENS (2005) in der Unterscheidung zwischen impliziten und expliziten Einstellungen gegenüber Homosexuellen vermutet.
Die Autorin bestätigt den Befund rückläufiger Tendenz bei antihomosexuellen Einstellungen, wobei sie ihrer Untersuchung die Frage zugrunde legt, ob es sich um einen echten Wandel oder vielleicht u. a. auch um den Ausdruck von *„political correctness"*[4] handeln könnte (STEFFENS, 2005, 40). Aber darüber

---

[4] Der Begriff *political correctness* (PC) wird von der Autorin unkommentiert verwendet, was vor dem Hintergrund seiner diffamierenden Verwendung in neo-konservativen (bis hin zu ultra-rechten) Kreisen problematisch erscheint (vgl. AUER, 2002; DIETZSCH & MAEGERLE, 1996). *„PC wird in den USA, und nunmehr auch in der Bundesrepublik, als diffamierender Kampfbegriff benutzt, um die Bemühungen von Liberalen, Linken,*

hinaus wird angenommen, dass eine Verbindung zwischen negativen Einstellungen und eher traditionellen Geschlechterrollen-Vorstellungen besteht, die nicht explizit und bewusst sein muss - „*are beyond conscious control*" (STEFFENS, 2005, 43). Wenngleich die Ergebnisse der Untersuchung (befragt wurden 80 deutsche Studenten) aufgrund methodologischer Unschärfen diesbezüglich keine klaren Aussagen zulassen, so lässt sich jedoch allgemeiner formulieren:

„Controlled, explicit attitudes toward gay men and lesbians among German students have become very positive. Whereas this contrast with a prevailing spontaneous, automatic preference for heterosexuals in the average male, the average heterosexual female student does not automatically associate heterosexuals with positive more than lesbian with positive" (STEFFENS, 2005, 63).

Es gibt also empirische Hinweise, die eine Differenzierung zwischen bewussten, expliziten Einstellungen und der bewussten Kontrolle entzogenen Einstellungen gegenüber Homosexuellen zulassen, die vor allem bei heterosexuellen Männern gefunden werden können.

Zur Geschlechterrollenattribution verdeutlicht BOCHOW (2001) anhand eines Beispieles, wie sehr „heteronormative Vorstellungen" auch in Wissenschaftskreisen bezogen auf Homosexualität vorherrschen. In der Annahme, *„homosexueller Analverkehr"* sei mit „heterosexuellem Vaginalverkehr" gleichzusetzen, wurden Mitte der 80er Jahre aufgrund sozialepidemiologischer Modelle *„irrsinnig hohe Infektions- und Mortilitätsraten"* prognostiziert. *„Die besorgten Medizinmänner tappten damit buchstäblich in die Penetrationsfalle ihrer heterosexuellen Phantasien"* (BOCHOW, 2001, 6). Tatsächlich wurde damit ignoriert,

„daß ungefähr 90 % ihrer (der homosexuellen Männer; P. S.) sexuellen Aktivitäten sich auf die drei Sexualpraktiken solitäre Selbstbefriedigung, mutuelle Masturbation und Fellatio beschränkten" (BOCHOW, 2001, 6f).

Feministinnen, Vertretern von Minderheiten und Befürwortern von Multikulturalismus um eine Öffnung der Gesellschaft, das Hinterfragen von überkommenen Tabus, Vorstellungen und Stereotypen zu karikieren und zu verfälschen. – Heute dient PC dazu, Verachtung auszudrücken für diese Anschauungen und Zielsetzungen. Dabei werden etwa die Relativierung des Leistungsstandards, die angebliche Einschränkung der freien Meinungsäußerung und die Gefahren selbstzerstörerischer Separation heraufbeschworen"(DIETZSCH & MAEGERLE, 1996). Auch wenn nicht der Eindruck entsteht, dass sich STEFFENS (2005) diese Haltung zu eigen macht, so verstellt die negative Konnotation des Begriffs *political correctness* doch den Blick auf die Möglichkeit, dass explizit geäußerte Einstellungen zu Homosexualität, wiewohl sie nicht mit impliziten Haltungen deckungsgleich sein mögen, einen Einstellungswandel anzeigen könnten, der lediglich noch nicht in Gänze abgeschlossen ist. Wenn daher im Folgenden auf STEFFENS (2005) Verwendung des Begriffs Bezug genommen wird, geschieht dies lediglich, um ein Verhältnis von impliziten und expliziten Einstellungen anzuzeigen, nicht aber, um das Bemühen um reflektierte Haltungen gegenüber Homosexualität und Homosexuellen geringschätzig hervorzuheben.

Obwohl zu konzedieren ist, dass diese Zahlen auf Untersuchungen nach Beginn der Aids-Epidemie beruhen, kann BOCHOW auf eine Erhebung von DANNECKER und REICHE (1974) hinweisen, die schon für diesen frühen Zeitpunkt belegte, „*daß schwule Sexualität nicht so penetrationsfreudig wie heterosexuelle Sexualität ist*" (BOCHOW, 2001, 7). Die irrigen Vorstellungen beruhen auf dem normativen Rahmen, den Heterosexualität auch in der Deutung homosexueller Beziehungen bildet. BOCHOW (2001) zitiert HARK (1998), um diesen Umstand zu verdeutlichen:

„*Das hat (...) damit zu tun (...) daß die Frage, wie normative Heterosexualität in unseren gesellschaftlichen Institutionen und in soziales Handeln, aber auch in die sozialwissenschaftliche Konstruktion von Realität eingeschrieben ist, eine nichtexistente Frage im Kanon anerkannter sozialwissenschaftlicher Gegenstände darstellt. (...) Selbst in Studien (...) in der aus geschlechterkritischer Perspektive danach gefragt wird, wie Mädchen zu Mädchen und Jungen zu Jungen werden, wird die ‚Suche nach sexueller Identität' verstanden als die Suche nach Geschlechtsidentität, die implizit immer schon als heterosexuelle Geschlechtsidentität gedacht ist"* (HARK, 1998, zit. n. BOCHOW 2001, 6).

Als Ausdruck dieser Heteronormativität im Alltag antihomosexueller Einstellungen kann man BOCHOW (2001) folgend die oft gehörte Frage werten, wer denn in einer homosexuellen Beziehung die Rolle des Mannes und die der Frau einnimmt. Unter diesem Gesichtspunkt ist die „*Enthierarchisierung*" des Geschlechterverhältnisses in die kollektive Sichtweise homosexueller Partnerschaften noch nicht eingetragen.

Zusammenfassend lässt sich also zu Ausprägungsformen antihomosexueller Einstellungen feststellen, dass sie

- *wenngleich sie tendenziell rückläufig sind, dennoch in unterschiedlicher Ausprägung bei der Hälfte bis zu zwei Dritteln der Bevölkerung nachweisbar sind;*

- *auf drei Ebenen verortet werden können: affektiv, normativ und kognitiv;*

- *vom jeweiligen Kontext abhängig sind;*

- *neben expliziter Ausdrucksform auch impliziten Charakter haben können, also in nicht bewusst kontrolliertem Verhalten repräsentiert sind;*

- *heteronormativen Attribuierungen folgen.*

1.6.2 Prädiktoren[5] für antihomosexuelle Einstellungen

Zu den Prädiktoren, die antihomosexuelle Einstellungen erwarten lassen, gibt es relativ einheitliche Befunde. HEREK (1988) stellt fest:

"One of the most consistent findings is that heterosexual males manifest more anti-gay hostility on average than do heterosexual females"(HEREK, 1988, 452).

Dabei sind die Einstellungen von heterosexuellen Männern gegenüber homosexuellen Männern negativer als gegenüber homosexuellen Frauen (STEFFENS & WAGNER, 2004; HEREK, 1988). Ursachen für die deutlich stärker ausgeprägten antihomosexuellen Einstellungen bei Männern werden unter anderem in den vorherrschenden Geschlechts-Rollen-Erwartungen (Stichwort Heteronormati-vität, s. o.) und eigener unsicherer Geschlechtsidentität gesehen.
STEFFENS und WAGNER (2004) fanden in ihrer repräsentativen deutschen Studie zudem klare Hinweise auf die Altersabhängigkeit antihomosexueller Einstellungen. Jüngere Erwachsene zeigten deutlich weniger ablehnende Haltungen als ältere Erwachsene. Wenn dies so nicht von HEREK als wesentlicher Prädiktor herausgestellt wird, so hat es u. a. damit zu tun, dass sich seine Untersuchungen häufig auf Studenten beziehen (z. B. HEREK, 1988). STEFFENS und WAGNER (2004) fanden, dass relativ weniger negative Einstellungen in der Altersgruppe zwischen 20 und 29 Jahren geäußert wurden, die meisten negativen Einstellungen wurden in der Altersgruppe von 50 bis 59 Jahren festgestellt. Die Altersgruppe von 30 bis 49 Jahren liegt im Mittelfeld (STEFFENS & WAGNER, 2004, 143). – Noch vor dem Geschlecht hat das Alter den Autoren zufolge die höchste Vorhersagekraft. SIMON (2008) fand vor allem bei *Jugendlichen mit Migrationshintergrund* (Türkei und ehemalige Sowjetunion) ausgeprägte antihomosexuelle Einstellungen.
An dritter Stelle folgt STEFFENS und WAGNER (2004) zufolge die Präferenz für eine bestimmte politische Partei (gleichauf mit stattgefundenem persönlichem Kontakt). Prinzipiell orientiert sich dieser Befund an einem politischen Rechts-Links-Schema. Je konservativer die Befragten sich einschätzten, desto ablehnender war ihre Haltung. (Allerdings muss für Deutschland eine Ausnahme gemacht werden für Anhänger der PDS. In Ostdeutschland werden hier eher ablehnende Haltungen deutlich, was mit der älteren und konservativen Mitgliederstruktur der Partei zu tun hat.) Andere Studien (z. B. ALTEMEYER & HUNSBERGER, 1992; HEREK 1987, 2004) stützen diese Annahme.

---

[5] Der Begriff *Prädiktor* wird hier nicht im streng prognostischen oder statistischen Sinne verwendet. Er soll im vorliegenden Zusammenhang auf Bedingungen verweisen, die die Wahrscheinlichkeit und die Vulnerabilität für antihomosexueller Einstellungen und ihrer Ausprägungsformen erhöhen.

Daneben besteht eine Abhängigkeit zwischen Einstellungen und persönlichem Kontakt mit Homosexuellen (u. a. SIMON, 2008, STEFFENS &. WAGNER, 2004). Dieser Befund wird ebenfalls von HEREK (1996) dokumentiert, wobei hinzugefügt werden muss, dass die *Qualität der Kontakterfahrung* offenbar ebenfalls Einfluss auf die Einstellungen hat.

„In either case, the results are consistent with the contact hypothesis: Interpersonal relationships characterized by intimacy, shared values, and common goals are more likely to be associated with favorable attitudes toward gay people as a group than are superficial or distant relationships "(HEREK, 1996, 423).

Unter Bezugnahme auf HEREK und CAPITANO (1996) nehmen STEFFENS und WAGNER an, dass die *Kontaktvariable* andere Antezedenzien beinhaltet wie höheres Bildungsniveau, nicht konservativ, eher politisch links orientiert (STEFFENS & WAGNER, 2004, 146), was dazu führe, dass mit diesem Hintergrund eher Kontakt zugelassen werde.
Nimmt man die Ergebnisse der Untersuchung von STEFFENS und WAGNER (2004) zusammen, so ergibt sich ein differenziertes Bild. Während die bloße Subsumierung antihomosexueller Einstellungen knapp über 50 % der Deutschen als mit antihomosexuellen Einstellungen behaftet identifiziert, kann die nähere Inaugenscheinnahme, wie gezeigt, spezifische Subgruppen ausmachen, die recht unterschiedlich auf die Wahrnehmung Homosexueller reagieren.
Unter den von STEFFENS und WAGNER (2004) herausgearbeiteten Prädiktoren mag man die Zugehörigkeit zu einer Religion oder Konfession vermissen, die in amerikanischen Studien immer wieder als sehr auffällig (abhängig von unterschiedlichen Faktoren, s. u.) herausgestellt wird. STEFFENS und WAGNER (2004) hatten diesen Aspekt gezielt nicht in ihre Umfrage einbezogen, da sie von einer schwindenden Bedeutung der Religion in Deutschland ausgehen. Ungeachtet dessen soll an dieser Stelle dennoch die Rolle der Religion als Antezedens für antihomosexuelle Einstellungen erwähnt werden, weil der Zuschnitt der vorliegenden Untersuchung mit den befragten Frauen aus Polen eine potentiell besonders religiös erzogene und eingestellte Teilstichprobe beinhaltet. Einer Verbindung zwischen Homophobie und Religiosität wurde in mehreren Studien nachgegangen, wobei stets Korrelationen festgestellt werden konnten (ALTEMEYER & HUNSBERGER, 1992; HEREK, 1987, SCHWARTZ & LINDLEY, 2005, SIMON, 2008). Unter Bezugnahme auf ALLPORT und ROSS (1967) wird dabei wiederholt auch die Unterscheidung zwischen *intrinsischer* und *extrinsischer* Orientierung unternommen.

„Some people have a religious orientation that is primarily extrinsic, a self-serving, instrumental approach conforming to social conventions. Others in contrast, have an intrinsic religious orientation; religion provides them with a meaning-endowing framework in terms of which all life is understood. Allport and Ross (1967)

summarized this distinction by saying, ‚The extrinsically motivated person uses his religion, whereas the intrinsically motivated lives his religion' (p. 434; ...)" (HEREK, 1987, 34).

Während die extrinsisch orientierte Person sich an den Glaubenssätzen ihrer Religionsgemeinschaft orientiert, sie als Set von Maßgaben ansieht, wie Religion gelebt zu werden hat, hat die intrinsisch motivierte Person religiöse Werte verinnerlicht und richtet ihr Leben danach aus.
SCHWARTZ und LINDLEY (2005) weisen darauf hin, dass extrinsische Motivation und religiöser Fundamentalismus eng mit Vorurteilen verknüpft sind. Fundamentalismus wird dabei nach ALTEMEYER und HUNSBERGER (1992) verstanden als die Überzeugung, die eigene religiöse Lehre beinhalte die fundamentale, reine Wahrheit über Gott und den Menschen und stelle die traditionellen, unveränderbaren Praktiken in der Umsetzung des Glaubens zur Verfügung, wodurch eine exklusive Beziehung zu Gott gewährleistet werde (ALTEMEYER & HUNSBERGER,1992,118).
In ihrer Übersicht über die relevante Literatur fassen SCHWARTZ und LINDLEY (2005) zusammen, dass religiöser Fundamentalismus ein vielversprechendes Konstrukt für die Erklärung von Vorurteilen ist. Dabei verweisen sie auf ALTEMEYER (2003), wenn sie festhalten, dass fundamental religiös einzuschätzende Personen streng religiös erzogen wurden und sich früh mit ihrer Religion identifiziert haben. Und weiter, *He (ALTEMEYER, 2003; P. S.) suggested that the early emphasis on family religion may be related to ‚us-them' discriminations (ALTEMEYER, 2003, p. 17)"* (SCHWARTZ & LINDLEY, 2005 ,147).
Während die in fundamentalen religiösen Gemeinschaften lebenden Gläubigen in ihrer extrinsischen Motivation eher antihomosexuelle Einstellungen zum Ausdruck bringen, heißt dies im Umkehrschluss nicht zwangsläufig, dass intrinsisch motivierte Personen zwangsläufig weniger antihomosexuelle Einstellungen haben. HEREK (1987) arbeitet den Unterschied antihomosexueller Einstellungen beider Gruppen anhand ihrer Funktion heraus. Extrinsisch orientierte Personen

„are able to affirm their relationships with valued individuals and reference groups; their attitudes probably serve a social-adjustment function (...). For intrinsically oriented persons, in contrast, expressing tolerant racial attitudes and intolerant sexual attitudes probably serve a value-expressive function (...) helping them to affirm their sense of self by expressing values central to their identity"(HEREK, 1987, 41).

Abhängig davon also, welche Werte bei diesen Personengruppen vorherrschen, wird auch ihre Toleranz gegenüber Homosexuellen ausgeprägt sein. ALTEMEYER und HUNSBERGER (1992) kommen zu dem Schluss, dass eher solche Personen vorurteilsfreier sind, die als religiös im Sinne von nichtfundamentalistisch beschrieben werden können *und* Zweifel an ihrem Glauben zulassen *und* auf der inneren Suche nach religiöser Wahrheit (*"questing orientation"*) sind. Diese Personen gehörten typischerweise keiner Religionsgemeinschaft an (ALTEMEYER & HUNDSBERGER, 1992, 126). Zuletzt hat SIMON (2008) auf die Bedeutung der Religion für Ausprägungsformen antihomosexueller Einstellungen im Kontext von Migration hingewiesen. In seiner Untersuchung von Jugendlichen mit Migrationshintergrund (Türkei und ehemalige Sowjetunion) im Vergleich mit deutschen Jugendlichen ohne Migrationshintergrund zeigte sich insbesondere bei türkischstämmigen Jugendlichen eine klare Korrelation zwischen religiöser Orientierung und Homosexellenfeindlichkeit, was er zudem mit den Inhalten ihrer Religion in Zusammenhang bringt:

"Die Tatsache, dass letztere (Jugendliche mit türkischem Migrationshintergrund; P.S.) sich nicht nur als religiöser zu erkennen geben, sondern bei ihnen Religiosität auch stärker mit Homosexuellenfeindlichkeit zusammenhängt als in den anderen Gruppen, stützt die Vermutung, dass nicht nur das Ausmaß, sondern auch der Inhalt ihrer (islamischen) Religion von besonderer Bedeutung ist. Sie scheint in der Tat ein besonders homosexuellenfeindliches Element zu enthalten" (SIMON, 2008, 98).

Neben der inhaltlichen Komponente bezogen auf antihomosexuelle Tendenzen innerhalb der Religion wird hier auch auf das Ausmaß der Religiosität verwiesen, das sich HEREK (1995) zufolge u. a. aus der Frequenz von Gottesdienstbesuchen ableiten lässt, die mit zunehmender Häufigkeit eine stärker ablehnende Haltung gegenüber Homosexuellen anzeigt. (HEREK, 1995, 100). In dieser Untersuchung schwarzer heterosexueller Amerikaner bezüglich ihrer Einstellungen zu Homosexuellen verweist HEREK (1995) zudem auf zwei weitere Befunde, die auch bei nicht-schwarzen Amerikanern erhoben wurden: Zum einen sind nichtverheiratete (und auch zuvor nie verheiratete) Heterosexuelle weniger antihomosexuell eingestellt als verheiratete Befragte, wobei die Annahme nahe liegt, dass unter nicht Verheirateten mehr Homosexuelle erwartet werden können als unter Verheirateten. Weiterhin äußern diejenigen Befragten, die Homosexualität als persönliche Wahl der sexuellen Orientierung ansehen, durchgängig stärkere antihomosexuelle Entstellungen als diejenigen, die Homosexualität für Schicksal halten (HEREK, 1995, 102), was damit zu tun haben könnte, dass eine persönliche Wahl mit bewusster Verantwortlichkeit zu tun hat. Vielleicht wird Homosexualität eher positiv beurteilt, wenn der Betroffene gewissermaßen „nichts dafür kann".

Zusammengefasst können aufgrund der dargestellten Ergebnisse folgende Prädiktoren für antihomosexuelle Einstellungen tabellarisch in ihrer Wahrscheinlichkeit dargestellt werden:

Tabelle 1: Prädiktoren antihomosexueller Einstellungen

Prädiktor	Höhere Wahrscheinlichkeit	Geringere Wahrscheinlichkeit
Geschlecht	Männlich	Weiblich
Alter	Älter als 50 Jahre	Jünger als 30 Jahre
Politische Einstellung	Konservativ	„Links"
Kontakterfahrung	Keine Kontakterfahrung	(Gute) Kontakterfahrung
Religiosität	Stark gläubig, „fundamentalistisch"	Nicht religiös, „questing orientation"
Familienstand	Verheiratet	Ledig (nie verheiratet)
Genese	Schicksal	Wahl

1.6.3 Funktionen und Ursachen antihomosexueller Einstellungen

SIMON (2004) hat auf die Bedeutung von Identitätsprozessen zur Sicherung von Identitätsfunktionen als Ausdruck basaler psychologischer Bedürfnisse hingewiesen und verschiedene dieser Prozesse herausgearbeitet. Er benennt *Vorurteil* und *Diskriminierung* sowie *Selbst-Stereotypisierung* und *konformes Handeln*, wobei Vorurteil und Selbststereotypisierung der individuell-kognitiven und damit der Mikro-Ebene, Diskriminierung und konformes Handeln der Verhaltens- und also der Meso-Ebene zuzuordnen sind. HEREK (2004) verweist darauf, dass die Inhalte der Mikro-Ebene lediglich aus manifesten Verhaltensweisen im jeweiligen Meso-Kontext ableitbar sind. In HEREKS (2004) Entwurf ist das sexuelle Vorurteil der auf der Mikro-Ebene anzusiedelnde Aspekt einer dreiteiligen Konzeptualisierung antihomosexueller Einstellungen und erfüllt dort verschieden psychologische Funktionen, die für den Kontext dieser Einstellungen spezifiziert werden.

Neben dem sexuellem Vorurteil (*Sexual Prejudice*) beinhaltet HEREKS Konzept auf der Meso-Ebene das sexuelle Stigma (*Sexual Stigma*) und auf der Makro-Ebene den Begriff des Heterosexismus (*Heterosexism*), wobei es auf diesen Ebenen gewiss Überschneidungen in der Zuordnung gibt. In der Tendenz beschreibt das sexuelle Stigma aber die Art und Weise, wie der Stigmatisierte wahrgenommen wird. Die soziale Rolle der Stigmatisierten kontrastiert mit der der Nichtstigmatisierten oder „Normalen" durch ein spürbares Machtgefälle.

„Thus, the stigmatized are not simply different from others; society judges their deviation to be discrediting. Individual members of society may vary in how they personally respond to a particular stigma, but everyone shares the knowledge that the mark is negatively valued"(HEREK, 2004, 14).

Während das sexuelle Stigma bzw. die Stigmatisierung die Tatsache und die Qualität der Ächtung als interaktionelle Technik beschreibt, geht der Begriff des Heterosexismus darüber hinaus auf das allgemeine Normengefüge ein, das die Werte dafür bereitstellt, auf die Bezug nehmend diese Ächtung gesellschaftlich ermöglicht wird (Makro-Kontext):

„(H)eterosexism can be used to refer to the systems that provide the rational and operating instructions for that antipathy. These systems include beliefs about gender, morality, and danger by which homosexuality and sexual minorities are defined as deviant, sinful, and threatening. Hostility, discrimination, and violence are thereby justified as appropriate and even necessary"(HEREK, 2004, 15).

Heterosexismus perpetuiert das sexuelle Stigma, indem er jede Form von nichtheterosexueller Verhaltensweise, Identität, Beziehung oder Gemeinschaft ablehnt oder verleumdet.

„Heterosexism is inherent in cultural institutions, such as language and the law, through which it expresses and perpetuates a set of hierarchical relations"(HEREK, 2004, 16; vgl. auch RAUCHFLEISCH, 2002).

Die Funktionen, die das sexuelle Vorurteil auf der Mikro-Ebene erfüllen, hängen nun eng mit den im Heterosexismus bereit liegenden Werthaltungen zusammen und finden in der Stigmatisierung ihren Ausdruck. Sie können im Sinne SIMONS (2004) beispielsweise im Dienste der Zugehörigkeit (zur Gruppe derer, die stigmatisiert), der Unterscheidung (von der Gruppe der Stigmatisierten), der Selbstwirksamkeit (indem die Unterscheidung vorgenommen wird), der Selbstachtung (indem man selbst zur nicht stigmatisierten Gruppe gehört) oder der Sinngebung bzw. des Verständnisses von Welt (warum etwas ist, wie es ist) stehen. Die dabei entstehenden Wechselwirkungen zwischen individueller und kollektiver Identität wurden von SIMON (2004) beschrieben (vgl. Abschnitt 1.7.2).

Bezogen auf antihomosexuelle Einstellungen können die Funktionen und damit ihre Ursachen und der Referenzrahmen näher eingegrenzt werden. Die hierarchischen Beziehungen, von denen HEREK (2004) spricht, sind eben die, deren Infragestellung in den vergangenen Jahrzehnten BOCHOW (2001) zufolge zu einem *„Rückgang der Prägekraft traditioneller Männlichkeits- und*

Weiblichkeitsmuster" geführt hat, worauf u. a. die rückläufige Tendenz antihomosexueller Einstellungen zurückgeführt werden kann. Doch unabhängig davon, ob Enthierarchisierung und *„Rückgang konservativ-familienzentrierter Wertorientierungen"* (BOCHOW, 2001, 14) zu konstatieren sind, ist ihre Wirksamkeit in vielen Strukturen ja noch nicht aufgehoben. Dies zeigt sich, wenn man die Funktionen antihomosexueller Einstellungen näher in Augenschein nimmt. Ursächlich für ihr Bestehen kann hier die Infragestellung der Geschlechter- und Familienrollen durch Homosexuelle ausgemacht werden.

„(H)eterosexuals' negative attitudes toward lesbians and gay men are consistently correlated with traditional views of gender and family roles. This pattern undoubtedly is related to widespread stereotypes that gay people violate the demands of such roles; gay men commonly are perceived as effeminate and lesbian woman as masculine ... "(HEREK, 1993, 318).

Dieser Umstand würde erklären, weshalb vor allem konservative Wertorientierung als Prädiktor für antihomosexuelle Einstellungen gelten kann. RAUCHFLEISCH (1994):

„In der Beziehung eines lesbischen oder schwulen Paares lassen sich die Rollen eines dominierenden und eines submissiven Partners nicht mehr wie in der traditionellen Familie am Geschlecht festmachen und damit scheinbar logisch begründen (...). Die Infragestellung der Machtstrukturen ist verständlicherweise für die Männer, die eine liebgewonnene Machtposition zu verlieren haben, im allgemeinen die viel bedrohlichere Situation als für Frauen" (RAUCHFLEISCH, 1994, 174).

Insbesondere für Männer hebt RAUCHFLEISCH (1998, 2002) also den beunruhigenden Aspekt hervor, den *„lesbische und schwule Lebensweisen"* bedeuten, wenn sie neue Strukturen des Zusammenlebens generieren, weil auf diesem Wege *„eine kritische Anfrage an patriarchale Familiestrukturen"* gerichtet werden könnte (RAUCHFLEISCH, 1998, 4), um deren Beantwortung sie sich gerne drücken würden. Abgesehen von der antizipierten Bedrohung der eigenen relativ privilegierten Stellung des Mannes und ihrer Abwehr durch antihomosexuelle Einstellungen impliziert die Bedeutung von familiären und traditionellen Rollen-vorstellung aber auch ein Set spezifischer Werthaltungen, deren Erhalt durch die Auflösung von Rollenmustern bedroht wird.

Insofern haben antihomosexuelle Einstellung darüber hinaus auch den Sinn, Wertmaßstäbe zu verteidigen oder nach HEREK (1986, 1988, 1993) *value-expressive-function*. Diese steht zum Beispiel im Dienste einer konservativen religiösen Einstellung, die strikte Verhaltensmaßstäbe für Männer und Frauen bereit hält; sie definiert die Welt *„according to principles of good and bad, right and wrong"* (HEREK, 1993, 325). Die Wertausdrucksfunktion macht es also möglich, klare Grenzen zwischen sich und den anderen zu ziehen, wobei sie selbstverständlich dazu dient den Selbstwert zu erhöhen. *„(V)alue-expressive,* *based on needs to define oneself by expressing important values and aligning oneself with important reference groups"* (HEREK, 1986, 106).

Zudem kann eine *social-expressive-function* definiert werden, deren Wurzel darin gründet, dass mit zum Ausdruck gebrachten antihomosexuellen Einstellungen die Unterstützung oder Bestätigung signifikanter Dritter erreicht wird. Die Akzeptanz anderer, zum Beispiel in religiösem Kontext (HEREK, 1988) kann hier Motiv zur Diskriminierung Homosexueller sein, wodurch wiederum das Selbstwertgefühl erhöht würde. „(S)*ocial-expressive, based on needs to be accepted by others in one's own immediate social environment"* (HEREK, 1986, 106).

Als eine weitere Funktion führt HEREK (1988) die *experiential-schematic-function* auf. Hier wird darauf Bezug genommen, welche Erfahrungen jemand mit Homosexuellen gemacht hat. Diese Funktion stellt insofern eine Besonderheit dar, weil sie aus der direkten Begegnung mit dem Objekt der Einstellung herrührt und relativ linear ablehnende Haltungen bestärkt, wenn schlechte Erfahrungen gemacht wurden, während positive Erwartungen durch vorteilhafte Erfahrungen befördert werden können.

Schließlich kann eine *defensive-expressive-function* aus den zugrunde liegenden Untersuchungen abgeleitet werden. Mit dieser Abwehr-Funktion antihomosexueller Einstellungen wird intrapsychischen Konflikten begegnet, die zumeist unbewusst sind, durch Kontakt oder Konfrontation mit Homosexuellen aber virulent werden könnten und Angst auslösen würden.

„Gay men symbolize parts of the self that do not measure up to cultural standards; directing hostility at them is a way for externalizing the conflict. This is the function most likely served by a homophobia for the defensive male..." (HEREK, 1993, 325).

Mit der Abwehr-Ausdrucksfunktion werden eigene homoerotische Anteile und als feminin bewertete Charaktereigenschaften von heterosexuellen Männern verleugnet, vor allem, wenn sie in ihrer Geschlechtsidentität unsicher sind. Solche Männer haben dann auch ein stärkeres Bedürfnis, sich in starren Geschlechterstereotypisierungen als besonders männlich einzuordnen. Tatsächlich konnte HEREK (1988) feststellen, dass Männer *und* Frauen umso weniger antihomosexuelle Einstellungen zum Ausdruck brachten, desto stärker sie sich selbst als von traditionellen Rollenmustern abweichend beschrieben (vgl. HEREK, 1988).

Allgemein hat es den Anschein, dass heterosexuelle Frauen weit weniger dazu neigen, antihomosexuelle Einstellungen zu äußern, weil sie sich durch Homosexuelle in geringerem Maße in ihrer Geschlechtsidentität bedroht fühlen als es heterosexuelle Männer tun. Dies könnte auch erklären, warum sie gleichermaßen homosexuellenfreundliche oder ablehnende Äußerungen gegenüber homosexuellen Männern und homosexuellen Frauen machen, während heterosexuelle Männer deutlich ablehnender auf homosexuelle Männer

als auf homosexuelle Frauen reagieren (HEREK, 1988). Damit in Einklang stehen auch Beobachtungen, dass heterosexuelle Frauen weit mehr psychische und physische Nähe zu anderen Frauen als heterosexuelle Männer zu anderen Männern zulassen (RAUCHFLEISCH, 1994).
Bezogen auf die Abwehr-Funktion antihomosexueller Einstellungen untersuchte HEREK (1988) auch, welche Mechanismen in den Dienst dieser Funktion gestellt werden könnten. Er fand dabei vor allem *Externalisierungsstrategien* wie *Projektion* innerer Konflikte auf ein äußeres Symbol und *Wendung der Aggression* gegen ein wirklich oder vermeintlich frustrierendes Objekt, die Frauen und Männer unterschiedlich aktivieren:

„ *(H)eterosexual women who tend to use projection hold more negative attitudes, and those who end to direct their anger outward hold more positive attitudes. Males who use projection, in contrast, tend to express more positive attitudes, while those who turn against perceived frustrators tend to have more hostile attitudes"(HEREK, 1988, 469).*

Allerdings muss hinzugefügt werden, dass damit keine Aussage darüber gemacht werden kann, welche Inhalte projiziert werden. Es ergaben sich lediglich Korrelationen zwischen der Tendenz, auf die eine oder andere Weise innere Konflikte zu externalisieren und der Ausprägung antihomosexueller Einstellungen.

1.6.4 Funktionen und Ursachen antihomosexueller Einstellungen bei Frauen

Da in der Mehrzahl der zur Verfügung stehenden empirischen Befunde bei heterosexuellen Frauen weniger stark ausgeprägte antihomosexuelle Einstellungen gefunden werden als bei heterosexuellen Männern soll hier abschließend auf einige Spezifika Frauen betreffend hingewiesen werden, weil im vorliegenden Zusammenhang ausschließlich auf Ausprägungsformen antihomosexueller Einstellungen bei Frauen (im Kontext von Migration) abgehoben wird. HEREK (1988) hebt hervor, dass es für Frauen weniger notwendig ist, Homosexualität als unvereinbar mit ihrer Geschlechtsidentität zu bewerten. Daher sei es möglich, dass sie weniger inneren Druck verspüren, antihomosexuelle Einstellungen zum Ausdruck zu bringen, weil sie sich in ihrer Geschlechtsidentität weniger tief verunsichern lassen als Männer. Insofern können sie mehr Gelegenheiten wahrnehmen, mit Homosexuellen beiderlei Geschlechts Kontakt wahrzunehmen.

Wenn heterosexuelle Frauen antihomosexuelle Einstellungen zum Ausdruck bringen, hat dies andere Gründe als bei heterosexuellen Männern, deren Geschlechtsidentität durch Kontakte stärker bedroht ist. Ablehnende Haltungen würden bei Frauen mutmaßlich von religiösen und/oder ideologischen Ursachen herrühren (HEREK, 1988, 472). Diese Interpretation wird auch durch Befunde von SCHWARTZ und LINDLEY (2005) gestützt. Sie fanden, dass Frauen eine höhere Korrelation zwischen Homophobie und sozialer Erwünschtheit, wie sie durch geteilte Werte im Kontext religiöser Gruppierungen zum Ausdruck kommt, aufwiesen:

"Given a strong relationship between religious fundamentalism and homophobia, it is interesting to note that the correlation between homophobia and social desirability was significant for women"(SCHWARTZ & LINDLEY, 2005, 154).

Was also die Infragestellung betreffend die Geschlechtsidentität angeht, haben Frauen weniger Veranlassung, Bedrohung durch Homosexuelle zu empfinden als Männer. Ganz im Sinne der Interpretation von HEREK (1988) stellt auch RAUCHFLEISCH (1998) ergänzend heraus, das in diesem Kontext weniger ablehnende Haltungen von Frauen als von Männern feststellbar sind:

"Frauen fühlen sich hingegen durch die "Aufweichung" der traditionellen männlichen Rollen verständlicherweise viel weniger in Frage gestellt und reagieren deshalb, wie die zitierten Untersuchungen zeigen, im allgemeinen weniger homophob" (RAUCHFLEISCH, 1998, 3).

RAUCHFLEISCHS (1998) Hinweis betrifft vor allem die Folgen der Enthierarchisierung (vgl. RAUCHFLEISCH, 1994, 174), die für Männer weitaus schmerzhafter zu verkraften sind als für Frauen, deren Zuwachs an Einfluss durch anwachsende Gleichberechtigung eher weniger mit Beunruhigung verbunden ist als der Verlust an Dominanz bei Männern. Vielleicht ist es auch die Überdeterminierung von Homophobie als Bedrohung durch Enthierarchisierung *und* Infragestellung der Geschlechtidentität, die ihre antihomosexuellen Einstellungen stärker ausgeprägt sein lassen als die der Frauen.

1.6.5 Ergänzung zu Ausprägungsformen und Ursachen antihomosexueller Einstellungen

An dieser Stelle sei im Vorgriff auf Abschnitt 1.7 („Sozialpsychologischer Zugang") auf das *„dissociation model"* nach DEVINE (1989) verwiesen. Es soll damit im Zusammenhang dieses Kapitels auf einen weiteren Gesichtspunkt zu Ursachen für Vorurteile im Allgemeinen verwiesen werden, der den Gründen für die anhaltende Wirksamkeit von *Heterosexism* (HEREK, 2004) eine wichtige Facette hinzufügt und das weiter oben angesprochene Verhältnis von impliziten zu expliziten Einstellungen (STEFFENS, 2005) aus dem Fokus der problematisch erscheinenden Begrifflichkeit der *political correctness* rückt.

Auch DEVINE (1989) setzt das kulturell geteilte Wissen oder Vorurteil gegenüber einzelnen Gruppen der Gesellschaft in Bezug zu explizit vorgenommenen Einstellungsäußerungen, wie es in HEREKS (2004) dreiteiligem Modell von *heterosexism, sexual stigma* und *sexual prejudice* ähnlich angelegt ist. Dabei betont sie, dass *jedes* Individuum dem kulturell geteilte Wissen oder Vorurteil gewissermaßen unentrinnbar ausgesetzt ist:

„... *Ethnic attitudes and stereotypes are part of the social heritage of a society and no one can escape learning the prevailing attitudes and stereotypes assigned to the major ethnic groups"(DEVINE, 1989, 5).*

Was hier auf ethnische Gruppen bezogen wird, kann ähnlich auf andere bezogen werden. In einer späteren Arbeit (DEVINE et al., 1991) untersuchte sie vor diesem Hintergrund auch Einstellungen gegenüber Homosexuellen. Was sie in dem von ihr vorgeschlagenen „*dissociation model"* als bedeutsam herausstellt, ist der Umstand, dass der Einzelne zwar das kulturelle Vorurteil kennt und gewissermaßen auch teilt, ihm allerdings nicht auch zwingend zustimmen muss. Sie betont

„*...an important distinction between knowledge of a cultural stereotype and acceptance or endorsement of the stereotype (...) ... there is no good evidence that knowledge of a stereotype of a group implies prejudice toward that group"(DEVINE, 1989, 5).*

Was nun aber die zum Ausdruck gebrachten Einstellungen gegenüber Fremd-Gruppen angeht, so unterscheidet sie zwischen „*automatic and controlled processes"* (DEVINE, 1989, 6). In Abhängigkeit von im Laufe der individuellen Entwicklung generierten Überzeugungen können kontrollierte Prozesse erheblich von automatischen Prozessen abweichen. Durch automatische Prozesse aktivierte Einstellungsäußerungen lehnen sich qualitativ stark an die kulturell vermittelten Vorurteile oder Stereotypisierungen an, während die kontrollierten Prozesse deren Überformung durch persönliche Überzeugungen, z. B. aufgrund von differenzierten Werthaltungen, Moral- und Normvorstellungen ausdrücken. Und während spontane Äußerungen dann oftmals automatische Prozesse widerspiegeln, finden kontrollierte Prozesse ihren Ausdruck in reflektierten Meinungsäußerungen. Kontrollierte Prozesse inhibieren automatische Prozesse, wenn zwischen eigenen Überzeugungen und kulturell vermittelten und bereitliegenden Vorurteilen Diskrepanzen bestehen. Entscheidend am Konzept von DEVINE (1989) ist, dass jedes Mitglied einer Gesellschaft unausweichlich den automatisch aktivierten Prozessen zugrunde liegenden Sozialisationserfahrungen ausgesetzt ist. Kontrollierte Prozesse erfordern demgegenüber immer eine bewusste Aufmerksamkeit gegenüber kulturellen Vorurteilen, die ebenso unausweichlich aktiviert werden, sobald Kontakt (mittelbar oder unmittelbar) zu einem Mitglied einer stereotypisierten

Minderheit oder Fremd-Gruppe bestehen. DEVINES (1989) Untersuchungsergebnisse weisen sehr deutlich darauf hin, dass sowohl stark als auch nur gering mit Vorurteilen behaftete Personen grundsätzlich einer automatischen Aktivierung von Vorurteilen unterliegen. Während stärker mit Vorurteilen behaftete Personen jedoch innerlich mit den kulturell bereitliegenden Stereotypisierungen übereinstimmen, nehmen weniger von Vorurteilen geleitete Personen einen inneren Konflikt zwischen diesen automatisch aktivierten Prozessen und ihren verinnerlichten Wertesystemen wahr, der zu weniger von Vorurteilen geprägten Einstellungsäußerungen führt, um sie in Einklang mit diesem Wertesystem zu bringen.

Dieses Modell von DEVINE (1989) steht, wie erwähnt, in gewisser Weise an einer Schnittstelle einzelner Themenbereiche der vorliegenden Arbeit. Im vorliegenden Zusammenhang aber bietet es die Möglichkeit, eine zusätzliche Erklärung für die Ursachen antihomosexueller Einstellungen zu geben. Diese sind in die kulturellen Sozialisationserfahrungen gewissermaßen eingeschrieben und ein Wandel in diesen Einstellungen ist erst ein späteres Ergebnis individueller Sozialisationsschritte und Kognitionen, z. B. im Gefolge der Übernahme spezifischer Wertesysteme, durch die kulturelle Vorurteile und Stereotypisierungen in Frage gestellt werden können. DEVINE (1989) betont, dass solche bewussten Einstellungsänderungen nicht gering zu schätzen sind. Sie entgegnet der Kritik von CROSBY et al. (1980), dass es sich hierbei lediglich um das Vermeiden sozial unerwünschter Äußerungen handeln könnte, sodass die *„nonconsciously monitored responses"* (DEVINE, 1989, 15) eigentlich die wahren Einstellungen eines Individuums repräsentieren, dass eine solche Interpretation die Möglichkeit der Änderbarkeit individueller Haltungen und Einstellungen vernachlässigen würde. Hier besteht auch ein Anknüpfungspunkt zu STEFFENS (2005) Interpretation expliziter Einstellungsäußerungen im Verhältnis zu impliziten Einstellungsäußerungen. Während STEFFENS (2005) in diesem Zusammenhang von *political correctness* spricht, was durchaus in Bezug zu CROSBY et al. (1980) gesetzt werden kann, deren Auffassungen von geänderten Einstellungen als *sozial erwünscht* von DEVINE (1989) zurückgewiesen werden, finden derartige Einstellungsänderungen im Modell von DEVINE (1989) eine deutlich optimistischere Interpretation:

„...the present framework considers such (controlled; P. S.*) processes as the key to escaping prejudice. This statement does not imply that change is likely to be easy or speedy (and it is certainly not all or nothing"(DEVINE, 1989, 15).*

Aus dieser Perspektive betrachtet, repräsentieren implizite Einstellungen unausweichlich kollektiv geteilte kulturelle Vorurteile und Stereotypisierungen, während die durch kontrollierte Prozesse modifizierten expliziten Einstellungsäußerungen einen Wandel anzeigen – also durchaus eine strukturelle Änderung, die nicht an der Oberfläche von political correctness oder sozialer Erwünschtheit verbliebe.

1.6.5.1 Zusammenfassung

Unter den Ursachen für antihomosexuelle Einstellungen, wie sie in ihren Ausprägungsformen und Prädiktoren dargelegt wurden, können drei Kategorien ausgemacht werden, die in Beziehung zu ihrer psychologischen Funktion stehen. Erstens werden soziale Anpassungsmechanismen beschrieben, deren Ziel die Aufrechterhaltung traditionell vermittelter Wertvorstellungen in Bezug auf Geschlecht und Familie ist. In Zusammenhang damit können die Ausdrucksformen antihomosexueller Einstellungen im Kontext sozialer Erwünschtheit im Umfeld der diskriminierenden Person angesehen werden.

Zweitens gibt es Antezedenzien, die auf eine Abwehr antizipierter narzisstischer, d. h. den Selbstwert bedrohender Implikationen von Homosexualität hindeuten. Einerseits kann hier auf den bedrohlichen Macht-, Einfluss- und Prestigeverlust hingewiesen werden, der mit der Auflösung traditioneller Geschlechterrollen für Männer verbunden ist. Andererseits besteht ebenfalls eher für heterosexuelle Männer durch die Auseinandersetzung mit eigenen homoerotischen Anteilen eine bedrohliche Nähe zu angsterregenden Vorstellungen von Identitätsverlust, wenn Identität u. a. definiert wird als Selbst-Stereotypisierungen durch Geschlechterrollen-vorstellungen.

Und drittens können antihomosexuelle Einstellungen durch die Qualität von Kontakterfahrungen beeinflusst werden, wobei die Hinweise hierauf aufgrund der *experiential-schematic-function* nach HEREK noch unbestimmt bleiben.

Dennoch lässt sich festhalten, dass heterosexuelle Frauen weniger auf Abgrenzung zu Homosexuellen (Frauen wie Männern) angewiesen sind als Männer. Dies liegt wahrscheinlich an den weniger bedrohlichen Implikationen von Homosexualität für das Selbstwertgefühl der Frauen. Ihre antihomosexuelle Einstellungen beruhen tendenziell eher auf Funktionen sozialer Erwünschtheit und stellen damit unter Umständen vor allem eine Anpassung an soziale Normvorstellungen dar.

Als eine zusätzliche Ursache antihomosexueller Einstellungen kann angenommen werden, dass es sich dabei auch um den Ausdruck unausweichlich vermittelter und kulturell geteilter Vorurteile handelt, deren Wandelbarkeit auf dem Wege kontrollierter mentaler Prozesse in Abgrenzung (oder Dissoziation) zu automatisch ablaufenden Prozessen verläuft.

1.6.6 Stellenwert und Qualität der Kontakterfahrung

Unter den bisher zitierten Autoren besteht Einigkeit über die Kontakterfahrung als hochwirksame Einflussgröße auf die Modifikation von Ausprägungsformen antihomo-sexueller Einstellungen. Die Bedeutung von Kontakterfahrungen wurde als Prädiktor bereits erwähnt. Jüngst hat SIMON (2008) bei seiner Erhebung zu antihomosexuellen Einstellungen bei Jugendlichen mit und ohne Migrationshintergrund erneut auf die gefundenen negativen Korrelationen von Homosexuellenfeindlichkeit und dem „*Ausmaß persönlicher Kontakte zu Homosexuellen*" *(SIMON, 2008, 94)* hingewiesen und Bemühung zur Förderung persönlicher Kontakte zwischen Homosexuellen und Heterosexuellen (in diesem Fall jugendlichen Migranten) angemahnt. Dieser Umstand wird durch eine Vielzahl weiterer empirischer Befunde gestützt. Aspekte von Kontakterfahrungen, die über die im Rahmen der *experiential-schematic-function* (HEREK, 1988) beschriebene noch relativ eindimensionale Konzeptualisierung hinausgehen, sollen im Folgenden dargestellt werden.

Mit Kontakterfahrung können unterschiedliche Begegnungsformen gemeint sein, eher unpersönliche, zufällige Kontakte oder Kontakte am Arbeitsplatz, in der Nachbarschaft oder engere, freundschaftliche Beziehungen (PETTIGREW, 1997). PETTIGREWS Sichtung einer Vielzahl europäischer Untersuchungen zu Auswirkungen von Kontakt und Ausprägungsformen von Vorurteilen hatte ihren Bezug vor allem auf interethnische Beziehungen. Dennoch sind seine Befunde hier relevant, da er explizit auch Untersuchungen zu antihomosexuellen Einstellungen (z.B. HEREK & CAPITANO, 1996) einbezieht. Er fand, dass freundschaftliche Beziehungen starken Einfluss auf die Reduktion von Vorurteilen haben:

„Within this context, intergroup friendship is a strong and consistent predictor of reduced prejudice as well as proimmigrant policy preferences. Moreover, the reduction in prejudice among those with diverse friends generalizes to more positive feelings about a wide variety of out-groups"(PETTIGREW, 1997, 181).

Der Effekt wurde auch für nachbarschaftliche Beziehungen und unter Kollegen am Arbeitsplatz festgestellt, wenngleich er geringer ausfiel, was daran liegen könne, dass in diesen Kontexten die Möglichkeiten zu Kontakten nicht die gleiche Intensität böten wie es unter der Bedingung von Freundschaft möglich ist (PETTIGREW, 1997, 181). Zudem kommt es durch Kontakt über die kognitive Bewertung des Mitgliedes der out-group zu einer Änderung der affektiven Einstellung, wodurch wiederum sehr viel engere persönliche Bindungen hergestellt werden als durch die rein kognitive, weniger vorurteilsbehaftete Neubewertung der out-group. Die persönliche Beurteilung, beeinflusst durch positive Gefühle und Sympathie, bleibt auch dann noch stabil, wenn die betreffende Gruppe als solche durch ihren Lebensstil als beunruhigend oder störend erlebt wird (PETTIGREW, 1997, 181).

HEREK und CAPITANO (1996) bestätigen die Kontakt-Hypothese, wobei sie zudem betonen, dass eine Mehrzahl von Kontakten noch stärkeren Einfluss hat als nur singuläre Begegnungen, was damit zu tun haben könne, das durch die wiederholte Begegnung das Verhalten der Mitglieder der out-group als weniger „atypical" wahrgenommen werde (HEREK & CAPITANO, 1996, 423). Zudem trägt der Grad der Vertrautheit und Intimität in einer freundschaftlichen Beziehung dazu bei, inwieweit über den anderen auch etwas über sein Erleben erfahren werden kann.

„Having a close gay or lesbian friend was almost always associated with direct disclosure, whereas heterosexuals who knew lesbians or gay men only as distant relatives were likely to have learned about the individual's sexual orientation indirectly. One interpretation of this pattern is that gay people come out to their close friends but not to distant relatives or acquaintances (with whom their homosexuality may be common knowledge but not openly discussed)"(HEREK & CAPITANO, 1996, 423).

Auch wenn die Autoren darauf verweisen, dass es schwierig ist, die Bedingungen zu evaluieren, unter denen in engeren Beziehungen Vertrautheit entsteht, und zu ermitteln, welche Beiträge die Beteiligen dazu leisten, so kommen sie doch zu dem Ergebnis, dass genau diese Beziehungen konstant mit günstigeren Einstellungen Homosexuellen gegenüber verbunden sind. Dabei hat auch der Umstand, dass in vertrauensvollen Beziehungen eher die Möglichkeit gegeben ist, ein verborgenes Stigma zu offenbaren, Auswirkungen auf die Sichtweise auf die gesamte Gruppe der so wahrgenommenen Minorität, indem durch diesen Prozess zusätzliche Informationen gegeben werden (HEREK & CAPITANO, 1996, 424). Ein zu verbergendes Stigma (wie es Homosexualität zum Beispiel im Gegensatz zu ethnischer Zugehörigkeit oder Behinderung ist) zu offenbaren, spricht auch für Vertrauen in den anderen, wodurch wieder die Beziehung gestärkt wird.

Es kann also davon ausgegangen werden, dass die Kontakterfahrung als solche und ihr Einfluss auf antihomosexuelle Einstellungen bei Heterosexuellen nicht allein erklärt, warum diese Einstellungen durch Kontakte verbessert werden. Es kommt vielmehr auch auf die *Qualität der Kontakterfahrung* an, auf Nähe, Vertrautheit, Vertrauen und die Offenheit, Einsicht in die Lebensbedingungen des anderen zu nehmen. Wäre die generelle Kontakterfahrung schon meinungsbildend im positiven Sinne könnte damit nicht STEFFENS und WAGNER (2004) Befund erklärt werden, dass über 50 % der Befragten Kontakterfahrungen hatten, zugleich aber auch noch über 50 % antihomosexuelle Einstellungen aufweisen.

Bezogen auf den Untersuchungsgegenstand *Einstellungen zur Homosexualität und Homosexuellen im Kontext von Migration* kann die Aufnahme von Kontakten als Prädiktor für Integrationserfolge angenommen werden. SIMON (2008) konnte herausarbeiten,

„dass Jugendliche mit Migrationshintergrund weniger persönliche Kontakte zu Homosexuellen haben, weniger gut in die deutsche Gesellschaft integriert sind, sich

aufgrund ihrer Herkunft stärker diskriminiert fühlen, eher traditionelle Männlichkeitsnormen akzeptieren und religiöser sind als Jugendliche ohne Migrationshintergrund" (SIMON, 2008, 98).

"Integration und Diskriminierungswahrnehmungen" (SIMON, 2008, 98) wurden hierbei als wichtige Korrelate von Homosexuellenfeindlichkeit identifiziert:

"Gemeinsam unterstreichen die beiden Befunde die Bedeutung und Notwenigkeit von komplementären Integrationsbemühungen, die sowohl von Migranten als auch von der Aufnahmegesellschaft ausgehen müssen. Entsprechende Bemühungen sollten auch die Förderung von persönlichen Kontakten zwischen Homosexuellen und Migranten beinhalten" (SIMON, 2008, 98).

Bemühungen dieser Art könnten nach spezifischen Kontaktmodellen erfolgen (vgl. Abschnitt 1.7.2). Dabei sieht auch SIMON (2004) PETTIGREWS (1997/1998) Annahme, dass Freundschaften, bzw. Bedingungen, die Freundschaften zwischen Mitgliedern unterschiedlicher Gruppen ermöglichen, als wirksamen Bestandteil von Intergruppenkontakten an, wenn es darum gehen soll, Vorurteile und Diskriminierungen abzubauen. Dieses *"friendship potential"* (PETTIGREW, 1998, 78) wird jedoch auch als zusätzlicher Aspekt zu den vier von ALLPORT (1954/79) herausgestellten Grundbedingungen für Intergruppenkontakte verstanden.

"According to G. Allport (195/1979), intergroup contact reduces negative stereotyping, prejudice and intergroup discrimination and thus improves intergroup relations when four key conditions are met. First, the groups making contact must have equal status within the contact situation. Second, the groups must strive for a common goal. Third, attainment of common goals must involve a cooperative effort across group boundaries and without intergroup competition. Finally authorities, the law or custom must sanction intergroup contact"(SIMON, 2004, 135).

Statusgleichheit, gemeinsame Ziele und Kooperation beim Erreichen dieser Ziele sowie die Sanktionierung des Intergruppenkontaktes durch übergeordnete Autorität und die Möglichkeit, gruppenübergreifende Freundschaften zu schließen, werden somit zu Grundbedingungen für die Relativierung von Vorurteilen zwischen Gruppen.

1.6.6.1 Zusammenfassung

Unter den Einflussfaktoren auf Einstellungen zur Homosexualität und daraus hervorgehenden Verhaltensweisen hat die *Kontakterfahrung* einen prominenten Stellenwert. Dabei muss jedoch die *Qualität der Kontakterfahrung* berücksichtigt werden. Auf einer konditionalen Ebene kann man eher oberflächlich davon ausgehen, dass als negativ empfundene Begegnungen eine Bestätigung bereitliegender Vorurteile zur Folge haben werden, während positive Kontakterfahrungen zu einer Revision dieser Vorurteile führen. Positive Kontakterfahrungen müssen spezifische Bedingungen erfüllen, im günstigsten Falle zu Freundschaften führen. Je enger die Bindung untereinander geknüpft werden kann, desto mehr Möglichkeiten bestehen, ein gegenseitiges Verständnis, beruhend auf Offenheit und vertrauensvoller Nähe, zu entwickeln. Spezifische Modelle zur Ermöglichung dieser Kontakte bestehen bereits (s. u.) und könnten gerade auch vor dem Hintergrund der Notwenigkeit von wechselseitigen Integrationsbemühungen angewandt werden. Sie beschreiben Bedingungen für Kontakterfahrung und sind maßgeblich für ihr Potential als Mittel für die Veränderung von Einstellungen.

1.7 Sozialpsychologischer Zugang

Die Kernkompetenz der Sozialpsychologie liegt in der Beschreibung wechselseitiger Beeinflussungen sozialer und psychologischer Vorgänge und hebt damit ihre Bedeutung für die Erklärung kausaler Zusammenhänge zwischen diesen Polen hervor. An herausragender Stelle ist hier der Begriff der *Identität* angesiedelt. Identität kann sowohl sozial und damit als Gruppenidentität gefasst werden als auch individuell als Aspekt des Selbst infolge von Identifikationen, verstanden als individualpsychologisches Konstrukt, in dem sich Gruppenzugehörigkeit manifestiert.

Während das Individuum als je einzigartige personale Einheit mit spezifischen Persönlichkeitsmerkmalen noch relativ eindeutig zu identifizieren ist, hat der Begriff Gruppe ganz andere, beinahe unzählige Variationsmöglichkeiten, die abhängig davon, welche Eigenschaften die Gruppenmitglieder verbinden, variieren. Verkomplizierend tritt hinzu, dass der Gegenstand der Sozialpsychologie sowohl die Beziehung des Individuums zur Gruppe als auch des Individuums in der Gruppe zu anderen Gruppen betrifft. Noch dazu ist jedes Gruppenmitglied zugleich Teilnehmer an verschiedenen Gruppenprozessen, wodurch wiederum die personale Identität beeinflusst wird.
Zum Verständnis individueller und kollektiver Prozesse der Identitätsbildung und damit verbundener Phänomene wie Vorurteil und Diskriminierung, mithin also auch der Entwicklung und Ausformung antihomosexueller Einstellungen, stellt die Sozialpsychologie differenzierte Erklärungsmodelle zur Verfügung, von denen die Selbstkategorisierungstheorie nach TURNER et al. (1987) und ihre Weiterentwicklung durch SIMON (2004) für die vorliegende Untersuchung als theoretische Matrix herangezogen werden.

Schulenspezifisch sind unterschiedliche Herangehensweisen an den Gegenstand vorgenommen worden. Abhängig davon, ob der Zugang eher von Seiten der Soziologie oder der Psychologie erfolgte, geraten unterschiedliche Aspekte in den Fokus. Unter anderem lassen sich hier eine nordamerikanische und eine europäische Tradition unterscheiden (vgl. SIMON, 2004, 26f). In Abgrenzung zur nordamerikanischen Tradition mit dem Augenmerk auf inter*personalen* Beziehungen, basierend insbesondere auf der sozialen Kognitionsforschung (z. B. MARKUS, 1977), hat der europäische Zugang der Sozialpsychologie stärker die Inter*gruppen*beziehungen im Blick. Namhafte Vertreter des Letzteren sind Henri TAJFEL und John TURNER, deren *Theorie der sozialen Identität* (TAJFEL & TURNER, 1979, 1986) die Basis für die Weiterentwicklung zur *Selbstkategorisierungstheorie* (TURNER et al., 1987) darstellt. Aufbauend auf TAJFEL und TURNER entwickelt SIMON (2004) ein sowohl die soziale als auch die personale Dimension der Identität umfassendes Selbst-Aspekt- Modell (*Self-Aspect Model of Identity, SAMI*).

1.7.1 Theorie der sozialen Identität und Selbstkategorisierungstheorie

Wenn jeder als Individuum einer Gruppe oder genauer gesagt einer Vielzahl von Gruppen angehören kann und damit zugleich einer Vielzahl von Gruppen auch wiederum nicht angehört, bringt dieser Umstand verschiedene Implikationen mit sich, die TAJFEL und TURNER (1979, 1986) in ihrer *Theorie der sozialen Identität* konzeptualisieren. Vorangestellt sei zunächst die Definition von Gruppe, wie sie von den Autoren vorgenommen wird:

„From the social psychological perspective, the essential criteria for group membership, as they apply to large-scale social categories, are that the individuals concerned define themselves and are defined by others as members of a group. We can conceptualize a group, in this sense, as a collection of individuals who perceive themselves to be members of the same social category, share some emotional involvement in this common definition of themselves, and achieve some degree of social consensus about the evaluation of their group and of their membership of it" (TAJFEL & TURNER, 1979, 40).

Aus der Mitgliedschaft in einer oder einer Anzahl von Gruppen resultiert die *soziale Identität*, die Teil des *Selbstkonzeptes* einer Person ist. Selbstkonzept wiederum wird verstanden als

„kognitive Repräsentation des Selbst, die die eigenen Erfahrungen mit Kohärenz und Sinn erfüllt, einschließlich der sozialen Beziehungen, die man zu anderen Menschen hat" (SIMON & TRÖTSCHEL, 2007, 152).

Der Mitgliedschaft in einer sozialen Gruppe wird ein bestimmter Wert beigemessen, mit dem emotionale Einstellungen verbunden sind. Dabei bedarf es dreier Faktoren, um als Gruppe definiert und wahrgenommen zu werden und unterscheidbar zu sein. *Erstens* reicht es nicht aus, von anderen als Gruppenmitglied gesehen zu werden. Die Individuen müssen ihre Gruppenmitgliedschaft selbst verinnerlicht haben. *Zweitens* muss die soziale Situation so ausgelegt sein, dass Intergruppenvergleiche bezogen auf relevante, im Kontext bedeutungsvolle Merkmale angestellt werden können. Und *drittens* muss eine Vergleichsgruppe für den Vergleich, der angestellt wird, als relevant wahrgenommen werden (TAJFEL & TURNER, 1979).

Die Autoren führen aus, dass Individuen sich möglichst um positive Selbstkonzepte bemühen. Abhängig davon, wie eine Gruppe im sozialen Kontext bewertet wird, ist auch die Zugehörigkeit zur Gruppe entweder negativ oder positiv konnotiert, wobei der Wert der *in-group* (der Gruppe, der man zugehört) mit der Anzahl der positiv ausfallenden Vergleiche mit *out-groups* (den Gruppen, denen man nicht angehört) steigt. Fällt jedoch der Vergleich negativ aus und ist die soziale Identität demzufolge unbefriedigend, streben Individuen danach, diese Situation zu verändern (vgl. SIMON, 2004).

Statusschwache Gruppen haben ein stärkeres Interesse, ihre soziale Identität zu wechseln, als Gruppen mit sozial hohem Status. Je geringer der soziale Status ist, desto weniger kann er zu einer positiven sozialen Identität beitragen (TAJFEL & TURNER, 1979, 43). *Status* in diesem Kontext wird verstanden als Ergebnis des Vergleichs mit anderen Gruppen bezüglich jeweils relevanter Dimensionen. Die Bestrebungen zum Statuswechsel sind abhängig davon, inwieweit die Verhältnisse als veränderbar oder eben nicht veränderbar wahrgenommen werden.

Die Theorie der sozialen Identität hat einen wesentlichen Anwendungsbereich bezogen auf die Beschreibung unterprivilegierter Minderheiten wie Zuwanderer und Homosexuelle, deren Status sie für Diskriminierung bis hin zu Unterdrückung prädestiniert. Mit ihr lassen sich Vorhersagen über das Verhalten von Gruppen in Situationen machen, deren Bedingungen geeignet sind, sich negativ auf das Selbstkonzept der Gruppenmitglieder auszuwirken.

Individuen in Interaktion mit anderen Individuen sind sowohl als einzelne Subjekte als auch als Teil von Gruppen stets aufs Neue in identitätsbildende Prozesse involviert. Zur Beschreibung dieser Prozesse sowohl auf der personalen, als auch auf der sozialen Ebene stellt die *Selbstkategorisierungstheorie* als Erweiterung und Ausdifferenzierung der Theorie der sozialen Identität Zugänge zu den unterschiedliche Ebenen individuellen und sozialen Erlebens Verfügung.

„Self-categories are cognitive groupings of self and some class of stimuli as identical and different from some other class. Personal identity refers to self-categories that define the individual as a unique person in terms of his or her individual differences

from other (in-group) persons. Social identity refers to social categorizations of self and others, self-categories that define the individual in terms of his or her shared similarities with members of certain social categories in contrast to other social categories"(TURNER et. al., 1994, 454).

TURNER (1982, 1987, 1994) definiert also der Tendenz nach eher das Individuum, nicht die Gruppe als Träger der Identität – sowohl der personalen als auch der sozialen Identität. Diese Feststellung ist deshalb von Bedeutung, weil sie das Individuum als Akteur in unterschiedlichen Kontexten stärker betont. Die Kontexte wiederum lassen sich nach dem Grad ihrer *Inklusivität* differenzieren.

„Personale Identität gründet in der Selbst-Interpretation als singuläres, einzigartiges Individuum, also im individuellen Selbst. Soziale Identität setzt voraus, daß die Selbst-Interpretation sozial erweitert wird. Eigengruppenmitglieder werden mit in die eigene Selbst-Interpretation aufgenommen. (...) Soziale Identität gründet demnach in der Selbst-Interpretation als austauschbares Gruppenmitglied, also im kollektiven Selbst" (MUMMENDEY & SIMON, 1997, 20).

In diesem Zusammenhang kann dann die kollektive Identität verstanden werden als

„entscheidende psychologische Vermittlungsinstanz (...), welche kollektives (gruppales Erleben und Verhalten ermöglicht, während individuelle Identität die psychologische Grundlage individuellen (idiosynkratischen) Erlebens und Verhaltens darstellt" (SIMON, 1996, 31).

Selbst-Interpretation oder in TURNERS Terminologie *Self-Categorizations* sind dabei unter Bezugnahme auf ROSCH (1978) auf drei Ebenen der Abstraktion möglich.

„That there are least three levels of abstraction of self-categorization important in the social self-concept: (a) the super-ordinate level of the self as human being, self-categorizations based on one's identity as a human being, the common features shared with other members of the human species in contrast to other forms of life, (b) the intermediate level of ingroup-outgroup categorizations based on social similarities and differences between human beings that define one as a member of certain social groups and not others (e. g., ‚American', ‚female', ‚black', ‚student', ‚working class'), and (c) the subordinate level of personal self-categorizations based on differentiations between oneself as a unique individual and other ingroup members that define one as a specific individual person (e. g., in terms of one's personality or other kinds of individual differences). These levels can be said to define one's ‚human', ‚„social' and ‚personal' identity respectively, based on inter-species, intergroup (i. e., intra-species) and interpersonal (i. e., intragroup) comparisons between oneself and others" (TURNER et al., 1987, 45).

In Erweiterung dieses hierarchischen Konzeptes kann angenommen werden, dass eine Vielzahl dem Grade nach unterschiedliche Ebenen der Inklusivität identifizierbar sind. Die jeweils höhere Ebene schließt die niedrigere mit ein (Münchner, Bayer, Deutscher, Europäer, Mensch) – umgekehrt ist dies nicht möglich (ein Mensch ist nicht notwendig auch Bayer). In jedem Falle kann festgestellt werden, dass ein Individuum sich mehreren Gruppen zuordnet, indem es entsprechende Selbst-Kategorisierungen vornimmt, wenngleich nicht alle damit verbundenen sozialen Identitäten gleichzeitig aktiviert werden.

Diese Aktivierung spezifischer Selbstanteile ist von Kontext-Variablen abhängig. Jemand wird als Gemeindemitglied im Gottesdienst andere Anteile seiner Identität wahrnehmen als in der Fan-Kneipe nach einem gewonnenen Fußballspiel der von ihm favorisierten Mannschaft. Die damit in Zusammenhang stehende *Salienz* wird von Personen-Variablen, wie der Situation, dem Wertesystem, den Erfahrungen, Motiven und Zielen des Individuums mitbestimmt (SIMON & TRÖTSCHEL, 2007, 177).

„Identity salience is assumed to be a joint function of people's readiness to adopt a particular identity and the extend to which that identity fits as a meaningful self-definition in the given social context" (SIMON, 2004, 38).

Die Kontexte oder Situationen bieten *Stimuli* für die individuelle Bereitschaft, sich mit einer Gruppe zu identifizieren, unter der Voraussetzung, dass dieser Teil der Selbst-Kategorisierung zum Selbst-Konzept passt. Derlei *Passung* muss als sinnvoll erachtet werden. Der *„Bereitschaft, eine bestimmte Identität anzunehmen"* (SIMON & TRÖTSCHEL, 2007, 177) können unterschiedliche Motive zugrunde liegen. Wird die Zugehörigkeit zu einer Gruppe eher negativ beurteilt, liegt geringe Salienz vor. Hat aber die Zugehörigkeit zu einer Gruppe eine hohe Passung mit individuellen Bedürfnissen jeglicher Art, kann die Salienz als stark angenommen werden. Die Passung ist verknüpft mit normativen, gruppenspezifischen Verhaltensweisen:

„Two important features of social category membership are that the degree of internalization of or identification with an ingroup-outgroup membership, the centrality and evaluative importance of a group membership in self definition, is a major determinant of accessibility, and that fit has a normative content (i. e., behavior must be in line with the stereotypical norms that define the category: ‚radicals' do not just behave differently from ‚policemen', they do so in a definite, appropriate, political direction)" (Turner et al. 1987, 55).

Wenn Individuen in einer Gruppe, mit deren Inhalten und Zielen sie identifiziert sind, einheitlich, in einer normativ bestimmten Richtung agieren, werden sie als Gruppenmitglieder austauschbar, es erfolgt in Teilbereichen eine Entindividualisierung oder *Depersonalisierung*, die personale Identität tritt in Abhängigkeit zur sozialen Salienz zugunsten der sozialen Identität in den

Hintergrund. Während vielleicht aufgrund der persönlichen Präferenz und Kontextabhängigkeit (z. B. im Stadion) die Selbstkategorisierung als Bayern-Fan salient wird, tritt damit einerseits die personale hinter die soziale Identität zurück. Allerdings gelten dieselben Mechanismen, die die Selbstkategorisierungstheorie für die Annahme einer sozialen Identität beschreibt auch für die personale Identität – nur unter umgekehrten Vorzeichen, wie SIMON (2004) hervorhebt:

„The salience of personal identity is thus analogously construed as a joint function of readiness (e. g. a high need for individuality) and fit (e. g. a high degree of perceived intragroup variation paired with little perceived intra-individual variation). Yet, whereas a salient social identity is assumed to enhance the perception of self as similar to, or even interchangeable with, other ingroup members, but different von outgroup members, a salient personal identity should enhance the perception of interindividual differences and intra-individual similarity or consistency"(SIMON, 2004, 39).

Salient im Rahmen einer personalen Identität werden Kategorisierungen, die das Bedürfnis nach Individualität und Unterscheidbarkeit befriedigen. Im Gegensatz zur sozialen Identität gibt es in diesem Zusammenhang eher das Bedürfnis nach Differenz von äußeren Objekten, wenngleich abschließend nochmals betont werden soll, dass auch soziale Identität der Abgrenzung dient. Anders als bei der personalen Identität umfasst die soziale Identität jedoch zugleich die Mitglieder der relevanten Gruppe.

1.7.2 Integrationsmodell „SAMI" nach Simon (2004)

Während schon die Selbstkategorisierungstheorie gegenüber der Theorie der sozialen Identität u. a. stärker die Rolle der personalen Identität einbezieht, präzisiert SIMON (2004) aufbauend auf der Selbstkategorisierungstheorie und in der Tradition TAJFELS und TURNERS (1979, 1986, 1997, 1994) in dem von ihm vorgeschlagenen *Self-Aspect Model of Identity (SAMI)* die auf Seiten des Subjektes damit verbundenen Funktionen und Prozesse. Dies geschieht auf der Basis eines integrierenden, breit angelegten Zuganges. Dabei stellt er fest:

„Owing to their traditional focus on group phenomena, social identity and self-categorization theorists have so far invested most of their conceptual and empirical efforts in promoting our understanding of social identity, whereas the concept of personal identity has received only scant attention"(SIMON, 2004, 48).

„SAMI" stellt in dieser Hinsicht ein ausgewogeneres Verhältnis her. Hier wird das Individuum als aktiv Sinn suchende Person in den Mittelpunkt gestellt, wobei diese Auffassung erst durch die Unterscheidung zwischen individueller und kollektiver Identität ihre besondere Bedeutung bekommt. (Terminologisch zieht SIMON *individuelle* und *kollektive* Identität *personaler* und *sozialer* Identität vor; vgl. SIMON, 2004, 49).

„This model builds on the premise that, as active meaning seekers, people engage in self-interpretation, which refers to the social-cognitive process whereby people give coherence and meaning to their own experiences, including their relations with physical and social environment" *(SIMON, 2004, 45).*

Im Prozess der Auseinandersetzung des Individuums mit den sozialen Gegebenheiten einer Gesellschaft generieren sich sinnhafte Zusammenhänge. Während das Individuum als Einzelnes auf der Mikro-Ebene anzusiedeln ist, ist der gesellschaftliche Bezugsrahmen als Makro-Ebene anzusehen, mit der das Individuum auf der Meso-Ebene in Austausch tritt. Die Ebene der sozialen Interaktion (Meso-Ebene) ist also gewissermaßen die „Werkstatt", in der individuelle Identitäten generiert und soziokulturelle Veränderungen angebahnt werden (vgl. SIMON, 2004, 44).

Selbst-Aspekte

Diese dynamischen, interaktiven, sich wechselseitig beeinflussenden Prozesse gehen auf Seiten des Individuums auf Selbstinterpretationen oder Selbst-Konzepte zurück, für die definierte *Selbst-Aspekte* konstitutiv sind. Als Selbst-Aspekte können Charaktereigenschaften, Körpermerkmale, sozialen Rollen, Fähigkeiten, Geschmacksvorlieben, Einstellungen, Verhaltensweisen und Gruppenzugehörigkeiten benannt werden. Unter Bezugnahme auf LINVILLE (1985, 1987) werden Selbst-Aspekte von SIMON (2004) als kognitive Kategorien im Dienste der Organisation von *„Wissen über die eigene Person"* (SIMON, 1995, 47) angesehen. Er führt sieben Charakteristika von Selbst-Aspekten an:

1. Selbst-Aspekte sind sowohl individuell-kognitiv als auch *soziale Produkte*, indem ihre Bewertung im sozialen Kontext erfolgt.

2. Selbst-Aspekte machen nur als *relative Konstrukte* Sinn. So ist der Selbst-Aspekt „jung" nur unter Bezugnahme auf das Alter anderer möglich.

3. Selbst-Aspekte sind hierarchisch sozial verortet und damit bereits auf der Mikro-Ebene *Repräsentanten sozialer Struktur.*

4. Kennzeichnend für moderne Gesellschaften ist, dass Selbst-Aspekte *vielfältige Bezüge* aus den unterschiedlichsten sozialen Kontexten, in

denen das Individuum involviert ist, repräsentieren – und dadurch unterschiedliche Bedeutung erlangen.

5. Einzelne Selbst-Aspekte stehen untereinander in sinnhaftem Zusammenhang und bilden damit *komplexe, kohärente* Strukturen, die sich von anderen Strukturen unterscheiden.

6. Salienz oder Bedeutung eines Selbst-Aspektes sind *abhängig von der jeweils gegebenen Situation*.

7. Selbst-Aspekte sind nicht starr, sondern können unter der Bedingung neuer Situationen *veränderbar* sein, wenn saliente Informationen das Wissen des Individuums über sich selbst erweitern.

Verkürzt lässt sich sagen: Selbst-Aspekte sind *„equally social, relational, complex, socially and cognitively structured and context-dependent"* (SIMON, 2004, 47).

Kollektive und individuelle Identität

Selbst-Aspekte werden bezogen auf kollektive und individuelle Identität unterschiedlich aktiviert. Die *kollektive Selbstinterpretation* fußt auf *einem* oder zentriert sich um *einen* ausgewählten Selbst-Aspekt, der inter-individuell von den Mitgliedern der jeweiligen Gruppe geteilt wird – sie ist damit eindimensional. SIMON (2004) stellt heraus, dass alle anderen Selbst-Aspekte, das heißt inter-individuelle Unterschiede auf anderen Dimensionen, in der Gruppe zugunsten von höchst-möglicher Übereinstimmung und Austauschbarkeit irrelevant werden. *„Collective identity results from self-interpretation that centers on a socially shared (...) self-aspect"*(SIMON, 2004, 49). Der von allen Personen der Gruppe geteilte Selbst-Aspekt rückt in den Vordergrund des psychischen Erlebens.
Wenn der geteilte Selbst-Aspekt „Christ sein" ist, heißt dies natürlich nicht, dass damit keine anderen Selbst-Aspekte verknüpft wären wie Aufrichtigkeit, Frömmigkeit, Tugendhaftigkeit – diese alle aber sind redundant vor dem Hintergrund der Aussage „Ich bin Christ"; denn diese Aussage impliziert diese Aspekte bereits, sie sind stereotyp mit ihr verknüpft. Unter Hinweis auf JAMES (1890/1950) betont SIMON (2004), dass mit der einen sozialen Identität, die von einer Person geteilt wird, viele andere soziale Identitäten in ein und derselben Person koexistieren können – je nachdem, welchen Gruppen sich jemand zugehörig fühlt, d. h. welche sozialen Selbst-Aspekte in spezifischen Kontexten geteilt werden.

Im Unterschied dazu wird die *individuelle Identität* dieser Konzeptionalisierung zufolge als Selbst-Interpretation auf der Basis von *vielfältigen Konfigurationen von Selbst-Aspekten* verstanden. Individuelle Identität kann dann angenommen werden, wenn ein umfassendes Set nicht aufeinander reduzierbarer oder redundanter Selbst-Aspekte zur Beschreibung kommen kann, die den Einzelnen als einzigartig, unverwechselbar, nicht austauschbar kennzeichnen. Nun kann angenommen werden, dass, je vielfältiger diese Selbstbeschreibungen sind, umso differenzierter die Persönlichkeit ist, was zugleich mit innerer Freiheit und Unabhängigkeit und Flexibilität einhergeht. Vielfalt in den Selbst-Aspekten gewährleistet eher Befriedigung psychischer Bedürfnisse als Begrenztheit der Selbst-Aspekte.

Wenn daher vielfältige, ausdifferenzierte Selbst-Aspekte für eine hochindividuelle, charakteristische Selbstinterpretation stehen, so heißt dies zugleich, dass das Individuum aufgrund dessen auch unabhängiger ist als Individuen mit begrenzter Anzahl von Selbst-Aspekten. SIMON (2004) benennt die Bedingungen für eine möglichst individuelle Identitätsauffächerung:

"Irrespective of whether the emphasis is on its distinctiveness component or its independence component, the critical process underlying individual identity is the process of ‚de-centrating‘ or ‚de-monopolizing‘ self-interpretation. (...), this process is a joint function of person variables and social context variables. More specifically, it increases in strength with a person's readiness, deriving from her values, motives, goals, prior experiences and so forth, to extend her self-interpretation beyond a single social category self-aspect and heed additional self-aspects"(SIMON, 2004, 51).

Dafür jedoch muss der soziale Kontext auch Möglichkeiten bereithalten, um dem Einzelnen Aussichten und Chancen zu geben, sich einen Weg aus eventuell vorliegenden enttäuschenden kollektiven Identitäten zu suchen – z. B. wenn es sich um eine stigmatisierte Minderheit handelt. Und die individuelle Identität wiederum muss differenziert genug sein, um entsprechende Angebote wahrnehmen zu können.

Individuelle Identität ist SIMON (2004) zufolge kein einzigartiges Konstrukt im Sinne von Exklusivität „in" einer Person. Abhängig von Kontexten, Situationen etc. können neue Selbst-Aspekte oder Formationen von Selbst-Aspekten zu neuen Identitäten generiert und damit zu abweichenden Selbstinterpretationen gemacht werden.

Grundsätzlich können wohl alle Selbst-Aspekte sowohl Basis für individuelle als auch kollektive Identitäten sein. Maßgeblich dafür ist der *Kontext, in dem sie salient werden.* Und fraglos können Selbst-Aspekte *zugleich* eine kollektive Identität anzeigen *und* Teil individueller Identität sein. So kann jemand Deutscher unter Deutschen sein und er kann unter anderem (z. B. Psychologe, Hobbygärtner, Brillenträger) *auch* Deutscher sein. Im ersten Fall wird die Person dem Selbst-Aspekt zugeschlagen, im zweiten wird der Selbst-Aspekt in der Person verortet. Daraus ergibt sich, dass es keine Selbst-Aspekte gibt, die unabhängig als Monaden und losgelöst von sozialen Bezügen existieren; lediglich die Konfiguration von Selbst-Aspekten ist einzigartig. Unter Hinweis auf TURNER (1987) betont SIMON (2004), dass die individuelle Identität ebenso sozial definierbar ist wie die kollektive Identität.

„Although this level of identity is referred to as ‚social' because it reflects socially shared similarities and differences between people, there is no implication that the human and personal levels are not also social in terms of their content, origin and function" (TURNER et al., 1987, 46).

Bezüge von kollektiver zu individueller Identität

Wie erwähnt sind die Umstände der beiden Identitätsbildungen eng aufeinander bezogen und voneinander abhängig. Die von SIMON (2004) beschriebenen psychologischen Prozesse der *Zentrierung* und der *De-Zentrierung* (also im ersten Falle Deutscher unter Deutschen sein, im zweiten Falle unter anderem deutsch zu sein), stehen in einem dialektischen Verhältnis. So werden der individuellen Identität Erfahrungen mit kollektiver Identität hinzugefügt, die bei verschiedenen Gelegenheiten gemacht werden konnten und zur individuellen Identitätsbildung beitrugen, zugleich aber auch eine Art Reservoir abgeben, aus dem bei passender Gelegenheit geschöpft werden kann, um neue kollektive Identitäten zu generieren. An anderem Ort führen MUMMENDEY und SIMON (1997) die dialektische Verschränkung der Identitätsbildung ausführlich aus:

„Insgesamt deuten diese Überlegungen also auf eine Priorisierung individueller Selbst-Interpretationen hin, und zwar insbesondere im Hinblick auf moderne Gesellschaften, und damit auf eine chronische bzw. habituelle Dominanz des Einflusses des individuellen Selbst auf unsere aktuellen Selbst-Bilder. In diesem Sinne wäre der Einfluß kollektiver Selbst-Interpretationen aufgehoben oder zumindest abgeschwächt. Andererseits wird jedoch das individuelle Selbst gerade durch die einzigartige Kombination von Selbst-Aspekten konstituiert (...), von denen jeder einzelne die Grundlage für eine kollektive Selbst-Interpretation liefern kann. Kollektive Selbst-Interpretationen sind demnach auch in einem zweiten Sinne im individuellen Selbst aufgehoben. Sie werden nämlich auf eine höhere Ebene gehoben, indem sie im individuellen Selbst synthetisiert, d. h. zu einer neuen Einheit zusammengefügt werden (...). Dies bedeutet aber auch, daß das individuelle Selbst weiterhin das Potential für kollektive Selbst-Interpretationen in sich trägt. Es konserviert diese, hebt sie also noch in einem weiteren Sinne auf..." (MUMMENDEY & SIMON, 1997, 27).

Kollektive Identitäten gewährleisten zudem die Aufrechterhaltung der individuellen Identität, indem sie als eine Art Netzwerk dem Individuum helfen, sich im sozialen System als unterscheidbares Subjekt zu verorten (SIMON, 2004).

Implizite und explizite Identität

In diesem dynamischen, auf vielfältiger Wechselwirkung beruhenden Geflecht dialektischer Prozesse der Identitätsbildung können nicht alle (ob individuelle oder kollektive)Identitäten zugleich aktiv sein. SIMON spricht in diesem Zusammenhang von *impliziten* und *expliziten* Identitäten (SIMON, 2004, 56), deren Verhältnis dem von *Figur* und *Grund* (KRECH & CRUTCHFIELD, 1948) entspricht. Während die eine Identität als Figur explizit wird, verbleibt die andere implizit im Hintergrund; die implizite Identität gibt dann den Interpretationsrahmen für die explizit aktive (individuelle oder kollektive) Identität ab. Dieser Umstand mag für die Überdeterminiertheit zum Beispiel von Einstellungen und Verhaltensweisen dahingehend von Belang sein, dass die explizit zum Ausdruck gebrachte Einstellung durch implizite Identitäten bzw. Selbst-Aspekte mit beeinflusst wird.

„As taken-for-granted identities, implicit identities usually operate outside conscious awareness, whereas explicit identities are in the current focus of (self-) attention. It may therefore be tempting to align the differentiation between attitudes (and behaviors) tied to explicit identities and those tied to implicit identities with the distinction between controlled and automatic processes"(SIMON, 2004, 56).

Dabei sind explizite und implizite Identitäten auf der Verhaltensebene nicht zwangsläufig 1:1 mit kontrolliert und automatisch ablaufenden Prozessen (vgl. DEVINE, 1989) gleichzusetzen. Eine im Verhalten explizite soziale Identität kann durchaus durch automatisiertes Verhalten begleitet bzw. unterstrichen werden.

Funktionen und Prozesse von Identität

In Übereinstimmung mit anderen maßgeblichen Sozialpsychologen (BAUMEISTER, 1986; BAUMEISTER & LEARY, 1995; BREAKWELL, 1986; BREWER, 1991; FISKE, 2000; MASLOW, 1970; SMITH & MACKIE, 2000; TAJFEL & TURNER, 1986; TYLER & SMITH, 1999) identifiziert SIMON (2004) fünf grundlegende *Identitätsfunktionen* im Dienste basaler psychologischer Bedürfnisse: *„(1) belongingness, (2) distinctiveness, (3) respect or esteem, (4) understanding or meaning and (5) agency"* (SIMON, 2004, 66).

1. – Zugehörigkeit – Kollektive Identität bestärkt das Gefühl der Zugehörigkeit zur sozialen Welt, während individuelle Identität das Individuum in der sozialen Welt verankert, indem es ihm einen spezifischen Platz im Netzwerk diverser sozialer Identitäten sichert und für Zugehörigkeit in verschiedenen Dimensionen sorgt. Individuelle

Identität sorgt zudem für ein Gefühl von Kontinuität über Zeit und Raum hinweg, indem sie eng verwoben ist mit den damit jeweils verknüpften sozialen Aspekten.

2. – Distinktheit, Differenz, Individualität – Identität auf den unterschiedlichen Abstraktionsebenen definiert nicht nur Zugehörigkeit, sondern auch Nichtzugehörigkeit und gewährleistet damit die Unterscheidbarkeit von anderen auf Gruppenebene (*ingroup-outgroup-contrast*), aber auch auf der individuellen Ebene. Durch die Negation (wer oder was man eben auch nicht ist) wird das Individuum in Abgrenzung zu anderen Individuen als unverwechselbar gekennzeichnet.

3. – Achtung und Respekt – Ein sicherer und guter Platz im sozialen Netzwerk gewährleistet Respekt und damit umgekehrt Selbstrespekt und Selbstachtung. Durch den Respekt Dritter im sozialen Umfeld hat das Individuum die Möglichkeit, sich selbst als geachtetes und respektiertes Mitglied spezifischer sozialer Kontexte zu *erleben,* wodurch wiederum das Selbstwertgefühl gestärkt wird. Individuelle Identität ist in diesem Zusammenhang eher suboptimal als Quelle von Selbstrespekt, wenn dieser nicht von anderen bestätigt wird.

4. – Verständnis und Sinn - Identität, metaphorisch verstanden als *Platz in der Welt,* gewährleistet eine spezifische *Perspektive auf die Welt* und damit einen Verständniszugang, der wiederum Sinnzuschreibungen ermöglicht. Identität gewinnt Sinn und Bedeutung durch Zugehörigkeit und Einordnung in ein komplexes soziales Netzwerk. „In short, identity is an indicator of meaningful social existence" (SIMON, 2004, 68).

5. – (Selbst-) Wirksamkeit – Identität in diesem Zusammenhang verweist auf das Subjekt als Urheber seiner Gedanken und Handlungen und die Erfahrung als einflussreich Handelnder im sozialen Kontext. Die kollektive Identität gewährleistet dabei die Erhöhung der Handlungsfähigkeit des Individuums als Teil in einem sozialen Zusammenschluss. Durch die Solidarität in der Gruppe erhöht sich das Gefühl von Wirksamkeit (Macht) und Einfluss. Die Gruppe kann aber auch restriktiv auf die individuelle Handlungsfähigkeit wirken, sodass das Gefühl von Selbstwirksamkeit durch die soziale Identität begrenzt wird.

Als Werkzeuge im Dienste dieser Identitätsfunktion können die Identitätsprozesse aufgefasst werden. Sie dienen der Realisierung der mit den Identitätsfunktionen verknüpften Bedürfnisse. Hier sind zum einen Mechanismen zur Stabilisierung, Absicherung, aber auch Erhöhung des Selbstwertgefühls zu nennen, das heißt, Respekt und Achtung der eigenen Person

sollen gesichert werden. Ein stabiles Selbstwertgefühl erfüllt, gesichert, den guten Umgang mit sich selbst. Eine Verringerung des Selbstwertgefühls hat demgegenüber aber auch regulative Funktion im sozialen Austausch, wenn ablehnende Reaktionen im sozialen Umfeld zu Selbstkorrekturprozessen führen können (vgl. SIMON & TRÖTSCHEL, 2007, 167).
Von herausstehender Bedeutung - auch vor dem Hintergrund der Selbstwertregulation - sind *Diskriminierung* und *Vorurteil*, wobei Diskriminierung das beobachtbare Verhalten beschreibt, während Vorurteil die affektive Einstellung, die, aus dem Verhalten ableitbar ist, repräsentiert. Vorurteile stehen ebenfalls im Dienste der Respekt-Funktion, vor allem aber auf der Ebene der sozialen Identität. In Abgrenzung von anderen Gruppen wird die eigene Gruppe höher oder besser bewertet. Indem die „anderen" abgewertet werden, wird man selbst oder die eigene Gruppe immun gegen potentielle Verachtung der anderen. Kollektive Identität erhöht die Wahrscheinlichkeit für Diskriminierung gegen andere zugunsten der Mitglieder der eigenen Gruppe. Die Außenstehenden werden als geringwertiger betrachtet, sodass ihnen weniger Respekt gebührt. Bei der Gelegenheit kann sich diskriminierende Subjekt auch als einflussreich und aktiv im Sinne von Erhöhung des Selbstwertgefühls erleben, *„so that the agency function is served as well" (SIMON, 2004, 69).*
Als weiterer Identitätsprozess kann die *Selbst-Stereotypisierung* angesehen werden. Hierbei geht es darum, dass Individuen, wenn sie sich einer Gruppe zugeordnet haben, die mit dieser Gruppe verbundenen Eigenschaften auch sich selbst zuschreiben. Sie werden als typisch für die eigene Gruppe gesehen und also auch sich selbst als Gruppenmitglied als typisch zugeschrieben.

„In addition, they accentuate intragroup similarities and intergroup differences so that both ingroup and outgroup are homogenized and simultaneously differentiated from each other"(SIMON, 2004, 69).

Auf diesem Wege wird sowohl das Bedürfnis nach Zugehörigkeit, aber auch das Bedürfnis nach Differenz auf der kollektiven Ebene befriedigt. Selbst-Stereotypisierung als kognitiver Mechanismus beinhaltet zugleich das Selbstverständnis und ein Verständnis von Welt, das von den Gruppenmitgliedern geteilt wird, wodurch wiederum Sinn erzeugt wird und Verständnisfunktion erfüllt ist.
Wenn Selbst-Stereotypisierung als kognitive Funktion definiert wird, kann *konformes Handeln* als Verhaltensäquivalent verstanden werden. Konformes Handeln wird als selbstverständlich erlebt, wenn erst einmal die Identifikation mit der kollektiven Identität stattgefunden hat. Konformes Handeln ist i. d. R. unhinterfragt und bestätigt den Anspruch auf Zugehörigkeit zu einer Gruppe. Hier besteht offenkundig zudem ein enger Bezug zu expliziter und impliziter Identität. Zudem erfüllt Selbststereotypisierung ein auf der kollektiven Ebene den Wunsch nach Zugehörigkeit, aber auch Differenz („Wir hier, Ihr dort"). Darüber hinaus steht sie im Dienste der kollektiven Selbstwirksamkeit, d. h.

konformes Handeln erhöht die Erfolgsaussichten auf Realisierung von kollektiven Zielen.
Konformität auf der individuellen Ebene der Identität findet ihren Ausdruck darin, dass das eigene Handeln in widerspruchslosem Verhältnis zur individuellen Identität als sinnvoller Einheit von Selbst-Aspekten verstanden wird. Selbst gewählte Standards unterstützen die Fähigkeit zur Selbstwirksamkeit, wenn sie als sinnvoll zum Erreichen eigener Ziele erachtet werden.

„Finally, individual identity emerges from and enables social interaction and the development of interdependencies and close relationships with other individuals which promote a sense of inter-individual connectedness and thus operate in the service of the belongingness function of individual identity"(SIMON, 2004, 70).

Identitätsprozesse zur Gewährleistung von Identitätsfunktionen stehen kurz gesagt sowohl im Dienste der individuellen als auch der kollektiven Identität, wobei sie sich auf den unterschiedlichen Ebenen gegenseitig bedingen und verstärken.

Inter-Gruppen-Kontakt

Soll es zur Aufhebung oder zumindest zur Relativierung von Diskriminierung zwischen Gruppen und Vorurteilen kommen, besteht die Notwendigkeit zur Herstellung von Inter-Gruppen-Kontakten. Deren Basis sind ALLPORT (1954/1979), PETTIGREW (1997/1998) und SIMON (u. a. 2004) zufolge fünf Schlüsselbedingungen: 1. *Statusgleichheit,* 2. *gemeinsame Ziele* und 3. *Kooperation beim Erreichen dieser Ziele* sowie die 4. *Sanktionierung des Intergruppenkontaktes durch übergeordnete Autorität* und 5. die *Möglichkeiten, gruppenübergreifende Freundschaften zu schließen.* Diese Bedingungen bilden die Basis, spezifische Prozesse zu initiieren:

1. Dekategorisierung und Personalisierung - Wird das Mitglied der zuvor als fremd wahrgenommenen Gruppe innerhalb einer Kontaktsituation als Individuum wahrgenommen, besteht die Aussicht, Vorurteile und Stereotypisierungen, die zuvor auf die (Fremd-)Gruppe gerichtet waren, zu überprüfen, zu relativieren und möglicherweise aufzuheben. Durch den personalisierten (und gegebenenfalls geförderten) Kontakt verliert die eigene Gruppenzugehörigkeit und damit Selbst- und Fremdkategorisierung ihre Salienz; Individuen begegnen sich als Individuen mit je einzigartigen Eigenschaften und Einstellungen:

„(...) when I no longer see myself as a German being confronted with ‚one of those Turks', but appreciate a personalized contact with Mustafer, the psychological basis for stereotypic perception and group based (mis)treatment no longer exists" (SIMON, 2004, 136).

Derartige Effekte werden durch wiederholte Kontakte verstärkt, wobei sie noch intensiviert werden, wenn die Kontakte freundschaftliche Qualität annehmen können. Andererseits reichen aber auch schon mittelbare Kontakte aus, wenn nicht „ich" selbst, sondern ein Mitglied „meiner" Gruppe persönlichen „friendly" (SIMON, 2004, 136) Kontakt zu Mitgliedern der anderen Gruppe hat und durch Vermittlung seiner Erfahrungen auch „mein" Bild vom anderen modifizieren hilft.

2. Rekategorisierung und geteilte Gruppenidentität - Wenn der Intergruppen-Kontakt hergestellt werden konnte und die erwähnten Schlüsselbedingungen erfüllt sind, kann dies einen Prozess anstoßen, in dessen Folge auf höherer Ebene Inklusivität hergestellt wird. D. h. beide Gruppen schließen sich auf der Basis einer nun gemeinsamen Selbst-Kategorisierung zusammen. Unter Bezugnahme auf GAERTNER et al. (1989) hält SIMON (2004) fest:

„Intergroup contact should be structured in such a way that the original ingroup-outgroup categorization is dissolved, or more precisely, transcended and transformed into a common, superordinate or more inclusive collective identity. Ideally, the transformation of the original ‚us' and ‚them' into a more inclusive ‚we' elevates former outgroup members to the level of more favourable perception and treatment as ingroup members and thus removes the original problem" (SIMON, 2004, 136 f.).

Allerdings besteht auch die Möglichkeit und Gefahr, dass der Intergruppen-Konflikt nunmehr auf höherer Inklusivitätsebene mit anderen Gruppen ausgetragen wird.

3. Wechselseitige Intergruppen-Differenzierung - Kollektive Identität als Teil individueller Identitätskonzepte erfüllt, wie gesehen Identitätsfunktionen, die nicht ohne weiteres durch die Aufhebung einer kollektiven Identität suspendiert werden sollten. *„(C)ollective identities are often an integral part of people's sense of who they are and serve a variety of important psychological functions"(SIMON, 2004, 137).* Insofern müssten auch auf höherer Inklusivitätsebenen Gruppen-Grenzen erkennbar bleiben, wobei die Differenzen positiv konnotiert werden, sodass gegenseitiger Respekt gewährleistet wird.

Vermittelt durch diese Prozesse besteht die Möglichkeit eines erweiterten Verständnisses für die vormals als fremd erlebten Mitglieder der „outgroup", die PETTIGREW (1998) zufolge in fünf Aspekte unterteilt werden können. Indem zum *Ersten* das Wissen über die „anderen" erweitert wird und dadurch Stereotypisierungen aufgelöst werden können, hat dies neben diesem kognitiven Aspekt zum *zweiten* auch einen Effekt auf die affektiven Einstellungen, sodass eher Gelegenheit für tiefer gehenden Kontakte wie Freundschaften geschaffen wird. Dies wiederum ermöglicht *drittens „positive emotions such as empathy, sympathy or even admiration" (SIMON, 2004, 139).* Auf diesem Wege wird *viertens* eine Verhaltensänderung möglich, die auf die gesamte Gruppe ausgedehnt wird und *zuletzt* erweitert sich die eigene Wahrnehmung um die Kenntnis der sozialen Realität der anderen, womit eine neue Perspektive eingenommen werden kann. Darauf und auf den hier erwähnten Aspekt der Empathie soll weiter unten exemplarisch näher eingegangen werden.

Zunächst ist an dieser Stelle allerdings noch ein weiterer Aspekt des Inter-Gruppen-Kontaktes hervorzuheben, auf den HEWSTONE (1996) und HEWSTONE und LORD (1998) hingewiesen haben. Es wurde bereits erwähnt, dass die Wiederholung von Kontakterfahrungen die Effekte von Dekategorisierung und Personalisierung auf die Wahrnehmung der Fremd-Gruppe verstärken. Nun stießen aber HEWSTONE und LORD (1998) in eigenen Untersuchungen und nach Durchsicht umfangreichen empirischen Materials anderer Autoren auf den überraschenden Umstand, wie wenig Einfluss oftmals Kontakterfahrungen auf die generellen Einstellungen zu Mitgliedern der Fremd-Gruppe haben – und zwar unabhängig davon, ob ein als positiv bewerteter Kontakt zu einzelnen Mitgliedern dieser Fremd-Gruppe bestand. Tatsächlich muss der als positiv bewertete Einzelkontakt demzufolge nicht einmal Einfluss auf andere Einzelkontakte haben. Zunächst einmal stellt dieser Umstand einen Widerspruch zum oben erwähnten Kontaktmodell dar, in dem von der zentralen Annahme ausgegangen wird, dass Kontakte unter bestimmten Bedingungen grundsätzlich günstigen Einfluss auf Vorurteile gegenüber Fremd-Gruppen nehmen.

Will man nun den Gründen für diesen irritierenden Befund auf die Spur kommen, erweist sich das von HEWSTONE (1996) eingeführte Konzept der *Typikalität* („*Typicality*") als weiterführender Erklärungsansatz. Die mit (negativen) Stereotypisierungen attribuierte Fremd-Gruppe weist aus Sicht der Mitglieder der Eigen-Gruppe aufgrund dieser Stereotypisierungen *typische* Merkmale auf, die sie erst zu einer als homogen wahrgenommenen Gruppe werden lassen. Als Bedingungen für die Modifikation dieser Kognition und damit einhergehend auch der Einstellungen gegenüber der Fremd-Gruppe müssen Kontakterfahrungen HEWSTONE und LORD (1998) zufolge idealerweise zunächst einmal zwei Bedingungen erfüllen. Erstens müssen wiederholte Erfahrungen mit mehreren Mitgliedern der Fremd-Gruppe gemacht werden und zweitens müssen die Mitglieder dieser Fremd-Gruppe möglichst typische Vertreter ihrer Gruppe sein, also zunächst einmal den gängigen Stereotypisierungen entsprechen, die sodann im persönlichen Kontakt einer Revision unterzogen werden können. Unter Bezugnahme auf ROTHBART (1981) und WEBER und CROCKER (1983) erwähnen HEWSTONE und LORD (1998) „*bookkeeping*" als „*cognitive model of stereotype change*" (HEWSTONE & LORD, 1998, 369). Während eine gewissermaßen buchhalterische Aufsummierung neuer Erfahrungen zu gewandelten Kognitionen und nachhaltigen Entstereotypisierungen führt, hat die Einzelerfahrung mit als weniger typisch wahrgenommenen Fremd-Gruppen-Mitgliedern den Effekt des „*subtyping*". Statt eines Wandels in der Wahrnehmung der Fremd-Gruppe werden die neuen Erfahrungen in Form von Untergruppen katalogisiert, ohne dass die generelle Stereotypisierung der Gesamt-Gruppe betroffen wäre. Um das Beispiel von SIMON (2004) aufzugreifen, wäre Mustafer dann vielleicht ein netter Kerl und eben nicht "*one of those Turks*", aber "*those Turks*" blieben "*those Turks*". Ein Effekt der Kontakterfahrung mit Mustafer auf die gesamte Fremd-Gruppe würde ausbleiben, es sei denn Mustafer würde als typischer Vertreter seines Volkes wahrgenommen und die Erfahrung mit ihm würde sich auch mit Sebnam, Kemal, Harkan, Sezer und anderen wiederholen lassen. In den von HEWSTONE und LORD (1998) dokumentierten experimentellen Untersuchungen fehlen allerdings weitgehend Hinweise darauf, was als typisch für eine der Gruppen gelten kann, denen gegenüber Einstellungsänderungen unter den Probanden vorgenommen wurden oder nicht vorgenommen wurden. Zusammenfassend kommen sie jedoch zu dem Ergebnis:

„*Stereotype change is generally effected via the perceived typicality, or goodness-of-fit, of mild disconfirmers in the dispersed condition; it is generally impeded by the atypicality, or badness-of-fit, of strong disconfirmers in the concentrated condition. We suggest that, on the basis of perceived (a)typicality, extreme disconfirmers are ‚subtyped' or set apart from the rest of the group (...). In this way, extreme disconfirming group members have little or no impact on perception of the group as a whole"(HEWSTONE & LORD, 1998, 370).*

Dementsprechend warnen die Autoren auch davor, Kontakt zur Aufweichung von Stereotypisierungen unabhängig vom Kontext des Inter-Gruppen-Kontaktes anzubahnen. Einzelkontakte seien nicht zielführend, sollen Vorurteile auf dem Boden von Inter-Gruppen-Stereotypisierungen aufgehoben werden. Eine Generalisierung neuer Kognitionen gegenüber der gesamten Fremdgruppe sei nur möglich, wenn das einzelne Gruppenmitglied auch als typisches Gruppenmitglied wahrgenommen werde. In diesem Zusammenhang bedeutsam erscheint auch der Befund von HEWSTONE und LORD (1998), dass tiefergehende persönliche Kontakte zu Fremd-Gruppenmitgliedern ohne Effekt bleiben, was klar im Widerspruch zu den Befunden von HEREK und CAPITANO (1996) und PETTIGREW (1997) steht. Letzterer hatte ja explizit hervorgehoben, dass zum Beispiel freundschaftliche Beziehungen, also solche, in denen individuelle Informationen in vertrauensvoller Atmosphäre ausgetauscht werden können einen spürbar stärkeren Effekt auf anti-homosexuelle Einstellungen haben als nachbarschaftliche Kontakte oder Kontakte zu Kollegen. Experimentell stellten HEWSTONE und LORD (1998) dagegen experimentell fest, dass ein Zuviel an persönlicher Information durch und über das Fremd-Gruppen-Mitglied lediglich zu „*subtyping*", nicht aber zu generalisierten Änderungen vorgenommener Stereotypisierungen führt. In diesem Sinne wäre also Personalisierung von Kontakten kontraproduktiv in Hinsicht auf generalisierte Effekte auf Stereotypisierungen – es sei denn, so kann vermutete werden – dass eine Vielzahl personalisierter Kontakte stattfindet. Je mehr positive Bilder mit der Fremd-Gruppe verknüpft werden, desto positiver fällt auch die Gesamtbeurteilung aus:

„The present studies suggest as well that people who have more positive exemplars come spontaneously to mind are likely to adopt more positive attitudes, whereas people who have more negative exemplars spontaneously come to mind are likely to adopt more negative attitudes" (HEWSTONE & LORD, 1998, 385).

WILDER (1997) beschreibt das Dilemma, in das ein Vertreter der stereotypisierten Fremd-Gruppe gerät, wenn er die von HEWSTONE (1996) und dann von HEWSTONE und LORD (1998, 388) zusammengefassten Bedingungen für die Relativierung von Stereotypisierungen im Inter-Gruppen-Kontakt erfüllen soll. Zum *einen* sollte er als typischer Vertreter seine Gruppe auftreten, sie dadurch zum *zweiten* auch repräsentieren, *drittens* daher nicht als erkennbarer Subtyp identifizierbar sein und darum *viertens* keine persönlichen Eigenschaften eröffnen, die nicht mit den typischen Gruppenmerkmalen übereinstimmen. *Fünftens* aber sollte er individuell einen so nachhaltig positiven Eindruck hinterlassen, dass er spontan als Repräsentant seiner Gruppe assoziiert wird, sodass er auf diesem Wege bestehenden Stereotypisierungen entgegen wirkt (vgl. HEWSTONE & LORD, 1998, 388). WILDER (1997) gibt diesbezüglich zu bedenken:

„On the one hand, information that strengthens their association with their group should also strengthen the favorable impact of successful contact on evaluation of their group as a whole. But to the extent they appear to be typical of the out-group, they risk confirming unfavorable stereotypes about the out-group, thereby jeopardizing evaluations of themselves as individuals. On the other hand, information that weakens their association with the out-group may encourage more favorable evaluations of themselves as individuals. But to the extent they appear to be atypical of their group, successful contact should have less impact on evaluations of their group" (WILDER, 1997, 592).

In dieser Stellungnahme schwingt eine Kritik an der Operationalisierung der Implikationen des Konzeptes *Typikalität* für den Inter-Gruppen-Kontakt mit. Vorstellbar ist, dass seine Implementierung in Kontaktmodelle zu sehr artifiziellen Begegnungsmöglichkeiten führt, die nur noch wenig Austausch und Interaktion zulassen würden. Allerdings könnte das Typikalitäts-Konzept einen Zugang anbieten, durch den trotz bestehender Kontakte zu Fremd-Gruppenmitgliedern weiterhin aufrecht erhaltende Stereotypisierungen erklärbar würden.

1.7.3 Zusammenfassung

Entwicklung und Wandelbarkeit individueller und kollektiver Identität sind Voraussetzung und Ergebnis interaktioneller Prozesse, die sozialpsychologisch beschrieben werden können. Die *Theorie der sozialen Identität* und die aus ihr hervorgegangene *Selbstkategorisierungstheorie* nehmen Entwicklungsstränge individueller Identität in Teilaspekten aber noch unzureichend in Augenschein. Dessen ungeachtet werden Prozesse beschrieben, durch die das Verhalten von Gruppen und Individuen in Gruppen erklärbar und vorhersagbar wird. Die *Selbstkategorisierungstheorie* stellt ein Modell zur Verfügung, wie Identitätsbildungsprozesse aufgefasst werden können, indem sie sie hierarchischen Strukturen der *Inklusivität* zuordnet und ihnen Wirksamkeit je nach *Salienz* des Kontextes zuschreibt. SIMON (2004) schlägt in Ergänzung dazu ein *Self-Aspect Model of Identity* („SAMI") vor, um Prozesse zum Verständnis der individuellen Identität umfassender und vertiefend in die vorgenannten Konzepte zu integrieren. *Selbst-Aspekte* als konstituierende Elemente des Selbst-Konzeptes einer Person haben unterschiedliche Quellen und gewinnen Bedeutung und Sinn im sozialen Austausch, sodass sie bezogen auf die individuelle und auch auf die kollektive Identität beschrieben werden können, die dialektisch miteinander verschränkt sind. Da nicht alle Identitäten zugleich aktiviert oder explizit sein können, bleiben in einem Kontext gerade nicht saliente und damit *implizite* Identitäten jedoch nicht wirkungslos, sondern behalten einen, wenngleich nicht direkt ableitbaren, Einfluss. Darüber hinaus verfügt Identität sowohl auf der individuellen als auch auf der kollektiven Ebene über spezifische Funktionen und Prozesse zur Sicherung und Verwirklichung basaler psychologischer Bedürfnisse und Wünsche. Zum Verständnis gruppendynamischer Prozesse und abwertender Haltungen anderen gegenüber können hieraus *Diskriminierung* und *konformes Handeln* abgeleitet werden.

Spezifische Prozesse werden zudem für die Möglichkeit beschrieben, mittels Kontakterfahrung Vorurteile und Diskriminierungen zu relativieren. 1. *Dekategorisierung und Personalisierung*, 2. *Rekategorisierung und geteilte Gruppenidentität* sowie 3. *Wechselseitige Intergruppen-Differenzierung* werden mit ihren Effekten auf die Intergruppenbeziehungen beschrieben. Limitierungen von Effekten durch Kontakte auf die Fremd-Gruppenwahrnehmung könnten durch das *Typikalität*s-Konzept erklärbar sein.

1.8 Empathie

Mehrere Autoren (PETTIGREW, 1997, 1998; HEREK & CAPITANO, 1996, STEFFENS & WAGNER, 2004) verweisen ausdrücklich darauf, dass der *Qualität* der Objektbeziehungen im Kontakt zwischen Hetero- und Homosexuellen eine Bedeutung zukommt, die über die reine Möglichkeit, Kontakte einzugehen, in spezifischer Weise hinausgeht. Im vom SIMON (2004) dargelegten Modell für Inter-Gruppen-Kontakte kommt gleichfalls zum Ausdruck, dass die Herstellung des Kontaktes vor allem auch vor dem Hintergrund qualitativer Grundlagen geschieht. Kann eine Atmosphäre von Offenheit, Vertrautheit und Nähe hergestellt werden, so wird angenommen, können auch die Beziehungen vertieft werden – bis hin dazu, dass sich Freundschaften entwickeln.

Unter der Voraussetzung, dass die Identitätsfunktionen, wie von SIMON (2004) beschrieben, sowohl individuell als auch kollektiv wirksam sind, können die ihnen zugrunde liegenden interindividuellen Prozesse keine Einbahnstraßen sein. Vielmehr muss das Subjekt, dessen Bedürfnisse, beispielsweise nach *Zugehörigkeit* oder *Achtung und Respekt*, ernst genommen und auch befriedigt werden, zumindest implizit annehmen, dass andere über analoge Bedürfnislagen verfügen, seien sie nun Gruppenmitglieder oder nicht. Von daher müssten neben den innerhalb der Gruppe bestehenden Identifizierungsprozessen (mit gemeinsamen Werthaltungen, Zielen, Einstellungen oder emotionalen Bedürfnissen) auch über Gruppengrenzen hinaus wirksame Mechanismen des tieferen Verstehens identifizierbar sein. Folgt man GREENSON (1961), liegt es hier nahe, den Mechanismus der *Empathie* näher in Augenschein zu nehmen:

„Schließlich muss man Empathie noch von der Identifikation unterscheiden, obwohl zwischen beiden eine enge Verwandtschaft zu bestehen scheint. Die Identifizierung ist wesentlich ein unbewusstes, dauerndes Phänomen, während die Empathie vorbewusst und vorübergehend ist. Das Ziel der Identifizierung besteht in der Überwindung von Angst, Schuld oder Objektverlust, während die Empathie dem Verständnis dient" (GREENSON, 1961, 143).

Auch wenn GREENSON hier von einem psychoanalytischen Verständnis der Begriffe ausgeht, so lässt sich die Differenzierung zwischen Identifikationen als *dauerhaften* Selbst-Konzepten oder Selbst-Strukturen und der Empathie als *vorübergehendem* Prozess, der dem Verständnis des anderen dient, durchaus nutzbringend anwenden. Zu diesem Zweck soll der Empathie-Begriff für den Zusammenhang dieser Untersuchung näher eingegrenzt werden.

Als Begriff ist *Empathie* auf TITCHENER (1909) zurückzuführen, der ihn auf der Basis des griechischen *empathein* in seiner englischen Übersetzung von LIPPS (1906) Begriff der *Einfühlung* bildete. In der Rückübersetzung aus dem Englischen wurde dann aus *Empathy* (in Anlehnung an *Sympathy*) Empathie (vgl. Körner, 1998, LIEKAM, 2004). LIPPS (1906) zufolge ist es als *„Quelle der Erkenntnis"* für *„unser(en) Zugang zu fremden Erlebnissen ... die Einfühlung"* (LIEKAM, 2004, 25), durch die wir über den anderen etwas über sein Gefühlsleben erfahren. LIEKAM (2004) schildert ausführlich, wie der Begriff der Empathie in den Sozialwissenschaften aufgenommen und interpretiert wurde. Auf dem Wege von Operationalisierungen wurde er auch der empirischen Forschung zugänglich gemacht, wobei seine Verwendung zunehmend auf Teilaspekte eingeschränkt wurde (vgl. BERGMANN-MAUSFELD, 2006), deren Bedeutung für den vorliegenden Zusammenhang von untergeordneter Relevanz sind, da es sich um ein ganzheitlich zu verstehendes Phänomen handelt (BERGMANN-MAUSFELD, 2006; KÖRNER, 1998). Parallel dazu fand der Begriff der Empathie Eingang in die Psychoanalyse. FREUD (u. a. 1905, 1913, 1921) sprach zunächst noch von *Einfühlung* (oder auch *„Sichhineinversetzen"* (1905), wenn er feststellte, sie sei unabdingbar für *„eine Stellungnahme zu einem anderen Seelenleben"* (FREUD, 1921, 103, Fußnote), ein *„Vorgang (...), der den größten Anteil an unserem Verständnis für das Ichfremde anderer Personen hat"* (FREUD, 1921, 101). FREUD bezieht sich KÖRNER (1998) zufolge in seiner Herausstellung der Einfühlung als tragend im interpersonalen Beziehungsgeschehen selbst auf LIPPS, wobei er ihn *„fast buchstabengetreu"* (KÖRNER, 1998, 4) zitiert.

Im Unterschied zu LIPPS Einfühlungsbegriff entwickelte sich der von FREUD verwendeten Terminus aber vor allem zunächst als Teil der Technik der psychoanalytischen Behandlung und wurde später ebenfalls durch *Empathie* als Terminus weitgehend ersetzt. Eine Vielzahl psychoanalytischer Autoren befasste sich mit der Bedeutung der Empathie für die Therapeuten-Patienten-Beziehung, insbesondere in der Selbst-Psychologie gewann sie basale Bedeutung für das Gelingen von Behandlungen (z. B. KOHUT, 1977). Aber auch in der neueren Säuglingsforschung wird ihr als *„eine(r) der Ebenen intersubjektiver Bezogenheit"* (STERN, 1994, 309) Aufmerksamkeit zuteil, woraus sich weitreichende Implikationen ergeben (s. u.). MILCH (2000) gibt vor diesem theoretischen Hintergrund folgende Definition der Einfühlung bzw. Empathie:

„Ein Mensch fühlt sich in einen anderen ein, indem er sich in dessen inneren Zustand hineinversetzt. Einfühlung ist also die Fähigkeit, mit der fremdseelische Vorgänge unmittelbar erfahren werden können. Es handelt sich damit um ein allgemein menschliches Phänomen, das dem Verständnis und der zwischenmenschlichen Kommunikation dient" (MILCH, 2000, 147).

Empathie kann dabei einerseits gezielt zu therapeutischen Zwecken eingesetzt werden, wobei sie aber unterschiedliche Ebenen umfasst:

„Sie umfasst intellektuelles Verständnis (wie z. B. die politische oder sozioökonomische Situation), ein kognitives Verständnis (wie nehme ich die

Körpersprache, die Mimik des anderen wahr), ein affektives Verständnis (wie mag sich jemand in dieser Situation fühlen?), bis hin zu eigenen körperlichen Phänomenen und Reaktionen" (MILCH, 2000, 148).

Empathie als Möglichkeit der Einfühlung in den anderen und damit in ein anderes innerpsychisches Geschehen findet auf der Mikro-Ebene statt, während sie durch Begegnungen auf der Meso-Ebene, im interpersonalen Kontext initiiert wird. Sie ist dabei zuvorderst ein vorübergehendes Phänomen. Anders als bei einer Identifizierung tritt – wie erwähnt - keine dauerhafte Veränderung im Selbst-Konzept des Subjektes ein (vgl. GREENSON, 1961) (wiewohl diese in der Folge auch nicht ausgeschlossen sein muss). MILCH (2000) zitiert in diesem Zusammenhang FLIESS (1942), der von *„Probeidentifizierungen"* sprach. Ideengeschichtlich steht der psychoanalytisch verstandene Begriff der Empathie auch der Hermeneutik in der Tradition GADAMERS nahe. GADAMER (1975) differenziert zwischen unterschiedlichen *„Erfahrungen des Du"*. Eine dieser Erfahrungen fasst er als aus Erfahrungen gewonnene *Menschenkenntnis* zusammen, auf deren Grundlage das Verhalten des anderen vorhersagbar und damit für eigene Zwecke nutzbar wird. Eine *zweite Weise der Erfahrung des Du* wird auf einer anderen Stufe der *Ich-Bezogenheit* verstanden:

„Eine zweite Weise der Erfahrung des Du und des Verstehens des Du besteht darin, daß das Du als Person anerkannt wird, daß aber der Einbeziehung der Person in die Erfahrung des Du zum Trotz das Verstehen des Du eine Weise der Ich-Bezogenheit ist" (GADAMER, 1975, 341)

Diese Ich-Bezogenheit besteht darin, den anderen *„vorgreifend zu verstehen"*, ihm letztlich meine eigenen (vermeintlich objektiven) Motive zu unterstellen. Darin steckt der Anspruch, den anderen *„besser zu verstehen, als er sich selbst versteht"* (GADAMER, 1975, 342). GADAMER setzt diese Form des Verstehens in Bezug zu *„autoritativer Fürsorge"* und einer inneren Gewissheit der eigenen Vorurteilslosigkeit:

„Wer seiner Vorurteilslosigkeit gewiß zu sein meint, indem er sich auf die Objektivität seines Verfahrens stützt und seine eigene geschichtliche Bedingtheit verleugnet, der erfährt die Gewalt der Vorurteile, die ihn unkontrolliert beherrschen, als eine vis a tergo. Wer die ihn beherrschenden Urteile nicht wahrhaben will, wird das verkennen, was sich in ihrem Lichte zeigt. Es ist wie im Verhältnis zwischen Ich und Du. Wer sich aus der Wechselseitigkeit einer solchen Beziehung herausreflektiert, der verändert diese Beziehung und zerstört ihre sittliche Verbindlichkeit" (GADAMER, 1975, 342).

Demgegenüber sieht GADAMER in der *„Offenheit für die Überlieferung"* die *„höchste Weise hermeneutischer Erfahrung"*, die *„eine echte Entsprechung zu der Erfahrung des Du"* (GADAMER, 1975, 343) hat:

„Im mitmenschlichen Verhalten kommt es darauf an, wie wir sahen, das Du als Du wirklich zu erfahren, d. h. seinen Anspruch nicht zu überhören und sich etwas von ihm sagen zu lassen. Dazu gehört Offenheit. Aber diese Offenheit ist am Ende nicht nur für den einen da, von dem man sich etwas sagen lassen will, vielmehr: wer sich überhaupt etwas sagen läßt, ist auf eine grundsätzliche Weise offen. Ohne eine solche Offenheit füreinander gibt es keine echte menschliche Bindung. (...) Offenheit für den anderen schließt also die Anerkennung ein, daß ich in mir etwas gegen mich gelten lassen muß..." (GADAMER, 1975, 343).

Das Vermögen, im *Anderen* den *Anderen* und das *Andersartige* wahrnehmen zu können, hat also zur Ursache, „mich" und „meine" Erfahrungswelt als relativ zu „meiner" eigenen Gewordenheit zu erkennen und dem anderen dies ebenso zuzugestehen. Ohne dass GADAMER hier explizit von Einfühlung oder Empathie spricht, können seine Ausführungen doch in Bezug zu diesen Konzepten gesetzt werden. KÖRNER verweist analog darauf, *„daß es anders gar nicht geht: ‚Einfühlen' heißt, das Fremde im Eigenen zu erleben"* (KÖRNER, 1998, 15), womit auch die Beziehung zum Fremden modifiziert wird.
Unter Bezugnahme auf die Säuglings- und Affektforschung (vgl. u. a. KRAUSE, 1996; LICHTENBERG, 1981; STERN, 1985) entwirft er ein Modell der Empathie, dessen Bezugsrahmen entwicklungspsychologisch fundiert wird. Auf der Basis der als angeboren angenommenen Fähigkeit zur unmittelbaren *Affektansteckung*, die auch bei höheren, in sozialen Verbänden lebenden Tieren beobachtet werden kann, entwickeln sich kognitive Überlagerungen infolge von Lernprozessen (KÖRNER, 1998, 7) in der Interaktion - und damit in der sozialen *Beziehung* - hin zur Fähigkeit zur Empathie. Diese unterscheidet sich von der reinen Affektansteckung dadurch, dass das empathisch (Mit-)Erlebte als dem anderen zugehörig zugeordnet wird, während der durch Affektansteckung hervorgerufene innere Affektzustand als eigener erlebt wird.
Bereits in den ersten Lebenswochen setzen Encodierungsprozesse ein, die zur „Entzifferung" des affektiven Zustandes des anderen dienen. In Anlehnung an MOSER und v. ZEPPELIN (1996) spricht KÖRNER (1998) von der „Kognifizierung" des Affektsystems, in dessen Folge u. a. auch eigene von fremden Affekten unterschieden werden können.

„Mit den ersten Grundaffekten signalisiert der Säugling seine Bedürfnisse, und mit den ersten Pflegepersonen handelt er rhythmische Regulierungen in reziprokem Austausch aus (...); das Kind lernt, mit seinen Affektausdrücken seine Beziehungen zu beeinflussen, aber es lernt auch, affektive Signale einer Pflegeperson zu imitieren und dadurch sein Repertoire an Affektausdrücken zu erweitern" (KÖRNER, 1998, 7).

BERGMANN-MAUSFELD (2000, 2006) betont unter Bezugnahme auf die Säuglingsforschung, dass der Säugling bereits mit der *Fähigkeit zur Empathie* zur Welt kommt, wobei sie unterstreicht, dass zu diesem Zeitpunkt natürlich noch nicht von den „*komplexen emotionalen und kognitiven Leistungen"* (BERGMANN-MAUSFELD, 2000, 207), die der herkömmliche und „*alltagspsychologische"* Gebrauch des Begriffs Empathie impliziert, ausgegangen werden kann. Sie schlägt daher den Begriff der „*Protoempathie"* vor, der die Fähigkeit beschreibt, „*die das Neugeborene mit zur Welt bringt, anderen Personen innere mentale Zustände – und somit insbesondere emotionale Zustände – zuzuschreiben"* (BERGMANN-MAUSFELD, 2000, 208). Die von KÖRNER (1998) angesprochenen Regulierungsprozesse basieren BERGMANN-MAUSFELD (2000, 2006) zufolge auf der mehr oder minder geglückten *Passung* zwischen Säugling und Pflegeperson, deren Grundlage die Fähigkeit des Säuglings zum „*mentalen Andocken"* (BERGMANN-MAUSFELD, 2006, 254) ist.

„*Erst eine solche Passung in den Interaktionen ermöglicht ein mental-affektives Andocken (...) des Säuglings (...) und somit erst die Ausbildung entsprechender Mentalisierungsleistungen eines Ichs"* (BERGMANN-MAUSFELD, 2006, 256).[6]

Auf diesem Wege vermitteln sich im Laufe der Zeit verinnerlichte Beziehungsmuster und im weiteren Verlauf der Entwicklung werden innere symbolische Repräsentanzen generiert, die dem Kind mit zunehmendem Alter (ab dem dritten Lebensjahr) erlauben, sich in sein Gegenüber hineinzuversetzen.

„*Diese Fähigkeit wird in der kognitiven Psychologie mit „Perspektivübernahme" bezeichnet; gemeint ist die Kompetenz, sich in die innere und auch die soziale Situation eines anderen, vielleicht sogar abwesenden Menschen hineinzuversetzen, seine Lage mit seinen Augen zu betrachten und zu verstehen, daß er aufgrund der ihm eigenen Vorannahmen und Ziele auch zu eigenen Absichten neigt. (...) Die Perspektivübernahme führt mit progressiver Entwicklung des Kindes zur immer komplexer werdenden Fähigkeit, sich in das Erleben eines anderen Menschen hineinzuversetzen, auch von dort aus zurück auf sich selbst zu schauen"* (KÖRNER, 1989, 10f).

Zunehmend komplexer werdende Perspektivübernahmen ermöglichen es, sich vorzustellen, wie ein anderer über uns selbst denkt, oder wie wir denken, dass der andere denkt, wir würden über ihn denken. Auf dieser (Mikro-)Ebene werden also verinnerlichte Vorstellungen von Beziehungen generiert. Die Entwicklung des Affektsystems und der Perspektivübernahme als Komponenten der Empathie weist Störanfälligkeiten in unterschiedlichen Dimensionen auf, deren Ausprägungsformen BERGMANN-MAUSFELD (2000, 2006) exemplarisch darstellt.

---

[6] Der Vollständigkeit halber sei hier auf die Bezüge zu und Bezugnahme BERGMANN-MAUSFELDS (2000, 2006) auf die *theory of mind* (PREMACK & WOODRUFF, 1978) und *theory of mind modul (ToMM)* (Leslie, 1991) verwiesen.

Suboptimale Bedingungen in der Beziehung zum Primärobjekt, der Pflegeperson (zum Beispiel durch häufige Abwesenheit oder deren depressive Erkrankung) kann die Fähigkeit, Affekte angemessen zu erkennen und zu dekodieren, beeinträchtigen. Eine starke Fixierung auf eigene Bedürfnisse kann darüber hinaus zur Weigerung führen, die Perspektive des anderen zu übernehmen, weil die subjektiv empfundene, individuelle Bedürftigkeit überwiegt. Und drittens ist eine Kenntnis der sozialen Situation des anderen vonnöten, um seine Perspektive probeweise übernehmen zu können.

"Schließlich kann die empathische Fähigkeit (...) auch dadurch beeinträchtigt sei, daß er in sozial restringierten Verhältnissen aufwuchs, so daß es ihm an Erfahrungen darüber mangelt, welche Regeln in welchen sozialen Situationen zu gelten haben. Denn die Fähigkeit, sich in die Lage eines anderen hineinzuversetzen, erfordert, daß wir den Rahmen der Situation kennen, in dem sich der andere bewegt. Dieser Rahmen bestimmt die Regeln des Handelns, die Regeln der Interpretation der wechselseitigen (sprachlichen) Botschaften. Und (...) er legt auch fest, welche Phantasien in einer gegebenen Situation angebracht sind..." (KÖRNER, 1989, 11).

WIESENDANGER (2002) verdeutlicht diesen Umstand für den psychotherapeutischen Prozess anhand seiner Forderung an Psychotherapeuten, sich ein *Grundwissen* über Homosexuelle anzueignen:

"Außerdem umfasst diese Grundwissen Kenntnisse über Lebensrealitäten und mögliche Lebensformen von Schwulen und bisexuellen und schwulen Paaren, die sich ihre homo- bzw. bisexuelle Identität in oft langjähriger Auseinandersetzung erarbeitet haben. (WIESENDANGER, 2002, 107).

In der Fähigkeit, Affekte zuzuordnen, bei sich selbst und anderen wahrzunehmen, in der Bereitschaft, die Perspektive des anderen vorübergehend anzunehmen und in der Kenntnis der Lebensumstände des Gegenübers zeigen sich Komponenten dessen, was im Empathiebegriff zum Ausdruck kommt. Seine Zergliederung zum Zwecke der Übersichtlichkeit dieser Komponenten, darf KÖRNER (1998) zufolge nicht zum *„(Z)erreißen(...)aus Gründen ... vermeintlicher Objektivität"* (KÖRNER, 1998, 3) führen. Empathie beinhaltet daher einen affektiven *und* einen kognitiven Vorgang, sowohl Einfühlung als auch Perspektivübernahme. Mit Empathie wird zum Ausdruck gebracht, dass das Subjekt im Objekt eine affektive Reaktion wahrnimmt und aus eigener Erfahrung wiedererkennt, wobei es sich mit seinem eigenen Erleben in das Erleben des anderen hineinversetzt. Diesem im engeren Sinne als Einfühlung zu bezeichnenden Vorgang steht der kognitive Vorgang der Perspektivübernahme zur Seite, in dessen Verlauf die Situation des Objektes, in der die affektive Reaktion Relevanz hat, zum erweiterten Verständnis als Referenzrahmen adaptiert wird. Empathie ist damit eine Verschränkung von Selbst- und Fremderleben; ohne dass in einer spezifischen Situation die Zuordnung des wahrgenommenen Affektes zum Objekt geleugnet wird, wird dieser jedoch im Subjekt erlebbar. Dieser hochkomplexe Vorgang findet unter Bezugnahme auf die drei Kontext-Ebenen (Mikro-, Meso-, Makro-Kontext) statt. Die Mikro-Ebene des Erlebens wird auf der Meso-Ebene des interpersonalen Verstehens bzw. der Einfühlung in die Interaktion gebracht, wobei die Makro-Ebene des sozialen Kontextes in das Verständnis des Gegenübers Eingang findet. Diese Interaktion erfordert die von GADAMER (1975) postulierte *Offenheit* für den anderen, wenn das Subjekt im Objekt nicht lediglich die eigenen Beziehungsentwürfe wiedererkennen, sondern über die Anerkennung der Differenz zu einer tiefer gehenden Verständigung kommen will, was KÖRNER (1998) zufolge auch zur Veränderung von Beziehungen führt:

„Denn wirksame, dauerhafte Veränderung erreichen wir doch erst dadurch, daß sich nicht nur die (unbewussten) Phantasien über Beziehungen, sondern auch die Beziehungen selbst verändern. Daher ist die Einfühlung nur ein Mittel zum Zweck, ein Verständigungsversuch, der gerade in seiner Unabgeschlossenheit und Widersprüchlichkeit beide Beteiligten auffordert, ihre Beziehungsentwürfe gegenseitig anzuerkennen, sie einander zu vermitteln und sich darüber zu versöhnen" (KÖRNER, 1998, 16).

Bezogen auf die Ausgangsüberlegungen zu diesem Abschnitt, dass nämlich über Gruppengrenzen und damit verknüpfte Identifizierungen als dauerhafter Einstellungsmodi hinaus Verständniszugänge zu Dritten vorliegen müssten, bietet der Empathiebegriff, verstanden als die um den affektiven Anteil erweiterte kognitive Perspektivübernahme auf der Grundlage psychoanalytischer und hermeneutischer Aspekte, einen Zugangsweg zum Verständnis von Einstellungen Fremden und als fremdartig Erlebten gegenüber an. Von daher könnte er sich auch für den vorliegenden Zusammenhang dieser Untersuchung als hilfreich und wertvoll erweisen.

2 Differenzierung der Ausgangsannahme

Vor dem Hintergrund der dargelegten Befunde zur Situation Homosexueller in Deutschland, Ausprägungsformen und Prädiktoren von antihomosexuellen Einstellungen sowie den herausgearbeiteten spezifischen Aspekten der soziokulturellen Rahmung in der jeweiligen Herkunftsgesellschaft der befragten Frauen mit Migrationshintergrund kann nunmehr unter theoretischer Bezugnahme auf die vorgestellten sozialpsychologischen Theorien zur Identität die Ausgangsannahme präzisiert und ausdifferenziert werden. Dabei wird von den beiden Grundannahmen ausgegangen, dass a) *überhaupt antihomosexuelle Einstellungen vorliegen und identifizierbar sind* und b) *Kontakterfahrungen moderierenden Einfluss auf die Ausprägungsformen antihomosexueller Einstellungen gewinnen können.*

In diesem Zusammenhang werden für die Grundbedingungen und Ausprägungsformen antihomosexueller Einstellungen bei den Teilnehmerinnen aus der ehemaligen Sowjetunion (*TNeS*) und Polen (*TNPo*) fünf Ausgangsannahmen (AA) formuliert (vier modifizierte Ausgangsannahmen für die Teilnehmerinnen ohne Migrationshintergrund - *TNoM*), die die drei Kontext-Ebenen (Mikro-, Meso- und Makro-Ebene) berücksichtigen. Zum einen (AA1) wird die Annahme formuliert, dass die Bedingungen der jeweiligen Herkunftsgesellschaft spezifische Voraussetzungen für die Entwicklung individueller Identitäten (und antihomosexueller Einstellungen) boten, denen zum anderen (AA2) auch identifizierbare Prozesse der Ausgrenzung und Diskriminierung Homosexueller inhärent waren, deren Einfluss sich wiederum (AA3) in den individuellen Ausprägungsformen von Einstellungen zu Homosexualität und Homosexuellen spiegeln dürfte. Die Ausgangsannahmen 4 und 5 fokussieren dann auf die Situation (Makro- und Meso-Ebene) der *TN* in der Aufnahmegesellschaft mit einem ersten Schwerpunkt auf Hinweisen auf Diskriminierungserfahrungen und Integrationserfolge. Letztere könnten vor allem durch eine Ausweitung von Kontaktmöglichkeiten, z. B. über eine gelungene Integration am Arbeitsmarkt, angezeigt werden (AA4). Darüber hinaus wird zweitens angenommen, dass eine solche allgemeine Ausweitung von Kontaktmöglichkeiten auch die Wahrscheinlichkeit, Homosexuellen im personalisierten Kontakt zu begegnen, erhöht (AA5), wodurch wiederum eine Modifikation antihomosexueller Einstellungen erfolgen könnte, für die spezifische Bedingungen identifizierbar sein müssten. Für die *TNoM* ergeben sich dann aufgrund des fehlenden Migrationshintergrundes geringfügige Modifikationen der Ausgangsannahmen. Die Annahmen im Einzelnen

Ausgangsannahme 1:

> *Die soziokulturellen Rahmenbedingungen in der Herkunftsgesellschaft (Makro-Ebene) mit ihrer Favorisierung ideologischer oder/und religiöser Weltbilder - und damit verbundener Traditionen und Werte – hatten spezifischen Einfluss auf Entwicklung und Ausrichtung der Identität.*

Diese Annahme nimmt die vorliegenden Informationen zu charakteristischen Aspekten der Herkunftsgesellschaften zum Anlass, Auswirkungen auf die Identitätskonzepte der jeweils befragten Frauen in den Teilstichproben anzunehmen. Die Notwendigkeit, Hinweisen in diesem Zusammenhang nachzugehen, ergibt sich aus der Vorstellung, dass der normative Druck in den Herkunftsgesellschaften in der einen oder anderen Weise kollektiven und in der Folge individuellen Identitäten inhärente Wert-, Norm- und Moralvorstellungen, z. B. hinsichtlich Geschlechterrollen, erzeugte. Dem liegt die Vermutung zugrunde, dass systemspezifische Maßgaben zu eingeschränkten Identifikationsmöglichkeiten und damit zur verstärkten Selbststereotypisierung führen. Da von hier aus präformierend Auswirkungen auf den Intergruppen-Kontakt, sowohl in der Zuwanderungssituation allgemein als auch mit Homosexuellen im Speziellen, zu erwarten sind, wird mit dieser Ausgangsannahme die Erwartung verbunden, solche Auswirkungen im Kontext der weiterführenden Fragen spezifizieren zu können.

Ausgangsannahme 2:

> *Formen und Prozesse der Stigmatisierung und Ausgrenzung Homosexueller gewannen vor dem Hintergrund der Herkunftsgesellschaft eine spezifizierbare Ausprägung.*

Da stichhaltige Gründe für die Annahme vorliegen, dass Kontakte in besonderem Maße geeignet sind, differenzierte Einstellungen gegenüber Homosexuellen zu generieren, soll vor dem Hintergrund dieser Ausgangsannahme überprüft werden, ob und in welchem Grad solche Kontakte in der Herkunftsgesellschaft möglich waren. Wenn, wie es vermutet wird, keine oder kaum Kontaktmöglichkeiten bestanden, müsste dies mit Fremd-Stereotypisierungen und damit einhergehenden Ausgrenzungsmechanismen auf dem Boden gesellschaftlich geteilter Vorurteile verbunden sein. Nähere Kenntnisse über diese Prozesse sind dahingehend von Bedeutung, dass sie eine bessere Zuordnung von auf der individuellen Mikro-Ebene bestehenden Einstellungen in der Zuwanderungssituation zulassen könnten.

Ausgangsannahme 3:

> *Auf der Mikro-Ebene der Einstellungen fanden in der Herkunftsgesellschaft gemachte Erfahrungen im Umgang mit Homosexualität und Homosexuellen ihren anhand von charakteristischen Mustern zu identifizierenden Einfluss.*

Es wird erwartet, dass die individuellen Einstellungen Homosexuellen gegenüber charakteristische Züge tragen, deren Zustandekommen durch mitgebrachte Erfahrungen auf Makro- und Meso-Ebene erklärbar ist. Sie müssten sich auch dann noch als spezifisch für die einzelnen Teilstichproben identifizieren lassen, wenn man in Rechnung stellt, dass die Befragung erst nach einer je unterschiedlichen Dauer des Aufenthaltes in der aufnehmenden Gesellschaft durchgeführt wurde, wodurch bereits Modifikationsprozesse eingesetzt haben könnten. Hinweise auf bereits vorher bestehende Einstellungen werden aus identifizierbaren, spezifischen Mustern erwartet, die auch im Intergruppen-Vergleich der Teilstichproben eine Unterscheidung spezifischer Ausprägungsformen zulassen.

Ausgangsannahme 4:

> *Unter den spezifischen Bedingungen der Zuwanderungssituation erleben sich die befragten Frauen selbst in einem Minderheitenstatus. Integrationserfolge auf der Meso-Ebene lassen sich anhand von Zugängen zu Netzwerken und der Eingliederung auf dem Arbeitsmarkt mit damit verbundenen Kontaktmöglichkeiten zu Angehörigen der aufnehmenden Gesellschaft ablesen.*

Diese Annahme berücksichtigt die spezifische Zuwanderungssituation der Befragten als Individuen. Diese Zuordnung zum Kontext der Zuwanderung erscheint notwendig, will man die jeweiligen Gruppen der befragten Frauen nicht zu anonymisierten Trägerinnen von Vorurteilen machen. Ungeachtet dessen stellt ja auch erst die Kenntnis über die besondere Situation der Befragten im Kontext von Zuwanderung Informationen darüber zur Verfügung, wodurch Integrationsschritte ermöglicht werden. Dabei wird von der Annahme ausgegangen, dass in dieser Hinsicht Kontaktmöglichkeiten zu Angehörigen der aufnehmenden Gesellschaft ausschlaggebende Bedeutung zukommt, was wiederum mit dem Ausmaß der selbst wahrgenommenen Diskriminierung in Wechselwirkung stehen müsste. Mit Informationen darüber, wie sich die jeweiligen Frauen selbst in der Zuwanderungssituation erleben, welche Möglichkeiten sie sehen, sich zu integrieren und ihre Status zu beeinflussen, sollen nähere Kenntnisse gewonnen werden, welchen Einfluss dieses Potential auf die Erweiterung von Kontaktmöglichkeiten durch Zugänge zu Netzwerken hat. Dem wird vor allem auch deshalb Bedeutung beigemessen, weil sich durch die Ausweitung solcher Kontaktmöglichkeiten die Wahrscheinlichkeit zu personalisierten Kontakten zu Homosexuellen erhöht dürfte. Diese Vorstellung gewinnt ihre Relevanz insbesondere vor dem Hintergrund der Annahme, dass Kontakte zur Modifizierung von bestehenden Vorurteilen beitragen.

Ausgangsannahme 5:

> *Mit der Ausweitung der Kontaktmöglichkeiten in der Aufnahmegesellschaft erhöht sich die Wahrscheinlichkeit, Homosexuellen auf personalisierter Ebene zu begegnen. Bestehende antihomosexuelle Einstellungen können dadurch und unter näher einzugrenzenden zusätzlichen Bedingungen revidiert werden.*

Um zu spezifizieren, unter welchen Bedingungen Kontakterfahrungen positiven Einfluss auf die vermuteten antihomosexuellen Einstellungen gewinnen, sollen sie im Einzelfall genauer analysiert und in Bezug zu vorliegenden Einstellungen bzw. ihren Modifikationen gesetzt werden. Dies geschieht auch unter der Vorstellung, dass sich charakteristische Aspekte und Muster in den Kontakterfahrungen identifizieren lassen müssten, die Aufschluss darüber geben könnten, wie eine Einstellungsänderung aktiv befördert werden kann. Auch wenn es nicht Ziel dieser Untersuchung ist, Kontaktmodelle zu erarbeiten, so wird doch zumindest davon ausgegangen, aus den vorliegenden Informationen abzuleiten, welche Potentiale seitens der Zuwanderinnen und seitens der aufnehmenden Gesellschaft bereitliegen, bestehende antihomosexuelle Einstellungen positiv zu beeinflussen. Den konkreten Kontakterfahrungen wird in dieser Hinsicht eine wichtige Bedeutung beigemessen.

Modifizierte Ausgangsannahmen

Der im Untersuchungsdesign vorgesehene Vergleich der Ergebnisse mit einer Teilstichprobe deutscher Frauen ohne Migrationshintergrund erfordert die Modifikation der Ausgangsannahme für diese Gruppe. Dass die auf Migration ausgerichteten Anteile im Interview-Leitfaden für diese Frauen hinfällig waren, macht es jedoch nicht obsolet, auch bei ihnen Entwicklungslinien vor dem Hintergrund des Untersuchungsgegenstandes von Ausprägungsformen antihomosexueller Einstellungen zu vermuten. Dennoch müssen die Ausgangsannahmen den andersartigen Voraussetzungen in dieser Gruppe angepasst werden.

Modifizierte Ausgangsannahme 1:

Traditionen und Werte hatten maßgeblichen Einfluss auf die Entwicklung und Ausrichtung der Identität. Dieser Einfluss und seine Auswirkungen sind vor dem Hintergrund von bestehenden Zugehörigkeiten zu Netzwerken identifizierbar.

Da ein Vergleich zwischen Sozialisationserfahrungen in Herkunfts- und aufnehmender Gesellschaft nicht infrage kommt, werden Aspekte von „Ausgangsannahme 1" und „Ausgangsannahme 4", wie sie im Hinblick auf die Auswertung der Interviews der zugewanderten Frauen formuliert wurden, zusammengefasst. Durch das Fehlen der Erfahrung eines massiven biografischen Bruchs, wie sie Migration darstellt, erscheint es angemessen, von einem Kontinuum der Erfahrungen auszugehen, in dem sich ungeachtet dessen dennoch gesamtgesellschaftliche Transformationsprozesse, z. B. auch in Hinsicht auf die Geschlechterrollen, aufzeigen lassen müssten.

Modifizierte Ausgangsannahme 2:

Die Wahrnehmung Homosexueller in Deutschland verweist auf spezifische Formen der Stigmatisierung und Ausgrenzung, die einem Prozess der Transformierung unterliegen.

Auch bezüglich der sozialen Situation Homosexueller entfallen naturgemäß Vergleiche mit der Herkunftsgesellschaft. Dennoch ist eine gesamtgesellschaftliche Änderung der Situation Homosexueller deutlich. Daher wird die Annahme in Abänderung beibehalten, auch wenn angenommen werden muss, dass die Befragten vor allem Entwicklungsprozesse thematisieren, da sie nicht mit einem Bruch zwischen Gesellschaftsformen konfrontiert wurden. Hier muss allerdings betont werden, dass es sich bei den befragten Frauen ohne Migrationshintergrund durchweg um solche handelt, die in den alten Bundesländern geboren wurden, also auch keinen Systemvergleich mit der ehemaligen DDR anstellen könnten.

Modifizierte Ausgangsannahme 3:

> *Auf der Mikro-Ebene der Einstellungen fanden Erfahrungen im Umgang mit Homosexualität und Homosexuellen ihren anhand von charakteristischen Mustern zu identifizierenden Einfluss.*

Diese Annahme kann im Wesentlichen für die deutschen Frauen ohne Migrationshintergrund beibehalten werden. Auch bei ihnen müssten sich analog dieser Annahme bei den Migrantengruppen (dort AA3) spezifische Aspekte isolieren und identifizieren lassen, die dann einem direkten Vergleich zwischen den Ergebnissen aus den Teilstichproben zugänglich wären.

Modifizierte Ausgangsannahme 4:

> *Erweiterte Kontaktmöglichkeiten zu Homosexuellen verweisen auf Bedingungen, die Einstellungen zu Homosexualität und zu Homosexuellen modifizieren und günstig beeinflussen.*

Unter der Voraussetzung, dass die in Deutschland in Veränderung begriffene Situation Homosexueller auf der Makro-, aber auch auf der Mikro-Ebene im Laufe dieses Entwicklungsprozesses auch positive Auswirkungen auf die Erweiterung von Kontaktmöglichkeiten zwischen Homo- und Heterosexuellen hatte, wird angenommen, dass bei den meisten der befragten Frauen ohne Migrationshintergrund Kontakte bereits ermöglicht wurden. Trotz der Modifikation dieser Annahme zielt auch diese abgewandelte Form auf die Bedingungen, die vorliegen müssen, um diese Kontakterfahrungen als Einflussgröße im Sinne personalisierter Begegnungen nutzbar zu machen, wenn es darum geht, Bedingungen für die Entwicklung positiver Einstellungen zu identifizieren. Auch hier wäre dann ein direkter Vergleich mit den anderen beiden Teilstichproben möglich.

In ihrer Gesamtheit sollen diese fünf bzw. vier (modifizierten) Ausgangsannahmen der Analyse des sozialpsychologisch eingegrenzten Bedingungsgefüges für Einstellungen zu Homosexualität und Homosexuellen anhand der drei Kontexte von Makro-, Meso- und Mikro-Ebene sowie deren Verschränkung untereinander dienen. Dabei wird dem konkreten Kontakt, bzw. der Interaktion auf der Meso-Ebene besondere Bedeutung dahingehend zugemessen, dass an dieser Schnittstelle die für Einstellungen oder Modifikationen von Einstellungen maßgeblichen Erfahrungen gesammelt werden. In diesem Zusammenhang sei Simon (2004) zitiert:

"It is in such interaction situations that (meso-level) social psychological processes take shape and translate (macro-level) social structure or processes into (micro-level) psychological experiences which in turn guide the interaction, with possible consequences for the (macro-level) social structure as well as for (micro-level) psyche" (SIMON, 2004, 44).

Für den vorliegenden Zusammenhang ist dabei von Bedeutung, dass die Makro-Ebene für die befragten *TNeS* und *TNPo* von zwei Seiten her reflektiert werden muss: einerseits unter Berücksichtigung der Herkunftsgesellschaft mit ihren Implikationen für Meso- und Mikro-Ebene, andererseits mit Augenmerk auf die Situation dieser *TN* in der Aufnahmegesellschaft. In jedem Fall – und dies gilt auch für die *TNoM* – müssen dabei zudem die Erfahrungen der *TN* je nach Herkunft auch für die eigenen Identitätsentwicklung im Auge behalten werden, wenn die Phänomene auf der Mikro-Ebene einer adäquaten Bewertung unterzogen werden sollen. Gegebenheiten der Makro-Ebene liefern wichtige Hinweise auf die Interaktionen auf der Meso-Ebene, weil sie gewissermaßen die Matrix bilden, auf der die Beziehungsgestaltung präformiert wird. HEREKS (2004) Konzeptualisierung von Heterosexism, Sexual Stigma und Sexual Prejudice bietet einen theoretischen Rahmen an, in dem die beobachtbaren Phänomene antihomosexueller Einstellungen ihren Platz finden. Zugleich bietet er die Möglichkeit, sie zueinander in Beziehung zu setzen, sodass die Phänomene auf der Mikro-Ebene - oder im Sinne dieser Untersuchung: die individuellen Einstellungen zu Homosexualität und Homosexuellen – in Bezug zum soziokulturellen Kontext und seiner Vermittlung in den sozialen Interaktionen gesetzt werden können. Die Ausgangsannahmen sind so formuliert, dass sie möglichst differenzierte Aussagen zum Bedingungsgefüge des Untersuchungsgegenstandes zulassen.

3 Methodisches Vorgehen

3.1 Qualitativer Zugang

Für die Zielsetzung dieser Untersuchung - Beschreibung von Ausdrucksformen und Ursachen antihomosexueller Einstellungen im Kontext von Migration - wurde ein qualitatives Forschungsdesign gewählt, um einen möglichst offenen Zugang zu einem Thema zu gewinnen, über das in der Zusammenschau antihomosexueller Einstellungen und Migration bisher wenig bekannt ist. Die Entscheidung fiel für ein Leitfaden-Interview in Anlehnung an RUBIN und RUBIN (2005), da erwartet wurde, *„dass in der relativ offenen Gestaltung der Interviewsituation die Sichtweisen des befragten Subjekts eher zur Geltung kommen als in standardisierten Interviews oder Fragebögen"* (FLICK, 2005, 117).

Den Teilnehmern an der Untersuchung kommt dadurch nicht mehr bloß die Rolle des Untersuchungs-*„Objektes"* (CROPLEY, 2005) zu, sondern sie werden vielmehr als Partner und Teilnehmer im Erkenntnisprozess so einbezogen, dass sie möglichst das Vertrauen gewinnen, ihre *„Wege, die Welt zu verstehen, offenzulegen"* (CROPLEY, 2005, 49).

„Die Erfahrung von Teilnehmern und ihr Verhältnis zur Außenwelt lassen sich am besten nachvollziehen, wenn die Teilnehmer ihre Erfahrungen selbst beschreiben, wie sie sie erlebt haben und daraus Sinn ziehen" (CROPLEY, 2005, 49).

Das Rubin-und-Rubin-Modell verfolgt zu diesem Zweck einen iterativen Ansatz (*„iterativ-research-design"*), d. h., dass die Themen aus den Interviews selbst hervorgehen, indem die Teilnehmer die für sie relevanten Inhalte und Aspekte der Ausgangsannahme zum Ausdruck bringen können. Auf diese Weise erfolgt zunächst gewissermaßen eine Materialsammlung im Hinblick auf den Forschungsgegenstand, die im Laufe verschiedener Interviews immer wieder zur Präzisierung und Überarbeitung des Interview-Leitfadens beiträgt bis

„all you start hearing are the same matters over and over again. At that point, you have reached what Glaser and Strauss term the ‚saturation point' (Glaser and Strauss 1967), and you stop" (RUBIN & RUBIN, 2005, 67).

Derart erhält man ein Instrument aus der Hand der Interview-Partner, das zuvor noch nicht zur Verfügung stand und ohne die Mitarbeit der Interview-Partner nicht zur Verfügung stehen würde. Im Idealfall des voraussetzungslosen Forschens ermöglicht dieser Zugang die Generierung einer *grounded theory* (GLASER & STRAUSS, 1967), bei der die Erhebung und Analyse der Daten in enger Wechselbeziehung zur Theoriebildung über den untersuchten Forschungsgegenstand steht.

Nun bewegt sich eine Untersuchung wie die vorliegende nicht in einem voraussetzungslosen oder gewissermaßen theoriefreien Raum. Explizit und implizit gehen Vorannahmen ein, deren Einbezug im angestrebten ersteren Fall gezielt erfolgt, im ungünstigen letzteren Fall aber beispielsweise auch auf Vorurteilen des Untersuchenden beruhen kann.
Letztere müssten sich jedoch rasch durch die in den Interviews auftauchenden Themen kenntlich machen lassen. In der vorliegenden Untersuchung betraf dies zum Beispiel die Vorstellung, dass die befragten *TNeS* zum Beispiel einem Stereotyp von russischer Frau, das mit dem Begriff „Matrjoschka" assoziiert ist, entsprechen würden, das heißt, es wurden vor allem auf Haushalt und Familie orientierte Frauen antizipiert, wie dies ja auch von WESTPHAL (2003) beschrieben wurde. Die wahren Gründe für die starke Familienorientierung dieser Frauen in der Zuwanderungssituation liegen aber in den sozioökonomischen Bedingungen der aufnehmenden Gesellschaft Die durchgeführten Interviews änderten denn auch rasch diese Vorstellung, als sich zeigte, dass die Teilnehmerinnen in ihrer Mehrzahl hoch qualifizierte Frauen waren, die es jedoch oftmals schwer hatten, auf dem deutschen Arbeitmark Fuß zu fassen.

Explizit eingehende Theorien betrafen hingegen die sozialpsychologische Dimension der Identität und Austauschprozesse zwischen den unterschiedlichen Kontexten (Makro-, Meso-, Mikro-Ebene), um die herum je unterschiedliche Themenkomplexe generiert werden konnten. Dienlich waren dabei Zugänge aus der Selbstkategorisierungstheorie (TURNER et al., 1987) auf der Grundlage der Theorie der sozialen Identität (TAJFEL & TURNER, 1979) und insbesondere die Konzeptionalisierungen SIMONS (2004) hinsichtlich eines integrativen Identitätsmodells („SAMI"). Eine solche Rahmung für den iterativen Ansatz erschien angemessen, weil sie keinerlei thematische Einschränkung für den Untersuchungsgegenstand mit sich bringt, sondern lediglich ein Referenzmodell für die zu erfragenden Einstellungen, bezogen auf die Kontext-Ebenen lieferte.
Ohne dass auch dies eine nachhaltige Einschränkung des offenen Zugangs zum Thema mit sich gebracht hätte, war in der Konzeptionalisierungsphase davon ausgegangen worden, dass sich die Erkenntnisse der Teilnehmerinnen um in der Erprobungsphase der Interviews noch recht weit gefasste Themenkomplexe gruppieren, deren Relevanz in der Literatur nachhaltig belegt wurde.
Es zeigte sich, dass das gewonnene Material zu diesen Themenkomplexen in unterschiedlicher Quantität den drei Kontext-Ebenen zuzuordnen war, woraus wiederum differenziertere Fragestellungen hervorgingen. Dieses Vorgehen ließ ausreichend großen Spielraum, neue Themen aufzunehmen und andere, offenkundig weniger relevante, fallen zu lassen. Beispielsweise bestätigte sich fast gar nicht die Vorstellung, dass Homosexualität im engen assoziativen Kontext zu HIV-Infektion und Aids gesehen wird. Andererseits führten die befragten Frauen rasch die in ihrem Heimatland umgangssprachlichen Begriffe

für Homosexuelle ein, womit gar nicht gerechnet worden war, dann aber ein erweiterter Zugang ermöglicht wurde.
RUBIN und RUBIN (2005) mahnen zur Aufmerksamkeit für solche Details, weil sie unerwartete Informationen bereithalten, die verloren gingen, wenn ein starres Konzept dem Interview-Leitfaden keine Entwicklungsmöglichkeiten bieten würde.

„The cultural lenses that people use to judge situations are often taken for granted and as such are invisible (Schutz, 1967, p. 74). As a consequence, it is difficult for researchers to directly ask about culture. Instead, researchers have to learn about culture by asking about ordinary events and deducting the underlying rules or definitions from these descriptions and pay particular attention to unusual usages of words and to the stories that convey cultural assumptions"(RUBIN & RUBIN, 2005, 29).

In der vorliegenden Arbeit kommt gerade der kulturellen Bedingtheit der Einstellungen ein hoher Aufmerksamkeitsgrad zu. Insofern war es notwendig, einen Fokus auch auf die *„cultural arena"* (RUBIN & RUBIN, 2005, 28), d. h. das spezifische Bedingungsgefüge über die Ebenen und Kontexte hinweg, die durch die Herkunftsgesellschaft beigesteuert wurden, nicht aus dem Blick zu verlieren. Nachfolgend werden der endgültige Interview-Leitfaden und der zusätzliche soziodemographische Fragebogen in ihren einzelnen Komponenten vorgestellt.

3.1.1 Interview-Leitfaden und soziodemographischer Fragebogen

Der zur Anwendung gekommene Interview-Leitfaden (Anhang 3) wurde im Rahmen einer qualitativen Voruntersuchung zur Studie von SIMON (2008) zu *„Einstellungen zur Homosexualität. Ausprägungen und psychologische Korrelate bei Jugendlichen ohne und mit Migrationshintergrund (ehemalige UdSSR und Türkei)"* entwickelt. Die Studie wurde vom Lesben- und Schwulenverbandes in Deutschland (LSVD) und durch das Bundesministerium für Familie, Senioren, Frauen und Jugend finanziell unterstützt. Die qualitative Voruntersuchung zur Studie von SIMON (2008) war als Pilotprojekt zu weiteren Befragungen konzipiert worden, damit bei dem in mancherlei Hinsicht sensiblen Thema zunächst ein persönlicher, um Vertrauen bemühter Zugang zu Angehörigen der jeweiligen Migrantengruppen gewonnen werden konnte, um dann in Abhängigkeit vom Ertrag dieser Untersuchungen standardisierte Verfahren zu entwickeln.
Zielgruppen der qualitativen Befragungen waren in Deutschland lebende Mütter aus den Staaten der ehemaligen Sowjetunion, Mütter aus Polen und aus der Türkei. Die Entwicklung des Leitfadens erfolgte im Austausch in einer Forschergruppe, wobei er bereits in einem ähnlichen Kontext wie dem

vorliegenden Anwendung fand; die Befragung der aus der Türkei stammenden Frauen fand unlängst Eingang in eine Diplomarbeit (FROMMER & ERÜSTÜN, 2007). Für den vorliegenden Einsatz des Leitfadens und des Begleitfragebogens zu soziodemographischen Daten (Anhang 4) ergaben sich geringfügige Änderungen. Beispielsweise stellte sich die Frage, ob die Ehe der jeweils befragten Frau „arrangiert" wurde bei den beiden Stichproben aus Osteuropa als irrelevant heraus, während sie bei den türkischen Frauen durchaus von Belang war. Für die Vergleichsstichprobe deutscher Frauen wurden weitere Modifikationen vorgenommen, die vor allem in der Kürzung um die Themen eigener Migrationserfahrungen bestanden.

Für die Entwicklung des Leitfadens erwiesen sich im Durchgang erster Probe-Interviews fünf Themenblöcke als bedeutsam, die schließlich in fünf übergeordneten Interview-Schwerpunkten Ausdruck fanden. Es handelt sich dabei um

1. Nachfragen zu Einstellungen zum Thema Homosexualität mit Schwerpunkt auf der Mikro-Ebene und Anregungen zur Introspektion und Reflexion innerer Prozesse

2. Thematisierung der Situation (Meso-Ebene) der Teilnehmerin als Migrantin/Zuwanderin in Deutschland und ihre Standortbestimmung im näheren sozialen Umfeld

3. Anregung, den Einfluss von tradierten Wertvorstellungen und Religion (Makro-Ebene der Herkunftsgesellschaft) auf konkrete Alltagserfahrungen im sozialen Umfeld (Meso-Ebene) zu schildern

4. Thematische Bezugnahme auf Homosexualität unter Berücksichtigung der übergeordneten Kontext-Ebenen (Meso-/Makro-Ebene)

5. Kontexte übergreifende Nachfrage zum Thema Geschlechterrollen

Diese fünf Komplexe wurden jeweils mit möglichst offen formulierten *Einführenden Fragen* – *„main questions"* (RUBIN & RUBIN, 2005, 134f) - eingeleitet, die einen Themenwechsel im Interview anzeigten. Im günstigen Falle ergaben sich sodann Antworten oder Assoziationsketten, die die jeweiligen Themen umfassend abbilden konnten. Allerdings wurden auch *Zusatzfragen* – oder *„follow-up questions"* (RUBIN & RUBIN, 2005, 136f) – entwickelt für den Fall, dass Informationen zu als bedeutsam erachteten Themenkreisen ausblieben oder deutlich wurde, dass der angesprochene Bereich für die Teilnehmerin besondere Relevanz hatte. Vertiefende Stichworte - *„probes"* (RUBIN & RUBIN, 2005, 137) - gaben die Möglichkeit, an geeigneter Stelle tiefer ins

Detail zu gehen, Offengebliebenes oder unterschwellig Angesprochenes herauszuarbeiten und zu klarifizieren. Nicht alle Zusatzfragen und vertiefenden Stichworte wurden in jedem einzelnen Interview eingesetzt. Gelegentlich wäre dies im Interview-Verlauf störend gewesen, andererseits sollte ein reines „Abfragen" oder Abhandeln der einzelnen Punkte zugunsten eines „organischen" Erzählverlaufs vermieden werden, wobei jedoch die Orientierung an den übergeordneten Kernfragen nicht aufgegeben wurde.

Bevor allerdings zu diesen Kernfragen des Leitfadens übergegangen wurde, wurde nach der allgemeinen Aufklärung über die Untersuchung und Beantwortung möglicherweise dazu auftretender Fragen initial der soziodemografische Fragebogen mit Angaben zu Person, Familie, Herkunft, beruflicher und sozialer Situation bearbeitet. Damit war bereits eine Kennenlern-Phase ermöglicht worden, die die zuweilen zunächst noch bestehende Anspannung etwas lockerte.

Das eigentliche Interview wurde dann mit einem *„warm-up"* eingeleitet, nämlich der Aufforderung an die Teilnehmerin, möglichst spontan zu sagen, was ihr zum Thema Homosexualität einfällt. Dies geschah in der Erwartung, dass – ähnlich wie in einem projektiven Test und gewissermaßen analog zu den von DEVINE (1989) so genannten *automatic processes* – latent bereitliegende Einstellungen ohne bereits allzu sehr gefilterte und reflektierende Überlegungen, *controlled processes*, geäußert würden. Im Anschluss daran gab es noch eine Nachfrage zur aktuellen Befindlichkeit der Teilnehmerin angesichts der Tatsache, über das Thema Sexualität mit jemandem Fremdem zu sprechen, wodurch ihr signalisiert werden sollte, dass der Interviewer sich der Intimität des Themas durchaus bewusst war. Andererseits ergaben sich daraus auch Hinweise für das weitere Vorgehen im Einzelfall.

Den Abschluss des Interviews bildeten dann die Aufforderung an die Teilnehmerin, aus ihrer Sicht möglicherweise noch offen gebliebene Aspekte zum Thema anzusprechen und die Erkundigung und ob sich nach dem Interview etwas an ihrer Sichtweise oder Einstellung geändert habe, was im Zusammenhang mit dem „warm-up" als Möglichkeit gedacht war, eventuelle Effekte des Interviews zu evaluieren. Schließlich wurde nochmals nachgefragt, wie es der Interviewten, nun am Ende des Gesprächs, ging.

3.2 Auswahl, Rekrutierung und Beschreibung der Stichproben

3.2.1 Auswahlkriterien

Die Auswahl der Stichproben erfolgte unter der Maßgabe, dass alle befragten Frauen Mütter sein sollten, weil angenommen wurde, dass Müttern in der Vermittlung von – ganz allgemein gesprochen – Wert- und Normvorstellungen besonderes Gewicht zukommt, oder wie HERWARTZ-EMDEN und WESTPHAL (2003) es formulieren:

„Im Bereich Erziehung wird der praktische und alltagsorganisatorische Aspekt des Selbstkonzeptes (Mutterschaft, Weiblichkeit) gelebt und erfahren. Unterstellt werden kann, daß zuwandernde Frauen vornehmlich die Veränderungsprozesse in der Familie tragen. Die Mütter sind es, von denen Veränderungen im familiären Alltag initiiert und organisiert sowie dem Mann und den Kindern gegenüber vermittelt werden. Dieser Vermittlungsprozeß erweist sich als zunehmende „Beziehungsarbeit" der Frau und Mutter in der Familie, die sich in verschiedene Aspekte auffächern läßt wie etwa Ehepartner- und Elternbeziehung, Mutter-Kind-Beziehung und Hausarbeits- und Berufsarbeitsleistungen" (HERWARTZ-EMDEN, WESTPHAL , 2003, 101).

In den beiden Stichproben mit Migrationshintergrund ist aber auch je eine Frau vertreten, die keine Kinder hat, was erst im Interview selbst klar wurde. Die kinderlose Teilnehmerin aus der ehemaligen Sowjetunion erzieht aber ihre Nichte. Und die betreffende Frau aus Polen ist beruflich maßgeblich in der Kindererziehung tätig.

Zum Zweiten war festgelegt worden, dass es sich bei den Migrantengruppen um Frauen aus Polen und den Staaten der ehemaligen Sowjetunion handeln sollte. Dabei wurde nicht unterschieden zwischen Spätaussiedlerinnen und „echten" Migrantinnen aus den Herkunftsstaaten, was für eine zunächst weder antizipierte noch erwünschte Heterogenität in den Stichproben sorgte. Als Besonderheit für die Teilnehmerinnen aus der ehemaligen Sowjetunion kommt hinzu, dass einige unter ihnen als jüdische Kontingentflüchtlinge in Deutschland lebten.

Zum Dritten war es notwendig, dass die Teilnehmerinnen ausreichend gute Sprachkenntnisse haben mussten, um dem anspruchsvollen Thema auf Deutsch gerecht werden zu können, da der Autor und Interviewer selbst weder Polnisch noch Russisch spricht und eine Übersetzung zu aufwendig und methodisch schwierig gewesen wäre. Tatsächlich sprachen alle gut bis sehr gut, teilweise akzentfrei Deutsch, womit schon ein erster Hinweis auf die Integrationsbemühungen gegeben war und eine gewisse Vorauswahl stattgefunden hatte. Abgesehen von der Bereitschaft, sich mit dem Thema der vorliegenden Untersuchung auseinanderzusetzen, wurden darüber hinaus keine Vorbedingungen formuliert.

3.2.2 Rekrutierung der Stichproben

Die Rekrutierung der Teilstichproben von Frauen aus Polen und der ehemaligen Sowjetunion erwies sich als bemerkenswert schwierig. Im Kontrast zur Vergleichsstichprobe deutscher Frauen, die alle innerhalb von knapp sieben Wochen zwischen dem 12.10. und 29.11.2007 angesprochen und interviewt werden konnten, erstreckte sich der Zeitraum zwischen dem ersten Probe-Interview und dem abschließenden Interview der beiden ersten Teilstichproben über den Zeitraum vom 10.10.2005 bis zum 24.06.2007.
Die auftretenden Schwierigkeiten in der Kontaktaufnahme waren wahrscheinlich einer distanzierten Haltung zum Thema Homosexualität geschuldet, wenngleich dies von den angefragten Personen oder Institutionen oftmals nicht gleich explizit gemacht wurde. Zugänge wurden letztlich auf zwei Wegen gefunden. Zum einen konnten über persönliche Kontakte im Kollegen- und Bekanntenkreis Verbindungen hergestellt werden (wobei hier gewährleistet werden musste, dass keine privaten Verbindungen zum Interviewer bestanden, wodurch die Interview-Situation unkontrollierbar beeinflusst gewesen wäre). Auf diesem Wege konnten drei Interviews mit Frauen aus der ehemaligen Sowjetunion in Berlin und fünf in Düsseldorf ermöglicht werden. Von den Interviews mit polnischen Frauen wurde eines durch eine Kollegin vermittelt und fand in Duisburg statt.
Als zweiter Zugangsweg bot sich die Kontaktaufnahme über Institutionen, Kirchengemeinden und Vereine von Migranten an. Hier erwies es sich rasch als zwecklos, diese Stellen zunächst nur anzuschreiben und das Anliegen zu schildern. Auf diesem Wege gab es in keinem Fall eine Reaktion. Zielführend erwies sich schließlich ein Vorgehen, bei dem zunächst telefonisch Kontakt zu den Leitern der jeweiligen Stellen Kontakt aufgenommen wurde. Zumeist erbaten diese dann ihrerseits ein Anschreiben mit genaueren Angaben zur Untersuchung, das sie zusammen mit einem Schreiben von Prof. B. Simon erhielten. Auch daraufhin erfolgte in der Regel keine Reaktion, sodass erneut telefonisch Kontakt aufgenommen wurde. Gelegentlich gelang es dann, überhaupt erst genauer über das Vorhaben ins Gespräch zu kommen, wobei sich zeigte, worin die Vorbehalte bestanden.
Zum einen wurde dann bestätigt, dass die in Frage kommenden Frauen aufgrund ihrer Herkunft Vorbehalte dem Thema Homosexualität gegenüber hatten. Insofern sei es auch schwierig, in dieser Hinsicht Vereins- oder Gemeindemitglieder anzusprechen, worin sich wiederum eine Scheu der angefragten Leiter dieser Institutionen äußerte, Homosexualität gegenüber möglichen Teilnehmerinnen zu thematisieren, ohne ihrerseits sogleich auf Ablehnung zu stoßen. Zum anderen kam es immer wieder zu dem Missverständnis, dass nur homosexuelle Frauen befragt werden sollten. Selbst als dies schließlich in den Anschreiben explizit ausgeschlossen wurde, kam wiederholt die Information, man könne nicht weiterhelfen, weil in der

betreffenden Einrichtung etc. keine homosexuellen Frauen bekannt seien. Aber auch, wenn schließlich eine Richtigstellung erfolgen konnte, beendete dies nicht die Schwierigkeiten, weil dann die Frage erfolgte, was heterosexuelle Frauen denn zu Homosexualität schon sagen könnten. Kurz, es war ein Prozess geduldigen Wiederholens des Anliegens. In zwei Fällen zum Schluss der Erhebung als keine Resonanz kam, sprach der Autor die Leiter der angefragten Stellen dann direkt an, warum sie nun letztendlich keine Hilfestellung geben *wollten* – auch das sei eine interessante und relevante Information. In beiden Fällen wurden dann innerhalb weniger Tage gleich mehrere Interview-Kontakte vermittelt. Obwohl dies sicherlich der konfrontativen Anfrage zuzuschreiben war, bleibt der diesem Erfolg zugrunde liegenden Meinungswechsel unklar, es sei denn, man habe nicht als Blockierer im Rahmen einer wissenschaftlichen Arbeit gelten wollen.

Eine dritte Gruppe von Vorbehalten, die gelegentlich geäußert wurden, betraf die Annahme, es ginge darum, Migranten oder Spätaussiedler in ein schlechtes Licht zu rücken, sie als besonders vorurteilsbehaftet darzustellen, was insbesondere von Polen befürchtet wurde. Dies ist wohl im Kontext der antihomosexuellen Regierungspolitik der Kaczynski-Brüder zu verstehen, die gerade zum Zeitpunkt der Untersuchung oftmals Schlageilen machte.

Von der Tendenz her aufgeschlossener zeigten sich Weiterbildungseinrichtungen für Migranten. Über solche kam denn auch eine Vielzahl von Kontakten zustande. Das heißt nicht, dass hier keine Vorbehalte geäußert wurden, allerdings wurden eher Nachfragen gestellt und die Betreffenden waren insgesamt offener, sich auf das Vorhaben einzulassen. Vielleicht lag bei diesen Einrichtungen ein gewisses Identifikationspotential durch die Salienz des Erkenntnisgewinnens vor.

Gleich zu Beginn konnten vier Interviews im Rahmen des *Ost-West-Integrations-Projektes (OWI)*, das 2005 in Duisburg durchgeführt wurde, stattfinden. OWI ist ein Projekt des Deutschen Volkshochschulbundes und wird von Bundesministerium des Inneren über das Bundesamt für Migration und Flüchtlinge gefördert. Es wird an jährlich wechselnde Standorte vergeben.

Ein Gruppeninterview mit vier Teilnehmerinnen wurde von der Leiterin der Integrationswerkstatt *„Respekt"* in Berlin vermittelt. Die Aktivitäten erstrecken sich über Sprachkurse, berufliche Qualifikation und interkulturelle Seminare.

Vier Interviews kamen zudem über die Vermittlung der *Interkulturellen Weiterbildungsgesellschaft e. V. in Duisburg* zustande. Im Rahmen eines gemeinnützigen Vereins werden hier Integrations- und Weiterbildungskurse für Interessenten aller Nationalitäten angeboten.

Vier weitere Interviews erfolgten durch Vermittlung der *„Fraueninitiative Berlin-Warschau e. V. für deutsch-polnische Zusammenarbeit"*. Ziel der Arbeit des Vereins ist die gegenseitige Unterstützung von polnischen und deutschen Frauen in den Bereichen Soziales, Arbeit, Aus- und Weiterbildung, Frauenpolitik und Kultur.

Drei Interviews fanden schließlich durch Vermittlung des Pfarrers der *Polnischen katholischen Kirchengemeinde in Duisburg* statt und zwei weitere konnte durch Kontakt zum *Polnischen Institut* in Düsseldorf angeregt werden. Zusammengenommen wurden 15 (in die Auswertung eingegangene) Interviews mit Frauen aus der ehemaligen Sowjetunion geführt, von denen sieben durch Vermittlung im Kollegen- und Bekanntenkreis zustande kamen, von den zwölf Interviews mit Frauen aus Polen war dies nur einmal der Fall.
Die acht Interviews mit deutschen Frauen, die nicht zugewandert sind, kamen auf Vermittlung im Kollegen- und Bekanntenkreis auf den Weg. Dabei war darauf geachtet worden, dass außer der vermittelnden Person keine Überschneidungen in den Bekanntenkreisen bestanden, und dass die zu interviewende Teilnehmerin dem Autor nicht bereits persönlich bekannt war (nur in einem Fall bestand bereits vor mehreren Jahren ein nicht privater Kontakt zu einer der Befragten). Dennoch soll nicht verleugnet werden, dass auf diesem Zugangsweg zu den Interviewten möglicherweise Einflussfaktoren auf die Angaben der Befragten zustande gekommen sein könnten, die - falls gegeben - jedoch durch die Struktur des Interviews begrenzt geblieben sein dürften. Vertiefende Nachfragen und Bitten um Konkretisierungen bei allgemein gehaltenen Angaben hätten und haben ja auch bei Interviews, die auf anderem Wege vermittelt wurden, rasch Inkohärenzen zu Tage gefördert, denen in jedem Fall nachgegangen wurde. Dieses Vorgehen wurde in allen Teilstichproben beibehalten, da über die Gruppenzugehörigkeiten hinweg immer wieder auch spontan z. B. oberflächliche homosexuellenfreundliche Haltungen zum Ausdruck gebracht wurden, die eine nähere Überprüfung nahelegten. Unmittelbare persönliche Bindungen zwischen Autor und Interviewten können in allen 35 zur Auswertung gekommenen Fällen ausgeschlossen werden. Das Thema der Untersuchung mag allerdings bei den Teilnehmerinnen aus allen Teilstichproben Vermutungen über die persönlichen Lebensverhältnisse des Autors und sein Interesse am Untersuchungsgegenstand bewirkt haben. Diesbezüglich wurden jedoch in keinem Interview explizit Angaben gemacht oder Nachfragen gestellt.

3.2.3 Beschreibung der Stichproben

Im Folgenden wird tabellarisch die Zusammensetzung der Teilstichproben[7] nach Alter, Familienstand, Anzahl und Alter der Kinder, Beruf, Religion, Staatsangehörigkeit und Zeitpunkt, seitdem sie in Deutschland sind, sowie ihr Status als Spätaussiedlerin, Kontingentflüchtling oder Migrantin zum Zeitpunkt der Zuwanderung dargestellt. Die nacheinander *kursiv* gedruckten Namen betreffen Frauen, die in einem Gruppeninterview befragt wurden. Angaben zur Religion,

---

[7] Teilnehmerinnen aus der ehemaligen Sowjetunion: ***TNeS***; Teilnehmerinnen aus Polen: ***TNPo***; Teilnehmerinnen ohne Migrationshintergrund: ***TNoM***

die **fett** gedruckt sind, weisen darauf hin, dass die Teilnehmerin sich *ausdrücklich* als religiös bezeichnet hat. Bei der Vergleichsstichprobe entfällt eine Reihe von Angaben. Den einzelnen Personen in den Aufstellungen wurden Alias-Namen zugeordnet, um die Anonymität zu wahren.

Tabelle 2: Teilnehmerinnen aus der ehemaligen Sowjetunion (*TNeS*)

TNeS	Alter	Familienstand	Alter der Kinder w	Alter der Kinder m	Beruf	Religion	Staatsangehörigkeit	Hier seit	Status*
Jana	39	Partner	18**		Akad./al***	keine	Deutsch	1995	SpA
Nina	55	2. Ehe	35		Akad./al	jüdisch	Deutsch	1998	(K)
Lara	45	verh.		13	Akad.	kath.	Deutsch	1992	SpA
Bella	48	verh.		13	Akad.	jüdisch	Ukrainisch	1997	K
Nora	46	verh.	19/21		Ausb./al	jüdisch	Deutsch	1974	(K)
Maja	37	verh.	11/12		ohne/al	orth.	Deutsch	1994	SpA
Hanna	43	verh.	11/12		Akad./al	jüdisch	Deutsch	1991	K
Berta	41	verh.	5	9	Akad./al	keine	Russisch	1996	Dt-EM
Zasa	50	verh.	23		Ausb./al	keine	Russisch	2000	Dt-EM
Mara	44	gesch.	19		Ausb.	ev./FK****	Deutsch	1995	SpA
Tati	54	verh.	34		Akad.	keine	Russisch	1992	AkA
Dora	45	gesch.	26	14	Akad.	orth.	beide	1991	SpA
Lena	38	verh.		7	Akad.	jüdisch	Deutsch	1991	K
Stella	42	verh.		7	Akad./al	orth.	Russisch/Frz.	2001	EU-EM
Kira	33	verh.	7		Akad.	jüdisch	Amerikanisch	1997	(K)

*SpA = Spätaussiedlerin; AkA= Akademisches Austauschprogramm; K = Kontingentflüchtling; (K) jüdische Herkunft, aber nicht Kontingentflüchtling; Dt-EM = Deutscher Ehemann; EU-EM = mit anderem EU-Ehemann verh.
**Es handelt sich um die von ihr erzogene Nichte; ***al = arbeitslos; ****FK=Freikirche

Tabelle 3: Teilnehmerinnen aus Polen (*TNPo*)

TNPo	Alter	Familienstand	Alter der Kinder w	Alter der Kinder m	Beruf	Religion	Staatsangehörigkeit	Hier seit	Status
Tina	47	verh.	25	22	Akad.	**kath.**	beide	1987	SpA(?)
Vera	44	verh.	9		Akad.	**kath.**	Polnisch	1988	SpA
Eva	43	verh.	16		Akad.	**kath.**	beide	1985	SpA
Helena	50	gesch.	19		Akad.	keine	Polnisch	1981	Dt-EM
Tini	44	Partner	9		Akad.	keine	Deutsch	1974	SpA
Martha	54	gesch.	24		Akad.	**kath.**	Deutsch	1980	Dt-EM
Rita*	39	gesch.			Akad.	**kath.**	beide	1990	Dt-EM
Karin	54	verh.		27	Ausb.	**kath.**	Deutsch	1976	SpA
Gabi	44	getrennt		16	Ausb./Hf***	**kath.**	beide	1990	SpA
Thea	45	verh.	8/17	14	Ausb.	**kath.**	Deutsch	1979	SpA
Ursel	43	verh.	11/11		Ausb./al	**kath.**	beide	1987	SpA
Ulla	41	gesch.	11		Akad.	**kath.**	Polnisch	1993	DtEM

*SpA = Spätaussiedlerin; SpA(?) = unklar, Dt-EM = Deutscher Ehemann
**Rita hat kein Kind, ist aber beruflich in der Erziehung tätig
***Hf. = Hausfrau

Tabelle 4: Teilnehmerinnen aus Deutschland ohne Migrationshintergrund (*TNoM*)

TNoM	Alter	Familienstand	Alter der Kinder		Beruf	Religion	Staatsan-gehörigkeit	Hier seit	Status
			w	m					
Elke	46	getrennt	13/14	10	Ausb.	**ev.**	entfällt	entfällt	entfällt
Nelli	41	verh.		9/6	Akad.	ev.	entfällt	entfällt	entfällt
Katrin	50	verh.	22	15/18	Akad.	ev.	entfällt	entfällt	entfällt
Anja	39	verh.		10/3	Akad.	keine	entfällt	entfällt	entfällt
Moni	41	verh.	0,3		Ausb.	**kath.**	entfällt	entfällt	entfällt
Maria	42	verh.	8/10/16	11	Akad.	**ev.***	entfällt	entfällt	entfällt
Rosa	42	getrennt	9/11		Ausb.	keine	entfällt	entfällt	entfällt
Hillu	45	verh.	10/14		Ausb.	**kath.**	entfällt	entfällt	entfällt

* Konvertiert

Bei der Berufbezeichnung wird nur zwischen Akademikerinnen und Frauen mit außerschulischer Ausbildung unterschieden. (Auch auf die Zuordnung zum Interview-Ort wird verzichtet, da sonst die Anonymität nicht mehr gewährleistet ist.) Dabei fällt auf, dass sowohl bei den Frauen aus der ehemaligen Sowjetunion als auch bei denen aus Polen die meisten ein Studium abgeschlossen haben. Von den 15 Frauen in der 1. Teilstichprobe sind zwölf Akademikerinnen, von denen sechs wiederum arbeitslos sind. Von den zwölf Polinnen sind acht Akademikerinnen und alle sind in ihrem Beruf tätig. Insgesamt ist fast die Hälfte der Frauen aus der ehemaligen Sowjetunion arbeitslos, während dies bei keiner Frau aus Polen der Fall ist. Außer Moni, die im Erziehungsurlaub war, sind auch alle Frauen der *TNoM* berufstätig.

Tabelle 5: Beruf

	TNeS	*TNPo*	*TNoM*
Akademikerinnen*	12/6	8/0	4/0
Ausbildung	2/1	4/1	4/1**
Ohne Ausbildung	1/1	0/0	0/0

*Fett = davon arbeitslos
** Erziehungsurlaub

Das Alter der Befragten bewegt sich in den drei Gruppen in sehr ähnlicher Größenordnung; fast alle Frauen waren zum Zeitpunkt der Befragung zwischen Anfang und Ende 40. Die Frauen aus der ehemaligen Sowjetunion sind durchschnittlich 44 Jahre alt, die Frauen aus Polen 45,6 Jahre. Die Frauen aus der Vergleichsstichprobe sind durchschnittlich 43,3 Jahre alt.

Tabelle 6: Alter

	TNeS	*TNPo*	*TNoM*
30-40 Jahre	4	1	1
40-50 Jahre	8	8	6
50-55 Jahre	3	3	1

Ein auffälliger Unterschied besteht in der durchschnittlichen Anzahl der Kinder. Während die Frauen aus der ehemaligen Sowjetunion und die aus Polen im Durchschnitt 1,2 Kinder (wenn Janas Nichte nicht mitgezählt wird) haben, haben die Frauen der Vergleichsstichprobe im Schnitt fast doppelt so viele Kinder, nämlich 2,3.

Tabelle 7: Kinder

	TNeS	TNPo	TNoM
1 Kind	9	8	1
2 Kinder	5	2	4
3 und mehr Kinder	0	1	3

Die Angaben zu Religion und Religiosität sind nur bei den Frauen aus Polen relativ homogen. Von zwölf Frauen beschreiben sich neun als gläubige Katholikinnen. Unter den 15 Frauen aus der ehemaligen Sowjetunion beschreiben sich acht als gläubig, also etwa die Hälfte, wobei darunter eine Anhängerin einer freikirchlichen evangelischen Kirchengemeinde, eine Katholikin, zwei Jüdinnen, zwei russisch-orthodox Gläubige und eine, die keine Konfession angibt, sind. Auch die deutsche Teilstichprobe ist eher heterogen; die Hälfte bezeichnet sich als gläubig, die Konfessionen sind unterschiedlich.

Tabelle 8: Religion

	TNeS	TNPo	TNoM
Russisch-orthodox	3	0	0
Römisch-katholisch	1	9	4
Evangelisch	0	0	2
Ev. Freikirche	1	0	0
Jüdisch	6	0	0
Keine	4	3	2

Bezogen auf die deutsche Staatsangehörigkeit haben in beiden Teilstichproben die Frauen, die als Spätaussiedlerinnen kamen, die deutsche Staatsangehörigkeit. Dies trifft auch auf die jüdischen Kontingentflüchtlinge zu. Nora kam bereits als Kind, 1974, nach Deutschland, ist deshalb kein Kontingentflüchtling, sondern mit der Familie nach der Einreise über Israel eingebürgert worden. Kira war zunächst nach Amerika ausgewandert und hat später einen deutschen jüdischen Mann geheiratet, beabsichtigt aber nicht, ihre amerikanische Staatsbürgerschaft aufzugeben. Bella und ihr Ehemann haben die deutsche Staatsbürgerschaft beantragt; für die anderen Frauen aus Russland stellt sich die Frage nicht, weil sie entweder mit deutschen Ehemännern verheiratet sind oder, wie Stella, mit einem Franzosen.

Tabelle 9: Staatsbürgerschaft

	TNeS	TNPo	TNoM
Deutsch	8	4	8
Russisch	4	0	0
Polnisch	0	3	0
Ukrainisch	1	0	0
Beide	1	5	0
Andere	2	0	0

Auch unter den Frauen aus Polen haben diejenigen mit Spätaussiedler-Hintergrund die deutsche oder beide Staatsbürgerschaften. Ansonsten spielt für Bürger aus dem EU-Mitgliedstaat Polen heute die Frage der Staatsbürgerschaft keine wichtige Rolle mehr für ihren Aufenthalt in Deutschland.

Tabelle 10: Status zum Zeitpunkt der Zuwanderung

	TNeS	TNPo	TNoM
Spätaussiedler*	6	8	entfällt
Kontingentflüchtl.**	5	0	entfällt
Binationale Ehe	3	4	entfällt
Andere	1	0	entfällt

* Einschließlich mit Spätaussiedlern Verheiratete
** Einschließlich Juden, die keine Kontingentflüchtlinge sind

Das heißt, dass der Großteil der zugewanderten Frauen aus den beiden Teilstichproben zusammen bei der Zuwanderung einen abgesicherten Sonderstatus hatte. Die Zuwanderung fand bei den Teilnehmerinnen aus der ehemaligen Sowjetunion in 14 von 15 Fällen zwischen 1991 und 2000 statt. Von den zwölf Frauen aus Polen kamen elf vor 1990, drei davon sogar schon in den 70er Jahren des vergangenen Jahrhunderts.

Tabelle 11: Zeitpunkt der Zuwanderung

	TNeS	TNPo	TNoM
1970-1990	1	11	entfällt
1991-2000	13	1	entfällt
Nach 2001	1	0	entfällt

3.2.4 Nachexploration

In einigen Fällen erwiesen sich die Angaben zum Status bei Ankunft in Deutschland als unklar. Wo dies möglich war, hat der Autor die betreffenden Frauen nochmals kontaktiert, sodass dies aufgeklärt werden konnte. Lediglich Tina aus der Teilstichprobe aus Polen war nicht erreichbar. Da sie aber einen deutschen Familiennamen hat und ihr Ehemann ebenfalls aus Polen stammt, kann mit einiger Wahrscheinlichkeit von einem Spätaussiedler-Hintergrund ausgegangen werden.

3.3 Interview-Situation - Einflussgrößen und Durchführung

Um die Möglichkeit zur Durchführung eines offenen und vertrauensvollen Interviews zu nutzen, ist es notwendig, dem Interviewten zu vermitteln, dass seiner Mithilfe mit Aufmerksamkeit und Respekt begegnet wird. RUBIN und RUBIN (2005) beschreiben die Schaffung der notwendigen Gesprächsatmosphäre als Bemühen um *„Conversational Partnership"* (RUBIN & RUBIN, 2005, 79 f.). Ohne hier auf die von den Autoren dargelegten Aspekte im Einzelnen einzugehen, soll hier lediglich hervorgehoben werden, dass die Bedürfnisse des Interview-Partners zunächst im Vordergrund stehen. Das heißt, dass ihm selbstverständlich mit Aufrichtigkeit begegnet wird, was den Inhalt der Untersuchung angeht. Dazu erfolgte im vorliegenden Fall jeweils eine ausführliche Einleitung – unabhängig davon, ob die betreffende Person schon von vermittelnden Dritten wie Leitern der Weiterbildungs-Organisationen „gebrieft" worden war.

Auch über die Person des Autors und seine Gründe, die Interviews durchzuführen, wurden die Teilnehmerinnen dahingehend informiert, dass er in Duisburg niedergelassener Psychoanalytiker ist und die Interviews im Rahmen eines Promotionsvorhabens führen wollte. Alle Teilnehmerinnen bekamen die Praxis-Adresse, Telefonnummer und E-Mail-Adresse für den Fall von Rückfragen, was jedoch nicht vorkam.

Weiterhin erhielten die Teilnehmerinnen die Zusicherung von Anonymität und Vertraulichkeit, wobei aber auch auf die Art der Datenerhebung und -auswertung hingewiesen wurde. Es war den Teilnehmerinnen bekannt, dass ich die Audio-Aufnahmen nicht selbst transkribieren würde, sodass es also einen „dritten Mithörer" geben würde. Dies alles wurde in keinem Fall als problematisch angesehen.

Abgesehen davon gab es zu Beginn eines jeden Interviews auch die Aufforderung an die teilnehmenden Frauen, nicht die eigenen Grenzen zu überschreiten. Wenn Themen in irgendeiner Weise als beunruhigend erlebt würden, sollte dies mitgeteilt werden, um gegebenenfalls zu einem anderen Thema überzugehen. In der Regel kam es nicht dazu, doch es traten hin und wieder heikle Gesprächssituationen auf, in denen es galt, gegenzusteuern. Zum Teil hatte dies damit zu tun, dass der Autor von einigen der Gesprächspartnerinnen in erster Linie als Psychotherapeut wahrgenommen wurde und nicht als Interviewer in eigenem Interesse. Mehrfach wurde im Anschluss an die Interviews auch nach näheren Informationen über Psychotherapie und den Zugang zu psychotherapeutischer Behandlung gefragt, was natürlich beantwortet wurde, wobei das Anliegen, beim Autoren selbst eine Psychotherapie zu beginnen, aber abgelehnt wurde.

Mit dem Blick des Klinikers betrachtet, konnte natürlich nicht verborgen bleiben, dass eine Vielzahl der interviewten Frauen zum Teil eine ausgeprägte psychische Symptomatik aufwies. Stella und Mara waren wegen schwerer depressiver Erkrankungen in psychiatrischer Behandlung. Ein Interview wurde nicht verwendet, weil der Eindruck entstand, dass die betroffene Person an einer bisher unbehandelten Psychose erkrankt ist, woraufhin ihr zu fachärztlicher Behandlung geraten wurde. In den anderen Fällen bestand die Aufgabe aber nicht in diagnostischer Tätigkeit, wenngleich man das ja nicht „abstellen" kann. Es fanden sich gelegentlich Hinweise in diese Richtung, die dahingehend für bedeutsam erachtet wurden, um sie für die jeweilige Gesprächsführung zu berücksichtigen. Beispielsweise gab es sehr in ihrem Selbstwert verunsicherte Teilnehmerinnen, die rasch gekränkt reagieren konnten, wenn die Wortwahl misslang, wie zum Beispiel Hanna oder Tina. Kira wiederum gab sich den Anschein, unerhört „tough" und tatkräftig zu sein – tatsächlich war sie affektiv enorm brüchig. Unter all diesen unterschiedlichen Bedingungen immer den richtigen Ton zu treffen, war nicht selbstverständlich, zumal die Gesprächssituationen auch in wechselnden Umgebungen stattfanden. Vor allem für die Interviews in Berlin standen nicht gleich Räume zur Verfügung. Es ergab sich aber, dass dies unproblematisch war, wenn der Kontakt einmal hergestellt werden konnte. Einige der Teilnehmerinnen konnten an ihrem Arbeitsplatz nach Feierabend interviewt werden, fünf Frauen luden zu sich nach Hause ein, was als sehr großen Vertrauensvorschuss interpretiert wurde, und das Gruppeninterview mit den Frauen aus der ehemaligen Sowjetunion in Berlin fand in den Räumen von „Respekt" statt. Ein Interview wurde im Frühstücksraum eines Hotels geführt. Die Interviews in Duisburg und Düsseldorf wurden zum Teil in der Praxis des Autors in Duisburg, zum Teil in den Praxisräumen einer dem Autoren bekannten Kollegin in Düsseldorf oder mehrfach in Privatwohnungen durchgeführt. Zwei der Interviews fanden im Polnischen Institut statt, drei im Gemeindehaus der polnischen katholischen Kirchengemeinde und vier in den Räumen von OWI.

Tabelle 12: Ort/Berlin

	TNeS	TNPo	TNoM
Arbeitsplatz	2	0	0
Hotel	1	0	0
Privat-Wohnung	0	4	0
„Respekt"	4	0	0

Tabelle 13: Ort/NRW

	TNeS	TNPo	TNoM
„OWI"	2	1	0
Praxis	0	2	0
Praxis/Kollegin	0	0	2
Privat-Wohnung	6	0	6
Kirchengemeinde	0	3	0
Polnisches Institut	0	2	0

Gelegentlich kam die Frage, ob die Interviews bezahlt würden, was nicht vorgesehen war, um nicht möglicherweise als erwünscht antizipierte Antworten zu erhalten. In einem Fall aber wurde eine Gegenleistung erbeten, die nicht abschlagen wurde – nachdem die Interviews bereits vermittelt worden waren. Die Leiterin einer der Weiterbildungseinrichtungen in NRW erwartete eine Gruppe russischer Psychologie-Studenten zu einer Fortbildung in Deutschland. Sie fragte später an, ob es wohl möglich sei, ihnen die Praxis des Autors zu zeigen und bat ihn, kurz über die Stellung der Psychotherapie im deutschen Gesundheitswesen zu referieren. Dem wurde gerne nachgekommen.

3.3.1 Technische Aspekte der Erhebung

Audioaufnahme

Voraussetzung für die Erhebung der Daten mittels Interview war die Möglichkeit und das Einverständnis der Teilnehmerinnen, dass die Gespräche auf Band aufgenommen werden konnten, sodass Notizen nur bezogen auf eigene Einfälle während des Interviews nötig waren und die Aufmerksamkeit nicht durch unnötiges Mitschreiben eingeschränkt wurde. Gerade und besonders in der Anfangsphase dienten die Interviewmitschnitte auch noch der Ausarbeitung des Leitfadens. Insbesondere zu diesem Zweck waren auch die Gruppeninterviews zu Beginn geführt worden, weil erwartet wurde, dass in

Gruppendiskussionen noch andere relevante Themen auftreten würden als in der Einzelgesprächssituation. Auch war es von Interesse, wie vielleicht unterschiedliche Meinungen in der Gruppe vertreten werden würden und wie Konsens hergestellt wurde, welche *kollektiven Identitäten* also salient würden. Im Sinne des iterativen Vorgehens (RUBIN & RUBIN, 2005) waren die Bandaufnahmen daher unerlässlich. Erfahrungsgemäß ist das auch für niemanden störend und gerät rasch aus dem Bewusstsein, auch wenn das Aufnahmegerät mit Tischmikrofon immer gut sichtbar blieb. Die Interviews wurden auf Kassetten mit jeweils 90 Minuten Laufzeit aufgenommen, die lediglich im Gruppeninterview mit den Frauen aus der ehemaligen Sowjetunion in Berlin einmal geringfügig überschritten wurde. Insgesamt wurden die Interviews im Laufe der Zeit verdichteter, durchschnittlich beliefen sie sich auf 60 – 70 Minuten. Das zeitlich kürzeste Interview, knapp 45 Minuten wurde mit Ulla geführt. Grund war, dass der Autor wegen einer Demonstration im Stau stand und nicht pünktlich sein konnte, während sie einen unaufschiebbaren Anschlusstermin hatte.

Transkriptionen

Im Idealfall liegt auch das Transkribieren der Interviews in der Hand des Interviewers, da auf diesem Wege nochmals sehr intensiv das abgelaufene Gespräch in allen Details durchgegangen werden kann. Allerdings erschien dem Autor persönlich der zeitliche Aufwand für die Transkription letztlich nicht in einem vertretbaren Verhältnis zu ihrem Gewinn zu stehen. Von daher lag dieser Arbeitsschritt in den Händen von drei Sekretärinnen, von denen eine nur ein Interview bearbeitete, die anderen beiden teilten sich die Arbeit an den verbliebenen Interviews. Von allen dreien liegen Verschwiegenheiterklärungen zu den Inhalten der Interviews vor.
Die Qualität der Transkripte war zum nicht geringen Teil suboptimal, zum Beispiel relativ häufig durch sinnentstellende Fehler (wenn beispielsweise statt „finde ich nicht unangenehm" „finde ich unangenehm" verstanden worden war) beeinträchtigt.
Insofern war es selbstverständlich, dass der Autor alle Transkripte mit mitlaufendem Band noch ein- bis zweimal abhörte, um die Richtigkeit der Verschriftlichung zu gewährleisten. Auch dadurch bestand ausreichend Gelegenheit, sich intensiv mit dem Ausgangsmaterial zu beschäftigen.

Für die Transkriptionen waren einheitliche Regeln – wie dargestellt – vereinbart:

Tabelle 14: Transkriptionsregeln

,	=	Kurzes Absetzen, kein Satzzeichen
(-)	=	Kurze Pause
(----)	=	(Sehr) lange Pause
( )	=	Enthalten Bemerkungen zwischendurch und Geräusche
n-nie	=	Neues Ansetzen
sie_	=	Gedehntes Aussprechen
sie__	=	Länger gedehntes Aussprechen
....	=	Nicht verständlich

Die exemplarischen Darstellung in Form von Zitaten im Ergebnisteil enthält diese Zeichen nicht mehr, sondern ist zugunsten einer besseren Lesbarkeit modifiziert worden (siehe dort). Was den Umfang der Interviews an Seiten- und Zeichenzahl angeht, unterscheiden sich die Gruppen- von den Einzelinterviews. Das längste Interview ist das Gruppeninterview mit den polnischen Frauen (51 Seiten oder 83.825 Zeichen). Das Interview mit dem geringsten Umfang ist ein Einzelinterview (14 Seiten, 24.811 Zeichen) mit Nina. An Einzelinterviews liegen insgesamt 584 Seiten mit 1.154.180 Zeichen vor, was einem Durchschnitt von 22,5 Seiten oder 44392 Zeichen pro Einzelinterview entspricht. Insgesamt liegen 700 Interview-Seiten mit 1.365.100 Zeichen vor.

Tabelle 15: Seiten-/Zeichenzahl

	TNeS		*TNPo*		*TNoM*	
Einzelint.	215	412.700	212	443.660	157	297.820
Gruppenint.	65	127.095	51	83.825	-	-
Gesamt	280	539.795	263	527.485	157	297.820

Zusammengenommen wurden 39 Interviews geführt. Vier davon gingen jedoch nicht in die Auswertung ein. In zwei Fällen war die Bandaufnahme unbrauchbar. Zu einem Interview (dem dritten) erschien ein Mann statt seiner Ehefrau und der vierte Fall war die bereits erwähnte Teilnehmerin, die ein etwas bizarres Antwortverhalten zeigte und möglicherweise psychotisch erkrankt war.

3.3.2 Auswahl, Auswertung und Analyse der Daten

Zur qualitativen Auswertung des vorliegenden Materials bedurfte es einer Methode, die zur inhaltlichen Erfassung großer Datenmengen geeignet ist. Zur Anwendung bot sich in dieser Hinsicht die *Qualitative Inhaltsanalyse* nach

MAYRING (2003) an. Die Qualitative Inhaltsanalyse stellt Verfahrenstechniken zur Auswertung zur Verfügung, die an den jeweiligen Unersuchungsgegenstand angepasst werden können. MAYRING (2003) betont, dass die jeweiligen

„Verfahrensweisen (...) nicht als Techniken verstanden werden, die blind von einem Gegenstand auf den anderen übertragen werden können. Die Adäquatheit muss jeweils am Material erwiesen werden" (MAYRING, 2003, 44).

MAYRING schlägt daher vor, dass die zur Anwendung kommenden Verfahren in einer Pilotstudie (MAYRING, 2003, 44) einem Probelauf unterzogen werden. Im vorliegenden Fall wurde das zur Anwendung gekommene Auswertungs- bzw. Analyseschema in einem Durchlauf nach den ersten 16 Interviews getestet, wobei es darum ging, für die *Zusammenfassung* und *Strukturierung* der vorliegenden Interviews ein geeignetes Kategoriensystem zu generieren.
Neben der für die vorliegende Untersuchung zum Einsatz gekommenen *Zusammenfassenden Inhaltsanalyse* werden von MAYRING (2003, 58) zudem *Strukturierung* und *Explikation* als zwei weitere *„Grundformen des Interpretierens"* benannt. Das Verfahren der *Explikation* dient dazu, unverständliche Textstellen mittels Herantragen von Kontextmaterial (aus dem Text oder von außen, z. B. Lexika, Wörterbücher) auszudeuten. Bei Bedarf kam auch diese Technik zum Einsatz (z. B. wenn es um die umgangssprachlichen Begriffe für Homosexualität in den Heimatländern der Befragten ging). In einem ersten Durchlauf konnte ein Schema erarbeitet werden, das sich nach einigen Modifikationen bewährte und im Fortgang der Arbeit in seinen Grundzügen weiter eingesetzt werden konnte.
In Verbindung mit der Strukturierung des Materials unter inhaltlichen Aspekten (vgl. MAYRING, 2003) kommt der Zusammenfassung die Aufgabe zu, *„bestimmte Themen, Inhalte, Aspekte aus dem Material herauszufiltern"* (MAYRING, 2003, 89), zu bündeln, zuvorderst aber auf zunehmend höheren Abstraktionsebenen das Material zu reduzieren. Zu diesem Zweck müssen zunächst *Analyseeinheiten* definiert werden. Analyseeinheiten unterteilen sich in *Auswertungseinheiten*, bei denen es sich z. B. in der vorliegenden Untersuchung um die jeweiligen Interviewtranskripte, die nach Teilstichproben getrennt ausgewertet wurden (Reihenfolge der Auswertung), handelt. *Kodiereinheiten* sind innerhalb dieser Auswertungseinheiten die jeweils kleinsten auszuwertenden Materialbestandteile einer Kategorie (z. B. ein Wort), *Kontexteinheiten* die größten Textbestandteile einer Kategorie (z. B. Absätze; vgl. MAYRING, 2003, 53). Ziel ist die Entwicklung eines Kategoriensystems im Wechselspiel zwischen der ursprünglichen Fragestellung und damit dem theoretischen Vorverständnis und dem Material.

„Eine deduktive Kategoriendefinition bestimmt das Auswertungsinstrument durch theoretische Überlegungen. Aus Voruntersuchungen, aus dem bisherigen Forschungsstand, aus neu entwickelten Theorien oder Theoriekonzepten werden die Kategorien in

einem Operationalisierungsprozeß auf das Material hin entwickelt. Die strukturelle Inhaltsanalyse wäre dafür ein Beispiel"(MAYRING, 2003, 74f).

Das an das Material herangetragene Vorverständnis ergibt sich aus den vorangegangenen Kapiteln und ist bereits - wie dargelegt - in der Konzeption des Interview-Leitfadens nach RUBIN und RUBIN (2005) eingegangen. Diese *„deduktive Kategoriendefinition"* stellt nach MAYRING (2003, 74) ein zulässiges Vorgehen dar. Auch insofern bildet jedes neue Auswertungsschema ein Unikat, weil es dem Gegenstand angepasst werden muss. Dies betont auch CROPLEY (2005):

„Im Rahmen einer Zusammenfassung der Grundprinzipien der Inhaltsanalyse ist es nicht möglich, ein festes Schema darzustellen, das schablonenhaft angewendet werden kann" (CROPLEY, 2005, 127).

Das zu bildende Kategoriensystem ist das Herzstück der Qualitativen Inhaltsanalyse zum Umgang mit den erhobenen Befunden und ermöglicht damit die Intersubjektivität des Vorgehens. Im vorliegenden Fall orientierte sich die Kategorienbildung an den Haupt- bzw. *Einführenden Fragen* des Interview-Leitfadens und umfasste die Themen *Homosexualität, Sexualität, Diskriminierung/Integration, Religion, Tradition* und *Geschlechterrollen*.
Nachdem das Material in einem ersten Schritt auf diese groben Kategorien hin zusammengefasst werden konnte, erfolgte in den von MAYRING empfohlenen Schritten *Paraphrasierung* und *Generalisierung* der gefundenen Analyseeinheiten (MAYRING, 2003, 60f) die Vorbereitung zur Materialreduktion. Nichtinhaltstragende Textelemente wurden gestrichen, redundante Formulierungen zusammengefasst und auf einer *„einheitlichen Sprachebene"* (MAYRING, 2003, 61) zusammengeführt. Inhaltsgleiche und irrelevante Paraphrasen wurden gestrichen – allerdings nicht bevor das Ausgangsmaterial noch einmal daraufhin überprüft wurde, ob bei der Paraphrasierung Wichtiges verloren gegangen war.

Das zugrunde gelegte Kategoriensystem erwies sich auf diesem Wege zunächst als trag-, aber weniger aussagefähig, weil die Zuordnung der bearbeiteten Analyseeinheiten ein heterogenes Bild abgab. Zwar waren zum Beispiel alle Aussagen zur Kategorie „Homosexualität" identifiziert worden, allerdings betrafen sie eine Vielzahl von Aspekten, sodass Subkategorien gebildet werden mussten, um das Material weiter zu differenzieren:

Tabelle 16: Kategoriensystem

Homosexualität	Sexualität
- Herkunftsland	- Aufklärung
- Deutschland	- Individuell
- Allgemein	**Religion**
- Merkmale	- Erziehung
- Geschlechterrolle	- Religiosität
- Rechte	**Geschlechterrollen**
- Küssen in der Öffentlichkeit	- Herkunftsland
- Genese	- Deutschland
- Eigenes Kind	- Individuell
- Kontakterfahrung	**Diskriminierung**
	Integration
	Tradition

Vor dem Hintergrund der Selbstkategorisierungstheorie (TURNER et al., 1994) und dem integrativem Identitätskonzept von SIMON (2004) wurden diese Subkategorien nochmals aufgefächert, sodass das Material einer Subkategorie gegebenenfalls zudem den jeweiligen Kontexten (Mikro-, Meso, Makro-Ebene) zugeordnet werden konnte. Generalisierungen, deren Inhalt Einstellungen der Befragten zu homosexuellen Themenkreisen wiedergeben, wurden so unter der Mikro-Ebene subsumiert. Aussagen beispielsweise zu Kontakterfahrung oder Wertevermittlung in den Familien fanden ihren Platz auf der Meso-Ebene und allgemeine Angaben, die auf das Systematische und Überindividuelle hinweisen, zum Beispiel zum Verbot von Homosexualität oder Religion in der Herkunftsgesellschaft waren der Makro-Ebene zuzuordnen.

Dieses Vorgehen erlaubte die Erarbeitung eines Diagramms, wie es im Anhang 1 beigefügt wurde. Eine konstruierte, idealtypische Aussage wie „*In Deutschland ist Homosexualität etabliert* (Makro-Ebene). *Mit meiner Familie bin ich zufällig auf ein schwul-lesbisches Straßenfest gestoßen* (Meso-Ebene). *Dadurch habe ich mich innerlich ganz komisch gefühlt* (Mikro-Ebene)" ließ sich anhand dieses Diagramms differenzieren. Zur Erstellung dieses Diagramms war aber zuvor die Ausdifferenzierung des Kategoriensystems notwendig, um die einzelnen Aussagen adäquat und ausreichend spezifiziert einzuordnen.

Das dargelegte Vorgehen ermöglichte den Vergleich der Paraphrasierungen, Generalisierungen und Reduktionen aus den Aussagen aller Befragten innerhalb einer Kategorisierung unter Berücksichtigung der Kontext-Ebene, sodass nun die Reduktion der überindividuell gemachten Aussagen erfolgen konnte, was die Identifikation von wiederkehrenden Mustern ermöglichte. Beispielhaft wird der gesamte Vorgang der Datenaufbereitung in Anhang 2 dargelegt. Bei der Auswertung und Darstellung der Ergebnisse (Kapitel 4) werden diesen Mustern wiederum exemplarisch Zitate zugeordnet, die die individuellen Ausformungen der gefundenen Muster berücksichtigen, und es wird auf die Häufigkeit und gegebenenfalls auf den jeweiligen Kontext (Mikro-, Meso, Makro-Kontext) verwiesen.

3.3.3 Kontrollanalyse der Daten

Zur Überprüfung der Reliabilität wurden drei zusätzliche Rater eingesetzt. Es handelte sich um zwei Psychoanalytiker und eine psychotherapeutisch tätige Ärztin, die sich freundlicherweise zur Verfügung stellten. Ein „Zwischen-Rating" fand nach den ersten 16 Interviews statt. In sieben zufällig ausgewählten Interviews sollten die Textstellen bzw. Analyseeinheiten gekennzeichnet werden, die den zugrunde gelegten Hauptkategorien entsprachen. Dabei wurde für vier der sechs Kategorien bereits eine hohe Übereinstimmung von über 90 % mit den vom Autor markierten Analyseeinheiten erzielt, wobei die Kategorien „Sexualität" und „Tradition" jedoch Mängel aufwiesen. Bei genauerer Analyse dieser Befunde zeigte sich, dass dies zum Teil mit einer missverständlichen Einweisung seitens des Autors zu tun hatte. So waren von einem der Rater Aussagen zur eigenen „Sexualität" der Befragten, die die Frage nach möglichen eigenen homosexuellen Anteilen betrafen, der Kategorie „Homosexualität" zugeordnet worden (zudem hatte die Befragte überdurchschnittlich viel dazu gesagt). Um diesen Fehler bereinigt ergab sich auch eine Übereinstimmung von über 90 %. Ein zweites Problem nach dem ersten Durchlauf betraf die auffallende Anzahl der Unklarheiten zur Kategorie „Tradition". Analyseeinheiten, die im Rahmen der Untersuchung vom Autoren einbezogen wurden, vom Rater aber nicht gekennzeichnet worden waren, betrafen Angaben zu den eigenen Wertvorstellungen der Interviewten. Obgleich Tradition und Werte klar zu unterscheidende Einheiten darstellen, geht es im vorliegenden Zusammenhang aber vor allem um die traditionell vermittelten Werte. Auch hier betraf die mangelnde Übereinstimmung eine unzureichende Einweisung seitens des Autors.
Nach Abschluss der gesamten Interview-Phase wurde ein erneutes Kontroll-Rating durchgeführt. Dabei erfolgte eine überarbeitete Einweisung. Außerdem war ein kurzes schriftliches Merkblatt erstellt worden (Anhang 5). Diesmal wurden fünf zufällig ausgewählte Interviews in allen Kategorien geratet. Die Zuordnung der Textstellen zu den Kategorien zeigte nun noch weiter gehende Übereinstimmung in allen Bereichen (90-93 %). Unschärfen traten lediglich noch bezogen auf die Länge der markierten Textstellen auf. Exemplarisch soll dies an einem Beispiel gezeigt werden. Die Kodierungen erfolgten mittels farbiger Markierungen. Die Co-Rater erhielten eine Einweisung, mit welcher Farbe welche den einzelnen Themen-komplexen zuzuordnenden Kodiereinheiten zu kennzeichnen waren. Zudem erhielten sie unterschiedlich farbige Textmarker und die jeweiligen Interview-Transskripte. Exemplarisch sei hier

das Vorgehen dargestellt. Es handelt sich um einen Teil aus dem Interview mit Maria, zunächst der Ausschnitt, wie er vom Autor kodiert wurde, im Anschluss folgt der gleiche Ausschnitt mit Kodierungen des Co-Raters (Gelb: *Geschlechterrollen*, Grün: *Tradition*, Blau: *Homosexualität*; vgl. Anhang 5):

Kodierung P. Schmalz:

P: Ne, ich war eigentlich immer damit zufrieden. Doch ich war, ich war immer damit zufrieden (mh). Also ich hatte dann teilweise auch so'n bisschen, das war so'ne Zeit, die-die en bisschen schwieriger war, ich sag mal so um die em 18/20, als ich so mit diesen ganzen eh Frauengruppen und-und-und eh Frauenemanzipation und Demonstration und ich weiß nicht was allen so em, in Kontakt gekommen bin und nicht so genau wusste, ist das jetzt mein Ding, oder ist es nicht. (Mh) Also irgendwie em hat ich so, vom-vom-vom vom Verstand hab ich gedacht, genau so muss das sein, und vom Gefühl her hat ich aber immer das Gefühl, ne eigentlich möchtest du aber auch lieber für die Kinder da sein. (Mh) Also ich hab da zehn Jahre auch das ganz typische eh, ganz typische Rollenverhalten gehabt. Ich war zu Hause und mein Mann hat Karriere gemacht, mit'ner eh ne -...en Praxis auch, ne? Also ja, und das war wirklich super klassisch und bei uns ist dann nachher auch absolut ausgeufert, das war ganz furchtbar. Em, wie-wie traditionell das dann war. (Ah ja) Also bis hin, dass er da, wenn-wenn ne Party war, dann eh, die-die eh das schön eh so Socialising gemacht hat und ich da irgendwie rumgerannt bin und bedient hab und so ne. (Mh) Also, dass war wirklich dann ganz extrem und das passte auch überhaupt nicht mehr zu dem, was, wie ich so mit-mit 18 drauf war. Was eben letztendlich dann auch zu der Trennung geführt hat (ah ja, ja), weil ich gesagt hab, so geht das nicht mehr.

I: Das klaffte dann doch auseinander?

P: Das klaffte so auseinander, dass ich dachte, ich kann en nicht mehr in den Spiegel gucke, ich verrate irgendwie eigentlich alles, was-was ich wichtig finde. Also so geht (mh) nicht mehr. Ja.

I: Eh gibts unter Homosexuellen em irgendwie jetzt so signifikante Abweichungen von den klassischen Rollenbildern?

P: [-] Weiß ich nicht. Also Abweichungen vom männlichen Rollenbild?

I: Ja. Oder ....

P: Oder so, dass es so'ne Verteilung gibt, einer macht die Frau und einer den Mann sozusagen. (Ja) Also dieses Typische dann so.

I: Ja. Gibts das?

P: [-] Weiß ich nicht. Kann ich nicht sagen. Also bei, bei den beiden, die ich jetzt genauer kenne, em, [-] ist das vielleicht en bisschen so, dass der eine eher so den, ich sag mal den Geschäftsmann macht und der andere eher sich so darum kümmert, dass zu Hause alles läuft, wenn man das jetzt so als typisch bezeichnen will. Aber, das ist eh, das ist so gering (mh), dass ich das jetzt nicht als signifikant (mh) nennen würde, bezeichnen würde.

Kodierung Co-Rater:

P: Ne, ich war eigentlich immer damit zufrieden. Doch ich war, ich war immer damit zufrieden (mh). Also ich hatte dann teilweise auch so'n bisschen, das war so'ne Zeit, die-die en bisschen schwieriger war, ich sag mal so um die em 18/20, als ich so mit diesen ganzen eh Frauengruppen und-und-und eh Frauenemanzipation und Demonstration und ich weiß nicht was allen so em, in Kontakt gekommen bin und nicht so genau wusste, ist das jetzt mein Ding, oder ist es nicht. (Mh) Also irgendwie em hat ich so, vom-vom-vom vom Verstand hab ich gedacht, genau so muss das sein, und vom Gefühl her hat ich aber immer das Gefühl, ne eigentlich möchtest du aber auch lieber für die Kinder da sein. (Mh) Also ich hab da zehn Jahre auch das ganz typische eh, ganz typische Rollenverhalten gehabt. Ich war zu Hause und mein Mann hat Karriere gemacht, mit'ner eh eu -...en Praxis auch, ne? Also ja, und das war wirklich super klassisch und bei uns ist dann nachher auch absolut ausgeufert, das war ganz furchtbar. Em, wie-wie traditionell das dann war. (Ah ja) Also bis hin, dass er da, wenn-wenn ne Party war, dann eh, die-die eh das schön eh so Socialising gemacht hat und ich da irgendwie rumgerannt bin und bedient hab und so ne. (Mh) Also, dass war wirklich dann ganz extrem und das passte auch überhaupt nicht mehr zu dem, was, wie ich so mit-mit 18 drauf war. Was eben letztendlich dann auch zu der Trennung geführt hat (ah ja, ja), weil ich gesagt hab, so geht das nicht mehr.

I: Das klaffte dann doch auseinander?

P: Das klaffte so auseinander, dass ich dachte, ich kann en nicht mehr in den Spiegel gucke, ich verrate irgendwie eigentlich alles, was-was ich wichtig finde. Also so geht (mh) nicht mehr. Ja.

I: Eh gibts unter Homosexuellen em irgendwie jetzt so signifikante Abweichungen von den klassischen Rollenbildern?

P: [-] Weiß ich nicht. Also Abweichungen vom männlichen Rollenbild?

I: Ja. Oder ...

P: Oder so, dass es so'ne Verteilung gibt, einer macht die Frau und einer den Mann sozusagen. (Ja) Also dieses Typische dann so.

I: Ja. Gibts das?

P: [-] Weiß ich nicht. Kann ich nicht sagen. Also bei, bei den beiden, die ich jetzt genauer kenne, em, [-] ist das vielleicht en bisschen so, dass der eine eher so den, ich sag mal den Geschäftsmann macht und der andere eher sich so darum kümmert, dass zu Hause alles läuft, wenn man das jetzt so als typisch bezeichnen will. Aber, das ist eh, das ist so gering (mh), dass ich das jetzt nicht als signifikant (mh) nennen würde, bezeichnen würde.

Bei den Markierungen gibt es geringfügige Abweichungen, die inhaltlich nicht ins Gewicht fallen. Allerdings kam es in Einzelfällen vor, dass erhebliche Abweichungen auffielen, wenn beispielsweise Kodiereinheiten, die vom Autor als dem Themen-komplex Homosexualität zugehörig markiert worden waren, von einem der Co-Rater dem Themenkomplex Sexualität zugeschlagen worden waren. Nachfragen erbrachten dann die Aufklärung, dass schlicht die Farbmarkierungen verwechselt wurden. Dies betraf aber lediglich sehr wenige Einzelfälle, soll jedoch der Vollständigkeit halber nicht unerwähnt bleiben. Insgesamt lag eine sehr hohe Übereinstimmung in den Kodierungen vor.

4 Ergebnisse

Die Angaben der Teilnehmerinnen gruppieren sich in individuellen Ausformungen erwartungsgemäß um die für den Interview-Leitfaden gewählten Themenschwerpunkte. Gemäß den Vorgaben der Qualitativen Inhaltsanalyse nach MAYRING (2003) ließen sie sich überindividuell zu Tendenzen zusammenfassen, die in den einzelnen Teilstichproben unterschiedliche Ausprägungen erfahren. Zum Teil lassen sich Interdependenzen zwischen einzelnen Themenkomplexen aufzeigen, worauf die Darstellung der Auswertungsergebnisse Rücksicht nehmen, vertieft aber in der Interpretation der Ergebnisse eingegangen werden soll. Die Darstellung der Ergebnisse orientiert sich nicht an der Reihenfolge der Leitfaden-Fragen. Sie erhält eine eher an den jeweiligen Biografien der Teilnehmerinnen orientierte „chronologische" Struktur, wenn zunächst auf die Herkunft der Teilnehmerinnen, ihre kulturellen Erfahrungen, dann auf die Zuwanderungs- und Integrations- bzw. Diskriminierungserfahrungen eingegangen wird, um danach näher den Themenkomplex Einstellungen zu Homosexualität zu beleuchten, wobei die Kontakterfahrung mit Homosexuellen gesondert berücksichtigt wird. Mit diesem Vorgehen ist die Orientierung an der von SIMON (2004) betonten sozial-psychologischen Grundannahme der Interdependenz von Makro-, Meso- und Mikro-Ebene bezogen auf die Identitätsentwicklung verbunden. Zugleich orientiert sie sich an HEREKS (2004) Konzept von *Heterosexism*, *Sexual Stigma* und *Sexual Prejudice,* die diesen Ebenen entsprechen. Daher erscheint es naheliegend, zunächst auf vorherrschende Strukturen der Makro-Ebene in den Herkunftsgesellschaften zu reflektieren, durch die spezifische soziale Erfahrungen der Befragten präformiert wurden und die den Referenzrahmen für die Entwicklung individueller Identitäten abgeben. Es soll in einem ersten Schritt versucht werden, derartige Entwicklungslinien aufzuzeigen, da angenommen werden kann, dass sie den spezifischen Bedingungen für Einstellungen zu Homosexualität unterliegen. Bezogen auf Makro- (*Heterosexism*) und Meso-Ebene (*Sexual Stigma*) sollen diejenigen Angaben der Befragten, die sich auf das Herkunftsland beziehen, ebenfalls zusammengefasst werden. Wenn die Einstellungen im engeren Sinne, das heißt auf der Mikro-Ebene (oder der Ebene des *Sexual Prejudice*) zur Darstellung kommen, soll den Anteilen nachgegangen werden, die mit den Erfahrungen im Herkunftsland verknüpft werden können und somit für die Befragen aus diesen Gesellschaften typisch sein müssten. Von diesen Einstellungen müssten dann hinzugetretene, eher auf die aufnehmende Gesellschaft zurückzuführende Einstellungen unterscheidbar sein. Aus diesem Grunde werden den Einstellungen zur Homosexualität (Mikro-Ebene) zunächst solche Angaben der befragten Frauen vorangestellt, die sich auf Erfahrungen im Kontext der Zuwanderungssituation beziehen, d. h. der Makro- und Meso-Ebene in der aufnehmenden Gesellschaft.

Als Vermittlerin dieser Einstellungen, deren Einfluss in der Literatur wiederholt beschrieben wurde (u. a. HEREK, 1988; HEREK und CAPITANO, 1996, PETTIGREW, 1996, 1997, 1998; SIMON, 2004, 2008; STEFFENS, 2004), sollen abschließend die jeweiligen spezifischen Kontakterfahrungen in den einzelnen Teilstichproben dargestellt werden. Dieser Aspekt der Meso-Ebene soll daher besonders gewürdigt werden, weil ihm möglicherweise Hinweise auf das Veränderungspotential personalisierter Kontakte hinsichtlich antihomosexueller Einstellungen entnommen werden können.

Im Einzelnen orientiert sich die Darstellung der Ergebnisse - getrennt nach Gruppen - an den folgenden Themenkomplexen:

1. Spezifische Aspekte der soziokulturellen Rahmung (Makro-Ebene) in der Herkunftsgesellschaft vor dem Hintergrund des Untersuchungsgegenstandes (Tradition und Werte, Geschlechterrollen, Sexualität, Religion, Homosexualität)

2. Erfahrungen in der aufnehmenden Gesellschaft im Kontext der Zuwanderung (Diskriminierung und Integration, Geschlechterrollen, Homosexualität)

3. Ausprägungsformen von Einstellungen zu Homosexualität und Homosexuellen (allgemeine Auffassungen, Merkmale und Geschlechterrolle Homosexueller, Einstellungen zur rechtlichen Gleichstellung, Auffassungen zur Genese von Homosexualität, Einstellungen zur Möglichkeit, das eigene Kind sei homosexuell)

4. Stellenwert und die Qualität von Kontakterfahrung mit Homosexuellen

Wo es der Erweiterung und Vertiefung des Verständnisses dienlich ist, erfolgt die Darlegung der Resultate unter Einbezug ausgewählter Angaben aus den soziodemographischen Fragebögen.

Die Reihenfolge der Darstellung variiert geringfügig bei den einzelnen Teilstichproben, wenn dies inhaltlich sinnvoll erscheint. So hat der Themenkreis *Religion* für die *TNeS* bezogen auf ihre Erfahrungen im Herkunftsland einen geringeren Stellenwert als bei den *TNPo*. Daher wird die Darstellung der Erfahrungen mit Religion bei den *TNPo* im Anschluss an den Punkt *Tradition und Werte* vorgenommen, weil hier Bezüge auch zu den *Geschlechterrollen* bestehen, die so bei den *TNeS* nicht gegeben sind. Bei ihnen wird der Punkt *Religion* daher später aufgeführt, weil er inhaltlich einen Bruch zwischen *Tradition und Werten* und *Geschlechtsrollen* darstellen würde. Analog wird bei den *TNoM* vorgegangen, wobei bei ihnen naturgemäß die Erfahrungen in der aufnehmenden Gesellschaft entfallen.

Einen weiteren Unterschied in der Darstellung betrifft die Rolle der Homosexualität. Um den inhaltlichen Bezug zur Situation im Herkunftsland beizubehalten, erschien es sinnvoll, die Angaben zur Homosexualität zu splitten. Solche Aussagen, die die Situation und Wahrnehmung Homosexueller im Herkunftsland betreffen, werden unter den spezifischen *Aspekten der soziokulturellen Rahmung aufgeführt*. Angaben zur Situation Homosexueller in Deutschland, die nicht im engeren Sinne Einstellungen widerspiegeln, sondern den gewonnenen Eindruck repräsentieren, finden sich zum Schluss unter dem Themenkomplex *Erfahrungen in der aufnehmenden Gesellschaft im Kontext der Zuwanderung*. Für die *TNoM* entfällt diese Aufteilung.

Die *rechtliche Gleichstellung Homosexueller* fand in der Untersuchung ihre Erwähnung unter den Aspekten des Adoptionsrechtes und der Eheschließung. Bezüglich Letzterem wurde nicht differenziert zwischen Ehe und eingetragener Partnerschaft. Die Aussagen pro und contra differenzieren auch nicht zwischen diesen beiden Formen, sondern apostrophieren sie gelegentlich als „Homo-Ehe", allerdings kommt es in Einzelfällen zu differenzierten Stellungnahmen, die die rechtliche Gleichstellung als Lebenspartnerschaft und die kirchliche Eheschließung betreffen.

Der Themenkomplex *Stellenwert und Qualität von Kontakterfahrung mit Homosexuellen* erfährt in der Darstellung eine besondere Aufmerksamkeit, obgleich er anteilig bereits in den vorangehenden Themenkomplexen Eingang finden wird. Die Redundanzen werden dabei so gering wie möglich gehalten. Gelegentlich erscheint es aber unerlässlich zu sein, bereits vor der eigentlichen Darstellung der Kontakterfahrungen auf sie einzugehen, wenn dies für den Sinnzusammenhang notwendig wird. Insgesamt aber werden die wesentlichen Kontakterfahrungen eine zusammenhängende Darstellung erfahren, weil sich an ihnen oftmals Entwicklungslinien abzeichnen, die für die spätere Interpretation der Ergebnisse von herausgehobener Bedeutung sind.

Die Ergebnisdarstellung für die einzelnen Themenkomplexe und ihre Unterpunkte folgt den in den jeweiligen Teilstichproben aufgefundenen überindividuellen Begründungs- und Argumentationsmustern. Dabei sollen aber auch die individuellen Ausformungen dieser Muster berücksichtigt werden. Von daher kommen die befragten Frauen mit Zitaten aus den Interviews ausführlich selbst zu Wort. Angaben, die Rückschlüsse auf die jeweilige *TN* zulassen, wurden geändert.

Bei den Zitaten werden im Dienste der besseren Lesbarkeit Modifikationen vorgenommen. Es entfallen bei dieser Zitierweise für den Sinnzusammenhang unnötige Füllwörter, Interjektionen oder Wiederholungen von einzelnen Wörtern oder auch ganzen Sequenzen. Auch werden die in den Transkripten dokumentierten Einwürfe des Interviewers fortgelassen, wo sie dem Verständnis nicht dienlich sind; in aller Regel handelt es sich dabei um Äußerungen wie „*Ah ja*" oder „*Mhm*" oder „*Ach so*". Wo einzelne Textpassagen in deutlichem Sinnzusammenhang stehen, aber durch für den Kontext unwichtige Ausführungen unterbrochen wurden, werden diese durch „(...)" getrennt. Die in den Transkriptionsregeln festgelegten Zeichen wurden bei den Zitaten ebenfalls nicht immer übernommen, weil sie sich auch missverständlich auf den Sinnzusammenhang auswirken können, wenn z. B. ein Komma, so wie es in den Transkriptionsregeln verwendet wurde, dort lediglich eine kurze Unterbrechung im Sprachfluss signalisiert, grammatikalisch aber sinnentstellend wirken könnte.

Zunächst erfolgt nun die Darstellung der Ergebnisse für die Teilnehmerinnen aus der ehemaligen Sowjetunion (*TNeS*), im Anschluss daran kommen die Teilnehmerinnen aus Polen (*TNPo*) zu Wort und um Schluss die deutschen Frauen ohne Migrationshintergrund (*TNoM*).

4.1 Frauen aus der ehemaligen Sowjetunion (*TNeS*)

4.1.1 Spezifische Aspekte der soziokulturellen Rahmung in der Herkunftsgesellschaft vor dem Hintergrund des Untersuchungsgegenstandes

4.1.1.1 Tradition und Werte

Lebenssituation und Alltagserfahrungen unter den Bedingungen der sozialistischen sowjetischen Gesellschaft werden von den *TNeS* dahingehend als recht einheitlich beschrieben, dass es in mannigfaltigen Lebensbereichen Restriktionen, Verhaltenserwartungen und normativen Druck gab, was als mit Ausschlag gebend für die Migration angesehen werden kann (vgl. BADE und OLTMER, 2003). Paradigmatisch dafür war die *Unterordnung der Individualität unter kollektive Werte und Ziele*. Die *TNeS* beschreiben dies aus unterschiedlichen Blickwinkeln, zumeist aus eigenen Erfahrungen heraus. Dora bringt es in einem der Gruppeninterviews auf die Formel: *„Ja, wir haben oft gehört: Wir! Wir! Nicht: Ich! Ich!"*, nachdem Tati es zuvor so formuliert hatte:

„Immer wieder so, ehrlich arbeiten und für die Gesellschaft was tun, nicht nur für sich selber, sondern unbedingt für die Gesellschaft arbeiten."

Diese ideologische Priorisierung der kollektiven Ebene findet in den Aussagen fast aller *TNeS* Bestätigung, wobei unterschiedliche Akzente gesetzt werden. So lässt Tati nicht unerwähnt, dass es vorteilhaft für das Vorankommen war, zum Beispiel in Studium und Beruf, wenn man sich unterordnete. In diesem Zusammenhang wird wiederholt die Mitgliedschaft bei den *Pionieren*, im *Komsomol* oder in der *KPdSU* erwähnt. Der Komsomol war die Jugendorganisation der Partei, während die Pioniere eine zum Komsomol gehörende Kinder- und Jugendorganisation waren. Stella weist darauf hin, wie selbstverständlich die Mitgliedschaft im Komsomol war:

„Komsomol?. Ja, schon. (...) Aber das geht irgendwie automatisch. Mit der Zeit, wenn sie 14 Jahre alt sind, und das war meiner Zeit, jetzt schon gibt's nicht mehr. Oder Pioniere, son Pioniere auch, also mit acht Jahren und so weiter, ja."

Auch Jana schildert die Situation so, dass die Mitgliedschaft im Komsomol quasi obligatorisch war. *„Ich war automatisch zum sogenannten jugendliche Kommis-Komsomol erst mal."* Allerdings sei eine Parteimitgliedschaft für die Berufswahl nicht zwingend notwendig gewesen. So habe ihre Mutter ihren Beruf als Ärztin auch ohne in der Partei zu sein ausüben können. Wollte man jedoch Karriere machen, war die Mitgliedschaft in der KPdSU notwendig. Lena berichtet, dass ihr Vater eine Chefarztstelle nicht erhielt, weil er sich weigerte, in die Partei einzutreten. Zugleich riet er ihr jedoch dringend zur Mitgliedschaft im Komsomol, wenn sie selbst Medizin studieren wollte. – Es bedurfte also pragmatischen Abwägens, wenn die Unterordnung Vorteile brachte. Mit der Zugehörigkeit zu diesen Organisationen war dann auch rasch die Vermittlung und Verankerung kollektiver Werte verbunden: dass das *Wir* wichtig war, nicht das Ich. Die Angaben der *TNeS* verweisen auf die geteilte Erfahrung, durch die gesellschaftlichen Strukturen zum Verzicht auf Individualität und Unterordnung zugunsten von kollektiven Zielen aufgefordert zu sein.

4.1.1.2 Rollenerwartungen

Im privaten Bereich erlebten die *TNeS* darüber hinaus die an sie herangetragene Erwartung, sich unter traditionelle Rollenvorstellungen unterzuordnen. In weitgehender Übereinstimmung wird die Rolle der Frau als dem Mann unter- bzw. nachgeordnet dargestellt. Gelegentlich wird dies mit einem sarkastischen Unterton vorgebracht, aber nicht zwangsläufig sind mit diesen Angaben auch Wertungen verbunden. Als zweiter, den ersten veranschaulichender Aspekt wird die Familienorientierung der Frauen hervorgehoben, deren Aufgabe die Kindererziehung war, während Männer einseitig beruflich orientiert gewesen seien. An dritter Stelle rangiert daher die Erwähnung der Doppelbelastung durch Beruf und Familie, die von Männern so nicht zu tragen gewesen sei. Und zuletzt kommen auch häufiger Erwähnungen vor, die die Betonung der weiblichen Seite i. S. von attraktiv sein zum Inhalt haben.
Explizit erwähnen Bella und Nora, dass Frauen sich den Männern zu unterwerfen hatten. Bella schildert die Erwartungen an eine Frau aus Sicht einer traditionellen ukrainischen Familie so:

„Wenn ich jetzt sage, dass irgendeine traditionell ukrainische Familie genommen wird, wirklich traditionell, dann kann ich sagen, okay, Frau soll immer seinen Mann zuhören und immer machen, wie er es sagt ... "

Wenngleich sie angibt, sich diese Haltung nicht zu eigen gemacht zu haben, so illustriert sie doch wenigstens eine Erwartungshaltung, die, wie Nora darlegt, durchaus in den Familien noch ihre Vertreter hat, nämlich bei den Männern. Obwohl auch sie sich mit einer traditionellen weiblichen Rolle nicht identifizieren mag, charakterisiert Nora die Haltung ihres Ehemannes wie folgt:

„Ja, so, so sein Beruf und so. Er ist der Mann, die Frau muss die Kinder erziehen, so diese, diese typische Rolle hat er schon, hat er schon im Kopf, also die Frau hat zu hören, was der Mann sagt."

Lara zufolge entsprach das Verhältnis von Männern und Frauen dem von aktiv zu passiv: *„Und diese Rolle bei uns. Die Frauen sind so. Immer noch diese Rolle. Passive. Die muss abwarten. Mir gefällt das nicht mehr."* Doch sie macht auch deutlich, dass sie bei aller Kritik an diesen Verhältnissen sich dieser Dynamik selbst untergeordnet hat:

„Für seine Karriere das, über mich hat er überhaupt nicht nachgedacht, was ich, mit mir geschieht und was ich erleben müssen. Aber normalerweise die, die richtige Frau, sollte da sagen, ja okay, ich hab', du hast deine Karriere gemacht und ich bin so, ich hatte mich geopfert, also Opfer, wissen Sie, sich opfern."

In ihrem Fall hieß das, dass sie auf eine eigene berufliche Karriere verzichtete, als ihr Sohn geboren wurde und sie etwa zeitgleich gegen ihren Willen mit ihrem Ehemann nach Deutschland kam, weil er sich hier bessere berufliche Chancen als Arzt ausmalte. Die tradierten Rollenmuster bleiben virulent, auch wenn bei den einzelnen *TNeS* innerer Widerstand erwachsen sein mag, schlussendlich kommt es zur Unterwerfung unter traditionelle, geteilte Werte. Die Familienorientierung wird immer wieder als Frauensache geschildert, wobei beinahe alle *TNeS* auf die Frage nach typischen Rollenmustern von sich aus angeben, es gäbe solche nicht, sie teilten derartige Vorstellungen nicht oder sie täten sich mit solchen Klassifizierungen schwer. Ihre Erfahrungen mit solchen Rollenmustern aber sind andere, in der Herkunftsgesellschaft spielten sie durchaus eine maßgebliche Rolle. Wenn darauf Bezug genommen wird, fallen immer wieder Aussagen dahingehend, dass die Frau für Erziehung der Kinder, Haushalt und Familie zuständig war, die Mutterrolle ausfüllen sollte usw. Jana bringt es folgendermaßen zum Ausdruck:

„Weil eh, insbesondere Frauen. Für Frauen, wir war von Anfang an in unsere Kopf mit so großen Nagel geschraubt, es muss eine Familie sein, eine richtige Familie."

Dass Frauen in aller Regel auch selbst beruflich hoch qualifiziert waren und schon bald nach der Geburt der Kinder wieder an den Arbeitsplatz zurückkehrten, wird von den *TNeS* eher nebenher erwähnt. Dennoch hatten sie sich auch dieser Anforderung wie selbstverständlich unterzuordnen. In der Aussage, die die Situationen von Frauen in Russland damals mit der Situation von Frauen hier in Deutschland heute vergleicht, wird deutlich, dass es für russische Frauen keine Option war, sich entweder für Familie oder Beruf zu entscheiden:

„Früher in Russland war so, dass die Frau musste alles tragen auf ihre Schulter, Mutter zu sein, Arbeit, Haushalt, noch schön auszusehen, alles. Also hier ist besser, ist nicht so, obwohl es gibt die Frauen, sie so zielstrebig sind, die Karriere machen und sogar Kinder auch haben. Ist ganz persönlich. Es gibt die Frauen, die nur Kinder erziehen und bekommen und wollen nicht anders ja. Und da sind sie auch glücklich."

Hierin kommt zum Ausdruck, dass Frauen in Russland keine Wahl hatten, nicht weil sie den Zwang zur Berufstätigkeit verspürten, sondern weil die Rollenmuster es nicht zuließen, dass sich die Männer gleichermaßen an der Kindererziehung beteiligten oder im Haushalt tätig wurden. Lena berichtet von ihrer Überraschung, in Deutschland erstmals Männer in anderen Rollen erlebt zu haben, gesehen zu haben, wie sie mit ihren Kindern auf dem Spielplatz gehen. In Russland sei dergleichen undenkbar gewesen:

„Und dann mussten sie (die Frauen) auch alles zu Hause machen. Und ich war auch sehr nett überrascht, als ich nach Deutschland kam, und dann diese, diese Umverteilung gesehen, dass die Männer auch den Abwasch machen. Die können auch kochen (Lachen) überraschenderweise. Die können auch einkaufen gehen, weil in Russland haben das alles Frauen gemacht. Den ganzen Haushalt, auch genauso viel Stunden gearbeitet und danach dann alles zu Hause noch gemacht. Noch die Hausaufgaben mit Kinder gemacht, alles. Und vor allem dann zum Beispiel am Wochenende, man sieht auch in Russland auch bis jetzt immer noch wenige Männer auf Spielplätze da mit Kinder. Also hier (am Wohnort in Deutschland, P. S.) *am Samstag sind nur die Männer bei uns unterwegs. Und ich find das total schön."*

Stella bestätigt diese Erfahrung, indem sie ebenfalls den Vergleich mit Deutschland anstellt:

„Und wir sehen ein Papa, ein Mann mit einem Kind auf Spielzeugplatz nie im Leben. Jetzt schon ein bisschen, sogar heute nicht so. Wir eh, wir sehen hier (am Wohnort in Deutschland, P. S.) *so viel Väter, die mit Kinder ins Kino gehen oder spielen oder so was, in Russland, das machen nur die Frauen."*

Die überraschte Kenntnisnahme gewandelter Verhältnisse in Deutschland ist dabei nur die indirekte Bestätigung des normativen Drucks in der Herkunftsgesellschaft, unwidersprochen die Mehrfachbelastung der Frauen durch Familie, Erziehung und Beruf hinzunehmen. Wenn gelegentlich erwähnt wird, dass auch der Vater im Haushalt half, betont dies vor allem den Ausnahmecharakter dieses Umstandes. Zusammengenommen wird in den zitierten Aussagen der *TNeS* eine an traditionellen Rollenmustern ausgerichtete Aufgabenverteilung unter den Geschlechtern herausgestellt, die für die Frauen jedoch noch um die Dimension der beruflichen Erwerbstätigkeit erweitert wurde.

4.1.1.3 Sexualität

Ein anderes Erfahrungsfeld der *TNeS* sind Tabuisierungen im Umgang mit Aufklärung und Sexualität. Die Angaben der *TNeS* können als Ausdruck fehlender Aufklärung in der sowjetischen Gesellschaft angesehen werden. Durchgängig wird von allen festgestellt, dass in der Schule kein realistischer Aufklärungsunterricht stattfand. Viele der *TNeS* bringen dies in Zusammenhang damit, dass Sexualität in der Sowjetunion ein Tabuthema war. Selbst die jüngste der *TNeS*, Kira, hat in der Schule noch diese Erfahrung gemacht:

„*... und in Anatomie der 8. Klasse haben wir natürlich auch so anatomische irgendwie Zuordnung (I: Das Physiologische?) auseinander, das Physiologische genau, auseinander genommen. (...) Aber das war nie in der Klasse gesprochen, das war immer so heimlesend, für das Heimlesen und wir wurden nie getestet oder irgendwie, das war auch Tabuthema einfach.*"

Auch die *TNeS* am Gruppeninterview bestätigen diesen Befund in einer lebhaften Diskussionssequenz:

Zasa:

„*Ja später, viel später, es kam mit Perestroika, es kam dann, die, in der Schule wurde es eingeführt, aber bis Perestroika eigentlich sind wir alle Opfer (lacht) von dieser Ungeklärungs-*"

Maja:

„*Sex gab's nicht.*"

Berta:

„*Wir wurden aufgeklärt, am Beispiel von Blumen, von Pflanzen.*"

Maja:

„*Ja, ja, Blumen.*"

(Alle reden durcheinander, lachen)

Maja:

„*Ja, aber nur Blumen, Tiere nicht.*"

Zasa:

„*Ja genau, genau.*"

Maja:

„*Wurde über Vermehr- eh Verme-mehrung gesprochen, aber wie es geht, gar nicht.*"

Die vierte *TNeS* am Gruppeninterview, Hanna, schildert im Anschluss an diese Sequenz aber auch die einzige Ausnahme:

„*Und sie (die Ur-Oma, eine Gynäkologin) wusste, was bedeutet das. Und ich hab aber schon erzählt, dass zum Beispiel ich war 16 und ich war schon Studentin und meine Oma hat mir Kondome mitgegeben. Ich habe dann: Oma, wozu brauch ich das? Ich gehe in die Berufschule. Ich werde da lernen. Sie sagt so: Lass gut sein.*"

Auch wenn man mit dieser Schilderung nicht unbedingt Aufklärung in Zusammenhang bringen kann, gehen daraus zweierlei Hinweise hervor: Wenn schon in der Schule keine Aufklärung gegeben wurde, war man auf andere Quellen angewiesen, und offenkundig wusste Hanna bereits, wozu Kondome gebraucht würden. Zudem war es erstaunlicherweise die *Ur*-Oma, nicht etwa die Mutter Hannas, die sie aufklärte. Wenn man diesen Hinweisen nachgeht, ergeben sich zwei wiederkehrende Muster. Erstens: Aufklärung fand im Geheimen auf der Straße und im Gespräch unter Freundinnen statt. Und zweitens: Auch in der Familie war Aufklärung in aller Regel kein Thema. Tatsächlich hat außer Hanna niemand in der Familie einen Gesprächspartner zum Thema Sexualität gehabt. Lediglich Kiras Mutter erklärte ihrer Tochter einmal, was Menstruation sei. Als dritte Möglichkeit der Aufklärung werden wiederholt kursierende selbstverfasste Schriften und die *„Selbsterfahrung"* (Jana) mit älteren Jugendlichen genannt. Mara gibt eine eindrückliche Zusammenfassung der Situation, in der sich Jugendliche in der Sowjetunion bezogen auf sexuelle Aufklärung wiederfanden.

„Von der Straße mehr. Von die Leute, die ein bisschen älter als ich war. Von Freunden und, ich glaube, es war so auch so nicht so richtige Zeitschrift sondern so selbst geschriebne Sachen. (...) Das haben wir auch gelesen weil, es ist doch normal, das alles wissen zu möchten, aber wir haben überhaupt keine Quelle gehabt. (...) Mit erwachsene Leute darüber zu sprechen, hat mich hat, wir haben uns einfach nicht getraut. Und in Fernseher gab es auch überhaupt nix darüber. Nix. In der Schule auch nicht. (...)Und es kam einfach, dass man, mit jemanden sich trifft und es, es geht langsam man, lernt selbst irgendwie. So aufgeklärt war, waren wir nicht, nee, nicht richtig."

Keine der *TNeS* schilderte einen selbstverständlichen Zugang zum Thema Aufklärung und Sexualität in ihrer Jugend. Alle stimmen darin überein, dass es sich um ein tabuisiertes Thema in der Sowjetunion handelte. Viele haben eine vollständige Aufklärung erst im Erwachsenenalter erhalten, indem sie sich Aufklärungsbücher beschafften, was häufiger auch erst in Deutschland der Fall war. Dementsprechend sind auch die Angaben zum eigenen Umgang mit Sexualität vage. Ja, es gebe Gesprächspartner, wird gelegentlich angegeben, aber es ist spürbar, wie unangenehm es bleibt, überhaupt über Sexualität zu reden.

4.1.1.4 Religion

Wie beim Thema Sexualität fällt in den Interviews auch beim Stichwort Religion immer wieder der Begriff *Tabu*. Dem Umstand zum Trotz, dass in der Verfassung die freie Religionsausübung garantiert wurde, stimmen die *TNeS* darin überein, dass Religion und Religionsausübung in Russland verboten waren. Beides hatte im Alltagsleben keinen Platz, vielmehr galt es als gefährlich, sich zu einer Konfession zu bekennen, was mit erheblichen Nachteilen vom Ausschluss zum Zugang zu den Pionieren und zum Komsomol bis hin zur Observierung oder Inhaftierung verbunden war. Dementsprechend gibt keine der *TNeS* an, sie sei religiös erzogen worden, wenngleich in einigen Familien Religion unterschwellig immerhin ein Thema war, wenn gelegentlich angegeben wird, dass die Großmutter sehr gläubig war, dies aber nicht offen auslebte. Schon aber die Elterngeneration hatte sich weitgehend vom Glauben distanziert. So schildert es auch Lena, die von ihrer Großmutter väterlicherseits wusste, dass sie bis zur Oktoberevolution ein *„jüdisches Leben zuhause gehabt"* hat. Sie habe später auch den Vater Lenas noch beschneiden lassen. Lena selbst aber wurde *„atheistisch erzogen"*, wie sie sagt, und sie betont die Gefahr, der sich die Großmutter durch die Beschneidung des Sohnes ausgesetzt hatte:

„Ich meine, das war sehr mutig damals, was die gemacht hat. Das war mehr im Geheimen. Natürlich, das konnte nicht anders sein. Sonst wären die sicher nicht mehr da."

Noch schwieriger als beim Thema Sexualität war es in puncto Religion, Informationen zu erhalten, weil dies eben mit dem Wissen um explizites Verbot und Verfolgung verknüpft war. Ein sich bietender Zugangsweg war der Atheismusunterricht, wie Zasa ihn schildert:

„Also es gab auch damals zu der Zeit (...) keine Religion und alle warn (...) Atheisten und in meiner medizinische Berufsschule hatte ich immer (...) Atheismusunterricht. Es gab keine Sexualkundeunterricht, sondern Atheismus.(...) Ja, weil einem Bücher weggenommen (über, P. S.) Religionen, und plötzlich kam ein Fachmann und erzählt uns über Atheismus. Aber dadurch habe ich etwas entdeckt und wusste, da gibt es Juden, ja klar. ... Etwas von anderen Religionen habe ich erfahren."

Auch Berta schildert eine Begebenheit, die ein erhellendes Licht auf den Umgang mit Religion und Religionsausübung in der ehemaligen Sowjetunion wirft:

„Ja verboten. Ich erinnere mich sehr gut daran, als in der Schule, wir Kinder werden geprüft, ob unsere Hände nicht gefärbt sind, weil es Ostern war, und die Kinder wollen da Ostern war, Ostern und die Kinder (...) möchten spielen mit Eier und die Eier färben, (...) aber danach in die Schule müssen wir die Hände zeigen, ob wir daran teilgenommen haben. Das heißt: aha, du wächst doch in der Sowjetunion ein atheistisches Land. Warum du diese Religion übst? Ja, ja ich habe es so erlebt, ja. Also wir Atheisten sind."

Aus dem Zusammenhang geht nicht hervor, ob sie es buchstäblich so am eigenen Leib erfahren hat oder Zeugin einer solchen Situation wurde. Allerdings ist Letzteres wahrscheinlich, da sie im soziodemographischen Fragebogen angegeben hatte, nicht religiös erzogen worden zu sein. Von Bedeutung für den gegebenen Zusammenhang ist hier vor allem aber, dass Religion und Religionsausübung verfolgt wurden. Bereits Schulkinder mussten fürchten, als Abweichler vom atheistischen Menschenbild in der sozialistischen Gesellschaft bloßgestellt zu werden, die sich der Unterordnung unter die kollektiven Ideale verweigern. Die Konsequenz ist, wie Berta es ausdrückte: *„Also wir Atheisten sind"*. Alle *TNeS* stimmen in ihren Aussagen darin überein, dass ein religiöses Leben nicht stattfinden konnte. In einem Klima der Repression und der Angst war es offenbar nicht möglich, spirituellen Bedürfnissen, Religion und Religionsausübung einen sicheren Raum zu geben.

4.1.1.5 Homosexualität

Homosexuelle haben in der sowjetischen Gesellschaft keine Rechte und keine, und sei es bloß geduldeten, Möglichkeiten zur Entfaltung ihrer sexuellen Orientierung gehabt. Diese für den Makro-Kontext geltende Einschätzung wird von allen *TNeS* geteilt. Dass Homosexualität verboten war und Homosexuelle bestraft wurden, ist allgemein bekannt. Lediglich Stella nahm zunächst an, Homosexualität wäre nicht verboten gewesen. Da das Interview in ihrer Wohnung stattfand und im Nachbarzimmer ihre zufällig aus Russland zu Besuch gekommenen Eltern zugegen waren, konnte sie diese dahingehend befragen, wie ihr Informationsstand dazu sei, und erhielt die Bestätigung: Homosexualität war verboten. Tati hielt Homosexualität zwar für nicht erlaubt, zweifelte aber daran, dass Homosexuelle bestraft wurden. Für die allgemeine gesellschaftliche Auffassung heißt dies aber trotz solcher Ausnahmen, dass Homosexuelle als Kriminelle galten. Doch nicht bloß dies.

Trägt man die Aussagen der *TNeS* zusammen, kommen folgende gesellschaftliche Einschätzungen Homosexueller ans Licht: Sie galten als *schlimm und schmutzig* (Maja), *wirklich negativ* (Dora), als *krank* (Stella), etwas *Schlechtes* (Kira), *Außenseiter* (Mara). Bloß über das Thema zu sprechen, hatte etwas Beschämendes. Tati erwähnt: *„... ich war in der Atmosphäre groß geworden, wo es abgelehnt wurde, weil's beschämend war"* und benennt an anderer Stelle, dass das Beschämende allein die Vorstellung der sexuellen Beziehung zwischen zwei Männern oder Frauen ist. Kennzeichnend für die sowjetische Gesellschaft ist der Umstand, dass gegen Homosexuelle offen Gewalt ausgeübt werden konnte. Bei Entdeckung wurden sie *„verjagt"* (Tati). Eine weitere Beobachtung machte Lara: *„Die Männer waren so aggressiv sofort, die darüber geredet haben."* Und dies Aggressive konnte sich durchaus in körperlicher Gewalt niederschlagen, wie Jana während ihres Studiums erlebte:

„Wir haben nur einmal diese Prügelei beobachtet. (...) Es war drei oder vier Junge von unsere Technokon, aber von verschiedene Fakultät, und sie haben andere junge Mann geprügelt. Um die fünf so, vier oder, und wir, paar Jungen haben wir gekannt,

haben nach dem, das die ganze Prügelei, wenn das schon beendet war, haben wir nachgefragt, was ist hier eigentlich los? Wieso? Und zuerst ich habe nur gesagt, das ist nicht unsere Sache, dass wir unsere Nase hier nicht reinstecken müssen, aber dann irgendwann hat so: er ist schwul."

Die Prügel von vier oder fünf Studenten gegen einen homosexuellen Kommilitonen fanden also ihre ausreichende Begründung darin, dass er *„schwul"* war. Wenngleich solche Ausbrüche von Gewalt wohl nicht als etwas spezifisch Sowjetisches gekennzeichnet werden können, wurden sie gewiss dennoch durch die allgemeine Kriminalisierung Homosexueller begünstigt. Diese Auffassung vom Homosexuellen als Kriminellem wurde noch dadurch bestärkt, dass sie ja im Gefängnis oder Arbeitslager inhaftiert wurden. Die dahintersteckende Logik besagt: Wer im Gefängnis sitzt, muss kriminell sein. Ein weiterer Anknüpfungspunkt für diese Deutung ist die einigermaßen bekannte Tatsache, dass im Gefängnis homosexuelle Kontakte gang und gäbe waren, wie es ja in reinen Männergemeinschaften häufig der Fall ist. Dieser Zirkelschluss, dass Homosexuelle kriminell waren, weil sie im Gefängnis saßen, und Homosexualität etwas Kriminelles ist, weil es im Gefängnis praktiziert wurde, wird zum Beispiel von Jana beschrieben:

„...weil bei uns früher immer dachten, dass solche Beziehung können nur in Gefängnis stattfinden. Frauengefängnis und Männergefängnis. Es gibt nur einfach keine andere Möglichkeiten, was zu kriegen, und deswegen die solche Sachen, solche sexuelle Beziehung als Lesbische oder Homosexuellische, sie sind bei (uns) *kriminell."*

Zudem war es so, dass Homosexuelle in Gefängnissen an unterster Stelle in der Hierarchie standen und missbraucht wurden, wie Maja und Zasa betonen. Maja:

„Weil es wirkliche Bestrafung gewesen war, alles Erniedrigung. Und auch, wenn einer wusste, dass er war der schwul und dann (...) wusste man, dass jemand ihn beherrscht, also nicht beherrscht, sondern als Herrchen. Er hatte, ja, Herrchen und war wie Sklave und das auch noch dazu homosexuell alles."

Zasa bestätigt diese zusätzliche Entrechtung und Erniedrigung Homosexueller im Gefängnis, wobei es im Dunklen bleibt, woher beide ihre Informationen bezogen:

„... sehr abschreckende Aussicht, dass zum Beispiel ein Gefängnis das alles im Gefängnissen passiert sind. Dass erstmal so sehr viele so als Erniedrigung werden irgendwie so praktiziert, ich, ich weiß nicht, ich beherrsche dich oder was, also das war das Schlimmste, ne? Ja, das war wirklich erschreckend, dass du der so missbraucht."

Unter der Bedingung, mit solchen Aussichten zu leben, wenn man als Homosexueller seine sexuelle Orientierung öffentlich machte, war es eine nahe liegende Konsequenz, wenn Homosexuelle sich aus der öffentlichen Wahrnehmung fernhielten. Bei der Mehrzahl der *TNeS* findet die Einschätzung Bestätigung, dass Homosexuelle sich bzw. ihre sexuelle Orientierung verbargen. Einige Stimmen:

„Aber es war immer so irgendwie ganz leise und heimlich. Ja." (Mara)

„Da müssen die sich so verstecken und irgendwie, das alles so heimlich zu machen, dass es nie rauskommen könnte." (Tati)

„Früher das war geheimes Verhältnis." (Nina)

„Nur, es war verboten, deswegen es, es war immer wieder streng geheim." (Jana)

„Ich glaube, in der Ukraine hatte ich keine Bekannte, homosexuelle Bekannte also, wie gesagt, vielleicht doch, aber es wurde nicht so offen gesprochen." (Bella)

Was Bella sagt, lässt darauf schließen, dass auch im Bekanntenkreis die homosexuelle Orientierung wahrscheinlich verborgen wurde, sodass man durchaus Kontakt zu Homosexuellen gehabt haben könnte, ohne davon zu wissen. Unter den dargelegten Bedingungen ist es erstaunlich, wenn es doch einige Schilderungen gibt, aus denen hervorgeht, dass im Einzelfall Homosexuelle sichtbar wurden. Allerdings konnte dies nur unter spezifischen Bedingungen geschehen, die von den wenigen *TNeS*, die Homosexuellen begegneten, regelmäßig erwähnt werden. Zum einen fanden Kontakte in erster Linie in der Großstadt, also in Moskau und St. Petersburg statt – und zwar nicht vor Mitte der 80er Jahre –, zum anderen waren sie auf Künstler- und Intellektuellenkreise beschränkt:

„In meiner Welt, also in meine Welt, also ich bin Musik studiert und in diese Branche sagen wir so, waren ja viele homosexuell; nicht viele aber es gab, mehr als so irgendwie im Russland und im Dorf oder und es war für uns also, vielleicht nie so ganz normal, aber wir hatten das akzeptiert. (...) Nuja, also gesetzlich könnte sie nicht heiraten oder so was. Aber wir wussten alle, dass das zwei Paaren oder männliche Partner. Doch wir wussten das. Also zum Beispiel war Künstlern, es war so. Es war keine Geheimnis für, für unsere Kreis. Vielleicht wenn diese Leute sind nicht am Roten Platz gestanden, also mit Plakaten, dass wir Homosexuelle sind, aber für unsere Kreise, also es, es war (...) Zusammen gehen, wir wussten, dass sie zusammen wohnen zum Beispiel, aber geküsst im Öffentlichkeit haben die sich? Gekusst? Ich glaube nicht."

Diese Schilderung Hannas wirkt verharmlosend vor dem Hintergrund, wie Homosexuelle in der Sowjetunion verfolgt wurden. Dennoch gibt sie einen wichtigen Hinweis, auf die Art des Zusammenlebens Homosexueller, die also eine Wohnung teilten und in Künstlerkreisen als Paar identifiziert wurden.

Ähnlich wie Hanna beschreibt auch Nina ihren Kontakt mit einer lesbischen Frau vor dem Hintergrund ihrer Arbeit an einer Musikschule in Moskau:

"Ich erinnere mich, in meine Musikschule, in der ich arbeite, dass ... eine Geigerin hat eine Freundin, und alle wissen das. Alle Mitarbeiter wissen das. Aber gut, sehr tolerant. Sehr tolerant war, waren, für diese Geigerin."

Dass ausgerechnet an den Musikhochschulen wiederholt Kontakte mit Homosexuellen geschildert werden, kann Zufall sein. Vielleicht aber hat es etwas damit zu tun, dass bekannte russische Komponisten homosexuell waren und daher eine gewisse Toleranz herrschte. Tati:

"Aber, in der Literatur und ab und zu in der Kunst ist es vorgekommen. Zum Beispiel kenne ich die Geschichte von Tschaikowski. Da war immer schon das Gespräch, dass er nicht so richtig ordentlich war in diesem Bereich (...) Und gewöhnlich die Leute, die in der Kunst in verschiedenen Bereichen tätig waren, die wurden beschuldigt, dass die das machen (...) Gerade diese, die Schauspieler, die Musiker besonders."

Es gibt also sehr vereinzelte Schilderungen von Kontakten mit Homosexuellen im Umfeld, die ganz eindeutig im künstlerischen Bereich stattfanden und zudem nur in der Großstadt an den Universitäten möglich waren. Der Großteil, die weit überwiegende Mehrheit der *TNeS,* hatte keine Kontaktmöglichkeit; sie waren mit der sozialen Tatsache der Ausgrenzung und Verfolgung Homosexueller konfrontiert, ohne dass es dafür einer Begründung bedurfte. Denn von den *TNeS* kann keine eine stichhaltige Erklärung für die Stigmatisierung Homosexueller als kriminell geben. Daraus ließe sich ableiten, dass die Tabuisierung so weit ging, dass über Gründe gar nicht gesprochen wurde. Somit verblieb der gesamte Themenkomplex im Geheimen und Vagen, *"the unmentionable sin"* (KON, 1993). In der Gesamtschau verweisen die Zitate auf die eindeutige Diskriminierung, Ausgrenzung und kriminalisierende Herabsetzung Homosexueller, die sich ihrerseits aus Angst vor Repression im Verborgenen hielten.

4.1.2 Erfahrungen in der aufnehmenden Gesellschaft

Im folgenden Abschnitt soll zunächst auf die Zuwanderungssituation der *TNeS* eingegangen werden. Dabei werden gemachte Diskriminierungserfahrungen, aber auch Integrationshemmnisse und -bemühungen, auch hinsichtlich des beruflichen Wiedereinstiegs, berücksichtigt. Auch Aspekte geschlechterrollenspezifischer und religiöser Identität finden hier Erwähnung. Um einen gewissen Vergleich mit der Situation in den Herkunftsländern in den Dimensionen Geschlechterrollen und Homosexualität zu gewährleisten, werden diesbezüglich zunächst die eher auf der Makro-Ebene zu verortenden Bewertungen zusammengefasst. Um einen Systemvergleich im Allgemeinen anzustellen, fehlen jedoch ausreichend viele Angaben. Wo sie doch gemacht werden, stehen sie im Kontext der Dimensionen Geschlechterrollen und Homosexualität und werden dort berücksichtigt.

4.1.2.1 Diskriminierung und Integration

Beinahe alle *TNeS* sind recht zurückhaltend bei Angaben zur eigenen Diskriminierung, dennoch bringen sie – oftmals nur subtil – die Erfahrung von Marginalisierung zum Ausdruck, vor allem in Verbindung mit den anfangs zumeist noch ausgeprägten Sprachproblemen.
Diese Sprachprobleme werden in aller Regel auch als eigenes Integrationshemmnis benannt, und das Erlernen der deutschen Sprache hatte zu Beginn ihres Aufenthaltes in Deutschland Priorität. Außer Tati, die in Russland bereits ein Deutsch-Studium abgeschlossen hatte, verfügten die anderen *TNeS* allenfalls über rudimentäre Deutschkenntnisse, gleichgültig ob sie deutscher Herkunft waren oder nicht, wodurch ihre *„echte Einwanderersituation"* (BADE & OLTMER, 2003) nur Bestätigung fand. In jedem Fall aber wird eher defensiv mit den eigenen Sprachproblemen umgegangen, sie werden als Mangel beschrieben, den es zu beheben galt. Beinahe alle *TNeS* sprachen inzwischen recht gutes bis sehr gutes Deutsch, wobei je nach affektiver Beteiligung am Thema im Interview schon einmal Schwierigkeiten auftreten konnten, wenn das gesuchte Wort nicht schnell genug gefunden wurde. Insofern lässt sich hier ohnehin schon ein deutliches Bemühen um Integration konstatieren. Dennoch werden in diesem Kontext öfter Angaben zum Gefühl, diskriminiert zu werden, gemacht. Hanna schildert eine alltägliche Situation im Geschäft, in der sie das Gefühl hat, gezielt missverstanden zu werden:

„Wenn die Leute so intelligent sind, also deutsch Leute zum Beispiel, dann akzeptieren sie uns. Wenn eine Verkäuferin (...) Ich sage so: wenn ich sage: so drei Brötchen bitte, die sage: Waaas? Wildchen?"

Ähnlich wie Hanna hatte auch Dora das Gefühl, absichtlich nicht verstanden zu werden:

„Nur paar Sachen hab' ich natürlich verlebt, erlebt beim Arbeitsamt, die Frau, die nicht verstanden hat, was ich erzähle oder was ich nicht verstanden habe, sie wollte einfach nicht mich verstehen ja?"

Lena, die hier Medizin studierte, schildert eine Prüfungssituation, in der sie sich gegen diese Form der Diskriminierung durch eine Prüferin zur Wehr setzt:

„Dann zum Schluss hat mir auch gesagt, sie hat alle gelobt und hat zu mir gesagt: Ja, zu Fragen haben sie alles richtig beantwortet, aber ihr Sprache ist nicht so fließend gewesen. Wie banal! Das hat mich natürlich damals sehr gestört. Ich hab ihr auch

gesagt, das nicht meine Muttersprache. Und die hat sich nachhinein sehr entschuldigt vielmals, aber das hat mich nicht, so, also das hat mich damals gestört."

Diese offensive Haltung ist jedoch gewiss nicht die Regel, wenn es um eigene Erfahrungen geht. Berta z. B. verzichtet darauf, in der Öffentlichkeit Russisch zu sprechen. Wenn ihre Mutter, die nicht Deutsch spricht, aus Moskau zu Besuch kommt, schweigen sie während der Busfahrt, damit niemand sie als Russen identifiziert. Immer wieder fällt auf, wie sehr sich die *TNeS* scheuen, als „Russinnen" (als Sammelbegriff für alle Zuwanderinnen aus der ehemaligen Sowjetunion) identifiziert zu werden. Es kann daher nicht verwundern, wenn in diesem Zusammenhang wiederholt der Begriff *Stigma* fällt: Die Sprache wird als Stigma erlebt und in keinem Fall kommt eine der *TNeS* zu dem Schluss, die Herkunft aus der ehemaligen Sowjetunion werde in Deutschland geachtet. Kira, die zunächst von Russland in die USA ausgewandert war und einen unüberhörbaren amerikanischen Akzent hat, sagt in diesem Zusammenhang:

„Die Deutschen finden Amerikaner natürlich als was ganz Besonderes und ich bin hier (...) vielleicht ein Sonderfall. (...) Als Jüdin nicht erstmal, nur wenn ich das äußer'. Und als Russin auch nicht unbedingt zuerst. Und ich finde, ich weiß nicht, wie ich hier aufgenommen wäre, wenn ich nur Russin wär' und nicht Amerikanerin. Oh Amerika, oh, ja in Amerika da ist schön. Wieso sind Sie hierher gekommen. Alle möchten doch nach Amerika und so. Erstmal kommt so diese Bewunderungswelle. Amerika, Amerika, Amerika! Und dann? Ich weiß nicht, wie, wie das wär, wenn ich sage, ja ich bin aus Russland, yes!"

Die Herkunft aus Osteuropa ist kein Pluspunkt bei der Zuwanderung nach Deutschland und überrascht müssen vor allem die Spätaussiedlerinnen zur Kenntnis nehmen, dass sie keinesfalls als Deutsche identifiziert werden, sondern als Russinnen; Mara: *„Weil, die verstehen nicht, wenn ich sage, ich bin nicht Russin. Für Deutsche, die hier geboren sind, bleibe ich eine Russin."* Als Russin identifiziert zu werden, wird aber auch von Frauen, die keinen Spätaussiedler-Hintergrund haben, als Problem empfunden, weil sie zum Teil mit ihren eigenen Vorurteilen konfrontiert werden, wie es von Zasa sehr eindrücklich auf den Punkt gebracht wird:

„Sie nennen uns Frauen aus Ost und diese Begriff schon irgendwie für uns Russen klingt anders. (...) Östliche Frauen für uns, die Frauen in Russland und Sowjetunion, (waren; P.S.) *die Frauen aus Asien. Und jetzt plötzlich wir sind wir unter diesem Begriff stehen: Frauen aus Ost."*

Die *Frauen aus dem Osten* galten als rückständig; nun selbst zu ihnen zu gehören, wird als unerwartete Identitätszuschreibung erlebt. Die Identifikation als „Frau aus Ost" durch die aufnehmende Gesellschaft hat immer etwas Abwertendes, was für die *TNeS* durchaus wahrnehmbar, aber oftmals nicht fassbar ist, aber wiederholt mit Rückständigkeit assoziiert wird. Berta spricht unspezifisch vom Erleben einer „*Werteverschiebung*". Auch Bella erlebt Diskriminierung subtil, aber spürbar und Lena erlebt verdeckte Diskriminierung am Arbeitsplatz. Sie bleiben zumindest durch ihren Akzent immer leicht identifizierbar als Frauen aus dem Osten.

Was zudem sehr oft zur Sprache kommt, ist, dass ein deutscher Freundes- und Bekanntenkreis fehlt. Immerhin sieben der *TNeS* geben explizit an, keinerlei Kontakte zu Deutschen zu haben, der Rest spricht – teils unspezifisch – von gemischten Freundes-, bzw. Bekanntenkreisen. Aber selbst wenn von solchen gemischten Kreisen die Rede ist, wird in manch einem Interview nicht deutlich, wie sie zusammengesetzt sind. Nora z. B. ist im Grunde offenbar sehr einsam. Wenn man sie fragt, wo sie Menschen begegnet - und also auch Homosexuellen - erwähnt sie lediglich einsilbig Friseurbesuche; auch einen Arbeitsplatz hat sie nicht – ihre Kontakte bleiben auf Söhne und Ehemann beschränkt. Der recht hohe Anteil ohne deutsche Kontakte hat vielleicht nicht immer mit dem aktiven Rückzug in eine rein russische oder ehemals sowjetische „Parallelgesellschaft" zu tun, sondern in vielen Fällen mit Arbeitslosigkeit und fehlender beruflicher Perspektive. Wenn Kontakte zu Mitgliedern der aufnehmenden Gesellschaft zustande kommen, ist dies eben auch dann der Fall, wenn den *TNeS* der Schritt auf den Arbeitsmarkt gelungen ist. Gerade durch die Kontaktmöglichkeiten wird der Arbeitsplatz dann als wichtiger Integrationsschritt beschrieben, der Halt und Selbstsicherheit gibt. Dora schildert dies eindrücklich:

„Ich hatte so große Hoffnung als ich nach Deutschland gekommen bin, dass ich die Arbeit finden, dass geht alles okay. Aber dann wurde meine Hoffnungen weniger, weil ich verstanden habe, dass ich nie perfekt Deutsch sprechen kann. Und dann so Sprachschule hat mir nicht viel gebracht, und ich hab' verstanden, das dauert noch längere Jahre bis ich wirklich Deutsch herrschen kann. Und das, das hat mich wirklich unglücklich gemacht.(...) Aber nach zwei/drei Jahren ging es mir besser und besser und besser, ich hab' neue Freunde kennengelernt, nur natürlich Arbeitsbekanntenkreis und da hatt' ich zweiten Schwung, ja dann schaffe ich, schaffe, weil ich nicht nur russischen Freundeskreis gehabt hatte."

Insgesamt ist die berufliche Ausgangsposition nach der Zuwanderung für die *TNeS* deutlich benachteiligter als in der Sowjetunion. Fast ausnahmslos bemühten sie sich um raschen Zugang zum Arbeitsmarkt, wofür wiederum das rasche Erlernen der Sprache vonnöten war. Ganz allgemein wird die Berufstätigkeit auch als wichtiges Ziel beschrieben. Jana, seit mehreren Jahren arbeitslos, würde sich durch einen Arbeitsplatz ebenso abgesichert fühlen wie Nina, die aber bereits alle Hoffnung aufgegeben hat, in ihrem Beruf als Musiklehrerin wieder tätig werden zu können. Allein acht der *TNeS* waren zum Zeitpunkt des Interviews arbeitslos. Nur sieben waren berufstätig. Unter ihnen arbeiten zwei, Lara und Mara, in Integrationsprojekten, durch die sie selbst fast nur mit Mitgliedern ihrer Herkunftsgesellschaft Kontakt haben. Lara: *„Ja, ich* *hab' immer noch keine richtige Freunde, deutsche Freunde."* Also selbst dort, wo die berufliche Integration erfolgreich verlief, wie auch bei Lena, *und* zudem eine befriedigende Vielzahl von Kontakten besteht, beschränken diese sich weitgehend auf andere Migranten:

„Dass wir mehr russische Freunde haben? Ich glaube, das ist unterbewusst irgendwie. Man fühlt sich irgendwie wohler. (...) Aber mehr, ich, sind das natürlich die russische Freunde. Da können wir auch in Muttersprache unterhalten. Und wir haben auch die gleiche, ungefähr gleiche Kindheit gehabt, und das ist schon, verbindet sehr viel."

Was hier recht offen zum Ausdruck gebracht wird, die eigene Neigung, sich in Kreisen von Angehörigen der Herkunftsgesellschaft zu bewegen, mag vielschichtige Gründe haben, unter denen möglicherweise auch eine gewisse Gettoisierung eine Rolle spielt. Das Interview mit Mara fand bei ihr zuhause statt. Sie lebt in einem Viertel, das von mehrstöckigen Wohnblocks dominiert wird, die recht anonym wirken. Durch die unübersichtliche Nummerierung der Häuser war es notwendig, länger nach ihrem Namen auf den Klingelschildern zu suchen, was Gelegenheit bot, festzustellen, dass hier offenkundig fast ausschließlich Osteuropäer leben. Maras Kontakte zu Deutschen gehen über Begegnungen mit Kunden und Kollegen am Arbeitsplatz nicht hinaus; in ihrer Kirchengemeinde verkehren ebenfalls fast ausschließlich Russen. Dennoch gibt sie explizit an, sie habe einen gemischten Bekanntenkreis. Es sind also oftmals verdeckte Hinweise, aus denen der Schluss zu ziehen ist, dass solche Angaben nicht unbedingt der sozialen Realität entsprechen. Aufgrund der vorliegenden Informationen aus den Interviews kann aber davon ausgegangen werden, dass hinsichtlich bestehender Kontakte zu Angehörigen der aufnehmenden Gesellschaft dem Arbeitsplatz eine wichtige Funktion zukommt. Wo die Integration am Arbeitsmarkt gelungen ist, sind Kontakte jedoch auch nicht in jedem Fall geschlossen worden, z. B. wenn auch dort vorwiegend Angehörige der Herkunftsgesellschaft tätig sind oder sich das Betätigungsfeld auf Angehörige der Herkunftsgesellschaft erstreckt, wie es in Integrationsprojekten der Fall ist. Ohne diese Integration im Erwerbsleben aber reduzieren sich die Möglichkeiten noch stärker. Viele der *TNeS* bleiben dann weitgehend auf den Familienkreis und Aufgaben als Hausfrauen und Mütter beschränkt.

Es ist also nicht so, dass im Alltag dieser Frauen, verglichen mit der Situation in der ehemaligen Sowjetunion, eine veränderte Rollenverteilung in den Familien zu beobachten wäre. Auch wo sie nicht allein erziehend sind, wie Lara, Mara und Dora, ist es an ihnen, sich – auch trotz eigener Berufstätigkeit – um die Kindererziehung und den Haushalt zu kümmern. Häufig ist dies an den Beschreibungen des Alltags abzulesen. Lena:

„Also ich studier immer noch und arbeite jetzt im Krankenhaus. Das ist dann ziemlich chaotisch und muss sehr gut strukturiert sein damit ich das alles zeitig schaffe. (...) Der (Sohn; P. S.) hat sehr gute Betreuung, also in Hort. (...) Wir haben auch sehr

lange für gekämpft, dass er einen Platz da bekommt. (...) Und sonst also morgens, wenn ich ins Krankenhaus muss, dann schaff ich den auch nicht zur Schule zu bringen, das muss mein Mann dann machen. Und das ist, das ist so, er ist Chirurg, auch rechtzeitig im OP sein, das ist dann ein bisschen schwierig. Und mit einem Gehalt, da können wir auch kein irgendwie Babysitter oder Tagesmutter einstellen, das ist schon schwierig (...) Das ist dann abends. Die, essen alles, also drei zusammen dann zu Abend, also ich koch dann fast jeden Tag, muss ich dann abends noch kochen, also ich muss dann noch einkaufen anschließend oder mach das auch mein Mann, wenn ich ihm das alles dann auf einen Zettel schreibe. Also nicht von freien Stücken. Und wir essen zusammen dann zu Abend."

Hier wird zwar auch deutlich, dass der Ehemann durchaus auch Pflichten übernimmt, aber *„nicht aus freien Stücken"*, letztlich ist es an Lena, alles so zu organisieren und zu strukturieren, dass es ihr gelingt, ihr Medizin-Studium abzuschließen und zugleich Familie und Haushalt zu bewerkstelligen. Allerdings gibt es in dieser Familie auch noch Großeltern, die helfend einspringen.

Mögen die einzelnen Biografien auch sehr unterschiedliche Akzente setzen, letztlich gibt es bei allen Frauen Hinweise auf den Stellenwert der Familie an sich. Oftmals wird dies als wichtiger Ankerpunkt beschrieben. Maja sieht die Familie an erster Stelle, gefolgt vom Berufswunsch, der noch nicht verwirklicht werden konnte:

„Und sonst Familie ist sehr wichtig. Steht auf erstem Platz natürlich und dann Beruf, was ich immer noch nicht erreicht habe, mein, mein Ziel mit meinem Beruf."

Aus ihrer Erfahrung heraus meint sie, diese beiden Aspekte für eine Vielzahl von *TNeS* verallgemeinern zu können: *„ Und sonst, ist es wie bei allen, denk ich mal."* Die Betreuung und Erziehung der Kinder werden in aller Regel vor allem als Aufgaben der Frau gesehen, die diese auch gerne erfüllt, sei es, dass sie dies als Alleinerziehende tut oder als berufstätige Mütter oder auch als Hausfrau, die zurzeit keiner Berufstätigkeit nachgeht.

Religion spielt in dieser Teilstichprobe kaum eine Rolle – mit einer bedeutsamen Ausnahme, die für einige dieser Frauen gilt, aber nicht im engeren Sinne mit Religiosität in Zusammenhang zu bringen ist. Fünf von ihnen kamen als jüdische Kontingentflüchtlinge nach Deutschland, eine, Kira, kam auf dem Umweg über die USA. Diese Frauen begreifen sich in ihrer Nationalität zum größten Teil in erster Linie als Jüdinnen und das Judentum wird umgekehrt als Nationalität verstanden. Hanna bezeichnet sich zuvorderst als Jüdin, was ihre Nationalität angeht, fühlt sich aber zugleich als deutsche Staatsangehörige. Ähnlich sieht es Kira, die sich zunächst mit ihrer Nationalität als Jüdin identifiziert, dann erst als Amerikanerin. Die jüdische Herkunft wird als sehr bedeutsam erlebt. Bei fünf der sechs jüdischen Frauen hat der jüdische Hintergrund zentrale, kulturell identitätsstiftende Bedeutung. Vor allem kommt dies in der Zugehörigkeit zur jüdischen Gemeinde zum Ausdruck, die als Ort kultureller Veranstaltungen und Zusammenkünfte geschätzt wird. Alle schicken auch ihre Kinder in jüdische Kindergärten oder Schulen und legen größten Wert darauf, dass sie mit ihrer kulturellen Herkunft vertraut gemacht werden. (Im Interview mit Nina, einem der ersten, wurde noch nicht nach diesen Umständen gefragt.)

Abgesehen davon spielt die Zugehörigkeit zur und Identifikation mit einer Glaubensgemeinschaft oder Religion nur bei Mara noch eine herausragende Rolle. Sie hat sich, wie erwähnt, direkt nach ihrer Ankunft in Deutschland – vermittelt durch die bereits in Deutschland lebende Schwägerin – einer freikirchlichen Gemeinde angeschlossen, die ihr Halt und Sicherheit gibt. Alle anderen Frauen, auch wenn sie konfessionell gebunden sind, haben keine engeren Bindungen an Gemeinden. Sie bezeichnen sich in ihrer Mehrzahl zwar als gläubig, haben in aller Regel dann aber eine Art Privatglauben, der den Alltag nicht dominiert oder der eher spielerisch gelebt wird, wie bei Stella, die manchmal „aus Spaß" mit ihrem Sohn betet. Außer für Mara hat für die nichtjüdischen Frauen die Religion also keine übergeordnete Bedeutung.

4.1.2.2 Geschlechterrollen

Generalisierbare Angaben zum Erleben der Geschlechterrollen in Deutschland sind in den Interviews nur in Einzelfällen gemacht worden, weil das Gespräch jeweils rasch auf die persönliche Situation der jeweils befragten Frau kam. Allerdings kehren zwei Themen gelegentlich wieder. Zum einen, wie bereits weiter oben Erwähnung fand, wird überrascht zur Kenntnis genommen, dass Väter in Deutschland öfter Verantwortung für ihre Kinder übernehmen als dies im Herkunftsland beobachtet wurde (Lena, Stella). Dora hat ihrerseits beobachtet, dass bei deutschen Paaren auch ein Rollentausch möglich ist. Sie habe bei einigen Paaren erlebt: *„Die Frau geht arbeiten und der Mann macht Haushalt. Geht auch."* Dabei wird von ihr vor allem die so erlebte Wahlmöglichkeit hervorgehoben, die es in der ehemaligen Sowjetunion nicht gegeben habe. Allerdings merkt sie auch kritisch an, dass Frauen hier noch immer weniger Geld für die gleiche Arbeit verdienen. Insofern verwundert es auch nicht, dass es häufig die Ehemänner sind, die von den TNeS als die Versorger der Familie benannt werden. Dennoch kontrastiert dieser Befund mit der öfter formulierten Einschätzung, deutsche Frauen seien emanzipierter. Lena: *„Die Frauen in Deutschland sind sehr emanzipiert. Eh, in Russland nicht, also in Russland nicht so stark."* Kira gibt eine Erklärung dafür, warum es in Deutschland für Frauen leichter ist, eigene Interessen zu verfolgen, obwohl sie zunächst einschränkt, dass sie nicht genügend deutsche Frauen kennt, um allgemein urteilen zu können:

„Ich weiß, ich kenn nicht genügend deutschen Frauen in diesem Alter, wo ich sagen könnte, so war das in Russland und so ist es hier irgendwie. (...) Die Frauen haben sich schon viel emanzipiert oder überhaupt wie die Gesellschaft funktioniert, zum Beispiel mit so, mit diesen vorgefertigten Produkten, in Russland gab's das alles nicht. Und wenn zum Beispiel wir keine irgendwie Eingelegtes oder irgendwas für Winter vorbereiten würden, dann hätten wir auch nichts im Winter gehabt zum Essen, oder was Frisches oder so was. Und das, das schon (unverständlich) mit hier ist, man weiß, es ist alles da immer, und man hat vielleicht Zeit für andere Interessen oder Neigungen, nicht nur Familie und Essen und besorgen, einkaufen. So ist mein Gefühl."

Da, wo allgemeiner Aussagen zur Situation von Frauen in Deutschland im Vergleich zu Russland gemacht werden, wird der Unterschied in den größeren Gestaltungs- und Wahlmöglichkeiten deutscher Frauen gesehen und geschätzt. Im Einzelfall, wie bei Lara, führt dies aber auch zur Verwirrung. Sie erlebt die Situation in Deutschland als durcheinander:

„Weil normalerweise ist alles vermischt, und die Frauen sind stark geworden, Männer sind schwach geworden. Alles durcheinander."

Abgesehen davon gibt es einen Bereich, in dem deutsche Frauen gegenüber *TNeS* immer wieder schlecht abschneiden und der grundsätzlich spontan geäußert wurde, ohne dass es dazu eine Nachfrage gab. Exemplarisch soll hier Lena zur Sprache kommen:

„Die (russische Frauen) tragen da große Absätzen auch, nicht nur abends, auch tagsüber. Ja, die sind gut, schick, ange- ich kann nur von Moskau sprechen, ja. Die sind immer schick angezogen, die achten sehr auf ihr Äußere, und die sind auch tagsüber geschminkt, manchmal auch zu viel, empfind ich jetzt. Und die sind dann, also man sieht da, dass ist eine Frau, da sieht man sofort. Manchmal hier im Krankenhaus, wenn ich von hinten eine Person sehe in weißem Kittel, kann ich nicht immer unterscheiden, ob eine Frau oder ein Mann ist. Und im Krankenhaus war das auch damals so, dass wir dann also Kittel hatten, immer ein Rock, als Medizinerin, als Ärztin oder als Studenten, angehende Ärztin. Wir hatten auch immer Schuhe mit Absätzen gehabt, was es, total unmöglich hier ist. Im Krankenhaus so in Rock oder in, mit einem hohen Absatz da irgendwo aufzutauchen."

Lena bezieht diese Beobachtung, dass Frauen in Deutschland ihre Weiblichkeit weniger durch Make-up oder Kleidung betonen auf ihre konkrete berufliche Situation, während die anderen *TNeS* in dieser Hinsicht oft allgemeiner Aussagen dahingehend machen, dass deutsche Frauen sehr viel schlechter gekleidet seien und keinen Wert auf die Betonung ihres weiblichen Körpers durch ihre Kleidung legen würden. Hier sehen sich die *TNeS* deutschen Frauen gegenüber klar im Vorteil.

4.1.2.3 Homosexualität

Hinsichtlich der Situation Homosexueller auf der Makro-Ebene in Deutschland besteht Einigkeit unter den Befragten, dass es für Homosexuelle hier sehr viel leichter ist als in der Sowjetunion. Am augenfälligsten wird dies darin, dass sie im Unterschied zur ehemaligen Sowjetunion in der Öffentlichkeit wahrnehmbar und daher akzeptiert sind. In den Berliner Interviews fällt natürlich oft der Name des regierenden Bürgermeisters Wowereit, aber auch sonst wird dieser Eindruck häufiger an der Präsenz Homosexueller im gesellschaftlichen Leben, vor allem aber auch an ihrer *„medialen Präsenz"* (ZINN, 2004) festgemacht. Wiederholt finden Filme Erwähnung, in denen Homosexualität thematisiert werde. Jana erwähnt es in einem Nebensatz: *„ Und dann, aber dann so viel Fernsehen, so viel Kinofilme, so viel ..."* Und Nina schildert, wie diese Wahrnehmung dann auch zur persönlichen Auseinandersetzung mit dem Thema im Gespräch mit ihrem Ehemann führt:

„Gibt es interessante Filme, in Deutschland gibt es viele Filme mit diese Probleme. Ich kann nicht sagen, dass die Filme gefällt mir nicht. Gibt es diese Interesse, interessante Filme mit verschiedene Charakter, und verschiedene Geschichte, nicht langweilig, aber ich einfach sehen und sprechen dann mit mein Mann."

Als Beleg für die öffentliche Akzeptanz Homosexueller wird auch wiederholt der CSD angeführt, mit dem man sich kritisch auseinandersetzt. Zuvorderst aber ist allein die Existenz solcher Events für die Befragten ein Beleg für die Möglichkeit Homosexueller, sich in der Öffentlichkeit zu präsentieren. Maja, die mit ihrer Familie zufällig den Weg der CSD-Parade kreuzte, schilderte eindrücklich dies Erlebnis, aber eben auch ihr Erstaunen, dass es so offen überhaupt möglich war:

„... ich war in solche Situation oder solchen Situation noch nie. Und so offen und, ja gut davon gehört ich oder jemanden gehört, dass der schwul oder die Lesbe ist, habe ich, aber so nah war ich noch nie. Und das ist war das war erste Erlebnis in mein Leben."

Die öffentliche Präsenz wird in diesem Beispiel auch betont, um sich mit dem Thema der Kontakterfahrung mit Homosexuellen auseinanderzusetzen, worauf später noch näher eingegangen wird. Worauf hier zunächst verwiesen werden soll, ist, dass der in Deutschland gemachten Erfahrung, dass Homosexualität sichtbar ist, mit starker Überraschung begegnet wird. Diese Sichtbarkeit und die damit assoziierte Akzeptanz Homosexueller in der deutschen Gesellschaft stehen im scharfen Kontrast zur Situation in der ehemaligen Sowjetunion. Insgesamt besteht eine deutliche Tendenz bei dem weit überwiegenden Teil der *TNeS*, anzunehmen, dass Homosexualität und Homosexuelle in der Gesellschaft anerkannt und akzeptiert sind. Hanna, jüdischer Herkunft, beurteilt es im historischen Vergleich mit dem Dritten Reich, in dem beide Gruppen, Juden und Homosexuelle, verfolgt und vernichtet wurden:

„Wenn ich homosexuell höre, also die erste Gedanken, die Ungerechtigkeit, die war früher, in der Zeit Faschismus zum Beispiel. Bei mir gib's Parallelen Juden, Homosexuelle und slowenische Völker und so in einen Topf. Und zurzeit finde (ich; P. S.)*, es diese Gerechtigkeit ist da und kannst du den (*unverständlich*) so Gefühl is: Es gehört zu unserer Gemeinschaft und es kann existieren."*

Mit diesem historischen Bezug und der Einordnung von Homosexualität in Deutschland in einen derart erweiterten Kontext steht sie jedoch allein da. Bei den anderen *TNeS* wird die Gleichberechtigung Homosexueller in Deutschland auch nicht als Ergebnis eines jahrzehntelangen Emanzipationsprozesses thematisiert. Dabei ist auch die rechtliche Situation Homosexueller durch die Diskussionen über homosexuelle Partnerschaften den meisten *TNeS* geläufig, wobei häufiger angenommen wird, dass auch bereits ein uneingeschränktes Adoptionsrecht besteht, sodass Homosexuelle auch hier als weitgehend in der deutschen Gesellschaft akzeptierte Minderheit wahrgenommen werden. Ein Vergleich Homosexueller mit Migranten in ihrer gesellschaftlichen Position wird dabei selten angestellt und auf Nachfrage mit Unverständnis quittiert. In Einzelfällen werden Homosexuellen aber bessere Chancen zugeschrieben. So denkt Zasa, dass Homosexuelle zum Beispiel auf dem Arbeitsmarkt bessere Chancen haben als Migranten. Lara sagt, Homosexuelle seien besser anerkannt in Deutschland als Zuwanderer, was Mara damit in Zusammenhang bringt, dass Russen, insbesondere russische Jugendliche, einen schlechten Ruf haben. Aber das sind, wie gesagt, Einzelaussagen. Oft stößt die Frage auf Ratlosigkeit, Stella hält sie gar für „blöd". Auch Antworten, die Stellung beziehen, wie die von Zasa, Lena oder Mara, kommen erst durch Nachfragen zustande, was letztendlich darauf hindeuten könnte, dass sich die *TNeS* nicht in einer Konkurrenzsituation mit Homosexuellen als Minderheit erleben.
Zusammenfassend kann davon ausgegangen werden, dass Homosexuelle bei den befragten *TNeS* als in der deutschen Gesellschaft akzeptierte Minderheit gelten, deren Lebensbedingungen es ermöglichen, sich nicht zu verbergen, sondern in der Öffentlichkeit in Erscheinung zu treten, was als deutlicher Unterschied zur Situation in der ehemaligen Sowjetunion aufgefasst wird.

4.1.3   Einstellungen zu Homosexualität und Homosexuellen

4.1.3.1   Allgemeine Auffassungen

In den Angaben der *TNeS*, die allgemeine Auffassungen zum Ausdruck bringen und sich oftmals auch schon in den Spontanangaben niederschlagen, treten unterschiedliche Muster zu Tage. Wiederholt wird ein Vergleich mit „früher" angestellt, wobei der Unterschied von früher und heute dem zwischen der Situation im Herkunftsland und hier in Deutschland entspricht. Darin zeigt sich dann, was schon in den Auffassungen zur Situation Homosexueller in Deutschland zum Ausdruck kam, dass sie hier deutlich wahrnehmbarer in der Öffentlichkeit sind, was die einzelnen Frauen für sich persönlich aber auf der Mikro-Ebene unterschiedlich bewerten. Maja beispielsweise betont, wie wenig sie sich früher aufgrund der gesellschaftlichen Verhältnisse mit dem Thema befasst habe:

„Ja und das war früher für mich(...)ich hab mich mit das Thema gar nicht beschäftigt, weil das war bei uns so wie außerordentlich oder so außergewöhnlich war. Und es war nicht so für grade, ich meine, dass keine davon wusste, obwohl es schon gab, nur das war nicht so laut darüber gesprochen oder gar nicht. (...) Und dadurch konnte ich mich damit gar nicht mit das Thema beschäftigen. (...) Und jetzt, zurzeit, ja, das für mich, naja, jeder Mensch lebt so, wie er will oder wie er zu leben hat, ne? Dass die Entscheidung trifft jeder persönlich. Das für mich gar nichts so Außergewöhnliches, sozusagen."

Mit dieser Haltung, jeder treffe seine eigenen Entscheidungen oder lebe sein eigenes Leben, steht sie nicht allein dar. Auch Nina und Stella geben an, der Mensch sei frei zu tun, was er wolle. Jana findet, Homosexualität sei Privatsache, Zasa meint knapp: *„leben und leben lassen".* Und auch Dora schildert ihre Auffassung, dass es heute „normal" sei, wenn ein Mensch seine Gründe habe, homosexuell zu leben. Auf diesem Wege wird in einer Vielzahl der Fälle eine oberflächlich tolerante Haltung eingenommen, die bei näherem Hinsehen aber nicht unbedingt Bestand hat. Nur wenige bringen diesen Widerspruch unmittelbar in einer einzigen Stellungnahme zum Ausdruck, wie Bella es tut: Homosexualität sei

„... nichts Schlimmes, nur unter einer Bedingung: dass es nichts mit meinem Sohn zu tun ist. Also, ich bin tolerant ..."

Oftmals bestehen aber auch noch unverhüllter Abneigung signalisierende Einstellungen. Berta befindet, *„was in Berlin läuft, das ist sehr übertrieben"* und spielt damit auf den CSD an, während Tati sagt:

„Mir fällt Folgendes ein, dass ist etwas Ungewöhnliches, auch nicht so Normales und irgendwie widert das mich an. So, solch ein Gefühl hab' ich."

Etwas weniger deutlich bringt Kira zunächst ihre Abneigung zum Ausdruck, indem sie wiederholt betont, Homosexualität sei *„widernatürlich"* und *„unphysiologisch"*, worin implizit ebenfalls ein Vergleich zu *„früher"* gezogen wird, weil im knapp bemessenen Aufklärungsunterricht in der Sowjetunion nur

„das Physiologische" zur Sprache kam. In diesem Zusammenhang stehen dann auch wohl die oft geäußerten Meinungen, Homosexualität sei *„nicht normal"*, Mara: *„Ouh, weil in meine Augen ist das nicht normal"*. Aber auch bezüglich der vermeintlichen Unnormalität kann bei einzelnen Personen die Aussage, Homosexualität sei nicht normal, neben der zu einem anderen Zeitpunkt des Interviews gemachten Äußerung, es sei doch normal, bestehen. Dabei könnte ein Zusammenhang zu solchen Aussagen bestehen, die vordergründig Toleranz belegen sollen, dahinter aber durchaus Ablehnung spüren lassen, wie es bei Bella der Fall ist, deren Ablehnung sich dann eindeutig an der Möglichkeit, dass der eigene Sohn homosexuell sein könnte, manifestiert.

Bezüglich der allgemeinen Tendenz ihrer Aussagen können also zwei Gruppen von Frauen beschrieben werden. In einer ersten Gruppe trifft man die eher offen ablehnenden *TNeS* an, wie z. B. Tati, Berta und Kira; die zahlenmäßig stärkste Gruppe aber umfasst Personen, die unspezifisch Toleranz signalisieren, aber zugleich auch ablehnende Äußerungen machen. Im Einzelnen lassen diese allgemeiner gehaltenen Stellungnahmen jedoch keine Generalisierungen zu, dies wird erst unter den spezifischeren Fragestellungen möglich. Daher sollen hier nur noch zwei weitere Themenbereiche zur Sprache kommen, die in einer Vielzahl der Interviews eine Rolle spielten – unabhängig aus welcher Gruppe der *TNeS* sie stammen. Zum einen ist dies, dass Homosexualität in erster Linie mit Männern assoziiert wird. Lara:

„Und für mich ist das für homosexuelle Männer. (...) Frauen hab' ich gar nicht daran gedacht. (Lachen) Dass diese homosexuell sein können."

Frauen werden mit dem Begriff also erst in zweiter Linie in Verbindung gebracht. Und auch Lena denkt dabei vor allem an Männer, ans Ballett, *„diese ganze schöne Männer"*. Auch Kira stellt fest, Homosexualität habe aus ihrer Sicht vor allem mit Männern zu tun. Wo dies nicht explizit zum Ausdruck gebracht wird, kommt es aber implizit in manch anderer Äußerung ebenfalls vor, wenn spontan ausschließlich über homosexuelle Männer gesprochen wird und Frauen fast keine Erwähnung finden, wie es zum Beispiel bei Berta der Fall ist. Insgesamt überwiegen die auf homosexuelle Männer bezogenen Stellungnahmen, obgleich durchaus auch einige der *TNeS* persönliche Kontakte mit homosexuellen Frauen hatten. Möglicherweise spielt dabei der Umstand eine Rolle, dass Homosexualität in der Sowjetunion nur bei Männern verfolgt wurde, nicht aber bei Frauen.

4.1.3.2 Merkmale Homosexueller und Geschlechterrolle

Wurde nach den charakteristischen Merkmalen Homosexueller gefragt, wurde zwar in aller Regel nicht in Zweifel gezogen, dass sie sich von Heterosexuellen unterscheiden. *Worin* sie sich aber unterscheiden, ließ sich dann aber häufig nicht so leicht formulieren. Die zur Sprache gekommenen Muster betreffen dann vor allem ihr Verhalten, das besonders beim Themenkomplex Geschlechterrollen klarer bestimmt werden kann und recht stereotypen Kategorienbildungen unterliegt. Dabei betreffen die Angaben häufiger homosexuelle Männer als Frauen und die Rollenverteilung in homosexuellen Partnerschaften, die, wo sie zur Sprache kommt, gemäß heterosexuellen Partnerschaften angenommen wird. Nora:

„Da gibt's, na klar, da gibt's eine, der die männliche Rolle übernimmt und eine, sone Partner die weibliche Rolle übernimmt. Das ist klar."

Lara formuliert es etwas detaillierter, wobei sie ihre Kenntnis aus Film und Fernsehen bezogen hat:

„Und da zeigt man wie da sie leben, so wie eine Familie, aber wie sie miteinander schlafen, dass ist eine Geschlechtsverkehr, oder ist es anal oder oral oder das kann ich mir nicht, also wahrscheinlich, für mich ist interessant, das ist normalerweise wie ein Paar, ja, einer ist er und andere ist sie. (...) Das, das ist, das, das weiß ich immer noch nicht. Eine dominant. Wie bei Frauen wahrscheinlich, eine ist Frau, ist stark, eine wie männlich, und der andere ist weiblich. (...) Ja, (...) so stell' ich mir das vor."

Ein medial vermitteltes Bild kommt ebenso bei Kira zum Tragen, die aber auch ganz deutlich ihre damit verbundene Abneigung zu Protokoll gibt:

„Ich, wir haben darüber irgendwann gesprochen. Mit mein Mann mehrmals irgendwie so aus, wahrscheinlich mehr lustig machen oder uns hat einfach gewundert, wie werden da männliche und weibliche Rollen verteilt. Oder wie ist das? Das wundert mich selbst. Ich weiß es gar nicht. Ich habe ein paar Sendungen gesehen, wo da irgendwie über lesbische Ehepaare und die und, ich weiß nicht. Ich glaub, das Thema find ich so unangenehm oder so tabu, dass ich wirklich mich innerlich damit nicht beschäftige."

Tati ihrerseits bringt die Rollenverteilung in heterosexuellen Paaren mit Dominanz und Unterwerfung in Verbindung und schreibt die Dominanz dem Mann zu. Eine ähnliche Rollenverteilung nimmt sie auch in homosexuellen Beziehungen an:

„Aber bei verschiedenen Zusammenstoßen und wenn es um Interessen geht, dann kommt sofort so was zum Vorschein, leider. Und da denk' ich schon, das ist auch so wie in, bei hier sind so Ehepaaren Mann und Frau und diesen homosexuellen Dominanzkampf und diese ungleiche Partnerschaften, da gibt's bestimmt."

Wie in dieser Stellungnahme klingt häufig eine Rollenzuschreibung durch, die mit den Geschlechtern verbunden ist, aber in der Regel nicht kritisch reflektiert wird. Dementsprechend fällt auch ihre Einschätzung aus, dass „Schwule" nicht männlich sind:

„Aber ich kann sagen zum Beispiel von diesen Leuten, also als Erscheinungsbild, ja, dass die, die geben Werte oder (unverständlich) die sehen so meistens gepflegter aus, also achten wirklich so auf die Haut, auf die Kleidung, sind sehr oft also überhaupt nicht so sehr männlich eigentlich aussehend."

Ein ähnliches Muster kommt in der Meinung von Dora zum Tragen: *„Kann sein, dass sie auf gleiche Ebene sind."* Damit bezieht sie sich auf Tatis Bemerkung von männlicher Dominanz in Beziehungen. Aber zugleich nimmt auch sie an, homosexuelle Männer seien feminin – wobei sie abermals auf Tati Bezug nimmt, die dafür genetische Ursachen ins Feld führt –, und führt dies an einem Beispiel aus:

„Es gab sogar berühmte Sportler, die so vor, weiß ich nicht, 50/60 Jahren, so Leichtathletikerin. (...) Und da haben sie halt ein bestimmtes Test gemacht, und sie wurde so nicht anerkannt, aber er ist also halb Mann, halb Frau..."

Auch wenn hier von Hermaphroditen die Rede ist, lässt der Kontext, in dem die Äußerung fällt, doch auf die Annahme einer Rollendiffusion in homosexuellen Beziehungen schließen. Wie auch immer es formuliert wird, die Rollenverteilung wird als analog der in heterosexuellen Partnerschaften angenommen. Interessant in dieser Hinsicht ist auch Laras Stellungnahme, die sich aber bemüht, sich möglichst nicht festzulegen:

„Ich hab schon gesagt, dass, ich finde, dass die Männer sind bisschen weicher als, ich will nicht sagen jetzt normale Männer, weil die sind auch normal. Also mit normale sexuelle Einrich- oder Orientierung sozusagen. (...) Obwohl, wie gesagt, ich kann nicht jetzt sagen, also in homosexuellen Paaren sind auch zwei Seiten. Jemand soll weicher sein, jemand soll härter sein, ja."

Hier wird nicht gleich deutlich, dass mit „weicher" etwas Feminines assoziiert wird, aber im Verlauf des Gesprächs kommt dies schließlich implizit doch zum Ausdruck:

„... es kann auch so sein, dass die Männer, solche Männer zu weich sind. Nicht so weich, also nicht so, wie, wenn ich so sagen darf, wie Männer mit normale Sexualität. Und die Frauen sind bisschen männlich von Charakter."

Die meisten Aussagen tendieren in die Richtung, dass homosexuelle Männer als eher feminin und homosexuelle Frauen oftmals als maskulin beschrieben werden. Dies stellt geradezu einen Topos in den Interviews dar, der fast überall wiederkehrt:

"Weil ab und zu, wenn dass sie gesehen haben ein paar junge Männer und ziemlich, nicht hübsch, sondern hübsches Mädchen sein können, aber ganz, weiß ich nicht, ganz nett ..." (Jana)

"Also typ- für mich, wenn ich lesbisch an lesbisch denke, denk' ich an starke Frauen. Und an diese schwache Frauen denk' ich nicht, weil diese passive Frauen, ich denke die, über männliche Frauen, das ist für mich lesbisch und weibliche Männer. Das ist für mich eh, weil sonst, da ist auch eine Mann ist für mich stark, und was nicht stark ist, also weibliche Mann, Schwäche, das ist für mich sozusagen schwul. Und normalerweise Frau ist weiblich und weich und nicht so stark, und starke Frau ist für mich lesbisch." (Lara)

"... nach meine Meinung wird es so ein wenig lustig. Wann war gleich? Die Männer, die Homosexuellen, sie sind so, plastisch gesagt auf Deutsch es(...)sag es anders. Die Bewegung, und sie sind so weiblich, sie benehmen, sie sind, Haltung ist anders. Haltung ist einfach weiblich. Die Gestik ist weiblich, sie empfindet irgendwie weiblich." (Zasa)

"Und es ist ein Paar, zwei Frauen, eine Frau ist richtig Frau, kann man auch sehen, und der andere, sie kleidet sich und ist auch, mit ganz kurze Haare, also männlich, mehr männlich." (Mara)

In allen Interviews können solche Beispiele gefunden werden. Wie gesehen, kommt dabei häufig der Gegensatz zwischen weich und hart, aber eben auch die Zuschreibung aufgrund von Äußerlichkeiten zum Tragen, wie bei Stella, die zu ihrer Überraschung bei homosexuellen Männern beobachtete: *"Manche machen sogar Nagelmodellagen."* Diese Beobachtung, dass insbesondere homosexuelle Männer stark auf ihr Äußeres achten, was in der Regel mit Weiblichkeit attribuiert ist, steht oftmals auch in assoziativem Kontext mit Transsexualität, wird vor allem aber auch aus Beobachtungen vom CSD oder ähnlichen Veranstaltungen abgeleitet. Gelegentlich fallen dabei Stichworte wie Karneval, Fasching und Verkleiden und sorgen für Verwirrung, wie am Beispiel Majas gezeigt werden kann:

"... bin ich mit meine Familie in M. gefahren. Da einfach Spaziergang gemacht und unbewusst sind wir auf ein Fest, Straßenfest so auch gekommen, und ich hab's nur bemerkt, dass da warn verkleidete Leute, ich meine, das war mit solche Kleider, das da was für mich nur, weil Theat-, beim Theater ich gesehen habe, ne? Ich dachte: Oh, was ist das denn, ne? Fasching oder so was, ne? Wir könnten, könnten nicht, wir kennten uns so aus damit, ne? Und wir war Hauptstraße entlang und da es war etwas tiefer so, ich sagte: kommt Jungs. Und mein Mann und mein Sohn alles gucken da an, was da ist. Und ich sag das zu meinem Kleinen, der war so, sechs, sieben, weiß ich nicht, ja sieben Jahr alt war der: Guck mal, guck, wie schön die Frau ist gekleidet und so und sein Make-up und (...)er sagt: Mama, das sind Männer. Ich sagte: Wie Männer? Und dann bin ich näher. (...) Aha, ist das, ist das Karneval oder was ist das,

ne? Na trotzdem, gehn wir mal gucken, ne? Und je tiefer wir drinne warn, da hab ich mit, da stimmt irgendwas nicht."

Diese ausführliche Sequenz soll in diesem Zusammenhang genügen, sie hat aber auch für manche der anderen Frauen exemplarischen Charakter und könnte einen weiteren wichtigen Hinweis darauf geben, warum vor allem Männer mit Homosexualität assoziiert werden. Sie werden stärker als homosexuelle Frauen wahrgenommen, was ganz ähnlich von Lara bestätigt wird:

„Eh, weil ich so irgendwie schon in Deutschland bin, und da seh' ich oft, und höre ich das, und das seh' auch oft Menschen, die sitzen zusammen, die Paare, junge Männer. Frauen, sie sieht man nicht so oft zusammen. Oder sie lassen sich nicht erkennen, aber die Männer lassen sich erkennen, die sind so, die gehen zusammen, und dann sieht man das."

Abgesehen von solchen wiederholt zum Ausdruck kommenden Einschätzungen, gibt es eine Anzahl von Einzelaussagen – positiver wie negativer Ausrichtung –, die aber keine Generalisierungen zulassen. Homosexuelle sind nett und freundlich und können gut kochen (Nina), sie sind selbstbestimmt und gehen ihren eigenen Weg (Lara), sie sind tolerant und frei (Bella), eine gute Freundin (Zasa), hilfsbereit (Mara), friedlich und kontaktfreudig (Lena), haben Geschmack (Stella).
Aber auch auf der Seite der negativen Zuschreibungen fehlen nicht die Stellungnahmen. Homosexuelle seien unter diesem Vorzeichen betrachtet mit ihren Talenten und Gefühlen überfordert (Lara), sie verbergen sich, wenn nötig (Lara), sind Außenseiter von Natur aus (Nora), werden mit Behinderten assoziiert (Zasa und Berta), sind abhängig (Dora), haben eine gestörte Geschlechtsidentität (Lena), betreiben ihre Sexualität als unseriöses Hobby (Stella) und legen zu viel Wert auf ihr Äußeres (Kira).
Diese Stichworte seien, wiewohl sie durchaus relevant sind, nur kursorisch erwähnt. Sie lassen sich aber nicht in stichhaltigen Kategorien zusammenfassen, sollen aber zumindest auf das Spektrum unterschiedlich bewerteter Beobachtungen, die die *TNeS* gemacht haben, hinweisen.

4.1.3.3 Einstellungen zur rechtlichen Gleichstellung Homosexueller

Leider fehlen zu diesem Punkt Aussagen aus dem Gruppeninterview mit Maja, Hanna, Zasa und Berta. Eine Nachexploration war auch nicht möglich, da alle drei anonym in einer Beratungsstelle befragt wurden. Lediglich Hanna gibt einen Hinweis, indem sie ihre Auffassung erwähnt, Homosexuelle seien in Deutschland bereits rechtlich gleichgestellt.
In allen anderen Interviews werden allerdings Stellungnahmen abgegeben, die im Wesentlichen in drei Gruppen fallen. Zum einen die derjenigen Frauen, die sowohl die so genannte „Homo-Ehe" als auch das Adoptionsrecht befürworten,

wobei hier durchgängig kritische Stimmen erhoben werden, was die Folgen des Adoptionsrechtes angeht. Dann gibt es einzelne Frauen, die zwar die „Homo-Ehe" befürworten, aber das Adoptionsrecht ablehnen. Eine weitere Minderheit lehnt beides ab.
Ablehnend äußert sich vor allem Mara, die diesen Standpunkt mit ihrer religiösen Orientierung verknüpft:

„Heiraten? Nicht unbedingt. (...) Kirchlich überhaupt nicht. In der Kirche, nein, die dürfen da einfach in der Kirche nicht reingehen. (...) Nein, nein, ich bin dagegen. Aber ich kann nicht machen, wenn die, wenn die das machen und der Priester sagt: Ich mach das. Aber nee. (..) Standesamtlich auch nicht, weil, wie gesagt, es ist von Gott, es ist, ist nicht normal, es nicht normal. (...) Wenn die schon verheiratet sind, dann, dann ja, bestimmt. Aber, so begeistert bin ich davon auch nicht, dass ein, ein Kind wächst auf in so eine Atmosphäre, wo zwei Väter oder zwei Mütter hat, nein das seh ich nicht ein. (...) Ja, ich kanns verstehn, dass es ganz normale Beziehung ist und vielleicht auch mit große Liebe geführt, aber trotzdem, der kleine Mensch, er sieht Unterschied. Irgendwann wird er Fragen stellen. Und ich bin nicht so, ach ich weiß nicht, er wird wahrscheinlich irgendwann auch Schwierigkeiten bekommen, durch das alles. (...) Ja, weil Kindergarten, Schule. (...) Weil, es wird bestimmt nachgehakt. Wie ist es zu Hause? Das glaub' ich nicht, dass niemand fragt danach. Das glaub' ich nicht."

Neben ihrer religiösen Begründung für die Ablehnung sieht sie die Kinder in einer homosexuellen Beziehung also auch sozialen Schwierigkeiten ausgesetzt. Nicht ganz so eindeutig, in der Tendenz aber entwertender, nimmt Kira Stellung. Zur „Homo-Ehe", sagt sie, stehe sie „neutral":

„Ich kann es nicht verbieten, wie gesagt, ob das eine Partnerschaft oder Ehe ist, finde ich irgendwie, ich hab' wahrscheinlich nichts dagegen. Ich bin neutral. Wie gesagt, ich finde das gesamte Konzept einfach als eine physiologische Anomalie. Ich finde es persönlich unphysiologisch, aber wenn jemand so glücklich ist, dann soll er auch sein."

Ein wenig hört es sich danach an, als würde sie sich ins Unvermeidliche schicken; wenn sie aber die Möglichkeit hätte, würde sie die „Homo-Ehe" verbieten. Bezüglich ihrer Auffassung zum Adoptionsrecht sagt sie ganz klar „*Nein*", es wird als „*großes Problem*" abgelehnt, wobei sie annimmt, die sexuelle Orientierung des Kindes würde dadurch beeinflusst.
Zur Gruppe der Frauen, die beides eher ablehnen, gehört auch Jana, wobei sie aber in der „*Lebensgemeinschaft? Um Gottes willen, kein Problem*" sieht; die kirchliche Trauung aber wird abgelehnt, dafür müsste „*eine neue Kirche*" gebaut und „*ein neues Buch*" geschrieben werden. Obschon sie sich nicht als streng religiös bezeichnet, hat sie doch einen klaren Standpunkt:

„Wenn auf kirchliche Ehe steht, dass Ehe geschieht auf Himmel, nicht hier, ehrlich. Und die Gott, er hat einen Mann, erste Mann, wieso hat er Frau geschafft. Er konnte noch ein Mann schaffen."

Jana ist mit Mara aber die Einzige, die eine Differenzierung zwischen standesamtlicher und kirchlicher Eheschließung einführt. Bezogen auf das Adoptionsrecht gibt sie an, das könne sie sich zwar *„vorstellen"*, aber wenn sie ihre Nichte im Blick hat, merkt sie Folgendes an: *„Solange bis die selber diese Ding erledigen kann, wieso müssen ein Kind adoptiert werden?"* Die hier zum Ausdruck kommenden Vorbehalte sind weniger deutlich, lassen aber in der Tendenz eher auf Ablehnung schließen – selbst wenn rationalisierend erwähnt wird, eine homosexuelle Frau könne selbst ein Kind zur Welt bringen, ohne die mit der Zeugung verbundene heterosexuelle Partnerwahl zu problematisieren.
Nur zwei der *TNeS*, Stella und Tati, differenzieren in ihrer Befürwortung bzw. Ablehnung gleicher Rechte zwischen „Homo-Ehe" und Adoption. Letzteres lehnen sie ab, während die „Homo-Ehe" für Stella eine ganz *„neue Vorstellung"* ist, gegen die sie aber nichts habe; mit einem *„Mm"* stimmt sie auch der kirchlichen Eheschließung zu. Das Adoptionsrecht heißt sie zwar nicht gut: *„Aber ich respektiere Wünsche von anderen Menschen."* Tati lehnt Letzteres klar ab, würde es im Einzelfall aber notgedrungen hinnehmen:

„Homo-Ehe bitte schön. Also, die sind erwachsen, die haben sich dafür entschieden oder irgendwie haben die Bedürfnisse solcher Art, aber dass die doch, also noch so Familie so spielen und noch so ein Kind nehmen, das würd' ich nicht akzeptieren. (...) Ja, nun wenn es so ist, wenn nur einfach so die Ereignisse zwingen, das Kind auch mitzunehmen und auch sich um das Kind zu kümmern, das muss man machen, aber so extra noch das Kind in diese Beziehung involvieren, da würd' ich das so ablehnen."

Diese eher zähneknirschende Akzeptanz bezieht sich auf Fälle, wo in vorher bestehenden heterosexuellen Beziehungen bereits Kinder gezeugt wurden.
In der Gruppe der Frauen, die sowohl die „Homo-Ehe" akzeptieren oder befürworten als auch das Adoptionsrecht befürworten, findet sich der Großteil der Frauen wieder, die hierzu Angaben machen – insgesamt sechs. Dabei sind aber in Einzelfällen, wie bei den anderen, Argumentationsstrukturen bezüglich des Adoptionsrechtes zu identifizieren, die dahingehend übereinstimmen, dass das Kind Nachteile hätte oder in seiner Entwicklung, vor allem auch der sexuellen Orientierung, beeinträchtigt oder beeinflusst würde. Nina (aber auch Dora zum Beispiel) meint, ein Kind in einer homosexuellen Partnerschaft würde *„schwul"*. Sie bezieht offenkundig nur Männer in ihr Konzept ein.
Lena sieht wie Mara auf das Kind in einer homosexuellen Beziehung soziale Probleme zukommen:

„Also wenn ein Waisenkind ist, ich glaube, ist besser, in so eine Familie aufwachsen als irgendwie in einem Heim. Aber ich kann mir nicht so gut vorstellen, dass es so

eine, das gibs natürlich bestimmt Ausnahmen, dass ist eine so gesunde Boden fürs Aufwachsen des Kindes. (...) Ne, ich meine, also wenn eine Mutterfigur dann fehlt, das ist schon, es gibt natürlich ganz, ganz liebevolle Männer. (...) Das ist, ich glaube, dass einfach, dass dieser Ausgleich, was die Frauen dann in diese Beziehung bringen und die Männer, das ist diese Unterschied, das gleicht sich aus, ich meine, das gibt ein volles Bild."

Anders als Mara würde sie aus diesem Grunde, dass bei gleichgeschlechtlichen Paaren entweder die Mutter- oder die Vater-Figur fehlt, aber das Adoptionsrecht nicht ablehnen. Implizit oder wie hier explizit kommt es jedoch häufig in der Gesamtheit der Interviews zu der Argumentation, das beide Geschlechter an der Beziehung beteiligt sein sollten, sei es z. B. aus biologischen Gründen (Kira) oder religiösen (Mara). Dabei scheinen aber eher Vorbehalte gegen Adoptionen durch zwei Männer zu bestehen, weil öfter das Fehlen der Mutter kritisch angemerkt wird. Ähnlich ist es auch bei Dora, die als Einzige keine klare Stellungnahme für oder gegen beides, „Homo-Ehe" und Adoptionsrecht, abgibt:

„... das Kind sieht, dass er zwei Väter hat zum Beispiel, ja? Und das ist Muster für unsere Kinder. So meine Mutter, mein Vater, die waren erste Muster, was ich wirklich so im Leben gefühlt habe oder gehört habe, so meine Eltern. Und wenn Kleinkind in dieser Familie lebt, da kann passieren, dass er auch so Partner findet oder kennen lernt, gleiche Geschlecht."

Auch hier wieder die Vermutung, dass die sexuelle Orientierung des adoptierten Kindes beeinflusst würde. Eine Ausnahme in ihrer Argumentation bildet Bella, die scheinbar keinerlei Vorbehalte für die rechtliche Gleichstellung hat, von den Eltern eines Kindes aber ganz allgemein Selbstlosigkeit fordert – unabhängig ob in hetero- oder homosexuellen Beziehungen:

„Ich glaube, das ist kein Problem, das ist ihre eigene Entscheidung, wenn sie zusammenleben können, also wollen, dann warum schon nicht mit allen Rechten, mit den andere verheiratete Paare auch? (...) Oh, das ist zu kompliziert, Kindererziehung das ist zu kompliziert, also, wenn sie wirklich bereit sind, für das Kind fast von eigenem Leben also wirklich so viel das Kind geben, dass auf sich selbst schon nicht schauen, also das ist wirklich sehr kompliziert."

Die Wiederholung in der Einschätzung, es handele sich um eine komplizierte Thematik, lässt einigen Interpretationsspielraum. Sie könnte durchaus nicht allein auf die Frage der Kindererziehung bezogen werden, sondern unterschwellig Zweifel an der erzieherischen Kompetenz Homosexueller zum Ausdruck bringen.
Insgesamt gesehen wird die Frage des Adoptionsrechtes für Homosexuelle deutlich kontroverser diskutiert als die nach der „Homo-Ehe". Wenn die „Homo-Ehe" durchaus auf weniger Ablehnung stößt, dann hat dies möglicherweise damit zu tun, dass akzeptiert wird, wenn sich zwei homosexuelle Partner auf

diesem Wege binden möchten. Geht es aber um das Adoptionsrecht, wird ausschließlich die Situation des adoptierten Kindes reflektiert und eher mit Schwierigkeiten assoziiert; der Kinderwunsch des homosexuellen Paares wird nicht berücksichtigt.

4.1.3.4 Auffassungen zur Genese von Homosexualität

Bezüglich der Genese von Homosexualität gibt es in vielen der Aussagen sich zum Teil widersprechende Auffassungen, die aber oftmals als nebeneinanderher bestehende Möglichkeiten aufgefasst werden. Widersprüchlich ist daran, dass bei den *TNeS* sowohl genetische als auch soziale Einflüsse für wahrscheinlich gehalten werden. Immerhin sechs der Frauen nehmen beide Möglichkeiten an. Unabhängig davon ist es aber so, dass in der weit überwiegenden Anzahl der Fälle äußere Einflüsse geltend gemacht werden. Diese Muster könnte man als Interpretation von *Homosexualität als gestörte Heterosexualität* benennen, worin auch zum Ausdruck kommt, dass die homosexuelle Orientierung von den meisten Frauen der Teilstichprobe als Folge einer Wahl angesehen wird. Lediglich drei Frauen, Kira, Lena und Nora, legen sich allein auf genetische Ursachen oder Veranlagung fest. Außer ihnen und Nina, die neben genetischen Einflüssen auch Erziehung als Determinante ins Feld führt, sprechen alle anderen davon, dass Homosexualität Folge unbefriedigender oder enttäuschender heterosexueller Beziehung ist. Zasa führt zum Beleg den Fall der Freundin ihrer Tochter an:

„Ich war sehr enttäuscht, als ich erfahren habe von meine Tochter, dass ihre Freundin, Klasskameradin ist lesbisch geworden. Weil (...) erste Liebe einmal ist nicht gelungen (...) und sie immer wieder gelitten. Sie hatte diese Liebeskummer. Und dann hat sie sich einfach entschieden und sehr, sehr zielbewusst zu, suchte für sich die Frau, (...), lesbische Beziehung. Und jetzt ist sie, ist einfach umgezogen sogar nach eine andere Stadt, weil dort sie hat endlich eine Frau für sich gefunden und leben als ein lesbisches Paar."

Die homosexuelle Partnerwahl der Freundin der Tochter ist also Folge einer unglücklichen heterosexuellen Liebe. Wie gesagt, unabhängig davon, ob auch andere zusätzliche Determinanten Erwähnung finden, dies ist *das* dominante Muster zur Erklärung von Homosexualität: Zuerst wurde eine heterosexuelle Form der Partnerschaft angestrebt oder gelebt, die aus Enttäuschung oder auch Versagen, wie es in Janas Einschätzung zum Ausdruck kommt *("Irgendwie früher hatte ich solche Gefühl, dass es nur von Versager, wissen Sie?")*, zugunsten der homosexuellen Partnerwahl aufgegeben wurde. Ob homosexuelle Männer *"Pech bei den Frauen"*, wie Dora meint, hatten, oder homosexuelle Frauen sich *"mehr Zuneigung geben"* (Lara) – letztlich ist das Begründungsmuster immer ähnlich: Homosexualität ist Folge von enttäuschter und damit gestörter Heterosexualität. Selbst wenn keine Erfahrungen aus dem eigenen Umfeld vorliegen, wird diese Genese angenommen. Tati:

„Ich denke, dass doch bestimmte Leute da sind, die beim anderen Geschlecht kein Verständnis eh finden, sich zum Beispiel mit diesen so Vertreter des anderen Gespräch- eh Geschlechtes nicht richtig umgehen können und vielleicht sogar emotional abgelehnt werden, und dann finden sie doch Partner, also unter seinesgleichen oder ihresgleichen. Wenn es funktioniert, das ist so wie eine Ersatzmöglichkeit einerseits. Das ist so meine Vorstellung. Und andererseits muss ich ehrlich sagen, ich haben nie richtig Gedanken darüber gemacht und keine Erfahrungen aus Realitäten. Ich kann nur so theoretisieren."

Diese Vorstellungen bestehen also unabhängig von den eigenen Erfahrungen und dominieren alle anderen Erklärungsansätze. An zweiter Stelle steht, wie bereits erwähnt, die Annahme genetischer Ursachen und in vier Fällen wird die Beeinflussung durch Kontakt mit Homosexuellen in der Kindheit vermutet, wie es bereits bei den Stellungnahmen zum Adoptionsrecht deutlich wurde.

4.1.3.5 Einstellungen zur Möglichkeit, das eigene Kind wäre homosexuell

Wie bei der Frage nach Genese und Ursachen für Homosexualität ist die Befundlage auch bezüglich der Auffassungen zu einem homosexuellen Kind weitestgehend eindeutig. Es besteht Konsens unter allen befragten *TNeS*, dass dies keinesfalls wünschenswert wäre; dies wird ausnahmslos zum Ausdruck gebracht. In zwei Fällen würde sogar versucht werden, Einfluss auf die Änderung der homosexuellen Orientierung zu nehmen. Tati:

„Natürlich kann ich mir das vorstellen, das kann passieren, aber ich würde das so, das würde mich nicht freuen. (...) Das würde mich nicht freuen, erstens. Zweitens, irgendwie hoffe ich, dass das nicht passiert. (...) Aber ich würde dann alles versuchen, um sie doch davon abzuraten irgendwie, da von diese Idee, also wegzubringen. (...) Also Gespräche machen erstens natürlich, auch immer so Gesprächstherapie. Dann vielleicht auch versuchen, die mit anderen Leuten also bekannt zu machen, die vielleicht sexuell Interesse, für die doch also anbieten könnten oder, was weiß ich, auch interessant sein könnten. (...) So, einfach brutal und praktisch."

Ganz so weit würde Kira zwar nicht gehen, aber zumindest auch intensive Gespräche führen. Sie hat aber im Unterschied zu Tati die Einsicht, dass die sexuelle Orientierung letztlich doch nicht änderbar ist, was schon bei ihrer Auffassung, Homosexualität sei genetisch bedingt, zum Ausdruck kam. Schließlich ist es auch diese Einsicht, die bei fast allen anderen Frauen dazu führt, dass sie die sexuelle Orientierung eines homosexuellen Kindes *akzeptieren* oder *tolerieren* würden. Nur einmal (bei Stella) fällt auch der Begriff *Respekt*, auch wenn diese semantischen Feinheiten vielleicht angesichts der Tatsache, dass Deutsch nicht Muttersprache der *TNeS* ist, nicht allzu sehr ins Gewicht fallen dürften:

„Ich möchte das nicht haben, irgendwie also. Kann ich sagen, dass ich puriten, eh puritan erzogen bin, aber ich ziehe vor, dass mein Mann, mein, Quatsch, mein Kind ein normale Leben haben. Ich kann nicht sagen, das ist unnormal das Leben von diesen Leuten so. Aber ich ziehe vor, dass ich seine Frau kenne, und dass alles läuft, und dass er all seine eigenen Kinder hat und so weiter. Ich würde mich das wünschen. Aber ich werde nicht dagegen sein. Also nicht so. Also ich lasse ihm die den Wahl."

Und auf die Nachfrage, wie es wäre, wenn er solch eine Wahl träfe, sagt Stella: *„Dann soll ich das respektieren."* Stella spricht mit großer Offenheit über ihre eigenen Wünsche, kann sie aber von den möglicherweise anderen Bedürfnissen ihres Sohnes unterscheiden, was einen deutlichen Unterschied zu den meisten anderen Frauen darstellt. Wenngleich diese Unterscheidung – zwischen den eigenen Bedürfnissen (nach einem heterosexuellen Kind) und denen des sexuell möglicherweise anders orientierten Kindes – von vielen nicht getroffen werden kann, würden sie sich ebenfalls nicht gegen das von ihnen so eingeschätzte Unveränderbare auflehnen. Jana (die zwar kein Kind hatte, aber maßgeblich ihre Nichte mit aufzog) zum Beispiel macht deutlich, dass ihre Nichte *„lesbisch sein"* kann, wenn sie zuvor ein Kind zur Welt gebracht hat (weil Jana dies möchte). Dieses eigene Bedürfnis nach Nachkommenschaft bei den eigenen Kindern (oder der Nichte) wird in sechs Fällen explizit gemacht. Ausbleibende Enkel würden, und auch dies ist ein sehr häufig auftretendes Motiv, traurig stimmen. Aber es ist eben immer der eigene Wunsch nach Enken, der unhinterfragt als Auftrag an die Kinder herangetragen wird. Dahinter kann fast nie die Frage aufscheinen, wie wichtig für ein möglicherweise homosexuelles Kind die sexuelle Selbstverwirklichung wäre.

4.1.4 Stellenwert und Qualität von Kontakterfahrungen mit Homosexuellen

Kontakterfahrungen mit Homosexuellen unter den 15 befragten *TNeS* sind unterschiedlich verteilt. Grob lassen sich drei Gruppen identifizieren. In einer ersten Gruppe finden sich vier Personen, die keine oder nur eine mittelbare Kontakterfahrung über Dritte gemacht haben. In diese Gruppe sind Tati, Jana, Nina und Berta einzuordnen. Die zweite, zahlenmäßig stärkste Gruppe hat eher periphere Kontakterlebnisse ohne näheren persönlichen Bezug im Sinne freundschaftlicher Bindungen. Hierzu gehören Lara, Nora, Maja, Hanna, Dora und Stella. Eine dritte Gruppe schildert nähere persönliche Kontakte zu Bekannten, die teils von ihnen selbst auch als freundschaftlich charakterisiert werden; dies sind Bella, Zasa, Mara, Lena und Kira.

Tati nimmt dahingehend eine Sonderstellung ein, dass sie keinerlei Kontakte und auch keine über Dritte vermittelte Kontakterfahrung hat. Am Ende des Interviews identifizierte sie diesen Umstand als Mangel, den sie beheben wolle.

Auch **Nina** kennt persönlich keine Homosexuellen, aber ihre in New York lebende Tochter ist dort mit vielen Homosexuellen befreundet, denen Nina während ihrer Besuche aber nie begegnete. Zudem sah sie Spielfilme, in denen es um Homosexuelle ging. Abgesehen davon, dass sie die durch die Spielfilme vermittelten Bilder positiv bewertet, weil sie die Thematik der großen Liebe aufgreifen und schöne Liebesszenen auch zwischen Frauen zeigen, sind es wohl vor allem die Erzählungen der Tochter, die ihr auch Fotos schickte, zum Beispiel vom CSD, die Nina aufbewahrt hat, weil sie ihr gefallen. Überhaupt scheint sie sehr eng mit ihrer Tochter verbunden zu sein und den regelmäßigen Kontakt zu ihr zu vermissen, aber sie ist auch sehr stolz auf sie, weil sie in den USA erfolgreich Karriere gemacht hat. Insofern hat es ein wenig den Anschein, als sei alles durch ihre Tochter Vermittelte positiv zu bewerten.

Jana hat selbst ebenfalls keine Kontakte zu Homosexuellen gehabt. Da sie nach dem politischen Umbruch noch eine Weile in der Ukraine lebte, kann sie aber von einem Erlebnis einer ihrer Bekannten sprechen, die in einem Hotel als Kellnerin arbeitete, in dem auch eine französische Geschäftsfrau abstieg. Diese habe sich wohl in die Freundin verliebt und beide hätten sexuellen Kontakt gehabt:

„Und da hat die mir erklärt, dass eine Kundin, die Ausländerin, Französin oder was noch, hat ihr, Angelika, nach Hotelnummer eingeladen, nur zum Beispiel irgendwelche Klamotten zeigen, wenn Angelika kaufen will. Import. Und wenn da die Angelika in diese Nummer, diese Zimmer schon eingetreten war und irgendwelche Pulli oder irgendwelche Bluse ausgewählt hatten und nachgefragt, wie teuer ist das, sie hat gesagt, dass sie das als Geschenk kriegen kann, nur wenn sie mit ihr irgendwelche sexuelle Beziehung. Und Angelika hat gesagt: Kein Problem. (...) Nein, nein, nein, sie hat nichts Schlimmeres gemacht."

Inzwischen sei der Kontakt zu ihr lange abgebrochen, aber Jana weiß noch von ihr, dass sie inzwischen in zweiter Ehe verheiratet ist. Ihre Bewertung dieser Begebenheit fällt jedenfalls nicht explizit negativ aus, allerdings rückt die Französin, die die Situation der Freundin ausgenutzt hat, ins Zwielicht.

Auch **Berta** kennt Homosexuelle nicht wirklich aus eigener Erfahrung, sie spricht nur von flüchtigen Bekannten. Insofern nimmt sie ein wenig eine Zwischenstellung zur nächsten Gruppe ein. Aber vor allem ihr Ehemann hat beruflich öfter mit Homosexuellen zu tun. Aus allem setzt sie dann ein eher oberflächliches Bild zusammen:

„Ich habe nicht so viel, also, ich kann sagen, dass also, ich habe so ganz flüchtige Bekannten. Und die sind zum Beispiel, das wollt ich vorher auch so ansprechen, das ist zum Beispiel aus Musiker-Kreis oder mein Mann ist Flugbegleiter. Da er gibt es auch, ich weiß nicht, 30 % oder viele Schwule, und für mich ist es komisch, also ich finde dann, das gehört einfach zum Lebensstil dann. (...) Na, das ist in irgendwelchen Beruf auf einmal, viel größer Prozent von Homosexuellen ist. Also, oder Balletttänzer, oder so, das ist irgendwie so. Aber ich kann sagen zum Beispiel von diesen Leuten, also als Erscheinungsbild ja, dass die (unverständlich) die sehen so, meistens gepflegter aus, also achten wirklich so auf die Haut auf die Kleidung, sind sehr oft also überhaupt nicht so sehr männlich eigentlich aussehend und Traum jeder Frau vielleicht."

Vielleicht sagt sie hier etwas über sich oder auch über ihren Mann aus, aber sie geht nicht wirklich in die Tiefe. Aus ihrer Erfahrung schildert sie lediglich, dass homosexuelle Männer einen bestimmten Lebensstil haben, den sie nicht näher kennzeichnet, und dass sie gepflegt sind.

In der Gruppe mit Kontakterfahrungen, auch wenn sie eher zufällig sind, gehört zunächst einmal auch **Lara**. Beruflich arbeitete sie mit einem Kollegen zusammen, der homosexuell ist, zu dem sie aber näher keinen Kontakt hatte; dennoch machte sie ihre Beobachtung:

„Ich habe gearbeitet in einem Club, Jugendclub, und da war der Leiter. (...) Ich habe es vermutet, und dann hab' ich auch festgestellt, der ist wirklich, der liebt Männer. (...) Und da war Junge, da kam Junge, und der hat mit dem so immer, Da-da-da-da-da', und ich haben erlebt, das ist sehr angenehmer Mensch. (...) So, und dann ich wusste das, und dann hat mir auch Kollege gesagt: Ja, der ist, der hat keine Familie, der ist nur mit Männer. Dann hab' ich den, also den hab' ich kennengelernt, und der war so richtig, sehr talentiert. Also ich sehe das oft, dass er talentiert, das sind talentierte Menschen."

Die Darstellung wirkt fragmentarisch, und vieles bleibt offen oder unausgesprochen. In dieser Schilderung scheint aber implizit auch ein assoziativer Kontext mit sexueller Übergriffigkeit mitzuschwingen, ausgesprochen wird es aber nicht. Was *„Da-da-da-da-da"* in diesem Zusammenhang heißt lässt immerhin doch einigen Interpretationsspielraum bezüglich der Art der Annäherung des Leiters an die Jugendlichen im Club. Es gibt aber auch noch eine eindeutiger positiv bewertete Kontakterfahrung:

„Hab' ich noch eine kennen gelernt, ein Junge, weil ich jetzt bin, ich bin jetzt im Lerncoach für (russische; P. S.) *Jugendliche. (...) Jugendliche dürfen uns auswählen als Lehrcoach. Und ein Junge hat mich ausgewählt, und es war ein homosexueller Junge. Habe ich nicht gewusst. Und dann hat er's später mir erzählt. Also hab' ich wieder einen kennen gelernt. Und der ist so emotional, emotional, total emotional. Und der, dieser Mann war immer Emotionen, zu viel Emotionen und Gefühle, Gefühle*

und sehr talentiert, und er hat irgendwie das und das, die sind so mit ihren Emotionen und mit ihren Intellekt so überfordert, denk' ich mir."

Auch eine Nachfrage bringt keine nähere Erkenntnis, was sie mit überfordert meint. Doch sie hat beide, den Kollegen und den Jungen, als emotional und überfordert durch ihre Emotionalität und Talente erlebt. Sie beschreibt etwas und interpretiert ihre Beobachtung, ohne ihre Interpretation – auch auf Nachfragen – transparenter machen zu können.

Majas Begegnung mit Homosexuellen wurde bereits erwähnt. Auch sie fand in Deutschland statt und war ihre erste, da sie in der ehemaligen Sowjetunion ebenfalls keine Gelegenheit hatte, sie kennenzulernen. Aber ihre – sehr bedeutsame – Begegnung hier war auch kein Kennenlernen im engeren Sinne, sondern eine Art Überwältigung. Auch wenn die Begebenheit zum Teil schon zitiert wurde, um die Merkmale Homosexueller aus der Sicht Majas zu illustrieren, soll sie an dieser Stelle noch einmal ausführlich zu Wort kommen. Geschildert wurde bereits, wie sie mit Ehemann und Sohn zufällig auf einen CSD stieß, den sie zunächst als Karneval missdeutete. Als sie erkannte, um was es sich tatsächlich handelte, wurde ihr *„komisch"*. Im Folgenden soll sie nochmals zu Wort kommen, um deutlich zu machen, wie stark sie sich innerlich mit diesem Ereignis auseinandersetzte:

„ Mir war so ein bisschen komisch. Sehr, so drinnen, ich weiß nicht, unheimlich nicht, aber komisch hab ich mich dabei gefühlt. (...) Und da sagte mein Mann: Ja, wahrscheinlich ist es Schwulen-und-Lesben-Fest. Ich sagte: Bitte? Waaass soll da sein? Er: Na, Schwulen-und-Lesben-Fest. Und ich hab auf ihn geguckt. Er stand auch (...) so gespannt, so sehr verspannt ne? In dieser Si- und dabei, davor hatte ich auch meinem Mann gesagt: Nimm unser Junge ho(ch), damit er das sieht. Aber und dann: Öh, sollen wir nicht lieber raus? Mir war irgendwie, ich weiß nicht, das kann ich nicht mehr so genau beschreiben, aber, drinne war irgendwie so, nicht unangenehm, aber das gerade was, fast an jede Bank, auf jeden Bank saßen die Leute, die geschmust haben, miteinander gekuschelt, das war für mich nichts. Es war, ja weiter ein bisschen hingeguckt (...) und sind wir raus da. Und da spürte ich nur, dass ich irgendwie eine Dusche brauche. Komischerweise das war so."

Zasa und Berta, ebenfalls am Interview beteiligt, deuten ihren Wunsch nach einer Dusche prompt damit, dass sie den *„Schmutz"* abwaschen wollte, aber Maja lässt sich auf diese Deutung nicht ein. Sie versucht genauer herauszufinden, was in ihr vorging:

„... so nah war ich noch nie und das ist, war das war erste Erlebnis in mein Leben, und da musste ich mich damit konfrontieren, ne? Das is, entweder nimmst du so auf, oder- aber es war innerlich. Ich hab das nicht beeinflusst, was ich gespürt habe, ne?"

Sie schildert eine innere Überforderungssituation, auf die sie aber nicht in erster Linie mit wertender Ablehnung reagiert, sondern die sie auf etwas aufmerksam machte, was in ihr selbst vorging und was Folgen für ihre spätere Einstellung zu Homosexuellen, die sie gelegentlich kennenlernte, hatte:

„Aber später, ne? Da ich natürlich habe ich mich damit beschäftigt, versucht, das zu verarbeiten (...)Und da hab ich begriffen, dass kommt nach Persönlichkeit, nach Menschen, ne? Ob er schwul ist oder lesbisch, ist mir da schon egal gewesen, weil ich den Mensch erstmal kennengelernt habe, wie er als Persönlichkeit ist und später erfahrn habe, dass der der Junge oder der Mann schwul ist."

Dieses überflutende Erlebnis hat bei ihr also dazu geführt, sich mit der eigenen Reaktion auseinanderzusetzen. Insofern findet sie für ihren Wunsch nach einer Dusche auch eine andere Erklärung als die von Zasa und Berta angebotene: Sie habe sich abkühlen müssen. Daran wird deutlich, dass sie nicht die Homosexuellen als Problem angesehen hat, sondern ihre Reaktion erklärungsbedürftig fand und sie in Frage stellen konnte.

Eine andere *TNeS*, **Stella,** hatte ebenfalls eine nicht geplante Begegnung mit dem Thema Homosexualität, was auch bei ihr zu Überlegungen führte, die schließlich ihr Bild korrigierten. Zuvor hielt sie es für:

„ein Hobby oder so was sein, etwas Unseriöses. Das ist vorübergehend, oder dass Mensch sich allein fühlt und will, dass es einfach jemand sein soll. Dass er (...) jemanden hat und, aber nicht so ernst."

Mit dieser Erklärung liegt sie auf der Linie der Interpretation von Homosexualität als Ausdruck gestörter Heterosexualität, wenn sie Homosexualität gewissermaßen als Notlösung auffasste. Vor vielen Jahren wohnte sie dann aber

„... einmal also in Berlin ... bei einer junge Frau, eine Woche, weil das war einfach also preisgünstig. Dann hab ich erfahren, dass sie homosexuell ist. Und sie hat mir das erzählt, wie sie eine Freundin hat in Amerika und die sie liebt. Wie sie darunter leidet, wenn sie sie nicht sieht, und das war, das war, das hat mich sehr schockiert, dass diese Leute auch Gefühle haben. Ganz ernste Gefühle, wie die, ich würde nicht sagen, ich will nicht sagen normale Leute. Weil für mich die andere sind nicht unnormal, sondern sagen wir: nicht wie gewöhnliche Leute."

Auf Nachfragen, was sie mit „Schock" meint, erklärt sie, dass sie es eben immer für ein „Hobby" gehalten habe, das man nicht ernst zu nehmen brauche. Der „Schock" war daher eher eine Überraschung, dass Homosexuelle es offenkundig ernst meinen mit ihren Gefühlen:

"Sie leidet, sie weint, sie vermisst sie, sie schreibt sie also mit eh Gefühlen und lieben Ausdrücken und so weiter. (...) Aber ich habe nicht gedacht, dass das so ernst ist und so so hart und so stark ausgeprägt."

Auch in ihrem Fall hat die persönliche Begegnung also etwas bewirkt: Stella hat ihr Bild von Homosexuellen korrigiert, was vor allem durch die Infragestellung der eigenen Bewertung geschehen konnte, als sie etwas von der Lebenswirklichkeit einer homosexuellen Frau erfuhr. Sie betonte aber auch, dass sie das Zimmer nicht angemietet hätte, wenn sie zuvor gewusst hätte, dass die Vermieterin homosexuell ist, weil sie dachte, diese würde sie dann sogleich „als Partnerin" nehmen. Als dies in der konkreten Begegnung ausblieb, war sie dann sogar zur Perspektivübernahme in der Lage.

Auch **Nora** spricht von Kontakten zu Homosexuellen. Wie bereits erwähnt wurde, spricht sie Homosexuelle gezielt an, um etwas über ihr Leben zu erfahren. Auf diesem Weg hat sie sich ein Bild von Homosexuellen gemacht und ihre Einstellung zur Homosexualität entwickelt. Im Interview gibt es aber kaum Passagen, in denen die Qualität dieser Kontakte annäherungsweise deutlich würde. Alles in allem kann sie von keinen Freundschaften oder näheren Beziehungen berichten. Einzig, dass ihr Friseur homosexuell ist, ist zu erfahren, aber diese Angabe ist auch relativ unergiebig: *"Nur so, ja, so, man trifft die, also, ich war beim Friseur, er war homosexuell."* Auch Nachfragen bringen keine weiteren Ergebnisse. Was aber in diesem Interview recht deutlich wird, ist, dass sie Homosexuelle wie sich selbst eher als Minderheit am Rande der Gesellschaft verortet. Aber auch dieser Befund lässt sich nicht gut belegen, weil er zum Teil auf suggestiv anmutenden Fragen beruht, die aus der Not heraus gestellt wurden, weil Nora allgemein sehr zurückhaltend und einsilbig antwortete.

Unter den *TNeS* mit eher akzidentiellen Kontakterfahrungen sind noch Hanna und Dora zu nennen. **Dora** schildert, dass Freunde von ihr homosexuelle Bekannte oder Nachbarn haben, denen sie gelegentlich begegnet ist. Obgleich sie hier auf Tati (es handelt sich um ein Gruppeninterview) antwortet, die zuvor ihre Ablehnung Homosexueller formuliert hatte, kommt in dieser Stellungnahme kein differenziertes Bild zum Ausdruck:

"Ne, ich hab' andere Meinung. Zum Beispiel habe ich einen Paar kennengelernt bei meiner Freundin, also ihr Bruder hat sogar geheiratet in diesem oder letzten Jahr. So, und sie wohnen ganz so, die sind ganz glücklich miteinander, und ich finde die ganz nett, kann, ich denke mir, kann man so jedes Thema mit beiden unterhalten. Und von anderer Seite zwei Frauen, so eine aus meinem Freundeskreis, die hat in Nachbarschaft so zwei Frauen. Ich hab' sie auch kennengelernt, aber so kurz, die sind auch ganz hübsch und nette Frauen, die leben schon seit weiß ich nicht, viele Jahren, mit zusammen. Funktioniert denk ich mir. Für mich persönlich nicht, aber für andern,

warum nicht? Wenn sie glücklich sind, und, nur ist natürlich, dass wir zum Beispiel heiraten, zusammen zu leben und Kinder bekommen. Und wie funktioniert das in diesen Familien. Dann, dann ist große Frage, ja."

Es bleibt für Dora eine „*große Frage*", wie das funktionieren soll. Diese Formulierung zusammen mit der Feststellung, dass sie meint, man könne mit dem homosexuellen Bruder der Freundin und seinem Partner über „*jedes Thema*" reden, gibt einen Hinweis, dass sie das aber noch nicht getan hat, sonst hätte sie vielleicht schon mehr darüber erfahren. Ihre Meinung bleibt unklar, ist oberflächlich freundlich, grenzt sich auch von Tatis ab, aber man erfährt nichts darüber, inwieweit und ob sie sich schon innerlich mit ihren Begegnungen auseinandergesetzt hat.

Ein wenig anders liegt der Fall bei **Hanna,** die bereits in der Sowjetunion Homosexuellen begegnet war: „*Also zum Beispiel war Künstler es war so. Es war keine Geheimnis für, für unsere Kreis."* Auch erwähnt sie, dass

„*... in meiner Welt, also in meine Welt, also ich bin Musik studiert. Und in diese Branche, sagen wir, so waren viele homosexuell; nicht viele, aber es gab (...) und es war für uns also vielleicht nie so ganz normal, aber wir hatten das akzeptiert."*

Mit der Tatsache der homosexuellen Orientierung dieser Bekannten hat sie sich nicht näher beschäftigen können, denn auch hier geht die Schilderung der Bekanntschaften nicht in die Tiefe. Die Gegenwart Homosexueller wird „*akzeptiert*", inhaltlich wird dies aber nicht Thema. Folgerichtig beschreibt sie ihre Begegnung mit (russischen) Homosexuellen in Deutschland, mit denen sie in einem Orchester spielt, ganz ähnlich:

„*Ich finde, es stört mich nicht. Also, ich akzeptiere, aber zum Beispiel diese Parade, ich geh da niemals, es interessiert mich nicht. Also ich viel, habe viele Bekannte, die Lesben oder Schwule sind, aber es ist ganz andere Niveau, so menschliche Niveau, kulturelle, intellektuell also, in diesem Niveau sprechen wir miteinander. Aber für meine Kinder, also ich finde so, diese Welt zwischen Männer und Frauen, das ist wirklich sehr schön, und wenn die Kinder aus diese Welt gezogen werden, das kann, es ist schwierig."*

Es wird nicht deutlich, was es heißt, sich auf *menschlichem* oder *kulturellem oder intellektuellem* Niveau auseinanderzusetzen, wenn dies keinerlei Informationen über Homosexuelle mit sich bringt. Offenbar konnte Hanna über spezifische homosexuelle Themen wenig durch ihre Kontakte erfahren, was damit zu tun haben mag, dass sie es ablehnt, wenn Homosexualität explizit wird:

„Ich finde auch es ein bisschen zu viel also. Unser Bürgermeister Wowereit, wenn er im Bundestag[8] sagt also: Ich bin schwul. Und das ist gut so, und so große Applaus bekommt er, und alle mit stehen auf, also es ist schon ein bisschen übertrieben. Also ich finde es ist, es gibt trotzdem die Grenzen."

Aber dennoch sucht Hanna die Nähe Homosexueller. Überraschend gibt sie zu Protokoll, sie habe ihren Sprachkurs in einem *„Verein für lesbische Frauen"* gemacht:

„Es war ein, es war ein Verein also, jetzt kann ich nicht sagen, hier in Berlin. Ich hab da Sprachkurs, Deutsch gelernt, und das war so ein Verein für lesbische Frauen. Und was hab ich noch da gemerkt, sie warn so ein bisschen alle, nicht alle vielleicht, aber meistens so aggressiv zu Männer. Sie könnten Männer überhaupt nicht akzeptiern."

Auf diese Begegnungen gründet sie u. a. auch ihre Einschätzung, dass diese Frauen von ihren heterosexuellen Beziehungen enttäuscht sind. Aber sie sieht die beobachtete ablehnende Haltung homosexueller Frauen gegenüber Männern kritisch. Auch diesen Begegnungen kann sie also nicht wirklich etwas Positives abgewinnen, und es werden keine individuellen Erfahrungen aus ihnen berichtet. Dennoch bleibt es erklärungsbedürftig, warum sie den Sprachkurs im *„Verein für lesbische Frauen"* machte. Auch wenn hierzu keine vertiefende Frage gestellt werden konnte, gibt es doch Hinweise, dass sie eigene homoerotische Anteile verspürt. Zum einen bemerkt sie an anderer Stelle, ihr Ehemann sage gelegentlich, sie sei lesbisch und nur an Frauen interessiert (was sie aber zunächst bestreitet), und sie selbst sagt von sich:

„Genau, also für mich, ich könnte, ich weiß nicht, sogar vorstellen. Also im Prinzip, ich werde mich nie so bekennen, dass ich lesbisch bin, oder dass ich ... Wenn man, ja, aber ich könnte mir vorstellen, dass ich treffe irgendwelchen Menschen, dass ich unsterblich verliebe und das ist zufällig eine Frau also, ja. Ich kann das vorstellen, aber ich meine nicht, dass es so einfach so bekennen: Ich bin lesbisch, ich such mir nur die Frauen aus, weil ich lesbisch bin."

In dieser Bemerkung könnte ein Schlüssel zum Verständnis ihrer Haltung zur Homosexualität liegen: Wenn man schon homosexuell ist, dann sollte man es für sich behalten. Auch möchte sie nichts darüber erfahren, weil es sie vielleicht in allzu große Nähe zu eigenen Bedürfnissen bringen könnte, wodurch sie sich gedrängt fühlen könnte, sich zu sehr mit sich selbst und ihrer Identifikation als heterosexueller Frau, Ehefrau und Mutter auseinanderzusetzen. Dies ist zugegebenermaßen an dieser Stelle ein weiter reichender Interpretationsversuch, der aber erklären könnte, weshalb sie auf der einen Seite die Versuchungs-

---

[8] Dass dies Bekenntnis Wowereits vom Sonderparteitag der Berliner SPD vom 10. Juni 2001 in den Bundestag „verlegt" wird, mag ein Hinweis darauf sein, für wie bedeutungsvoll Hanna es erachtet.

situationen aufsucht, sich auf der anderen Seite aber nicht näher auf das Thema einlassen möchte.

Es verbleiben fünf Frauen, die angeben, Freundschaften oder engere Bekanntschaften mit Homosexuellen zu pflegen und zum Teil darüber hinaus auch weitere Kontakte zu haben: Bella, Zasa, Mara, Lena und Kira.

Bella gibt an, sie habe „*solche Freunde*". Spezielle Erfahrungen mit den Freunden oder aber inwieweit der Kontakt für sie bedeutsam ist, findet wenig explizite Erwähnung, zumeist bleiben die Erfahrungen nur an der Oberfläche. Dass ihr Sohn nicht homosexuell sein solle, wurde bereits erwähnt. Diese Aussage fällt im folgenden Kontext:

„*Nichts Schlimmes, nur unter einer Bedingung: Dass es nichts mit meinem Sohn zu tun ist. Also, ich bin tolerant, ich habe solche Freunde, und das, finde ich, die Leute sind nett und also, nicht, weil sie homosexuell sind, die sind ganz normale Leute, wie alle anderen nichts anders. Ich kann nicht sagen, dass es irgendwo Unterschied seh ich zwischen so normal Orientierten und, wenn man so sagen kann, und Homosexuellen, aber ich hätte es nicht gewollt, dass um meinen Sohn geht.*"

In diesem Kontext erwähnt sie auch, dass sie es schade findet, wenn Homosexuelle keine Spuren hinterlassen, womit sie das Ausbleiben von Nachkommenschaft meint, was sie sich für ihren Sohn und vor allem sich selbst wünscht. Das Ausbleiben von Enkeln wäre bedauerlich. Ansonsten verbleibt sie zunächst eher im Allgemeinen bezüglich ihrer Erfahrungen mit Homosexuellen:

„*Weil, wenn ich kann sagen, dass es die Leute, mit denen ich kommuniziert habe, solche Leute ja, Homosexuelle, die, nochmal: Mit denen ich kommuniziert habe, ich würd sagen nicht alle, aber die sind gut und klug und so weiter, und das ist sehr schade, wenn sie keine Spuren auf die Erde lassen.*"

Auch dass Lesben „härter" sind, hat sie beobachtet:

„*Und deswegen ich sage nur das, was ich sehe, was ich weiß, dass die Frauen, die Frau, über die ich jetzt denke, die ist härter, ja. Ja, das ist so.*"

Die Frau, an die sie denkt, ist eine (russische) Freundin von ihr, die in ihrer Partnerschaft ausgenutzt worden sei, was Bella erbost, doch sie will dieses Ausnutzen nicht auf homosexuelle Paare allein beschränkt sehen:

„*Ganz normale menschliche Gefühle, wenn ich sehe, dass einer meiner Freundin wird von – also Freundin nicht in dieser Sinne, richtige Freundin, von Freundschaft würd ich sprechen. Sie hat von ihre Freundin in diese Sinne, ausgenutzt und so weiter. Da bin ich böse und da bin ich schon, weil ich sehe, dass die Gefühle von meiner*

Freundin, die sind tief und die macht alles, aber das geht genauso, wenn zwischen Mann und Frau so ist."

Bella spricht nun plötzlich mit einiger Selbstverständlichkeit die tiefen Gefühle ihrer Freundin an, die sie aber keinesfalls so überraschen wie dies noch bei Stella der Fall war. Wenn Bellas Angaben zum Teil oberflächlich wirken, hat es vielleicht damit zu tun, dass sie tatsächlich einen verbindlichen Umgang mit ihrer homosexuellen Freundin pflegt. Sie kann sich auch in die Freundin einfühlen, Ähnlichkeiten feststellen, zum Beispiel, dass sie selbst auch härter ist, ohne deswegen selbst homosexuell zu sein. Ihre Ablehnung betrifft vor allem die Vorstellung, ohne Enkel zu bleiben, wenn ihr einziges Kind homosexuell wäre.

Von **Maras** Erfahrungen mit Homosexuellen war bereits kurz die Rede. Sie kennt sie als Kunden in dem Laden, in dem sie als Kassiererin tätig ist, und hat sie vor allem als aufmerksam im Umgang miteinander erlebt:

„Ja und mir gefällt (...) Hilfsbereitschaft so, die gezeigen richtig die Gefühle zueinander. Ich hab' das schon erlebt bei mir in Laden so, richtig so mit Geduld miteinander gesprochen. So Kleinigkeiten man denkt, ach, darüber muss man überhaupt nicht sprechen, aber die sprechen darüber. Ja, und so ruhig und das fehlt (ihr selbst; P. S.) manchmal."

Und sie hat auch einen russischen Bekannten, mit dessen Situation sie sich näher beschäftigte:

„... ich hab ein junge Mann, kann man sagen Bekannter. (...)Das ist kein Freund, einfach Bekannter. So eine große Seele, so aufgeschlossen und so richtig, wie soll man das sagen, ja, mit eine große Seele. Ja aber, durch dass er homosexuell ist, ist er krank. Krank, ja. Und ich hab verstanden, dass er ist damit glücklich und unglücklich. Weil der Vater von ihn, der hat, ich weiß jetzt nicht genau, wann wurde es passiert, aber er hat gesagt: Du bist jetzt für mich kein Sohn mehr. Irgendwie so abgeschoben von sich, und das kann er von, bis heute nicht verarbeiten so richtig. Jaa. (...) Ja richtig krank, depressiv krank. Ich weiß nicht, was es noch dazukommt, aber ich glaube, das ist auch eine große Belastung für ihn. Damit kommt er nicht klar."

Hier kommt durchaus eine Beschäftigung mit der Situation des Bekannten zum Ausdruck, der als Homosexueller vom eigenen Vater abgelehnt wird. Mag Mara auch ob ihrer religiösen Orientierung Homosexualität für sündig halten, so hält es sie dennoch nicht davon ab, aus ihren Begegnungen mit Homosexuellen durchaus positive Schlüsse zu ziehen und eigene Bewertungen vorzunehmen. Sie zeigt Mitgefühl mit dem Bekannten, hält ihn allerdings wegen seiner Homosexualität für krank. Dennoch deutet sich hier die Möglichkeit von

Einfühlung an, die ebenfalls mit ihrer eigenen Situation als Tochter eines Alkoholikers, der sie oftmals schlug, in Zusammenhang stehen könnte.

Zasa ihrerseits schildert eine Freundschaft zu einem homosexuellen Engländer. Sie betont auch, dass sie es schön findet, einen Homosexuellen zum Freund zu haben, wenngleich beide unterschiedliche Auffassungen von „Exotik" haben:

„Ich bin einfach mit einem Engländer getroffen, und als er erfahren, dass ich aus Russland komme, er sagte: Oh, so exotisch, aber er war schwul. Ich wollte sagen: Du bist exotisch, ich bin nicht exotisch."

Im direkten Vergleich mit ihm empfindet sie sich weniger „exotisch", wobei sie mit diesem Begriff offenbar eher eine negative Bewertung verbindet, die letztlich auch durch die Freundschaft nicht nivelliert wird. Diese Bewertung wird als kränkend empfunden und steht damit in Verbindung zur abgelehnten Zuschreibung, dass sie eine *„Frau aus Ost"* ist. Punktuell kommt hier also auch eine Rivalität um Anerkennung zum Ausdruck, die sich explizit auf die Homosexualität bezieht, sie hätte ihn ja auch auf Grund seiner Nationalität als *„exotisch"* bezeichnen können, schließlich ist er, wie sie selbst, Migrant. Dennoch – ihre Freundschaft mit ihm genießt sie, wobei sie ihn als „weiblich" empfindet:

„Und sie sind so weiblich, sie benehmen, sie sind, Haltung ist anders. Haltung ist einfach weiblich. Die Gestik ist weiblich, empfindet irgendwie weiblich (...) Und dabei ist es so schön, ich sage immer wieder: Es ist toll einen Freund haben, wenn er schwul ist. Dann kann mit ihm reden und sich nicht, keine Bedrohung von ihm dann. Also ich meine, wenn er diese Beziehung geht, ich kann da, er kann so gut verstehn, er empfindet so toll, einfach eine tolle Freundin."

Insgesamt wirkt diese Beziehung eher funktional und weniger emotional tief gehend. Tatsächlich wird eher der Freund als verständnisvoll und einfühlsam geschildert; sie ihrerseits bringt ihm gegenüber – jedenfalls anhand ihrer Darstellung – wenig Verständnis entgegen, sondern bezieht ihre Einschätzung Homosexueller vor allem auf diesen Kontakt.

Sowohl persönliche Freundschaften als auch Begegnungen im beruflichen Kontext schildert **Lena.** Dabei ist sie eine der wenigen, die auch von persönlichen Begegnungen mit Homosexuellen noch in der Sowjetunion zu berichten weiß. Sie lernte einen ihrer ältesten Freunde 1987 an der Universität kennen, *„ich glaube, das war es schon, damals war es nicht so streng."* Zudem ist sie hier mit zwei (russischen) Balletttänzern befreundet und begegnet durch ihren Beruf vielen HIV-Patienten, die zu *„80 %"* homosexuelle Männer sind. Aber auch von Begegnungen mit homosexuellen Frauen kann sie berichten, was zu einer konsistent ablehnenden Haltung führte. Im Studium hier in Deutschland erlebte sie sie als aggressiv und distanzlos, wobei sie dies nicht verallgemeinern möchte, aber auf ihre persönlichen Kontakte bezogen gibt sie diese Einschätzung ab:

„Ich hab eine lesbische Mitkommilitonin jetzt hier an der Uni gehabt, und ich find die, nicht alle, aber die Lesben, die ich kenne, die lesbischen Frauen, die sind irgendwie aggressiver."

Das Aggressive bring sie vor allem mit zwei Erlebnissen in Zusammenhang:

„Ich wurde dann auch irgendwie von ihr belästigt, und ich hab 'n bisschen Angst davor. Deswegen vielleicht ich hab diese Abneigung dann davor."

Zudem empfand sie als unangenehm:

„Die Frauen, die da ein bisschen nach Frau aussehen, dann hat sie auch irgendwie das auch ganz böse angeguckt und auch verbal angegriffen."

Ihre Abneigung gegen homosexuelle Frauen bringt sie klar mit diesen Erlebnissen in Verbindung, die zweierlei Aspekte haben: sexuelle Annäherung und aggressive Entwertung von betonter Weiblichkeit durch diese homosexuellen Frauen. Ihre Meinung zu homosexuellen Männern ist demgegenüber weniger explizit ablehnend, wobei sie dies ebenfalls mit ihren persönlichen Kontakten begründet. Anfangs fand sie es jedoch überraschend, dass ihr Freund viel über seine Homosexualität mit ihr sprach:

„Das war ein erste Kontakt, vor allem, er hat auch viel von gesprochen, und das, also mittlerweile hab ich mich dran gewöhnt. Also seine, er hat auch viele Freunde gewechselt, also viele Partner. Und er war irgendwie, fand ich auch, sogar empfindlicher als eine Frau, was dann die sexuelle Beziehung oder Partnerschaft angeht. Das hat mich damals überrascht."

Dass der Freund sich ihr öffnete und über sich sprechen wollte, hat sie scheinbar befremdet, als würde seine angedeutete Promiskuität nicht im Einklang mit tieferen Gefühlen stehen können, aber seine Nähe schätzte sie dennoch:

„Ja, vor allem die Themen, was die interessieren, was, mit denen kann man, also mit meinem Freund damals an der Uni, konnte ich alles, also bis zur Schminke, Körperpflege, der war besser informiert als ich, Klamotten (...) das ist schon wie eine richtige Freundin. Das hat schon Spaß gemacht."

Das Begründungsmuster für die als positiv bewertete Beziehung ist zum Teil bis in die Wortwahl mit dem von Zasa identisch. Und auch hier fehlt ja bei homosexuellen Männern die durch die homosexuellen Frauen bedrohlich erlebte sexuelle Annäherung. Nur dass das Gefühl von Nähe darüber hinaus auf den

Austausch über Äußerlichkeiten beschränkt bleibt. Im Umgang untereinander empfindet sie das Verhalten der Männer angenehm, *„fürsorglich"*, wie sie es bei den HIV-Patienten an ihrem Arbeitsplatz in der Ambulanz erlebt hat:

„Naja, was man alles so mitbekommt, und was ich da zum Beispiel in dieser HIV-Ambulanz erlebt habe, die haben dann zum Beispiel, der Partner hat dann seinen Freund immer dann zu Arztterminen begleitet, und die sind dann, so die leben ganz normal wie eine Familie. Sogar vielleicht, denk ich manchmal, sie gehen miteinander en bisschen so liebevoller und verständnisvoller um. Vielleicht ist so außenseit-, nur aber äußerliche"

Allerdings äußerte sie auch Zweifel, ob dies vorgetäuscht sein könnte, was im Kontext der Begegnungen in der HIV-Ambulanz schon überrascht – als würden die Partner dort nur Besorgnis vortäuschen. An anderer Stelle meint sie: *„Das ist wie ein Parallelwelt, ich kann das selbst nicht verstehen."* Und dies, obwohl sie vielfältige Kontakte schildert und im täglichen Berufsleben Homosexuellen begegnet, deren Lebensrealität sie jedoch nicht wirklich zu berühren scheint. Diese Aussage fällt in dem Kontext, dass sie Homosexualität bei ihrem eigenen Sohn nicht gerne sähe, wobei sie eine derjenigen ist, die ihren Wunsch nach Enkeln als leitendes Motiv dafür als *„egoistisch"* benennt, aber nicht in Zweifel zieht. Zusammengenommen orientieren sich ihre Einstellungen Homosexuellen gegenüber an eigenen Kontakterfahrungen, die jedoch eher oberflächlich wirken. Da, wo eine Wahrnehmung der Gefühlswelt Homosexueller möglich wäre, schottet sie sich gewissermaßen ab und zieht die Wahrhaftigkeit dieser Gefühle in Zweifel.

Die letzte unter den *TNeS* mit mehr und minder intensiven Kontakten zu Homosexuellen ist **Kira.** Ihre Situation ist biografisch bedingt ein Sonderfall. Kira ist jüdischer Herkunft, wanderte nach ihrem Schulabschluss zunächst in die Vereinigten Staaten aus und kam erst nach dem Studium aus familiären Gründen nach Deutschland. In der Sowjetunion hatte sie keinerlei persönliche Kontakte zu Homosexuellen, obgleich sie aus ihrer Jugend ein aufwühlendes Erlebnis berichtet. Sie hatte einen Film über die Verfolgungen durch die Nationalsozialisten gesehen. In einer Szene waren Menschen im Wald zusammengetrieben worden:

„Ich hab in Russland genügend Filme über den Krieg gesehen, (...) als die Nazis irgendwie oder irgendwas, weiß ich das, haben die immer gesagt: Juden, Homosexuellen und Zigeuner ein Step nach vorne, irgendwie. Und das hat mich so geprägt, dass zum, erstens natürlich wegen diese Juden, klar, und zweitens, dass die (Homosexuellen, P. S.) auch immer darunter leiden mussten. Ich glaub nicht persönlich, dass die gesellschaftlich untergestellt werden sollten, weil, wie gesagt, was im privaten Leben sich befindet, dass ist privat und das ist sein eigenes und niemand anders hat Recht darauf, irgendwie sich einzumischen."

Einen Schritt vorzutreten hieß, dass sie erschossen wurden. Noch in der Art, wie Kira diese Erinnerung, die für sie absolut zentral ist, schildert, ist ihre innere Bewegung spürbar; sie kommt im Laufe des Interviews auch darauf zurück. Zunächst leitet sie daraus auch für sich eine unzweideutige tolerante Haltung ab, die aber nicht Bestand hat. In sehr vielen ihrer Äußerungen finden sich starke Entwertungen, die immer wieder auch darauf gründen, dass das *„Konzept"* Homosexualität *„unphysiologisch ist"*. Diese Spaltung zwischen der Reaktion auf das initiale Erlebnis und solchen Einstellungen ist zunächst schwer verstehbar, auch vor dem Hintergrund ihrer weiteren Begegnungen mit Homosexuellen. Kira sagt aber auch selbst:

„Vielleicht ist das auch irgendwie mein Problem, wo ich mich mit diesem Thema innerlich nicht befassen möchte oder darf."

Sie formuliert also ein Denkverbot, zwischen ihr und dem Thema Homosexualität soll eine Trennung hergestellt werden, wahrscheinlich dieselbe Trennung, die bis zum Anschauen des Films Bestand hatte. Dieser Film aber setzte Juden und Homosexuelle (und „Zigeuner") gleich und schuf eine lebensbedrohliche Nähe. Zudem war Homosexualität in der Sowjetunion verboten, sodass schon dadurch eine Identifikation mindestens erschwert war, was aber noch eine Verstärkung durch die Beschimpfung von Juden als homosexuell erfuhr:

„Irgendwann als kleines Kind, obwohl ich das gar nicht wusste, was das ist, oder was das soll, ich hab nie wirklich darüber nachgedacht, und das wurde so als Beleidigung, als Jude so benutzen. (...) Und das wurde als beleidigendes, schmutziges Wort benutzt, als ich so größer wurde und irgendwie, ich wusste das, dass irgendwas, ich weiß, das irgendwas Schlechtes ist. Aber was genau, mit zwölf oder 13 oder 14 oder 15 oder 16, wusst ich noch nicht."

Noch bevor sie also wusste, was homosexuell bedeutet, war ihr aber klar, dass es eine Entwertung sein musste, die der Aufrechterhaltung einer eigenen positiven Identität, die durch die Stigmatisierung als Jüdin schon erschwert war, nicht dienlich sein konnte. Und dann, nach ihrer Auswanderung in die USA, hatte sie im Studium einen Psychologie-Dozenten, von dem sie Folgendes berichtet:

„Das war ein Psychologe, in mein Psychology-Kurs in M. Er war super aussehend, super frech und ich hätt nie gedacht, oder woher soll ich das wissen, ob er irgendwie homosexuell ist oder nicht und dann, ich weiß nicht, warum es gar nicht ging, das Thema, und er hat es, und er hat gesagt: And here comes the smart ass jewish gay from New York und this and that und so er hat. (...) Und ich fands: Whow! Der spricht da so offen darüber und irgendwie, ich fand es einfach komisch, aber das war so, so seine verbunden, ich kann mich gar nicht erinnern, warum es ging aber so, dass er erstmal Jude ist und dann smart ass und gay irgendwie. Ja, das ist vielleicht die schon zwei Gruppen, die sich irgendwie vielleicht, irgendwie sondernhaft fühlen. Ich weiß nicht, warum er das so betont hat."

Der Dozent fügt beide Identitäten zusammen und trägt sie selbstbewusst zur Schau. Kira reagiert indifferent, sie staunt und findet es komisch und ist ratlos, warum er sie zusammenbringt. Auch hebt er eine von ihr als notwendig erachtete Abgrenzung auf. Dass sie diese Abgrenzung vornimmt, wird in einer Vielzahl von Stellungnahmen deutlich, selbst wenn sie in Deutschland durchaus Kontakte pflegt, aber stark darauf achtet, Homosexuelle nicht als Homosexuelle wahrzunehmen:

„Doch, ich wirklich, ich empfinde sie nicht als irgendwie Homosexuelle, sondern als Menschen. Und alles, was da hinten passiert, ich will da nicht zu denken und schalt mich ab. Das interessiert mich nicht. Oder vielleicht doch in meinem Unterbewusstsein, aber ich find das irgendwie für mich unwürdiger, darüber nachzudenken."

Die Abneigung hat durchaus weiter Bestand, wobei sie im Kontakt durch eine Art angeeigneter doppelter Buchführung abgemildert wird. Dennoch, selbst bei ihren Schilderungen entspricht ihre Mimik dem, was sie sagt – sie drückt klar Ekel aus:

„Ekelhaft fand ich das. Und so im Laufe der Jahre, wie gesagt, ich hab gelernt für mich abzugrenzen, was Menschen sind und inwiefern ich mit denen, ich mich beschäftige als Menschen. Und wie gesagt, was die privat da erleben möchten, das ist ... ehrlich gesagt, das interessiert mich nie so sehr, dass ich meine Freunde oder Bekannten fragen würde, wie ist das bei euch? Ich glaube einfach, dass mich das nicht genügend interessiert, dass ich mich damit so intensiv befassen würde oder bis jetzt gemacht."

Auf diesem Wege gelingt es ihr, Kontakte zu haben und wohl auch zu pflegen, zugleich aber nichts wirklich über Homosexuelle und wie sie zusammenleben, was sie beschäftigt etc. zu wissen. Tatsächlich gibt sie auf weiten Strecken eher stereotyp wirkende Einschätzungen, die oftmals klar entwertenden Charakter haben. Dennoch gibt sie an, dass ihre persönlichen Kontakte ihre Einstellung zu Homosexuellen deutlich *„positiv"* beeinflusst hätten. Dabei betont sie aber auch, dass sie keine homosexuellen Frauen kennt, von denen sie aber sagt, sie empfinde sie aufgrund einer starken Neigung zur Maskulinisierung als sehr bedrohlich. Auch hier gibt es einen Hinweis auf innere Gründe für ihre ablehnende Haltung.

Zusammengenommen herrschen bei Kira gewiss sehr persönliche und innerlich konflikthafte Beweggründe für ihre Einstellungen vor, auf die aufgrund der Angaben jedoch tendenziell geschlossen werden kann. Homosexualität wird als etwas Bedrohliches empfunden, weil die Identifikation mit Homosexuellen, die aktiv durch die Beschimpfung von Juden als homosexuell vorgenommen wurde, in assoziativer Nähe zu Mord und Vernichtung durch die Nationalsozialisten steht.

4.2 Frauen aus Polen (*TNPo*)

4.2.1 Spezifische Aspekte der soziokulturellen Rahmung in der Herkunftsgesellschaft vor dem Hintergrund des Untersuchungsgegenstandes

4.2.1.1 Tradition und Werte

Anders als bei den Frauen aus der ehemaligen Sowjetunion hat die Situation der *TNPo* dort einen ungleich stärkeren Bezug zum religiösen Leben gehabt. Dabei war in den Interviews von normativem Druck staatlicherseits eher selten zu hören. Wenn vom normativen Charakter gesellschaftlich vermittelter Traditionen und Werte die Rede ist, entsteht auf der Makro- und Meso-Ebene ein eher uneinheitliches Bild, das erst bei der spezifischen Frage nach Religion, Religionserziehung und Glauben charakteristische Züge gewinnt. Dann hingegen zentrieren sich die Angaben um die religiöse Erziehung, die Verbundenheit mit der katholischen Kirche und die Auseinandersetzung mit ihr, um mit dem Glauben verbundene, hergebrachte Moralvorstellungen, Familienorientierung und traditionelle Geschlechterrollen. Die Rolle des Staates und der sozialistischen Gesellschaft und damit verbundener Werte findet kaum Betonung, wodurch ebenfalls die dominante Stellung der katholischen Kirche nochmals betont wird.

Lediglich Tini kommt auf den Zusammenhang von Werten und dem politischen System zu sprechen, wobei sie unter den *TNPo* eine Sonderstellung einnimmt, weil sie bereits mit 13 Jahren, als ihre Eltern aus beruflichen Gründen in die DDR zogen, Polen verließ. Insofern hatte sie bereits früh Vergleichsmöglichkeiten:

„Polen ist ja so das, die hatten (...) sehr kleine Bürgerschicht, dann kam der Zweite Weltkrieg, wo sehr viele von der, aus der Intelligenzschicht ermordet wurden, dann kam der Kommunismus, der die Leute sozusagen von ganz unten erst mal nach oben brachte. Und der die Intelligenz ebenfalls bekämpfte und der die Leute irgendwo moralisch, denk' ich, degeneriert hat, so, wenn man die anguckt, die in den LPGs gearbeitet haben, in staatlichen Betrieben. Es war so, es gehörte dem Staat, dann durfte man klauen. (...) Das taten alle. Also theoretisch war es sanktioniert, aber im Grunde genommen taten das alle, um zu überleben. Weil es ja nicht einem selbst gehörte, ja, und diese, diese 50 Jahre, die haben alle sehr viel Schlimmes angerichtet. Ja, also die Leute sind auch verunsichert in ihren Werten. Das ist das, was in Westdeutschland nicht passiert ist und in Ostdeutschland auch nicht so weitgehend. Weil es denen materiell auch besser ging."

Wie gesagt, Tini steht mit dieser Art der Einschätzung des polnischen Systems allein da. Aber es könnte sein, dass sie damit implizit einen Hinweis gibt, warum solche Aussagen in allen anderen Interviews fehlen: weil schlicht kaum verbindliche, unabhängig von der Kirche vermittelte Werte adaptiert wurden (wenngleich dies nicht den selbstverständlichen Verstoß gegen das siebte Gebot - „Du sollst nicht stehlen" - zu erklären vermag). Aufgrund ihrer Vergleichsmöglichkeiten mit der DDR untermauert sie diese Einschätzung dahin gehend, dass sie feststellt, in Polen habe es kaum politische Indoktrination gegeben, zumindest soweit sie es für ihre Schulzeit bezeugen kann:

„Nein, in Polen hatt' ich das eigentlich nicht so richtig mitbekommen. Da war ich auch ziemlich klein, ja. Ich bin mit 13 dann nach Ostberlin gekommen, aber dann hab' ich den Unterschied bemerkt, weil wir wurden in der Schule wenig indoktriniert. (...) Und in die DDR war das viel stärker, und dann kam also solche Sachen, dass die, ich brauchte vieles nicht zu machen, weil ich eben die polnische Staatsbürgerschaft hatte, was also auch wie son Schutzschild war, ne? Nee, ich brauchte nicht in die FDJ einzutreten, und bei diesem Wehrunterricht mitzumachen und, und solche Sachen. Dann sagt ich immer, ich sei Mitglied der des polnischen Jugendverband, und das nahmen die mir alle ab, obwohl das überhaupt nicht stimmte. Ja, das war für die nicht vorstellbar, dass man's nicht war."

Nebenbei gibt sie damit noch einen Hinweis darauf, dass die Mitgliedschaft im Jugendverband anders als im sowjetischen Komsomol offenkundig nicht obligatorisch war. Wenn also von den anderen *TNPo* weder die Mitgliedschaft in Jugendverbänden oder der Partei noch die Unterordnung unter vom System vorgegebenen Normvorstellungen mit dem Ziel der Priorisierung kollektiver Leistung für die sozialistische Gesellschaft erwähnt werden, dann liegt die Annahme nahe, dass diese Aspekte in ihrer Alltagserfahrung kaum Relevanz hatten. Damit kontrastiert demgegenüber aber der Stellenwert der katholischen Kirche.

4.2.1.2 Religion

Was auffallend ist, ist, dass die *TNPo* zwar gelegentlich davon sprechen, dass der Religionsunterricht an den Schulen verboten war, dass jedoch das religiöse Leben andererseits weder im Verborgenen stattfinden musste noch unter Strafe stand. Lediglich Thea macht abweichende Angaben:

„ ... aber die amtliche Seite war kommunistisch. Und da war das alles Religiöse und Katholische war unterdrückt. Also man konnte schon sich ausrechnen, wenn man mit so was kam, dass man Nachteile hätte. In der Schule oder in der Arbeit. Wenn man das offiziell zugeben würde. Die Menschen untereinander, die wussten das alle, dass sie alle katholisch sind. Aber offiziell, an den offiziellen Stellen, Arbeit, Schule oder so, hat man das nicht zugegeben. Praktisch man hat da mitgemacht, was man machen musste, praktisch. Aber im Inneren oder da, wo man sich zurückziehen konnte, zu Hause oder im Gemeindebereich war man wieder frei."

Mag Vorsicht auch geboten gewesen sein, so hieß es dennoch nicht, dass man lange nach einem Ort suchen musste, an dem Religion praktiziert werden konnte, weil die Religion überall im Alltagsleben präsent war, implizit oder explizit. Tatsächlich hatte das Verbot des Religionsunterrichtes an Schulen offenbar lediglich zur Folge, dass er in den Gemeinden und damit in Erweiterung des Familienkreises erteilt wurde, wie Karin deutlich macht:

„... wir hatten erstmal in der Schule Religion, dann nachher aber kurz, in der zweiten Klasse, glaub ich wie ich war, das war schon wieder nicht erlaubt, da mussten wir mal zur Kirche, zum Religionsunterricht."

Hierin kommt eine Doppelbödigkeit zum Ausdruck, die als Muster in verschiedenen Bereichen der polnischen Alltagserfahrung wirksam gewesen zu sein scheint. Es gab zwar auf der einen Seite Verbote, was andererseits aber nicht zwangsläufig hieß, dass das Verbotene nicht erlaubt war, solange es nur mehr oder minder verborgen ablief. Unter den *TNPo* gab es keine Stimme, die angab, wegen ihres Glaubens benachteiligt worden zu sein, selbst wenn das Verhältnis zwischen Kirche und Staat prekär war. Insofern stehen die Aussagen zur eigenen religiösen Erziehung auch nicht unter der Prämisse der Verheimlichung.

Die katholische Erziehung fand beinahe ausnahmslos in allen Familien der *TNPo* statt, die zudem auch in den Gemeinden aktiv waren. Lediglich Tini gibt an, dass ihre Eltern strikt antiklerikal waren und die Kirche für bigott hielten. Eine gewisse Distanz kommt auch bei Helena zunächst zum Ausdruck, die von einer scheinbar liberalen religiösen Erziehung spricht. Dennoch steht sie dem Glauben grundsätzlich affirmativ gegenüber, wie sie nach ihrer Lektüre von Bibel, Talmud und Koran resümiert:

„Haben eine gesunde Struktur sozusagen. Das sind, nur um das mal zu sagen, das die richtige Grundlage für jeden einfachen oder weniger einfachen Menschen. Was man damit selbst macht, ist, das is' sone Sache. Das Glauben hat mit der Kirche an sich nichts zu tun. Und in der Form, wie sie jetzt in Polen existiert, ist nicht unbedingt so akzeptabel für mich, aber das Glauben an sich und die Tradition in der, in der Kirche ist Institution."

In den Familien fast aller *TNPo* war die religiöse Erziehung obligatorisch, wobei sie im engen Kontext der jeweiligen Kirchengemeinde stattfand; der sonntägliche Kirchgang gehörte zum Minimum, das zudem die Einhaltung von Fastenzeiten, Gebete etc. beinhaltete. Folgende Aussagen sollen dies illustrieren:

Tina:
„ ... erste muss ich sagen, eben ganz streng katholisch. Natürlich komme ich aus Polen (...) zum Beispiel: Beichten, bei uns war ganz anders regelmäßig und öfter."

Vera:
Ja, wir sind katholisch erzogen alle. (...) Wir sind am Sonntag zum Gottesdienst, ich hatte Religionsunterricht. (...) Uns war bewusst, was das alles bedeutet, mehr aber auch nicht (...) Das hatte ja auch seine Wichtigkeit, das war also bedeutend. (...) Also wir wurden aufgeklärt, auch von den Eltern, was es heißt, warum feiern wir jetzt das und das und das? (...) Hatten so die Fastentage auch befolgt, aber nicht sehr streng."

Eva:
"Meine Familie ist son bisschen noch religiöser im Sinne, dass das Ritual, also da bin ich im Mai jeden Tag in die Kirche gegangen. (...) Sonst in die, die Sonntagskirche und alle Feiertage, das, das war überhaupt nicht mal gefragt, das war ne klare Sache, man ist einfach hingegangen. Alle sind hingegangen."

Helena:
"Nein ich fand das so toll bei mir zu Hause, ich durfte, ich musste nicht in die Kirche, ich durfte Religionsunterricht hingehen, das war unsere Entscheidung. Ich hab das alles kennen gelernt."

Martha:
"Ich bin katholisch erzogen worden, bin getauft und, natürlich meine Familie, meine Eltern haben sehr großen Wert darauf gelegt, geregeltes Leben zu führen in dem Sinne, dass man einmal in der Woche in die Kirche geht."

Rita:
"... ich bin extrem katholisch erzogen."

Karin kritisiert den Kirchgang, aber nur weil die Luft so schlecht war:

"... war sehr schlechte Luft und durch dieses – ja, wie heißt das denn? (I: Weihrauch) Kajidu, Weihrauch genau, war ich wohl irgendwie empfindlich, ich bin fast jeden Sonntag umgekippt. (...) Also das war für mich der schlimmste Gang, weil ich in die Kirche musste. Und ich hab' alles versucht, um nicht hinzugehen. Und ich hab' mich tierisch geärgert, wenn ich dann musste, und ich musste auch."

Gabi:
"Ja, zum Kirche gehen, beten und so, also, das war ganz normal. (...) Ach, ich konnte nicht sagen: Nein. Ich muss zur Kirche gehen, ja. Ja. Am Sonntag immer, ich muss. Nein, keine Ausrede, nein."

Ursel:
"Es gab kleine Kriege zu Hause mit meinem Bruder zum Beispiel, der überhaupt nicht also in die Kirche gegangen ist und so weiter."

Ulla:
"... dass man dann um halb neun in der Kirche sein musste, das ist das ein Kind ja am Sonntag, ein einziger Tag in der Woche, was man ausschlafen könnte und dann in die Kirche. Das musste sein, das war gern gesehen."

Thea:
"... die polnische Kirche hat mich stark geprägt."

Mag gelegentlich in den Aussagen auch Kritik mitschwingen, und sei es der Ärger über das frühe Aufstehen oder den Weihrauch, so wird doch deutlich, dass der Katholizismus im Leben fast aller *TNPo* eine feste, normative Kraft entfalten konnte, allein schon weil die Zugehörigkeit zur Glaubensgemeinschaft, zur Gemeinde bindend war und den *TNPo* keine Alternative blieb – Weihrauchunbekömmlichkeit hin oder her. Dabei übte die Kirche auch Druck aus, wenn es um die Sakramente ging. Eine Parallele zur KPdSU, in der die Mitgliedschaft notwendig war, wollte man Karriere machen, könnte in folgender Begebenheit zu sehen sein. Ursel erzählt:

„... und Geschichten, die ich dann gehört habe (...) Zum Beispiel, dass er (der Priester; P. S.) *also ein Kind nicht taufen wollte, weil der Vater war, ich weiß nicht in, bei der Partei ja? Oder ja. Solche Sachen oder meine beste Freundin, also die Tochter von einem, damals noch, Beamten bei Miliz ja, der wollte zur Kommunion also sich schicken, auch nicht, ja? Weil dann müsste er von ja von der Arbeit. Und als er mit dem Priester das irgendwie ganz heimlich also erledigen wollte, absolut nicht und so weiter und so fort ..."*

Einem Familienmitglied gläubiger Katholiken die Sakramente zu verweigern, weil ein Angehöriger Mitglied der Partei war oder Beamter im Staatsapparat, hatte gewiss einen ähnlichen Stellenwert wie die Verweigerung der Karriere in der Sowjetunion, wenn jemand nicht Parteimitglied war. Diese Schilderung, wenngleich ein Einzelfall (wobei nicht gezielt nach solchen Begebenheiten gefragt wurde), wirft ein Schlaglicht auf die Macht der katholischen Kirche, die sich eben nicht auf Werte der sozialistischen Gesellschaft, sondern auf die weitgehend allseits geteilten spirituellen Bedürfnisse der Bevölkerung bezog. Der Katholizismus entfaltete im Leben der *TNPo* von Kindheit an eine unbestreitbare Wertmächtigkeit.

4.2.1.3 Rollenerwartungen

In ihrer Anzahl sind diejenigen *TNPo* in der Mehrheit, die eine unterschiedliche Stellung von Mann und Frau in der Gesellschaft der ehemaligen Volksrepublik Polen betonen, wobei in der Regel die Bevorzugung des Mannes hervorgehoben wird. Allerdings werden spezifische Akzente gesetzt. Allgemein wird erwähnt, Männer hätten eine bevorzugte Stellung in der Gesellschaft und in den Familien innegehabt, was oftmals damit illustriert wird, dass sie beispielsweise nicht zu Hausarbeiten herangezogen wurden, während Frauen und Mädchen selbstverständlich für die Haushaltsführung zuständig waren. Dieser Umstand findet beinahe durchgehend Erwähnung bis hin zu Gabis Aussage, dass der Haushalt für Männer „tabu" war:

„Aber in Polen die Frauen, sie müssen immer zu Hause sitzen oder arbeiten, aber kochen, putzen, bügeln. (...) Haushalt? Das ist für Männer tabu. (...) Wir haben Haushalt zu Hause gemacht, ich und meine zwei Schwester. Und meine Brüder nein."

Besonders im Vergleich mit Jungen und Brüdern fällt den *TNPo* auf, wie unterschiedlich deren Stellung in der Familie war. Tini erwähnt beinahe sarkastisch, dass die Jungen in der Zeit, in der die Mädchen putzten, lernen durften. Auch sonst war ihnen eher erlaubt, zu tun, was sie wollten. Thea:

„Weil die Jungs durften sich mehr, vielleicht mehr erlauben. Ich hatte einen großen Bruder und der durfte dahin und dahin und ich immer nicht."

Sie ergänzt, es sei so gewesen, weil sie kleiner war. Auch Karin schildert zunächst die Bevorzugung des Bruders, nennt dann aber einen Grund, warum das gewissermaßen auch richtig war:

„In der Erziehung? Kommt drauf an. Ich hatte bestimmt schwerer als mein Bruder. Ja. Ich hatte schwerer, nicht er. (...) Ja, ich wurde öfter bestraft, ich hab' auch mehr also Unsinn gemacht."

In beiden Fällen wird ein Ungleichgewicht wahrgenommen, dann aber rationalisierend zu eigenen Ungunsten gerechtfertigt. Ohne dass dies zu verallgemeinern wäre, könnte es aber durch die von Eva festgestellte *„Bevorzugung von Männern seit Generationen"* erklärbar sein – gewissermaßen als Gewohnheitsrecht. Obgleich auch die *TNPo* häufiger betonen, dass sie für sich selbst genommen die Einteilung in Geschlechterrollen ablehnen, wiederholen sie doch deren Vorherrschen in der polnischen Gesellschaft, wobei des Öfteren der Hinweis kommt, dass Frauen aufgrund gesellschaftlicher Vorgaben die Doppelbelastung von Familie, Erziehung und Haushalt einerseits sowie Berufstätigkeit andererseits zu tragen hatten. Rita schildert es so:

„Schon sehr traditionell, einerseits sehr traditionell durch die Kirche geprägt, also die Frau hat sich um die Kinder zu kümmern, Haushalt so und Erziehung und sonstige gute Beziehungen. Die Männer haben sich nicht einzumischen. (...) Also in dem kommunistischen System konnte (...) die Frauen mussten genauso berufstätig sein wie die Männer. (...) Weil die Frauen haben alle einerseits ihre traditionelle Rolle erfüllt, andererseits mussten sie dann auch in den anderen Bereich."

Diese Doppelrolle wird, wo sie Erwähnung findet, als Belastung identifiziert, die dann doch mit dem politischen System in Zusammenhang steht. Neben Rita sehen auch Thea und Martha diese Form der *„Gleichberechtigung"* kritisch, während fast alle *TNPo* zugleich darauf hinweisen, dass nicht allein der Haushalt, sondern auch die Kindererziehung als Folge von Mutterschaft eher

Frauensache war, aus der sich Männer heraushielten, obwohl dies in einzelnen Familien nicht durchgängig so erlebt wurde. Für den gesamtgesellschaftlichen Kontext wird diese Tendenz jedoch in der Regel bestätigt. Sehr häufig wird es mit der emotionalen Nähe der Mutter zum Kind begründet, die der Vater nicht bieten könne, weil er als Mann, anders als die Frau, nicht fürsorglich sei. Diese Einschätzung steht im Einklang mit der Erfahrung, dass Männer weniger emotional seien, ihre Gefühle für sich behielten und sich in dieser Beziehung auch nicht austauschen würden. Männer seien härter – diese Einschätzung fällt oft und stimmt mit Erziehungserfahrungen in Polen überein. Ursel hat es in ihrer Familie erlebt:

„Also bei meinem Vater, ganz extrem. Also der wollte immer also ganz strenge Jungs haben, ja? Die also ich weiß nicht, physisch ganz viel ertragen können und so weiter und so fort und bei meinen Brüdern ist es so, dass der Älteste also im Gewichtsheben in Polen also ganz ja, viel gemacht hatte und so weiter und so fort. Und der zweite also, der hat sich immer für Geschichte interessiert und hat in der Nacht immer gelesen und gelesen und ist groß, aber schlank und war immer also nicht sportlich und so weiter und so fort. Und das hat meinen Vater also dermaßen manchmal geärgert, dass da böse Worte gefallen sind und nicht nur manchmal ja? Oh ja. Und dann wurd' er geschlagen."

Auch Rita erwähnt, dass Jungen hart und wehrhaft sein sollten und unterstreicht dies als den Teil der Erziehung, der vom Vater übernommen wurde. Bereits in der Erziehung wurden also die später im Erwachsenenleben vorherrschenden, an traditionellen Normvorstellungen orientierten Geschlechterrollen tief verankert. Dabei war es jedoch an den Frauen, sich den Mehrfachbelastungen durch Familie, Haushalt und Beruf zu unterwerfen, ohne dass für die Männer etwas Ähnliches in den Beschreibungen der *TNPo* zum Ausdruck kommt.

4.2.1.4 Sexualität

Zum Thema Sexualität, bezogen auf die Makro-Ebene, finden sich bei den *TNPo* kaum generalisierbare Angaben. Zur Sexualmoral in der Gesellschaft gibt es nur wenige Informationen, obschon zum Thema Homosexualität schon mehr Angaben gemacht werden, was gewiss auch mit dem Fokus der Untersuchung in Zusammenhang steht. Im Allgemeinen aber klingen nur gelegentlich Hinweise durch, die bezüglich Sexualmoral auf den Makro-Kontext Bezug nehmen.
Martha und Rita weisen darauf hin, dass das Thema in Polen öffentlich kaum Raum hatte. Martha erwähnt es eher indirekt, als sie auf die Frage nach ihrer Aufklärung sagt, dass das *„zu wenig"* war *„und ich bin in Polen groß geworden"* – als wäre damit schon alles gesagt. Rita führt ein wenig ausführlicher aus, dass in Polen eine *„ungesunde Atmosphäre aus Neugierde und Unwissen"* herrschte, die sie auf die traditionellen Familienvorstellungen zurückführt, dass Ehe und Kinder zusammengehören, worin Sexualität dann nur

implizit zum Ausdruck gebracht wird. Zusammenfassend spricht sie von der „*vollkommenen Unaufgeklärtheit*" der polnischen Gesellschaft. In puncto Sexualität werden darüber hinaus auch im Gruppeninterview Aussagen gemacht, die Ritas Angaben stützen und sich auf den Umstand beziehen, dass die meisten Frauen einen obligatorischen Ehevorbereitungskurs in den jeweiligen katholischen Gemeinden besuchten. Die hier vermittelten Inhalte zum Thema Sexualität werden jedoch als „lächerlich" beschrieben. In der Rückschau wird amüsiert darüber berichtet, dass von allen Teilnehmerinnen dieser Ehevorbereitungskurse „zwei Drittel" bereits schwanger waren. Die Sequenz soll zur Veranschaulichung etwas ausführlicher zitiert werden:

Eva:
„*Also ich hab' das, ich hab' das Ganze, ich kann das von persönlicher Seite alles erzählen, weil ich das nämlich auch persönlich erfahren habe, weil ich in Polen geheiratet beziehungsweise dafür dahin gebracht wurde, fast zu heiraten. Und da musste ich in so ein, ein Kursus, also Ehevorbereitungskursus von der Kirche, weil ich auch in kirchlicher Form geheiratet habe, musste ich einen Kursus machen.*"

Helena:
„*Genau. Sonst durfte man nicht ...*"

Eva:
„*... also heiraten. Okay, ich machte dann die Scheine, also Taufe, Kommunion und Firmung, klar, das waren dann die Sakramente, das musst' ich haben. (...) Und dann war nochmal, muss man dann, dann, was weiß ich, das waren acht Mal musste man da so zu eine Eheberatung gehen.*"

Helena:
„*Na, die war lustig.*"

Vera:
„*Und das Beste war (Lachen), zwei Drittel alles da waren, die schon schwanger (Lachen). Das war ganz süß. Und, und, aber der, der Pfarrer war so lustig, der hat also, er zwar sein Pensum an Soll ...*"

Helena:
„*Was erzählte er euch eigentlich?*"

Vera:
„*Man darf natürlich nicht...*"

Eva (fällt ins Wort):
„*Hör mal! Er hat, er hat einfach das ist ihm eigentlich das, wie nennt man das? HypokrIsie, also hypokritisch also Heuschie-, Heu- das Heu- Heuchlerische an der*

Kirche zum Teil also. Der musste sein Gesetzespensum da uns dann vorlesen, aber eigentlich hat der eigentlich nur sinnvolle, rationale und eigentlich Ratschläge erteilt. Und die Leute haben alle Beichte bekommen und konnten, da musste man zur Beichte gehen, damit man nachher dann, und so weiter und so fort. Ja, man hat eben gebeichtet und deswegen war, das ist eben das Zauber ne? – Weggezaubert."

Noch im Gespräch über diese Ehevorbereitungskurse kommt das Sexuelle nicht explizit zum Ausdruck, aber es wird deutlich, dass eine traditionelle katholische Sexualmoral obwaltete, die sich allein schon in der Institution des Ehevorbereitungskurses manifestierte, den alle besuchen mussten, wenn sie kirchlich heiraten wollten. Die Form blieb gewahrt und das Offenkundige, die *„Sünde"* des vorehelichen Geschlechtsverkehrs, wurde mit der Beichte *„weggezaubert"*. Auch hier kommt jenes Muster zum Ausdruck, das oben bereits Erwähnung fand: die Doppelbödigkeit im Umgang mit Verboten, die Eva als *„HypokrIsie"* bezeichnet. Denn wenn zwei Drittel der Frauen im Ehevorbereitungskursus bereits schwanger waren, heißt dies selbstverständlich, dass sie bereits Erfahrungen mit Sexualität hatten. Waren sie aber auch aufgeklärt?
Für die *TNPo* gilt, dass dies von einer nicht geringen Anzahl bejaht wird. Immerhin fünf Frauen geben an, dass sie in der Familie aufgeklärt wurden. Vier Frauen erwähnen den Aufklärungsunterricht an den Schulen. Ebenso oft wird das Gespräch mit Freundinnen als Quelle der Aufklärung genannt und mehrfach findet auch das „Selbststudium" durch immerhin verfügbare Bücher Erwähnung. Nur zwei Frauen geben an, gar nicht aufgeklärt worden zu sein, von einer liegen keine Angaben vor. Im eigenen Umgang mit Sexualität bestehen zwischen den *TNPo* Unterschiede, die in ihrer Offenheit dem Thema gegenüber zum Ausdruck gebracht werden. Immerhin fünf Frauen finden es schwierig, offen über dies Thema zu sprechen: Vera, Eva, Rita Karin und Thea. Einige von ihnen betonen, es sei nur in einem *„vertrauten Kreis"* ansprechbar. Diese Formulierung findet sich auch bei anderen, die jedoch nicht primär betonen, dass sie ungern über Sexualität sprechen. Helena, Martha, Ursel und Ulla bezeichnen sich als offen und geben an, dies Thema bereite ihnen keine Probleme, wenn sie darüber sprechen würden, aber nur eine Minderheit berichtet von eigener erfüllter Sexualität oder im engeren Sinne von sexuellen Erfahrungen. Dies sind lediglich Ursel und Ulla, aber auch Gabi spricht von ihrer Affäre mit einem verheirateten Mann noch in Polen. Von daher wisse sie, wie es ist, wenn man verliebt ist, und aus diesem Grunde, auch wenn sie darunter leide, könne sie es ihrem Mann nicht übel nehmen, dass dieser sie wegen einer anderen Frau, die er liebe, verlassen habe. Überraschenderweise gehören gerade diese Schilderungen von ihr noch zu den ausführlichen, während sie sich bei anderen Themen oft stark bedeckt hält.
Zudem gibt es eine deutliche Tendenz bei den *TNPo*, zu betonen, dass Aufklärung und das Gespräch über Sexualität mit ihren Kindern als wichtig erachtet werden. Explizit vertritt lediglich Thea ihrer Tochter gegenüber einen

restriktiven Erziehungsstil, diese dürfe keinesfalls bei ihrem Freund übernachten, was immer wieder zu Diskussionen führe. Tina erlaubt ihren Kindern weitgehende Freiheiten, hat aber Kompromisse gemacht, wenn die eigene Mutter zu Besuch kam und sich dagegen aussprach, dass die Freundin des Sohnes bei diesem übernachtet. Während ihres Besuchs wurde die Freundin dann gebeten, bei sich zuhause zu übernachten.

4.2.1.5 Homosexualität

Homosexualität und die Situation Homosexueller in der Volksrepublik Polen wird von den *TNPo* einer weitgehend einheitlichen Bewertung unterzogen. Nahezu alle Frauen sind sich einig, dass Homosexualität in Polen abgelehnt wurde. Durchgehend wurden Homosexuelle als marginalisiert wahrgenommen. Eine positive Konnotierung von Homosexualität wird in keinem Fall berichtet. Allerdings ist auch einigen Frauen bekannt, dass Homosexualität nach polnischem Strafrecht nicht verboten war (nur eine der *TNPo*, Eva, meint explizit, es habe ein Verbot bestanden). Ungeachtet dessen wird Homosexualität wiederholt als tabuisiert beschrieben. Vera:

"Weil da sind jetzt, in Polen, das ist jetzt so, es waren Tabuthema, Zeitlang, ganz lange, unter diesen anderen Regierung, also dem kommunistischen Regierung."

Auch Ursel, die erstmals in den 80er Jahren über eine kursierende Ausgabe des Spiegels mit dem Thema in Berührung kam, gibt an, das Thema Homosexualität habe der Tabuisierung unterlegen:

"Also früher wusste ich nicht, dass so was überhaupt existiert oder so. Das war total, glaub' ich, tabuisiert, also das war kein Thema."

Ebenso sprechen Thea, Gabi und Tina vom *Tabuthema* Homosexualität. Wo jedoch in den Interviews bezweifelt wird, dass es sich um ein Tabuthema gehandelt habe, wird dies mit der völligen Bedeutungslosigkeit von Homosexualität in der öffentlichen Wahrnehmung in Zusammenhang gebracht. So erwähnt Ulla, sie wisse nicht, ob eine Tabuisierung bestanden habe, es sei schlicht so gewesen, dass *„einfach gab es das nicht"*. Karin macht eine ähnliche Aussage dazu:

"Ich kann nur sagen, was, wie das war bei mir, wie ich noch in Polen war und da ich noch ziemlich jung weggefahren bin, es war ein Thema, wo man - eigentlich sich, ich möchte nicht sagen tabu, aber es war nicht so interessant, dass wir haben in der Familie oder in der Nähe keinen, der so war. (...) Gab's eben nicht. Kann ich mich nicht erinnern."

Das heißt, wenn etwas tabu ist, muss man letztlich die Existenz des Tabuisierten anerkennen; nur was gar nicht existiert, braucht auch nicht tabuisiert zu werden. Letzteres würde aber bedeuten, dass Homosexualität und Homosexuelle in der polnischen Gesellschaft überhaupt nicht wahrgenommen wurden. So weit aber geht letztendlich nur Karin, die von sich sagt, in Polen mit diesem Thema überhaupt nicht in Berührung gekommen zu sein. Alle anderen haben durchaus Kenntnis von Homosexualität und der Existenz Homosexueller gehabt, deren Privatleben aber im Verborgenen stattfand.

Wie in anderen Bereichen der Alltagserfahrung, waren scheinbar auch in dieser Hinsicht vor allem die religiöse Basierung der Gesellschaft und der Einfluss der katholischen Kirche maßgeblich. Thea merkt kritisch an, dass Homosexualität deshalb in Polen nicht verboten war, weil die kommunistische Regierung für sich darin keine Gefahr erkennen konnte, daher habe sie *das „in so negative Richtung (lacht) laufen lassen"*. Dieser Kritik an der staatlichen Haltung wird von ihr die Auffassung der katholischen Kirche gegenübergestellt, die sich scheinbar mit der Verleugnung des Themas deckt:

„Also offiziell die Seite der Kirchenseite hat sich zu dem Thema, glaub' ich, nie geäußert. Weil es die Probleme nicht gab. Also man hat die nicht gesehen oder waren die nicht da oder weiß ich was, ne? Also offiziell kann ich dazu nicht sagen, was die Kirche gesagt hat, weil ich das nie gehört habe (lacht), ne? Aber ich kann mir vorstellen, dass sie das nicht gutgeheißen hätte."

Auch in dieser Aussage wird deutlich: Wenn man sich schon nicht gegen die Wahrnehmung eines als negativ bewerteten Umstandes erwehren kann, muss er klar abgelehnt werden. Diese ablehnende Haltung wird wiederholt bestätigt. Martha:

„Haach. Die Kirche hat klare, klare Einstellung und klare Meinung, dass Homosexuelle nicht, werden nicht akzeptiert."

Und Karin ergänzt mit einem praktischen Beispiel:

„Ich denke schon, dass die Polen bisschen strenger darüber denken. Nicht so tolerant sind wie die Deutschen, könnt' ich mir schon vorstellen. Alleine durch die Religion, die dann sagt auch: „Geht hin, vermehrt euch." Wie soll die das denn machen?"

Zum größten Teil scheinen Tabuisierung, Verleugnung und Versagung von Akzeptanz Homosexuellen gegenüber auf ihrer Entwertung als Personen mit spezifischen Merkmalen zu beruhen. Die Entwertung wird auch im Begriff *Pedau* (vgl. JUREK, 2006) und dem davon abgeleiteten Diminutiv *Pädzio*, mit denen Homosexuelle bezeichnet werden, deutlich. Fast alle *TNPo* kennen zumindest den Begriff Pedau, wobei einige zögerten, ihn auszusprechen. Thea und Karin gaben sogar an, sie kennen keinen Begriff für Homosexuelle, was stimmig zur Haltung passt, in Polen habe es Homosexuelle gar nicht gegeben. Was genau die Begriffe bedeuten, können die anderen *TNPo* nicht erklären; Deutungsversuche ergeben jedoch keine positiven Konnotierungen. Rita bringt ihn in Zusammenhang mit sexueller *„Ungebremstheit"*, weil *Pedau* übersetzt Pedal heiße und daher auf Gaspedal hinweisen könnte. Er steht auch in Zusammenhang mit Pädophilie, was in der Gruppendiskussion eindrücklich zur Darstellung kommt. Vera macht zunächst deutlich:

„ ... die Intoleranz in Polen, weil das wird gleich so in Verbindung gesetzt, wenn man über Schwule spricht, das sind die, die Kinder verführen (...), deswegen ist die Intoleranz vielleicht, dass es also, dass, dass, das sind Leute, die gleich Pädophile oder sonst was."

Als dann nach dem gebräuchlichsten Begriff für Homosexuelle in Polen gefragt wurde, antworten alle drei *TNPo* des Interviews gleichzeitig *„Pedau"* und diskutieren dann die Bedeutung:

Interv.:
„Pädau?"

Eva:
„Ja, Pedau das ist Pädophilie."

Interv.:
„Pädophil?"

Vera:
„Nee, dann nee. Das ist Pädo, das ist pädophil. Weil Pädos ist Kind auf altgriechisch. Das ist pädophil. Dass Pedau ist eigentlich ein pädophile ..."

Helena:
„Nee, das ist, das kommt daher, aber da wird nicht nur in Polen ..."

Eva:
„Nein, also ich hab immer verstanden Pedau das Wort, das ist Pädophile."

Helena:
„Das kommt daher, aber in Allgemeinen wird das für Schwule benutzt. Es ist bisschen herablassend."

Eva:
„Aber ich dachte immer, dass es Pädau, das ist immer so pädophil ist."

Helena:
„Also eh, umgangssprachlich."

Vera:
"Also, es kann auch schwul und pädophil also im Zusammenhang gebracht werden ..."

Diese Sequenz macht deutlich, wie allein der Begriff schon im assoziativen Kontext mit Pädophilie steht und eine Erklärung für die von Vera konstatierte Gleichsetzung von Homosexualität mit Pädophilie abgeben könnte, obwohl sich dies im weiteren Verlauf der Diskussion auch unter Zuhilfenahme eines Wörterbuches etymologisch nicht bestätigen lässt. In jedem Fall wird Homosexualität, abgesehen von diesem Hinweis, in Polen immer wieder mit Pädophilie in Verbindung gebracht. Rita schildert beispielsweise:

"Also für viele ist das wirklich, diese Gleichsetzung Homosexualität und Päderastie ist klar. Das sind Dinge, die man weiß von, ja, Deviation sexueller Art, das gehört irgendwie alles zusammen ..."

Auch Ursel erwähnt in einem anderen Zusammenhang, dass Homosexualität in Polen als etwas Deviantes galt:

"Dass man das nicht wie etwas, wie ein Monster sozusagen ansieht, ja? Dass das etwas ganz Normales ist und nicht wie eine, wie gesagt, Deviation in Polen etwas ja Unnatürliches oder so."

Unter diesen Voraussetzungen verwundert es nicht, dass sich Homosexuelle weitgehend im Verborgenen hielten. Dass sie, obschon Homosexualität ja kein Strafbestand war, nicht offen in Erscheinung traten, kommt immer wieder zur Sprache. Dabei treten aber auch Unterschiede und Ausnahmen zutage. So wird häufig erwähnt, wie sehr es vor allem in kleinen Orten, im Heimatdorf oder der Provinz allgemein für Homosexuelle generell unmöglich war, offen zu leben. Ursel vermutet gar, sie wären „gesteinigt" worden (was nach alttestamentarischer Gepflogenheit die gängige Strafe für Homosexuelle wäre). Dass Homosexuelle in der Regel nicht in Erscheinung traten, wird von den *TNPo* durchgängig bestätigt und kann an beinahe allen Interviews belegt werden. An dieser Stelle soll daher den Ausnahmen von dieser Regel nachgegangen werden. Eine Ausnahme betrifft den Unterschied zwischen der Provinz und der Stadt, hier insbesondere Warschau. Rita, die eine transsexuelle Freundin hatte, suchte mit dieser in Warschau gelegentlich Homosexuellen-Cafés auf, die es dort durchaus gab:

„... aber ich war in Warschau, Mitte 80er Jahre, Anfang/Mitte 80er Jahre. Es war nicht gerade einfach, da Kontakte zu knüpfen. Eh, ich hab' mich so weit infor-interessiert, ich wusste, dass da, hier oder da ein paar Lokale gab."

Auch in anderen Interviews kommt es gelegentlich zur Sprache, dass Warschau noch am ehesten die Möglichkeit bot, mit Homosexuellen in Kontakt zu kommen, wenngleich es eine Ausnahme darstellte, wenn Rita den Kontakt direkt von sich aus suchte. Tini ihrerseits erwähnt, dass Homosexuellen in Künstler- und Intellektuellenkreisen noch am ehesten zu begegnen war:

"Also ich denke, dass der Unterschied ist, eben, dass es in Polen ganz lange, also bis in die 90er Jahre hinein ein Tabuthema war. Das heißt, so unter den Künstlern und Intellektuellen wussten es natürlich alle, man wusste, wer homosexuell war und wer nicht."

Und Vera gibt an, während des Studiums an der Universität in Warschau Homosexuellen begegnet zu sein, wo sie jedoch keinesfalls eine tolerantere Aufnahme fanden, auch wenn es sich um eine Kunsthochschule handelte:

"Ich hab' mit Homosexuellen zusammen studiert. Auf unserer Schule war ein Paar, zwei Lesben, und die waren ziemlich ausgegrenzt. Und das war in der Kunstschule sogar."

Mit dieser Aussage will sie unterstreichen, dass sogar die angehenden Künstler intolerant waren, obgleich dies in diesen Kreisen noch am wenigsten zu erwarten gewesen sei, wie das Zitat von Tini nahe legt. Derartige Ausgrenzungen sind also gewiss nicht bloß ein Phänomen der Provinz gewesen, doch es hat den Anschein, als seien es die großen Städte gewesen, in denen Homosexuelle gelegentlich sichtbar wurden. Auch Ursel, die selbst keine homosexuellen Bekannten hatte, berichtet aber davon, dass ihr Mann während seines Studiums in Danzig ebenfalls homosexuelle Kommilitonen hatte. Häufiger fällt also der Hinweis auf die Universitäten in den großen Städten, wenn von einigermaßen offen auftretenden Homosexuellen die Rede ist, wobei ihnen auch hier kein tolerantes Klima geboten wurde.

Wenn die vorangegangenen Angaben vor allem dazu dienen, die allgemeine gesellschaftliche Atmosphäre für Homosexuelle zu skizzieren, soll damit nur der Rahmen abgesteckt werden, in dem Kontakte mit Homosexuellen stattfanden, denn zu solchen ist es für eine Vielzahl der *TNPo* trotz der eher repressiven Bedingungen gar nicht einmal selten bereits in Polen gekommen. An dieser Stelle sollen die Gelegenheiten dieser Kontakte geschildert werden, nicht aber die Qualität der Kontakterfahrung, da diesem Aspekt als einer der bedeutsamsten Einflussgrößen für die Ausprägungsformen von Einstellungen zur Homosexualität noch ausführlich nachgegangen wird.

Begegnungs- oder Kontaktmöglichkeiten ergaben sich, abgesehen von der Universität, wie zum Beispiel bei Ulla und Vera, in mehreren Fällen im Familien-, Freundes- und Bekanntenkreis. Eva erwähnt, dass weitläufig Verwandte homo-sexuell waren und sogar in der Kleinstadt von der Familie akzeptiert wurden:

„Also ich kenne ein paar Sex-, Homosexuelle in der Familie, sind im weiteren Kreis meiner Familie in Polen, und die, das waren Männer, und die haben sich damit bedeckt gehalten, sind dann bewusst weit von der Familie verreist und letztes Endes sind die mal auch nach Deutschland verreist (was in diesem Kontext ausgereist heißt; P. S.). *Und man hat das einfach so quasi unter der verdeckte Hand untereinander drauf hingewiesen, aber ist nicht so, dass die Leute geächtet waren, vielleicht eher durch gleiche Schulkameraden oder, oder irgendwie so über Gleichaltrige, aber in der Familie war das eigentlich nicht so die Ächtung gewesen. Es war voller Respekt und Akzeptanz, obwohl man sagt, ja die Polen katholisch und so. Und das war auf'n Dorf, und das noch auf'n Dorf beziehungsweise in Kleinstadt."*

Die Betonung, dies sei sogar auf dem Dorf oder in der Kleinstadt möglich gewesen, bestätigt im Grunde nur, dass es bloß unter der Bedingung so sein konnte, dass sie sich nicht offen zeigten. Was von Eva gewiss eher als Ausweis der Toleranz gemeint war, macht daher viel eher deutlich, wie selbstverständlich es hingenommen wurde, dass Homosexuelle sich zurückhaltend und diskret verhielten. Auch im Beispiel von Tina gilt dergleichen. Im Kollegenkreis des Ehemannes gab es einen Mann, der auch zum weitläufigen Freundeskreis gehörte und an gemeinsamen Unternehmungen wie Zelten am Wochenende teilnahm:

„So in diese Sinne anders, für mich das war schon, wo wir haben zum Beispiel große Zelt am Wochenende alle zusammen, Frauen, Männer die Kinder mit uns geschlafen. (...) Der hat nur eigene Zelt zum Beispiel gebracht, hat selber in diese eigene Zelt geschlafen (...) Wir haben so: Ach, er wollte nich in Berührung kommen mit Frauen. (...) Wir haben vermutet, er hat Kontakt mit Männer, aber war unsere Kumpel."

Offenkundig hielt er sich sehr bedeckt. Und obschon er mehrfach darauf angesprochen wurde, er könne im Freundeskreis ruhig offen mit seiner Homosexualität umgehen, habe er dies Angebot nicht angenommen, sondern sei für sich geblieben. Möglicherweise spielten hier auch Befürchtungen vor Ausgrenzung eine Rolle, die durchaus auch im näheren Umfeld Homosexueller vorkam. Ebenfalls von Tina wird erwähnt, dass ein homosexueller Cousin in der Familie geächtet und als krank angesehen wird. Auch Rita weiß von einem homosexuellen Cousin, den die Familie verstoßen, buchstäblich *„aus dem Land gejagt"* hat. Und auch hier betrachtete die Familie es als Krankheit. Das Thema Vertreibung spielt zudem in der Begegnung Helenas mit einem Homosexuellen eine Rolle, wobei der zentrale Anknüpfungspunkt der Aspekt Pädophilie ist. Es handelte sich um einen Lehrer an ihrer Schule, der in Verdacht geriet, sexuelle Kontakte mit seinen Schülern zu unterhalten:

„Je kleiner die Stadt, desto schlimmer die Sachen, denn eben dieser Lehrer, von dem ich gesprochen habe, allerdings, ich glaube, das hat er selber verdient, seine Neigung, er war Lehrer, im Übrigen einer der Besten, er hatte schon in der Schule Jungs, die er besonders gern hatte. Und das waren alles Jungs halt im pubertären Alter, und da

kann man schon einen Einfluss auf einen Jungen ausüben. Er muss diese, mit dieser Neigung nicht zur Welt kommen, nicht unbedingt, aber es kann sich gerade zu dem Zeitpunkt entwickeln. Und der hat ja irgendwie gerne da einige zu sich nach Hause eingeladen. Dann war der allein, um, ach, was weiß ich, Nachhilfe, die brauchen es zwar nicht, aber irgendjemand wieder, ob und wie da was vorgefallen ist, darüber hat man nicht gesprochen. Weil das ist nicht, nicht unsere Sache gewesen. Aber irgendwann dann hat man ihn freundlicherweise gefragt, ob er die Stadt doch nicht verlassen möchte."

Wie diese letzten Beispiele zeigen, kann die Neigung, Homosexualität aus der Wahrnehmung zu entfernen, so weit gehen, dass der Homosexuelle vertrieben wird, wenn er sich nicht ausreichend diskret verhält oder Anknüpfungspunkte für gängige Vorurteile bietet. Überall dort, wo Begegnungen mit Homosexuellen stattfanden, gibt es diese Strategien der Nichtwahrnehmung bzw. des Entfernens aus der Wahrnehmung. Einmal verhalten Homosexuelle sich diskret, nicht offen, bleiben für sich, und auf der anderen Seite, wenn sie sich offen zeigen, wie der Cousin in der Familie oder der Lehrer, werden sie physisch verjagt.

In vertrauten Kreisen war aber wohl auch ein tolerantes Klima möglich. Tini berichtet von ihrer Stiefmutter, einer Künstlerin, die sehr viele Homosexuelle gekannt habe, bemerkenswerterweise auch mehrere katholische Priester. Tini ist ihnen selbst häufiger als Kind begegnet, wenn sie in Warschau zu Besuch beim Vater war (sie lebte nach der Trennung ihrer Eltern mit ihrer Mutter und Stiefvater bereits in der DDR). Natürlich galt diese Offenheit nur hinter verschlossenen Türen, denn in der Öffentlichkeit hätte sich keiner der Priester offen homosexuell gezeigt. Auch in diesem Beispiel findet sich also ein Bezug zum Verbergen. Dennoch: Zusammengenommen acht von zwölf Frauen haben noch in Polen Gelegenheit gehabt, Homosexuelle kennen zu lernen. Wie die Option auf Kontakterfahrung im Einzelnen wahrgenommen, gestaltet und erlebt wurde, soll weiter unten näher untersucht werden.

4.2.2 Erfahrungen in der aufnehmenden Gesellschaft

Im Folgenden sollen auch hier die spezifischen Aspekte der Zuwanderungssituation von *TNPo* vor dem Hintergrund des Untersuchungsgegenstandes dargelegt werden. Dabei kommen wie bei den TNeS Aussagen, die einen direkten Systemvergleich zuließen, kaum vor, sie sind eher den Angaben zu in Deutschland vorgefundenen Geschlechtsrollen und der beobachteten Stellung Homosexueller in Deutschland inhärent. Zunächst sollen aber die vorliegenden Erfahrungen mit Diskriminierung und Integration näher beleuchtet werden. Abschließend werden einige Charakteristika bezüglich der Selbstkonzepte und Identität vor dem Hintergrund der Zuwanderungssituation herausgearbeitet.

4.2.2.1 Diskriminierung und Integration

Wenn Diskriminierung thematisiert wird, herrscht in einer Vielzahl der Fälle keine eindeutige Haltung dazu vor, wobei ihr durchaus auch mit selbstbewusstem Auftreten begegnet wird, sodass Diskriminierung oft nicht als verletzend erlebt wurde, sondern als oftmals alltägliches Ereignis, dem man begegnen konnte. Eva schildert eine Begebenheit während ihres Scheidungsprozesses, als sie sich vom Richter mit abwertenden Äußerungen konfrontiert sah und mit heftigem Ärger reagierte, sich jedoch gut von ihrem Anwalt vertreten fühlte:

"Das war dann die letzte Verhandlung, aber ich war schon schwanger. Das war schon drei Jahre nach der Trennung, aber da war ich dann zwischendurch, war ich schwanger gewesen, und dann war, glaube ich, die letzte Verhandlung, weil das schon alles formell da war. Das war in E. in der Nähe von M. Und der Richter, der konnte sich nicht davon abhalten, irgendwelche Bemerkungen, Frau, polnische Frauen und schwanger und was weiß ich, und also da zwischendurch, er war richtig bissig. Gott sei Dank habe ich dann einen Anwalt gehabt, der sofort angegriffen hat, also richtig so, diese Klischee, na. Also richtig bissig, ne? (...) Also, ich war so geladen, ich sagte, ich stehe einfach auf und kriegt. (...) Also wenn ich mich nicht beherrschen würde, dann hau ich ihm einfach eine ... "

Solche Erlebnisse stellen nicht unbedingt die Ausnahme dar, wobei sie, wenn sie berichtet werden, oftmals mit offiziellen Stellen in Verbindung standen. Auch Vera kennt Diskriminierungen durch Behörden, und Rita hat aus diesem Grunde begonnen, insbesondere auf Ämtern möglichst akzentfrei zu sprechen. Ursel machte vor allem mit dem Arbeitsamt schlechte Erfahrungen, sie fühlte sich als *"wertlos behandelt"*, was implizit immer wieder in Zusammenhang mit der polnischen Herkunft gebracht wird. Auch am Arbeitsplatz und im privaten Bereich oder im Alltagsleben wurden schlechte Erfahrungen gemacht. Karin, die grundsätzlich betont, die guten Erfahrungen würden die schlechten überwiegen, hat jedoch einmal am Arbeitsplatz mit einem Chef Probleme bekommen:

"Ich auch schon einen Mann, einen Geschäftsführer gehabt, der absolut, ganz, ich möchte nicht sagen, der war Polenhasser, aber er hat irgendwie ein Problem mit den Leuten, die aus Polen kommen. Und das hab' ich sehr schnell gemerkt. Ich hab' mir überlegt, das brauch ich mir nicht gefallen lassen von dem, und hab' sofort da aufgehört. "

Rita, die als Studentin in einer Kneipe jobbte, fühlte sich dort als „Freiwild". Zudem musste sie in der Familie ihres Partners die Erfahrung machen, dass auf ihre Kosten Polenwitze gemacht werden:

„Ach nein, so schlimm ist es auch wieder nicht. Ich bin dann auch ein bisschen überempfindlich. Gebe ich auch zu. Durch die blöde, das ist von denen auch gut gemeint, ich meine, die meinen nichts Böses, wenn sie mich sehen und sagen, ach wo sind meine Autoschlüssel. Nur mir geht das auf die Nerven."

Es werden also ganz unterschiedliche Reaktionsweisen wie Ärger, sich der Situation zu entziehen oder das Problem bei sich selbst zu suchen geschildert, wobei häufiger auch angegeben wird, es mache nichts aus, mit entwertenden Äußerungen konfrontiert zu werden. Mehrfach geben die *TNPo* an, sie gingen einfach über so etwas hinweg, was allem Anschein nach in weniger bedeutsamen Alltagssituationen der Fall ist, während ja ein Scheidungsprozess oder Diskriminierung am Arbeitsplatz einen erheblich höheren persönlichen Stellenwert haben dürften. Demgegenüber ist die Diskriminierung durch einen Taxifahrer, wie Vera sie erlebte, eher bedeutungslos in ihrem Erleben geblieben. Gemeinsam ist den geschilderten Begebenheiten, dass sie mit – auch als solchen identifizierten – Vorurteilen zu tun haben.

Demgegenüber erleben die Frauen auch Gründe für Diskriminierung, die sie bei sich selbst suchen, wie es ja schon bei Rita anklingt. Zum einen hat dies mit dem anfangs noch mangelhaften Beherrschen der deutschen Sprache zu tun. Immerhin sechs der Frauen erwähnen, dass fehlende Sprachkenntnisse sehr problematisch waren. Diesem Problem sind alle offenkundig durch rasches Erlernen der deutschen Sprache begegnet, denn ihr Deutsch ist nahezu in den meisten Fällen perfekt, gelegentlich sogar völlig akzentfrei. Wie sehr im Einzelfall die polnische Sprache als Stigma erlebt wird, zeigt sich zum Beispiel an dem, was Rita berichtet:

„Also es gibt da, okay, ich habe einen Akzent, ich kriege das mit den langen und kurzen Vokalen nicht geregelt und die Artikel verwechsle ich auch. Und das ist schon für viele aus der deutschsprachigen Mehrheitsgesellschaft ein Problem. Aber ich denke, ich, dass ich eigentlich die Sprache, im Grunde genommen besser beherrsche als sie, und wenn die meinen, mein breites E auslachen zu müssen, dann, dann ist das eine Gemeinheit."

Darüber hinaus erwähnen drei Frauen einen anderen Umstand, dem sie Diskriminierungserfahrungen zuschreiben und der in gewisser Weise mit ihrer ausgeprägten Anpassungsbereitschaft, wie sie zum Beispiel beim Erlernen der Sprache zum Ausdruck kommt, zusammenhängt: Neid.

Bei den meisten der *TNPo* lässt sich auf eine hohe Leistungsbereitschaft schließen, sodass es nicht verwundert, wenn sie in der Regel im Beruf gut qualifiziert und erfolgreich sind. So hat es Eva beispielsweise am Arbeitsplatz erlebt, als sie schnell aufstieg, dass Kolleginnen plötzlich abweisend reagierten, als sie die frei gewordene leitende Position angeboten bekam. Tini erlebt es im schulischen Umfeld ihrer begabten Tochter, die gute Leistungen erbringt, dass andere Mütter hinter vorgehaltener Hand fragten, wie das sein könne, sie sei doch Polin; und Tina bringt es in Zusammenhang mit bestehenden Vorurteilen. Der materielle Erfolg ihrer Familie wird in der Nachbarschaft ihrer Erfahrung nach implizit so wahrgenommen, dass es nicht alles mit rechten Dingen zugehen könne:

"Dann ich habe Auto gewechselt, ne? Aber haben wir eine Frau, Deutsche. Die hat uns ganz viel geholfen, wo wir sind nach Deu, nach Deutschland gekommen und sie weiß alles, was die sprechen über uns auf die Straße, ne? Das ist, warum die haben so viel Geld? Ne? Und sie ganz hart: Aaah die schmuggeln bestimmt mit Zigaretten, ne?"

Allerdings klingt hier auch durch, dass es solidarische Bekannte gibt, die, wie in diesem Falle, die Vorurteile sarkastisch auf den Punkt bringen. Abgesehen davon schildern nicht wenige der *TNPo*, dass sie sehr gute Erfahrungen mit Deutschen gemacht haben. Gabi erlebte es so, dass die Leute *"nett"* zu ihr waren *"und geduldig"*. Auch Karin hatte überwiegend gute Erlebnisse, was sie auf ihre Ehe mit einem deutschen Mann zurückführt. Und Ulla betont, dass sie sich *"willkommen"* und integriert fühle. Immerhin fünf Frauen sprechen davon, dass sie sich selbst integriert fühlen. Zwei Frauen aber geben explizit an, dass sie sich in Deutschland nicht geachtet fühlen. Tina und Ulla möchten daher zurück nach Polen gehen, obwohl beide den äußeren Umständen nach recht gut integriert erscheinen. Aber bei beiden sind unbefriedigende berufliche Perspektiven ausschlaggebend, wobei bei beiden zudem ganz besonders enge familiäre Bindungen an Polen bestehen. Dennoch: Obgleich auch alle anderen *TNPo* von weiter bestehenden engen familiären Bedingungen nach Polen berichten, fühlt sich die Mehrzahl in Deutschland heimisch, wenngleich durchaus nicht nur im Einzelfall, eben auch aufgrund der familiären Bindung, die polnische Identität betont wird.

Ungeachtet dessen steht für viele fest, dass Deutschland der Lebensmittelpunkt bleiben soll, und fast alle berichten davon, dass sie sich in einem vorwiegend gemischten Freundes- und Bekanntenkreis bewegen, was auf eine merkliche Verwurzelung in Deutschland hinweist, selbst wenn die Kontakte zu Deutschen gelegentlich nur am Arbeitsplatz bestehen, was aber eher die Ausnahme als die Regel ist. Aber selbst wenn dies geschildert wird, wie bei Gabi, dann hat es nicht zur Folge, dass sie nach Polen zurückkehren möchte; ihr reicht der polnische Pass als *"Stück Heimat"*.

Immerhin sieben Frauen, und zwar unabhängig davon, ob sie als Aussiedlerinnen kamen, die deutsche, die polnische oder beide Staatsangehörigkeiten haben, merken explizit an, dass sie sich Polen tiefer verbunden fühlen als Deutschland, wenngleich dies eben nur im Einzelfall darauf hinausläuft, dass sie nach Polen zurückkehren möchten. Für diese beiden, bereits erwähnten, Frauen, Tina und Ulla, die die Rückkehr nach Polen erwägen, ist weniger die polnische Identität ausschlaggebend, als die erwähnte familiäre

Bindung, die aber in Zusammenhang mit der unsicheren beruflichen Situation steht; Ulla ist arbeitslos, Tinas Arbeitsverhältnis lief zum Zeitpunkt des Interviews aus.
Fast alle aber finden durchaus Anerkennung in ihrem Beruf, drei von ihnen sind selbständig, vier haben eine leitende Funktion. All dem liegt eine hohe Leistungsfähigkeit und bejahende Haltung zur Pflichterfüllung zugrunde, die Folgen der Erziehung in Polen sind, auch der religiösen Erziehung, wie Rita durchaus kritisch anmerkt:

„Aber meine Wertvorstellungen sind natürlich von dieser Erziehung geprägt. Also wie (ich; P.S.) irgendwas, über irgendwas denke, was ich richtig oder falsch halte, ist natürlich durch diese strenge katholische Erziehung geprägt. (...) Ich bin erzogen mit einem Bild, du bist hier, um dein Kreuz zu tragen, (...) also ist dieser Grundvorstellung davon, dass wir hier sind, um Pflichten zu erfüllen, um unser, ein Kreuz zu tragen. Das ist irgendwas, was sitzt."

Nun sind ja beinahe alle *TNPo* katholisch erzogen worden. Was Rita eher als leidvoll schildert, der Zwang zur Pflichterfüllung, dürfte bei allen *sitzen*, allein schon, wenn man sich vergegenwärtigt, wie selbstverständlich in der Erziehung auch die Mädchen bereits maßgeblich im Haushalt mithalfen. Den Leistungsgedanken und das daraus wahrscheinlich resultierende Vertrauen in die eigene Tatkraft teilen die *TNPo*. Daneben besteht bei ihnen eine deutliche Prägung durch den Katholizismus, der ihnen ebenfalls Leistung und Pflichterfüllung abverlangte, zugleich aber, bei aller auch gelegentlich geäußerten Kritik, in ihrem Identitätskonzept nach wie vor eine tragende Rolle spielt.
Diese Prägekraft der katholischen Erziehung ist bei beinahe allen *TNPo* gegeben – außer bei Tini, die in einem *„strikt antiklerikalen"* Elternhaus aufwuchs (aber auch sie schickt ihre Tochter heute in den – evangelischen – Religionsunterricht). Neben der Religion und dem gemeinsamen Glauben war dabei immer auch die Gemeinschaft in der Gemeinde identitätsstiftend (auch dies hat Tini in der DDR erlebt, wo sie in einer evangelischen Gemeinde aktiv war und die Gruppenerfahrung schätzte). Die Gemeinde wird ja allgemein als Schutzraum beschrieben, in dem man sich unabhängig vom sozialistischen Alltag traf und gemeinsame Werte teilte, wie schon die bereits zitierte Aussage von Thea verdeutlichte: *„Aber im Inneren oder da, wo man sich zurückziehen konnte, zu Hause oder im Gemeindebereich war man wieder frei."*
Insofern verwundert es nicht, wenn im eigenen Glauben und in vielen Fälle auch in der aktiven Teilnahme am Gemeindeleben nach wie vor ein wichtiger Aspekt des eigenen Alltags gesehen wird; für die meisten Frauen gehört die religiöse Verwurzelung zu den Grundpfeilern ihrer Identität, was aber nicht zwingend heißt, dass sie sich mit allen Wert- und Moralvorstellungen der katholischen Kirche identifizieren. Letzteres bildet zwar nicht unbedingt die Ausnahme, ist

aber vor allem ganz besonders exemplarisch bei Karin und Thea der Fall. Oftmals herrscht jedoch eher eine Haltung wie bei Martha vor:

„Wenn ich eine Katholikin bin, dann habe ich immer noch kritische Auge und ich kann sagen, das nehme ich, aber das andere gefällt mir nicht."

Graduell unterschiedlich ausgeprägt finden sich viele Aussagen mit diesem Tenor, was dann auch durch die praktische Lebensführung belegt wird. Scheidung ist für viele Frauen kein Problem, nicht wenige sind selbst geschieden und wieder verheiratet. Noch weniger wird vorehelicher Geschlechtsverkehr abgelehnt, überhaupt wird die Ehe nicht als einzige Form der Partnerschaft angesehen. Allerdings wird dies nicht überall offen zum Ausdruck gebracht. Gabi beispielsweise, die wegen einer anderen Frau von ihrem Mann verlassen wurde und in Scheidung lebt, verschweigt dies sowohl bei Besuchen im Heimatdorf als auch in der Gemeinde: *„Nein, von diese Gemeinde, die Leute wissen nicht über- nicht alle Leute wissen, dass wir leben getrennt. Nicht alle."*
Und Vera schildert, wie sie sich auf Besuch bei ihren Eltern in Polen wieder stärker religiösen Riten und Bräuchen anpasst, als dies hier in ihrem Alltagsleben der Fall ist:

„Bei meine Eltern, wenn wir dahin fahren, natürlich. (...) Und wir respektieren das, wir machen auch mit, aber hier achte ich nicht so extrem drauf, muss ich sagen."

Was Vera da berichtet, hängt gewiss auch mit der wiederholten Betonung familiären Zusammenhaltes und der Bedeutung der Familie überhaupt zusammen. Besuche in Polen finden regelmäßig bei fast allen statt, die Pflege der familiären Beziehungen wird als sehr wichtig erachtet. Martha, deren Vater noch in Polen lebt:

„Ich fühlte mich zum Vater hingezogen, und ich hab' mit dem viel unternommen, und er hat mir viel geholfen, und eben jetzt bis zum, jetzt bis heute noch. Ich, wie gesagt, fahre jetzt in Urlaub dahin, um ihm zu helfen, und mit ihm zu sein damit, damit er noch irgendwas von mir hat."

Aber nicht nur zu den Eltern, auch zu Geschwistern und vor allem den eigenen Kindern werden enge Bindungen geschildert. In dieser Hinsicht bleibt noch zu erwähnen, dass Mutterschaft in aller Regel eng mit der Hauptverantwortung für die Erziehung der Kinder verknüpft wird, sei es, dass immerhin drei Frauen allein erziehende Mütter sind, oder weil diese Aufgabe auch in der Ehe und Partnerschaft den Frauen zufällt. Damit wird in aller Regel dann auch die Doppelrolle im Beruf und als Mutter und Hausfrau ausgefüllt, was in den Alltagsschilderungen der *TNPo* wiederholt zum Ausdruck kommt, wobei mehrere bereits erwachsene Kinder haben, aber retrospektiv von diesen Umständen berichten.

4.2.2.2 Geschlechterrollen

Angaben zum Vergleich der Geschlechterrollen zwischen Polen als Herkunftsland und Deutschland gibt es nur wenige. Dieser Umstand mag der Fragestellung geschuldet sein, die viele Frauen dazu verleitete, eher etwas über die Situation in Polen auszusagen. In der Tendenz laufen die vorliegenden Angaben aber darauf hinaus, dass das klassische Rollenverständnis nicht auf deutsche Verhältnisse übertragen werden kann. Deutsche Frauen werden als emanzipierter erlebt, wobei aber auch die bestehende Doppelbelastung durch Beruf und Familie und ein bestehendes, überzogenes Frauenideal angenommen wird:

„Ich denke, es geht jetzt gesellschaftlich diese ganze Diskussion, ob Frauen Beruf, Karriere, Kinder und allen gerecht werden, immer jung, schön, erfolgreich und gute Mutter und, und was auch immer (...), dass die Frauen sich in dieser, dieser gesellschaftlich definierte Rolle so, so entsetzlich vielleicht reinzwingen sollen."

Von Ritas Standpunkt aus ist den Frauen also die Erfüllung unterschiedlichster Rollen gleichzeitig von außen aufgezwungen und wird weniger als Wahlmöglichkeit gesehen. Gabi sieht dies allerdings anders. Im Vergleich mit Polen, wo Frauen vor allem zuhause alle Aufgaben erfüllen mussten, sieht sie deutsche Frauen als in einer sehr viel komfortableren Situation, die sie in einem Stoßseufzer zum Ausdruck bringt, nachdem sie sich selbst als eher typisch polnische Frau bezeichnete: *„Ach, die deutsche Frauen leben ganz anders. Sie machen, was sie wollen."* Thea sieht demgegenüber aber eine fortbestehende Benachteiligung von Frauen im Beruf, denen weniger als Männern zugetraut werde. Zugleich beobachtet sie, dass es eine gesellschaftliche Tendenz gibt, eher wieder traditionellere Rollenvorstellungen auszufüllen, weil der „Rollentausch" zu verunsichernd, insbesondere für Männer, ist:

„Eine Zeit lang (...) es war modern auch, die Rollen zu verwechseln, dass die Frauen die Männerrolle übernommen haben, die Männer die Rolle der Frau, aber jetzt im Laufe der Zeit denke ich mir, dass man merkt, dass man doch wieder bisschen zurück sich zieht, dass der Mann wieder stärker die Rolle des Mannes übernimmt und die Frau der Frau."

Wie wenig sich die Angaben unter einer vereinheitlichenden Tendenz letztendlich zusammenfassen lassen, zeigt demgegenüber die Beobachtung Karins, die gerade erst den Rollentausch in die andere Richtung beobachtet, zumindest, was die Mode angeht:

„Also in Deutschland wahrscheinlich nicht mehr. Manchmal denk' ich mir, dass die Frauen hätten schon ganz gerne die Männerrollen übernommen. Wenn ich die seh' in den, Bundeswehrhosen (...) und Springerstiefel, dann frag ich mich. Aber ist modern

und alle ziehen es an oder Mehrzahl. (...)In Deutschland ist so vieles, denk ich mir, was die Mode macht, steuert sehr viel. Die Leute sind einfach unterworfen der Mode. (...) (In Polen) denk ich immer noch anders. Die Frauen sind femininer als hier."

Diese Meinung, polnische Frauen seien femininer als deutsche Frauen oder würden es sich erlauben, sich weiblicher zu zeigen, was dann gelegentlich mit der Auffassung verbunden ist, sie hätten auch mehr Geschmack, wird von den *TNPo* nicht nur im Einzelfall geäußert.

4.2.2.3 Homosexualität

Die Beurteilung der Situation Homosexueller in Deutschland schließt vor allem zwei miteinander in Bezug gesetzte Beobachtungen ein. Zum einen wird festgestellt, dass Homosexuelle durchaus noch Benachteiligungen erfahren, zum anderen wird ihr Auftreten bisweilen sogar als radikal erlebt, um eigenen Rechte durchzusetzen, wie Helena feststellt: „*... weil die eine schwache Gruppe sind, die sehr stark kämpfen und die werden sich auch durchsetzen."* Einen Grund für den Kampf der Homosexuellen sieht sie in deren gesellschaftlicher Benachteiligung aufgrund ihrer sexuellen Orientierung:

„*Und diese Menschen, dadurch dass sie damit eben im Lebenslauf so ein Problem mit der Sexualität hatten, denn sicherlich wurden die nicht sofort und von allen akzeptiert, das in wenigsten Fällen."*

Sie wird durch Vera und Eva in ihrer Meinung unterstützt. Vera betont:

„*Ich find', die Gesellschaft ist dran schuld, dass, dass sie sich da so (...) jetzt noch lauter auf die Pauke hauen, weil die, die wollen, die wollen, dass die Leute die akzeptieren."*

Eva hält dies - auch von ihr beobachtete - Verhalten für ein typisches Merkmal vieler Minderheitengruppen in der Geschichte:

„*Das ist mit sämtliche Minderheitengruppen, guck' mal die Freimaurer (...) Oder die Albigenser, das war immer so was, so besondere Gruppen, die waren so verteufelt."* [9]

---

[9] Es ist interessant, dass Eva Homosexuelle mit Albigensern assoziiert. Albigenser, eine im Mittelalter von der katholischen Kirche als häretische Sekte verfolgte und vernichtete Minderheit, standen auch im assoziativen Kontext von Homosexualität. „*Sowohl die Troubadourpoesie als auch die höfische Liebe waren eng mit der südfranzösischen Bewegung der Häretiker verbunden, besonders mit den Albigensern, die international für ihre homosexuellen Neigungen bekannt waren*" (FRIEDMAN, 1993, 4, Fußnote). Auf diesen Zusammenhang wurde im Interview jedoch nicht eingegangen.

Ausgrenzung und Diskriminierung Homosexueller in Deutschland werden auch von Martha und Rita bestätigt, die ihrerseits ebenfalls auf die noch fehlende gesamtgesellschaftliche Akzeptanz Homosexueller in Deutschland verweisen. Thea sieht dies ebenfalls als Grund dafür, dass Homosexuelle in Deutschland kämpferisch auftreten, um ihre Rechte durchzusetzen:

„Also auf dem Stand des heutigen Tages denk' ich mir, dass das in Deutschland viel mehr propagiert wird. Dass da irgendwelche eine Lobby besteht."

Allerdings hat sie den Eindruck, dass sie damit anderen Gruppen gegenüber privilegiert sind:

„Dass man, das irgendwelche bestimmte Gruppen sind, die durchsetzen wollen, dass man zum Beispiel, dass die Homosexuellen heiraten, dass die Familie gründen, dass die, weiß ich was, dass die immer auf Toleranz pochen, dass die immer irgendwie, ja, sich alle möglichen Rechte da erkämpfen dürfen und die anderen nicht."

Dem hier bereits eindeutig durchklingenden Ressentiment soll weiter unten nachgegangen werden. Im vorliegenden Zusammenhang ist es aber zunächst von Belang, festzuhalten, dass Homosexuelle sowohl als benachteiligt als auch als kämpferisch wahrgenommen werden. Nur zwei der *TNPo* sprechen die Benachteiligung Homosexueller nicht explizit an, wenngleich Karin indirekt Kenntnis davon hat, da sie das noch ausstehende volle Adoptionsrecht Homosexueller ablehnt. Überhaupt ist die rechtliche Situation Homosexueller aufgrund der unlängst geführten öffentlichen Debatten um das Gleichstellungsgesetz einigermaßen bekannt, wobei nicht alle der *TNPo* die Details zu kennen scheinen, wonach auch nicht gefragt wurde. Es gibt aber eine verbreitete Kenntnis von der Möglichkeit zu eingetragenen Partnerschaften, wobei im Einzelfall auch das volle Adoptionsrecht als bereits verwirklicht vermutet wird.

4.2.3 Einstellungen zu Homosexualität und Homosexuellen

4.2.3.1 Allgemeine Auffassungen

Spontan oder im Gesprächsverlauf wird die Bedeutung des Themas Homosexualität auf unterschiedliche Weise in fast allen Interviews für irrelevant erklärt – womit der Stellenwert des Themas auf der Makro-Ebene des Herkunftslandes widergespiegelt wird. Dabei ergeben sich zwei Begründungsmuster. Zum einen fallen Äußerungen wie *„interessiert mich nicht", „ist deren Sache", „mir egal", „sollen es für sich behalten"*, womit unterschwellig oftmals schon Abneigung ausgedrückt wird, das Thema soll aus der eigenen Wahrnehmung ferngehalten werden. Beispielhaft für diese Haltung sei Tina zitiert:

"So lange der behält das für sich selber. Wenn jemand zeigt sich nach außen, er wollte sich zeigen, dann sage ich stopp! Das müssen nicht alle sehn, nicht alle wissen. Ich, und das ist meine Umgang mit solche Situation, aber wie sage, hab ich keine Probleme damit."

Die Aussage, sie habe keine Probleme damit, die in ihrem Fall in direktem Widerspruch zur vorangegangenen Aussage steht, verweist auf das zweite Muster, das in eine ähnliche Richtung weist, aber unter dem Vorzeichen der Toleranz steht und damit ein Verhältnis von expliziten und impliziten Haltungen bzw. Ausdrucksformen andeutet. Dass man nämlich kein Problem *„damit"* habe, wird öfter zum Ausdruck gebracht, aber auch, man *„stehe dem positiv gegenüber"* oder finde es *„normal"*, ein Begriff, der häufig fällt und womit das Thema scheinbar als abgehandelt aufgefasst wird. Um dies auf eine Kurzformel zu bringen, sei Ursel zitiert: *„Total stink-, ganz normale Sache. Homosexualität ist mir total wurscht."* Damit scheint alles klargestellt zu sein, sodass eine weitere Auseinandersetzung mit dem Thema unnötig ist. Oftmals fallen diese Äußerungen zu Beginn der Interviews und zeigen möglicherweise eine gewisse Abwehrhaltung an.

Das Thema für irrelevant oder für die individuelle Haltung als unproblematisch zu erachten, sind zwei sehr an der Oberfläche verbleibende Aussagen, die bei näherem Hinsehen keinen Bestand haben. Einzig Gabi bleibt praktisch während des gesamten Interviews konsequent bei ihrer Meinung, es sei ihr weitgehend egal, man müsse es akzeptieren, ohne dabei aber inhaltlich auch nur einmal näher auf irgendeine Frage einzugehen; sie werden allesamt einsilbig beantwortet. Alle anderen *TNPo* lassen sich schließlich näher auf das Untersuchungsthema ein. Dabei kommt es bei einigen von ihnen zu klar entwertenden Stellungnahmen. Karin macht rasch deutlich, wie sie dazu steht, und begründet es am Beispiel des Adoptionsrechtes:

„Gegen die Natur, richtig. Was mich zu diesem – Doch, das fällt mir schon was ein. Was mich sofort empört, dass in Deutschland erlaubt ist, dass zwei Männer, was bekannt ist, weil das war der Patrick, weiß ich gar nicht mehr, wie der heißt, der Sänger, zwei Männer ein Kind adoptieren dürfen. Das ist, was bei mir als Mutter eine Empörung hervorruft. Weil ich der Meinung bin, die Familie für so'n kleines Kind ist erster, erste Muster überhaupt, eine Familie zu Hause. Und er sieht zwei Männer, die Mama und Papa sind. Und kann mir kein Mensch sagen, dass das kein Einfluss auf das Kind hat."

Bei dieser Aussage ist es weniger relevant, ob Kenntnis über die rechtliche Situation Homosexueller besteht, vielmehr repräsentiert sie den Teil des Spektrums der Einstellungen, der eindeutig ablehnend ist. Unter den Interviewten gibt es noch zwei weitere Beispiele für diese Haltung. Auch Thea bezieht sich auf den Stellenwert der Familie:

„Dass irgendwelche bestimmte Gruppen sind, die das, die durchsetzen wollen, dass man zum Beispiel, dass die Homosexuellen heiraten, dass die Familie gründen, dass die, weiß ich was, dass die immer auf Toleranz pochen, dass die immer irgendwie, ja, sich alle möglichen Rechte da erkämpfen. (...) Die können auf Toleranz pochen, aber gleichzeitig den, die können pochen, sicher. Bloß die anderen, die für die Gesellschaft wichtig sind, so wie die Familien, die müssen viel mehr Unterstützung finden. Sie haben da nicht so eine starke Lobby. (...) So in der Beziehung der Homosexualität sind die nicht so wichtig, weil die eben nicht auf die, was ich schon vorher gesagt hab', nicht auf die Zukunft ausgerichtet sind. Weil da keine Kinder geboren werden."

Schon im Sprachduktus wird hier die Empörung und Ablehnung deutlich, die inhaltlich mit einer weitgehenden Entwertung Homosexueller als gesellschaftlich unwichtig einhergeht. Beide zitierten Beispiele kommen von den zwei Frauen, die sich am weitestgehenden mit den Moralvorstellungen der katholischen Kirche identifizieren und die auch beide stark in der polnischen katholischen Kirchengemeinde engagiert sind. Insofern ist die Bezugnahme auf familiäre Werte in beiden Fällen gewiss nahe liegend. Sie sollen an dieser Stelle aber vor allem darauf verweisen, dass Aussagen wie „kein Problem damit" zu haben oder ähnliche geradewegs auf das Gegenteil verweisen.

Es gibt aber auch Aussagen, in denen Interesse an Homosexuellen und Homosexualität bekundet wird, wie es von Rita und Ursel explizit bekundet wird. So äußert Rita, das Thema mache sie neugierig, und Ursel würde gerne wissen, wie sich „eine Lesbe fühlt".

4.2.3.2 Merkmale Homosexueller und Geschlechterrolle

Wenn das Gespräch auf die Merkmale Homosexueller kam, wurde in beinahe allen Interviews stereotyp darauf verwiesen, dass homosexuelle Männer weiblich wirken, homosexuelle Frauen hingegen männlich. Diese stereotypisierende Einschätzung wird fast ausnahmslos in vielen Varianten mitgeteilt und scheint auch widerspruchsfrei mit der oft geäußerten Auffassung, in homosexuellen Partnerschaften gebe es eine Rollenverteilung gemäß der Geschlechterrollen in heterosexuellen Partnerschaften, nebeneinander bestehen zu können. Denn eigentlich impliziert dies ja, dass es einen „geschlechterrollenkonformen" Part geben muss. Abgesehen von dem Umstand, dass hier sehr deutlich ein heteronormatives Geschlechterverhältnis angenommen wird, basieren diese Aussagen nicht allein auf Kenntnis vom Hörensagen. Denn viele der *TNPo* kennen persönlich homosexuelle Paare oder Einzelpersonen. Das heißt, dass diese Einschätzungen, zumindest was das *Auftreten* angeht, also recht losgelöst von eigenen Kontakterfahrungen bestehen. So hat Thea, die keine Homosexuellen kennt, ihre eigene Vorstellung davon:

„Also man hört schon, dass ein Part praktisch die Rolle der Frau übernimmt. Der andere dann die Rolle des Mannes. Zum Beispiel, der eine räumt immer auf und putzt

und wäscht und schminkt sich oder weiß ich, was da. Auf jeden Fall ist für mich auch schon sehr unnatürlich, ne? Also kommt auch bisschen ins Lächerliche finde ich, ja. (...) Die, die Rolle der Frau, die den Mann praktisch ausübt, ne? Ist so, ist total unnatürlich für mich, wenn ich das erleben würde, oder."

Dass eine *Rollenverteilung* gemäß heteronormativen Vorstellungen besteht, äußern alle Frauen, die keine eigene nähere Kontakterfahrung haben. Aber auch die anderen stellen oftmals eine entsprechende Rollenverteilung fest. Eigene Beispiele können dafür aber nicht angeführt werden, sodass die Annahme nahe liegt, dass diese Einschätzung etwas mit dem Erleben homosexueller Männer als feminin und homosexueller Frauen als maskulin zu tun hat. Dies ist geradezu ein Topos in den Gesprächen und erstreckt sich von der Bewertung von Äußerlichkeiten, wie der Kleidung, über das Verhalten bis hin zu Wesenszügen, was an einigen Beispielen illustriert werden soll. Vera schildert einen Kollegen:

"Solchen Gestus, sein Gestus, also ich mein unabhängig von der Sprache, wie er sich, sich ausdrückt, dem Gestus und die Bewegung und wie er denn sich auszieht, also als ob eine Frau, jetzt richtig in den besten, mit besten weiblichen Exaltiertheit hat. Also er hat richtig, also durch und durch exaltierten weiblichen Gestus."

Tini schildert aus der eigenen Erfahrung mit homosexuellen Männern, wie sie sie erlebt, und gibt eine Erklärung dafür ab, was es bedeuten könnte:

"Aber ich denke eben dieses tuntenhafte Nachspielen manchmal. Ja, und zwar ist es bei, also bei denen so, dass die plötzlich dann umschalten, ja, und so eine Tuntenparodie sozusagen machen. (...) Was natürlich also dann in der Situation witzig ist. Aber ich weiß dann auf jeden Fall, ob das nun ein wirkliches Bedürfnis deckt, (...) vielleicht, dass die öfter so sein möchten und sich aber sozusagen vor dem, vor dem gesellschaftlichen Druck ein bisschen, na ja, wie könnte man das sagen, sozusagen in die Hand nehmen und sagen, nein ich zeig' jetzt so was nicht, ja."

Abgesehen davon, dass das *„tuntenhafte Nachspielen"* ein Bedürfnis deckt (es bleibt offen, wonach), kann es also selektiv eingesetzt werden. Tini hält es daher weniger für einen Wesenszug als vielmehr für eine schauspielerische Fähigkeit, die kontextabhängig zum Zuge kommt. Gabi hingegen erlebt dies Verhalten wiederum durchaus als Wesenszug und leitet ihre Auffassung aus der Bekanntschaft mit zwei „netten Jungs", die sie in Warschau kannte, ab:

„... nur, das war für mich, das was sie gemacht haben und wie sie dann miteinander umgegangen sind, war ein bisschen für mich zu theatralisch, aber zu expressiv (...) Später, als ich dann mehrere Sachen davon erfahren habe, über Homosexualität, habe ich einfach festgestellt, das gehört dazu. (...) Das sind Eigenschaften, denke ich mir, die dann diese Beziehungen dann charakterisieren."

Und Rita differenziert aus ihrer Erfahrung mit lesbischen Bekannten:

"Es gibt ja auch unter jungen Damen, Frauen, die oft sehr, sehr, sagen wir kurz nach dem Coming-out, wo die Identität noch unklar ist, diese, das männliche Auftreten, also diese runterhängenden Jeanshosen, Igelhaarschnitt und was auch immer, aber das hab' ich gesehen eigentlich nur bei den eben die frischen."

In diesen Beispielen wird allerdings auch deutlich, dass man sich um einen Verständniszugang bemüht, was die Erklärung dieses Verhaltens angeht, wenngleich Rita es in die Nähe einer – allerdings passageren – gestörten Geschlechtsidentität rückt. Solche eher um Verständnis und Erklärung bemühten Einschätzungen sind aber nur unter den *TNPo* anzutreffen, die eigene Kontakte zu Homosexuellen haben.

Andere Schilderungen Homosexueller betreffen ihr offensives öffentliches Auftreten und ihr Eintreten für ihre Rechte. Dies wurde bereits erwähnt. Daraus war abzuleiten, dass Homosexuelle als kämpferisch und selbstbewusst erlebt werden. Zum Teil wird dem ebenfalls Verständnis entgegengebracht, zum Teil aber wird es als unangemessen erlebt. Wie Thea, die meint, Homosexuelle erkämpften *"sich alle möglichen Rechte"*, empfindet auch Helena es als bedrohlich:

"Ja, ist in Ordnung, sollen auch heiraten, ich hab' auch nicht gegen so ein Gesetz, dass sie heiraten dürfen, aber irgendwie macht man dadraus so ein, bauscht man das unglaublich auf. Und irgendwie hab' ich das Gefühl, dass das irgendwie ausufert. Dass die sich dann irgendein, es muss, sagen wir diesmal Homosexueller, dann urplötzlich ne Linie gehen und sich Rechte holen und sonst was, alles andere sich dem unterzuordnen hat. Also, ich hab' da meine Bedenken."

Sie fürchtet augenscheinlich, dass sie sich bei fortschreitender Emanzipation Homosexueller deren Lebensentwürfen unterzuordnen hätte. Auch wird nicht selten erwähnt, dass homosexuelle Männer in der Öffentlichkeit dazu neigen, ein sexualisiertes Verhalten zu zeigen oder Intimitäten auszutauschen. Auf krasse Abneigung stößt dabei das Vollziehen des Geschlechtsaktes in der Öffentlichkeit, wie es gelegentlich auf dem CSD vermutet wird, dies wird zumindest als *"obszön"* erlebt, wobei nicht klar wurde, ob hier eigene Beobachtungen gemacht worden sind oder ein solches Verhalten vom Hörensagen bekannt ist. Allerdings stört auch schon Händchenhalten auf einer Feier, wie das Beispiel von Tina zeigt, die mit unüberhörbarer Empörung in der Stimme sagt:

"Weil die, solche Eindruck hab ich, die wollten sich, ich habe auch, kenn ganz viele Leute, welche sind in solche, leben in solche Beziehung, wo wir treffen uns, da sind paar, wo, das ist für mich, krieg ich solche Hals, wenn ich seh, wie die benehmen sich. Sie wollten sich aufmerksam auf sich machen. Und das ist, was hass ich. In diese Moment, ne? Passt mir auch nicht."

Wie Tina kennt auch Rita einige Homosexuelle, ist im Unterschied zu ihr auch mit ihnen befreundet, spricht aber wertfrei und beinahe bewundernd von der damit in Zusammenhang gebrachten Selbstdarstellung:

„... zwischen Werben und sich da selbst darstellen und sich selbst bestätigen, also bin ich, da dacht' ich mein Gott, manche von denen haben wahrscheinlich stundenlang vor dem Spiegel studiert, um so tanzen zu können. (...) Also sehr, sehr gepflegt angezogen, sehr bewusst im Schmuck und Tattoos, und was auch immer, die Herren, die Damen dann eher unauffällig. (...) Dass die Herren durchaus offensiv mit ihrem Sexualität da umgegangen sind und der Darstellung nach außen."

Allerdings differenziert sie in dieser Hinsicht explizit zwischen homosexuellen Männern und Frauen. Überhaupt wird oftmals darauf verwiesen, dass die Männer ausgesprochen gepflegt auftreten, während die Frauen eher unscheinbar wirken, wobei dieser Umstand ebenfalls immer wieder mit gängigen Rollenklischees in Verbindung gebracht wird. Oftmals wird dies bei Männern als angenehm empfunden. Auch Martha, die nur am Rande homosexuelle Männer aus ihrer Firma kennt, betont, dass diese sich durch ihr gepflegtes Auftreten „*positiv von der Masse*" abheben.

Klar entwertende und eindeutig Abneigung ausdrückende Feststellungen und Zuschreibungen werden von vielen der *TNPo* gemacht. Dies zeigt sich, wie bei Tina, an der Ablehnung öffentlich gezeigter Intimität, was schon das Händchenhalten betrifft. Aber auch das Küssen in der Öffentlichkeit ist oftmals nicht gern gesehen. Helena kann es „*nicht ausstehen*", Thea findet es:

„unangenehm. Für mich persönlich jetzt. Wenn ich dabei stehen würde, und ich müsste das erleben, ich hab' das nicht erlebt also, ich weiß auch nicht, wie ich, wie ich in Wirklichkeit reagieren würde, aber ich kann mir vorstellen, eher negativ."

Oftmals lässt die Wortwahl zu bestimmten Themenkreisen ebenfalls mehr oder minder klar auf Abneigung schließen. Helena empfindet das angestrebte Adoptionsrecht Homosexueller als „*dekadent*". Ulla empfindet homosexuelle Beziehungen als „*widernatürlich*",

„weil doch eine Frau plus Frau kann doch nicht eine andere, die andere befruchten. Also das ist etwas gegen der Natur sozusagen."

Und ähnlich argumentiert auch Ursel:

„Ja, weil mein Gott, Lesben und Homosexuelle können doch nicht ein Kind zeugen, ja? Deswegen ist das für mich gegen, irgendwie gegen die Natur."

Das Auftreten homosexueller Männer findet sie zudem gelegentlich „*infantil*". Und Martha, die insgesamt eher positive Einschätzungen äußert, erwähnt:

„Und das ist jetzt was Ungewöhnliches. Deswegen, geht man manchmal, geht man auf Abstand manchmal, kritisiert man."

Abstand möchte auch Karin halten, sie rückt Homosexualität in die Nähe von *„Verbrechen"* und hält eine solche sexuelle Orientierung für

„... einfach, in meinen Begriffen, in meinen Augen gegen die Natur – gegen meinen Glauben auch noch dazu, aber einfach gegen die Natur."

Abgesehen von Karin und Thea, die keinen Hehl aus ihrer Abneigung machen, finden sich bei den anderen *TNPo* die entwertenden Äußerungen oftmals am Rande. Sie tauchen wie nebenbei auf, sind auch gewiss kein durchgängiges Muster in den einzelnen Interviews, in denen auch recht kohärent eher positive Einschätzungen abgegeben werden. Andererseits gibt es Interviews, wie die von Helena und Tina, die vordergründig ihre Toleranz betonen, aber auch mit großer Nachdrücklichkeit ihre Abneigung formulieren. Weitgehend frei von pejorativen Äußerungen sind vor allem die Interviews von Tini und Rita und auch Vera, den TN, die sehr enge Freundschaften pflegen.

4.2.3.3 Einstellungen zur rechtlichen Gleichstellung Homosexueller

Die so apostrophierte „Homo-Ehe" stößt bei der Mehrzahl der *TNPo* auf Zustimmung, wird aber auch von vier *TNPo* kategorisch abgelehnt – und zwar aus unterschiedlichen Gründen. Beide *TNPo*, die sich als stark mit ihrem Glauben und den Moralvorstellungen der katholischen Kirche identifizieren, Karin und Thea, lehnen sie ab, denn sie mache keinen Sinn, weil aus ihr keine Kinder hervorgehen könnten; dies aber sei Sinn und Zweck der Ehe. Insofern sei ein homosexuelles Paar eine *„sterbende Familie"* wie Karin es nennt. Allerdings akzeptiert sie die eingetragene Partnerschaft als geltendes Recht. Aus ähnlichen Gründen wie bei diesen beiden wird auch bei Gabi wenigstens die kirchliche Trauung abgelehnt. Anders argumentieren Rita und Vera, die kein Verständnis nach diesem Wunsch Homosexueller haben, weil es nicht ihrer Lebenswirklichkeit entspreche. Den Wunsch nach kirchlicher Trauung kann insbesondere Rita nicht nachvollziehen:

„Weswegen wollen sie in der Kirche heiraten? Das versteh' ich nicht. Aber das hat nicht mit deren Homosexualität, sondern mit meiner Einstellung zur Kirche zu tun. Ich finde das absolut korrekt, dass das standesamtlich geregelt ist, standesamtlich geregelt wird. Die Versicherung, Erbschaft, Fragen, Mitbestimmung bei ärztlichen Notfällen und so was, das muss geregelt werden. Weswegen sie diese, diese kirchliche Zeremonie haben wollen, und weswegen der Kirche nachhängen, die sie so behandeln kann, jetzt von katholische Kirche, weswegen laufen sie der katholischen Kirche nach? Ich weiß nicht. Das, das ist für mich dann irgendwas, wo ich sage, da, das kann nicht verstehen."

Hier besteht das Unverständnis also aufgrund der Distanz dieser *TNPo* zur Institution Kirche (nicht grundsätzlich zum Glauben) und speist sich dadurch aus einer ganz anderen Quelle als bei den vorgenannten Frauen. Ähnlich argumentiert Vera, wobei sie durchaus die Distanz Homosexueller zu den katholischen Wert- und Normvorstellungen mitschwingen lässt:

„Was ich in diesem Bezug, das hab ich schon mal meine schwulen Freunde gefragt nich verstanden, warum ist das denn so wichtig, von der Kirche akzeptiert zu werden, und dass es irgendwo steht, dass die auch heiraten, jedenfalls wenn ich homosexuell wär', mir wär's gar nicht so wichtig, mir persönlich. Warum muss die Tradition jetzt umgekrempelt werden. Die soll da bleiben, für die Menschen, die das brauchen, für die sind, die leben so, und das ist ja auch für die okay."

Für Vera ist es also gar nicht vorstellbar, dass es auch Homosexuelle gibt, die das „brauchen" könnten – als hätte sie ein ganz eigenes Bild von Homosexuellen, aber sie fragt immerhin nach, warum es ihnen wichtig ist. Und sie gibt einen Hinweis darauf, dass die Traditionen geachtet werden sollten. Bezüglich des Adoptionsrechtes besteht erwartungsgemäß bei Karin und Thea ein erheblicher Widerstand. Karin ist diesbezüglich schon weiter oben zu Wort gekommen; Thea antwortet etwas zurückhaltender, aber auch ablehnend:

„Also ich kann mir nicht vorstellen, ich hab' selber Kinder, dass man zum Beispiel ein Kind praktisch einem homosexuellen Paar überlässt. Also das kann ich mir überhaupt nicht vorstellen, dass das für das Kind gut sein soll. Also das ist, das Kind erlebt auch andere Umgebung. Wie andere Familien leben, wie andere Kindern aufgewachsen sind. In dem Familien also ich kann mir nicht vorstellen, dass das Kind dann glücklich sein kann."

Aber die Ablehnung des Adoptionsrechtes kommt nicht ausschließlich in Abhängigkeit zur engen Bindung an den katholischen Glauben vor. Helena, die sich in dieser Hinsicht eher distanziert beschreibt, nennt das Adoptionsrecht „dekadent":

„Nein, nein, in so einer dekadenten Gesellschaft, dass man, dass einige Sachen ausufern. Wir sind zwar nicht so richtig ganz schwul, aber wir heiraten hier und heiraten da. Ich weiß nicht, also für, für mich hat das sone komische Entwicklung."

Dabei ist in Erinnerung zu rufen, dass sie zuvor die Werteorientierungen der Religionen als durchaus sinnvolle Maßstäbe beschrieben hatte. Aber immerhin fünf der *TNPo* müssen mit dem Adoptionsrecht noch nicht, wie Helena an anderer Stelle, den Vergleich zum Untergangs Roms ziehen, sondern stehen dem positiv gegenüber, selbst wenn, wie bei Martha, davon ausgegangen wird, die Kinder würden dadurch in der Ausrichtung ihrer sexuellen Orientierung beeinflusst, was nachteilig sein könnte. Allerdings sieht sie es zugleich so, dass Homosexuelle dem Kind auch Vorteile bieten könnten:

„Ich meine das materiell, psychologisch, erziehungsmäßig, da sind mehrere Aspekte. Wo das Kind besser aufgehoben wäre, in solche Familie, als bei dem Alkoholiker zum Beispiel, wenn es um Adoption geht. Aber ich weiß, glaube, die Adoption ist hier nicht zuge..., die können nicht adoptieren (...) Und das finde ich, ist nicht in Ordnung. Weil, was nutzt so einem Kind, wenn in normale Familie ist, dass der zu kurz kommt."

Diese Haltung kommt auch in anderen Fällen gelegentlich zum Tragen, dass die Zustimmung zum Adoptionsrecht abhängig davon gemacht wird, welche Möglichkeiten ein homosexuelles Paar dem Kind bieten könnte. Beispielsweise wird dies ähnlich von Vera und von Ulla gesehen. Nur von zwei Frauen liegen zu diesem Aspekt keine Stellungnahmen vor, wobei es im Gruppeninterview eine Sequenz gibt, in der Eva Zustimmung zur Haltung Veras zu signalisieren scheint und in einem anderen Zusammenhang erwähnt sie, dass man Enkel auch adoptieren könne. – Insgesamt überwiegt also die Zustimmung zur rechtlichen Gleichstellung, wenngleich auch von anderen radikale Ablehnung zum Ausdruck gebracht wird.

4.2.3.4 Auffassungen zur Genese von Homosexualität

Hier wird eine Vielzahl von Möglichkeiten in Betracht gezogen, wobei auch „Mehrfachnennungen" auftreten, also eine Kombination von Ursachen für das Entstehen von Homosexualität angenommen wird. Oder aber es werden unterschiedliche Ursachen bei homosexuellen Frauen und Männern zugrunde gelegt (nur Gabi äußert, sie habe keine Idee, womit die Entstehung von Homosexualität erklärbar sei). Immerhin sieben Frauen nennen genetische Ursachen für das Entstehen von Homosexualität, wobei nur zwei von ihnen, Vera und Tini, dies als einzig ausschlaggebend betrachten. Daneben werden bezogen auf Männer dreimal die „Verführungstheorie" und bezogen auf Frauen dreimal die Enttäuschung in heterosexuellen Beziehungen genannt. Zudem werden unspezifisch zweimal soziale Einflüsse und Neugier als Ursachen zur Sprache gebracht und Karin bezeichnet es als Krankheit. Insgesamt treten oftmals unterschiedliche Kombinationen auf, die sich zum Teil auch widersprechen. Helena spricht einerseits von Verführbarkeit, andererseits von genetischer Anlage, Rita erwähnt einen Mix von genetischen und sozialen Faktoren, zieht dabei die heterosexuelle Enttäuschung in Erwägung und sieht damit auch die Möglichkeit zur freien Wahl der sexuellen Orientierung verbunden. Ausnahmen sind Auffassungen, die eine stärker entwicklungspsychologische Variante in Erwägung ziehen. Martha hat hier bestimmte Vorstellungen entwickelt, die die Entwicklung von homosexuellen Männern betreffen:

„Es gibt's doch manche Mütter, die gerne ein Mädchen hätten, und haben Jungen geboren. Und die kleiden den Jungen, lassen ihm lange Haare wachsen, und für sie ist das ein Mädchen, nich ein Junge. Gibt's so was. Is vielleicht Unglück oder, nicht besonders glückliche Lösung für das Kind. Aber diese Produkt macht die Mutter. (...) Oder vielleicht auch extrem schlechte Beziehung zum Vater, dass der Vater abgelehnt wird, und der Junge eben akzeptiert nur die Mutter. Könnte auch sein, ein eine Möglichkeit sein."

Aber auch Martha zieht andere Faktoren wie Veranlagung in Erwägung und sagt zusammenfassend, sie wisse es nicht, darüber seien aber bestimmt schon Bücher geschrieben worden. Insgesamt bleiben solche Überlegungen aber in der Minderzahl. In der Tendenz besteht die Auffassung, Homosexualität sei genetisch bedingt, wobei eine Kombination von Faktoren als wahrscheinlich erachtet wird. Dabei besteht fast durchgängig auch die Einsicht, dass Homosexualität nicht abänderbar ist.

4.2.3.5 Einstellungen zur Möglichkeit, das eigene Kind wäre homosexuell

Vor allem Antworten auf die Frage, was wäre, wenn die eigene Tochter/der eigene Sohn homosexuell sein würde, werden von fast allen Beteiligten etwas ausführlicher abgewogen. Nur eine *TNPo* weicht ihr klar aus: Vera. Wie zum Beweis, dass die Tochter nicht lesbisch ist, spricht sie davon, dass sie gerade mit einem jungen Mann anbandelt und sagt explizit: *„Also sie ist auf jeden Fall nicht Lesbe, die ist 17."* In gewisser Weise ausweichend sind dann auch die Antworten von Karin und Ulla, die beide darauf verweisen, dass man erst etwas beurteilen könne, wenn man es selbst erlebt habe. Karin zitiert hierzu sinngemäß eine polnische Schriftstellerin, deren Name ihr entfallen ist: *„Wir wissen über uns nur so viel, wie viel man uns geprüft hat."* Ganz ähnlich ist die Stellungnahme von Ulla. Dennoch äußern beide auch ihre Ablehnung, Ulla würde es ein *„bisschen schockieren"*, und für Karin ist das *„die schlimmste Frage"*.

Auf ausdrückliche und kategorische Ablehnung stößt die Vorstellung vor allem aber bei Thea, wie Karin eine der beiden *TNPo*, die sich am stärksten ihrem katholischen Glauben verbunden fühlen. Thea führt dabei an, dass sie, falls dem so wäre, dem klar entgegenwirken, auf die Tochter einreden und Hilfe holen würde:

„Ja, dann würde ich viele mit ihr reden. Und ich kann mir nicht vorstellen, dass das so bei mir irgendwie vorkommen könnte. Weil also rein praktisch kann ich mir das gar nicht vorstellen, aber wenn schon, ja, dann würde ich viel mit ihr reden und versuchen, wie ist sie dazu gekommen, dass sie das meint? Mm – ja. Und würde ich versuchen, irgendwie Hilfe zu holen, wenn ich nicht alleine mit der Sache klarkommen würde. (...) Ja, ich würde sie jetzt nicht einsperren. Ich würde jetzt nicht sagen: Du kommst jetzt nicht mehr aus dem Haus, oder so. Ich würde immer versuchen,

gegenzuwirken. Ihr zu helfen und gegenzuwirken, aber ich würde sie jetzt nicht verdammen. Also ich würde die jetzt nicht aus der Familie ausstoßen oder so was, da würde ich nicht machen."

In Variationen taucht der letzte Teil der Aussage in mehreren Interviews auf: ein Kontaktabbruch käme nicht in Frage, egal wie stark die innere Ablehnung der Homosexualität bei dem eigenen Kind ist. Dies wird auch von Karin nicht anders gesehen. Aber Thea ist dahingehend eine Ausnahme, dass sie meint, die sexuelle Orientierung müsste doch änderbar sein, was sonst von keiner der *TNPo* angenommen wird; lediglich Martha hielte es für „erklärungsbedürftig" – (sie ist ja auch die Einzige unter den *TNPo*, die sich bei der Frage nach der Genese verstärkt um eine psychologische Erklärung bemüht hatte). Dennoch: Die Aufrechterhaltung der Beziehung zum eigenen Kind hat allemal ein stärkeres Gewicht als der Umstand, es wäre homosexuell.

Oft wird die Ablehnung oder skeptische Beurteilung der Vorstellung, das eigene Kind sei homosexuell, damit begründet, dass dann ja Enkel ausblieben. Auch Eva und Tini wünschen sich Enkel, verweisen aber darauf, dass man diese ja entweder auch adoptieren könnte, oder dass die eigene Tochter, wenn sie lesbisch wäre, ja durchaus Kinder haben könnte. Diese beiden sind es, die die Vorstellung, die eigene Tochter oder der eigene Sohn wären homosexuell, am wenigsten ablehnen. Die assoziative Verbindung mit den Enkeln besteht aber sehr häufig. Eindrücklich verdeutlicht dies eine kurze Sequenz aus dem Gruppeninterview:

Interviewer:

„Wenn Ihre Tochter Ihnen sagen würde, sie ist lesbisch."

Helena:

„Dann muss ich das so hinnehmen, glücklich wäre ich nicht gerade. Aus einem einfachen Grund ..."

Alle:

„Die Enkelkinder!"

Vera:

„Die Enkelkinder, klar."

Helena:

„Aber die andere ist ihre persönliche Sache."

Eva:

„Die kann man adoptieren."

Abgesehen von dem Thema Enkel, wird in Helenas kurzer Antwort deutlich, dass sie es zu akzeptieren hätte, wenn die Tochter lesbisch wäre – gegen eigene innere Widerstände. Auch dieses Muster taucht häufiger auf und ist wohl mit der Ablehnung des Kontaktabbruches zu den eigenen Kindern in Verbindung zu setzen, wie es ja schon bei Thea durchklang. Ähnlich sieht es Gabi:

"Nichts. Also, ich bin Mutter und ich will Mutter bleiben. Also, ich hab' nichts dagegen. Ne, ich kann nicht. Ne. (...) Egal, das, das ist nicht richtige Wort, egal. Aber, kann sein, kann sein, dass er homosexuell bin, aber, tja, was soll ich machen? Nichts. Ich muss einfach akzeptieren."

Dieses Sich-schicken-ins-Unvermeidliche kommt öfter zur Sprache, wobei es, wie erwähnt, immer in Zusammenhang mit der offenbar unterschwellig bestehenden Einsicht steht, dass daran nun einmal nichts zu verändern ist. Dass man *akzeptieren* oder *tolerieren* müsse, ist dann häufig das Resümee. Auch bei Tina ist es so, wenngleich sie stärker betont, das sei kein Problem für sie – eine Formulierung, die in ihren Stellungnahmen ja häufiger vorkommt:

"Wenn kommt meine Tochter oder mein Sohn und sagt: Ich möchte mit Freund leben. Ich würde das tolerieren, das würde kein Problem. Natürlich ich möchte Enkelkinder, ich möchte Schwiegertochter haben, aber wenn geht nicht, der ist glücklich mit Freund, das werde mich überhaupt nicht ändern, das würde mich nicht stören."

Gelegentlich kommt auch eine gewisse Gleichmütigkeit wie bei Martha zum Ausdruck:

"Und natürlich, wenn meine Tochter kommt und sagt: Mama ich hab' hier, das ist hier mein Sohn oder meine Tochter, dann freue ich mich, da habe ich ein Enkel. Aber genauso liebe ich meine Tochter und akzeptiere ich, wenn sie, wenn sie keine Enkel hat. Und das spielt keine Rolle, welche Beziehung das ist. Meine Tochter ist die wichtigste Person für mich."

Bemerkenswert an den Antworten auf diese Fragestellung ist auch, dass kaum darüber gesprochen wird, dass man die Möglichkeit, das eigene Kind sei homosexuell, deshalb negativ einschätzt, weil es dadurch selbst in seinem Leben Schwierigkeiten bekommen könnte. Diese Vorstellung findet nur die einzige Kinderlose unter den *TNPo*, Rita, beunruhigend. Es würde ihr Sorgen bereiten, wenn ihr Kind dann mit antihomosexuellen Verhaltensweisen im Alltag konfrontiert wäre. Sie ist es auch, die gemeinsam mit Ursel zu der Minderheit der *TNPo* gehört, die von sich aus eine Verbindung zwischen Homosexualität und Aids herstellt, was sonst in keinem Interview in keinem Zusammenhang vorkommt. Rita und Ursel thematisieren dagegen Aids dahingehend, dass sie ihre Kinder verstärkt auch bezüglich Geschlechtskrankheiten aufklären würden. Und Ursel lässt zudem durchblicken, sie könnte durchaus auf Enkel verzichten; wäre das eigene Kind homosexuell, würde sie daher nicht *"in Panik"* geraten.

4.2.4 Stellenwert und Qualität von Kontakterfahrungen mit Homosexuellen

Wiederholt fand bei der Darstellung der Interviewinhalte zu den einzelnen Themenkomplexen die Kontakterfahrung mit Homosexuellen Erwähnung. Dieser soll hier nun im Einzelnen näher nachgegangen werden, denn ihr Stellenwert für die gegebenen Einstellungen kann nicht unterschätzt werden. Allerdings lässt sich keine generalisierende Aussage treffen dahingehend, Kontakterfahrung mindere prinzipiell negative Einschätzungen. Hierzu soll daher zunächst die am Einzelfall orientierte Darstellung, wie Kontakte bestanden oder bestehen sowie wie sie erlebt wurden und welcher Stellenwert ihnen jeweils beigemessen wird, dargestellt werden.

Die Personen, die keinerlei Kontakte zu Homosexuellen hatten und/oder haben, sind in der Minderheit. Es handelt sich um Thea, um Gabi und um Ursel.

Thea gibt an, ihre Meinung zu homosexuellen Männern und Frauen in erster und einziger Linie über Informationen aus den Medien und vom Hörensagen her gebildet zu haben. Sie kennt niemanden persönlich, von dem sie wüsste, er oder sie wäre homosexuell. Allerdings gibt sie an, sie sei offen für einen Kontakt, wenn er sich denn ergeben würde.

Auch **Gabi** kennt keine Homosexuellen persönlich, wobei sie auch sonst nicht darüber spricht, durch welche Zugänge sie sich ihr Bild von Homosexuellen gemacht hat.

Ursel hingegen, die auch keinen Homosexuellen persönlich kennt, hatte zumindest an der Universität in Polen Gelegenheit, zwei Männer kennen zu lernen, die zusammenlebten. Diese Begegnung wird im Interview aber nicht als besonders bedeutungsvoll thematisiert. Was bei ihr eher eine Rolle spielt, ist, dass ihr Ehemann in Polen einige Homosexuelle kannte und ihr ein positives Bild vermittelt hat. Es wird deutlich, dass sie sich seiner Meinung anschließt, wenn sie wie er eher Verständnis für Lesben aufbringen kann, weil diese wahrscheinlich eine innigere Beziehung aufbauen könnten, da sie zwei Frauen sind. Vom Ehemann habe sie auch die Einschätzung übernommen, Homosexuelle seien kultiviert. An eigenen Erfahrungen konnte sie diese Vorstellungen jedoch bisher nicht abgleichen, äußert aber Interesse, Homosexuelle kennen zu lernen.

Auch **Martha** hat eigentlich kaum Kontakt zu Homosexuellen. Sie weiß nur von einigen wenigen Männern in ihrer sehr großen Firma, dass sie homosexuell sind; homosexuelle Frauen kennt sie gar nicht. Über die ihr entfernt bekannten Kollegen weiß sie aus dem Kontakt nur zu berichten, diese seien besonders höflich und zuvorkommend zu ihr, sie fühle sich oft wohl in ihrer Gegenwart. Außerdem war ihr das gepflegte Erscheinungsbild aufgefallen.

Eine Zwischenstellung nimmt **Ulla** ein, die hier in Deutschland zwar keinerlei Kontakte zu Homosexuellen hat, in Polen aber mit einem Paar bekannt gewesen ist, das sie als *„nett"* bezeichnet; beide Männer waren, wie sie selbst damals, im kulturellen Bereich aktiv. Ulla äußert sich nicht dazu, wie die Beziehung zwischen ihr und diesen beiden Männern aussah, hat aber Beobachtungen gemacht, wie beide miteinander umgingen, was *„an der Grenze mit dem Schmerz für mich zu tun hatte."*
Sie meint damit, dass einer dem anderen *„viel Leid getan hat."* Sie führten eine nach ihren Vorstellungen an heterosexuellen Rollen orientierte Beziehung:

„Diese Beziehung, die ich dann wirklich von nah beobachtet habe, unglaublich viel damals hab' ich gedacht, es ist wirklich, das ist schrecklich. Weil der eine hat schon eine männliche Rolle gespielt in dieser Beziehung, und der andere hat gekocht, hat aufgeräumt, hat gestrickt und wirklich er war, er war immer da und für den anderen da, und der andere hatte sich andere Partner gesucht, was den anderen das Leid getan hat."

Diese Beobachtung hat sie stark beeindruckt: Dass der eine Partner den anderen „betrogen" oder hintergangen hat, wobei dies in einer an traditionellen, klassischen Rollenmustern orientierten Beziehung geschehen zu sein scheint. Darüber hinaus hat sie nur flüchtig mit wenigen homosexuellen Frauen Begegnungen gehabt, die sie als zurückhaltender als homosexuelle Männer erlebte.

Unter den verbleibenden Frauen ist nur **Karin,** die ausschließlich in Deutschland Homosexuelle kennen gelernt hat; und sie weiß von durchaus unterschiedlichen *„Konfrontationen"* zu berichten.

„Ja ich hatte mit einem Kollegen gearbeitet, der hat zwar das nicht offiziell gesagt, aber es war schon sehr große Vermutung, dass der homosexuell ist. Ich muss sagen, als Mensch war der sehr freundlich, sehr nett. Ich konnte mit dem über viele Sachen wie mit eine Freundin reden. Wir konnten auch zusammen einkaufen gehen, das war alles prima. Ich konnte mir nur eben weiter, ich habe versucht, da Ende zu sagen, habe alles, was er nach Feierabend macht, möchte ich nicht wissen, möchte ich nicht, wollte mich jetzt nicht, durch meine eigentlich doch bisschen negative kann man ja, doch mehr negative Einstellung dazu. Möchte ich ihn nicht spüren lassen, weil ich denke mir, ich weiß nicht, warum das so ist."

Obwohl sie sich gut mit ihrem Kollegen verstanden hat, der Kontakt gar als freundschaftlich bezeichnet wird, blieb sie auf Distanz und begründet es mit ihrer *„negativen Einstellung"*, auch wenn der Kollege ihr keinen offenkundigen

Grund dazu bot. Negativ wurde auch eine Begebenheit in der Firma des Ehemannes bewertet. Einer von seinen Kollegen verließ die Familie und zog mit einem anderen Mann zusammen. Dies wird zusammen mit einer dritten Begegnung als Ausweis dafür genommen, dass etwas Befremdendes mit dem Themenkomplex Homosexualität verbunden ist, der in assoziativem Kontext mit Transsexualität zu stehen scheint:

„Mein Mann hat einen Arbeitskollegen, der auch 25 Jahre gelebt hat mit eine Frau. Hat Familie großer Kinder, und jetzt auf einmal, ist er, lebt er mit einem Mann. Dann haben wir in der Gemeinde in O. in der deutschen Gemeinde einen Mann – der war auch, sehr aktiv in der Kirche und hat auch schon große Kinder und hat sich, jetzt ist in der Phase sogar schon so weit, dass der sich operieren lässt zur Frau. Jetzt läuft der als Frau, in Frauensachen und ich weiß jetzt nicht, wann die Operation, oder ob das ist eine, glaub ich, ganz lange Zeit, bis man das dann durchbekommt. Ich muss Ihnen sagen, da hab' ich dann, ich möchte nicht so, nicht so viel zu tun haben, wollt ich lieber Abstand."

Auch eine Begegnung mit zwei lesbischen Frauen, die in ihrem Geschäft Trauringe kaufen wollten, wurde von Karin fremdartig erlebt. Im Vorfeld dieser Sequenz erwähnt sie, dass sie in dem Moment, wo sie realisierte, dass sie ein Frauenpaar bedient, ihre Gedanken abschaltete *(„Da hab' ich gedacht: Na ja. Das sind ja zwei welche, Ende. Nix mehr.")*:

„Das hat mich ja, da hab' ich gedacht: Mein Gott, die sind so, die werden, die waren so kühl, würde ich sagen. Ja. Die wirkten so – ich würde eigentlich vom ersten Moment, wie die kamen und sich dafür interessiert haben, als ob da zwei Freundinnen was aussuchen. Die eine will was aussuchen und die andere ist so quasi gezwungen, mitzugehen oder ist was passiert, dass die sich gestritten haben unterwegs, weil die war'n so richtig ganz kühl miteinander umgegangen. (...) Nicht, dass sie nicht wollte, als ob sie einfach dabei wäre, aber nach dem Motto: Interessiert mich sowieso nicht. Und deswegen hätte man vielleicht denken können, haben sie sich jetzt gerade gestritten? Da kann schon sein ne, man geht zusammen was einkaufen und dann streitet man sich doch mal irgendwelche Kleinigkeit, wie auch das so ist im Leben. Son Gefühl hatte ich. Und wie sie dann beide und dann haben sie erstmal gelächelt. Ach dann hab' ich gedacht, naja dann ist das dann ein – Paar" (Interviewer: *„Und dann haben Sie aufgehört zu denken?") „Ja!."*

Unabhängig von der Qualität der Begegnungen reagiert Karin stereotyp: Sie stellt Distanz her. Eine tiefere Vertraulichkeit mit dem Kollegen wird vermieden, zum Gemeindemitglied will sie Abstand halten, und bei den Kundinnen wird eine Denkblockade errichtet – aber erst in dem Moment in dem sie realisiert, dass sie ein Paar sind. Zuvor, solange sie noch von zwei miteinander befreundeten heterosexuellen Frauen ausging, hatte sie sich sehr wohl Gedanken um deren Befindlichkeit gemacht. Da erscheint es folgerichtig, wenn sie angibt, darüber hinaus keine Kontakte zu Homosexuellen zu wünschen.

Tina kann von einem befreundeten Kollegen ihres Ehemannes in Polen berichten, der zwar sehr auf Distanz blieb. Im Freundeskreis seien ihm aber Angebote gemacht worden, sich zu öffnen, die er jedoch nicht annahm:

„Kein Wort. Die Männer haben schon versucht. Wo die haben diese Männer-Wochenende lange gemacht. Aufmerksam machen, die woll-, haben ihm gesagt, er sollte sich keine Gedanken machen, er verliert die Freunde nicht, so Freundschaft. Er sollte sehen, wir akzeptieren das, wir sind ohne Ehefrauen auch hier. Und machen wir unsere, Männer-, lange Wochenende. Das war kein Problem."

Ungeachtet dessen, dass dies Angebot von den Ehemännern ausging und nicht zum Beispiel von ihr selbst, schildert sie diese Begebenheit als Ausweis auch ihrer eigenen Toleranz. An anderer Stelle aber macht sie unmissverständlich deutlich, dass sie Wert darauf legt, Homosexuelle sollten sich bedeckt halten: *„Wenn jemand zeigt sich nach außen, er wollte sich zeigen, dann sage ich stopp! Das müssen nicht alle sehn nicht alle wissen."*

Und dennoch betont sie, kein Problem *„damit"* zu haben: *„Das ist meine Umgang mit solche Situation, aber wie sage, hab ich keine Probleme damit."* Hier scheint sich eine Art doppelter Buchführung zu ermöglichen, innerlich auf Distanz zu bleiben, sich aber zugleich auch für tolerant zu halten. Insofern verwundert es auch nicht, dass sie heute einem homosexuellen Cousin gegenüber *„tolerant"* ist – als Einzige in der Familie, wie sie betont. Jedoch: Im Interview erfahre ich nichts von diesem Cousin, sondern nur etwas darüber, dass sein Vater ihn für krank hält, ihre eigene Mutter große Probleme mit dessen Homosexualität hat etc., nur sie selbst begegne dem Cousin offen. Wie diese Begegnungen aussehen, bleibt im Dunkeln.

Vera schildert qualitativ anders gelagerte Situationen. Sie erzählt von einem homosexuellen Nachbarn, den sie kurz nachdem sie nach Deutschland gekommen war kennenlernte:

„Ich hab' einen schwulen Nachbarn als ich nach Berlin kam. Also und zwar, ich hab' sein Outing so miterlebt und er hat sich ausgeweint bei uns, und wir haben ihn unterstützt und er meint, wir wären komisch, und letztendlich alle anderen wussten schon längst und der hatte das noch (...) vor sich. Er wollte alle vorbereiten und das ihnen sanft irgendwie beibringen. Aber alle anderen haben sich eigentlich schon sozusagen totgelacht mit der Art, wie er das versucht hat, weil jeder schon wusste und dachte: Mensch, was soll das, was soll das? Und er hat Zeitungen ausgebreitet, irgendwie wollte, irgendwie nicht selber. Also für ihn war das vielleicht sehr schwer, weil der war, hatte 'ne Freundin."

Stellt man einmal in Rechnung, dass der Begriff *„totlachen"* sich allein auf das Unbeholfene in der Art des Nachbarn bezieht, sich zu eröffnen, so kann die Aufmerksamkeit auf den Umstand gelenkt werden, dass die Nachbarn (aus dem Kontext ergibt sich, dass es sich um mehrere Mitbewohner in der Hausgemeinschaft handelte) ihm einen Raum zur Verfügung stellten, sein „coming-out" zu vollziehen. Sie erwogen dabei auch, weshalb er in einer so schwierigen Situation war – u. a. nämlich, weil er noch in einer heterosexuellen Partnerschaft gebunden war. Außerdem hatte Vera sich ja an anderer Stelle schon darüber Gedanken gemacht, warum die homosexuellen Freunde Wert auf eine kirchliche Trauung legten. Obwohl sie diesen Wunsch nicht nachvollziehen kann – wohl nicht ganz unabhängig von traditionell religiösen Vorstellungen ablehnt – hat sie aber *nachgefragt* und sich interessiert. Und es gibt noch eine weitere Sequenz, in der ihr relativ offener Umgang mit dem Thema Homosexualität deutlich wird. Sie berichtet von einem Gespräch mit ihrer kleinen Tochter, die sie fragte, was denn mit Tom und Klaus los sei, dem befreundeten homosexuellen Paar:

„Ich hatte, ich, das war unabhängig von diesem Treffen (dem Interview; P. S.), von diesem Thema, weil meine Tochter, die ist neun, die fragte uns, was heißt schwul? Also die hat das mal in der Schule gehört. Haben gesagt, das ist so wie bei Tom und Klaus, das ist, heißt, na, ich erzähle ihr, die kennt die. Ja, das ist nicht wie ich und Papa, sondern die leben halt zusammen. Aha, und dann war das Thema erledigt, so nach dem Motto. Also, also ich musste sagen, ich wüsste nicht, wie ich ihr das erklären soll, weil für mich das, brauch' ich nicht zu erklären."

Vera schildert die Situation als ganz selbstverständlich. Allerdings bleibt ihrer Tochter aber auch nicht die Möglichkeit, nachzufragen, was vielleicht vor dem Hintergrund wichtig gewesen wäre, was sie in der Schule mitbekommen hat. Dabei klingt es durchaus authentisch, wenn Vera sagt, sie habe kein Problem damit. Aber es kann eben auch nicht wirklich zur Sprache kommen, *womit* sie denn kein Problem hat.

Anders noch liegt der Fall bei **Helena.** Kontrovers bringt sie im Gruppeninterview wiederholt ihren eigenen Standpunkt zur Sprache, der gelegentlich geradezu zu Widerspruch bei den beiden anderen herausfordert. Sie spricht im Zusammenhang mit Homosexuellen von *„Dekadenz"*, und dass sie zu schlagkräftig ihre Rechte durchsetzen würden und ist um harsche Formulierungen nicht verlegen. Zugleich bekundet sie, mit mehreren Homosexuellen befreundet zu sein, u. a. mit ihrem ehemaligen Lehrer, der in Polen noch unter dem implizit vorgebrachten Verdacht der Pädophilie an Schülern aus der Schule vertrieben wurde. Dabei erwähnt sie, dass dies durchaus wohl *„verdient"* war. Helena begründet nicht, warum die Vertreibung verdient war oder wie ihre Freundschaft zu diesem Lehrer heute aussieht – die Sequenz dient vor allem als

Beleg dafür, dass Homosexualität von ihr mit Pädophilie in Verbindung gebracht wird. Auch in den von ihr geschilderten Begegnungen mit anderen homosexuellen Freunden wird nichts über diese Freundschaften oder diese Beziehungen ausgesagt, sondern vor allem auf die Kontroversen mit ihnen hingewiesen:

„Ja, weil, das kommt nicht daher, weil ich, weil mir ist das eigentlich, die sollen so leben, wie es denen gerade so angenehm ist. Aber wenn ich in deren Gesellschaft bin und wenn ich so zuhör', was und wie die das durchführen und dieser Lebenswandel und das sind wirklich verschiedene gesellschaftliche Schichten von den Menschen, dann wird mir also irgendwie so ..." (Interviewer: „Was heißt Lebenswandel?") „Unabhängig vom Alter leben die son bisschen sehr, wie nennt man das, so immer la Bohème, egal welche, welche gesellschaftliche, überkandidelt und intellektualisiert und schon ..." (Vera: „...exaltiert!") „Das manchmal auch. Unabhängig wieder von der gesellschaftlichen Schicht also irgendwie und diese Menschen, dadurch, dass sie damit eben im Lebenslauf so ein Problem mit der Sexualität hatten, denn sicherlich wurden die nicht sofort und von allen akzeptiert, das in wenigsten Fällen."

Der freundschaftliche Charakter dieser Beziehungen bleibt offen, der Hinweis auf das Problem mit der Sexualität führt ins Leere. Zum Ausdruck wird eher Ablehnung gebracht, und es kann nicht klar werden, weshalb sie die Nähe zu Homosexuellen sucht – es sei denn, um kontroverse Auseinandersetzungen zu führen, aus denen sie weit reichende Folgerungen ableitet, zum Beispiel, dass unter den Lesben in einem Lesben-Café:

„... so ein Drittel davon, das waren wirklich also hübsche, weich aussehende Frauen, wie schwule Männer, also bald übertrieben weiblich. Also sehr schön."

Dem Anschein nach geraten auch die Rollenklischees völlig durcheinander, aber es geht dabei zudem um Generalisierungen, die keinen Hinweis darauf gestatten, wie die persönliche Beziehung zu den Beurteilten aussieht. Eine innere Auseinandersetzung scheint nicht stattzufinden.

Es gibt demgegenüber auch eine kleine Gruppe von *TNPo*, bei denen auch die eigene innere Auseinandersetzung mit Homosexuellen aufgrund gemachter Kontakterfahrung sehr differenziert ausfällt und teilweise auch durch große Nähe bestimmt wird. Hier kann oftmals weitreichend Empathie zum Ausdruck gebracht werden, um sich mit der Situation und der Lebenswirklichkeit Homosexueller qualitativ auf sehr intimem Niveau auseinanderzusetzen. Zu dieser Gruppe gehören Eva, Tini und Rita.

Eva, die am Ende des Interviews festgestellt hatte, keine wirklich reflektierte Meinung zum Untersuchungsgegenstand zu haben und dies zum Anlass nahm, näher darüber nachzudenken, schilderte im Interview-Verlauf zwei Begegnungen, die große Ähnlichkeit miteinander hatten. In diesem Zusammenhang sei daran erinnert, wie sie betonte, dass angeheirateten Homosexuellen in ihrer Familie auch in der Kleinstadt innerhalb des Familienkreises mit Akzeptanz und Respekt begegnet wurde. Unabhängig davon, dass dies im Widerspruch dazu steht, dass sie nicht unerwähnt ließ, wie sehr diese Familienmitglieder um Zurückhaltung bemüht waren, hat sie dieses Verhalten doch als Grundlage für einen inneren Konflikt Homosexueller identifizieren können – auch wenn sie die Leidtragende war:

„Ich hab das, das war ganz ulkig. Da ging ich ja, auf einer Hochzeitsfete von meinem Onkel, und war eben Onkel seine Frau und der, und ihr jüngerer Bruder. Und war gut, sehr gut, sehr gut aussehender Mann, und ich weiß, ganze Nacht hab' ich mit dem getanzt. Vielleicht war so eine, so eine Täuschungsmanöver und hinterher hab' ich erfahren, dass es en Schwuler ist. Ich sagte: Meine Güte. Und er war ziemlich, ziemlich nett zu mir, und hat sich in keinster Weise eben so distanziert verhalten und so weiter und so fort. Ich hab' dann irgendwie ihn später gesehen, es kam mit einem anderen Freund nach Deutschland ausgewandert, hat hier 'ne Kneipe in T. aufgemacht. Ich glaube, die leben auch noch dort. Ich habe sie später mal besucht, aber als ich dann nach Deutschland kam. Und dann war das mir son bissle komisch. Also, das war meine erste persönliche Konfrontation mit einem Homosexuellen. Obwohl ich eigentlich ihn sehr sympathisch gefunden habe" (Interviewer: *„Was heißt jetzt sehr komisch?"*) *„Ja, man, also die anderen, du erwartest ein, ein heterosexueller gut aussehender junger Mann. Ich war dann vielleicht 17 oder 18, eigentlich aus provinzieller Sicht. (...) ein normaler Mann. Oder, also okay, ich spreche jetzt mit ohne es differenzieren, und das war mich vielleicht potentieller, vielleicht auch ein potentieller Freund, (...) ein Freund vielleicht. Und der gefiel mir eigentlich und die ganze Art und so weiter. Und dann auf einmal die Enttäuschung, das ist doch nichts für dich. (...) Ja meine, aber nicht, dass ich ihm böse, in irgendwelcher Hinsicht, nee. Und ich überlegte mir dann hinterher, ob er das nicht vielleicht, nicht absichtlich getan hat, um vor der Familie in dem großen Kreis vielleicht nur diesen braven Hetero auszugeben. Vielleicht. Also es wurde mir nachher gesagt, dass er ein sehr drastisches oder sehr problematisch Erlebnis hatte in seiner Jugend, 'ne furchtbare Enttäuschung, was weiß ich, und also mit einer Frau und vielleicht deswegen, da haben dann manche Tanten dann so interpretiert also, dass er dann so, dass er dann die Seiten gewechselt hat."*

Hier kommt eine sehr differenzierte Erlebnisweise in einem Kontakt mit einem Homosexuellen zum Ausdruck, die sowohl eigene als auch die Motive des Gegenübers unter Berücksichtigung der gesellschaftlichen Umstände abwägen kann. Ohne den eigenen Affekt der Enttäuschung zu verleugnen, kann Eva Verständnis für den anderen aufbringen. Zudem konnte die Situation in der Familie ins Gespräch gebracht werden; die Tanten geben eine Erklärung ab, und Vera hält trotz ihrer eigenen Enttäuschung den Kontakt zu diesem Mann aufrecht. Später erkennt sie in einem „exaltiert" auftretenden Kollegen einen *„latenten Schwulen":*

„Ich hab' dann diese einen Ingenieur in unserer Projektarbeit, wo ich immer gesagt habe: ... das ist ein latenter Schwuler. Der hat eine Familie und Töchter (...), aber ganz Lieber, also ist wahnsinnig. Also mit so einer, wie nennt man das, wie kann man das jetzt bezeichnen, diese Art, wie er dir dann auf, (...) mit besonderer Zierde, die er auch hat (...) Und die Haltung, die Körperhaltung beim, wir sagen, der hat eine Bewegung wie eine Frau, die einen Mann verführen möchte. So."

In der Schilderung schwingt fast verliebte Bewunderung mit, die erst durch Kenntnis des biografisch geschilderten Erlebnisses verständlich wird. Aber es kommt eben auch, wahrscheinlich durch die biografisch bedeutsame Erfahrung gebahnt, ein gewisses Verständnis zum Ausdruck. Eva interpretiert seine Familie in Polen an anderer Stelle als *„Alibi-Familie"*. Auffallend ist vor allem, dass in diesem Zusammenhang auf eine Wertung verzichtet wird. Sie hat offenbar mehr als eine Ahnung davon, dass der Kollege in inneren Konflikten befangen ist, die es ihm allenfalls ermöglichen, als „latenter Schwuler" in Erscheinung zu treten.

Eine ähnliche Erfahrung hat **Rita** gemacht. Wenngleich ihre Enttäuschung anders gelagert ist und im Kontakt mit einer transsexuellen Freundin gemacht wurde, bringen doch auch ihre Überlegungen zum Ausdruck, dass sie sich intensiv mit deren innerer Situation auseinandergesetzt hat. Sie berichtet von einer Jugendfreundin, die ihr im Laufe der Zeit ihre Geschlechtsidentität als Mann offenbarte. In Warschau besuchten beide ein *„Schwulen-Café"*. Sie begleitete die Freundin und erwähnt im Interview an keiner Stelle, dass sie Abneigung empfand, vielmehr hatte sie den Wunsch, mit ihr eine intime Erfahrung zu machen und war überrascht, dass dies von der Freundin abgelehnt wurde:

„Aber meine ersten Erfahrungen, ach, im Grunde ganz spät. Das war die, also durch meine transsexuelle Freundin, also meine, das war meine beste Freundin in Gymnasium, wir haben uns dann zwei, drei Jahre später getroffen, als ich schon in Warschau studierte, und haben wir eine kleinen ein Feier, eine Feier gehabt. Und das war anstrengend, dass wir da ganz unterschiedliche Interpretationen am Ende hatten. Sie wollte sich in ihrer neuen männlichen Identität bestätigt fühlen und ich wollte mein, und ich wollte ausprobieren, wie es das unter Frauen ist. Und das war natürlich peinlich dann, weil das natürlich für sie auch verletzend war, dass ich sie als Frau wahrgenommen habe. Weil sie so dringend das Bedürfnis hatte, als Mann wahrgenommen zu werden."

Auch hier gelingt es, in vertrauter Beziehung durch Perspektivübernahme und Einfühlung einen Zugang zum Erleben des Gegenübers herzustellen. Rita kann es auch ertragen, ihre eigene Beschämung über ihre Fehlinterpretation der Situation zuzugestehen. Implizit gesteht sie sogar ein, unemphatisch gewesen zu sein, eigene Wünsche verfolgt zu haben. Sie berichtet von einer überaus komplex verschränkten Situation, in der ein mehrfacher Perspektivwechsel zu einer adäquaten Einschätzung der Gesamtsituation führte. Hier liegt eine deutliche Bereitschaft zu Perspektivübernahme, Einfühlung und insgesamt zu Empathie vor. Entsprechend gestaltet sich auch die Beziehung zu einer lesbischen Freundin hier in Deutschland, mit der Rita oftmals in Szene-Lokalen unterwegs ist:

„... *meine deutsche lesbische Freundin ist Lehrerin und sagt, sie würde nie im Leben sich in der Schule outen, weil sie hätte Angst da irgendwie im Kollegium oder unter Schüler dann gemobbt zu werden. Und das ist schon die aufgeklärte deutsche Gesellschaft.*"

Es ist offenkundig, dass sie mit ihrer Freundin intensiv über deren inneres Erleben spricht, was wiederum die eigene Haltung zum Thema Homosexualität beeinflusst und die Aussage, sie habe kein Problem damit, in diesem Falle sehr reflektiert ausfallen lässt:

„*Also ich habe eine lesbische Freundin, ich denke an meinen Cousin, der von der Familie irgendwie (...) aus dem Lande gejagt wurde. Also ganz private jetzt. Das ist klar, Freunde, Familie, weil ich denke über meine, in mein Kindheit ich hatte mal eine transsexuelle Freundin, und ich hab' das nicht bemerkt. Und das war, das war schon, ich war schon, im Grunde, wenn ich das versuche, dann etwas abstrakter zu fassen, da muss ich sagen, ich hab' Freunde, ich geh' mit meiner Freundin in ein Disco und zu [.?.], das ist für mich gar kein Problem. Trotzdem wünsche ich keine Homosexuelle zu sein. Das ist, empfinde ich als sehr, sehr stark, sich in der Gesellschaft dann zurechtzufinden. Das würde ich ungedingt, ich wär' nicht glücklich, wenn eine von meinen Nichten oder Cousins, Cousinen dann sich dann outet. (...) Das wär' quasi nicht für mich ein Problem, dass ich Problem im Umgang mit diesen Leuten hätte. Ja, wie gesagt, das ist nicht mein Problem, sondern das täte mir leid für die Cousin und Cousine, weil ich mir vorstell', dass das sehr schwierig ist in der Gesellschaft da sich zurechtzufinden und trotz unserer ganze Aufgeklärtheit und Toleranz und deklarierten Gleichberechtigung, so im Alltag ist das noch nicht so weit.*"

Hier wird eine Haltung zum Ausdruck gebracht, die stark auf die soziale Situation Homosexueller reflektiert, was nur durch eine intensive Auseinandersetzung mit der Freundin ermöglicht wurde. Dass die Angehörigen nicht homosexuell sein sollen, hat vor allem damit zu tun, wie Rita ihre Freunde erlebt hat, sich mit ihren Gefühlen, vor allem aber auch ihren Ängsten auseinandergesetzt hat. Allerdings zeigt sie auch eine pessimistische Grundhaltung, wenn sie meint, die Gesellschaft sei noch nicht reif genug für die Toleranz Homosexuellen gegenüber. Vielleicht vermischen sich hier auch Erfahrungen aus ihrer Herkunftsgesellschaft mit antizipierten negativen Befürchtungen der Freundin in Deutschland, ohne dass auch positive Ansätze bezüglich der sozialen Anerkennung Homosexueller in Deutschland berücksichtigt werden können.

Etwas abweichend noch ist der Fall bei **Tini** gelagert; auch sie beschreibt Freundschaften als maßgeblichen Faktor für die Bildung ihrer Einstellungen zur Homosexualität. Für sie steht jedoch im Vordergrund, dass sie Homosexuelle als hilfreich und fürsorglich erlebt hat (abgesehen davon, dass sie von Kindheit an mit Homosexuellen in Kontakt kam, weil ihre Eltern Homosexuelle kannten). Ihre Biografie ist gekennzeichnet vom Pendeln zwischen Polen, wo Vater und Stiefmutter sowie die Großeltern lebten, und der DDR, wo sie mit Mutter und Stiefvater ab ihrem 9. Lebensjahr lebte.

Hier traf sie in ihrer Jugend auch den bis heute besten Freund, einen Homosexuellen aus der Bundesrepublik:

„Als das, wo ich anfing, mir darüber Gedanken zu machen, da war ich, hab' ich gerade das Abitur gemacht, und dann hab' ich, war ich hier in der polnischen Botschaft in B. wegen irgendwas. Und da lernt' ich son Studenten aus G. (BRD; P. S.) kennen und begann dann damit zu reden und fand' ihn sehr sympathisch, und dann stellt' sich heraus, dass er eben schwul war. Und es war für mich so eben ganz neues Erlebnis, also weil über ihn dann auch ganz neue Sachen, wie zum Beispiel so Bücher zu Frauenemanzipation und so was bekam ich dann über ihn. Ich hab' in Polen studiert, da wurde es kaum veröffentlicht, ja? Und er schickte mir ganz viel Bücher und auch von homosexuellen Autoren und so, und das fand' ich unheimlich spannend."

Während ihres Studiums erhielt sie dann ein Stipendium in einem westeuropäischen Land und entschied sich, nicht nach Polen oder in die DDR zurückzukehren. Sie fand dann Aufnahme bei diesem Freund und in seinem Freundeskreis, der ihr half, im Westen Fuß zu fassen. Bis heute sind sie gut befreundet, und Tini kennt inzwischen viele Homosexuelle, *„vielleicht sind's zehn"*, mit denen sie vor allem gute Erfahrungen verbindet:

Weil ich fühl' mich mit denen sehr wohl, ja, und ich muss sagen, dass ich also, ich hab' so zwei wirklich enge Freunde und der schönste Urlaub, also die schönen, die schönsten Urlaubsreisen, die ich gemacht, die war mit denen. (...) Weil die sind ja auch unheimlich fürsorglich. Ja. Und ich glaube, ich hab' mich weder von, jemals von einem Mann, noch der Freundin so umsorgt gefühlt wie von den beiden."

In dieser Schilderung kommt gut zum Ausdruck, wie die Nähe und Freundschaft zu Homosexuellen gegenseitige Sympathie und Vertrautheit entstehen ließ, wie sie beispielsweise qualitativ merklich von vielen anderen Kontakterfahrungen abweicht. In so einer Atmosphäre ist es dann auch möglich, genauer hinzuschauen, wenn es zum Beispiel um den Stellenwert bestimmter Verhaltensweisen Homosexueller geht, die Tini in anderem Zusammenhang als *„tuckig"* kennzeichnete. Sie interpretierte es ja, wie bereits zitiert, als ein Spiel, das Rollenmuster parodiert und selektiv eingesetzt werden kann. Sie macht sich jedoch nicht in herabsetzender Weise lustig darüber, wie dies in anderen Fällen der Fall ist. Wenn sie dieses Verhalten als Spiel auffasst, dann nimmt sie damit eine differenziertere Position ein als es allein als Aspekt homosexueller Identität zu verstehen, was dann in anderen Fällen oftmals mit unreflektierten gegengeschlechtlichen Attribuierungen Homosexueller einhergeht. Solche Nuancen verweisen gewiss auch auf ein qualitativ höheres Niveau der Beziehungsgestaltung, wie es u. a. auch durch die Bereitschaft zu Perspektivübernahme und Einfühlung ermöglicht wird.

4.3 Deutsche Frauen ohne Migrationshintergrund *(TNoM)*

4.3.1 Spezifische Aspekte der soziokulturellen Rahmung in der Herkunftsgesellschaft vor dem Hintergrund des Untersuchungsgegenstandes

4.3.1.1 Tradition und Werte

In den Interviews der befragten *TNoM* beziehen sich die Angaben zu Traditionen und vermittelten Werten beinahe ausschließlich auf den familiären und damit den Meso-Kontext, auf den sie ihre eigenen, verinnerlichten Werthaltungen zurückführen. Demgegenüber finden gesamtgesellschaftliche Makro-Strukturen in dieser Hinsicht kaum Erwähnung. Die Familie aber ist für alle der zentrale Bezugspunkt, mit dem sich beinahe alle anderen Werte verbinden. Zusammengenommen zeigt sich hier ein Muster, das man mit *sozialer Verantwortung* oder *sozialer Orientierung* umschreiben kann und das mit besonderer Wertschätzung von Kontakten im Allgemeinen einhergeht. Kontakt- und Beziehungspflege und die damit verknüpften Werte werden durchgängig als besonders bedeutsam beschrieben. Dabei fehlt in fast keinem Interview das Wort Toleranz. Erziehung zur Toleranz und die eigene Toleranz werden immer wieder betont – auch unabhängig von der expliziten Frage danach, für wie tolerant sich die *TNoM* selbst halten. Dabei besteht dann häufig die Verknüpfung mit anderen Werten, wie es bei Maria deutlich wird:

„Toleranz find ich wichtig, also sich zu interessieren, sich nicht stumpf vor den Fernseher zu setzen und über nichts nachzudenken. Also sich selber und seine Umgebung und so irgendwie wahrnehmen, zu reflektieren. Ja, so was wie Freundschaften sind mir wichtig. Partnerschaft, Familie, Hilfsbereitschaft. So füreinander da sein und so."

Moni sieht Toleranz ebenfalls im Kontext anderer Werte:

„Ja Toleranz und den anderen Menschen zu nehmen, wie man ist, versuchen zumindest. Freundschaft, Ehrlichkeit, anständig zu sein. Ja, alles was da drunter fällt, anderen zu he- also Hilfsbereitschaft. Meine Mutter auch, die hat immer anderen geholfen, alsodass man auch solche Dinge... Was sie mich nicht gelehrt hat, ist mit Geld umzugehen. Und das, das hat sie leider versäumt. Aber alle anderen menschlichen, zwischenmenschlichen Werte, da hattses, glaub ich, ganz gut gemacht."

Freundschaft, Hilfsbereitschaft, Ehrlichkeit, aber auch Zuverlässigkeit, Offenheit, Aufrichtigkeit und Vertrauen fallen wiederholt im Zusammenhang der als bedeutsam erachteten Werte, deren Stellenwert für die Pflege sozialer Beziehungen unterstrichen wird. Konsequenterweise hört Toleranz bei den

Befragten denn auch da auf, wo sie unsoziales Verhalten Dritter kritisieren, wodurch recht deutlich wird, dass sie Toleranz und tolerant sein der sozialen Orientierung unterordnen, was am Beispiel von Maria und Nelli deutlich wird.

Maria:

„Wobei es bei mir bestimmte Sachen gibt, wo ich dann ganz intolerant bin. Also beispielsweise so was wie rauchen oder so, bin ich extrem intolerant. Oder was Drogen angeht, bin ich auch extrem intolerant. Aber ich glaube jetzt nicht, dass ich bestimmten Menschengruppen gegenüber, also es geht dann eher um die Sache und nicht um die Menschen, ich glaube, dass ich Menschen gegenüber ziemlich tolerant bin."

Nelli:

„Weil ich ärger mich auch, also wenn mir jemand den Parkplatz wegschnappt, obwohl ich da schon fünf Minuten stehe und blinke, also dann kommt bei mir auch die schlechte Erziehung richtig gut durch. Also das sind, das ist ne Situation, da bin ich überhaupt nicht tolerant, da würd ich am liebsten dem Mercedesfahrer gegen Kotflügel treten – in Gedanken. Also so viel zum Thema Toleranz."

Diesen Blick über die eigene Schulter wirft auch Rosa, wenn es an anderer Stelle im Interview um ihre Beobachtung geht, dass Homosexuelle anonymen Sex auf Parkplätzen hätten, was sie abstoßend finde, weil kein Gefühl dabei sei. Zugleich finde sie weibliche Prostitution weniger abstoßend und stolpert über diesen Widerspruch:

„Ich mein, da (bei Prostitution; P. S.) *ist ja auch kein Gefühl dabei. Da hab ich auch gerade überlegt. Dass so, ich die Tolerante, oder die sich als tolerant empfindet, warum man das* (anonymen Sex Homosexueller auf Parkplätzen; P. S.) *jetzt viel abstoßender findet. Doch, die Frauen, die verdienen da noch ihr Geld mit. (...) Wobei das ja nicht, es ist eigentlich noch schlimmer, ne? Wenn den Männern dann zu Prostituierten gehen, die dann noch das machen, damit sie Geld verdienen (...)Die* (Homosexuellen auf Parkplätzen; P. S.) *machen's doch aus Spaß dann. Da ist ja eigentlich noch weniger verwerflich eigentlich ..."*

Auch bei Rosa orientiert sich der Toleranzbegriff nach kurzer Reflexion am sozialen Miteinander: Beim anonymen Sex Homosexueller haben beide ihren Nutzen, während Prostituierte in einem statusdifferenten Ausbeutungsverhältnis stehen. Die Matrix der sozialen Orientierung, die in allen Interviews ausgemacht werden kann, und deren Genese auf Familien- und Freundschaftsbindungen in Kindheit und Jugend zurückzuführen ist, erweist sich insgesamt als recht stabile Werthaltung auch dann, wenn selbstkritisch eigene Vorurteile reflektiert werden. Auch hierin zeigt sich der hohe Stellenwert, den dieser Wertekomplex hat. Wie bedeutsam er ist, wird in der Stellungnahme Katrins, einer Lehrerin, deutlich, die sich darüber ärgert, wenn ihre Toleranz und ihr Streben nach Gerechtigkeit angegriffen werden:

"Ich bemühe mich. Ja, weil also, ich muss ja schon Toleranz üben, weil ich eben so viele verschiedene Ausländer erstmal auch, ja, in den Klassen habe. Was heißt, sie haben alle nen deutschen Pass, aber sie sind, ja, nur haben Migrationshintergründe und das lässt sich auch gar nicht verbergen. Also, was ich nicht haben kann, dass ich, da bin ich absolut intolerant, wenn mir jemand vorwirft, er würde nur, was weiß ich, ermahnt, weil er Ausländer ist."

Diese Aussage ist eingebettet in andere Stellungnahmen, in denen Katrin ihr erwähntes Streben nach Gerechtigkeit in Frage gestellt sieht. Gerechtigkeit und Ausgleich zwischen Individuen spielen bei ihr wie auch den anderen Frauen eine bedeutsame Rolle, die wiederholt auch aus der Erfahrung in den Primär- und später in den von ihnen selbst gegründeten Familien abgeleitet werden. Es sind immer wieder diese Bindungen in familiären oder freundschaftlichen Netzwerken, um die herum sich das eigene Wohlbefinden zentriert. Die eigene Familie und die guten Beziehungen innerhalb der Familie stellen die Basis dar, auf der die *TNoM* vor allem ihre soziale Verortung vornehmen. Dabei ist der Familienbegriff sehr dehnbar. Implizit oder explizit werden Freunde mit hineingekommen oder Freundschaften als gleichwertig erachtet. Für Nelli war es wichtig, einen schwulen Freund zum Paten eines ihrer Söhne zu machen, um ihm zu signalisieren, dass er zur Familie gehört. Rosa, Mutter zweier Töchter und gerade geschieden, freute sich darauf, mit ihrem Lebensgefährten und seinen zwei Kindern eine große neue *"Patchwork-Familie"* zu gründen. Moni bemüht sich intensiv, neben ihrer kleinen Familie (die Tochter war kurz vor dem Interview gerade geboren worden) ein „Netzwerk" zu pflegen, wie es die Mutter „vorgelebt" hat. Wie dies im Kleinen funktioniert, zeigte sich beispielhaft in der Interviewsituation: Als der Autor zum vereinbarten Zeitpunkt bei ihr erschien, war sie noch mit ihrem Kind unterwegs, um die Patentochter vom Musikunterricht abzuholen, deren Mutter selbst noch bei der Arbeit war. Die Patentochter wiederum sollte sich während des Interviews um das Baby kümmern. Als der Autor klingelte, öffnete die Schwiegermutter und bat mich zu sich ins Wohnzimmer, um gemeinsam mit ihr zu warten. Als Moni kurz darauf kam, konnte das Interview auch schon beginnen. Später kam Maria dazu, die Mutter der Patentochter, um diese abzuholen. Auch sie erklärte sich für ein Interview bereit. Auf der Basis von Familie und Freundschaften können diese Frauen sich auf ein Netzwerk stützen (von dem auch andere, in diesem Falle der Interviewer, profitieren), das ihnen eine Vielfalt von Aktivitäten und Kontexten zur Verfügung stellt. Zu dieser Basis gehören aber eben auch die wiederholt erwähnten und verinnerlichten Werte wie Offenheit, Vertrauen, Zuverlässigkeit und Hilfsbereitschaft. Letzteres wurde auch daran überaus deutlich, dass die Interviews mit den *TNoM* ohne Probleme zu vereinbaren waren. In kurzer Zeit hatten sie sich zur Teilnahme bereit erklärt und sogar von sich aus bei dem

Autoren gemeldet. – Bei allen ist ein Streben nach Aufrechterhaltung und aktiver Pflege oder engagiertem Ausbau sozialer, enger und vertrauensvoller Beziehungen von grundlegender Bedeutung. Werte wie Leistung, Leistungsfähigkeit oder berufliche Qualifikation stehen mit deutlichem Abstand an zweiter Stelle und werden von den meisten gar nicht erwähnt.

4.3.1.2 Rollenerwartungen

Wenn eher allgemein, auf Meso- und Makro-Ebene zu verortende Vorstellungen über die Geschlechterrollen geäußert werden, zentrieren sie sich um die Themenkreise Beruf/Karriere und Familie/soziales Engagement. Dabei wird durchaus deutlich, dass es eine Auflösung traditioneller Vorstellungen von Beruf/Karriere als dem Mann zuzuordnende Domäne und Familie/soziales Engagement als der Frau zuzuordnende Domäne gibt. Zugleich wird ihre Unvereinbarkeit betont. Moni kennt eine *„Karrierefrau"*, die jedoch ohne Familie auskommen muss, und Katrins Chefin hat einen Ehemann, der sich um *„Haushalt und Kinder"* kümmert, während Elke von allein erziehenden Vätern im Bekanntenkreis weiß. Indem diese Ausnahmen benannt werden, verweisen sie aber auf die noch als Regel festgestellte Rollenverteilung, dass Frauen im Beruf eher benachteiligt sind, und sei es, weil sie auf Familie verzichten müssten, um Karriere zu machen. Insgesamt gibt es eine deutliche Tendenz unter den *TNoM*, anzunehmen, dass Frauen und Karriere in Deutschland selten zusammengehen, während Karriere im Umkehrschluss eher den Männer zugeordnet wird, auch wenn, wie bei Anja, einer freien Künstlerin, zunächst noch die Auffassung vorherrscht, zumindest unter Künstlern herrsche da Gleichberechtigung:

„Also was ich jetzt so bei den Künstlern eher denke, das ist wirklich sehr gleichgeschlechtlich, ist also sehr ausgewogen. Da wird das nicht besonders, ja nicht so gewertet."

„Gleichgeschlechtlich" in diesem Zusammenhang ist als Versprecher für *gleichberechtigt* zu verstehen. Nach einigem Nachdenken stellte sie dann aber fest, dass in der Kunst vor allem Männer erfolgreich sind:

„Ja, oder auch, was weiß ich, Professoren an der Kunstakademie sind auch meistens Männer. (...) Ja, ich hab jetzt einfach eher so an die direkten Kollegen gedacht, ne? Die, die mich umgeben, also so nicht, nicht jetzt an die, ja erfolgreichen Künstler, da sind's wirklich überwiegend doch immer wieder Männer. Das ist, ja, schade."

Der Feststellung, dass für Männer Beruf und Karriere die naheliegenderen Optionen sind, steht die Auffassung zur Seite, dass sie zugleich verschlossen und sozial weniger engagiert seien. Demgegenüber werden Frauen in dieser Hinsicht deutlich anders wahrgenommen: Sie kümmern sich um Kinder,

Familie, die Pflege von Kontakten und sind am sozialen Austausch allgemein stärker interessiert – so jedenfalls die Auffassung der *TNoM*. Elkes Sicht der Dinge kann beinahe als paradigmatisch für diese Auffassungen gelten:

„Ich glaube, wenn ich das so aus meinem Umfeld betrachte oder jetzt so die Gesellschaftsform, in der ich lebe, oder jetzt die Leute betrachte, mit denen ich zu tun habe, sehe ich oft, dass Frauen die sozial engagierteren sind, die mehr offen sich, die die sozialen Kontakte besser halten, pflegen oder auch sehen, dass es da was gibt. Ich glaube, Männer sind in der Richtung oft in so Einzelgänger, die da nicht so viele, das Netz irgendwie nicht so spannen können/wollen oder nicht machen, so da mehr so ihr Ding alleine fahren. Ich glaube, Frauen reden in der Mehrzahl lieber."

In die nämliche Richtung geht Rosas Einschätzung:

„Also ich glaube, dieses Quasseln, so wie ich es auch gerne mach, merken Sie ja wahrscheinlich, dieses Reden, dieses mit den Freundinnen austauschen, dieses Offensein auch, über Gefühle reden. Ich glaub, dass das schon mehr den Frauen gegeben ist. (...) Und Männer, da hab ich die Erfahrung gemacht, die machen viel mehr mit sich alleine aus, die haben selten Freunde, mit denen sie über andere Themen, also über ganz persönliche Themen reden, weil das also gleich son bisschen so, ja auch Versagen eingestehen müssen, vielleicht. Ich hab Fehler gemacht, das ist schwerer. Dass Männer eben vielmehr mit sich alleine ausmachen."

Von daher liegt es oftmals auch nahe, den Frauen die Zuständigkeit für die Erziehung, die Familienarbeit und den Haushalt zuzuschreiben, was Nelli *„Nestbaugeschichte"* nennt:

„Ja, also typisch weiblich ist auf jeden Fall eher diese, diese Nestbaugeschichte, wobei ich da jetzt auch nur für, von mir auch als Mutter reden kann. Ich weiß nicht, wie es jetzt ohne Kinder wär', ob ich dann auch so viel Wert drauf legen würde oder ob meine Wohnung dann aussehen, wie sone alte Rumpelkammer. Das ist irgendwie, also das, was ich da umsorg. Also, das fing bei mir eigentlich wirklich mit den Kindern an, dass ich son Nestbautrieb entwickelt habe. Und, also das würd ich als typisch weiblich bezeichnen."

Auch, wenn sie hier etwas über sich aussagt, generalisiert sie die Aussage für alle Frauen. Ähnlich geht Hillu bei Überlegungen zu diesem Thema zunächst von ihrer eigenen Beobachtung aus, kommt dann aber auf allgemeine Tendenzen zu sprechen und fasst den gesamten Themenkreis Geschlechterrollen mit einem persönlichen Ausblick folgendermaßen zusammen:

„Typisch weiblich. Also ich denke immer noch so, der Mann ist der Ernährer. Und ich denke auch, e(s) sind immer noch zu wenig Frauen in Führungspositionen, das heißt, wenn man zusammen ist, und man möchte en Kind haben, ist es bei den meisten heute immer noch so, die Frau bleibt zu Hause oder muss zu Hause bleiben, weil, also ich

könnte von meinem Gehalt die Familie nicht ernähren. Also ist ganz klar die Rollenverteilung, einer geht arbeiten, das ist der Mann und einer bleibt zu Hause und kümmert sich um die Kinder. Ich denk das ist immer noch so, weil halt, ja, ich weiß es gar nicht, weil es einfach zu wenig Frauen in Führungspositionen gibt, das find ich. Und ich finde auch, man kann dieses typisch männlich oder weiblich kann man nicht sagen, weil ich bin son Typ, so nett machen und kochen und sone Gemütlichkeit. Muss ich aber sagen, mein Sohn, der Jüngste, der findet so was auch total klasse, der macht mit, der kocht, der macht, dekoriert sein Zimmer zehnmal um. Der Große kann so wat überhaupt nicht. Also von daher find ich, das verändert sich, dieses, ja einfach die Erziehung der Jungens verändert sich."

Wenngleich also durchaus klare Differenzierungen zwischen den Rollenbildern vorgenommen werden, kommen im Querschnitt aller befragten *TNoM* neben charakteristischen Zuschreibungen auch Auffassungen zum Tragen, dass die Geschlechterrollen in Bewegung geraten sind. Dennoch herrschen in den Aussagen noch Auffassungen vor, die den Männern den Bereich Beruf/Karriere und den Frauen Familie und soziale Orientierung zuschreiben.

4.3.1.3 Sexualität

In puncto Aufklärung herrscht bei den Befragten ein relativ einheitliches Muster vor: Alle fühlten sich aufgeklärt, aber nicht alle hatten den Eindruck, beim Thema Sexualität handele es sich um etwas Selbstverständliches, womit ein offener Umgang möglich wäre. Nur bei zwei der *TNoM* war Aufklärung ein offenes Thema in den Familien: bei Hillu und bei Maria. Beide erlebten die Eltern freizügig und sahen sie auch nackt. Aber schon bei Hillu wird deutlich, dass eine gewisse Hemmung bestand, mit der Mutter über Aufklärung zu sprechen. Auch bei allen anderen Frauen liegt dieses Muster der Gehemmtheit in den Familien mehr oder minder deutlich vor. Moderatere Formen drücken sich dadurch aus, dass das Thema in den Familien vermieden wurde, aber hätte angesprochen werden können, rigidere Formen führten zu dem Gefühl, etwas Verbotenes hänge mit dem Thema Sexualität zusammen. Letzteres wird von Elke, Moni und Rosa berichtet, wobei Elke und Moni einen Bezug zur Religion herstellen. Elke selbst wurde religiös erzogen, während Moni dahingehend differenziert, dass die eigene religiöse Erziehung der Mutter diese am offenen Umgang mit dem Thema hinderte. Rosa selbst hatte das Gefühl, etwas Interessantes zu entdecken, und übte mit ihrem Cousin und einem anderen Jungen Küssen:

„Dann hatt' ich 'en Cousin, mit dem ich Küssen geübt hatte. Also das waren so die ersten Kontakte so in der Hinsicht. Ja, ganz früher auch mal mit dem Nachbarjungen. Aber ah, da weiß ich noch, das ist sone verklemmte Geschichte, da haben wir uns wirklich noch gar nichts bei gedacht. Ich weiß nicht, wie alt der Junge und ich war, vielleicht so fünf oder so, und waren da und haben uns so gegenseitig anguckt,

vielleicht auch angefasst, weiß ich noch nicht mal. Und weiß ich jetzt, also heute noch, das hat so verfestigt bei mir, da sind wir reingerufen worden oder meine Eltern riefen mich rein, und was habt ihr da im Garten gemacht? Und so. Und ich merkte sofort an der Stimmlage, an der Situation, wir haben was ganz, ganz Schlimmes gemacht. Und das war also so, sone Erfahrung, also da denk ich heute noch manchmal dran. Da lächel ich jetzt heute drüber, aber ich fand's auch erschreckend, wie man mit den Kindern dann so umgegangen ist. Dann weiß ich auch noch ein Erlebnis in der Grundschule, da waren dann die Lehrer weg und wir Kinder waren noch in der Klasse und haben da mit Kreide an der Tafel dann en nackten Menschen gemalt, jetzt mit Brüsten und Behaarung und, ich weiß nicht, ob wir noch en Penis drangemalt hatten. Auf jeden Fall fanden wir das ja ganz albern und lustig, und dann war en Riesenaufstand. Dann haben die Putzfrauen das nächsten Tag entdeckt. Und dann sind die Eltern alarmiert worden. Und meine Eltern, das weiß ich noch ganz genau, die wollten dann, was habt ihr denn dann da gemalt. Und ich sollte das dann aufmalen und ich weiß noch, wie sehr ich mich da geschämt habe, ne? Das find ich eigentlich schrecklich, wie die Eltern da so gewesen sind."

Rosas Erlebnis stellt aber die Ausnahme dar und zeigt zugleich, dass unter Gleichaltrigen eine große Neugier und ein ausgeprägtes Interesse bestand, wodurch es möglich war, sich überhaupt mit dem Thema zu beschäftigen. Dies vor allem wird auch von allen anderen bestätigt: die Aufklärung durch Gespräche mit Freunden. Außerdem war Aufklärung, anders als bei Rosa, auch in der Schule möglich. Ganz besonders wichtig – und von fast allen Frauen wird dies benannt – war die Möglichkeit, sich über sexuelle Themen in der „Bravo" zu informieren. Letztlich hatten auf dem einen oder anderen Wege alle Befragten die Möglichkeit, sich zu informieren, wenngleich festgehalten werden muss, dass in den Familien selbst zum großen Teil ein gehemmtes Klima vorherrschte.

Uneingeschränkt offen im eigenen Umgang mit der Sexualität beschreibt sich aber keine der *TNoM*. Nur Hillu gibt an, sie habe sich im Laufe ihres Lebens keinesfalls gehemmt gefühlt und erziehe auch ihre Söhne nach diesem Prinzip, alles dürfe zur Sprache kommen:

„Also bei uns zu Hause war es so, über alles reden, offen sein, ich konnte zu meinen Eltern mit allen Problemen hin und hoffe, dass ich das so mit den Söhnen, die ich habe, auch so mache. (...) Und wenn ich mir so vorstelle, was manchmal bei uns so zu Hause beim Abendbrot gesprochen wird, wo ich dann so denke, mein lieber Mann, ob das in anderen Familien auch so ist? Weil die haben hundert Fragen und die fragen alles und die sagen alles. Und das finde ich total spannend und mein Mann sagt immer, meiin Gott nee, wenn das zu Hause bei uns gewesen wäre, sagt er, meine Mutter wär glaub ich tot vom Stuhl gefallen, ne? Wo dann wirklich so Sachen kommen. Wir hatten letzten mal en Thema über die Domina. Ne, was das denn ist und er hatte da so seine Vorstellungen und dann haben wir dann beim Abendbrot gesessen und haben dann so gedacht, na ja ne? So zehn Jahre ne? Also ich find schon, ich find's wichtig, offen und ehrlich damit umzugehen."

Interessant ist der Einwurf des Ehemannes von Hillu, der in etwa darauf hinweist, was bei vielen anderen der hier Befragten auch zum Tragen kommt: Sie mussten sich an einen offenen Umgang erst gewöhnen, ihn sich zum Teil auch selbst erarbeiten. Maria und Rosa beschreiben, wie sie dies als lebenslangen Prozess erleben. Maria:

"Das hat sich sehr entwickelt, ja. Also ich würd sagen, das hat sich jetzt bis, bis vor kurzem noch entwickelt. Also ich hab mich da sehr geändert."

Rosa sieht sich selbst auch in einem Entwicklungsprozess, der zu immer größerer Offenheit geführt hat:

"Dass das auch ne Frage der Reife und des Alters ist, wie man darüber denkt. Und ich denk, dass vielleicht eben so, ja, ich weiß nicht, vielleicht ist die Jugend jetzt generell mehr aufgeklärt oder viel toleranter jetzt so mit 20 als ich es dann vielleicht war, ne? Aber ich denk schon, dass ich da jetzt in den letzten Jahrzehnten bei mir da eben auch einiges entwickelt hat so. Das man da vieles lockerer sieht. (...) Was weiß ich, dass man früher Oralverkehr hatte oder so, gedacht: Och, das macht bestimmt kein anderer. Oder auch gedacht hat, das ist – puh – Mensch nee. Man macht ja was ganz Versautes, ne? Und nachher merkt man, das stimmt ja gar nicht."

Aufklärung wäre demnach also ein lebenslanger Prozess, vorausgesetzt die Offenheit für Sexualität bleibt bestehen. Ähnlich schildert es auch Moni, deren Mutter ihr recht rigide Vorstellungen von Sexualität in der Partnerschaft vermittelt hatte:

"Ich war, als ich 15 war hab ich mich, meine erste große Liebe, das war dann eher sone, ja sone Freundschaft mit bisschen natürlich, auch en bisschen mehr, aber da war ich total blockiert. Weiß ich ganz genau. Und dann, weil, psychisch war ich da, also bei meinen sexuellen Erlebnissen auf jeden Fall blockiert und ist mir auch nachher bewusst geworden, dass das durch das, was meine Mutter mir, ich sag jetzt mal in Anführungszeichen, eingeredet hat, sicherlich hat sie's gut gemeint. Das soll jetzt gar nicht böse klingen. Aber dadurch beeinflusst ja. (...) Das hat sich ganz gravierend geändert. Ein Glück."

Diese Prozesse werden offenkundig als Befreiung erlebt, auch als Erweiterung des eigenen Erlebens und damit als Bereicherung. Oftmals kann dies auch mit vielschichtigen Erzählungen belegt werden, was schon an sich auf eine deutlich entwickelte Offenheit gegenüber dem Thema Sexualität hinweist. Aber eine Minderheit von zwei Frauen, Elke und Nelli, hält sich eher bedeckt und betont, Sexualität sei ein zu intimes Thema, das in erster Linie einem kleinen Kreis vorbehalten bleibe, zum Beispiel unter Freundinnen, aber eben auch dem Austausch mit dem Ehemann. Elke ist unter ihnen denn auch die Einzige, die eine religiöse Erziehung genossen hat.

4.3.1.4 Religion

Was die Themen Religion und Glauben betrifft, ergibt sich unter den *TNoM* ein heterogenes Bild, das auf kein einheitliches Muster reduziert werden kann – außer dass keine von ihnen als kritiklos oder rigide, also fundamental in Glaubensdingen bezeichnet werden könnte. Nur zwei dieser Befragten, Elke und Moni, geben an, selbst eher religiös erzogen worden zu sein. Wie Hillu und Maria bezeichnen sie sich auch selbst als religiös, während bei Hillu keine Angaben über die religiöse Erziehung vorliegen, Maria aber durchaus Hinweise darauf gibt. Die andere Hälfte bezeichnet sich als nicht religiös oder gläubig, wenngleich auch Katrin sagt, nach außen hin sei sie evangelisch erzogen worden, womit sie meint, dass sie in der Familie Weihnachten gefeiert hätten und sie selbst konfirmiert worden sei. Für mehr als die Hälfte der befragten Frauen spielt aber das Gemeindeleben eine wichtige Rolle. Fünf von ihnen geben an, sich in der Gemeinde wohl zu fühlen, und unter ihnen ist auch eine, Nelli, die sich selbst strikt als nichtgläubig bezeichnet. Dennoch singt sie im Kirchenchor, sei aber nur in den Gottesdiensten, weil sie dort mit dem Chor auftrete:

„(Taufe) ... hat natürlich was mit kirchlichen Fest zu tun, aber es darf sich jeder selber aussuchen, wie er glauben darf und will. Durch meine Kantorei bin ich ständig in irgendwelchen Gottesdiensten und höre den Predigten zu, ich muss, ich mach mir da mein eigenes Bild. Ich finde Kirchen sehr schön, ich finde diese Räume wunderbar und ich kann da auch wunderbar meine Gedanken spazieren gehen lassen. Ich brauch da aber keine 20-minütige (Predigt; P. S.) *ja? Wenn's mich nicht interessiert dann schalt ich einfach ab."*

Als nichtgläubig bezeichnet sich auch Rosa; Religion habe außerdem in ihrer Erziehung auch kaum eine Rolle gespielt. Zudem stehe ihre Mutter der Tatsache, dass sie einen strenggläubigen Lebensgefährten hat, der Mitglied einer sektenartigen Kirchengemeinde ist, sehr kritisch gegenüber. Sie selbst sieht darin kein Problem, an ihrer Einstellung zu Glaubensdingen ändere sich dadurch nichts.
Unter denen, die dem Glauben einen wichtigen Stellenwert beimessen, sind vor allem Frauen, die die Gemeinschaft in der Gemeinde schätzen. Unter ihnen macht nur Elke nähere Angaben dazu, was der Glaube an sich für ihr Leben bedeutet. Sie sei mit einem erschreckenden Gottesbild aufgewachsen, habe lange Jahre gebraucht, sich davon zu lösen, indem sie es modifizierte:

„Also ich bin unterm sehr starken religiösen Einfluss erzogen worden, der aber so, ja immer die Strafe dahinstellte, und dass man nicht auffallen darf, und dass man halt, also wehe der liebe Gott das sieht, so quasi. Also so mehr so dieser, dieser fürchtende Gott wurde mir so präsentiert, ne?(...) Dieses böse Bild des Gottes oder des Strafenden, der ist für mich irgendwie vollkommen weg. (...) Das hab ich mir, glaub

ich, irgendwelche selber durch, durch meine Arbeit in meinem, in meiner Religion irgendwie erarbeitet. Oder dann halt auch im Laufe der Jahre so empfunden und ich glaube, da hat mir auch mein Beruf sehr viel gebracht."

Als Krankenschwester auf einer Krebsstation hat sie oft Sterbende begleitet und dabei bemerkt, dass ihr dies ohne einen eigenen inneren Glauben nicht möglich wäre, weshalb sie sich auch vom Glauben nicht abwenden konnte, sondern ihn modifizieren musste, um die Belastungen im Beruf auszuhalten. Wichtig sei dabei auch gewesen, dass ihre jung verstorbene Mutter im Glauben einen Halt gefunden hatte, als sie sterben musste.

4.3.2 Einstellungen zu Homosexualität und Homosexuellen

Im Unterschied zur Darstellung der Ergebnisse bei den Frauen aus der ehemaligen Sowjetunion und aus Polen werden die Auffassungen zur Situation Homosexueller in Deutschland unter diesem Abschnitt zusammengefasst, weil der innere Zusammenhang hier stärker gegeben ist. Bei den anderen beiden Teilstichproben ging es diesbezüglich ja auch um einen Vergleich zwischen der Wahrnehmung der Situation Homosexueller im Herkunftsland und in der aufnehmenden Gesellschaft. Dieser Aspekt entfällt bei den *TNoM*.

4.3.2.1 Situation in Deutschland

Bezogen auf die Einschätzung der Situation Homosexueller in Deutschland teilen die *TNoM* ganz überwiegend die Auffassung, dass sich in den vergangenen Jahrzehnten bis heute die Akzeptanz von Homosexualität und Homosexuellen in der Gesellschaft spürbar erhöht hat. Gelegentlich wird aber ein Zeitpunkt genannt, seitdem dieser Wandel eingetreten ist, z. B. bei Maria (seit den 80er Jahren) oder Rosa (seit A. Biolek und H. P. Kerkeling sich outeten – also auch seit den 80er Jahren); immer aber wird zumindest eine Änderung konstatiert, die Situation heute mit der zu einem früheren Zeitpunkt in Beziehung gesetzt. Elke und Hillu, beide auf dem Dorf aufgewachsen, unterscheiden auch zwischen ländlicher und städtischer Umgebung, was die Einstellungen im Umfeld angeht, wobei die ländliche Umgebung als noch intoleranter als die städtische beschrieben wird. Auch dies steht im Einklang mit den an anderer Stelle beschriebenen Befunden für die Situation Homosexueller in Deutschland.

Tragend für den Befund, dass ein gesellschaftlicher Wandel eingetreten ist, ist die Feststellung, dass Homosexuelle anders als früher *sichtbar* geworden sind. Dabei wird die Einschätzung für den Makro-Kontext immer auch mit dem Meso-Kontext in Beziehung gesetzt, wenn beinahe alle Befragten ihre Beobachtung mit persönlichen Kontakterfahrungen verknüpfen (auf die aber weiter unten noch näher eingegangen werden wird). So auch Maria, die die Entwicklung des homosexuellen Jugendfreundes ihres Bruders verfolgte:

"Und es wurde eben immer normaler, also ich würd mal fast sagen, ein bisschen parallel zu dem, wie es in der Gesellschaft auch vor sich gegangen ist. Also meiner Einschätzung nach. Dass es jetzt eben für die beiden relativ normal ist, sich auch so als Paar zu zeigen, und dass war's eben als Mark (ein Jugendfreund des Bruders; P. S.) *damit anfing, mit 19 oder so, vor 20 Jahren eben noch nicht so."*

Wenn sie von den *"beiden"* spricht, sind damit nicht Mark und ihr Bruder gemeint, sondern Mark und sein heutiger Partner, den sie auch schon seit langem kennt. Ähnlich wie Maria schätzt Elke die Möglichkeit ein, dass Homosexuelle sich in der Öffentlichkeit zeigen können, wobei sie es ist, die auch eine Unterscheidung zwischen Stadt und Land vornimmt:

"Also hier inner Stadt ist es gang und gäbe. Da gibt es viele Leute, die so zusammenleben. Auch ganz normal, das öffentlich zeigen oder auch, auch es leben einfach, keine Probleme haben. Auf dem Land isses, denk ich, wesentlich schwieriger."

Karin sieht das öffentliche Auftreten Homosexueller ebenfalls in Zusammenhang mit der zunehmenden gesellschaftlichen Akzeptanz:

"Also (...) im Bekanntenkreis hat man das immer mal wieder, dass Kinder, das gibt's jetzt eben auch, Kinder dann mit gleichgeschlechtlichen Ehe- oder Partnern zusammenziehen, dass man das immer wieder erlebt. Also das ist, ich denke, ist häuft sich jetzt mehr wie, oder man traut sich, glaub ich, auch eher, das nach außen so zu dokumentieren.""

Immer wieder findet auch dieser Aspekt Betonung: die Alltäglichkeit, die eben stets auch mit der Kontakterfahrung zusammenhängt. Für die Vielzahl der Befragten gehören Homosexuelle zur alltäglichen sozialen Lebenserfahrung, was auch von Nelli so beschrieben wird:

"Ich hab bei der Arbeit sehr viel, in meinem privaten Bereich, mein Kantor ist homosexuell, der Pastor, also es, ich weiß nicht, es sind überall sind sie doch. Also im alltäglichen Bereich."

Bedeutsam für die Auffassung, es sei ein gesellschaftlicher Wandel eingetreten, ist die Beobachtung, dass man Homosexuellen in vielfältigen Bezügen begegnen kann, nicht nur im Einzelfall, und dass die Begegnungen in alltäglichen Situationen stattfinden können. Dennoch wird die soziale Lage Homosexueller nicht unkritisch gesehen, was vielleicht ebenfalls mit den persönlichen Kontakten und den daraus erhaltenen Informationen in Zusammenhang stehen mag. Exemplarisch wird dies am Beispiel Anjas deutlich, die zwei verpartnerte homosexuelle Frauen kennt, die sich in den Niederlanden um eine anonyme Samenspende bemühten, weil es in Deutschland nicht erlaubt ist, auf diesem Wege eine Schwangerschaft herbeizuführen. Anja zog für sich daraus die Schlussfolgerung:

„... *dann aber eben die Entscheidung, aber muss nach Holland fahren, um das dann irgendwie zu, so seinen Wunsch oder so wie man sich, so wie man leben möchte, dass quasi nur dadurch dann so in Erfüllung geht, ne? Das ist schon, das ist ja ne Art von Ausgrenzung, so geht das, es geht, funktioniert hier nicht. Also muss ich mir Wege, andere Wege suchen. Da hab ich's so konkret da mal mitgekriegt.*"

Ausgrenzungsmechanismen werden also sehr genau wahrgenommen und die durchaus noch nicht selbstverständliche Akzeptanz Homosexuellen gegenüber wird von vielen Frauen als noch gegeben angesehen. Auch zum Beispiel, was die „Homo-Ehe" betrifft, wenn Katrin feststellt: *„Das wird natürlich in unserer Gesellschaft noch etwas dauern, bis das so weit ist, glaube ich."* Und Hillu bringt diesen Umstand mit weiter bestehenden Vorurteilen in Verbindung:

„Und ich glaube, dass die Homosexuellen, dass die noch hier die Anerkennung einfach nicht haben, oder dass da noch so viele Vorurteile sind."

Bestehende Vorurteile werden auch von Maria bestätigt, die in ihrem Beruf als Lehrerin feststellen konnte, wie stark verpönt es unter Schülern ist, mit Homosexualität in Verbindung gebracht zu werden, dass „schwul" eines der beliebtesten Schimpfwörter ist – eine Beobachtung, die von ihrer Berufskollegin Katrin geteilt wird.

4.3.2.2 Allgemeine Auffassungen

Geht es um die spontanen und vor allem die allgemeineren Angaben, d. h. um solche Aussagen, die der Frage nach den allgemeinen Einstellungen zu Homosexualität und Homosexuellen zuzuordnen waren, so kristallisiert sich hier ein deutliches Muster heraus. Und zwar wird in fast allen Interviews ein Wandel oder die Entwicklung der eigenen Einstellung beschrieben. Maria setzt es in Bezug zur gesellschaftlichen Entwicklung, deren Folgen für den Jugendfreund des Bruders, Mark, ja bereits Erwähnung fanden:

„Also ich fand das glaub ich am Anfang vielleicht en bisschen, also ich fands am Anfang vielleicht en bisschen seltsam, wobei ich mich da ehrlich gesagt, auch nicht mehr so genau dran erinnern kann. Also es war irgendwie am Anfang schon mal en bisschen was Besonderes, glaub ich. Und es wurde eben immer normaler, also ich würd mal fast sagen, ein bisschen parallel zu dem, wie es in der Gesellschaft auch vor sich gegangen ist."

Bei Rosa hat sich der Einstellungswandel durch die eigene sexuelle Befreiung eingestellt. Solange sie das „Schmutzige" noch bei homosexuellen Männern verorten musste, war sie eher ablehnend, während sie durch die Anerkennung des „Schmutzigen" als lustvoll auch für sich selbst Toleranz entwickelte. Ein ähnliches Zitat wie das folgende, aber bezogen auf Oralverkehr, fand schon vorher Erwähnung, hier aber soll dieser sexuelle Aspekt unter dem Gesichtspunkt, wie sich die Auffassung vom homosexuellen Mann als „*schmutzig*" gewandelt hat, in einen anderen Kontext gestellt werden:

„*Vielleicht war's auch eine Zeit so, ich denke früher, wenn man da jetzt gelernt hat, dass es eben auch Leute gibt, die schwul oder lesbisch sind, dass man das erst mal – bei lesbischen Frauen, find ich das in der Gesellschaft sowieso anerkannter gewesen immer. (...) Weil das hat irgendwie sone sauberere Sache, wenn man dann so überlegt so. Frauen unterstellt man immer irgendwie, dass die so mit mehr Gefühl dabei sind und ist auch so, Frauenpornos oder so, das ist ja alles dann wohl so mehr auf gefühlvollere Sachen so gerichtet, ne? Und bei Männern denkt man wahrscheinlich, das ist denen auch, wenn dann eben zwei Männer zusammen sind, dass es denen dann eben um die pure Lust ausleben geht oder so. (...) Und das ist dann eher schmutzig. Ja. Hab ich jetzt früher so gedacht. Meine Einstellung hat sich geändert, ich bin auch toleranter geworden, aber früher war das dann so. (...) Weil man selber nicht mehr son verklemmtes Verhältnis zur Sexualität hat, glaub ich, wie früher. Weil's früher für mich jetzt so der Gedanke war, wenn ich jetzt mal ganz offen rede, so Analverkehr zu führen oder so, was ganz, ganz Schlimmes war, und, dass, weil man ja dann auch wusste, ich sag ja früher hat man dann gesagt, was machen die denn dann überhaupt, ne? Dann ist einem ja irgendwie klar geworden, jau Analverkehr, und das fand man dann ganz schlimm. Aber mein allgemeines Verhältnis zur Sexualität hat sich geändert, sodass ich das jetzt gar nicht mehr so schlimm finde, und dann denk ich, ja gut, ne? Die haben doch, kaum noch ne andere Möglichkeit, ist ja auch in Ordnung, sollen se doch machen, ne? Dass das auch ne Frage der Reife und des Alters ist, wie man darüber denkt.*"

Der Einstellungswandel hat durchaus unterschiedliche Gründe, er kann mit der individuellen Kontakterfahrung, der sexuellen Selbsterfahrung, aber auch mit der intellektuellen Auseinandersetzung in Verbindung stehen, wie es u. a. bei Katrin der Fall war:

„*Also da glaube ich, die* (Einstellung; P. S.) *ist dadurch beeinflusst worden, dass ich studiert habe, dass ich mich da mit vielen, ja, Sachen auseinandergesetzt habe, also im Pädagogikstudium in, im Geschichtsstudium, Wirtschaft weniger, aber, dass man da über das Studium, über das Miteinander mit anderen da liberaler geworden.*"

Ähnlich sah es bei Nelli aus, die über ein Buch Interesse an Homosexualität und Homosexuellen entwickelte, nachdem sie ihre Informationen zuvor vor allem über Detlef-Witze bezogen hatte:

„Das (waren; P. S.) *bestimmt so diese dummen Delef-Witze. Also ich weiß es nicht. Also, ich denke mal eher so über Witzformen, oder dass das Dieter Hallervorden so veräppelt hat, also, dass das mehr so in diese Richtung ging. Und (...) ernsthaft damit auseinandergesetzt hab ich mich eigentlich erst später als ich über, von Charlotte von Malsdorf hab ich ne Biographie in die Finger gekriegt, und da hab' ich mich dann erste Mal richtig auch damit auseinandergesetzt. Aber da war ich natürlich schon erwachsen."*

Immer beschreiben diese Aussagen eine Entwicklung, deren Auslöser ein durch unterschiedliche Zugänge, zum Beispiel durch Bücher, gewecktes Interesse war und eine durch individuell variierende Gründe auf Homosexualität gerichtete Aufmerksamkeit bewirkte. Dabei fiel in nur einem Fall der Blick auf Homosexuelle passager zunächst negativer aus, als er vorher war. Dies war bei Elke der Fall, die in ihrer Jugend auf dem Dorf durchaus Bewunderung für einen offen homosexuellen Mann hegte. Der Kontakt zu ihm bot ihr eine Abgrenzungsmöglichkeit vom Elternhaus und eröffnete die Perspektive auf ein anderes, freieres Leben, das sie für sich selbst ersehnte. Als sich aber viele Jahre später ihre Schwester als homosexuell zu erkennen gab, sah sie dies zunächst kritisch:

„Ich hab das erst son bisschen skeptisch betrachtet und abgewartet, weil ich von ihr halt sehr viel Sachen halt auch mitbekommen habe oder sie halt auch während dieser ganzen Jahre eigentlich begleitet und sie so ganz gut einschätzen konnte oder kann und immer Angst, also, dass sie wieder so abrutscht in ihre Magersucht. Weil sie da zweimal auch wieder son Rückfall hatte und ja, sie im Grunde genommen immer so Sachen macht, ja, die son bisschen eben aus dem Rahmen oder halt ganz anders sind, als sich das dann erwartet und hat man gedacht, jetzt isse wieder gesund, es geht weiter. Dann hat sie sich halt en, um Kind zu bekommen und dann war das plötzlich wieder irgendwie so, was wo keiner mit gerechnet hatte. Und dann kam sie jetzt plötzlich mit ner Liebe zu einer Frau. Da hab ich auch gedacht, warten wir erst mal ab und gucken erst mal. Und so. Aber nicht, es war okay. Ja, sie hat sie mir als Erstes vorgestellt und hat dann auch gesagt: Wie solln wir's dem Papa sagen irgendwie oder wann, ich trau mich gar nicht so richtig. Und da war schon ne Verbindung da, aber ich hab das Ganze erst mal son bisschen auch so unter Vorbehalt. Aber mittlerweile sind die verheiratet, seit zwei Jahren und die Verbindung gibt es also seit sechs Jahren glaub ich oder so."

Letztendlich liegt aber auch bei Elke keinesfalls eine eindeutig als negativ zu identifizierende Haltung zur Homosexualität vor, die man aus diesem Beispiel ableiten könnte. Ihre Skepsis bezieht sich vor allem auf die Vorgeschichte der Schwester; sie stellt sie in den Kontext der vielen *„Kapriolen"*, die sie bei ihrer Schwester bereits erlebt hatte. Worauf es aber in diesem Zusammenhang ankommt, ist, dass auch hier ein Entwicklungsprozess beschrieben wird, der für die *TNoM* typisch ist.

4.3.2.3 Merkmale Homosexueller und Geschlechterrolle

In Hinsicht auf die Merkmale, die mit Homosexuellen in Verbindung gebracht werden, gibt es bei den befragten *TNoM* eine auffallende Neigung, darauf hinzuweisen, dass es nicht leicht ist, zu Verallgemeinerungen zu kommen, oder dass man sich schwer tue, etwas Typisches zu benennen oder alle *„über einen Kamm"* zu scheren (Rosa). Diese Äußerungen passen zunächst auch dazu, dass es eine relativ durchgehende Tendenz gibt, darauf hinzuweisen, dass Homosexuelle nicht unbedingt immer gleich als Homosexuelle auffallen würden. Häufig wird dies explizit aus den eigenen Kontakterfahrungen abgeleitet. Anja beispielsweise sagt von ihren Nachbarn:

„Ja, weil ich die, weil ich da eher en Kontakt habe und so. (...) Eigentlich weiß ich gar nichts Besonderes, muss ich sagen. Also das würd mir gar nicht so auffallen."

Hillu bestätigt dies anhand eines ihres Erachtens typischen Beispiels für heterosexuelles Männerverhalten:

„Also, ich finde, die weichen gar nicht ab. Ich vergleiche jetzt mit denen, die ich enger kenne und nee, nein. Aber, der Freund von meinem Mann geht zum Fußballstadion, genau wie alle anderen Männer auch und, ne?"

Ganz ähnlich kann Rosa an einem Beispiel bestätigen, dass es *„keinem auf der Stirn geschrieben"* steht. In ihrem Sportverein gab es einen Mann,

„der war, ich sag mal ganz normal, hört sich jetzt doof an, aber man hat gedacht so, der ist ganz normal. Isser ja auch, und dann hörte man nachher irgendwie so,(...) dass der en Freund hat, dass der schwul ist. Und da hat man dann gedacht so: Mann, das hätt ich jetzt gar nicht gedacht. Wobei es natürlich blödsinnig ist, das steht ja keinem auf der Stirn geschrieben. Man weiß ja nicht, wer mit wem ins Bett geht."

Hier werden also Feststellungen getroffen, die unterstreichen, Homosexuelle würden oftmals gar nicht als Homosexuelle identifizierbar sein. Implizit wird aber durchaus etwas ausgesagt, nämlich *„das hätt ich jetzt gar nicht gedacht"*. Es gibt also ein Bild vom Homosexuellen, das Rosa beispielsweise durchaus dazu bewogen hätte, *„gedacht"* zu haben, die betreffende Person sei homosexuell. Nur bleibt dieses Bild zunächst verborgen. Ganz ähnlich sagt Hillu ja etwas darüber aus, was man mit homosexuellen Männern nicht zwingend in Verbindung bringt: dass sie nämlich Fußball spielen; indem sie betont, dass der Freund des Ehemannes ins Fußballstadion geht (beide sind auch im Fußballverein), grenzt sie ihr Bild von einem Homosexuellen vom Klischee des an Fußball desinteressierten homosexuellen Mannes ab. Bei diesen Argumentationsfiguren, die in vielen Interviews zu finden sind, zeigt sich zweierlei: es gibt explizite Äußerungen zu den Merkmalen oder Verhaltensweisen Homosexueller und implizit damit in Verbindung gebrachte Klischees; zum Zweiten wurden die Klischees durch Kontakterfahrungen in Frage gestellt. Wenn schließlich doch kennzeichnende Merkmale oder Verhaltensweisen erwähnt werden, zeichnen sich dennoch charakteristische Muster ab, deren spezifische Ausprägung durch eine maskuline Attribuierung homosexueller Frauen und durch eine feminine Attribuierung homosexueller Männer unterstrichen wird. Allerdings werden diese Zuschreibungen recht vielschichtig vorgenommen. Dabei ordnen sie sich der recht häufig geschilderten Beobachtung unter, dass Homosexuelle sich auf verschiedenem Wege zu erkennen geben – was ja wiederum dazu im Widerspruch steht, dass sie nicht eindeutig zu identifizieren seien.

Die Wege, auf denen Homosexuelle sich zu erkennen geben, werden in den Interviews unterschiedlich beschrieben. Drei der Frauen verweisen dabei auf spezifisches intimes oder auch sexuelles Verhalten. Elke hat mehrfach beobachtet, dass Homosexuelle zu öffentlich gezeigter Intimität neigen:

„Ich war so auf einer Feier meiner Schwester, da fand ich's einfach auch, da waren auch so zwei Frauenpärchen, die sich irgendwie da überhaupt nicht mehr voneinander lösen konnten und was weiß ich, fand ich einfach, fand ich zu viel. Wir hatten hier mal ne Zeitlang en Buchladen, wo son Frauenclub sich traf, die dann manchmal auch einfach da zwischen den Büchern saßen und sich dann da irgendwie, wenn man da Bücher kaufen wollte, was weiß ich, rumknutschten oder so. Fand ich auch einfach unpassend."

Dieser öffentlich gezeigten Intimität steht die Mehrzahl der Befragten kritisch gegenüber, wobei drei von ihnen betonen, auch bei Heterosexuellen würde dies als störend empfunden. Nur Rosa, die sich von flüchtigen Küssen nicht gestört fühlt, sagt explizit, Zungenküsse zwischen Homosexuellen würden sie stärker als bei Heterosexuellen stören, weil es für *„alte Damen"* und *„Kinder"* unangenehm sei. Auch störte sie sich zunächst daran, dass homosexuelle Männer anonymen Sex auf Parkplätzen hätten, weil dies nichts mit Gefühl zu tun habe. Moni wiederum nimmt dazu eine andere Position ein. Sie hat in ihrem Freundeskreis die Erfahrung gemacht, dass es an diesen quasi öffentlichen *„Sex-Treffpunkten"* durchaus zu tiefer gehenden Kontakten bis hin zu Beziehungen kommt:

„Ja, zum Beispiel gibt es in Köln, gibt es ja schon sagenumwoben, ich weiß gar nicht, wie der heißt, son Park. Da geht man rein und wenn man da rein geht, da hat man eigentlich en Schild aufer Stirn, ich sag jetzt mal ganz drastisch, ficken steht da aufer Stirn, und jeder, der diesen Park betritt, der weiß das. Das heißt, und so was gibt's ja bei Heteros, ich, also ich wüsste nicht, wo es so gibt. (...) Tja, wie find ich so was? Also erst mal fand, zunächst fand ich das, ja ist wie son Strich, so kommt einem das son bisschen vor, ne? (...) Ohne, dass man was bezahlt. Aber daraus entstehen natürlich, also bei den Homos, Homos entstehen da viele gute Beziehungen draus. So

ist auch die Beziehung meines Freundes zu seinem Partner entstanden. Die sind in den Park gegangen, haben sich da getroffen, und da ist mehr draus geworden. Und jetzt leben die seit ganz vielen Jahren zusammen und werden bestimmt auch alt miteinander."

Das Thema öffentlich gezeigter Intimität oder quasi öffentlicher Sex-Treffpunkte kann also ganz unterschiedliche Akzente bekommen, je nachdem, aus welcher Perspektive darauf geschaut wird. Bezogen auf ein anderes Merkmal, die Berufswahl Homosexueller, macht Nelli genau diesen Umstand explizit. Zwar erwähnt sie, dass Homosexuelle vor allem in Kreativ- und künstlerischen Berufen anzutreffen seien, schränkt aber ein, sie würde dies vielleicht anders sehen, wenn sie nicht selbst in diesem Bereich (Design) tätig wäre:

"Wobei, der Herr Wowereit ist Politiker. Wenn ich jetzt im Politischen engagiert wäre, würde ich vielleicht ganz viele Homosexuelle aus'm politischen Bereich kennen und würde da wiederum meine (...) Einstellung abgeben. Und dabei sind das wieder ganz andere Typen als Homosexuelle, die Friseure und (...)Tänzer und also. Das sind, das sind ja dann schon wirklich diese ausgesucht femineren Berufe."

Dazu gehören ihrer Auffassung nach auch Dekorateure, Friseure und Designer. Gerade in diesem Kontext ist es interessant, dass sechs der Befragten Homosexuelle als Kollegen am eigenen Arbeitspatz haben. Dazu gehören Krankenpfleger, Ärzte, Psychologen, Lehrerinnen, Künstler, Tischler, Geschäftsleute. Hier wird also eine rechte breite Verteilung über viele Professionen hinweg beobachtet. Darin spiegelt sich auch die Wahrnehmung, Homosexuelle seien im Alltag an vielen Stellen präsent, wodurch wiederum die Angaben zu spezifischen Merkmalen und Verhaltensweisen begründet werden. Und betreffs dieser gibt es eben bei fast allen *TNoM* die Beobachtung nicht geschlechtkonformer Aspekte bei Homosexuellen (im Sinne traditioneller Rollenmuster und der daraus resultierenden Folgen). Solche Bewertungen decken ebenfalls ein weites Spektrum ab. Von Moni:

"Das ist so was, so was, ja, tuckenhaft sagt man, so was aufgesetzt, betont weiblich, die Stimmlage ist anders, die ganze Körperhaltung ist so, ja tuckig sagt man immer so. Ich weiß gar nicht irgendnen anderes Wort dafür. So, so, ja so betont weiblich, so betont, ich kann's gar nicht so, wie nennt man das?"

bis Maria, die eine besondere Neigung zur Selbstreflexion vor allem Frauen zuschreibt:

"Das ist natürlich für die Frauen unserer Generation auch genau das mit dem Rollenvorbildern, ne? Dass wir eben unsere Mütter nicht mehr als Vorbilder nehmen, aber auch nicht so richtig neue schon haben, ne? Ja."

und dabei Gemeinsamkeiten mit Homosexuellen feststellt:

„Also ich hab den Eindruck, vielleicht, also wenn man das jetzt so typisch nennen will, sone gewisse Form von Reflektiertheit. Das kann ich aber jetzt eben, weil die, die ich kenne, aus ner bestimmten Schicht kommen, wo eben die Menschen sowieso eher reflektiert sind, ne? Aber ich könnte mir vorstellen, dass das vielleicht so was ist, was man bei Schwulen vielleicht häufiger findet als bei Heterosexuellen, weil man sich eben vielleicht mit mehr auseinandersetzen muss in seiner Jugend, wenn man merkt, dass es so ist. Dass da was anders ist als bei vielen anderen. Könnt ich mir jetzt vorstellen."

Hier wird ein Begriff – *„tuckig"* –, der zunächst nicht hinterfragt war, mit *„betont weiblich"* übersetzt, da wird gezielt eine Gemeinsamkeit hergestellt. Gerade aber die Herstellung von Gemeinsamkeiten, insbesondere mit männlichen Homosexuellen, wird oftmals betont.

„Die sind eigentlich eher, ja, weil sie eigentlich so auf der gleichen, gleichgeschlechtlich sind also dann im Grunde genommen, wenn sie das so. (...) Wie en Frauengespräch. Oder die können sich auch besser, das weiß ich doch nicht, die können sich vielleicht besser einfühlen in, eben in diese Gefühlswelt oder in das, in die Emotionen, die sind, weil's sie eben nachvollziehen können."

Ob es nun im emotionalen Bereich ist oder auch hinsichtlich von Interessen – solche Ähnlichkeiten mit homosexuellen Männern finden oftmals Erwähnung. Hier spielt beispielsweise auch, aber eben nur *auch*, die Beobachtung eine Rolle, dass sie Wert auf Mode und Äußerlichkeiten legen, was zum Teil klar von heterosexuellen Männern abgegrenzt wird, zum Beispiel wenn es um Bier oder Prosecco geht. Nelli:

„Also, die so, ja solche Sachen, wo son anderer, der sich, jetzt in das andere Klischee: Der Bier trinkende, Fußball guckende Macho-Mann, das ist jetzt das, das andere Extrem und das andere ist eben der Prosecco schlürfende Homosexuelle. (...) Bei der Getränkeauswahl (wenn homosexuelle Männer zu Besuch sind)*, da brauch ich kein Bier kalt stellen, da muss ich die Flasche Prosecco kaltstellen, also diese Klischees passen schon irgendwo. Das ist, Frauen trinken auch lieber en Sekt als en Bier. Wobei ich trink unheimlich gerne Bier. Also man kann das alles nicht über einen Kamm scheren. Also manche Klischees kommen ja nicht von ungefähr, die sind, die sind da, weil sie eben auch so gefüllt wurden."*

Dass Klischees *„gefüllt"* werden, wird implizit oder explizit von vielen der *TNoM* erwähnt. Dabei wird aber wiederholt auf die eigene Kontakterfahrung im näheren Freundes- und Bekanntenkreis zurückgegriffen, was denn auch wieder Differenzierungen zulässt. Nelli, die bereitwillig typische Merkmale von Männern und Frauen aufgezählt hatte, u. a., dass Frauen sich gerne einen

"Cashmere-Schal" kaufen, während Männer eher Technik bevorzugen würden, grenzt Homosexuelle denn doch von Frauen ab und ist spürbar irritiert:

"Können wir im Grunde genommen alles wieder ganz von vorne aufkrempeln, weil die Homosexuellen, die ich kenne, die haben nur technische Pillepalle, also was ich jetzt gerade typ-, den typisch Männlichen untergejubelt habe, das find ich bei denen in der Wohnung auch, aber da find ich auch den Kaschmirschal. Nee, also, weiß ich nicht."

Der homosexuelle Mann interessiert sich demnach also für Technik *und* Mode. Wenn man so will, ist gerade dies *typisch* für die *TNoM*: das *Sowohl-als-auch* in ihren Aussagen zu Eigenschaften Homosexueller. Es werden, und zwar durchgängig, sowohl eher maskulin attribuierte als auch feminin attribuierte Rollenmuster bei sowohl homosexuellen Männern als auch homosexuellen Frauen beschrieben, wobei aber eher das jeweils nicht dem biologischen Geschlecht entsprechende, gegengeschlechtliche Verhalten/Merkmal/Interesse betont wird.

Bezogen auf Rollenverteilungen in homosexuellen Partnerschaften findet sich gehäuft die Vorstellung, dass Homosexuelle in ihren Partnerschaften jeweils einen männlichen und einen weiblichen Part besetzen. Ob dies nun gleichgesetzt wird mit dominant und weniger dominant (Rosa) oder direkt mit männlich oder weiblich benannt wird – diese Vorstellung wird häufig geäußert. Dabei wird dann auch die oftmals im Laufe des Gespräches, wenn die typischen Rollenmerkmale thematisiert wurden, gemachte Feststellung, man tue sich schwer mit Typisierungen, wieder aufgehoben. Auch bei Hillu kommt es zu einer solchen Sequenz. Zuvor hatte sie eher betont, sie erkenne keine typischen Rollenmuster im Sinne gegengeschlechtlich attribuierten Verhaltens. Dann aber berichtet sie vom Lehrer eines ihrer Söhne:

„ ... war auch Thema im, beim Großen in der Schule. Die haben en Lehrer, der so was (...), mein Sohn sagt immer, ja der hat so weibisches an sich. Und da ging es dann auch wirklich, da war, da prallten zwei Fronten aufeinander, und unter anderem fand ich das echt, weiß ich nicht, also einer der Klassenkameraden hat dann gefragt, ne? Und hat gesagt, sagen sie mal, sind sie eigentlich schwul? Ne, hat er gesagt, ich kann dich beruhigen, ich bin's nicht, ich bin verheiratet und habe ein Kind. Woraufhin die ganze Klasse dann zusammengebrochen ist und gesagt hat, wie kann der das fragen. Ich sag, find ich schon mutig für en 14-Jährigen, das zu fragen und dann, wo alle dabei sind. Aber ich sag, irgendwat muss er ja ausgestrahlt haben, sonst, geredet habt ihr alle drüber."

Selbst also, als sich die Annahme, der Lehrer sei homosexuell, als unrichtig herausstellte, blieb die Einschätzung bestehen, dass er etwas spezifisch Homosexuelles ausgestrahlt hat, und dies wiederum schien sich im assoziativen Kontext von Weiblichkeit zu bewegen. Im Gespräch zwischen Mutter und Sohn bleibt dieser Zusammenhang bestehen.

Eine konsistent von Rollenmustern absehende Einschätzung gibt lediglich Anja, die durchgehend dabei bleibt, dass sie wenig typische Merkmale erkennen kann:

„Also wenn ich jetzt so als typisch sehe, der Mann bringt das Geld nach Haus, die Frau steht zu Hause und macht, schmeißt den Haushalt, dann ist das da schon anders. Also das ist schon gleich, gleichberechtigter würd ich mir vorstellen. Also zumindest bei den Paaren, die ich kenne."

Anja ist auch die Einzige, die unter homosexuellen Männern nicht in erster Linie an femininen Merkmalen orientiertes Auftreten festgestellt hat, wenn es um spezifische Aspekte wie Mode geht. Durch ihre Kontakte (ein Kollege) hatte sie eher ein Bild von *„ja, halt so Lederhose, Lederjacke und einen Ohrring so."*

4.3.2.4 Einstellungen zur rechtlichen Gleichstellung Homosexueller

Unter allen *TNoM* herrscht Konsens, dass die rechtliche Gleichstellung hinsichtlich der sogenannten „Homo-Ehe" und des Adoptionsrechtes zu befürworten ist. Während aber die „Homo-Ehe" gar nicht erst mehr als diskussionsbedürftig angesehen wird (was natürlich ein interessanter Befund ist, da mit dieser Rechtsform ja keine völlige Gleichstellung erreicht ist; dem wurde allerdings nicht näher nachgegangen), wird beim Thema des Adoptionsrechtes doch differenzierter geantwortet. Dabei ist Konsens, dass das Adoptionsrecht auf Homosexuelle ausgeweitet werden sollte. Elke und Anja kennen selbst homosexuelle Paare, die ein Kind haben. Elkes Schwester hatte aus ihrer vorherigen Beziehung zu einem Mann bereits einen Sohn, der bei ihr und ihrer Freundin lebt, und Anjas Nachbarinnen haben auf dem Wege einer anonymen Samenspende ein Kind bekommen. Und beide erwähnen sie, dass es vielleicht an einem männlichen Vorbild für die Kinder mangeln könnte. Anja drückt ihre Vorbehalte zudem auch dahingehend aus, dass zwei Mütter zu viel sein könnten:

„Ich find es, glaub ich, schon eine Mutter kann immer so zu viel sein manchmal dem Kind gegenüber und ja, zwei Mütter, ich glaub, das, ich wei- also, na ja, könnt ich mir nicht selber vorstellen. Ich weiß nicht, wie das eben für das Kind wär. Ich kann's mir nicht so richtig vorstellen fürs Kind. Also, ich denk mal, ich glaub, wenn so zwei Mütter dann so, immer so beschützend die Hand über das Kind halten, dass ich dann einfach, kann auch zu viel sein."

Implizit wird auch hier das Fehlen eines männlichen Gegenparts thematisiert. Umgekehrt wird der Fall auch vor dem Hintergrund, dass zwei Männer ein Kind haben, abgewogen. Eher pragmatisch geht Moni an die Frage heran:

„ ... ob die Kinder (in heterosexuellen Beziehungen; P. S.) *weniger Schäden davon tragen, als wenn zwei Homos halt zum Beispiel en Kind erziehen würden. Die haben meistens total viele Freundinnen, das ist charakteristisch. Alle Homos ha-, also jeder*

Homo hat ne beste Freundin. Ja, das ist so. Und das heißt, Frauen sind in deren Leben sehr wohl existent, vielleicht mehr, viel mehr sicherlich als in manchen Heterobeziehungen und insofern, nee, wüsst ich nicht, warum ne gut funktionierende Homobeziehung nicht auch am ... Die sollten natürlich auch geprüft werden auf Herz und Nieren in Anführungszeichen, so wie auch jeder andere, der en Kind adoptieren möchte. Da wird man wirklich auf Herz und Nieren geprüft."

Ähnlich sieht es Katrin, die selbst zwei Kinder adoptierte und entsprechende Erfahrungen machen konnte. Zudem wird von vielen Frauen argumentativ für das Adoptionsrecht auch die gesellschaftliche Realität ins Feld geführt. Die traditionellen Familienformen hätten sich aufgelöst, es gebe auch viele allein erziehende Mütter, wo ebenfalls der Vater fehle, sodass die traditionelle Familie nicht unbedingt als Orientierungspunkt gelten könne. Maria:

„... also son bisschen, dass ich irgendwie so denke, dass es vielleicht für Kinder wichtig ist, Vater und Mutter zu haben, aber wenn man sich die normalen Familienstrukturen mittlerweile anguckt, ist es ja oft genug sowieso nicht mehr so. Also von daher find ich, wär's irgendwie Quatsch, also dann dürfen die Leute sich auch nicht mehr trennen, wenn man sagt, die brauchen unbedingt Vater und Mutter. Da gibt genug Väter, die verschwinden. Es gibt auch Mütter, die dann auf einmal weg sind und so. Also von daher, denk ich, das ist eine von vielen Lebensformen, also Familienformen, sag ich mal, und dann find ich das auch in Ordnung."

Ein leiser Zweifel klingt aber eben doch durch, und dies könnte in Zusammenhang damit, dass das Thema doch intensiver diskutiert wird als die „Homo-Ehe", ein Hinweis auf implizit durchaus gegebene Vorbehalte sein, die aber kaum explizit zum Ausdruck kommen. Explizit wird immer die rechtliche Gleichstellung befürwortet.

4.3.2.5 Auffassungen zur Genese von Homosexualität

Bezüglich der Ursachen für Homosexualität lässt sich anhand der Einschätzungen der Befragten kein einheitliches Muster erkennen. Immerhin vier Frauen geben an, es könnten genetische Ursachen vorliegen, wobei nur zwei von ihnen ausschließlich diese Möglichkeit in Betracht ziehen. Ebenfalls vier der Befragten, darunter zwei, die sich auch genetische Ursachen vorstellen können, nehmen an, dass (auch) soziale Einflüsse wie Erziehungsstile oder auch entwicklungspsychologische Faktoren dabei eine Rolle spielen. Drei wiederum meinen, sie wüssten eigentlich nicht, wie das Entstehen von Homosexualität erklärbar sei. Bei all dem gibt es in verschiedenen Varianten „Mischungsverhältnisse" in den Angaben der befragten Frauen. Nur drei von ihnen, Nelli, Maria und Rosa, legen sich auf eine einzige Ursache fest. Nelli und Rosa halten es für genetisch bedingt oder angeboren und Maria vermutete entwicklungspsychologische Gründe:

"Also ich glaub, irgendwann, wenn sich die Sexualität ausprägt, dann prägt sich das auch aus. Und woran immer das dann sich auch festmacht, aber ja. Ich glaub nicht, dass man sich das aussucht."

Letztendlich kommt also auch hier zum Ausdruck, dass es sich eher um eine „Schicksalsfrage" handelt und nicht um eine freie Wahl, es wird also von einer Unausweichlichkeit vor der der homosexuellen Orientierung, wenn sie denn eintritt, ausgegangen. Immerhin eine der Frauen, Hillu, nimmt auch an, dass heterosexuelle Enttäuschung oder eine negative heterosexuelle Erfahrung Grund für die homosexuelle Orientierung ist, genetische Ursache findet sie dagegen abwegig.

In der Zusammenschau der Ergebnisse zu dieser Frage lassen sich aber keine einheitlichen Strukturen identifizieren, die Angaben sind sehr heterogen und entsprechen insgesamt eher einer Aufzählung aller Möglichkeiten, ohne dass eine auffallende Häufung erkennbar wäre.

4.3.2.6 Einstellungen zur Möglichkeit, das eigene Kind wäre homosexuell

Aufgefordert, sich vorzustellen, ihr Kind oder eines der eigenen Kinder wäre homosexuell, reagieren die befragten *TNoM* unterschiedlich. Ein einheitliches Muster ist dabei nur schwer auszumachen, es sei denn, dass diese Vorstellung nicht auf spontane Ablehnung stößt, sondern inhaltlich auf unterschiedlichen Dimensionen einer *kritischen Bewertung der eigenen Reaktion* unterzogen wird. Was dabei zudem deutlich wird, ist, dass die homosexuelle Orientierung des eigenen Kindes in keinem Fall in Frage gestellt werden würde. Auf die Gesamtgruppe bezogen, gibt es unter den acht Befragten jeweils kleine Gruppen, die Ähnlichkeiten aufweisen. Zwei Frauen, Elke und Nelli, würden es als persönliches Versagen erleben, wenn ihre Kinder es nicht wagen würden, sich ihnen anzuvertrauen, wenn sie homosexuell wären; beide würden ohne Wenn und Aber auch die Homosexualität des eigenen Kindes anerkennen. Elke:

"Das wäre für mich okay. Das Einzige, was ich mir wünsche, ist, dass es mir meine Kinder auch sagen, oder dass ich zumindestens so viel Toleranz auch rüberbringe, oder es ist einfach en ganz normales Thema ist, was einfach bei uns in der Familie auch als ganz normal behandelt wird. Das hoff ich."

Schon die Diktion macht deutlich, dass sie die Frage nicht bloß hypothetisch beantwortet, sondern sich wirklich in die Situation versetzt, ihr Kind wäre homosexuell. Bei Nelli ist es dahingehend ähnlich, dass sie annimmt, einer ihrer Söhne würde homosexuell werden – und zwar *weil* er typisch mädchenhafte Interessen zeigt wie Reiten und Ballett. Auch sie hofft, er würde es ihr sagen, wenn er homosexuell wäre:

"Also ganz wichtig find ich Vertrauen, du kannst alles machen, nur du musst ehrlich bleiben, kannst mir alles sagen, das find irgendwo das Hauptding. (...) Also wenn er mir das (schwul zu sein; P. S.) verheimlicht, also wenn mein Kind zu mir kein Vertrauen hat, damit hätt ich en Problem."

Nicht das homosexuelle Kind wäre aus dieser Perspektive das Problem, sondern wenn es seine Homosexualität verschweigen würde. In diese Richtung weist auch Hillus Einstellung, ihre Kinder sollten sich bei ihr sicher und angenommen fühlen:

"Und dann denk ich mir, ich weiß nicht, wenn er diesen Weg suchen sollte, oder einer der beiden, also was, was ich ganz wichtig finde, dass man dahintersteht. Hinter dem Kind. Und auch diskutieren, welche Gedanken man selber hat, ne? Wäre doch schön, wenn en Enkelkind kommen würde, oder welche Vorstellungen man selber hat. Aber dass die Kinder wissen, da gibt es irgendwo en Ort, da kann ich hin und die nehmen mich so wie ich bin. Das ist mir so eingefallen, weil ich mir so gedacht habe, der Freund von meinem Mann muss warten bis die Mutter tot ist, um dann mit seinen Gefühlen in die Welt hinauszugehen und sagen, was ist mit mir los. Hab ich gedacht, also das möchte ich nicht. Find ich ganz schrecklich, da ist son Stück auch Vertrauensverlust finde ich."

Hillu übernimmt nacheinander zwei Perspektiven, die ihrer möglicherweise homosexuellen Söhne, von denen einer – *"typisch weiblich"* – gerne dekoriert, dann die des homosexuellen Freundes ihres Ehemannes, der seine Homosexualität so lange verbarg, wie seine Mutter noch lebte. Und sie wägt im Vergleich dazu ihren eigenen Wunsch nach Enkeln damit ab. Den Ausschlag gibt der übergeordnete Wert des Vertrauens und der Familie als Ort dieses Vertrauens. Wenngleich sie also ihre eigenen Vorstellungen und Wünsche, die nach Enkeln, benennt, so hat dieser Wunsch nicht Priorität vor der antizipierten homosexuellen Orientierung des Sohnes und damit verbundenen Implikationen wie dessen dann anzunehmende Kinderlosigkeit. Ohne dass dies zur Zurückweisung des eigenen Kindes führen würde, äußern auch Maria und Rosa den Wunsch nach Enkeln. Maria verbindet die Vorstellung, eines ihrer Kinder wäre homosexuell, mit der Sorge vor Stigmatisierung und daraus resultierender Schwierigkeiten in ihrer Entwicklung. Sie bringt damit ein altruistisches Moment in die Abwägung ihrer Vorstellungen, das bei Rosa fehlt. Diese kommt schließlich zu dem Ergebnis, Homosexualität bei der eigenen Tochter wäre letztendlich unproblematisch, wenn ihr deren Freundin gefallen würde:

"Das wär enttäuschend, aber nur in der Hinsicht da, dass ich denken würde, ich krieg vielleicht keine Enkelkinder. Ich wünsch mir irgendwie schon auch mal Enkelkinder. Aber sonst fänd ich das völlig in Ordnung. (...) Wenn die (Freundin) nett wär und in Ordnung wär, dann fänd ich das auch in Ordnung ja."

Ganz ähnlich legt Anja Wert darauf, dass sie mit dem Freund ihres möglicherweise homosexuellen Sohnes zurechtkäme:

„*Kommt ja auch immer dann sehr auf den Freund drauf an. Nee, so, also wenn nicht einfach, glaub ich, wenn ich en gutes Gefühl hab so, dass das einfach ganz gut ist mit denen beiden, dann ist das okay. Und wenn es dann aber halt vielleicht jemand ist, der mir absolut ganz unsympathisch ist, dann hätt ich da natürlich irgendwie nicht son gutes Gefühl.*"

Darüber hinaus ist sie eine derjenigen, die sagt, sie wünsche sich, sie werde die Homosexualität des eigenen Kindes akzeptieren können, wobei sie seine Partnerwahl in Bezug zur heterosexuellen Entwicklung stellt und letztlich keine gravierenden Unterschiede feststellen kann:

„*Also ich denke auch, wenn er ne Freundin hat, ich glaube das, auch die Tatsache ist natürlich irgendwann für Eltern so gewöhnungsbedürftig, dass die einfach sich anders orientieren, und dass sie selber ne Partnerschaft sich aufbauen. Also, das ist schon mal sowieso, glaub ich, gewöhnungsbedürftig, wenn das einfach so sich in eigenen Bahnen dann einfach bewegt, ne? Ja, und dann, es stimmt, also weil man dann wirklich ganz eng ja auch damit kon- also damit zu tun hat, ne? Weil ich's so eng in der in der Familie das einfach noch nicht so kennen würde, ne? Aber ich weiß, ich hoffe eigentlich, dass ich das auch akzeptieren kann.*"

Obgleich sie in dieser Stellungnahme das Verb *konfrontieren* unterdrückt, so wird doch in der hintangestellten Formulierung von der Hoffnung, sie werde es „*akzeptieren*" können, nicht verholen, dass ein homosexuelles Kind „*gewöhnungsbedürftig*" wäre:

„*... fänd ich schon gewöhnungsbedürftig. Bestimmt. Auf der anderen Seite denk ich immer so: Ach Hauptsache, der ist halt auch glücklich, so mit dem, was er sich da aussucht, was er will im Leben.*"

Was Anja beschreibt, ist die Notwendigkeit, einen eigenen Prozess der inneren Auseinandersetzung mit dem Thema Homosexualität beim eigenen Kind zu durchlaufen, wenn dieser Fall denn eintreten sollte. In diesem Sinne sind auch die Angaben Katrins und Monis zu interpretieren. Beide sehen im Fall der homosexuellen Orientierung ihres Kindes eine Aufgabe der inneren Auseinandersetzung mit sich selbst. Katrin:

„*Das muss jeder für sich selber entscheiden, wie er leben möchte. Es, man hat, wenn man Kinder hat, überlegt man sich das sicherlich auch einmal, wie werden die vielleicht später leben, und ich glaube, heutzutage ist es wirklich sinnvoll, sich von vornherein darauf einstellen, es kann so oder so laufen. Und man sollte sich da, also da nicht ja überfordert fühlen oder überrumpelt fühlen, wenn also en Kind zum Beispiel eher in eine homosexuelle Beziehung abdriftet in Anführungszeichen.*"

Katrin ist bewusst, dass das von ihr verwendete Verb *abdriften* pejorativen Charakter hat. Anders als Anja, die zwei Drittel des Verbs *konfrontieren* noch „verschluckt", spricht Katrin es aber aus und setzt es hernach in imaginäre Anführungszeichen. Sie illustriert damit den Prozess der Anerkennung und die vorliegende Möglichkeit, sich durchaus überfordert zu fühlen. Ihre Strategie ist es, sich schon einmal vorher darauf einzustellen, wobei sie es ja auch ist, die bereits im Freundes- und Kollegenkreis öfter erlebt hat, dass Kinder homosexuell sind. Moni – eben erst Mutter geworden – formuliert ganz ähnlich ihre Hoffnung, sie werde es akzeptieren können, wenn der Nachwuchs homosexuell wäre, wobei deutlich wird, dass sie es sich nicht wünscht:

„Ist sicherlich ne schwierige Frage, wo der ja gerade so winzig ist. Aber so grundsätzlich, ich kann den, steckt man ja nicht so richtig drin, ne? Also, wenn man schon en bisschen weiter wär, aber grundsätzlich würd ich das versuchen zu akzeptieren. Ja. Ich hoffe, dass ich, also ich wünsche mir, dass ich dann so reagieren kann. Dass ich das akzeptiere und eben das hin- so annehmen kann, dass er eben diese Gesinnung hat und eben nicht die, die man sich vielleicht wünscht. Oder die, das was normal ist, wie auch immer."

Sie macht noch schnell aus dem *hinnehmen* ein *annehmen* und signalisiert mit dieser Wortwahl ebenfalls Aufmerksamkeit auf ihre eigenen Bedürfnisse, die denen eines homosexuellen Sohnes entgegenstehen könnten. Auch sie ist sich noch nicht sicher, wie sie reagieren würde, bringt aber die Hoffnung zum Ausdruck, sie könne dann mit Akzeptanz reagieren.

4.3.3 Stellenwert und Qualität von Kontakterfahrungen mit Homosexuellen

Unter den hier befragten Frauen ist mit Ausnahme von Rosa keine ohne vielfältige, auch und vor allem persönliche Kontakterfahrungen mit Homosexuellen; Katrin hat ihrerseits beruflich und im weiteren Umfeld Begegnungen mit Homosexuellen gehabt. Überhaupt ist der Arbeitsplatz für viele ein Ort der Begegnung mit Homosexuellen, wie bereits gezeigt werden konnte. Die Vielfalt der bestehenden oder einmal bestandenen Kontakte zu Homosexuellen bedingt es, in dieser Zusammenschau einzelne Erfahrungen zu fokussieren, denn nicht alle Begegnungen können umfassend berücksichtigt werden. Da, wo es jedoch notwendig ist, auch persönliche Entwicklungslinien zu berücksichtigen, werden die Schilderungen notwendig etwas ausführlicher ausfallen.

Elkes erste Begegnung mit einem Homosexuellen fiel in ihre Jugendzeit. Sie wuchs in dörflicher Umgebung auf, wo

„ ... die 68er lange vorbei (waren), aber deswegen war das Leben auf dem Dorf und im, oder in dem Land, Landleben, da wo ich her komme, halt das gleiche geblieben, ne? Da hatte sich halt nichts geändert, ne? Aber Ende der 70er waren war man dann doch schon so weit, sagen zu können, das ist hier nicht so mein Ding und ich mach's doch irgendwie anders. Und dann ist man ja schon in soner Bewegung drin von gleichen Leuten auch."

Ihre Jugendclique bot eine Alternative zum eher konservativen Elternhaus und zu dem damit verbundenen Wertesystem. Und es gab jemand anderen im Dorf, einen homosexuellen Mann in mittleren Jahren, der ebenfalls außerhalb stand. Die Clique hatte aber keine Berührungsängste im Kontakt:

„Ich fand das damals einfach gut, dass ich oder mit meinen Freunden zusammen, wir gesagt haben, wir finden den akzeptabel. Also wir können das tolerieren und das, das fand ich für mich damals gut so. Das zu sagen. Also damals hätte ich zum Beispiel das meinen Eltern nicht erzählen können. Dass ich Kontakt habe zu nem schwulen Mann, der uns da in der Kneipe oder auf der Straße irgendwie mal ne halbe Stunden was erzählt oder bei uns sitzt."

Die Peergroup bildete den Rahmen, in dem der Kontakt zu dem Homosexuellen, der einen Gegenentwurf zum kleinbürgerlichen Leben der Eltern darstellte, als interessant und wertvoll angesehen wurde. Dabei stand er für Elke nicht als Vorbild zur Verfügung, sondern als Möglichkeit, einen Teil der eigenen Persönlichkeit zu entwickeln:

„Vielleicht mit ner Grundeinstellung und vielleicht mit einem Entwickeln eigener Persönlichkeit. So der ersten, ja, die ersten Meinungsbildungen, die man halt selber irgendwie für sich trifft oder wo man merkt, ich bin noch nicht erwachsen, aber ich bin jemand der denken kann oder ich kann meine, ich kann Entscheidungen treffen."

Für sie als die einzige der befragten *TNoM*, die eine religiöse, evangelische Erziehung erfahren hat, war die durch die Clique sanktionierte Begegnung mit dem homosexuellen Mann im Dorf eine Etappe in ihrer Entwicklung und Loslösung und schließlich Neubewertung tradierter christlicher Werte. In der Folge verließ sie bereits früh ihr Elternhaus und zog mit ihrem späteren Ehemann in eine nahe Stadt. Ihr uneheliches Zusammenleben stieß auf den Widerstand der Familie, die auf Heirat drängte. Als sie ihren Mann schließlich heiratete, tat sie es aber aus eigener Entscheidung. Die spätere Scheidung fiel ihr aus der beibehaltenen religiösen Grundeinstellung nicht leicht, war aber möglich, weil sie auch hier Modifizierungen vorgenommen hatte. Inzwischen hatte sie von ihrer Schwester erfahren, dass diese auch homosexuell ist; anfangs hielt sie es für eine ihrer *„Kapriolen"*, nahm sie aber ernst, als sie feststellte, dass die Beziehung der Schwester Bestand hatte und dem Neffen ein sicheres Zuhause bot. Sie musste dann auch erleben, wie die Schwester, die mit

Lebenspartnerin und Sohn (aus einer vorangegangenen heterosexuellen Beziehung) vorübergehend im Heimatdorf lebte, dort ausgegrenzt und diskriminiert wurde – auch von der Generation derer, mit denen Elke selbst in einer Clique war:

„Also meine Schwester weiß ich, ist damals nach K. gezogen mit ihrer Partnerin, und der Sohn lebte halt teilweise bei meinem Vater, weil sie da vorher auch gelebt hat, der blieb halt da und der durfte dann mit den Nachbarskindern nicht mehr spielen, als das raus kam, dass meine Schwester halt ne Frau liebt."

Schließlich entschied man sich, ganz aus dem Heimatdorf fortzuziehen. In einer städtischen Umgebung entschärften sich dann die Probleme rasch. Der Vater seinerseits akzeptierte die Homosexualität seiner Tochter beinahe erleichtert:

„Die Zeiten ändern sich. Ja, mein Vater, meine Mutter ist sehr lange schon tot (...) und mein Vater ist, hat viel mitgemacht mit seinen Töchtern bzw. mit meiner Schwester, die sehr lange krank war halt auch, ne Anorexia hatte und auch so sehr viel, sag ich mal, Kapriolen gedreht hat oder halt son bisschen Sorgenkind war für ihn. Und dann auch ein uneheliches Kind hat, also schwanger geworden ist und das Kind hat er mit großgezogen, also er hat sich dann auch sehr um sie gekümmert. Ja mit der ganzen Krankheit auch. Und sie ist dann, hat sich dann von (ihm) abgewendet, was er überhaupt nicht verstanden hat und hat dann letzten Endes, ja sich zu ihrer neuen Partnerin bekannt, und als das soweit war, war mein Vater heilfroh und sagte Gott sei Dank, jetzt ist es endlich raus. Jetzt wissen wir endlich, warum irgendwie auch lange Zeit da irgendwie was war und es ist mir vollkommen egal, Hauptsache sie ist glücklich, ne? Und sie hat jetzt en Partner oder ne feste Beziehung, in der sie irgendwie ihr Leben wieder aufbaut?"

Abgesehen davon, dass hier mit wenigen Worten eine bewegende Geschichte erzählt wird, verdeutlicht sie nebenbei auch, wie Eltern real reagieren können, wenn der Fall, das eigene Kind bekennt sich zu seiner Homosexualität, nicht bloß hypothetisch bleibt. Beim Vater lag offenbar ein deutliches Gespür dafür vor, dass die leidvolle Geschichte der Schwester auch etwas mit ihrer unterdrückten Homosexualität zu tun gehabt haben könnte. Elke war da zunächst skeptischer, teilt aber heute diese Auffassung. Zudem war sie es – als Teil des Netzwerks Familie –, die zuerst von der Schwester ins Vertrauen gezogen wurde, was vielleicht nicht unerheblich damit zu tun hatte, dass Elke schon in ihrer Jugend Kontakt zu einem Homosexuellen hatte. Sie, die zudem in einem beruflichen Umfeld mit vielen homosexuellen Kollegen tätig ist, ist auch eine der beiden Frauen, die ohne Einschränkung die Homosexualität des eigenen Kindes annehmen würde.

Nellis Interesse an Homosexualität wurde durch die Biografie von Charlotte von Mahlsdorf geweckt. Mit diesem Interesse ausgestattet, hatte sie dann erste

Begegnungen mit Homosexuellen im Studium und später im Beruf – heute ist sie mit einigen von ihnen befreundet. Um einem der besten Freunde zu signalisieren, er gehöre zur Familie, hat sie ihn zum Paten von einem ihrer Söhne gemacht. Doch verlief ihre Entwicklung zu Toleranz und Offenheit nicht ganz ohne Schwierigkeiten:

"Am Anfang hatte man da nicht Berührungsängste, aber eben auch genau das, wie es jetzt im Interview auch ständig passiert, dieses, dass man sich politisch korrekt ausdrückt. Dass man sich politisch korrekt verhält, und irgendwann wird mir das alles zu blöd, da hab ich gesagt, ich mach das so wie ich denke, und deshalb machen wir eben auch gerne diesen hier, (Geste, aus einem Sektglas mit abgespreizten kleinen Finger zu schlürfen; P. S.) *und veralbern uns auch und sind einfach mal politisch völlig unkorrekt. Und dadurch, ich würd sagen, ist einfach entspannter, anfänglich war es bestimmt gespannter. Also ich denk mir mal, das ist vielleicht ähnlich, wenn man's erste Mal sich mit mehreren schwarzen Menschen zusammentut, dass man da eben auch immer eher denkt, man müsste irgendwie aufpassen, obwohl man's wahrscheinlich gar nicht muss. (...) Das war anfänglich schon schwierig. Also fand ich schon, weil ich dann immer selber gedacht hab, war das jetzt okay oder ist das jetzt nicht okay, oder hab ich jetzt en Fehler gemacht. Aber man ist auch zu anderen Menschen manchmal politisch unkorrekt, ob die jetzt nun homosexuell sind oder nicht, ne?"*

Aufgewachsen mit einer, wie sie sagt, *"sehr liberalen"* Erziehung, war sie durch ihre Lektüre der Biografie soweit sensibilisiert, dass sie dies zunächst als hemmend und hinderlich empfand, nicht wusste, wie sie sich Homosexuellen gegenüber verhalten sollte, ohne sie zu verletzen. Im Kontakt mit ihnen habe sie dann gelernt mit Klischees zu spielen. Angesprochen auf ihre Geste mit dem imaginären Sektglas, bestätigt sie:

"Ja sicher, das ist, das Prosecco, aber das machen, das machen wir Weiber untereinander ja genauso. Also das ist, weiß ich nicht, das ist mit Klischees spielen, ja."

Entscheidend ist aber, dass sie dies Spielen mit Klischees auch in ihrem homosexuellen Freundeskreis erlebt:

"Wenn ich gefragt werde, ob ich mal wieder zum Mädelsnachmittag komme und bin die einzige Frau, also das, das kommt schon von der anderen Seite auch en bisschen, das hoch zu nehmen. (...) Damit wird auch gerne gespielt, mit diesen Klischees. Da spiel ich auch gerne mit."

Diesen spielerischen Umgang empfindet sie als befreiend von *"politischer Korrektheit"*, die sie als normativen Druck erlebte. Vor diesem Hintergrund beschreibt sie auch ihre heutigen vielfältigen beruflichen und privaten Kontakte zu Homosexuellen als recht gelöst und unproblematisch. Dabei beziehen sich ihre näheren Schilderungen aber vor allem auf homosexuelle Männer, obgleich sie auch homosexuelle Frauen kennt, von denen sie jedoch weniger erzählt, außer, dass sie ebenfalls ins Klischee passen:

„Kann ich ganz wenig zu sagen, ich kenn, kenn nur ein Pärchen und das sind ganz sympathische, gestanden, aber gestandene Frauen. Da passt das Klischee auch schon fast wieder. Aber das ist, das ist auch nicht repräsentativ."

Weshalb sie weniger homosexuelle Frauen als Männer kennt, bleibt unklar, könnte aber damit zu tun haben, dass in ihrem beruflichen Umfeld, aus dem sich im Wesentlichen ihr Freundeskreis rekrutiert, vor allem homosexuelle Männer tätig sind. Aber auch in einem anderen Bereich spielen homosexuelle Männer eine wichtige Rolle: in der Kirchengemeinde sind Kantor und Pfarrer bekennend homosexuell; in der Gemeinde werden homosexuelle Paare getraut, und dort wurde auch ihr Sohn getauft – mit homosexuellem Patenonkel. In Nellis Alltagserfahrung ist zumindest männliche Homosexualität wie selbstverständlich repräsentiert.

Bei **Katrin** ergeben sich im Kollegen- und Bekanntenkreis ebenfalls einige Kontaktmöglichkeiten zu Homosexuellen. Aber auch im entfernteren Familienkreis gab es einen Bruder der Schwägerin, der an Aids verstorben ist, und es gibt es eine Cousine, die homosexuell ist, mit der jedoch kaum Kontakt besteht. In diesem Zusammenhang erwähnt sie auch, dass es ihren Eltern nicht leicht fiel, sich mit der Tatsache zu befassen, dass die Cousine homosexuell ist:

„Also von meinen Eltern her, die sehr traditionell in der Beziehung sind, meine Eltern sicherlich noch sehr konservativ gewesen, aber die hätten mich sicherlich nicht so liberal in der Beziehung erzogen. Die haben auch lernen müssen, also dadurch, dass ja in der Verwandtschaft da jemand ist, der mit ner Frau zusammenwohnt, und dass es so was gibt. Das ist das auch en Entwicklungsprozess. Vielleicht auch wenn se das vielleicht heutzutage immer noch nicht gut heißen, aber sie akzeptieren es wenigstens schon, ne? Also so, man redet nicht so viel dann darüber, verschweigt das dann lieber."

Sie selbst habe sich im Studium erstmals mit Homosexualität befasst, als sie homosexuelle Kommilitonen hatte und sich in ihrem Studienfach mit dem Thema auseinandersetzte. Insgesamt klingt dabei aber eine distanzierte Haltung durch und die Schilderungen heutiger Kontakte bleiben eher sachlich oder haben exemplarischen Charakter:

„Ich hab jetzt sone Kollegin vor Augen, die also wirklich mehr so dieser männliche Part ist und ihre Lebensgefährtin, dann doch wieder diese weib- wäre. Das ist, aber, ob dass sie andere Eigenschaften dann haben, also es gibt sicherlich vielleicht jemanden, der dann etwas, bei Frauen etwas männlicher ist und bei Männern, der

etwas weiblicher ist. (...) Also er (ein Kollege; P. S.) *hatte eher immer eher ein kumpelhaftes Verhältnis zu Frauen. (...) Es war also wirklich mehr so kumpelhaft. Man hat ihn aber auch nie mit, ja, nie mit, von ihm mitgekriegt, dass er also mit einer Frau zusammenlebt, man hat aber auch nicht mitgekriegt, dass er mit nem Mann zusammenlebt. Also er lebte alleine. Aber ich weiß es bis heute nicht."*

Hier wird nichts angedeutet, was auf einen tieferen, vertrauensvollen Kontakt schließen ließe. Auch wenn Katrin private Begegnungen schildert, bleibt eine Distanz spürbar:

„Ich hab's ja am Anfang her erst mal so nicht gewusst und da ist mir das natürlich schon aufgefallen, dass die so etwas burschikoser, kann man vielleicht, ne? Sah etwas männlicher aussieht, ja auch so insgesamt so weiblichere Formen fehlen, da fällt, das fällt einem ja dann schon auf. Und hatte sicherlich, weiß ich gar nicht, am Anfang auch gar nicht so viel Kontakt. Wir sind jetzt zusammen im Rat, deswegen haben wir auch so mehr Kontakt, dadurch hab ich sie auch viel mehr kennen gelernt und mehr Kontakte gehabt, und die war auch schon mit Freundin hier und ja, jetzt geh ich da ganz normal mit um. Das ist ne Kollegin. Und wie sie nun letztendlich lebt, wie gesagt, das ist ihre Entscheidung."

Wenngleich auch näherer Kontakt gepflegt wird, hat dies dem Anschein nach nicht zur Folge, dass Katrin viel über die Lebenswirklichkeit oder den Alltag der Kollegin erfahren hätte. Über Rollenverteilung in der Beziehung kann denn auch nur eine Vermutung geäußert werden, nicht aber Konkretes ausgesagt werden. Wie die Kollegin zum Beispiel mit ihrer Freundin lebt, bleibt unklar. Auch über das Privatleben des vermutlich homosexuellen Kollegen weiß Katrin nichts. Ebenso wenig besteht ein Kontakt zur Cousine. Dies alles deutet darauf hin, dass eine innere Distanz besteht, bei der zugleich zwar allgemeine Toleranz signalisiert wird, nähere Kenntnisnahme aber noch nicht zugelassen werden konnte.

Etwas anders sieht es bei **Anja** aus. Auch sie schildert keine nahen Freundschaften mit Homosexuellen, aber sie hat genauer hingesehen, wenngleich auch ein erster näherer Kontakt distanziert blieb:

„Also die erste engere Begegnung war vielleicht so, also mit 19 oder so, wo ich auch eben einen Homosexuellen mal kennen gelernt habe, in meiner Ausbildung, der war eben auch Schlosser und ja, aber der blieb mir sehr fremd. Also so, dass es für einen klar, dass er halt auch mit einem Mann zusammen ist, aber da wurde auch nicht weiter nach, nicht weiter nach gefragt oder nicht, das Thema nicht erläutert. Insofern kriegte man eigentlich nichts mit."

Dementsprechend bringt sie ihr eigenes Klischee-Bild vom homosexuellen Mann mit dieser Begegnung in Verbindung:

„Dieser eine Schlosser, den ich kennen gelernt hatte damals, der entsprach diesem Klischee schon eher, so mit, ja, Lederhose, Lederjacke, Ohrringe im Ohr."

Im Laufe der Jahre wandelte sich ihr Bild durch neue Kontakte, zunächst vor allem auch im späteren künstlerischen Studium, in dem die sexuelle Orientierung, ob hetero- oder homosexuell, unerwähnt blieb. Gerade dieser Umstand nun aber weckte ihr Interesse, denn, wie sie eingangs des Interviews erwähnte:

„Es bleibt irgendwie so im Verborgenen, also irgendwie ganz interessant fänd ich eigentlich, etwas mehr darüber zu erfahren."

Sie betont wiederholt, wie wenig sie über das Leben Homosexueller wisse. Dennoch hatte sie durchaus mehrere Begegnungen mit Homosexuellen und es gibt auch einen näheren Kontakt, den Anja zwar nicht unbedingt als freundschaftlich bezeichnet, durch den sie aber dann doch Näheres über die Lebenssituation der betreffenden Personen erfahren hat. Es sind zwei Frauen, die durch künstliche Befruchtung gemeinsam Mütter geworden sind:

„Zwei Bekannte von mir, also halt zwei Mütter mit einem Kind, die kenn ich jetzt so zwei Jahre, und da hab ich das ganz gut so mitgekriegt. Die haben jetzt eben noch en zweites Kind bekommen und ja, wie die das so machen. Ich find das eigentlich ganz spannend, dass das halt auch, welche Wege das dann da so nimmt und wie das so funktioniert, halt auch auf die Art und Weise, auch zu nem Kind sogar noch zu kommen, ne? (...) Zu denen hab ich en ganz guten Kontakt und ja, und möcht das auch nicht missen."

Es sind diese beiden Frauen, die in den Niederlanden die Möglichkeit der Befruchtung durch einen anonyme Samenspende nutzten, was Anja zu der Feststellung brachte, auch dies, die Tatsache, dass es in Deutschland nicht möglich ist, sei eine Art der Ausgrenzung. So hatte sie es nicht immer gesehen:

„Als ich das mal in der Zeitung gelesen hab, da war ich dann aber auch irgendwie, ja das ist zwanzig Jahre her oder so, das mal gelesen habe, dass es zwei Männer eben sich en Kind adoptieren wollen, da hab ich so, das, das geht doch nicht."

Hier zeigt sich also über die Jahre durchaus eine Tendenz zur inneren Auseinandersetzung und schließlich besteht die Möglichkeit zur Perspektivübernahme der beiden homosexuellen Frauen. Offenbar ist das Verhältnis doch ausreichend vertraut, um auch sonst Näheres zu erfahren von den:

„... zwei Müttern mit dem Kind, dass die eine eben aus'm ganz ländlichen Bereich kommt und die Martina mit ihrem Vater heute noch kein Wort spricht. Ne, der hat auch seinen Enkel nie gesehen und, also das ist, ja. – Weil die würden auch nie zum Beispiel zusammen sich ne Kleinstadt suchen, wo sie leben wollten."

Was der Inhalt dieser letzten Aussage vielleicht nur andeutet, ist an der Tonlage deutlich zu spüren, dass sie nämlich Trauer über diese Abwendung des Vaters empfindet. Zudem stellt sie auch einen Zusammenhang her zwischen kleinstädtischem und Großstadtleben, der aber unausgesprochen bleibt. Implizit teilt sie aber mit, dass ein Lebensentwurf wie der der Bekannten nur in der Großstadt möglich ist, was letztlich auch auf eine innere Auseinadersetzung mit der Situation Homosexueller schließen lässt. Ganz offenbar hat sie sich ihre eigenen Gedanken gemacht, die Aussage, sie möchte gerne mehr darüber erfahren, ist durchaus nachvollziehbar.

Monis Erfahrungen mit Homosexuellen erstrecken sich auf Frauen und Männer, wobei die Beziehungen zu Männern, insbesondere ihren besten Freunden, weit intensiver sind als die zu Frauen. Bei homosexuellen Frauen hat sie wiederholt Annäherungsversuche erlebt, für die sie jedoch nicht offen war. Zuerst war da eine ihrer Mitschülerinnen, als sie 13 Jahre alt war, deren Nähewünsche sie irritierten:

„Das war schon komisch damals. Das war komisch. Das war die Tochter unseres Bäckers, (...) zu der hat ich halt en guten Draht, aber die, ich weiß auch nicht, ich glaub, die ist inzwischen verheiratet, das war vielleicht auch nur sone Phase bei ihr. Und da bin, ist man nachher nicht mehr näher drauf eingegangen."

Später wiederholte die Situation sich ähnlich mit einer anderen Frau:

„Mir ist das dann später, ich bin als ich 18, nach'm Abitur, bin ich nach London gegangen und da bin ich dann von einer Mexikanerin, die lesbisch war, richtig angemacht worden. Und das war schon ne andere Erfahrung da, weil das, da war das schon en bisschen weiter irgendwie. Aber auch das fand ich nicht, fand ich nicht schlimm, weil ich ganz klar gesagt habe, wo meine Grenzen sind, wobei ich das auch konnte in dem Moment. Ich fand die sehr nett, und die kam mir halt körperlich nah, und sie war mir ja sympathisch. (...) Und dann hab ich meine Grenzen gesetzt, und dann war ja auch das okay und war auch nicht so peinlich, dass man dann hätte kein Wort mehr miteinander wechseln können."

Auch später, wenn sie mit ihren beiden männlichen homosexuellen Freunden auf Partys und in Discos war, sei sie wiederholt von homosexuellen Frauen *„angemacht"* worden, hat aber immer wieder ihre Grenzen gesetzt, da sie nicht homosexuell empfinde. Mag sie auch ein gewisses Unbehagen gespürt haben, so hat es sich doch schon zwischen ihrem 13. und dem 18. Lebensjahr relativiert. Sie schildert die Situation in London ja recht differenziert im Sinne unterschiedlicher Bedürfnislagen, nicht etwas im Sinne unterschiedlicher Moralvorstellungen.
Dennoch könnte hierin auch ein Hinweis verborgen sein, weshalb sie die Nähe zu homosexuellen Frauen weniger sucht als zu homosexuellen Männern, in

deren „*Gegenwart*" sie sich „*immer wohl gefühlt habe*". Bei homosexuellen Männern entfällt anders als bei homosexuellen Frauen die Möglichkeit, dass Moni als mögliche (Sexual-) Partnerin gesehen wird. Dennoch scheint der Umstand, dass ihre Freunde homosexuell sind, für sie nicht von besonderer Bedeutung zu sein. Befragt nach ihren Kontakten zu Homosexuellen, fällt ihr plötzlich noch ein: „*ach doch stimmt (...), ich hab noch en Freund, der ist auch homosexuell und, ja. Aber auch die beiden, hat auch en Partner.*" In ihrer Wahrnehmung spielt die Homosexualität des Freundes gar nicht so sehr eine Rolle, als dass sie sie sofort mit der Frage nach einem homosexuellen Bekannten- oder Freundeskreis in Verbindung brächte. Dies hat jedoch bei ihr keinen Bezug zu Desinteresse am Leben und der Lebenswirklichkeit der Freunde, im Gegenteil, sie ist gut informiert und hat wenige Berührungsängste, auch was die Wortwahl angeht:

„*Wobei, es gibt ja auch so Parkplätze, ne? Die sind ja allgemein bekannt, sogar hier um die Ecke gibt es einen, wo man dann halt abends hinfahren kann und trifft dann halt andere Gleichgesinnte, und dann, ja lässt sich da einen runterholen oder einen blasen. Das gibt es ja eigentlich für uns auch nicht, für uns Heteros, sag ich jetzt mal. Da sind die also, in puncto Sexualität sind die anders, offener, viel offener.*"

Ihre Kenntnis bezieht Moni aus dem Kontakt mit den homosexuellen Freunden, von denen einer seinem späteren Partner, wenn auch nicht auf diesem Parkplatz, aber in einem Park, der als „*Sex-Treffpunkt*" bekannt ist, begegnete. Sie weiß auch zu berichten, dass beide eine offene Zweierbeziehung führen, die durch gelegentliche Affären nicht gefährdet wird, es sei denn, tiefere Gefühle kommen zum Tragen. Soweit diese Affären sexuell bleiben, haben sie keinen Einfluss auf den Bestand der Beziehung:

„*Also wenn beide sich einig sind, dass sie son Weg gehen, alsodass die so was machen können, dann ist es okay.*"

Dennoch generalisiert sie diese Beobachtung nicht völlig. Sie hat auch andere Freunde, die ihre Beziehung monogam führen:

„*Das Pärchen, was ich hier in A. kenne, die sind deutlich konservativer würd ich sagen, als die, das Pärchen, was ich aus B. kenne.*"

Was von ihr jedoch allgemein angegeben wird, ist dass die Beziehung zu Homosexuellen freundschaftlich und vertraut ist:

„*... also gute, also die besten Freunde können die sein. Das ist wie ne Freundin. (...) Mit Homosexuellen kann man, finde ich, über alles reden.*"

Auch hier kommt eine Feminisierung zum Ausdruck, wie sie ja bei vielen Frauen in der Beschreibung von Homosexuellen zum Tragen kommt. Es geht dabei darum, eine innere Nähe zu kennzeichnen, einen Gleichklang, der tieferes Verständnis erleichtert. Wenn es aber um die oberflächliche Beschreibung dieser Charakterisierung geht, um das von Moni so bezeichnete *„Tuckige"*, dann fällt hier ihre Beobachtung differenziert aus:

„Wenn die zusammen sind und in manchen Situationen, dann hat er auch so was davon. Aber wenn man ihn isoliert sieht, dann würde man gar nicht, wenn man dat nicht weiß, dann wüsst, dann würd man's nicht merken."

Ihre Beobachtung bezieht sich darauf, dass sie festgestellt hat, dass Homosexuelle (Männer) untereinander anders miteinander umgehen als in einem heterosexuellen Kontext:

„Ja, vielleicht, wie Homos mit Heteros überhaupt umgehen, wenn die aufeinander treffen. Ich denke, das liegt wahrscheinlich daran, dass die Homos sich eben als Minderheit empfinden, wo sie sich nicht minderwertig empfinden, sondern eben aber, ist ja so. Deswegen geht die Minderheit, so glaub ich, mit der Mehrheit normaler um als umgekehrt."

Diese Beobachtung macht deutlich, dass sie sich, auch wenn die vorangegangenen Zitate gelegentlich den Eindruck machen könnten, etwas oberflächlich zu sein, durchaus tiefer mit der Situation Homosexueller auseinandergesetzt hat. Sie differenziert zwischen Minderheitenstatus und Minderwertigkeitsgefühlen, schließt auf einen Anpassungsdruck bei Homosexuellen und entsprechende Verhaltensänderungen. Allerdings ist dies eine ihrer Interpretationen, nicht etwa, was sie selbst von ihren Freunden zu wissen scheint. Über ihre Konflikte, eventuelle Schwierigkeiten in Alltag und Beruf erfährt man wenig, was in diesem Fall aber durchaus mit der großen Selbstverständlichkeit zu tun haben mag, mit der sie diese freundschaftlichen Beziehungen seit Jahrzehnten pflegt. Allerdings hätte man erwarten können, etwas über die Schwierigkeiten bei der Partnersuche zu erfahren. Letztlich muten die Schilderungen von Parkplätzen und Parks eher so an, als gehe es um etwas Spielerisches. Dass diese subkulturellen Begegnungsorte auch aus der Not geboren sein könnten, sonst im öffentlichen Alltag keinen Partner finden zu können, kommt Moni nicht ins Bewusstsein. Vielmehr klingt eher eine Faszination an der als freizügig erlebten Sexualität Homosexueller durch.

Maria hatte schon in ihrer Jugend über den Bruder eine Kontaktmöglichkeit zu dessen homosexuellem Freund Mark, wobei darüber nicht geredet wurde. Insbesondere die Eltern vermittelten, es handele sich bei seiner Homosexualität um ein Thema, das nicht explizit gemacht werden solle:

„... dass der eine Freund meines Bruders, (...) der hat dann sich irgendwann sozusagen geoutet. Da war dann klar, dass er schwul ist. Und das, da haben meine Eltern, also mein Vater hat da eher so, ja der hat da so ganz seltsam reagiert. Also, der hat das zwar einerseits, der hat das gewusst und der hat gesagt, er hätte das auch schon länger geahnt, also hat meine Mutter dann nachher gesagt, uns hat er gar nichts dazu gesagt und hat dann aber mir gegenüber irgendwann mal sone ganz komische Bemerkung gemacht. Weil das hieß dann so ganz neutral, ja, da ist jetzt der Mark wohnt jetzt mit seinem Freund zusammen. Das war aber dann irgendwie so, als ob das eben nur normal en Freund wäre. Und dann kam dann so die Rede, wo die denn ihr Bett stehen haben, und wer da welches Zimmer hat, und da war irgendwann klar, die haben ein gemeinsames Schlafzimmer und so. Und da ist mir das erst, also ich glaub, viele andere haben das auch schon viel eher mitgekriegt. Ich hab das erst ganz spät mitgekriegt. Und das wurd bei uns in der Familie auch seltsamerweise, obwohl der Mark eben bei uns aus- und eingegangen ist, nich in der Familie thematisiert."

Somit konnte Homosexualität zwar im nächsten Umkreis präsent bleiben, war aber für Maria mit etwas Unaussprechlichem assoziiert. Wenn sie ihre eigene Einstellung kennzeichnet, verbleibt sie beim unspezifischen Begriff „seltsam", wobei sie ja sagt, ihre Haltung habe sich parallel zur gesellschaftlichen Einstellung gewandelt. Dies scheint mit der Bekanntschaft zu Mark über die Jahre hinaus in Zusammenhang zu stehen, aber sie macht keine näheren Angaben, wie sich diese Bekanntschaft entwickelt hat. Auch von anderen Bekanntschaften oder Freunden berichtet sie wenig Inhaltliches, was diese Beziehungen auszeichnet. Sie stellt von ihren Einschätzungen und Einstellungen gegenüber Homosexuellen und Homosexualität wenig explizite Verbindungen her zu eigenen Kontakterfahrungen, worin sich der Umgang des Vaters mit der Homosexualität des Freundes des Bruders in gewisser Weise spiegelt. Damals konnte die Freundschaft des Bruders zu diesem Freund bestehen bleiben, aber sie wurde kein explizites Thema im Familienkreis. Das heißt, es bestand zwar eine gewisse Akzeptanz, diese wurde aber nicht mit inhaltlicher Auseinandersetzung im konkreten Kontakt entwickelt.

Ganz ähnlich verbleiben Marias Angaben an der Oberfläche. Von einem befreundeten Paar weiß sie nicht viel mehr zu sagen als:

„Also ich kenn halt die, ich sag mal, die vier Jungs, die ich jetzt kenne, die haben schon bestimmte Eigenschaften gemeinsam. Aber ich würd jetzt nicht so weit gehen, zu sagen, dass sind typische Eigenschaften für Homosexuelle. Also, was ich eben sagte mit dem gut gekleidet, zum Beispiel. Die sind sehr, die achten aller vier sehr auf ihr Äußeres zum Beispiel. Also viel mehr, als ich das von anderen Männern kenne. Und die beiden, die ich eben auch richtig gut kenne, die haben eben auch en Klamottenladen."

Von den „vier Jungs" ist sonst kaum etwas in Erfahrung zu bringen, als wüsste sie eigentlich nichts von ihnen, obwohl sie zwei von ihnen explizit als

"Freunde" bezeichnet. Im Wesentlichen sagt sie zu ihnen aber nicht viel mehr, als dass der eine als *"Geschäftsmann"* den *"Klamottenladen"* führt und der andere den Haushalt. Es gibt allerdings eine Sequenz, in der doch ein Hinweis darauf fällt, dass sie sich näher mit der Situation Homosexueller auseinandergesetzt hat:

"Also ich hab den Eindruck, vielleicht, also wenn man das jetzt so typisch nennen will, sone gewisse Form von Reflektiertheit. Das kann ich aber jetzt eben, weil die, die ich kenne, aus ner bestimmten Schicht kommen, wo eben die Menschen sowieso eher reflektiert sind, ne? Aber ich könnte mir vorstellen, dass das vielleicht so was ist, was man bei Schwulen vielleicht häufiger findet, als bei Heterosexuellen, weil man sich eben vielleicht mit mehr auseinandersetzen muss in seiner Jugend, wenn man merkt, dass es so ist. Dass da was anders ist, als bei vielen anderen."

Auffallend ist, dass es, obwohl es keine wirklich explizit negativen Einschätzungen Homosexueller gibt, eine gewisse Dissoziation zwischen ihren Einschätzungen und den tatsächlich bestehenden Kontakten gibt. Auf eine tiefere innere Verbindung kann daraus nicht geschlossen werden. Allerdings wird die Verbindung dadurch hergestellt, dass erstens eine gemeinsame Schichtzugehörigkeit konstatiert wird und zweitens die Einschätzung der *"Reflektiertheit"* auch auf Frauen bezogen wird, die keine Rollenvorbilder aus der Müttergeneration mehr haben. Es kommt also zu einer intellektuellen Bezugsetzung, die weniger lebendig wirkt.

Distanz besteht auch bei **Rosa,** wobei sie anders als Maria keine direkten homosexuellen Freunde oder Bekannten hat. Zum Teil sind Kontakte über Dritte bekannt, zum Teil hatte sie flüchtige Begegnungen im Sportverein oder erstmals im Stadtteil:

Dann hatten wir en schwulen Floristen, kann ich ruhig schwul sagen, is, ist irgendwie einfacher zu sagen. En schwulen Floristen im Ortsteil. Wo auch alle immer gern hingegangen sind. Also ich auch eigentlich nie erlebt, dass die Menschen ausgegrenzt werden oder so. Eigentlich nicht. Also jedenfalls von den Frauen nicht. Das nicht."

Mit der Wortwahl, „schwul" statt „homosexuell", wie von mir im Interview verwandt, weist sie zunächst auf einen eher unbefangenen Umgang mit dem Thema hin, was aus ihrer Sicht aber vor allem für die Frauen galt. Einen anderen, dann bedeutsameren Anlass für die Beschäftigung mit dem Thema Homosexualität brachte ein Erlebnis des Ehemannes mit sich:

"En ganz übles Erlebnis, (...) das ist noch ne ganz üble Sache. Also mein jetziger Noch- Ehemann, der ist früher bei der Bundeswehr gewesen. Da war ich auch so Anfang zwanzig, als ich mit ihm zusammen war (..) und die hatten da en schwulen Oberfeldwebel. Und das war ziemlich heftig, weil der hat sich an den Untergebenen

vergangen, ne? Und das hat er dann bei meinem Mann auch mal versucht, der aber sehr resolut ist und also, der auch da Vertrauensmann war und ich weiß nicht was. Und der hatte dann auch erzählt eben, wie der das dann versucht hatte, ne? Und dass er dann auch dahinter gekommen ist, dass überhaupt, dass der viele unter Druck gesetzt hat, halt in seiner Dienststellung auch. Was ja auch nicht, nicht richtig ist. Was er in seiner Freizeit macht, ist ja egal. Aber im Dienst ist das ja ganz übel. Ja, und da ist dann auch damals en Verfahren eingeleitet worden, da musste mein Mann dann auch als Zeuge aussagen. Das weiß ich noch. Und dass das damals en ziemlich großer Skandal war, der aber noch son bisschen gedeckelt worden ist."

Obgleich auch sie das Verhalten des Vorgesetzten missbilligt, hatte sie doch eine differenzierte Haltung, als sie später mit ihrem Ehemann diskutierte:

"Aber das war natürlich was ganz Negatives. Wirklich ja. Daher hatte mein Mann dann noch recht negative Einstellungen, und ich hab aber eigentlich immer gesagt: Ach Mensch, die sind doch jetzt nicht alle so, nur weil du da jetzt einmal schlechte Erfahrung gemacht hast."

An anderer Stelle wurde bereits ihre innere Offenheit für den Wechsel ihrer Einstellungen erwähnt, als es um Treffpunkt Homosexueller für anonymen Sex ging, aber auch hinsichtlich der Einstellung zu Analverkehr. In diesem Sinne weist sie auch ihren Mann darauf hin, dass die eindimensionale Verurteilung aufgrund der gemachten negativen Erfahrung nicht auf alle Homosexuellen anwendbar ist. Was sie, obgleich sie keinen persönlichen Kontakt zu Homosexuellen hat, aber dazu bringt, diese Einstellungsänderungen vorzunehmen, ist offenbar die innere Möglichkeit der Perspektivübernahme und des Abgleichs mit ihrer eigenen Situation. So verurteilt sie es auch nicht, wenn sie davon berichtet, was sie von Bekannten hörte:

"Dann kann ich mich erinnern, das war jetzt allerdings ne Frau, dass ein anderer aussem Sportverein mal ganz traurig war, weil seine Frau ihn verlassen hatte und ich sag: Hat se en andern? Nee, sagt er, ne andere. Das tat mir dann für ihn so leid. Ich hatte mir dann auch Gedanken gemacht, was jetzt eigentlich schlimmer wär, wenn man betrogen wird vom Mann zum Beispiel, wenn er einem mit en Mann betrügt oder mit ner Frau betrügt. Hab ich mir dann auch so Gedanken drüber gemacht. Dann von einer Freundin da, ja die mal en kurzes Verhältnis gehabt mit einem Mann, der auch verheiratet war, en Kind hatte. Dann gemerkt hatte, hat er wahrscheinlich schon vorher gemerkt, aber halt immer unterdrückt hatte, dass er homosexuell war. Und mit dem hatte sie mal ne kurze Affäre"

Zwar versetzt sie sich in die Lage dessen, der „betrogen" wird, aber sie nimmt keine Wertung vor, was nicht zufällig ist, denn:

"Ehrlichkeit find ich ganz, ganz wichtig. Aufrichtigkeit, Zuverlässigkeit ist für mich wichtig. Eigentlich würd ich auch Treue sagen, aber seit ich selber untreu gewesen

bin, wag ich das nicht mehr zu sagen. Weil ich jetzt auch gelernt habe, dadurch dass ich ne Beziehung, eben ne außereheliche Beziehung dann hatte, erst mit meinem jetzigen Lebensgefährten, dass man, obwohl man denkt, man würde so etwas nie tun, doch manchmal in Lebenslagen geraten kann und viele Erkenntnisse kriegt. (...) Und nachdem mir dann so was passiert ist, hab ich mir auch vorgenommen, also nie Leute zu verurteilen und, ja auch nie so Unverständnis zu haben."

Aus den eigenen Erfahrungen zieht sie Schlüsse, die sie auch auf Homosexuelle anwendet, auch wenn sie durchaus annimmt, Homosexuelle seien in besonderem Maße untreu. Dieser Einschätzung fehlt jedoch das Wertende, was einem Prozess der Selbsterfahrung entspringt, zu dem sie ganz offenbar in besonderem Maße fähig ist. So fallen denn auch ihre Äußerungen zu Homosexuellen, die sie auf durch Medien vermittelte Bilder bezieht, recht freundlich aus:

„Auf der anderen Seite auch Gefühle, wie ich es auch bei lesbischen Frauen in Ordnung finde, oder eben auch bei Männern. Wenn man weiß, so wie Prominente Beispiele, Elton John, oder so, der schon so lange mit seinem Lebensgefährten zusammen ist. Oder man auch hört, dass welche heiraten, so halt den Bund besiegeln und so, dann find ich das sehr schön. Dann denk ich auch oft, Mensch ist ja toll, dass es so was gibt jetzt, und dass das möglich ist."

Aus den näheren privaten oder weiteren, auch medial vermittelten Erfahrungen ergeben sich vielschichtige Überlegungen, die nebeneinander Bestand haben und insgesamt mit einer deutlichen Empathie in Verbindung stehen, wie auch die abschließend zu zitierende Passage verdeutlicht:

„Auf der anderen Seite, dass man auch denk, wie ja, wie die Jungen in früher Kindheit gelitten haben müssen. Oder wie schwierig das ist, sodass man dann denkt, Mensch bin ich froh, dass ich hetero bin und dass ich diese ganzen Gewissenskonflikte vielleicht und so, die vie- dann eben Jungen oder Mädchen in dem Alter haben, wenn die sich finden. Dass man so was nicht hatte, und dass die einem ja eigentlich leid tun können."

Dies könnte resümierend für Rosa kennzeichnend sein: Es wird keine Verurteilung vorgenommen, sondern auf dem Wege der Einfühlung festgestellt, dass Homosexuelle ihre ganz eigenen Konflikte haben. Diese werden zum Teil zwar in Bezug zu den eigenen Problemen Rosas selbst gesetzt, aber dennoch auch abgegrenzt. Immer aber wird ein Vergleich mit sich selbst angestellt, bei dem auf dem Wege der inneren Entwicklungsmöglichkeiten die Toleranz auch auf Homosexuelle ausgeweitet wird.

Abschließend soll **Hillu** mit ihren Kontakterfahrungen zu Wort kommen. Auch von ihr und ihren aus engen Kontakten abgeleiteten Einstellungen zu Homosexuellen und Homosexualität war bereits die Rede. Sie stellt dahingehend eine Besonderheit dar, dass sie nicht allein durch viele Kollegen am Arbeitsplatz

Kontakt zu Homosexuellen hat, sondern auch eine beste Freundin, die homosexuell ist. Zudem ist aber auch der beste Freund des Ehemannes homosexuell. Beide pflegen also durchaus tiefgehende Beziehungen zu Homosexuellen. In ihren Stellungnahmen und Einstellungen kommt dabei zum Ausdruck, dass sie sich mit der Situation beider einfühlend auseinandergesetzt hat. Der Freund des Ehemannes hat, solange seine Mutter lebte, seine Homosexualität verborgen gehalten. Als die Mutter tot war, eröffnete er sich ihr und ihrem Mann:

„Der beste Freund von meinem Mann, der ist auch homosexuell und das ist noch nicht so lange her, dass das bekannt ist. (...) Es ist jetzt wirklich erst rausgekommen, weil seine Mutter gestorben ist, und er das dann wirklich erst öffentlich gemacht hat. (Er) konnte so nicht frei damit umgehen und wollte auch nicht, dass die Mutter das weiß. Und als sie dann gestorben war, da hat ich so den Eindruck so, das war der Punkt, wo er sich geoutet hat. (...) Aber ich fands sehr spät. Und ja, aber das ist auch einer der engeren Freunde, also von daher fand ich das schon schlimm. Weil ich denke mir, er hat sich auch wirklich verbiegen müssen."

Die Wahrnehmung, dass dieser Freund unter dem Druck stand, seine Mutter nicht durch seine Homosexualität belasten zu wollen, oder gar einen Kontaktabbruch zu ihr zu riskieren, führt bei Hillu zu einer Bewertung, die erkennen lässt, dass sie sein spätes Outing auch als langjährigen Verzicht auf Selbstentfaltung bedauert. Ganz ähnlich hat auch ihre beste Freundin sich erst spät ihr gegenüber mit ihrer Homosexualität eröffnet:

„Ich kann das so an nem Beispiel mit meiner Freundin, die war verheiratet, und irgendwann klappte das dann nicht mehr, und dann kann ich mich dran erinnern, ganz gut dran erinnern, die brachte mir dann immer irgendwelche Bücher mit und schob mir die rüber und ich sollte die mal lesen. Und dann hab ich die gelesen. Hab ich gesagt: Kann ich jetzt so nichts mit angefangen, ob sie mir denn irgendwas sagen wollte? Und dann sagte sie, ja irgendwie hat se lange drum herum geredet und dann kam se dann irgendwann auf den Punkt und sagte, also sie hätte eben ne Beziehung zu ner Frau. Und da hab ich gesagt: (...) Wenn's glücklich macht. Und damit war für sie so: Ja, du hast da keine Probleme? Nee, ich sag, hab ich keine Probleme. Ich kann mich noch dran erinnern, dass sie sich dann immer Sorgen machte, weil wir zusammen in Urlaub gefahren sind: Ja, hast du denn da Ängste und dann hab ich gesagt: Nee, (...), du hast ne Partnerin (...) und ich hab en Partner und gut ist. Also sie hat sich da schon mehr Sorgen und Gedanken gemacht, als ich jetzt speziell."

Diese Sequenz illustriert, dass es der Freundin wichtig war, sich Hillu gegenüber zu öffnen, obwohl es starke Hemmungen gab, die Hillu wahrnahm. Sie machte ihrer Freundin dann ein Angebot, sich ihr gegenüber zu öffnen, was diese auch annahm. Dennoch blieben Ängste bestehen, denen Hillu einerseits mit einer klaren Abgrenzung, dem Hinweis, dass sie heterosexuell ist und daran keinen Zweifel hat, begegnete, andererseits aber stellte sie dadurch die Freundschaft nicht in Frage. Der wesentliche Punkt ist, dass sie sowohl die eigene sexuelle Orientierung klärte als auch die Ängste der Freundin und deren Erleichterung wahrnahm, als diese die Freundschaft durch ihre Eröffnung nicht als gefährdet ansehen musste. Die Wendung „*wenn's glücklich macht*" klingt in dem Zusammenhang etwas lakonisch und oberflächlich, allerdings wird an einer anderen Stelle deutlich, dass sie die Freundin fragte, weshalb sie erst so spät über ihre Homosexualität sprach oder sich darüber klar wurde:

„*Also da haben wir mal drüber gesprochen, da sagt se, ob sie, ob das an der Erziehung gelegen hat. Die Eltern haben halt ihr das vorgelebt, kommt auch aussem kleineren Ort und das war so, und man heiratet und man kriegt Kinder. Und dann irgendwann kam se dann zu dem Punkt, dass das mit der Ehe absolut nicht funktioniert hat. Ja, und da hatte se sich erst von ihrem Mann getrennt, und das hat dann schon so wirklich so en riesen Welle gegeben. Und dann die nächste Aktion, war dann wirklich, als sie dann ihren Eltern das gesagt hat, dass sie halt ne Beziehung zu ner Frau hat, (...) wo der Vater das überhaupt nicht verstehen konnte. Und mittlerweile isser gestorben, und die Mutter da jetzt schon anders mit umgeht. Die feiern auch zusammen Weihnachten und, aber ich glaube, das war dann auch so, diese Erziehung, Religion, und das tut man nicht, und was sollen die Leute sagen. Und die hatten auch en Geschäft, und ich denke da kommt dann immer eins zum anderen.*"

Was hier auch zusammentrifft, ist ein starkes Identifikationspotential untereinander. Wie die Freundin wurde auch Hillu religiös erzogen, kommt aus einem Geschäftshaushalt und vom Dorf. Sie kennt die Verhältnisse, ist aber nicht mit ihnen identifiziert, sondern mit einer kritischen Haltung gegenüber dem dörflichen Milieu ausgestattet, die auf einer Maxime ihrer Mutter beruhen könnte:

„*Und da sagt meine Mutter, dass ist auch son toller Spruch: In der nächsten Woche wird en anderes Schwein durchs Dorf getrieben. Es ist einfach so. Ja, ich denke, das ist dann en ganz tolles Thema für den Moment, für den Augenblick und irgendwann gibt's dann was Neues.*"

Dies impliziert, dass in der Wertehierarchie Hillus die Freundschaft als höherer Wert gegen „das Dorf" abgegrenzt wird. Die Solidarität mit der Freundin ist bedeutsamer als ein Wertekodex, dem sie kritisch gegenübersteht.

4.4 Vergleich der Stichproben

Im Vergleich der Ergebnisse aus den Teilstichproben sollten nunmehr Übereinstimmungen und Unterschiede hinsichtlich der Ausprägungsformen antihomosexueller Einstellungen vor dem Hintergrund der jeweiligen soziokulturellen Rahmung hervortreten. Der Vergleich orientiert sich an der Darstellung der Ergebnisse, wie sie zuvor erfolgte. Zunächst werden Aspekte der traditionell präformierten Wert- und Normvorstellungen und ihrer Vermittlung beleuchtet, hernach kommen die vor diesem Hintergrund auf der Makro-Ebene der Herkunftsgesellschaften bereitliegenden Bedingungen für antihomosexuelle Einstellungen in den Fokus, um sodann die auf der Mikro-Ebene zu verortenden Einstellungen zu Homosexuellen und Homosexualität zu vergleichen. Anschließend soll die soziale Situation der Frauen in den einzelnen Teilstichproben nebeneinandergestellt werden, um abschließend die Bedingungen für Kontakterfahrungen und ihre Qualität als Repräsentation der Meso-Ebene in Augenschein zu nehmen.

4.4.1 Traditionen und Werte

Angaben zu Geschlechterrollen und vor allem die Rolle der Frau zeigen vor dem Hintergrund der Angaben zu Traditionen und Werten oder gesellschaftlich vermittelten Normvorstellungen in den einzelnen Teilstichproben sowohl deutliche Unterschiede als auch Übereinstimmungen. Während die *TNeS* ihre Erfahrungen auf der Grundlage des sowjetischen Systems vor allem um Aspekte der Unterordnung von Individualität unter kollektive Werte zentrieren, kommen bei den *TNPo* in erster Linie Angaben zum Tragen, die die zentrale Stellung der katholischen Kirche in ihrer Herkunftsgesellschaft deutlich machen. Die *TNoM* hingegen stellen ihre Angaben nicht in den Kontext eines übergeordneten politischen oder weltanschaulichen Bezugssystems. Mögen auch alle *TN* die Erfahrung teilen, dass sie in ihrer Rolle als Frau auf Familienorientierung hin sozialisiert wurden, so treten dabei doch unterschiedliche Voraussetzungen hervor. Während die *TNeS* und die *TNPo* Familienorientierung als unhinterfragbare, wenngleich durchaus nicht unkritisch gesehene traditionelle Rollenerwartung charakterisieren, die durch systemimmanente Verstärkungen (Makro-Ebene) überdeterminiert war, stellen die *TNoM* stärker Erfahrungen im Meso-Kontext in den Vordergrund. Sie fokussieren mehr auf qualitative Inhalte, bei deren Kondensat man von einer *sozialen Orientierung* sprechen könnte, die die Frauen hin auf die Pflege sozialer Beziehungen und Netzwerke orientierte. Demgegenüber orientieren sich die Angaben der *TNeS* und *TNPo* vor allem an Aspekten wie Anpassungsdruck und Leistungsfähigkeit.

Religion und Glaube spielt unter den Befragten lediglich bei den *TNPo* eine tragende Rolle. Bei ihnen ist sie der zentrale Grundpfeiler ihrer Sozialisationserfahrungen. Folgt man den Angaben, durchdrang sie als Gegenentwurf zum herrschenden politischen System maßgeblich alle Lebensbereiche der privaten, aber auch der sozialen Erfahrung. Die *TNeS* haben hingegen diesbezüglich keine vergleichbaren Erfahrungen gemacht. Aus ihren Mitteilungen geht hervor, dass allein der Verdacht der Religionsausübung Repression nach sich gezogen hätte. Religion und Religionsausübung wurde demzufolge effektiv durch das herrschende politische System aus der Alltagserfahrung ferngehalten. Im Unterschied zu diesen beiden Gruppen machen die *TNoM* Angaben, die den Schluss zulassen, dass in ihrer Sozialisation Religion eher eine nachgeordnete Bedeutung hatte, also auf der Makro-Ebene weder eine positive noch eine negative Verstärkung erfuhr. Ein durchgängiges Muster lässt sich nicht ausmachen; die Angaben decken ein breites Spektrum ab, in dem sowohl stärker religiös orientierte als auch wenig bis gar nicht religiös motivierte Erziehungsstile der Eltern zum Ausdruck gebracht werden. Religion war in den Familien Privatsache.

Sexualität und sexuelle Aufklärung stellen einen Themenkomplex dar, der unter den Teilstichproben sehr unterschiedliche Erfahrungen zum Ausdruck kommen lässt. Während sich die *TNeS* eher gar nicht aufgeklärt fühlten und Sexualität allgemeinhin als tabuisiertes Thema in ihrer Herkunftsgesellschaft charakterisieren, können die *TNPo* ihrerseits auf Aufklärungserfahrungen zurückgreifen, die sie anders als die *TNeS* nicht beinahe ausschließlich im Geheimen machen mussten. Allerdings ist die sexuelle Aufklärung und Entwicklung der *TNPo* auch stark durch die religiösen Wert- und Normvorstellungen präformiert und vor allem an der Fortpflanzungsfunktion von Sexualität orientiert. Dennoch stellte Sexualität für sie nicht ganz so eindeutig wie für die *TNeS* ein tabuisiertes Thema dar. Aber bei beiden Gruppen kommen diesbezüglich stärkere Hemmungen zum Ausdruck als bei den *TNoM*, die durchgängig von Aufklärungsunterricht *und* alternativen Quellen der Aufklärung berichten, wenngleich auch sie in ihren Herkunftsfamilien oftmals eine gehemmte Atmosphäre vorfanden. Die eigene sexuelle Entwicklung wird zum Teil als lebenslanger Erfahrungsprozess interpretiert.

4.4.2 Homosexualität in der Herkunftsgesellschaft

Die der Makro-Ebene inhärenten homosexuellenfeindlichen Strukturen unterscheiden sich bei den beiden Teilstichproben der Frauen mit Migrationshintergrund durch ihre ideologische und weltanschauliche Basierung. Die *TNeS* schildern eine Situation, in der Homosexualität als Straftatbestand galt, wodurch Homosexuelle ihrerseits kriminalisiert wurden. Unter den

Bedingungen des repressiven sowjetischen Systems waren folgerichtig Kontakte zu Homosexuellen praktisch unmöglich. Die Thematisierung von Homosexualität war tabuisiert, Strafverfolgung, Ausgrenzung und Entwertung Homosexueller wird als gegebene gesellschaftliche Realität beinahe durchgängig bestätigt. Dabei speiste sich die Stigmatisierung Homosexueller vor allem aus ihrer Ausgrenzung durch Kriminalisierung, wobei von keiner der *TNeS* Angaben dazu gemacht werden können, weshalb Homosexuelle kriminalisiert wurden. Es besteht darüber hinaus eine einheitliche Einschätzung, dass Homosexualität in der Sowjetunion vor allem mit Männern assoziiert war. Demgegenüber ist den *TNPo* bekannt, dass Homosexualität in ihrer Herkunftsgesellschaft nicht der Strafverfolgung unterlag. Dessen ungeachtet unterlag das Thema Homosexualität auch hier der Tabuisierung, wobei in der Volksrepublik Polen in dieser Hinsicht vor allem die tief im Katholizismus gründenden Moralvorstellungen eine maßgebliche Rolle spielten. Auch in diesen Interviews wird nicht explizit gemacht, inwiefern Homosexualität dazu im Widerspruch stand; dieser Widerspruch wird als gegeben hingenommen. Allerdings gibt es Hinweise, dass Homosexualität mit Pädophilie in Verbindung gebracht wurde, was allein schon durch den allgemein üblichen Terminus *Pedau* als abwertende Bezeichnung für Homosexuelle zum Ausdruck kommt, unabhängig davon, dass er etymologisch mit diesem Inhalt in keinem Zusammenhang steht, gibt es offenbar eine semantische Verknüpfung. Anders als in der Sowjetunion gab es jedoch in der Volksrepublik Polen, folgt man den Angaben der *TNPo*, durchaus Kontaktmöglichkeiten, die jedoch begrenzt blieben. Immerhin aber die Mehrheit der Befragten schildert Begegnungen mit Homosexuellen, die sich unter verschiedenen Bedingungen ergeben konnten, aber Ausnahmen blieben. Insgesamt wird die Situation Homosexueller aber so geschildert, dass sie der Stigmatisierung und Ausgrenzung ausgesetzt waren.

Ein direkter Vergleich mit den *TNoM* ist in dieser Hinsicht nicht möglich, da die Frage nach der Situation Homosexueller in der Herkunftsgesellschaft bei ihnen entfiel. Allerdings ergeben sich auch aus diesen Interviews Hinweise, weil auch sie, wie die *TNeS* und die *TNPo*, einen Vergleich zu *früher* anstellen. Während dieser Vergleich zwischen früher und heute bei den anderen beiden Teilstichproben analog dem Vergleich Herkunftsgesellschaft und aufnehmende Gesellschaft vorgenommen wurde, deuten die *TNoM* damit einen Entwicklungsprozess innerhalb der deutschen Gesellschaft an. Allerdings lässt sich dadurch nur implizit auf die Situation „früher" schließen, wenn i. d. R. angegeben wird, dass Homosexuelle heute in der Öffentlichkeit gut wahrnehmbar sind. Dies weist darauf hin, dass die gesellschaftliche Realität auf der Makro-Ebene für Homosexuelle früher deutlich restriktiver war, sodass Homosexuelle sich auch in Deutschland eher verbargen. Die Wahrnehmbarkeit Homosexueller in der Öffentlichkeit wird unter den *TNoM* als progredienter Prozess geschildert.

4.4.3 Diskriminierung und Integration; Aspekte eigener sozialer Realität

Anders als die *TNeS* und die *TNPo* teilen die *TNoM* nicht die Erfahrung des biografischen Bruchs, den die Zuwanderung darstellt. Demgegenüber können allerdings auch bei den ersten beiden Teilstichproben unterschiedliche Aspekte ihrer Zuwanderungssituation identifiziert werden.

Unter den *TNeS* gibt es die geteilte Erfahrung von Diskriminierung, die sie mit ihrer Herkunft in Verbindung bringen. Als „Frauen aus dem Osten" sehen sie sich Stigmatisierungen ausgesetzt, die aber i. d. R. nicht eindeutig identifizierbar sind. Einige Hinweise lassen den Schluss zu, dass sie sich im Vergleich mit deutschen Frauen ohne Migrationshintergrund als rückständig bewertet fühlen. Als „Russin" identifizierbar zu sein, empfinden sie negativ. Ihr Erkennungsmerkmal ist dabei ihr Sprachproblem oder ihr Akzent. Unabhängig davon, ob sie als „echte Migrantinnen", als Kontingentflüchtlinge oder als Spätaussiedlerinnen kamen, fühlen sie sich nicht gut in die aufnehmende Gesellschaft integriert. Augenfällig wird dieser Umstand auch durch den vielfach bestehenden Mangel an Kontakten zu Angehörigen der aufnehmenden Gesellschaft, der oftmals in Bezug zur fehlenden beruflichen Integration zu stehen scheint. Abgesehen von den Kontingentflüchtlingen, die im Kontext der Zuwanderung Zugang zu den jüdischen Gemeinden bekamen, haben viele der anderen *TNeS* unabhängig vom Arbeitsplatz wenig Zugang zu Netzwerken außerhalb Angehöriger ihrer Herkunftsgesellschaft.

Auch die *TNPo* mussten Diskriminierungserfahrungen machen, die mit ihrer polnischen Herkunft assoziiert werden. Allerdings besteht hier ein gewichtiger Unterschied dahingehend, dass die *TNPo* ihre Herkunft selbst eher explizit positiv bewerten. Dementsprechend begegnen sie Diskriminierungserfahrungen augenscheinlich selbstbewusster. Insgesamt entsteht der Eindruck, dass sie weniger defensiv gegenüber Diskriminierungen eingestellt sind. Als Maßstab ihrer Werteorientierung haben viele ihren katholischen Glauben beibehalten, wobei die religiöse Orientierung in unterschiedlicher Weise Modifikationen erfahren hat. Es gibt sowohl die streng katholische *TNPo*, die regelmäßig am Gemeindeleben teilhat, als auch die *TNPo*, die ihren Glauben als gelegentliche Orientierungshilfe, aber nicht als verbindlich kennzeichnet. Fast alle *TNPo* haben die Integration am Arbeitsmarkt vollzogen, viele sind beruflich erfolgreich. Infolgedessen bestehen in aller Regel auch Netzwerke zu Kollegen und Bekannten- und Freundeskreisen, die über Angehörige der Herkunftsgesellschaft hinausgehen. Daraus resultieren wiederum viele Erfahrungen mit „Deutschen", die positiv bewertet werden, sodass das Gefühl der Diskriminierung nicht dominiert.

Naturgemäß können für die Teilstichprobe der *TNoM* keine Diskriminierungserfahrungen hinsichtlich ihrer nationalen Herkunft beschrieben werden. Sie teilen, wie gesagt, nicht die Erfahrung des biografischen Bruchs durch die Zuwanderung. Ihr Selbsterleben im sozialen Meso-Kontext ist eher als Kontinuum zu kennzeichnen. Aus Familien- Freundes-, Bekannten- und Kollegenkreisen entwickelten sich im Laufe der Jahre Netzwerke mit vielfältigen Überschneidungen. Fast alle von ihnen sind berufstätig, wobei sie dem in den Interviews keine herausragende Bedeutung beimessen, diese aber sehr wohl gegeben sein dürfte, folgt man den oftmals sehr qualifizierten Ausbildungswegen. Als bedeutsam schildern sie immer wieder die Möglichkeit, Kontakte zu knüpfen und Netzwerke zu pflegen. Sie sind es – und da unterscheiden sie sich nicht von den anderen Teilstichproben –, die wesentlich für die Kindererziehung und Rekreationsmöglichkeiten der Familien zuständig sind. Religion und Glaube hat unter ihnen nur zum Teil eine Bedeutung, die dann aber auch vor allem unter dem Vorzeichen der sozialen Orientierung steht.

4.4.4 Einstellungen zu Homosexualität und Homosexuellen

In Hinsicht auf die Einstellungen zu Homosexualität und Homosexuellen, wie sie auf der Mikro-Ebene repräsentiert sind, treten deutliche Unterschiede zwischen den Teilstichproben zu Tage. Auch hier aber muss in Rechnung gestellt werden, dass die *TNeS* und die *TNPo* anders als die *TNoM* die Erfahrung der Zuwanderung teilen und sich somit auf der Makro-Ebene zunächst einer – verglichen mit der Herkunftsgesellschaft – gänzlich anderen Situation gegenübersahen als die *TNoM*. Letztere sahen vor allem die Möglichkeit, Homosexuellen im Alltag auf unterschiedlichen Dimensionen zu begegnen, als Ergebnis eines langjährigen gesellschaftlichen Prozesses, während dies von den *TNeS* und den *TNPo* so nicht im eigenen sozialen Leben repräsentiert ist.
Die *TNeS* sahen sich in der Zuwanderungssituation erstmals mit der Tatsache konfrontiert, dass Homosexuelle nicht kriminalisiert wurden. Vielmehr schildern sie ihren Eindruck, dass Homosexuelle eine anerkannte Minderheit in der aufnehmenden Gesellschaft sind, wobei sie dies vor allem mit deren Repräsentanz in Medien, Kultur und Politik in Verbindung bringen. Differenzierende Sichtweisen, die etwa mit einbezögen, dass es sich bei der gegenwärtigen gesellschaftlichen Situation Homosexueller um das Ergebnis eines Entwicklungsprozesses handelt, fehlen beinahe zur Gänze. Ebenso wenig wird offenbar wahrgenommen, dass noch vielfältig Diskriminierung zu konstatieren ist, wobei dieser Umstand gelegentlich indirekt zur Sprache kommt, wenn bei der Vorstellung vom eigenen homosexuellen Kind oder der Einstellung zur Adoption punktuell auf die Schwierigkeiten verwiesen wird, mit denen diese Kinder sozial konfrontiert werden könnten.
Anders ist die Einschätzung der *TNPo*. Auch sie stellen zwar einen Unterschied zum Herkunftsland fest, wenn sie über die soziale und gesellschaftliche Position Homosexueller reflektieren. Sie bringen ihre Beobachtung, dass Homosexuelle öffentlich repräsentiert und wahrnehmbar sind, jedoch mit ihrer Einschätzung des Homosexuellen als kämpferisch in Verbindung und beziehen dies auf ihre

Beobachtung, dass weiterhin Diskriminierung Homosexueller besteht. Ob nun das Eintreten Homosexueller für ihre Rechte befürwortet oder abgelehnt wird, ist ein heterogener Befund für die Einstellungen auf der Mikro-Ebene. Auf der Makro-Ebene schätzen die *TNPo* die Situation Homosexueller dagegen realitätsgerechter als die *TNeS* ein, indem sie sie als in einem Emanzipationsprozess begriffen beschreiben. Damit unterscheiden sie sich übrigens auch von den *TNoM*, die ebenfalls nicht durchgängig die anhaltende Diskriminierung und gar nicht die aktive Rolle Homosexueller am Prozess der rechtlichen Gleichstellung thematisieren, sondern Homosexuelle eher als Profiteure gesamtgesellschaftlicher Anerkennungsprozesse beschreiben.

Einschätzungen Homosexueller und Einstellungen ihnen und ihrer sexuellen Orientierung gegenüber zeigen auf der Mikro-Ebene bei den *TNeS* eine relativ einheitliche Ausprägung in vielen Bereichen. Zum einen kommen bei vordergründiger Toleranzbetonung antihomosexuelle Einstellungen dahin-ehend zum Ausdruck, dass fast durchgängig Begriffe wie widernatürlich und unnormal o. Ä. fallen. Homosexualität wird dabei eher als sexuelle Orientierung der Wahl aufgrund gestörter Heterosexualität interpretiert. Stereotyp werden klischeehafte gegengeschlechtliche Attribuierungen Homosexueller vorgenommen, wobei zugleich durchgängig die Auffassung besteht, sie hätten in Beziehungen Rollen inne, die den heteronormativ geprägten Rollenvorstellungen für heterosexuelle Partnerschaften gleichen. Regelmäßig fallen entwertenden Äußerungen, denen jedoch auch positive Zuschreibungen entgegengestellt werden. Dennoch besteht so gut wie in keinem Fall eine kohärent positive Einstellung zu Homosexuellen. Besonders deutlich kommt dies zum Ausdruck, wenn die Möglichkeit, das eigene Kind könnte homosexuell sein, einhellig und zum Teil mit drastischen Begriffen abgelehnt wird, was andererseits sehr oft mit dem für diesen Fall antizipierten Verzicht auf Enkel in Bezug gesetzt wird. Die rechtliche Gleichstellung Homosexueller wird demgegenüber in der Mehrzahl der Fälle von den *TNeS* nicht abgelehnt, wenngleich beim Adoptionsrecht deutliche Einschränkungen gemacht werden.

Unter den Einstellungen der *TNPo* Homosexuellen und ihrer sexuellen Orientierung gegenüber ist das Bild nicht ganz so eindeutig. Wenngleich auch unter ihnen – trotz ebenfalls oftmals vordergründig zum Ausdruck gebrachter Toleranz – stark entwertende Äußerungen fallen, so gibt es doch Einzelfälle, die durchaus auf abgemilderte antihomosexuelle Einstellungen hindeuten. Von diesen Einzelfällen abgesehen besteht auch in dieser Gruppe aber eine deutliche Tendenz, Homosexuelle stereotyp an jeweils gegengeschlechtlichen Merkmalen zu identifizieren. Zugleich wird angenommen, sie hätten heteronormativ präformierte Rollenverteilungen in ihren Beziehungen. Wenngleich auch unter den meisten *TNPo* eine Tendenz besteht, die rechtliche Gleichstellung Homoexueller eher zu befürworten, so gibt es doch ganz eindeutige Stellungnahmen dagegen, die in dieser Gruppe auch die „Homo-Ehe" betreffen. Noch häufiger wird das Adoptionsrecht abgelehnt, was mit stark entwertenden Begriffen verbunden wird. Bezogen auf die Genese von Homosexualität ist der Befund uneinheitlich. Angaben hierzu sind häufig eher eine summarische Aufzählung. Die Annahme, Homosexualität sei Folge von gestörter Heterosexualität, kommt aber immerhin noch in einem Drittel der Fälle zum Tragen. Ablehnung signalisieren die allermeisten *TNPo* vor allem auch bezogen auf die Möglichkeit, das eigene Kind könnte homosexuell sein. Aber immerhin gibt es zwei unter ihnen, denen diese Möglichkeit nicht völlig abwegig erscheint, während sie zugleich mit den anderen übereinstimmen, dass es in diesem Falle schwer wäre, auf Enkel zu verzichten.

Verglichen mit diesen beiden Teilstichproben unterscheiden sich die *TNoM* bezüglich ihrer Einstellungen zu Homosexualität und Homosexuellen in mehrfacher Hinsicht deutlich. Zum einen fällt auf, dass so gut wie keine entwertenden Ausdrücke fallen. Vielmehr werden die eigenen Einstellungen zumeist explizit als an eigenen Kontakterfahrungen mit Homosexuellen generiert gekennzeichnet, womit sie immer wieder auf einen Entwicklungsprozess in dieser Hinsicht verweisen. Zwar gibt es auch unter den *TNoM* viele Äußerungen, die darauf schließen lassen, sie assoziierten Homosexuelle vor allem als an jeweils gegengeschlechtlichen Attribuierungen erkennbar. Allerdings fallen hier regelmäßig auch Relativierungen auf, sobald eigene Kontakterfahrungen reflektiert werden. Angaben, die sich auf Auffassungen zur Genese von Homosexualität beziehen, ist mit einer Ausnahme gemeinsam, dass sie als sexuelle Orientierung qualifiziert wird, die keine Wahlmöglichkeit darstellt. Die rechtliche Gleichstellung wird durchgängig befürwortet, wobei das Adoptionsrecht aus verschiedenen Blickwinkeln ausführlicher Abwägung, aber in keinem Fall Ablehnung unterliegt. Ebenso wenig wird von den *TNoM* in ihrer Gesamtheit die Möglichkeit, das eigene Kind könnte homosexuell sein, abgelehnt. Vielmehr wird bei diesem Thema augenfällig, wie stark sich die *TNoM* mit ihren eigenen antizipierten Reaktionen auf diese Situation kritisch auseinandersetzen, ohne dass sie die Möglichkeit auch in nur einem Fall kritisch bewerten.

4.4.5 Kontakterfahrungen mit Homosexuellen

Der Unterschied zwischen den Kontakterfahrungen mit Homosexuellen in den einzelnen Teilstichproben ist augenfällig. Zum einen bestehen hier quantitative, zum anderen auch qualitative Unterschiede.

Die *TNeS* hatten in kaum einem Fall Kontakterfahrungen mit Homosexuellen bereits in der ehemaligen Sowjetunion, im Einzelfall erst in den Umbruchsjahren um 1990. In aller Regel erfolgten Kontakte aber, wenn überhaupt, erst nach der Zuwanderung. Dort, wo Kontakte zustande kamen, waren sie nicht zwingend einzelnen Kontexten zuzuordnen, erfolgten aber häufig unter Angehörigen der Herkunftsgesellschaft. Kontakte konnten punktuell am Arbeitsplatz zustande kommen oder auch über Kollegen des Ehemannes, waren aber nicht allein an den beruflichen Kontext geknüpft; sie sind zudem bei weitem nicht Teil alltäglicher Lebensbezüge. Es werden wiederholt auch zufällige, vereinzelte Begegnungen geschildert, und gelegentlich ist von seit längerem bestehenden Freundschaften die Rede. Dabei finden jedoch nur im Einzelfall Begebenheiten Erwähnung, die auf eine qualitativ vertrauensvolle oder tiefer gehende Beziehung zu Homosexuellen schließen lassen. Wenn sie jedoch Erwähnung findet, kann sie durchaus auch im Kontext zufälliger, punktueller Begegnungen stehen. Perspektivübernahme und/oder Einfühlung als Komponenten von Empathie sind eher selten anzutreffen.

Die *TNPo* hingegen haben bereits häufiger in der Herkunftsgesellschaft Kontakte zu Homosexuellen gehabt - im Einzelfall auch im weiteren familiären Umfeld. Auch für die Situation nach der Zuwanderung nach Deutschland kann festgestellt werden, dass in vielen, aber durchaus nicht allen Fällen, Kontaktrfahrungen vorliegen. Da, wo sie für die Situation in Deutschland beschrieben werden, findet wiederholt das berufliche Umfeld (eigenes und das des Ehemannes) als Kontaktmöglichkeit Erwähnung. Es werden aber auch Begegnungen in der Nachbarschaft oder im Familien- und Freundeskreis geschildert. Unabhängig davon, ob es sich um als freundschaftlich charakterisierte Beziehungen oder eher solche im kollegialen Umfeld oder auch um zufällige Begegnungen handelt, bestehen sowohl qualitativ tiefer gehende Beziehungen als auch eher oberflächliche. Allerdings ist dort, wo langjährige, freundschaftliche Beziehungen bestehen, eine deutlich differenzierte Haltung Homosexuellen gegenüber feststellbar. Die qualitative Einschätzung der Kontakte durch die *TNPo* und die mit ihnen verknüpften Erfahrungen und in der Folge möglichen Einstellungsmodifizierungen scheint jedoch erheblich zu variieren. Denn es gibt auch so apostrophierte Freundschaften ohne jeden Einfluss auf bestehende Einstellungen und vereinzelte Kontakterfahrungen, die wiederum mit tiefer greifender Reflexion verbunden sind. Perspektivübernahme und/oder Einfühlung als Komponenten von Empathie sind dabei m Einzelfall durchaus anzutreffen.

Unter den *TNoM* wird ein variantenreiches Spektrum an Kontakterfahrungen geschildert, in dem es weitläufig Überschneidungen sowohl zwischen familiären als auch freundschaftlichen oder kollegialen Kontexten gibt. Häufig können diese einzelnen Kontexte auch nicht klar voneinander abgegrenzt werden, wenn sie unter dem Blickwinkel der Kontakterfahrung fokussiert werden. Zudem fällt auf, dass die Kontakterfahrungen in den einzelnen Fällen in der Regel nicht auf vereinzelte Begegnungen zu reduzieren sind, sondern häufiger als in den beiden anderen Stichproben mehrere Personen umfassen. Qualitativ weisen sie dann in aller Regel auch auf vertrauensvolle Aspekte hin, die auf eine tiefere Auseinandersetzung mit Homosexuellen und ihrer Lebenssituation schließen lassen. Homosexuelle sind unter den *TNoM* sehr viel stärker im Alltagsleben repräsentiert als bei den *TNeS* oder den *TNPo*. Perspektivübernahme und/oder

Einfühlung als Komponenten von Empathie sind sehr häufig integraler Bestandteil der qualitativen Ausprägung der geschilderten Kontakterfahrungen.

Nachstehend werden die Ergebnisse tabellarisch zusammengefasst. Vorab sei allerdings darauf hingewiesen, dass eine tabellarische Darstellung der Komplexität der Ergebnisse nicht ausreichend gerecht werden kann. Die Einzelfälle weisen oftmals eine so facettenreiche Differenzierung in den jeweiligen Aspekten auf, dass ihre schematische Darstellung notwendig reduktionistisch bleibt. Tabelle 17 stellt daher vor allem eine Übersicht oder auch einen Orientierungsrahmen dar, um Tendenzen zu verdeutlichen, wie sie in den einzelnen Teilstichproben auszumachen sind. Sie bleibt letztendlich aber holzschnittartig.

Tabelle 17: Ergebnisvergleich der Teilstichproben

	TNeS	*TNPo*	*TNoM*
Tradition und Werte	Ideologisch geförderte Unterordnung von Individualität unter kollektive Werte	Starke Präformierung der Sozialisationserfahrungen durch religiöse Werte und Normen	Kein offenkundig ideologisch oder weltanschaulich geprägtes Wertesystem
(Weibliche) Geschlechterrolle	Traditionelle Geschlechterrollen	Traditionelle Geschlechterrollen	Eher traditionelle Geschlechterrollen
	Familienorientierung primär als Ausdruck von Anpassungs- und Leistungsdruck	Familienorientierung primär als Ausdruck von Anpassungs- und Leistungsdruck	Familienorientierung primär im Dienste der Pflege sozialer Beziehungen
	Doppelbelastung in Familie und Beruf	Doppelbelastung in Familie und Beruf	
	Keine Walmöglichkeit	Keine Walmöglichkeit	Wahlmöglichkeiten zwischen Familie und Beruf
Religion/ Glaube	Religion ohne Bedeutung in der Alltagserfahrung	Religion als Basis aller Sozialisationserfahrung	Religiöse Orientierung als nachgeordnete Option
Sexualität/ Aufklärung	Unzureichende Aufklärung	Aufklärung und sexuellen Entwicklung durch religiöse Wert- und Normvorstellungen geprägt	Viele Möglichkeiten der Aufklärung
			Sexualität als lebenslanger Entwicklungsprozess
	Tabuisierung von Sexualität	Keine Tabuisierung	
	Starke Gehemmtheit	Oftmals Gehemmtheit	Weniger Gehemmtheit
Homosexualität in der Herkunftsgesellschaft	Ideologisch fundierter Strafbestand	Keine Kriminalisierung, aber Tabuisierung auf dem Boden religiöser Moralvorstellungen	Wahrnehmung der sozialen Situation Homosexueller im Wandel hin zu verstärkter Anerkennung
	Ausgrenzung durch Kriminalisierung		
	Fast keine Kontaktmöglichkeiten	Kontakte möglich trotz Stigmatisierung und Ausgrenzung	Vielfältige Kontaktmöglichkeiten

	TNeS	*TNPo*	*TNoM*
Diskriminier-ung und Integration in der Aufnahme-gesellschaft	Diskriminierung durch Stigmatisierung aufgrund der Herkunft	Diskriminierung durch Stigmatisierung aufgrund der Herkunft	(entfällt)
	Eher negativ erlebte nationale Herkunftsidentität	Positive nationale Herkunftsidentität	
	Defensiv gegenüber Diskriminierung	Offensiver gegenüber Diskriminierung	
	Fehlendes Integrationsgefühl	Eher gutes Integrationsgefühl	
	Mangel an Kontakten und Netzwerken in der Aufnahmegesellschaft	Zugang zu Kontakten und Netzwerken in der Aufnahmegesellschaft	
	Unzureichende Aussichten auf berufliche Integration	Gute Integration am Arbeitmarkt	
Einstellungen zu Homose-xualität/Ho-mosexuellen	Ausprägungsformen im Kontext des biografischen Bruchs	Ausprägungsformen im Kontext des biografischen Bruchs	Ausprägungsformen im Kontext kontinuierlicher Teilhabe am gesellschaftlichen Prozess
Situation Homosexueller in Deutschld.	Anerkannte Minderheit werden nicht diskriminiert	Kämpferische Minderheit Diskriminierung in Teilbereichen	Von gesellschaftlichen Anerkennungsprozessen profitierende Minderheit
Entwertungs-aspekte	Häufige Entwertungen, oftmals als widernatürlich und unnormal	Heterogen, aber oftmals drastische Entwertungen	Fast keine entwertenden Stellungnahmen
		Im Einzelfall auch positive Einstellungen	Durchgängig positiv geprägte Einstellungen
Genese	Orientierung der Wahl	„Schicksal" oder Wahl	Keine Wahl
Merkmale	Klischeehafte gegengeschlechtliche Attribuierungen	Klischeehafte gegengeschlechtliche Attribuierungen (vereinzelt reflektiert)	Klischeehafte gegengeschlechtliche Attribuierungen (oft auch reflektiert)

	TNeS	TNPo	TNoM
Homosexuelles Kind	Klare Ablehnung	Überwiegende Ablehnung	Keine Ablehnung
Rechtliche Gleichstellung	Zustimmung zur „Homo-Ehe" Teilweise Ablehnung des Adoptionsrechtes	Breites Spektrum von völlige Ablehnung bis zu vollkommener Zustimmung sowohl bzgl. „Homo-Ehe" als auch Adoptionsrecht	Volle Zustimmung
Kontakterfahrung (KE) mit Homosexuellen			
Häufigkeit	Fast keine KE in der Herkunftsgesellschaft KE in Deutschland oft nur mit Homosexuellen aus der Herkunftsgesellschaft	Bereits öfter KE in der Herkunftsgesellschaft Häufig, aber nicht durchgängig KE in Deutschland	Durchgängig und vielfältige KE
Kontexte	Nicht Teil der Alltagserfahrung Vereinzelte Begegnungen, kaum Freundschaften	Z. T. Teil der Alltagserfahrung Familie, Freundes- und Bekanntenkreis, Kollegen	Teil der Alltagserfahrung Familie, Freundes- und Bekanntenkreis, Kollegen, Nachbarschaft
Qualität	Zumeist eher oberflächlich, dabei im Einzelfall, unabhängig vom Kontext, tiefergehende Kontakte Selten Bemühen um Verstehen i. S. v. Perspektivübernahme, Einfühlung oder Empathie	Unabhängig vom Kontext oberflächliche oder im Einzelfall auch tiefergehende Kontakte Gelegentlich Bemühen um Verstehen i. S. v. Perspektivübernahme, Einfühlung oder Empathie	Sehr häufig tiefergehende, freundschaftliche Beziehungen I. d. R. Bemühen um Verstehen i. S. v. Perspektivübernahme, Einfühlung oder Empathie

5 Interpretation und Diskussion

Auf der Grundlage der erhobenen und exemplarisch dargestellten Befunde, die auf unterschiedlichen Ebenen Muster von Erfahrungen und Einstellungen sichtbar werden ließen, soll nun unter Bezugnahme auf die im Einführungsteil dargelegten empirischen und theoretischen Hinweise versucht werden, die Ausgangsfragestellungen getrennt nach Teilstichproben interpretierend zu beantworten. Die dann vorliegenden Ergebnisse werden in einem weitergehenden Schritt unter 5.2 detaillierter in ihrem Bezug zu spezifischen Aspekten aus der Literatur zum aktuellen Forschungsstand diskutiert.

5.1 Interpretation vor dem Hintergrund der Fragestellungen

5.1.1 Frauen aus der ehemaligen Sowjetunion *(TNeS)*

Ausgangsannahme 1:

> *Die soziokulturellen Rahmenbedingungen in der Herkunftsgesellschaft (Makro-Ebene) mit ihrer Favorisierung ideologischer oder/und religiöser Weltbilder – und damit verbundener Traditionen und Werte – hatten spezifischen Einfluss auf Entwicklung und Ausrichtung der Identität.*

Paradigmatisch für die Situation im Herkunftsland war der Zwang zur Unterordnung der Individualität unter kollektive Ziele, die von Kindheit an („Pioniere") über das Jugendalter („Komsomol") bis hin zum Erwachsenenalter („Partei") ihre Prägekraft entfalteten. Mochte die Mitgliedschaft in diesen Organisationen auch optional sein – zumindest aber für die Pioniere und den Komsomol wird sie als quasi naturgegeben geschildert –, erschien sie doch oftmals schon allein in pragmatischer Hinsicht geboten. Dadurch war eine Situation der sozialen Kontrolle und immer drohenden Repression bei Abweichung geschaffen. Ein gewünschtes Studienfach konnte nur gewählt werden, wenn Anpassungsleistung ans System erbracht wurde, eine Karriere mit der Übernahme leitender Funktionen war den hier gemachten Angaben zufolge nur durch die Mitgliedschaft in der Partei gewährleistet; Privatheit und Individualität konnten in dieser Atmosphäre kontrollierter Konformität oftmals nur im Geheimen oder gar nicht entwickelt werden. Dies wurde wahrscheinlich noch dadurch erschwert, dass sich die Bereiche Privatheit und Öffentlichkeit durchdrangen, wie WESTPHAL (2003) in anderem Zusammenhang feststellte.

Was die an sie herangetragenen Rollenerwartungen betrifft, hatten die befragten *TNeS* keine Wahl zwischen beruflicher oder familiärer Orientierung. Die Familienorientierung der *TNeS* entsprach einer oftmals unhinterfragten Rollenübernahme, die auch traditionellen Mustern folgte, wobei zugleich die an sie gestellten Produktivitätsanforderungen im Sinne von Erwerbstätigkeit erfüllt werden mussten. Neben dem Konformitätszwang könnte ein Produktivitätsgebot als zweites Paradigma in der sowjetischen Gesellschaft hervorgehoben werden, dessen Reichweite bis tief in die Familien und damit den Meso-Kontext hineinwirkte. Diese Interpretation wird durch die Feststellung KONS (1993) gestützt, dass selbst das Erzeugen von Kindern analog zur Produktion von Gütern aufgefasst wurde.

Folgerichtig wurde Aufklärungsunterricht allenfalls – und sei es am Beispiel von Blumen – in Hinsicht auf *das Physiologische* und mithin auf die Fortpflanzungsfunktion von Sexualität erteilt. Sexuelle Aufklärung war in der sowjetischen Gesellschaft kein Thema – manche *TNeS* sprechen gar von einem Tabu. Alle haben die Erfahrung der Heimlichkeit in diesem Bereich gemacht. Bis in die Familien hinein war Sexualität und mithin Aufklärung tabuisiert.

Wenn aber sexuelle Aufklärung der individuellen Entfaltung sowohl im Hinblick auf sexuelle Bedürfnisse als auch auf Familienplanung verstanden wird, dann verweist ihr Ausbleiben auf zweierlei: a) Unterbindung unproduktiver, zweckfreier individueller Lustempfindung und b) die Präformation der weiblichen Rolle als die der Mutter. Damit kann vermutet werden, dass das von HERWARTZ-EMDEN (2003) bei Aussiedlerinnen festgestellte Frauenideal als *„weiblich-mütterlich und zugleich weiblich-berufstätig"* (HERWARTZ-EMDEN, 2003, 97) nicht zwingend als Wahlmöglichkeit gegeben war. Unabhängig davon, dass die Rolle als Mutter und die Beziehung zum Kind positiv erlebt werden, wurden diese Rollenerwartungen an sie herangetragen. Die von WESTPHAL (2003) konstatierte *„rudimentäre Polarisierung weiblicher und männlicher Rollenbilder"* (WESTPHAL, 2003, 135), die eine Überschneidung von Geschlechtsstereotypen anzeigte, hatte, folgt man den Angaben in diesen Interviews, in erster Linie Geltung für Frauen, denn von einer familiären Orientierung der Männer ist nicht die Rede. Vielmehr werden solche Männer, die sich auch um ihre Kinder kümmern, hier in Deutschland mit Überraschung zur Kenntnis genommen. In der Hierarchie in den Familien waren Frauen Männern nachgeordnet, sie waren für deren Ansprüche an ein organisiertes Zuhause und Familienleben zuständig, während sie zugleich berufstätig waren, aber wiederum Benachteiligung Männern gegenüber erfuhren, allein schon durch die geringere Entlohnung.

Man kann die von WESTPHAL (2003) angenommene Gleichstellung der Frau in der ehemaligen Sowjetunion auf der einen Seite zwar als emanzipatorischen Erfolg interpretieren, andererseits klingt dies in den durchgeführten Interviews nicht zwingend an. Vielmehr wird auf die Doppelbelastung verwiesen, in der die traditionelle Familienorientierung von Frauen in den Dienst gesellschaftlicher (Re-) Produktionsprozesse gestellt wird. Wenn das *Wir* im Vordergrund stand, nicht das *Ich*, dann wird auch auf Anpassungsprozesse hingewiesen, die gewiss nur durch ein hohes Maß an Leistungsbereitschaft und Tatkraft zu bewältigen waren.

Eine individuelle Lebensgestaltung war in diesem Kontext kaum möglich. Wenn HERWARTZ-EMDEN (2003) das gefundene Frauenideal von sowohl *weiblich-mütterlich* als auch *weiblich-berufstätig* als *„unhinterfragt"* bezeichnet, so könnte dies als Niederschlag der gesellschaftlichen Notwendigkeiten interpretiert werden, weil ihnen ein begrenztes, gleichwohl normatives Set geteilter kollektiver Identitäten zugrunde lag. Gemäß der Selbstkategorisierungstheorie TURNERS (1982, 1987, 1994) ist die kollektive (soziale) Identität die *„entscheidende psychologische Vermittlungsinstanz"* (SIMON, 1996, 31), durch die kollektive Teilhabe erst ermöglicht wird. Der normative Druck, vergesellschaftet mit drohender Repression bei Widersetzung gegen den Konformitätszwang, sorgte schon für sich genommen für die nötige Salienz dieser Identitäten als weiblich-mütterlich *und* weiblich-berufstätig.

Entscheidend dabei ist, dass augenscheinlich keine Wahl zwischen diesen Identitäten und darüber hinaus bestand. Die dem zugrunde liegenden Selbstkonzepte zentrieren sich daher um die genannten Themen Anpassungsfähigkeit an das herrschende System und Leistungsfähigkeit innerhalb dieses Systems als berufstätige Hausfrau und Mutter; sie sind soziale Produkte und intrapsychische Repräsentanten sozialer Struktur. Wenngleich differenzierte Selbst-Aspekte als Bestandteile dieser Selbstkonzepte vorhanden gewesen sein mochten, so könnten sie zugleich in ihrer Wirksamkeit doch eingeschränkt gewesen sein, insofern sie nicht den kollektiv vermittelten Angeboten für die Generierung individueller Identitäten subsumierbar waren. Das sinnhafte, kohärente Erleben der eigenen Existenz unter den Bedingungen des herrschenden Systems konnte vielleicht nur unter weitgehendem Verzicht auf gelebte, explizit zum Ausdruck gebrachte individuelle Lebensentwürfe gewährleistet werden. Nur so ließ sich auch die Absicherung anderer Identitätsfunktionen gewährleisten: Zugehörigkeit, Achtung und Respekt und (Selbst-)Wirksamkeit (vgl. SIMON, 2004). Allerdings wäre unter solchen Bedingungen auch ein chronischer Mangel an Gelegenheiten für Distinktheit oder Unterscheidbarkeit anzunehmen.

Hier besteht eine Abhängigkeit von individueller Identität zu Kontexten, Situationen etc., die zu neuen Identitäten und abweichenden Selbstinterpretationen führen würden. Wenn aber keine Vielfalt an Kontexten zur Verfügung steht, ist die Entstehung individueller Identitäten beeinträchtigt. Dies unterschied offenbar die Verhältnisse in der Sowjetunion von denen in modernen westlichen Gesellschaften (MUMMENDEY & SIMON, 1997; SIMON, 2004). Individualität, zu der vielleicht auch die Realisierung spiritueller und religiöser

Bedürfnisse gehört hätte, war stark eingeschränkt. An diesem Thema wird die Nachhaltigkeit der Unterdrückung individueller Identitäten recht deutlich. Bereits die Elterngeneration hatte auf alle religiöse Betätigung verzichtet, was gewiss nicht zuletzt auf die sozialen Kontrollen (in einem Interview am Beispiel von Osterbräuchen) zurückzuführen ist. Interessanterweise erwähnte auch keine der *TNeS* dieser Teilstichprobe von sich aus, ob sie als Migrantin, als Aussiedlerin oder Kontingentflüchtling nach Deutschland gekommen war. Auch dieser Teil der Identität scheint in den Selbstkonzepten nachhaltig unterdrückt worden zu sein, sodass anzunehmen ist, dass in der ehemaligen Sowjetunion bereits darauf verzichtet wurde, die jüdische oder deutsche Herkunft zu betonen. Auch hier ist der Zusammenhang mit der Repression gegenüber allem Abweichenden naheliegend.

Insofern gibt es starke Hinweise, dass die in der Ausgangsfragestellung formulierten Vermutungen zutreffend sind. In der Herkunftsgesellschaft bestand ein ausgeprägter Druck, kollektive, normativ präformierte Identitäten zuungunsten individueller Identitätskonzepte zu favorisieren, wobei dies durch sozialen Druck und Konformitätszwang gebahnt (salient) wurde. Die Entwicklung und Entfaltung von Individualität dürfte effektiv beeinträchtigt worden sein.

Ausgangsannahme 2:

Formen und Prozesse der Stigmatisierung und Ausgrenzung Homosexueller gewannen vor dem Hintergrund der Herkunftsgesellschaft eine spezifizierbare Ausprägung.

Der Tabuisierung alles Sexuellen unterlag in weit schärferem Maße folgerichtig auch das Thema Homosexualität. Die zugeschriebene Inferiorität Homosexueller war dabei genauso Folge von Stereotypisierungen auf der Basis ideologischer Paradigmen wie auch der bis tief in die sozialen Kontexte der Meso-Ebene hinein reichenden Vorurteile und Diskriminierungen. Homosexualität unterlag explizit der Strafverfolgung, *„it was therefore directly ‚connected' with counterrevolution"* (KON, 1993, 92). Das Wissen um die Strafverfolgung wird von so gut wie allen *TNeS* geteilt, wenngleich die Äußerungen dazu oftmals von einem bemerkenswerten Gleichmut und/oder Verharmlosung getragen sind. Warum Homosexualität kriminalisiert wurde, wurde in den Interviews auch nicht explizit problematisiert. Die negative Stereotypisierung der Gruppe der Homosexuellen als kriminell blieb unhinterfragt. Dabei bekam das Verhältnis von Ursache und Folge gelegentlich Unschärfen, sodass nicht unbedingt die Kriminalisierung Homosexueller bewusst wahrgenommen wurde, sondern der Homosexuelle als Krimineller, *weil* er im Gefängnis oder Arbeitslager war, wo wiederum Homosexualität verortet wurde, weil es sich um reine Männergemeinschaften handelte. Homosexualität wird zudem vor allem als Männerphänomen geschildert. Frauen wurden diesbezüglich kaum wahrgenommen, was damit zu tun haben könnte, dass weibliche Homosexualität nicht der Strafverfolgung unterlag. Bezogen zumindest auf die männliche Homosexualität bot der Makro-Kontext ein sehr wirksames Agens zur *Typikalisierung* (HEWSTONE & LORD, 1998) Homosexueller als kriminell, das schon für sich genommen alle Kontaktmöglichkeiten einschränkte, wenn Homosexuelle mit Strafverfolgung rechnen mussten, sobald sie sich offenbart hätten.

Alle *TNeS* stimmen folgerichtig mit AMBERG (1996) darin überein, dass es Homosexuellen praktisch unmöglich war, sich öffentlich zu zeigen. Ausnahmen dafür sind allenfalls die späten 80er Jahre, als sie punktuell in spezifischen Kontexten (Universität, Künstlerkreise) in den Großstädten Moskau und Leningrad in Erscheinung traten. Grundsätzlich kann aber davon ausgegangen werden, dass Homosexualität auf der Meso-Ebene allenfalls als kriminelles Delikt, um das sich die zugeschriebene kollektive Identität (oder auch *Typikalität*) Homosexueller *zentrierte*, wahrgenommen wurde. Informationen über die nähere Lebensrealität Homosexueller in der ehemaligen Sowjetunion waren durch die Interviews über den Umstand der notwendigen Geheimhaltung hinaus folgerichtig auch nicht zu erhalten. Wie das Verbergen alles Abweichenden, stand auch die Verheimlichung von Homosexualität offenbar zugleich im Dienste des Konformitätszwanges. Eine Parallele in dieser Hinsicht – des Konformitätszwanges, dem auch die Befragten in vielerlei Hinsicht (s. o.) unterlagen - wird jedoch in keinem Fall von den *TNeS* gezogen.

Der Logik des herrschenden Systems folgend, entzogen sich Homosexualität als Ausdruck von Dekadenz (vgl. KON, 1993) und Homosexuelle als konterrevolutionäre „out-group" aber auch – will man die Annahme des Produktivitätsgebotes gelten lassen – der Anforderung, für Nachwuchs und damit Nachschub für den Arbeitsmarkt zu sorgen. Das hieße, Homosexualität als vermeintlicher Ausdruck bürgerlicher Dekadenz stand exemplarisch auch für Individualität, indem ihr die gesellschaftlich zweckfreie Verwirklichung erotischer Bedürfnisse inhärent war. Bezogen auf die revolutionären, ideologischen und kollektiven Identitäten hatte Homosexualität in der sowjetischen Gesellschaft keinen Platz. Insofern verwundert auch eine Aussage aus den Interviews nicht, dass selbst wenn Kontakt zu Homosexuellen bestanden haben mochte, die betreffende Person sich nicht als homosexuell zu erkennen gegeben hätte. Unter dem Druck des Konformitätszwanges ist es sogar wahrscheinlich, dass Homosexuelle Ehen eingingen und Familien gründeten.[10]

Gegenüber Homosexuellen obwaltete also eine extreme, an ideologischen und ihnen inhärenten heteronormativen Aspekten orientierte gesamtgesellschaftliche

---

[10] Exemplarisch wird dies, wenngleich nicht wissenschaftlich belegt, so doch eindrücklich in dem Roman „Kind 44" von T. ROB SMITH zur Darstellung gebracht.

Haltung (Makro-Ebene) des Heterosexismus mit Folgen für die (Unmöglichkeit von) Beziehungsgestaltung unter und mit Homosexuellen (Meso-Ebene), weil jeder das kulturell vermittelte Wissen um vermeintliche (kriminelle) Negativität (sexuelles Stigma) unausweichlich teilte (vgl. DEVINE, 1989; HEREK, 2004). Ihre negative Stereotypisierung stand im Dienste der klaren Abgrenzung von wenigen zur Verfügung stehenden, kollektiv geteilten Identitäten und Selbst-Interpretationen. Unter den geschilderten Bedingungen waren Kontaktmöglichkeiten weitestgehend unmöglich und wahrscheinlich sogar gefährlich.

Ausgangsannahme 3:

Auf der Mikro-Ebene der Einstellungen fanden in der Herkunftsgesellschaft gemachte Erfahrungen im Umgang mit Homosexualität und Homosexuellen ihren anhand von charakteristischen Mustern zu identifizierenden Einfluss.

Bei der Interpretation der Befunde vor dem Hintergrund dieser Annahme besteht eine gewisse Schwierigkeit dahingehend, dass die *TNeS* (ebenso wie die *TNPo*) zu einem Zeitpunkt „x" (durchschnittlich vor 12,7 Jahren, mindestens vor fünf, höchstens vor 15 Jahren) nach ihrer Zuwanderung nach Deutschland interviewt wurden. Insofern lassen sich bei den individuellen Einstellungen bezogen auf Homosexualität und Homosexuelle bereits eingetretene *gesamtgesellschaftliche Korrekturprozesse* in der aufnehmenden Gesellschaft (SIMON, 2008) nicht ausschließen. Es soll aber versucht werden, Bezüge zur Herkunftsgesellschaft herzustellen, die spezifische Ausprägungsformen antihomosexueller Einstellungen unter den *TNeS* zeigen.
Zunächst einmal sehen, bezogen auf die Wahrnehmung Homosexueller in Deutschland, alle *TNeS* einen gravierenden Unterschied zur Situation in der ehemaligen Sowjetunion. Sie nehmen Homosexuelle als öffentlich repräsentierte und akzeptierte Minderheit wahr, was in der Tendenz zumindest für die Makro-Ebene zutrifft, aber die von ZINN (2004, 207) konstatierte *„paradoxe Form der Ungleichzeitigkeit im gesellschaftlichen Verhältnis zur Homosexualität"* unberück-sichtigt lässt, d. h., die soziale Realität Homosexueller wird nicht differenziert wahrgenommen. Dementsprechend wird vor allem das Auftreten Homosexueller, zum Beispiel in der Politik oder auch in den Medien, als Beleg für ihre Akzeptanz genommen. In der Zuwanderungssituation wurde diesem Umstand mit Überraschung begegnet, im Einzelfall auch mit Überforderung. Dabei wird nicht erkennbar, dass die befragten *TNeS* die Emanzipation Homosexueller als Erfolg jahrzehntelanger Emanzipationsbemühungen ansehen. Auch als für den direkten Vergleich relevante Minderheitengruppe werden sie von den *TNeS* nicht wahrgenommen - so als wäre ein gesellschaftlich respektierter Status Homosexueller bereits gesichert. Dabei wird ihnen mit einer deutlich ablehnenden Tendenz begegnet, wenngleich ein große Gruppe

vordergründig Toleranz signalisiert, bei näherem Hinschauen aber dann oft auch Einstellungen zum Ausdruck bringt, die sich um das vermeintlich Unnormale, Widernatürliche zentrieren. Hier besteht teilweise ein Verhältnis von impliziten und expliziten Äußerungen am Beginn der Interviews, das in diesem Zusammenhang mit STEFFENS (2005) als Ausdruck von *politischer Korrektheit* angesichts der in Deutschland herrschenden Verhältnisse interpretiert werden könnte. Eine andere Interpretation könnte hierin aber auch einen sich abzeichnenden, wenngleich lange noch nicht abgeschlossenen, Wandel in den Einstellungen vermuten lassen. Mit DEVINE (1989) wäre dann anzunehmen, dass die Toleranz signalisierenden Äußerungen kontrollierten (mentalen) Prozessen unterliegen, wenngleich die automatisierten Prozesse, in denen die kulturell präformierten Werthaltungen und Moralvorstellungen ungefiltert zum Ausdruck gebracht werden, noch vorherrschen. In Einzelfällen wird die Ablehnung auch gänzlich kompromisslos als widernatürlich o. ä. zum Ausdruck gebracht. Wenn dabei Homosexuelle nicht als kriminell bezeichnet werden, so könnte dies aber ebenfalls der wahrgenommenen gesellschaftlichen Realität in Deutschland geschuldet sein.

Dass hergebrachte kulturelle Überzeugungen durchaus implizit weiter Bestand haben, darauf verweist der Umstand, dass Homosexualität auch sehr oft vor allem mit homosexuellen Männern in Verbindung gebracht wird, was den Einstellungen in der ehemaligen Sowjetunion entspricht, wo Homosexualität insbesondere mit Männern, nicht aber mit Frauen, assoziiert war. Auf dieser Linie könnte es auch zu verstehen sein, wenn im öffentlichen Auftreten homosexuelle Männer stärker wahrgenommen werden, wobei oft betont wird, sie achteten ganz besonders auf ihr Äußeres und wirkten sehr gepflegt, was dann wiederum in einen assoziativen Kontext mit Weiblichkeit gesetzt wird. Attribuierungen Homosexueller folgen der Linie feminin für Männer und maskulin für Frauen, ohne dass dabei der Widerspruch festgestellt wird, wenn Homosexuellen in ihren Partnerschaften eine heteronormativ präformierte Rollenübernahme unterstellt wird.

Dieser Befund könnte weiter reichende Folgerungen zulassen. Denn wenn es zutrifft, dass Homosexuelle in der ehemaligen Sowjetunion gar nicht wahrgenommen wurden, müsste diese Zuschreibung erst in Deutschland erfolgt sein. Unter anderem BOCHOW (2001) und RAUCHFLEISCH (1994, 1998) verweisen ja auf eine zunehmende gesamtgesellschaftliche Relativierung von Geschlechterrollen, die im Kontext mit der Emanzipationsbewegung Homosexueller verstehbar ist, sodass sich gerade auch bei Homosexuellen eine Auflösung traditioneller Rollenmuster beobachten lässt. Dies wiederum ermöglichte es ihnen, im Vergleich mit traditionellen Rollenmustern jeweils gegengeschlechtliche Attribute und Veraltensweisen zu übernehmen. Für die ehemalige Sowjetunion lassen sich analoge Prozesse zwar auch beschreiben (WESTPHAL, 2003), aber sie betrafen nur Frauen und ihre Integration in den Produktionsprozess, womit jedoch keine Enthierarchisierung einherging. Dort folgten diese Prozesse einem normativen Druck, während sie in Deutschland auch Ausdruck der Aufweichung normativer Geschlechterrollenvorstellungen sind, womit wiederum eine zunehmende Vielfalt von Identitäten ermöglicht wird, wie sie für moderne Gesellschaften kennzeichnend ist (vgl. MUMMENDEY & SIMON, 1997; SIMON, 2004). So wäre erklärbar, warum Homosexuelle von den *TNeS* hier mit jeweils gegengeschlechtlichen Attribuierungen versehen werden: weil insbesondere diese von ihnen vorwiegend wahrgenommen werden.

Bezüglich der Einstellungen zur rechtlichen Gleichstellung Homosexueller kann insgesamt festgestellt werden, dass eine weitgehende Zustimmung zur „Homo-Ehe" besteht, die im Einzelfall aus religiösen Gründen abgelehnt, sonst aber als weniger problematisch angesehen wird als das Adoptionsrecht. Aber auch letzteres wird in einer Vielzahl der Interviews gebilligt, wobei deutliche Einschränkungen bestehen. Kritisch angemerkt wird die vermutete Beeinflussbarkeit der sexuellen Orientierung des Kindes, aber auch antizipierte soziale Probleme solcher Kinder aufgrund ihrer familiären Situation finden Erwähnung. Zudem dient die fehlende mütterliche Rolle als Argument dafür, dass eine Adoption durch Homosexuelle problematisch sei. Bei der Auseinandersetzung mit dem Thema Adoption spielen daher vor allem auch wieder Vorstellungen von homosexuellen Männern als Elternpaar eine Rolle. Frauen finden hier weniger Berücksichtigung. Im Hinblick auf diesen Themenkomplex lassen sich also keine fundierten Einschätzungen bezüglich mitgebrachter antihomosexueller Einstellungen ableiten. Vielmehr überrascht die deutliche Tendenz zur Befürwortung der rechtlichen Gleichstellung, die erklärungsbedürftig bleibt. Vorstellbar ist, dass eine Akzeptanz deutscher Rechtsnormen vorliegt, was die „Homo-Ehe" angeht, ohne dass dies einen bereits tiefer gehenden Einstellungswandel anzeigt. Dennoch wird hier auch eine Anpassungsleistung erbracht: Mag auch kein fundamentaler Einstellungswandel eingetreten sein, so äußert sich hierin vielleicht durchaus eine Offenheit, die liberalen Verhältnisse in der pluralistischen Aufnahmegesellschaft, als deren Mitglieder sich die befragten *TNeS* gerne gesehen und respektiert fühlen möchten, zu akzeptieren.

Wenn nach der Genese für Homosexualität gefragt wurde, dominiert als Erklärungsmuster die Annahme, sie sei durch Enttäuschung oder Versagen in heterosexuellen Beziehungen erklärbar und mithin eine Frage der Wahl. Hier lassen sich deutliche Bezüge zur Herkunftsgesellschaft herstellen. Diese Vorstellungen von gestörter Heterosexualität dominieren bei weitem alle anderen Erklärungsansätze. An zweiter Stelle steht die Annahme genetischer Ursachen und gelegentlich wird auch die Beeinflussung durch Kontakt mit Homosexuellen in der Kindheit vermutet, wie es bereits bei den Stellungnahmen zum Adoptionsrecht deutlich wurde. Vor allem aber der erste Befund ist interessant und für die *TNeS* spezifisch. Sinnhaftes Verständnis kann an ihn dadurch herangetragen werden, dass man sich vergegenwärtigt, wie stark Homosexuelle der Repression in der Sowjetunion unterworfen waren (s.

„Ausgangsannahme 2"). Daraus konnte die Vermutung abgeleitet werden, dass sie unter dem herrschenden Konformitätsdruck möglicherweise Ehen eingingen und Familien gründeten. Es wäre nicht verwunderlich, wenn diese Ehen mit Nachlassen des normativen Drucks scheiterten und den Weg für homosexuelle Beziehungen frei machten. Das hieße, dass – wie bei der Kriminalisierung Homosexueller – Ursache und Wirkung verwechselt würden: Homosexualität war nicht die Folge einer gescheiterten heterosexuellen Beziehung, sondern Grund für ihr Scheitern.

In Hinsicht auf die sexuelle Orientierung des eigenen Kindes findet Homosexualität in keinem Fall als gleichberechtigt neben Heterosexualität bestehende Option Anerkennung. Diese Möglichkeit findet bei keiner der *TNeS* eine wie auch immer ausgedrückte positive Bewertung, obschon die meisten es als unveränderbar hinnehmen würden, schon allein um die Beziehung zu den eigenen Kindern aufrechtzuerhalten. Eine solche Vorstellung trifft offenkundig auf derartige innere Widerstände, dass in fast keinem Fall darüber nachgedacht wird, wie eine solche Situation sich auf das Kind auswirken würde, womit – mit einer Ausnahme - ein erheblicher Mangel an Perspektivübernahme-Bereitschaft, erst recht aber an Einfühlung und Empathie überhaupt zum Ausdruck kommt. Die Ablehnung wird recht eindimensional mit dem Wunsch nach eigenen Enkeln begründet. Abgesehen davon, dass diese Begründung klar an traditionellen Familienvorstellungen orientiert ist, verwundert die Ablehnung der Vorstellung vom homosexuellen Kind nicht, wenn man sich vergegenwärtigt, dass selbst eher tolerante Personen in einer Untersuchung von STEFFENS und WAGNER (2004) angaben, sie würden diese Möglichkeit ablehnen. Wenn zugleich ausgesagt wird, die Beziehung zum Kind würde aber nicht aufgegeben werden, so hat dies weniger mit Toleranz zu tun, sondern sehr wahrscheinlich mit der stärkeren Salienz ihrer Identität als Mutter im Vergleich zur moralischen Werteorientierung. Ungeachtet dessen bringen sie damit jedoch in großer Eindeutigkeit die Ablehnung von Homosexualität zum Ausdruck, wenn sie dies keinesfalls bei den eigenen Kindern erleben möchten.

Zusammengenommen lassen sich spezifische Angaben in dieser Teilstichprobe herausarbeiten, die auf antihomosexuelle Einstellungen hindeuten, wobei bereits Einflüsse durch die aufnehmende Gesellschaft beobachtbar sind. Ableitbar allein schon aus den kulturellen Rahmenbedingungen der Herkunftsgesellschaft sind Einstellungen, die Homosexualität als unnormal, widernatürlich oder unphysiologisch kennzeichnen. Die Vorstellung vom Homosexuellen bleibt dabei noch zumeist auf Männer beschränkt, die wiederum als feminin wahrgenommen werden, wobei hierin wahrscheinlich schon ein in Deutschland neu hinzugekommener Aspekt der Einstellungen ausgedrückt wird. Auffallend ist die Auffassung, Homosexualität sei Folge gestörter Heterosexualität (aus Enttäuschung, Unfähigkeit, Versagen), womit ein klarer Hinweis auf die normativen Vorstellungen der *TNeS* gegeben wird. Bezogen auf das Adoptionsrecht für Homosexuelle gibt es ebenfalls ablehnende Haltungen, die auf eine traditionelle Vorstellung von Familie schließen lassen. Dergleichen trifft nicht auf die Akzeptanz der Homo-Ehe zu. Mit aller Eindeutigkeit wird jedoch die Möglichkeit, das eigene Kind sei homosexuell, abgelehnt. Auch dies wird unter anderem mit dem Hinweis auf traditionelle Familienvorstellungen abgelehnt. Bezogen auf die Ausgangsfragestellung können diese Befunde als Bestätigung für die Annahme aufgefasst werden, dass spezifizierbare, aus den Bedingungen der Herkunftsgesellschaft resultierende Einstellungen bestehen, die aber bereits durch neue Vorurteile überlagert werden, deren Genese auf die unzulängliche Wahrnehmung der Lebensrealität Homosexueller zurückzuführen ist.

Ausgangsannahme 4:

Unter den spezifischen Bedingungen der Zuwanderungssituation erleben sich die befragten Frauen selbst in einem Minderheitenstatus. Integrationserfolge auf der Meso-Ebene lassen sich anhand von Zugängen zu Netzwerken und der Eingliederung auf dem Arbeitsmarkt mit damit verbundenen Kontaktmöglichkeiten zu Angehörigen der aufnehmenden Gesellschaft ablesen.

Auf der einen Seite kennzeichnen Konformitätszwang und Verbergen des Abweichenden auch die Zuwanderungssituation der befragten *TNeS* in Deutschland. Dabei besinnen sie sich rasch auf ihre Anpassungsfähigkeit, was exemplarisch am Thema Spracherwerb dargestellt werden konnte. Trotz guter Erfolge in dieser Hinsicht blieb die Sprache aber ein Erkennungs(merk)-Mal, der Akzent ließ sich nicht verbergen, was zu dem Ergebnis führte, dass sogar darauf verzichtet wurde, in der Öffentlichkeit die Muttersprache zu sprechen. Damit in Zusammenhang steht das Gefühl, als „Frauen aus dem Osten" diskriminiert zu werden, womit aber keine konkreten Inhalte verbunden werden können. Implizit läuft es scheinbar auf das Gefühl hinaus, als rückständig angesehen zu werden, während andererseits deutsche Frauen als besonders emanzipiert dastehen. Hier bestehen starke Bezüge zu WESTPHALS (2003) Annahmen, dass diese Frauen in der aufnehmenden Gesellschaft als traditionell-familienorientiert gelten, was aber ein kontextspezifisches Ergebnis ihrer wirtschaftlichen Situation darstellt und noch dazu durch einen Mangel an Kontakten zwischen diesen Frauen und Angehörigen der aufnehmenden Gesellschaft verstärkt wird. Zudem werden durch die *TNeS* bei deutschen Frauen eher Wahlmöglichkeiten zwischen beruflicher und familiärer Orientierung angenommen. Diese Wahlmöglichkeiten bestanden, wie gesehen, und bestehen bei den *TNeS* auch in der Aufnahmegesellschaft zunächst nicht. In der Zuwanderungssituation sind weiterhin sie es, die für die Kindererziehung zuständig sind und sich erst in zweiter Linie um ihre berufliche Integration kümmern können, die

aufgrund makroökonomischer Bedingungen ohnehin erschwert ist. Familienorientierung und Kindererziehung haben Vorrang, andere Bedürfnisse müssen zurückgestellt werden. Vor allem aber mit der Berufstätigkeit und geglückten Integration auf dem Arbeitsmarkt besteht die Möglichkeit des Zuganges zu Netzwerken und Kontakten, die nicht ausschließlich auf Angehörige der Herkunftsgesellschaft beschränkt bleiben müssen.
Solange dies nicht der Fall ist, bleibt die Identität der *TNeS* offenbar prekär, da sie selbst in der Tendenz ihrer Herkunftsgesellschaft eher kritisch-distanziert gegenüberstehen, mit dieser aber in Deutschland zugleich identifiziert werden, was durch die Zuschreibung, „Frauen aus dem Osten" zu sein, noch verstärkt wird, denn eine Frau aus dem Osten zu sein bringt keine positiven Konnotationen mit sich. Eine der *TNeS*, Zasa, sagt ja explizit *„Frauen aus Ost"* seien in ihrem Verständnis Frauen aus den asiatischen Regionen der ehemaligen Sowjetunion gewesen, und diese hätten als rückständig gegolten. Besonders paradox wird dies für diejenigen unter den *TNeS*, die als Spätaussiedlerinnen nach Deutschland kamen, sich selbst nun auch als Deutsche fühlen, als solche aber nicht von den Deutschen identifiziert werden (vgl. BODE & OLTMER, 2003). Für die jüdischen Frauen, die i. d. R. als Kontingentflüchtlinge nach Deutschland kamen, sieht die Situation geringfügig anders aus. Sie stehen ihrer Herkunft aus der Sowjetunion zwar auch oftmals kritisch gegenüber, identifizieren sich aber zuvorderst als Jüdinnen, womit sie vor allem den nationalen und weniger den religiösen Aspekt der Identität unterstreichen. Sie fanden auch in der Zuwanderungssituation rasch Zugang zu den Netzwerken der jüdischen Gemeinden, in denen sie sich in aller Regel integriert fühlen. Aber auch sie werden in der *„echte*(n) *Einwanderungssituation"* (BODE & OLTMER, 2003, 32) als Ausländerinnen identifiziert.
Gemäß der Theorie der sozialen Identität (vgl. TAJFEL & TURNER, 1979) ist den *TNeS* in der Zuwanderungssituation ein tiefgreifender Statusverlust zugemutet worden. Waren sie zuvor mit ihrer individuellen (personalen) Identität und Selbstkategorisierung (vgl. TURNER, 1982, 1987, 1994) gruppenkonform am Ideal der kollektiv geteilten Identitäten in der Herkunftsgesellschaft ausgerichtet, erfährt diese Identität im Kontext der aufnehmenden Gesellschaft eine spürbare Entwertung. Nun sind sie selbst es, die ausgegrenzt werden und dies als Diskriminierung auch so erleben. In der Folge sind sie bestrebt, einen Statuswechsel herbeizuführen, wobei sie vor allem individuelle Strategien verfolgen, um die „in-group" der Russlanddeutschen, Spätaussiedler oder Migranten zu verlassen *(„physically or at least psychologically",* vgl. SIMON, 2004, 36). Psychologisch und rein formal haben die meisten den Schritt schon vollzogen; sie sind – und sie fühlen sich als – Deutsche. Diese Selbst-Interpretation steht jedoch im Widerspruch zu den Erfahrungen in der aufnehmenden Gesellschaft, und bezogen auf die Identitätsfunktionen fehlt es ihnen daher weitgehend an Anerkennung und Respekt durch diese aufnehmende Gesellschaft. Zumindest antizipieren und interpretieren sie ihre Wahrnehmung

durch Deutsche aufgrund ihrer Erfahrungen auch als rückständig. Durch den oftmals fehlenden Respekt entfällt dadurch eine wichtige Quelle für Selbstrespekt, wenn das Erleben der eigenen Person als geachtetes Mitglied der Gesellschaft wenig gestärkt wird, sondern sie sich selbst ihrerseits der Stereotypisierung und Typikalisierung durch die aufnehmende Gesellschaft ausgesetzt sehen. Sie, die ihre nationale Identität als Deutsche nicht infrage stellen, können mit dieser kognitiven Repräsentanz der Zugehörigkeit in der Regel über lange Zeit keine konkreten Erfahrungen der Zugehörigkeit verbinden; vielmehr dominiert bezogen auf die Identitätsfunktion der Distinktheit oder Unterscheidbarkeit über weite Strecken ein negatives Vorzeichen. Im Bemühen um die Aufrechterhaltung einer positiven kollektiven Identität werden akzidentielle Selbst-Aspekte hervorgehoben, wie das positiv bewertete eigene weibliche Auftreten, ihr Modebewusstsein und Sicherheit in Stil- und Geschmacksfragen. Auf dieser Dimension unterscheiden sie sich positiv im eigenen Erleben von deutschen Frauen.

Problematisch scheint auch zu sein, dass, solange ein Statuswechsel nicht vollzogen werden kann, auch noch keine über Angehörige der Herkunftsgesellschaft hinausgehenden Netzwerke bestehen, dass aber gerade neue Netzwerke den Statuswechsel befördern. In dieser Zwickmühle wird die Durchlässigkeit der deutschen Aufnahmegesellschaft jedoch zumeist als mangelhaft und dies als Folge von Diskriminierung wahrgenommen. Es ist sehr auffallend, wie wenige der *TNeS* über vielfältige Kontakte über Angehörige ihrer Herkunftsgesellschaft hinaus verfügen. Erleichternd wirkt es sich aus, wenn bereits hier Netzwerke zur Verfügung stehen, wie sie die jüdischen Gemeinden darstellen, wo unter Maßgabe der jüdischen Identität auf höherer Inklusivitätsebene Kontakte zwischen Zuwanderern und hier lebenden deutschen Juden geknüpft werden könnten.

Viele der *TNeS* sind zunächst weiterhin auf ihre Familien angewiesen, in denen wiederum die alten, traditionellen Rollenzuschreibungen obwalten, denen sie sich ja gerade entziehen möchten, die jedoch umgekehrt verschiedene Aspekte der Identitätsfunktionen wie Zugehörigkeit, Anerkennung und Sinnhaftigkeit gewährleisten. Diese Situation scheint sich erst zu ändern, wenn der Zugang zum Arbeitsmarkt gelingt, wenngleich dann die altbekannte Situation der Doppelbelastung wieder eintritt (insbesondere, sofern noch Kinder zu erziehen sind), allerdings unter einem anderen Vorzeichen. Denn die Aufnahme einer Erwerbstätigkeit folgt nun nicht mehr zuvorderst dem normativen Produktivitätsgebot, wie in der Herkunftsgesellschaft, sondern eröffnet auch Möglichkeiten individueller Lebensgestaltungen, sei es durch größere finanzielle Autonomie oder die Chance, Kontakte zu knüpfen.

Im Hinblick auf die Ausgangsfragestellung lässt sich aus dem Vorangegangenen bezogen auf die *TNeS* annehmen, dass sie selbst ein starkes Interesse haben, sich zu assimilieren, aber von Seiten der aufnehmenden Gesellschaft auf Widerstände stoßen, die ein erhöhtes Maß an Kraftaufwand erfordern. Dabei gibt es Hinweise auf wechselseitige Prozesse, die auf Seiten der *TNeS* dazu führen, sich in vorwiegend aus Angehörigen ihrer Herkunftsgesellschaft bestehenden Kreisen zu bewegen, weil sie sich nach wie vor der Stigmatisierung, und sei es anhand des Merkmals Sprache, ausgesetzt sehen. Gelingt der Schritt zu erweiterten Kontakten, wie es sich durch die Integration im Berufsleben zeigt, steigt die Wahrscheinlichkeit von Kontakten. Allerdings ist der Einstieg in den Arbeitsmarkt in dieser Gruppe nicht einmal der Hälfte der Befragten gelungen.

Ausgangsannahme 5:

Mit der Ausweitung der Kontaktmöglichkeiten in der Aufnahmegesellschaft erhöht sich die Wahrscheinlichkeit, Homosexuellen auf personalisierter Ebene zu begegnen. Bestehende antihomosexuelle Einstellungen können dadurch und unter näher einzugrenzenden zusätzlichen Bedingungen revidiert werden.

In der Tat lässt es sich nicht übersehen, dass mit einer Ausnahme (Tati) von allen Frauen, die den Einstieg ins Berufsleben gefunden haben, auch von Kontakten zu Homosexuellen berichtet wird. Allerdings scheint dies nicht die einzige Bedingung für Kontakte zu sein. Auch Frauen, die sich als kulturell aktiv bezeichnen, z. B. in der jüdischen Gemeinde oder in einem Orchester, hatten Begegnungen mit Homosexuellen, z. B. aber auch zufällige Begegnungen im Kollegenkreis des Ehemannes, was wiederum auf die Bedeutung der beruflichen Dimension für diese Fragestellung verweist. Andererseits kann nicht übersehen werden, dass eine auffallende Anzahl von Kontakten zu Homosexuellen innerhalb der Migrantengruppe besteht.

An den Schilderungen der Kontakterfahrungen lässt sich im Einzelfall genauer ablesen, wie diese Kontakte bewertet werden. Überraschenderweise ließ sich bei genauerer Analyse dieser Kontakte zu Homosexuellen ablesen, wie wenig es die Intensität oder Nähe oder Frequenz dieser Kontakte sein muss, die eine positive Bewertung nach sich zieht. Dies wäre aufgrund der Annahmen HEREKS (1988) und anderer Autoren (z. B. PETTIGREW, 1997, 1998) anders zu erwarten gewesen. Es gibt durchaus als freundschaftlich bezeichnete Beziehungen zu Homosexuellen, neben denen unvermindert antihomosexuelle Einstellungen Bestand haben, und es gibt eher akzidentelle Begegnungen, die mit einer punktuell verhältnismäßig differenzierteren Einstellung, die durchaus einen Wandel anzeigt, verbunden sind.

Dabei lässt sich nicht immer bestätigen, dass eine im Sinne HEREKS (1988) zu konstatierende *„experiential-schematic-function"* zu konstatieren wäre, obgleich es auch dafür Anhaltspunkte gibt, wenn homosexuelle Frauen z. B. dann negativ eingeschätzt werden, wenn ihre Annäherung im Einzelfall als aggressiv erlebt wurde (Lena). Eine lineare Entsprechung zwischen guten Kontakten und positiven Einstellungen auf der einen Seite und negativen Einstellungen und schlechten Kontakten auf der anderen Seite gibt es in dieser Teilstichprobe aber nicht durchgängig. Selbst das Bestehen enger, freundschaftlicher Beziehungen, wie sie HEREK und CAPITANO (1996) und PETTIGREW (1997) als bedeutsam für die Relativierung antihomosexueller Einstellungen annehmen, kann aufgrund des vorliegenden Materials nicht zwingend in diese Richtung interpretiert werden. Die Ausweitung der Kontaktmöglichkeiten in der aufnehmenden Gesellschaft erweitert also auf der einen Seite auch die Räume für Begegnungen mit Homosexuellen, auf der anderen Seite ist dies nicht an sich schon eine Gewähr für die Relativierung antihomosexueller Einstellungen. HEWSTONE und LORD (1998) bieten mit dem von ihnen vorgeschlagenen Konzept der Typikalität einen Erklärungsansatz für diesen Umstand. Wenn der Einzelkontakt keinen positiven Effekt auf generalisierende Stereotypisierungen hat, läßt sich vermuten, dass ein *„subtyping"* stattgefunden hat: Der eine Homosexuelle, zu dem Kontakt besteht, ist vielleicht anders als die anderen, aber die anderen verbleiben im Kontext der bestehenden Stereotypisierungen. Durchgängig tragfähig ist aber auch diese Interpretationsmöglichkeit nicht.

Denn auch einmalige Zufallsbekanntschaften können durchaus Akzente bezüglich stärkerer genereller Akzeptanz setzen. **Stella** hatte eine einmalige Begegnung mit einer homosexuellen Frau, bei der sie als junge Erwachsene wenige Tage zur Untermiete in Berlin lebte. Sie lässt keinen Zweifel daran, dass sie das Zimmer nicht gemietet hätte, hätte sie zuvor von deren Homosexualität gewusst, im Gegenteil, sie betont, dass sie Homosexualität immer für ein unseriöses Hobby und eine Notlösung hielt – ganz im Einklang mit der traditionell präformierten Vorstellung, Homosexualität sei Folge von gestörter Heterosexualität. Nun aber erlebte sie die Vermieterin voller Sehnsucht nach ihrer Freundin, die vorübergehend in den USA arbeitete, und erkannte, wie tiefgehend ihre Gefühle waren – keinesfalls nur ein Hobby und als Notlösung auch denkbar ungeeignet. Stella ließ sich partiell auf die Begegnung ein und konnte ihre Einstellung korrigieren. Anders sieht die Situation bei **Kira** aus. Mag sie auch langjährig bestehende Kontakte zu verschiedenen Homosexuellen haben und auch eine sie tief beeindruckende Begegnung mit einem homosexuellen Dozenten in den USA schildern – sie bleibt konsequent bei ihrer Meinung, Homosexualität sei etwas Widernatürliches und Unphysiologisches und bringt dabei schon mimisch ihren Widerwillen überaus deutlich zum Ausdruck. Sie betont, sie wolle gar nichts darüber wissen, *„was hinten"* geschieht, und begrenzt Homosexualität auf das rein Sexuelle, das sie sich offenbar ausschließlich anal und schmutzig vorstellt.

Bezogen auf die von GADAMER (1975) postulierten *„Erfahrungsweisen des Du"* fehlt Kira die Offenheit für den anderen, die Stella durchaus zum Ausdruck bringt. Das hat Folgen. Beide Frauen lehnen die Möglichkeit, ihr eigenes Kind könnte homosexuell sein, ab, aber während Kira daran denkt, mit ihrer Tochter intensive Gespräche zu führen, um sie (wider besseres Wissen) davon vielleicht noch abzubringen, bringt Stella etwas anderes zum Ausdruck. Auch sie begründet klar und deutlich, warum sie möchte, dass ihr Sohn nicht homosexuell ist, aber sie kann es eben als genau das, nämlich ihr *eigenes* Bedürfnis, kennzeichnen, während sie klarstellt, dass sie ihrem Sohn die Wahl lassen würde; diese Unterscheidung macht Kira nicht. Neben dem eigenen Wunsch hat der Respekt für die freie Wahl der Tochter keinen Platz. Der Unterschied zwischen beiden Haltungen besteht wahrscheinlich in der einmal gegebenen Möglichkeit, sich empathisch auf den anderen einzulassen und in seinen inneren Zustand hineinzuversetzen (MILCH, 2000), diesen sogar hypothetisch zu antizipieren, während im anderen Fall jeder empathische Zugang, vermieden wird.

Dieses Muster der *Empathie als Einstellungen moderierende Komponente* findet sich bezogen auf antihomosexuelle Haltungen in Einzelfällen dieser Teilstichprobe wieder. Dort, wo ein empathischer Zugang partiell möglich ist, finden sich in Teilbereichen auch weniger negative generelle Ausdrucksformen dieser Einstellungen und umgekehrt. Wenn, wie auch bei **Hanna,** recht viele Kontakte (allerdings auch vor allem zu aus der ehemaligen UdSSR stammenden Homosexuellen) bestehen, aber innerlich Distanz gehalten wird, können allenfalls oberflächlich affirmative Haltungen ausgedrückt werden, ohne dass aber recht drastische Ablehnungen in näheren Bezügen vermieden würden – ein homosexuelles Kind wäre eine *„Katastrophe"*, es soll *„nicht in diese Welt gezogen"* werden. Wie kommt es dann aber doch dazu, dass parallel Kontakte zu Homosexuellen bestehen können, obwohl dies nicht zur Einstellungsänderung führt?

Am Beispiel Hannas lässt sich dies mit SIMONS (2004) – unter Bezugnahme auf ALLPORT (1954/1979) und PETTIGREW (1998) konzeptualisiertes – Kontaktmodell erklären. Hanna bewegt sich nach eigenen Worten in (vorwiegend russischen) Künstler- und Intellektuellenkreisen, ist selbst Musikerin und spielt in einem (russischen) Orchester. In diesen Bezügen lernte sie Homosexuelle kennen. Dabei könnten *Rekategorisierungsprozesse* hin zu einer geteilten Gruppenidentität als Orchester zustande gekommen sein, *ohne* aber dass Homosexualität als Identität seitens der beteiligten Homosexuellen explizit wurde. Oder aber es hat keine Rekategorisierung stattgefunden, sondern die vormalige kollektive Identität als „Russen" hatte weiterhin Bestand. Das hieße, der Kontakt zu Homosexuellen wird nicht abgelehnt, aber deren Homosexualität soll verborgen bleiben – und sich damit an den in der Herkunftsgesellschaft geltenden Normen orientieren. Damit wäre auf eine Art doppelter Buchführung hingewiesen, die auch Hannas zunächst ja erklärungsbedürftige Teilnahme an einem Sprachkurs ausgerechnet in einem Verein lesbischer Frauen verstehbar machen würde. Das gemeinsame Ziel des Spracherwerbs steht an erster Stelle, die sexuelle Orientierung ist nachrangig.

Differenzierte Erfahrungen mit der Lebensrealität Homosexueller werden dabei nicht gemacht. Anders wiederum ist die Situation akzentuiert, wenn miteinander konkurrierende Selbst-Interpretationen oder kollektive Identitäten in unterschiedlichen Kontexten aktiviert werden müssen. Auch hier gibt es Verweise auf den Stellenwert von Empathie. **Mara** hat in dieser Teilstichprobe eine Ausnahmestellung inne, weil sie als einzige streng religiös orientiert ist und Mitglied in einer fundamentalistischen freikirchlichen evangelischen Kirchengemeinde wurde. Daneben ist sie als Kassiererin berufstätig in einem Drogeriemarkt mit einem hohen Anteil an Stammkundschaft, in der sie wiederum viele als homosexuell identifiziert hat. Auch ihre Chefin und ein (russischer) Bekannter sind homosexuell. In diesen unterschiedlichen Kontexten werden dann offenkundig unterschiedliche Identitäten salient. Sie lebt gewissermaßen in verschiedenen Welten, die ihr die Ungleichzeitigkeit von widersprüchlichen Einstellungen zu Homosexuellen und Homosexualität gestattet. Während sie als strenggläubige Frau Homosexualität klar ablehnt, bleibt sie im sonstigen Privat- und im Berufsleben, vielleicht auch als abhängige Angestellte, aber offen für durchaus differenzierte Beobachtungen, die auch auf empathisches Verstehen schließen lassen, was exemplarisch daran deutlich wird, dass sie das Leid ihres Bekannten (mit einer „großen Seele") verstehen kann, wenn dieser wegen seiner Homosexualität vom Vater verstoßen wurde. Mara aktiviert nämlich in unterschiedlichen Kontexten jeweils gruppen-konforme Verhaltensweisen (vgl. TURNER et al., 1987), je nach dem, welche kollektive Identität salient wird. Konflikthaft erlebt wird diese Ungleichzeitigkeit dann, wenn sie die Widersprüchlichkeit beider Einstellungsausprägungen auf der Mikro-Ebene der individuellen Identität miteinander vereinbaren soll. Dann kann sie nicht umhin, sich einzugestehen, dass es doch immerhin erklärungsbedürftig bleibt, wenn der *„liebe Gott"* einerseits Homosexuelle erschaffen hat, sie andererseits aber mit Sicherheit der ewigen Verdammnis aussetzen wird. Ihre religiösen Überzeugungen und ihre Bereitschaft, Empathie aufzubringen geraten dann zueinander in Widerspruch. Letztlich behält sie beide bei, dissoziiert sie aber voneinander, wenn es um den Gegenstand Homosexualität geht. Auch fallen ihre Einschätzungen des Rollenverhaltens Homosexueller differenzierter als bei anderen Frauen dieser Gruppe aus; sie hat zudem das Miteinander homosexueller Paare beobachtet und kommt dabei zu respektvollen Einschätzungen. Im Unterschied zu Hanna, die ebenfalls vielfältige Kontakte hat, verzichtet Mara also im personalisierten Kontakt auf Stereotypisierungen Homosexueller. Obwohl ein Teil ihres Selbstkonzeptes auf eine fundamentalistisch-religiöse kollektive Identität hinweist, entfaltet ihr empathischer Zugang zu Homosexuellen partiell einen moderierenden Einfluss auf durchaus bestehende antihomosexuelle Haltungen.

Wenn Einfühlung und/oder Bereitschaft zur Perspektivübernahme als affektive und kognitive Komponenten der Empathie in der einen oder anderen Weise zur

Kontakterfahrung hinzutreten müssen, um einen moderierenden Effekt auf antihomosexuelle Einstellungen zu gewinnen, bleibt erklärungsbedürftig, warum Empathie im einen Fall aufgebracht werden kann, im anderen aber wiederum nicht. Sieht man von der Möglichkeit ab, dass sie in ihrer Ausprägung durchaus eine entwicklungspsychologische Komponente hat (KÖRNER, 1989), so müssten sich durchaus Hinweise finden lassen, weshalb einige der *TNeS* stärker Empathie zeigen als andere. Die vorliegenden Interviews berechtigen zu der Annahme, dass in dieser Hinsicht persönliche Erfahrungen in anderen Lebensbereichen eine Rolle spielen könnten. Mit dieser Annahme nähert man sich aber auf der Mikro-Ebene des sozialen Erlebens sehr stark unbewussten, psychodynamisch wirksamen Prozessen an, die ihrerseits nicht Gegenstand dieser Arbeit waren. Hierzu wäre ein stärker tiefenpsychologisch fundierter Zugang zum Thema, z. B. in Form von Tiefeninterviews, notwendig gewesen. Verwiesen sei hier jedoch kurz auf die *TNeS* Hanna und Kira. Bei beiden hat Homosexualität wahrscheinlich sehr enge Bezüge zur eigenen Identität. Und beide würde die empathische Offenheit Homosexuellen gegenüber unter Umständen in tief greifende Identitätskrisen versetzen. Hanna, bei die Annahme nahe liegt, sie selbst könnte homosexuell oder auch bisexuell sein, müsste sich auf dem Wege der Anerkennung dieses Umstandes vielleicht auch mit den Auswirkungen auf ihre Lebensführung auseinander setzen. Welche Folgen hätte dies zum Beispiel für ihre Ehe? Kira hingegen erkennt Homosexuelle und Juden gleichermaßen als Opfer von und in verstörender Nähe zu Nationalsozialismus, Genozid und auch den Verfolgungen in der ehemaligen Sowjetunion. (Dies ist zwar auch bei Hanna der Fall, die diesen Zusammenhang allerdings eher affektisoliert herstellt, während Kira ihn mit spürbarer emotionaler Bewegung schildert.) Indem beide, Hanna und Kira, weitgehend auf einen empathischen Zugang zu Homosexuellen verzichten, schützen sie sich selbst vor außerordentlich schmerzhaften Auseinandersetzungen mit Teilen ihrer eigenen Identität. Wie brüchig diese Schutzfunktion ist, wird vor allem bei Kira schon im Interview beinahe mit Händen greifbar. Diesen Hinweisen systematisch nachzugehen würde jedoch den Rahmen der vorliegenden Arbeit sprengen und einen erweiterten hermeneutischen Zugang erfordern. Sie sollen in ihrer exemplarisch angerissenen Form wenigstens darauf verweisen, dass der Verzicht auf Empathie Homosexuellen gegenüber auch Schutzfunktion erfüllen kann, wenn die eigene psychische Integrität gefährdet ist.

Abgesehen von dieser Betrachtungsweise kann aber auch im Querschnitt nicht darüber hinweggesehen werden, dass allgemein ganz unabhängig von Kontakterfahrungen die Einstellungen der *TNeS* in ihrer Gesamtheit weiterhin ausgeprägte Stereotypisierungen Homosexueller aufweisen. Selbst dort, wo Intergruppen-Kontakte stattfinden, bleibt ihr Einfluss in dieser Hinsicht beschränkt. Dies könnte einerseits mit dem von HEWSTONE und LORD (1998) herausgearbeiteten Verhältnis von *Typicality* und *Subtyping* zu tun haben. Die Generalisierungen bleiben erhalten, unabhängig von nicht diesen

Generalisierungen zu subsumierenden Erfahrungen und Kognitionen, sie bleiben dann Ausnahmen von der Regel, die als solche aber weiterhin Bestand hat. Dies stünde auch im Einklang damit, dass Kontakte zu Homosexuellen insgesamt nur sehr begrenzt stattfinden, sodass schon von daher zu erwarten ist, dass personalisierte Begegnungen keinen dekategorisierenden Effekt auf bestehende, undifferenzierte Stereotypisierungen ausüben können (vgl. HEREK & CAPITANO, 1996). Ein Änderung beförderndes Aufsummieren oder *Bookkeeping* (HEWSTONE & LORD, 1998) würde schon von daher gar nicht erfolgen können. Zum anderen scheinen die Bedingungen für diese Kontakte nicht angetan zu sein, Einstellungsänderungen zu befördern. Dort, wo Kontakte zu Homosexuellen bestehen, können sie im Einzelfall zwar punktuelle (*Subtyping-*) Effekte haben, die aber bei keiner der *TNeS* zu einer konsistenten, homosexuellenfreundlichen Haltung führen. Selbst dort, wo einzelne Bedingungen analog des Kontaktmodells, wie SIMON (2004) es vorschlägt, gegeben sind, wie im Falle Lenas, die in der HIV-Ambulanz arbeitet, werden sogar noch die beobachteten positiven Umgangsweisen Homosexueller untereinander in Zweifel gezogen. Nun begegnet Lena als Ärztin Homosexuellen als Patienten, wodurch die Statusgleichheit als eine dieser Bedingungen schon nicht erfüllt wird. Allerdings ist der Kontakt sanktioniert (Klinik-/Ambulanzleitung), es wird bei der Verfolgung gemeinsamer Ziele (Behandlung der Erkrankung) kooperiert. Doch auch dort, wo in ihrem Falle Statusgleichheit angenommen werden kann, wie vormals unter den Kommilitoninnen, kann aufgrund negativer Erfahrungen keine Freundschaft geschlossen werden. Und selbst dort, wo Freundschaften bestehen – mit den russischen Tänzern –, wirken sich diese nicht nachhaltig auf Einstellungen aus. Ähnlich gelagert ist der Fall bei Hanna. Mögen auch im Orchester Statusgleichheit, Sanktionierung und Kooperation bei gemeinsamen Zielen dafür sorgen, dass sogar freundschaftliche Kontakte bestehen – eine Einstellungsänderung wird nicht sichtbar. Ebenso wenig gelingt dies bei Kira oder Berta. Immerhin beschreiben alle diese Frauen, die zugleich Jüdinnen sind, Freundschaften zu Homosexuellen, die bei den anderen *TNeS*, seien sie nun „echte Migrantinnen" oder Spätaussiedlerinnen, nicht bestehen. Wie auch immer dieser Umstand zu deuten sein mag, es bleibt der auffallende Befund zu konstatieren, dass insgesamt ein stereotypisiertes Bild von Homosexuellen bestehen bleibt.

Im Bemühen, hier Muster zu entdecken, scheint am Ende nur eine trivial erscheinende Einsicht Berechtigung zu haben: die allen *TNeS* gemeinsame Klammer ist ihre Herkunft aus der ehemaligen Sowjetunion. Das Fehlen von Kontakterfahrungen, und dort, wo sie nicht fehlen, ihr geringer Einfluss auf bestehende – intraguppal relativ konsistente – Einstellungen muss daher vor allem mit diesem Umstand in Bezug zu setzen sein. Darauf soll im Intergruppen-Vergleich näher eingegangen werden.

Zusammenfassend bestehen vor dem Hintergrund der Ausgangsfragestellung Hinweise, dass sich durch Integrationsbemühungen, z. B. durch den Zugang zum Arbeitsmarkt, Kontaktmöglichkeiten erweitern und dadurch auch Kontakte zu Homosexuellen wahrscheinlicher werden. Dort, wo es in Einzelfällen zu punktuellen qualitativen Veränderungen von Einstellungen kommt, die durch die bloße Kontaktmöglichkeit nicht allein erklärbar sind, bringen die betreffenden *TNeS* die innere Möglichkeit mit, sich auf neue Einsichten einzulassen und zeigen ein gewisses Maß an Bereitschaft zur Perspektivübernahme und Einfühlung. In den Schilderungen fallen dann spezifische Umgangsweisen mit diesen Kontakterfahrungen auf. Einige wenige *TNeS* lassen eine innere Beschäftigung mit Homosexuellen und ihrer Lebenssituation bzw. ihren Gefühlen erkennen. Im Einzelfall (Maja, Stella) wurde die eigene innere Reaktion auf das Kontakterlebnis durchaus als bedeutsam erlebt. In der Folge können Erkenntnisse sowohl über sich selbst als auch über Homosexuelle hinzugewonnen werden. In anderen Fällen, in denen zwar Kontakte bestehen, verbleiben diese aber an der Oberfläche. Insgesamt muss aber angenommen werden, dass die relativ konsistenten, stereotypisierenden und tendenziell als antihomosexuell zu charakterisierenden Einstellungen auf Erfahrungen in der Herkunftsgesellschaft basieren und offenbar nur schwer einer Modifikation zugänglich sind.

5.1.2 Frauen aus Polen (*TNPo*)

Ausgangsannahme 1:

Die soziokulturellen Rahmenbedingungen in der Herkunftsgesellschaft (Makro-Ebene) mit ihrer Favorisierung ideologischer oder/und religiöser Weltbilder - und damit verbundener Traditionen und Werte – hatten spezifischen Einfluss auf Entwicklung und Ausrichtung der Identität.

In den Interviews der *TNPo* kommt klar zum Ausdruck, dass die Sozialisation und Vermittlung von Wert- und Normvorstellungen zuallererst durch die bis in die Familien hinein wirksame Präsenz der katholischen Kirche beeinflusst wurde. Staatliche Indoktrination und sozialistische Ideologisierungen werden demgegenüber kaum zur Sprache gebracht. Vielmehr gibt es sogar Hinweise, dass die katholische Kirche ihrerseits Druck auf die Gläubigen ausübte, wenn diese zu stark mit den Institutionen der Partei und des Staates verbunden waren. Religiöse Betätigung und Ausdrucksformen des Glaubens, die von beinahe allen *TNPo* in vielfältiger Weise erlebt und gelebt wurden, standen allenfalls vordergründig unter dem Zeichen der Verschwiegenheit oder Verheimlichung. Letztendlich kommt hierin aber die ja auch von FELDMANN-WOJTACHNIA (2005) beschriebene traditionell-christliche Alternative zur herrschenden sozialistischen Gesellschaftsform zum Ausdruck, die mit starker Familienbindung einherging. Wenn man einen *„Rückzug ins Private"* (FELDMANN-WOJTACHNIA, 2005) konstatieren kann, so lassen auch die Aussagen der *TNPo* die Interpretation zu, dass dieser Rückzug zugleich ein *Rückzug ins Katholische* war und damit das Private eine Erweiterung um das Gemeindeleben erfuhr. So konnte der Katholizismus im Leben fast aller *TNPo* eine beinahe alternativlos wirkende normative Kraft entfalten, mochte dies gelegentlich auch kritisch gesehen werden. Folgt man HOLZER (1998) in der Interpretation, Katholizismus und nationaler Anspruch seien voneinander untrennbar, was ja auch von CHOLUJ (2003) angedeutet wird, so könnte das in den Interviews weitgehende Fehlen von Hinweisen auf die gewissermaßen sozialistische Makro-Ebene damit in Verbindung stehen, dass sie sich in ihrer nationalen Identität zuvorderst als Katholiken sahen. Die katholische hat die polnische Identität auf höherer Inklusivitätsebene bereits beinhaltet – unabhängig von der sozialistischen Gesellschaftsordnung.

Die Ausprägungsformen der traditionellen Geschlechterrollen dürften davon nicht unbeeinflusst geblieben sein, allein schon, wenn man daran denkt, dass die Mutter Gottes, Maria, 1656 zur Königin von Polen gekrönt wurde und seit Jahrhunderten den Marien-Kult beförderte. Die Frau als Mutter (oder *„Mutter Polin"*, vgl. CHOLUJ, 2003) war auf ihre Rolle festgelegt, in der sich ebenfalls das Katholische mit dem Nationalen verwob. Auf dieser Matrix schildern alle

TNPo – mögen sie dem persönlich auch kritisch gegenüberstehen – die Sozialisierung der Frau von Kindesbeinen an im Hinblick auf Familienorientierung, Kindererziehung und Zuständigkeit für den Haushalt. Traditionell waren die vermittelten Rollenerwartungen an Frauen (und Männer) an heteronormativen Vorstellungen ausgerichtet. Mädchen erfuhren dabei bereits in ihrer Erziehung Benachteilungen dahingehend, dass sie anders als Jungen zu Hausarbeiten herangezogen wurden, was sich später in ihrer Rolle als berufstätige Hausfrau und Mutter fortsetzte. Die Bevorzugung der Männer in der polnischen Gesellschaft wird wiederholt mit jahrhundertelangen Traditionen in Verbindung gebracht. In der einen oder anderen Weise findet dieser Umstand in beinahe allen Interviews Erwähnung, bis hin zu der Feststellung, dass der Haushalt für Männer „*tabu*" war.

Die Frau in der polnischen Gesellschaft fand sich dadurch in einer Doppelrolle wieder, die ihr ungefragt abgefordert wurde und die in der polnischen Verfassung als „Förderung" festgeschrieben wurde (vgl. CHOLUJ, 2003). Die Vereinbarkeit von Familienorientierung und beruflicher Einbindung war also vor allem exklusiv den Frauen als Aufgabe gestellt. Wenn HERWARTZ-EMDEN (2003) die Integrierbarkeit dieser Dimensionen vor allem für Frauen bzw. Spätaussiedlerinnen aus der ehemaligen Sowjetunion diskutiert, so liegt es aber nahe, eine ähnliche Dynamik für die sozialistische polnische Gesellschaft anzunehmen, was von HERWARTZ-EMDEN (2008) in der Tendenz bestätigt wird. Wenn davon in den Interviews die Rede ist, wird dieser Umstand als Belastung identifiziert.

Allerdings trifft die Kritik weniger die Rolle der Frau als Mutter. Kindererziehung als Frauensache aufgrund von Mutterschaft ist positiv konnotiert (vgl. hierzu auch HERWARTZ-EMDEN, 2003). Erst wenn es um die Erziehung zu männlichen „Tugenden" wie Stärke und Härte ging, traten die Väter in Erscheinung. Ansonsten blieb die Erziehung Sache der Mütter, was von den *TNPo* mit ihrer ausgeprägten emotionalen Nähe zum Kind und ihrer Fürsorglichkeit begründet wird. Damit war aber bereits präformiert, dass die Männer, bezogen auf Familienorientierung, quasi aus dem Spiel waren, was im Umkehrschluss jedoch nicht bedeutete, dass die Frauen eine Wahl zwischen ihrer Familienorientierung und der beruflichen Erwerbstätigkeit hatten. Dies sind in den Interviews auftretende Einzelaspekte, die in ihrer Gesamtheit und Summierung mit anderen Teilbefunden und der generellen Einschätzung der Benachteiligung von Mädchen und Frauen ein einheitliches Bild dahingehend abgeben, dass die polnische Herkunftsgesellschaft noch stark an heteronormativen Rollenklischees orientiert war, die auch die Beziehungen auf der Meso-Ebene determinierten.

Vor dem Hintergrund der katholischen und damit allein schon heteronormativen Orientierung der polnischen Gesellschaft gewinnt auch der Blick auf den Themenkomplex Sexualität eine spezifische Perspektive. Dabei besteht eine unlösbare Verbindung zwischen Sexualität, Ehe und Elternschaft, wie es unter

Hinweis auf die obligatorischen Ehevorbereitungsseminare durch die katholische Kirche zum Ausdruck gebracht wird. Hiermit war durchaus eine gewisse Doppelbödigkeit gegeben, wenn man die anekdotenhaft geschilderten Erfahrungen hinzunimmt, dass ein Großteil der Teilnehmerinnen dieser Kurse bereits schwanger war. Trotz aller katholischen Prägung war Sex vor der Ehe offenkundig kein Tabu. Auch wird beinahe unisono davon gesprochen, Aufklärungsunterricht habe in der einen oder anderen Weise stattgefunden. Darüber hinaus wird von Gesprächen unter Freunden und der Verfügbarkeit (zerlesener) Aufklärungsliteratur in den Bibliotheken gesprochen. In der Tendenz sind die *TNPo* ihrer Selbstauskunft nach eher besser und früher aufgeklärt worden als die *TNeS*, wobei die polnische Gesellschaft den Angaben in den Interviews zufolge aber weit davon entfernt war, ein sexuell aufgeklärte gewesen zu sein. Allerdings bleibt hervorzuheben, dass sie es *ermöglichte*, Sexualität – und sei es implizit – zum Thema zu machen; eine Tabuisierung kann nicht konstatiert werden, wenn in Hinsicht auf das Thema Aufklärung z. B. durchaus in den Familien und in der Schule Gesprächsräume zur Verfügung standen. Dennoch blieb Sexualität im Bewusstsein ganz vornehmlich auf das Erzeugen von Kindern beschränkt. In dieser Hinsicht könnten ideologische und religiöse Auffassungen von Sexualität zusammentreffen (vgl. CHOLUJ, 2003). Und obgleich sich aus den Angaben der *TNPo* nicht ableiten lässt, dass das Thema Sexualität in Polen der Tabuisierung unterlag, haben doch mehrere unter ihnen starke Vorbehalte, sich offen dazu zu äußern. Sogar, wenn implizit über Sexualität gesprochen wird, wie es bezogen auf die Ehevorbereitungskurse der Fall ist, wird das Sexuelle explizit nicht zum Ausdruck gebracht, was seine Entsprechung in der Verleugnung findet, die sich in der Beichte zu manifestieren scheint: Die Sünde des vorehelichen Geschlechtsverkehrs, ob folgenlos oder nicht (bezogen auf Schwangerschaften), wurde „weggezaubert".
Unter Berücksichtigung dieser in der Herkunftsgesellschaft herrschenden normativen Aspekte lässt sich zuvorderst hervorheben, dass die nationale Identität über die Vermittlung der katholischen Sozialisierung der katholischen Identität inklusiv ist. Die *TNPo* sind fast ausnahmslos mit einer kollektiven Identität und damit Selbst-Kategorisierung als Katholikinnen aufgewachsen, was für ihre Identität als Frau nicht folgenlos blieb. Bezogen auf diese Teilstichprobe ist die Annahme berechtigt, dass der vorherrschende normative Druck durch die katholische Kirche ausgeübt wurde und innerhalb der Familien eine wirksame Verstärkung erfuhr. Traditionelle Rollenmuster, bezogen auf die beiden Geschlechter, wurden frühzeitig in der Erziehung an die *TNPo* herangetragen. Insofern werden durch die kollektive, auf höherer Inklusivitätsebene (vgl. TURNER et al., 1987) anzusiedelnde katholische Identität auch Identitäten als Frau und Mutter bereitgestellt. Durch die ausgeprägte Salienz der katholischen Identität ist sie auch dahingehend positiv konnotiert, dass sie auf der Ebene der Funktionen von Identität gewissermaßen hochprofitabel und überdeterminiert war, indem Zugehörigkeit nicht allein zur Kirche und Kirchengemeinde,

sondern dadurch auch im Familienverbund gegeben war. Hinzu kam die Unterscheidbarkeit von den anderen, den Kommunisten, die aus katholischer Sicht eine abgelehnte Ideologie verkörperten (womit gewiss auch *Prozesse der Identität* aktiviert wurden, die allerdings nur in Einzelfällen explizit zur Sprache kamen). Unterwarf man sich dieser Sicht, waren Achtung und Respekt gewährleistet, aber fast naturnotwendig auf dem Wege der Selbst- und Weltinterpretation in religiösen Bezügen auch eine sinnhafte Einordnung des eigenen Daseins, mochte es auch darin bestehen, „sein Kreuz zu tragen". Eng mit dieser Weltsicht waren auch Selbst-Aspekte wie Pflichterfüllung und Leistungsfähigkeit verknüpft, ohne die ein respektierter Ort in den Familien und Gemeinden nicht denkbar war.

Es überrascht, wie wenig in den Interviews die polnische Staatsdoktrin und sozialistische Werte zur Sprache kommen; folgt man den Angaben der *TNPo*, scheinen sie praktisch nicht existent gewesen zu sein. Da dies unwahrscheinlich ist, müssen ausgeprägte Prozesse entwertender Stereotypisierungen gegenüber der herrschenden politischen Gesellschaftsform und ihrer Vertreter wirksam gewesen sein. Keine der *TNPo* beschreibt nebeneinander bestehende Identitäten als Kommunistin und Katholikin. Eine Selbst-Interpretation als Katholikin kann dies auch nicht zugelassen haben, weil daneben kein gruppenkonformes Handeln auf ideologischer Ebene hätte Bestand haben können, weil dies fundamental der Identität als sinnvoller Einheit von Selbst-Aspekten widersprochen hätte. Eine zu große Annäherung an Staatsdoktrin und kommunistische Ideologie hätte in allen Fällen dazu geführt, dass die fast durchweg gegebene katholische Identität sowohl individuell als auch kollektiv infrage gestellt worden wäre und zu einer tiefgehenden Verminderung des Selbstwertgefühls geführt hätte. SIMON und TRÖTSCHEL (2007) zufolge wäre dies Folge sozialer Zurückweisung und sozialen Ausschlusses gewesen. Mochten auch einzelne katholische Werte kritisch beurteilt werden, so hatte die polnische Gesellschaft den *TNPo* offenkundig keine Alternativen zu bieten. Eine oberflächliche Anpassung an Vorgaben der sozialistischen Gesellschaftsform dürfte jedoch in gegebenen Kontexten durchaus bestanden haben.

Vielmehr aber ist die katholische Identität als übergeordnete Klammer und Hintergrund auch in allen anderen zum Ausdruck gebrachten Identitäten implizit, sei es als Mutter, als Frau und als Ehefrau. Allerdings, und das ist interessant, muss es auch Spielräume gegeben haben, die sowohl gesamtgesellschaftlich als auch religiös „gedeckt" wurden. Denn was offiziell verboten war, konnte inoffiziell durchaus geduldet worden sein. Obwohl die Religionsausübung vom Staat klare Ablehnung erfuhr, war sie doch ohne weiteres möglich. Obwohl Sex vor der Ehe aus katholischer Sicht nicht hinnehmbar ist, erfuhr man in dieser Hinsicht gewissermaßen Dispens.

Dennoch ist es – bezogen auf die Ausgangsfragestellung – offenbar schwierig gewesen, neben der Vorgabe der kollektiven katholischen Identität davon unabhängige individuelle Identitäten zu generieren. Dies gelingt zuvorderst nur einer *TNPo*, die ihrerseits auch in einem antiklerikalen „Patchwork-Familienverbund" aufwuchs und zwischen Polen und der DDR pendelte und schließlich auf eigene Faust noch als sehr junge Frau in den Westen ging.

Ausgangsannahme 2:

Formen und Prozesse der Stigmatisierung und Ausgrenzung Homosexueller gewannen vor dem Hintergrund der Herkunftsgesellschaft eine spezifizierbare Ausprägung.

Homosexualität betreffend bringen die *TNPo* übereinstimmend zum Ausdruck, dass dieser Themenkomplex im Herkunftsland tabuisiert war. Über die Tabuisierung hinaus gibt es aber auch Hinweise auf regelrechte, auf Bedeutungslosigkeit zielende, Verleugnungsstrategien hinsichtlich der Existenz von Homosexualität überhaupt, was ja ganz im Einklang mit WARKOCKIS (2006) Interpretation steht, dass *„das Schweigen ... ihr Dasein"* bestimmte. Und auch hier ist die religiöse Normierung der Gesellschaft, folgt man einigen Aussagen in den Interviews, maßgeblich beteiligt gewesen. Dementsprechend besteht bei vielen der Interviewten durchaus auch eine Kenntnis der Situation Homosexueller, ihrer umfassenden Entwertung und der von ihnen verfolgten Strategien des Verbergens und der Diskretion.

Ungeachtet dessen gab es jedoch vereinzelt Kontaktmöglichkeiten, die sich sowohl auf familiäre Kontexte bezogen, aber auch insbesondere in den Großstädten, hier vor allem in Warschau und dort in Intellektuellen- und Künstlerkreisen und dem Anschein nach ab Beginn der 80er Jahre, ergeben konnten. Ein öffentliches Bekenntnis zur Homosexualität war aber nicht möglich, vielmehr mussten Homosexuelle bei Bekanntwerden ihrer sexuellen Orientierung mit Ausgrenzung und gar Vertreibung rechnen, wie einzelne Beispiele nahelegen. Auch wenn man in Rechnung stellt, dass Homosexuelle Opfer von staatlicher Erpressung wurden, wie es ebenfalls von WARKOCKI (2006), aber auch von einer *TNPo* im Interview festgehalten wird, so fand die Ausgrenzung Homosexueller ja nicht auf dem Boden des Strafrechtes statt, denn Homosexualität war nicht verboten. (In Warschau zumindest gab es den Angaben in einem Interview zufolge sogar Lokale für Homosexuelle.) Die Erpressbarkeit Homosexueller durch den Staat konnte offenkundig nur unter Ausnutzung des auch auf dem Boden der religiösen Normierung der Gesellschaft gedeihenden Heterosexismus (HEREK, 2004) erfolgreich sein. Auf diesem Umweg lieferte die Religion dem autoritären Staat sogar einen Hebel zur Unterdrückung Homosexueller, indem sie in der Überzeugung, die eigene religiöse Lehre beinhalte die fundamentale, reine Wahrheit, aufgrund ihrer Stellung in der Gesellschaft diese Überzeugungen dort tief auf der Meso-Ebene verankert hatte. Ausgrenzungen Homosexueller konnten dann innerhalb von

Familien geschehen, führten aber auch zur Vertreibung aus ihrem Heimatort. Folgt man den Informationen aus den Interviews, ist Homosexualität dabei auch oftmals mit Pädophilie assoziiert (gelegentlich gibt es auch Hinweise auf Transsexualität) worden. Treibende Kraft der Ausgrenzung war immer die Kirche, antihomosexuelle Einstellungen waren Ausdruck religiöser Werte, was nicht verwunderlich ist, wenn die katholische Kirche Sexualität bekanntermaßen nur als Mittel zum Fortpflanzungszweck sieht, gegen den Homosexuelle verstoßen. Antihomosexuelle Einstellungen in der Volksrepublik Polen hatten demnach *Wertausdrucksfunktion* (vgl. HEREK, 1986, 1988, 1993). Als Vorurteile sind sie Ausdruck fundamentalistischer religiöser Überzeugungen (vgl. ALTMEYER & HUNSBERGER, 1992 u. SCHWARTZ & LINDLEY, 2005) und stehen im Dienste des sexuellen Stigmas und des sexuellen Vorurteils, wie sie HEREK (2004) beschrieben hat.

Von daher erscheint es überraschend, dass zwei Drittel der *TNPo* bereits in der Volksrepublik Polen Kontakte mit Homosexuellen hatten. Dieser Befund ist erklärungsbedürftig. Folgt man den durchgängigen Angaben der *TNPo*, dass Homosexuelle sich sehr diskret und verdeckt verhielten, könnte es sein, dass unter der Bedingung dieses diskreten Auftretens Homosexualität implizit geduldet war, was in das oben geschilderte Schema der Doppelbödigkeit passen würde. Solange sie nicht eine gewisse Grenze der Wahrnehmbarkeit überschritten, gab es u. U. enge Spielräume. In diese Richtung weist beispielsweise, dass ein bekanntermaßen homosexueller Cousin zwar zur Familienfeier eingeladen wurde, dort aber von sich aus versuchte, mit einer der Interviewten zu flirten. Auch der homosexuelle Lehrer wurde „erst" dann vertrieben, als er zu vielen Schülern Nachhilfeunterricht gegeben hatte, die gar keine Hilfe nötig hatten. Die Lokale in Warschau waren schwer zu finden. Das offen homosexuell auftretende Frauenpaar an der Universität wurde wiederum geschnitten. Es könnte durchaus so gewesen sein, dass es unsichtbare Grenzen gab, innerhalb derer Homosexualität eine gewisse Duldung erfuhr, was auch abhängig vom jeweiligen Kontext war. Der homosexuelle Priester, der sich mit Sicherheit nicht in der Gemeinde als homosexuell zeigte, ließ dies aber in anderen Kontexten (Künstler- und Intellektuellenkreise) durchblicken.

Unter Bezugnahme auf die Ausgangsannahme bestätigt sich zwar, dass Homosexuelle vor dem Hintergrund der religiös normierten polnischen Gesellschaft ausgegrenzt wurden, wobei hier dem Anschein nach bezüglich der antihomosexuellen Einstellungen vor allem eine fundamentale Wertausdrucksfunktion zum Tragen gekommen ist. Allerdings lässt sich nicht behaupten, Begegnungen mit Homosexuellen seien sehr unwahrscheinlich gewesen. Sie fanden in der Mehrheit der Fälle in dieser Teilstichprobe durchaus statt.

Ausgangsannahme 3:

> *Auf der Mikro-Ebene der Einstellungen fanden in der Herkunftsgesellschaft gemachte Erfahrungen im Umgang mit Homosexualität und Homosexuellen ihren anhand von charakteristischen Mustern zu identifizierenden Einfluss.*

Will man die spezifisch aus den Kontexten und Bedingungen der Herkunftsgesellschaft resultierenden, mitgebrachten oder darauf basierenden antihomosexuellen Einstellungen identifizieren, stößt man auf die Schwierigkeit, dass die *TNPo* im Durchschnitt bereits seit über 22 Jahren in Deutschland leben (mindestens 15, höchstens 32 Jahre), sodass inzwischen schon Transformationsprozesse stattgefunden haben dürften, so wie sie bereits für die *TNeS* vermutet wurden. Dennoch wird angenommen, dass spezifische, auf die Herkunftsgesellschaft zurückzuführende Tendenzen dieser Einstellungen aufzufinden sind.

Die Situation Homosexueller und der Umgang mit Homosexualität in Deutschland finden recht einheitliche Beschreibungen dahingehend, dass ihre öffentliche Präsenz durchaus wahrnehmbar ist, aber mit kämpferischem und eher offensivem Auftreten – vor allem der Männer – verbunden wird, was sowohl positive wie negative Bewertungen erfährt. Gemeinsam ist den *TNPo* zumeist allerdings, dass sie dies so geschilderte Auftreten als Ausdruck weiter bestehender Diskriminierung auffassen und dass Homosexuelle es deshalb verstehen, offensiv für ihre Rechte einzutreten, was nicht selten auch als bedrohlich angesehen wird. Dessen ungeachtet wird aber auch festgestellt, dass der emanzipatorische Kampf Homosexueller durchaus Erfolge hatte. Damit wird in Teilbereichen eine recht realistische Gesamteinschätzung der sozialen Lage und der Makro-Ebene, bezogen auf die Situation Homosexueller, beschrieben. Allerdings sind solche Feststellungen unabhängig von ihrer Bewertung durch die *TNPo*. Die Wahrnehmung, dass Homosexuelle offensiv auftreten und sich für die Erkämpfung von Rechten einsetzen, findet bei etwa der Hälfte der Frauen eine negative Beurteilung, von einer starken homosexuellen *Lobby* ist die Rede, von der *Bedeutungslosigkeit* Homosexueller für die Gesellschaft, von *auf die Pauke hauen* etc. Hierin könnte ein Zusammenhang zu dem Befund bestehen, dass in Polen unter der Voraussetzung, Homosexuelle verhielten sich diskret, eine gewisse Duldung bestand (s. o.). Andererseits muss festgehalten werden, dass der Durchsetzung eigener Rechte durch Homosexuelle im Einzelfall durchaus auch positiv und mit einer affirmativen Haltung begegnet wird.

Wenn nach den persönlichen Einstellungen Homosexuellen gegenüber gefragt wurde, so kamen regelhaft solche Stellungnahmen zum Ausdruck, die bezeugen sollten, *kein Problem* mit Homosexuellen zu haben oder das Thema für irrelevant zu halten. Dies verblieb jedoch vielfach an der Oberfläche expliziter Äußerungen (vgl. STEFFENS, 2005); bei näherem Hinsehen wurde dann deutlicher, dass darunter deutlich ablehnende Haltungen bereit lagen, die in der

Regel im Kontext weiter bestehender religiöser Überzeugungen wurzelten. Entwertende Äußerungen finden sich bei vielen *TNPo*, sei es, dass ohne Umschweife in klarer Sprache Ablehnung bekundet wurde, sei es, dass nebenbei von Widernatürlichkeit und dem Bedürfnis nach Abstand gesprochen wurde, selbst wenn ansonsten – auch wiederholt – positive Einschätzungen nicht fehlen. Hier kann also durchaus auch ein Mischungsverhältnis von automatischen und kontrollierten (mentalen) Prozessen (vgl. DEVINE, 1989) angenommen werden – mit Schwerpunkt auf ersteren, wobei darauf hingewiesen werden muss, dass die entwertenden Äußerungen sehr häufig im widerspruchsfreien Einklang mit den verinnerlichten Wert- und Normvorstellungen der *TNPo* stehen, also sehr wohl gleichermaßen kontrollierte Prozesse repräsentieren.

Klare Entwertungen gibt es bei den Äußerungen zur rechtlichen Gleichstellung, insofern sie mit religiösen Überzeugungen in Konflikt geraten. Die sogenannte „Homo-Ehe" stößt aber auch aus Gründen der Kritik an der Institution Ehe überhaupt auf Ablehnung, wobei diese Begründung aber in nur einem Fall stichhaltig wirkt. Bemerkenswert hinsichtlich dieser Fragestellung ist auch, dass die Frage nach der Ehe implizit im Hinblick auf das kirchliche Sakrament der Ehe verstanden wird. Dann immerhin aber lehnt ein Viertel der *TNPo*, z. B. mit dem Hinweis darauf, dass es sich um eine „*sterbende Familie*" handelt, diese Form der Absicherung homosexueller Partnerschaften ab. Und nur eine Minderheit befürwortet das Adoptionsrecht, dem die meisten der *TNPo* mehr oder weniger ablehnend gegenüberstehen, ohne Einschränkung. Dabei kommen durchaus stark entwertende Äußerungen vor, es ist von „*Dekadenz*" und „*Empörung*" die Rede. Wenngleich in der Gruppe insgesamt gesehen knapp die Zustimmung zur rechtlichen Gleichstellung überwiegt, so ist der Anteil der ablehnend eingestellten Frauen doch auffallend hoch. Dort, wo die Ablehnung entweder der „Homo-Ehe" oder/und des Adoptionsrechtes artikuliert werden, steht sie in Verbindung zu religiösen Überzeugungen und hat dadurch Wertausdrucksfunktion (vgl. HEREK, 1986, 1988, 1993).

In der Schilderung spezifischer Merkmale Homosexueller dominiert darüber hinaus die geteilte Einschätzung, dass sie sich nicht an gängigen Rollenmerkmalen der Geschlechter orientieren. Dabei bestehen Stereotypisierungen von homosexuellen Männern als vorwiegend weiblich und homosexuellen Frauen als vorwiegend männlich orientiert, was sich am Verhalten und Aussehen ablesen lasse, womit wiederum auf heteronormative Eigenschaftszuschreibungen (nicht allein in der Herkunftsgesellschaft) und Klischeezuschreibungen (vgl. RAUCHFLEISCH, 1997) verwiesen wird. Derlei Attribuierungen finden sich widerspruchsfrei neben den Auffassungen, in homosexuellen Partnerschaften gebe es einen männlichen und einen weiblichen Part. Auch solche Aussagen sind natürlich einer heteronormativen Grundausrichtung geschuldet, erklären aber noch nicht, wie eine grundsätzlich immer männlich wirkende homosexuelle Frau in einer an solchen Rollenverteilungen ausgerichteten Partnerschaft den weiblichen Part übernehmen kann. Hier kommen gewiss ungeprüfte Vorurteile zum Tragen, die nicht zwingend bereits in der Herkunftsgesellschaft Polen generiert worden sein müssen. Auch die persönliche Kontakterfahrung zu Homosexuellen hat nicht unbedingt einen Einfluss auf solche Vorstellungen. Wo sie jedoch differenzierter betrachtet werden, liegen auch Kontakterfahrungen vor. Mit einer gewissen Regelmäßigkeit werden insbesondere aber für homosexuelle Männer die weiblichen Attribuierungen, z. B. mit ihrer vorgeblichen Neigung, stark auf Pflege und Mode Wert zu legen, verbunden. Homosexuelle Frauen würden darauf deutlich weniger Wert legen.

Keine zu vereinheitlichende Tendenz besteht zunächst bei den Auffassungen zur Genese von Homosexualität, die in ihrer Ausprägung aber beinahe durchgängig als unveränderbar aufgefasst wird. Unter der Vielzahl von Möglichkeiten, die benannt werden, dominieren jedoch diejenigen, die genetische Ursachen in Betracht ziehen. In immerhin drei Fällen wird auch die „Verführungstheorie" genannt, womit implizit auf Homosexualität als Folge des Kontaktes zu pädophilen Erwachsenen rekurriert wird. Nimmt man die Vermutung, dass adoptierte Kinder in homosexuellen Partnerschaften ebenfalls in ihrer sexuellen Orientierung beeinflusst werden könnten, hinzu, so klingen in immerhin fünf Fällen – neben der Überzeugung von genetischen Ursachen – Übergriffe durch pädophile Erwachsene als Ursache für Homosexualität durch. Nun wird Homosexuellen ja nicht selten unterstellt, sie würden eine *„Verführungsgefahr"* für Kinder darstellen, womit ihnen RAUCHFLEISCH (1997) zufolge auch die erzieherische Kompetenz abgesprochen wird. Insofern könnte auch in solchen Überzeugungen ein – nicht direkt zum Ausdruck gebrachtes – Argument gegen das Adoptionsrecht für Kinder bestehen. In jedem Fall gibt es bezüglich der pädophilen Konnotierung von Homosexuellen starke Bezüge zur polnischen Herkunftsgesellschaft. Insofern überrascht es nicht, dass Homosexualität in Einzelfällen auch als Krankheit interpretiert wird und aufgrund dieser Ursachen mit Widernatürlichkeit identifiziert wird.

Wäre das eigene Kind homosexuell, so muss festgehalten werden, dass dieser Umstand, bezogen auf die ganze Gruppe, nicht eindeutig negativ aufgefasst würde. Und zusammenfassend kann gesagt werden, dass keine der *TNPo* ihr möglicherweise homosexuelles Kind ablehnen würde. Unter der Prämisse, dass der Fortbestand dieser für alle *TNPo* sehr wichtigen Beziehung zum eigenen Kind gesichert ist, würden sie seine Homosexualität akzeptieren oder tolerieren. Natürlich verweist die Verwendung der Begriffe *akzeptieren* und *tolerieren* immer auch darauf, dass es etwas zu akzeptieren und zu tolerieren gibt, was eng mit der Einsicht in das Unveränderbare und Unvermeidliche verbunden ist, aber noch nicht heißt, dass der akzeptierte oder tolerierte Umstand gutgeheißen wird. Was als erwähnenswerte Schwierigkeit häufiger, aber eben auch nicht durchgängig, zur Sprache kommt, ist der Verzicht auf den ausgeprägten Wunsch nach eigenen Enkeln. Es ist jedoch in dieser Gruppe nicht zu übersehen, dass die Hälfte der *TNPo* auf die Möglichkeit, das eigene Kind wäre homosexuell, nicht mit eindeutiger Ablehnung reagieren würde, was inhaltlich deutlich über die blande Formulierung, man würde es tolerieren, hinausgeht. Auf der Basis der Befunde von STEFFENS und WAGNER (2004) würde man erwarten, dass dieser Anteil weniger groß ausfällt, da in ihrer Stichprobe auch die toleranteren Frauen diese Option ablehnten. Aufgrund des vorliegenden Materials lässt sich im gegebenen Zusammenhang dieser Untersuchung zunächst keine stichhaltige Erklärung für diesen auffallenden Befund finden. Allerdings deckt sich diese Gruppe der Frauen fast ausnahmslos mit denen, die das Adoptionsrecht befürworten (nur bei einer liegen keine Angaben zur rechtlichen Gleichstellung vor). Und darüber hinaus sehen sich diese Frauen in ihrer Mehrzahl heute als distanziert zur Kirche und/oder zum Glauben oder gänzlich als ungläubig an. Möglicherweise zeigt sich bei einem Teil der *TNPo* ein Einstellungswandel dadurch, dass sie sich von traditionell-religiösen Wertvorstellungen lösen und andere Lebensformen besser akzeptieren können.

Zusammengenommen geht aus den Hinweisen unter die Bezugnahme auf die Ausgangsfragestellung hervor, dass in den einzelnen Teilbereichen zu Einstellungen zur Homosexualität auf der Mikro-Ebene ein recht uneinheitliches Bild besteht. Recht unabhängig davon bestehen aber eher einheitliche Vorstellungen von an heteronormativ präformierten Ansichten orientierten gegengeschlechtlichen Attribuierungen Homosexueller. Wenn aber Bezüge zur Herkunftsgesellschaft hergestellt werden können, dann handelt es sich um Einstellungen, die Homosexuellen zwar Spielräume zugestehen, aber ein offensives Auftreten Homosexueller ablehnen. Außerdem besteht eine Übereinstimmung mit zumindest impliziten Auffassungen in Polen, Homosexualität sei im assoziativen Kontext von Pädophilie zu verorten. Darüber hinaus sind Bezüge zur Herkunftsgesellschaft immer dann maßgeblich, wenn im Kontext von Einstellungen zu Homosexuellen religiöse Werte tangiert werden. Sodann erfolgen klare Stellungnahmen gegen die rechtliche Gleichstellung. Es gibt deutliche Hinweise, dass mit einer nach wie vor bestehenden starken religiösen Bindung weiterhin antihomosexuelle Einstellungen verbunden sind, die jedoch in Einzelaspekten auch unabhängig davon zum Ausdruck gebracht werden. Insgesamt entsteht der Eindruck, dass Transformationsprozesse eingesetzt haben, die möglicherweise mit der inzwischen sehr langen durchschnittlichen Verweildauer in Deutschland in Verbindung stehen könnten.

Ausgangsannahme 4:

> *Unter den spezifischen Bedingungen der Zuwanderungssituation erleben sich die befragten Frauen selbst in einem Minderheitenstatus. Integrationserfolge auf der Meso-Ebene lassen sich anhand von Zugängen zu Netzwerken und der Eingliederung auf dem Arbeitsmarkt mit damit verbundenen Kontaktmöglichkeiten zu Angehörigen der aufnehmenden Gesellschaft ablesen.*

Legt man einen Querschnitt durch die gesamte Gruppe den *TNPo* an, fällt auf, wie sehr bei vielen von ihnen ihre Identität auch in der Zuwanderungssituation auf hergebrachten Identitätskonzepten basiert. Dabei wird die nationale Herkunftsidentität kaum infrage gestellt, sie unterliegt auch keiner negativen Konnotierung. Legt man Maßstäbe der Theorie der sozialen Identität (vgl. TAJFEL & TURNER, 1979) an, so kann man feststellen, dass mit diesem Identitätsaspekt in der Zuwanderungssituation kein Statusverlust verknüpft wird. Auch kann Diskriminierungserfahrungen selbstbewusst begegnet werden, weil mitgebrachte, normativ wirksame, kollektive Identitäten zunächst beibehalten wurden. Die nationale Identität als Polin ist verknüpft mit der kollektiv geteilten und individuellen Identität als Katholikin, deren Salienz weiterhin Bestand hat, und die in aller Regel zwar Modifizierungen unterliegt, was einzelne Einstellungen zum Glauben und zur Institution Kirche betrifft, die aber implizit (vgl. SIMON, 2004) weiterhin die Matrix für bedeutsame Selbst-Aspekte (Leistungsfähigkeit, Pflichtbewusstsein, Tatkraft, Familienorientierung) abgibt. Die Salienz der katholischen Identität wird auch darin deutlich, dass die *TNPo* sich nicht in erster Linie als Spätaussiedlerinnen oder Zuwanderinnen ohne deutsche Herkunft kategorisieren – dies spielt in den Interviews keine tragende Rolle. Wenn also die Herkunft vor allem mit der Verwurzelung im katholischen Glauben und Heimatverbundenheit i. S. auch der familiären Orientierung verknüpft ist, könnte dies als Strategie gewertet werden, ein positives Selbstkonzept aufrechtzuerhalten, auch wenn die Begegnung mit Deutschen oftmals zur Konfrontation mit Vorurteilen führt. Im sozialen Vergleich fielen die Urteile bezüglich der eigenen Werte nicht unbedingt negativ aus, vielmehr wird zum Beispiel der Auflösung traditioneller Rollenmuster, die in Deutschland tendenziell wahrgenommen werden, kritisch gesehen. Dabei wird auffallend häufig auf die eigene familiäre Verwurzelung hingewiesen. Die weibliche Rolle als mütterlich und versorgend steht im Vordergrund.

Nicht wenige in dieser Gruppe hatten durchaus positive Erfahrungen in der Begegnung mit Angehörigen der aufnehmenden Gesellschaft, manch eine unter ihnen schildert Begebenheiten, wo sie in diskriminierenden Situationen Unterstützung durch Deutsche erhielt. Diese personalisierten Begegnungen mögen Stereotypisierungen von Deutschen als Mitgliedern der aufnehmenden Gesellschaft entgegengewirkt haben, und auf diesem Wege könnten sukzessive Dekategorisierungsprozesse angestoßen worden sein, die auf Dauer gesehen Assimilation begünstigten. Und es konnten im Dienste der wechselseitigen Intergruppen-Differenzierung Aspekte der vormals kollektiven Identität innerhalb des individuellen Identitätskonzeptes beibehalten werden (vgl. SIMON, 2004). Eine Selbst-Kategorisierung als Katholikin ließ sich auch innerhalb der aufnehmenden Gesellschaft aufrechterhalten, während zugleich neue Identitätsaspekte hinzutraten, indem die Zuwanderungssituation im Laufe der Zeit neue Kontexte eröffnete und Erweiterungen von Selbst-Kategorisierungen zuließ, was schließlich auch in Netzwerken, wie sie die berufliche Integration bereitstellte, ermöglicht wurde, wodurch wiederum Rekategorisierungen und neue geteilte Gruppenidentitäten generiert werden konnten. Wenn aber die berufliche Situation unsicher ist (und damit das Gefühl der Anerkennung) und familiäre Bindungen in das Heimatland stark sind, besteht eher der Wunsch nach Rückkehr. Andererseits kann durchaus eine polnische Identität bestehen bleiben, wenn in Deutschland der berufliche Status gesichert ist und enge Bindungen und Kontakte bestehen, die wiederum durch den Arbeitsplatz gewährleistet werden. Allerdings muss bei dieser Teilstichprobe in Rechnung gestellt werden, dass sie im Durchschnitt bereits eine sehr lange Verweildauer in der Aufnahmegesellschaft kennzeichnet, wodurch allein schon die Wahrscheinlichkeit stieg, in vielfältigen Kontexten Fuß zu fassen und damit ihre Selbst-Interpretationen zu erweitern. SIMON (2004) weist darauf hin, dass dies auch mit einer Bereitschaft der Person, solche Erweiterungen vorzunehmen, zusammenhängt. Demgegenüber muss aber auch die Gesellschaft die Möglichkeit von erweiterten Kontexten bereithalten (vgl. MUMMENDEY & SIMON, 1997). Wenn man dies auf den wirtschaftlichen Integrationserfolg dieser Teilstichprobe bezieht, fällt auch in dieser Hinsicht auf, dass sie in aller Regel schon sehr lange in Deutschland leben, d. h. in einer Zeit zuwanderten, als die Arbeitsmarktlage noch bessere Chancen bot als seit Beginn der 90er Jahre. Auch damit könnte es zusammenhängen, dass beinahe alle Frauen beruflich integriert sind, wobei auch GREIF et al. (2003) darauf hinwiesen, dass die Integration am Arbeitsmarkt polnischen Zuwanderinnen noch vergleichsweise gut gelang.

Unter solchen Voraussetzungen (relativ frühe Zuwanderung, stabile kollektive Identitätskonzepte, die in der Zuwanderungssituation keine umfassende Entwertung erfuhren, positive Erfahrungen in der Zuwanderungssituation mit Angehörigen der aufnehmenden Gesellschaft) wurde der Zugang zu nicht ausschließlich mit der Herkunftsgesellschaft verknüpften Netzwerken befördert, sodass bei fast allen der *TNPo* vielschichtige Kontakte bestehen. Daneben bestehen weiterhin enge Bindungen an Polen, in der Regel zu Familienangehörigen. Deutschland als Lebensmittelpunkt wird dabei jedoch nicht zur Disposition gestellt.

Hinsichtlich der Identitätsfunktionen kann sich das Gefühl der Zugehörigkeit nun aus verschiedenen Quellen speisen und ist nicht so sehr auf die Anerkennung als Deutsche angewiesen. Als Polinnen und Katholikinnen erleben sie sich sowohl in ihrer Herkunft als auch in ihren Familien und ihrer Glaubensgemeinschaft verankert. Berufsumfeld und Freundeskreis spielen ebenfalls eine wichtige Rolle. Auch gibt es bei den polnischen Frauen durchaus Stimmen, die betonen, dass deutsche Frauen weniger weiblich sind. In ihrem eigenen Konzept von Weiblichkeit finden sich gelegentlich Hinweise darauf, dass sie sich als femininer in Aussehen, Kleidung und Auftreten erleben. Auch der Glaube dient der Abgrenzung, indem die eigenen Werthaltungen betont werden. Zudem grenzen sich einige *TNPo* aber innerhalb ihrer Glaubensgemeinschaften von einzelnen abgelehnten Moralvorstellungen ab. Durch die eher positiv erlebte Zugehörigkeit zur Gruppe der aus Polen stammenden Migranten und der damit verbundenen Werte, bezogen auf Religion und Familie, stehen auf unterschiedlichen Ebenen Quellen von Achtung und Respekt zur Verfügung, was auch in der oftmals recht selbstbewussten und souveränen Haltung Ausdruck findet. Allerdings hat dies seinen Preis, wenn zum Beispiel innerhalb der Gemeinden oder auch innerhalb der Familien Kompromisse geschlossen werden müssen.

Durch ihre oftmals gesicherten Positionen in den verschiedenen Bezugsgruppen wird die eigene Existenz als im sinnvollen größeren Zusammenhang stehend betrachtet, was vor allem durch die Familie und den Glauben bestärkt wird. Auch hier hat aber zudem die Berufstätigkeit einen hohen Stellenwert. Insgesamt ist wohl ein Zusammenspiel aller Faktoren von Bedeutung, weil das Fehlen wichtiger Bereiche der Zugehörigkeit und/oder Selbstverwirklichung oder auch nur das antizipierte Verlustiggehen eines dieser Bereiche wie der Berufstätigkeit zu erheblichen Zweifeln führen. Bezogen auf die Selbstwirksamkeit haben fast alle *TNPo* die Erfahrung machen können, dass sie mit eigener Tatkraft ihre Situation maßgeblich beeinflussen können, was allein schon durch die erfolgreiche soziale und ökonomische Bewältigung der Migrationssituation zum Ausdruck kommt. Aber auch hierbei ist die Zugehörigkeit zu verschiedenen Netzwerken von übergeordneter Bedeutung.

Bezogen auf die eigene Situation im Kontext der Zuwanderung lässt sich festhalten, dass für die *TNPo* zur polnischen Herkunft in aller Regel ein ungebrochenes und affirmatives Verhältnis besteht, was auf verschiedenen Aspekten wie familiären Bindungen, Traditionen und Religion fußt. Diskriminierungserfahrungen begegnen sie eher nicht defensiv, sondern oft souverän, wobei sie sich als berufstätige Frauen auch im Kollegen- und damit verbunden auch in Freundes- und Bekanntenkreisen integriert fühlen. Sie beschreiben in ihrer Mehrzahl Selbst-Aspekte wie Tatkraft, Pflichtbewusstsein und Leistungsorientiertheit, was sich in ihrer Motivation, rasch die deutsche Sprache zu erlernen, aber auch in ihrer beruflichen Situation widerspiegelt, und durch ihre Doppelrollen in den Familien als Hausfrau und Mutter sowie am Arbeitsplatz zum Ausdruck kommt. Familienorientierung ist dabei hauptsächlich Frauensache. Demgegenüber werden die in Deutschland angetroffenen Geschlechterrollenmuster als uneinheitlich und weniger verbindlich wahrgenommen, die tradierten Rollenmuster scheinen in ihren Augen hier variabel zu sein, was tendenziell eher kritisch gesehen wird. Einen wichtigen Bestandteil ihrer Identität bildet bei den *TNPo* nach wie vor die religiöse Erziehung, in der der zumeist bis heute graduell unterschiedlich wirksame Glaube wurzelt, der aber zumeist eine Orientierungshilfe darstellt und weniger als verbindliches Normengerüst aufgefasst wird.

In Hinsicht auf die Ausgangsfragestellung lässt sich festhalten, dass unter der Voraussetzung einer langen Verweildauer in Deutschland Integrationsprozesse weit fortgeschritten sind, sodass Erfahrungen mit Diskriminierung und

Vorurteilen in den Hintergrund treten konnten. Damit zusammen hängt jedoch auch, dass die an die *TNPo* herangetragenen Vorurteile auf der Identitätsebene keine Selbstentwertungen mit sich brachten, weil die hergebrachten Identitätskonzepte mit inhärenten Wert- und Normvorstellungen etc. weiterhin einer positiven Selbstbewertung unterlagen. In längerfristigen Prozessen kamen dadurch häufig Transformationsprozesse zustande, die in der Folge die Integration dieser Frauen beförderten.

Ausgangsannahme 5:

Mit der Ausweitung der Kontaktmöglichkeiten in der Aufnahmegesellschaft erhöht sich die Wahrscheinlichkeit, Homosexuellen auf personalisierter Ebene zu begegnen. Bestehende antihomosexuelle Einstellungen können dadurch und unter näher einzugrenzenden zusätzlichen Bedingungen revidiert werden.

Die in den Kontakterfahrungen mit Homosexuellen, die von den *TNPo* gemacht wurden, zum Ausdruck kommenden Unterschiede beruhen vor allem auf einem qualitativen und erst in zweiter Linie auf einem quantitativen Faktor. Dies entspricht den aufgefundenen Mustern bei den *TNeS*, die z. T., wie dargelegt, im Widerspruch zu in der Literatur diskutierten Effekten von Kontakterfahrungen stehen (HEREK, 1988; HEREK & CAPITANO, 1996; PETTIGREW, 1997, 1998).

Drei Frauen unter den *TNPo* schildern Begegnungen mit Personen, die sie für sich – auch biografisch – als bedeutsam einordnen, obwohl dabei in einem Fall nur ein begrenzter familiärer Kontakt in Polen bestand. Oftmals verbleiben die *TNPo* aber auch in ihrer ablehnenden Haltung, wenngleich durchaus nähere Kontakte zu Homosexuellen bestanden oder bestehen. Es trifft jedoch zu, dass die zunehmende Integration, gemessen an Berufstätigkeit und daraus resultierender Potenzierung der allgemeinen Kontaktmöglichkeiten, auch die Begegnungen mit Homosexuellen wahrscheinlicher machen. Bei der Tatsache aber, dass mit Ausnahme von zwei Frauen bereits alle anderen Homosexuelle kennen gelernt haben, muss in Rechnung gestellt werden, dass einige von ihnen ausschließlich in Polen Homosexuellen begegneten.

Hinsichtlich der Möglichkeit, Kontakte zu knüpfen, hat durchaus der Arbeitsplatz einen wichtigen Stellenwert, selbst wenn hier keine persönlichen Begegnungen zustande kamen. Im Einzelfall besteht dann aber Kenntnis über den Ehemann, der homosexuelle Kollegen hat oder hatte. Gelegentlich gibt es Homosexuelle im gemeinsamen Bekanntenkreis mit Deutschen oder auch in der Nachbarschaft. Es bestehen jedoch auch freundschaftliche Beziehungen oder solche, die zumindest so bezeichnet werden. Diese recht vielfältigen Bezüge kommen vielleicht nicht zuletzt auch dadurch zustande, dass kaum einer der

TNPo angibt, sie bewege sich ausschließlich in Kreisen von Zuwanderern aus ihrer Herkunftsgesellschaft. Lediglich zwei Frauen haben insgesamt recht wenige Kontaktmöglichkeiten – beide sind nicht berufstätig und fühlen sich explizit auch isoliert. Dementsprechend sind auch sie es, die in Deutschland keine Begegnungen mit Homosexuellen hatten. Die einzige andere Person, die nie Kontakte mit Homosexuellen hatte, ist Thea. Ihr Wirkungskreis begrenzt sich so gut wie ausschließlich auf die Kirchengemeinde, beruflich ist sie an einem Arbeitsplatz mit nur wenigen Mitarbeitern bei einem privaten Arbeitgeber tätig. Unter den verbleibenden Frauen kann weder eine einheitliche Tendenz ausgemacht werden, freundschaftliche Beziehungen zu Homosexuellen zum Anlass für positive Bewertungen zu nehmen, noch eher akzidentielle Begegnungen als in der Tendenz folgenlos für die Ausprägung von Einstellungen zu interpretieren.

Unterzieht man zunächst die Fälle, in denen intensive und auch explizit als freundschaftlich gekennzeichnete Kontakte zu Homosexuellen bestehen, einer genaueren Analyse, so spricht einiges dafür, dass dies auch mit positiveren Einstellungen einhergeht. Sowohl in Ritas wie auch in Tinis Freundeskreisen sind Homosexuelle zahlenmäßig stark vertreten. Zudem handelt es sich um zum Teil langjährig bestehende Freundschaften, die als in hohem Maße persönlich bedeutsam erlebt werden. **Tini** konnte auf tatkräftige Unterstützung ihres homosexuellen Freundes rechnen, als sie während ihres Studiums im Ausland entschied, im Westen zu bleiben. Sie fand Aufnahme nicht nur bei ihm, dem sie schon in der DDR begegnet war, sondern auch Zugang zu seinem erweiterten Freundeskreis, woraus sich weitere emotionale Bindungen ergaben. Ihre Bewertung Homosexueller fällt durchweg positiv aus, selbst wenn sie über beobachtete Verhaltensstereotype spricht, die zum Beispiel weibliche Attribuierungen betreffen. Was sie in diesem Sinne als *„tuntiges"* Verhalten identifiziert, bringt sie in Verbindung mit den Bedürfnissen ihrer Freunde. Sie hat beobachtet, dass dies als Lust am Spiel mit Geschlechterrollen verstanden und situativ eingesetzt werden kann. Solche Interpretationen wären nicht möglich, könnte sie nicht zwischen den Kontexten unterscheiden, in denen es auftritt oder eben nicht eingesetzt wird. Indem sie explizit von Bedürfnissen spricht und zwischen diesen Kontexten unterscheidet, zeigt sie Bereitschaft zu Perspektivübernahme und Empathie. Hier kann unter der Bedingung von Freundschaft, wie sie PETTIGREW (1998) und SIMON (2004) herausstellen, Freundschaft zur Basis tiefer gehender Vertrautheit und Offenheit werden. Wenn die feminine Attribuierung männlicher Homosexueller als typische Stereotypisierung angesehen werden kann, dann kann auch das Typikalitäts-Konzept von HEWSTONE und LORD (1998) zur weiteren Erklärung herangezogen werden. Tini hat typische Vertreter der Gruppe der Homosexuellen als Freunde – Stichwort *tuntig*. Auf dem Wege vielfältiger, wiederholter Kontakte zu Homosexuellen ist zudem die Funktion des *Bookkeeping* erfüllt. Und zuletzt kommen ihr assoziativ sofort die Begegnungen mit

Homosexuellen in den Sinn, die sie außerordentlich positiv bewertet. Dennoch muss auch unterstrichen werden, dass ihre Kontakte zu Homosexuellen qualitativ tiefgehend und vertraut sind, von Beginn an hatte sie hochgradig personalisierte Begegnungen mit Homosexuellen.

In ähnlicher Weise wie Tini zeigt auch **Rita,** dass sie sich mit der Situation Homosexueller auseinandergesetzt hat. Sie kennt die Situation ihrer lesbischen Freundin genau und weiß, weshalb sie darauf verzichtet, sich öffentlich an ihrem Arbeitsplatz zu ihrer Homosexualität zu bekennen – weil sie nämlich Angst vor Ausgrenzung hat, was angesichts der Befunde aus der Studie von KNOLL et al. (1995) nicht verwundern kann. Das heißt aber, dass Rita ihrerseits die Realität anerkennt, dass Ausgrenzung Homosexueller nach wie vor stattfindet und sich in die Situation ihrer Freundin hineinversetzen kann. Wie Tini gehört sie zu den Frauen, die kaum antihomosexuelle Einstellungen und entwertende Stereotypisierungen erkennen lassen.

Wenn demgegenüber auch **Karin** von einer Freundschaft mit einem homosexuellen Kollegen berichtet, bleiben daneben ihre eindeutig homosexuellenfeindlichen Einstellungen bestehen. Sie will explizit nichts von seiner Lebenssituation wissen, sagt *„da Ende"*, wo sie sich näher auf ihn hätte einlassen können, um etwas Näheres zu erfahren. Karin begründet dies mit ihrer bestehenden negativen Einstellung, die als unveränderbar angesehen wird und durchaus nicht als automatischer mentaler Prozess (DEVINE, 1989) angesehen werden kann, weil er die Wert- und Moralvorstellungen repräsentiert, die sie sich zu eigen gemacht hat. Der Kontakt wird nicht als Möglichkeit gesehen, daran etwas zu ändern. Ähnlich wie Karin verbleibt **Helena** in ihrer ablehnenden Haltung Homosexuellen gegenüber. Obwohl sie freundschaftliche Beziehungen zu Homosexuellen angibt, wird nicht deutlich, dass sie sich mit ihrer Situation auseinandersetzt. Vielmehr lehnt sie mit deutlichen Worten die Emanzipationsbestrebungen Homosexueller sogar klar ab. Die Vertreibung des homosexuellen Lehrers aus dem Heimatort befürwortet sie, *obwohl* sie mit ihm befreundet ist. Was sie an Kontakten mit anderen Homosexuellen schildert, läuft auf kontroverse Diskussionen hinaus, die keinerlei Einstellungsänderungen mit sich bringen. Sogar in der Interviewsituation noch wurde deutlich, wie sie apodiktische Urteile fällte, an denen es nichts zu verändern galt. In beiden Fällen fehlt gegenüber den erstgenannten Beispielen jede Offenheit, die Lebenssituation Homosexueller im Sinne der von GADAMER (1975) identifizierten dritten *Erfahrensweise des Du* zu antizipieren, also die Offenheit, im Anderen das Andere gelten zu lassen. Es gibt keinen Hinweis darauf, dass z. B. Helena sich in den inneren Zustand des vertriebenen Lehrers hinzuversetzen versuchte, was MILCH (2000) als Grundvoraussetzung für die Möglichkeit, sich in *„fremdseelische Vorgänge"* einzufühlen, bezeichnet. Im Unterschied zu ihr, die sich grundsätzlich als tolerant bezeichnet, ist Karin diese innere Verweigerungshaltung aber bewusst – sie will die Perspektivübernahme gar nicht erst in Erwägung ziehen. Was diese beiden Frauen verbindet, ist ihre gemeinsame Verwurzelung im katholischen Glauben bzw. im katholisch fundierten Normensystem, das prinzipiell bejaht wird. So ist auch die Empörung als Ausdruck moralisch legitimierter Wut verstehbar, die außer Karin und Helena auch Thea ganz besonders deutlich gegenüber Homosexuellen zum Ausdruck bringt, z. B., wenn es um das Adoptionsrecht geht. Auch Rita hatte zwar angegeben, dass *„das sitzt"*, aber sie hat innerlich dazu Distanz geschaffen, wenn sie sich auch bewusst ist, dass sie sich nie aus dieser Herkunft wird lösen können. Sie ist sich hinsichtlich der Wirksamkeit ihrer durch die Herkunft verankerten Wert- und Moralvorstellungen bewusst, die von ihr jedoch einer bewussten und kritischen Reflexion unterzogen werden. Bei ihr wird das Verhältnis von automatischen zu davon abweichenden kontrollierten mentalen Prozessen im Sinne DEVINES (1989) also recht gut deutlich.

Für die Bedeutung eher unhinterfragter katholisch fundierter Normen im Kontext der Einstellungsausprägungen Homosexuellen gegenüber sprechen auch andere Beispiele. **Tina,** die sich vordergründig ebenfalls tolerant gibt, sagt andererseits relativ schnell *„stopp",* wenn Homosexuelle zu deutlich in Erscheinung treten. Andererseits gibt es Beispiele, in denen auch eine tiefe Verbundenheit zum Katholizismus, wie sie bei **Eva** gegeben ist, Offenheit im Kontakt mit Homosexuellen zulässt. An ihrem Beispiel zeigt sich, wie die Möglichkeit zur Perspektivübernahme, verbunden mit Einfühlung – beides Komponenten von Empathie (vgl. KÖRNER, 1989) –, zu einer sehr differenzierten und verständnisvollen Haltung gegenüber dem angeheirateten, homosexuellen Verwandten, der sie auf einer Hochzeitsfeier als *„Alibi"* brauchte, führte. Obwohl diese Begegnung auch schmerzhaft für sie selbst gewesen ist, hat sie dennoch nicht zur Folge, dass sie in einer ganz ähnlich gelagerten Situation mit dem *„latent"* homosexuellen Kollegen eine moralische Wertung vornimmt, obwohl auch dieser in Polen eine *„Alibi-Familie"* hat. Sie hat ganz offensichtlich eine Vorstellung davon, mit welchen Problemen Homosexuelle konfrontiert sind. Sie ist auch eine derjenigen, die noch mit am deutlichsten Verständnis für und Einsicht in die Motive Homosexueller haben, sich offensiv für ihre rechtliche Gleichstellung einzusetzen, während beispielsweise Helena hier einen Vergleich mit dem Untergang Roms zieht. Im Vergleich mit Helena lässt sich bei Eva auch zeigen, dass eine innere Relativierung katholischer Moral- und Normvorstellungen ohne Empathie allein nicht zu größerer Toleranz führt, denn beide, Eva und Helena, können, um nur zwei Beispiele zu nennen, vorehelichen Geschlechtsverkehr und Ehescheidung durchaus mit ihrem katholischen Glauben vereinbaren.

Geht man den in diesen exemplarisch dargestellten Fällen zum Ausdruck kommenden Hinweisen nach, so ergibt sich eine Kombination von Bedingungen, die zu modifizierten, weniger negativ ausgeprägten Einstellungen Homo-sexuellen gegenüber führen könnten. Da, wo keine oder kaum Kontakterfahrungen mit Homosexuellen bestehen, sind bestehende Vorurteile dann besonders ausgeprägt, wenn sie darüber hinaus mit rigiden religiös fundierten oder fundamentalen Wert- und Moralvorstellungen kombiniert sind (vgl. ALTMEYER & HUNSBERGER, 1992, u. SCHWARTZ & LINDLEY, 2005). Unter der Voraussetzung, dass diese Überzeugungen einer inneren Relativierung unterzogen werden können, sich also eher einer *Questing Orientation* annähern (vgl. ALTMEYER & HUNSBERGER, 1992), besteht in Verbindung mit der Möglichkeit, Homosexuellen empathisch zu begegnen, eine gute Voraussetzung zur Änderung von Einstellungen. Diese Veränderungen sind nicht primär von der Häufigkeit und Intensität der Kontakte abhängig, sondern auch von der Bedeutung, die eigenen Erfahrungen beigemessen wird. Hierzu muss eine individuelle Offenheit bestehen, um diese neuen Einstellungen erwägen und in die eigenen Selbst-Konzepte integrieren zu können. Allerdings könnte die Häufigkeit der Kontakterfahrung einen wichtigen Einfluss darauf haben, ob Einstellungen punktuell oder in der Breite Modifizierungen erfahren. So wie auch bei Eva neben ihrem Verständnis für die Bestrebungen nach rechtlicher Gleichstellung Homosexueller keine Änderung in ihrer an heteronormativen Klischees orientierten Einschätzung Homosexueller festzustellen ist, weil der „*latent*" homosexuelle Kollege noch zu deutlich in dieses Konzept zu passen scheint, was durch vielfältigere Kontakterfahrungen möglicherweise weniger stark zu Stereotypisierungen führen würde. In dieser Hinsicht orientieren sich ihre Einstellungen auch an dem Prinzip des *Subtyping* (HEWSTONE und LORD, 1998).

Die Überlegungen zur Bedeutung von Offenheit und Empathie finden sogar dann Bestätigung, wenn überhaupt keine relevante Kontakterfahrung gemacht wurde. **Gabi,** deren Angaben zwar weitgehend unspezifisch bleiben, die jedoch sowohl die rechtliche Gleichstellung hinsichtlich „Homo-Ehe" als auch Adoption befürwortet und der es „*egal*" wäre, wenn ihr Sohn homosexuell wäre, kann hier als Beispiel angeführt werden. Ihr Ehemann hatte sie mit ihrer besten Freundin betrogen und sich dann von ihr scheiden lassen. Obwohl sie nach wie vor darunter leidet, sagt sie, sie könne ihn verstehen, weil sie wisse, was es heißt, wirklich zu lieben, denn sie selbst hatte ihrerseits bereits in Polen eine Beziehung zu einem verheirateten Mann gehabt. Sie kann zwischen dem eigenen und dem Bedürfnis des anderen unterscheiden, weil sie beide Seiten kennt, weshalb sie auch sagen kann, dass es schwer für sie wäre, wenn ihr Sohn homosexuell wäre, diese Möglichkeit aber nicht ablehnt, weil sie begreift, dass Liebe weder von der Institution der Ehe abhängig ist, noch vor sexueller Orientierung Halt macht.

Während Gabi sehr wohl erkennt, dass sie zum Beispiel in ihrer Kirchengemeinde mit ihrer Meinung allein dasteht und nicht grundlos sogar weitgehend die eigene Scheidung verschweigt, zeigt sie eine große innere Stärke, sich eine eigene Meinung gegen diese Widerstände zu bilden und zu bewahren. Möglicherweise würden ihr die Kontakte zu Homosexuellen eher möglich sein, wenn weniger normativer Druck durch die Gemeinde erfolgen würde.

Die Bedeutung der Sanktionierung solcher Kontakte zu Homosexuellen kommt ja ebenfalls in einigen Beispielen zum Ausdruck. Sei es, dass **Martha,** die in einem sehr großen Unternehmen arbeitet, die Erfahrung gemacht hat, dass Kollegen ihre Homosexualität nicht verbergen müssen, was offenkundig zur Unternehmenspolitik gehört, oder sei es am Beispiel einer Gruppe von Nachbarn: **Vera** schilderte wie sich eine Hausgemeinschaft zusammentat, einem Nachbarn bei seinem Coming-out zu helfen; im Intergruppen-Kontakt (vgl. SIMON, 2004) war dies gewissermaßen sogar gemeinsames Ziel. In der personalisierten Begegnung unter statusgleichen Nachbarn konnte die Situation des Hausbewohners, der Probleme mit seinem Coming-out hatte, erkannt, konnten seine Signale richtig gedeutet und seine Nöte (u. a. bestehende heterosexuelle Beziehung) verstanden werden. Wenngleich auch dies hier nicht ohne Empathie und Offenheit möglich gewesen wäre, verweist doch auch die Situation in Veras Firma auf eine ähnliche Dynamik. Als Kollegin von Eva und Helena arbeitet sie in derselben Firma, in der auch der statusgleiche, *„latent"* homosexuelle Kollege tätig ist. Auch hier besteht u. U. eine Firmenpolitik der Toleranz, die jedoch nur dann in der Breite wirksam werden kann, wenn die anderen Kollegen die Bereitschaft zu Empathie und innere Offenheit mitbringen, die ja, wie gesehen, bei Helena fehlen. Bezogen auf Vera heißt dies aber auch, dass durchaus freundschaftliche Kontakte zu Homosexuellen aufgenommen werden können, auch wenn religiöse Normvorstellungen *„latent"* beibehalten werden, wie die von der Ehe als traditioneller Form der Partnerschaft, die Homosexuellen nicht zugänglich zu sein braucht.

Nimmt man die Interpretation dieser Befunde aus der Gruppe der *TNPo* zusammen, ergibt sich hinsichtlich der Ausgangsannahme ein differenziertes Bedingungsgefüge für die Möglichkeit, positivere Einstellungen gegenüber Homosexuellen zu entwickeln. Erfolgreiche Integration, wie sie durch den Einstieg in den Arbeitsmarkt und darüber hinaus im Zugang zu Netzwerken mit gemischten Kontaktmöglichkeiten besteht, erhöht auch die Wahrscheinlichkeit, Homosexuellen auf personalisierter Ebene zu begegnen. Die Kontakterfahrung als solche, die eine *personalisierte Begegnung* überhaupt erst ermöglicht, gewinnt ihre Bedeutung vor allem auf dem Boden modifizierbarer (religiöser) Wert- und Normvorstellungen und der mitgebrachten individuellen Möglichkeit zu Empathie und zur Offenheit auch für die eigenen Erlebensweisen. Starke religiöse Fundierungen der eigenen Wert- und Normvorstellungen stehen, wo sie nicht relativiert werden können, der Entwicklung positiver Einstellungen Homosexuellen gegenüber klar entgegen.

5.1.3 Frauen ohne Migrationshintergrund (*TNoM*)

Modifizierte Ausgangsannahme 1:

> *Traditionen und Werte hatten maßgeblichen Einfluss auf die Entwicklung und Ausrichtung der Identität.* **Dieser Einfluss und seine Auswirkungen sind vor dem Hintergrund von bestehenden Zugehörigkeiten zu Netzwerken identifizierbar.**

Keine der *TNoM* thematisiert ihre nationale Identität als Deutsche. Ohne dass dies auch Untersuchungsgegenstand gewesen wäre, kann jedoch davon ausgegangen werden, dass die deutsche Identität auf höherer Inklusivitätsebene anzusiedeln ist und den explizit zum Ausdruck gebrachten Identitäten analog dem Figur-Grund-Verhältnis (vgl. KRECH & CRUTCHFIELD, 1948) implizit ist (vgl. SIMON 2004). Es fällt allerdings überhaupt auf, dass kollektive Identitäten an sich in dieser Teilstichprobe kaum zum Ausdruck kommen. Fokussiert man hinsichtlich des Identitätsthemas auf Gemeinsamkeiten, rücken andere Gesichtspunkte in den Vordergrund.
Dann wird die *soziale Orientierung* zum leitenden Identitätsmotiv. Die soziale Orientierung scheint Ankerpunkt und Gewähr für die mehrdimensionalen Identitätskonzepte in dieser Gruppe zu sein und spielte bereits bei der Mehrzahl der Befragten in ihrer Erziehung eine tragende Rolle, aus der heraus sie sich im Laufe der Jahre weiterentwickelt hat. Grundlegende Selbst-Aspekte beziehen sich auf das Werte- und Normensystem der in den eigenen Familien er- und gelebten sozialen Orientierung. Darauf scheint ein dehnbarer Familienbegriff zu basieren, der später auch um Freundschaften erweiterte Netzwerke beinhalten kann. Oder es bestehen Überschneidungen von Netzwerken aus Familie, Freundes- Bekannten- und Kollegenkreis, wodurch auf unterschiedlichen Ebenen zugleich vielfältige Möglichkeiten zur Sicherung von Identitätsfunktionen bestehen. Abgrenzbare Gruppen- oder kollektive Identitäten scheinen weniger Salienz zu haben als die übergeordnete Werteorientierung i. S. der oben genannten sozialen Orientierung, deren integrale Bestandteile Werte wie Freundschaft, Offenheit, Zuverlässigkeit, Aufrichtigkeit und Vertrauen sind. Deren hierarchische Favorisierung auf der Mikro-Ebene entspricht den im sozialen Feld der Meso-Ebene angetroffenen Bedingungen in den Primärfamilien, in denen diese Werte meistenteils vorgelebt wurden. Die Überschneidung identitätsstiftender Netzwerke sorgt wiederum für eine auffallende Kohärenz von Selbst-Strukturen, die dann ihrerseits wieder den Identitäten als Mutter, Kollegin, Freundin, Gemeinde-/Vereinsmitglied etc. inhärent sind (vgl. SIMON, 1995).
Damit ist die Übernahme traditioneller Rollenmuster hinsichtlich der Familienorientierung von Frauen verbunden. Zuvorderst wird die Rolle und

Identität als Mutter betont. Wenngleich der Beruf für viele von großer Bedeutung für das eigene Selbstwertgefühl ist – alle haben eine qualifizierte Ausbildung, die Hälfte sind Akademikerinnen –, so steht er doch nicht an erster Stelle. In diesem Sinne unterscheiden sie sich dann aber einerseits doch auch wieder von den tradierten Rollenmustern, wenn sie, z. T. anders als ihre Mütter, eine eigene qualifizierte Ausbildung absolviert haben. Andererseits stehen sie zugleich in der Tradition dieser Rollenmuster, wenn sie sich selbst als diejenigen beschreiben, denen im Wesentlichen die Zuständigkeit für die Familienbelange wie Kindererziehung und Haushalt obliegt, womit sie allerdings in der Regel keine Kritik an diesen bestehenden Verhältnissen verbinden. Der Beruf wird um die Familie herum organisiert, was bei drei der Frauen dadurch möglich ist, dass sie freiberuflich tätig sind. In jedem Fall fühlen alle sich zuerst für die Familie zuständig, wobei auch die Ehemänner durchaus Aufgaben und Pflichten übernehmen, jedoch in der Regel erst am Abend zuhause sind. Männer werden zuvorderst im Lebensbereich Beruf/Karriere verortet. Die eigene berufliche Orientierung im Sinne von Erwerbstätigkeit wird als nachgeordnet wahrgenommen, was mit der Auffassung von der allgemein so gegebenen Rollenverteilung für die Geschlechter in Deutschland in Verbindung steht, womit einer der wenigen Hinweise in Bezug auf die Makro-Ebene aufscheint. Mögen die Geschlechterrollen in ihren Augen auch variabel geworden sein, so besteht doch noch immer – diesen Angaben zufolge – eine Polarisierung der Rollenverteilung zwischen Männern und Frauen, die den Bereichen Beruf/Karriere und Familie/soziale Orientierung entspricht.

Die soziale Orientierung ist auch hinsichtlich des Themas Religion von Belang, wobei Religion nur für die Hälfte der Befragten Bedeutung hat, das Gemeindeleben aber auch im Einzelfall den nicht gläubigen *TNoM* etwas bedeutet. Überhaupt aber wird die Gemeinde (mit einer Ausnahme handelt es sich um evangelische Kirchengemeinden) nicht notwendig zuvorderst als Ort des gemeinsamen Glaubens, sondern in erster Linie als soziales Netzwerk geschätzt. Die Gruppenidentität als Gemeindemitglied ist vor allem in die übergeordnete Priorisierung sozialer Werte eingebettet, aufgrund derer eine Vielfalt von Netzwerken bei den einzelnen *TNoM* bestehen. Dort, wo die *TNoM* aber angeben, der Glaube spiele in ihrem Leben eine Rolle, wird er als Bereicherung und Produkt eigener innerer Auseinandersetzung –*Questing Orientation* (vgl. ALTMEYER & HUNSBERGER, 1992) – erfahren, die dazu führte, dass ein strenges Regelsystem nicht anerkannt wird. Glaube ist eher eine Option, für oder gegen die man sich entscheiden kann.

Diese innere Auseinandersetzung wird oftmals auch hinsichtlich der Entwicklung der eigenen Sexualität beschrieben. Mehrere der *TNoM* berichten, wie die Entwicklung zur eigenen sexuellen Offenheit ein lebenslanger Prozess bleibt, der mit dem Ziel der Überwindung früh angelegter innerer Hemmungen begründet wird. Aber auch wenn in den Familien oftmals eine als gehemmt geschilderte Atmosphäre vorherrschte, lässt sich trotzdem feststellen, dass sich bezogen auf den Themenkomplex Aufklärung/eigene Sexualität alle *TNoM* gut informiert fühlen. Alternativen zur Aufklärung in den Familien bestanden – neben dem Aufklärungsunterricht – im Gespräch mit Freundinnen und der Lektüre der „Bravo". Gerade auch an den Einzelfällen, in denen eine auf christlichen Werten oder Prüderie basierende Gehemmtheit in puncto Sexualität vorlag, wird transparent, wie stark alle Frauen die eigene sexuelle Entwicklung hin zu größerer Offenheit und Entfaltung als wesentlichen Bestandteil ihrer Persönlichkeitsentwicklung betrachten. Folgerichtig legen sie großen Wert auf eine angemessene Aufklärung ihrer Kinder.

Bezogen auf die Ausgangsfragestellung kann die soziale Orientierung als allen Identitätskonfigurationen dieser Teilstichprobe inhärentes zentrales Merkmal herausgestellt werden. Ihm kommt große Salienz zu, ohne deren Vorhandensein die Verwurzelung der hier befragten Frauen in einer Vielfalt von Netzwerken nicht zustande käme.

Modifizierte Ausgangsannahme 2:

Die Wahrnehmung Homosexueller in Deutschland verweist auf spezifische Formen der Stigmatisierung und Ausgrenzung, die einem Prozess der Transformierung unterliegen.

Die Einschätzungen der *TNoM* zur Situation Homosexueller in Deutschland sind auffallend häufig an eigene Kontakterfahrungen geknüpft und unterscheiden sich in ihrer Gesamteinschätzung nur graduell. Die gesellschaftliche Akzeptanz habe sich erweitert, Homosexuelle sind in der Öffentlichkeit seit etwa 25 Jahren alltäglich geworden – darin besteht Konsens. Zugleich wird festgehalten, dass die Gleichstellung Homosexueller ein nicht abgeschlossener Prozess ist, da es weiterhin Ausgrenzungsmechanismen und Vorurteile gebe. Damit bestätigen die *TNoM* auf der persönlichen Ebene die Befunde u. a. von STEFFENS (2004) und ZINN (2004). Wenngleich auch die Befragten diesen Prozess analog der unter 1.2 beschriebenen Situation als unabgeschlossen erleben, so nehmen sie doch einen gesellschaftlichen Wandel wahr, der erst die veränderte Lebenssituation Homosexueller ermöglichte. Prägnant findet dieser Wandel in ihren Augen darin Ausdruck, dass auf vielen Ebenen Kontaktmöglichkeiten zu Homosexuellen bestehen, was gelegentlich durch die Feststellung untermauert wird, Homosexuelle seien im Gegensatz zu früher *sichtbar* geworden, wobei regionale Unterschiede bestünden.

Dennoch: Es besteht offenkundig eine enge Verknüpfung zwischen der konstatierten Wahrnehmbarkeit Homosexueller, sodass Begegnungen in vielfältigen Lebensbezügen stattfinden, und dem Schluss, dass die Strukturen auf der Makro-Ebene sowie die beobachteten Einstellungen im eigenen näheren und weiteren Umfeld im Wandel begriffen, aber nicht abgeschlossen sind. Ihre

Informationen darüber beziehen die *TNoM* vornehmlich aus ihren Kontakten zu Homosexuellen. Sie sehen deren soziale Situation daher nicht unkritisch, beschreiben z. T. differenziert auch subtile Ausgrenzungsmechanismen, unter denen die Verweigerung von Elternschaft häufig – auch im Kontext der eigenen Einstellungen zur rechtlichen Gleichbehandlung – Erwähnung findet. Immer aber wird der Bezug zu eigenen Erfahrungen in Freundschaften, in der Nachbarschaft oder im Familiekreis hergestellt, oder es fallen Formulierungen wie: *„Das wird natürlich in unserer Gesellschaft noch etwas dauern"* oder *„ ... ‚dass da noch so viele Vorurteile sind"*.

Interessanterweise treten in allen Angaben der Befragten Homosexuelle nicht als homogene Gruppe, z. B. als Akteure dieses gesellschaftlichen Wandels, in Erscheinung. Immer wieder wird darauf hingewiesen, wie sich die gesellschaftlichen Strukturen ihrerseits gewandelt hätten, bzw. im Wandel begriffen seien, ohne dass auch ein Zusammenhang mit den jahrzehntelangen Emanzipationsbemühungen Homosexueller hergestellt würde. Damit wäre Homosexuellen durchaus implizit eine kollektive Identität zugeschrieben, nämlich die von passiv auf das „Wohlwollen" der Mehrheitsgesellschaft angewiesenen Profiteuren. Aber möglicherweise ist dieser Befund auch bereits Ausdruck der eigenen Erfahrung, dass Kontakte relativ selbstverständlich möglich geworden sind, sodass Homosexuelle weniger als Gruppe wahrgenommen werden denn als Individuen, was wiederum den Stellenwert zunehmend personalisierter Kontaktmöglichkeiten im Intergruppen-Kontakt (vgl. das Kontaktmodell von SIMON, 2004) als Mittel gegen Vorurteil und Diskriminierung unterstreicht. Wenn aber eben auch ein Wandel beobachtet wird, besteht Kenntnis über die Verhältnisse, die sich gewandelt haben, womit implizit auf die von DEVINE (1989) herausgestellte kollektive Kenntnis des kulturellen Vorurteils verwiesen wird.

Modifizierte Ausgangsannahme 3:

Auf der Mikro-Ebene der Einstellungen fanden Erfahrungen im Umgang mit Homosexualität und Homosexuellen ihren anhand von charakteristischen Mustern zu identifizierenden Einfluss.

Das Prozesshafte spielt auch bezogen auf die Entwicklungen der eigenen Einstellungen hin zu mehr Toleranz, die scheinbar analog zu den gesellschaftlichen Anerkennungsprozessen verliefen, eine Rolle. Häufig werden innere Einstellungsänderungen angedeutet, die im Laufe der Zeit Auswirkungen auf die Wahrnehmung von Homosexuellen hatten, sei es, dass am Beispiel der eigenen Schwester auf Homosexualität reflektiert, oder dass die individuelle Gehemmtheit in puncto Sexualität ins Verhältnis zu homosexueller Sexualität gesetzt wird. Dabei sind durchaus die eigenen, mit den Jahren häufiger möglichen Kontakterfahrungen von Belang, was eine Verschränkung von Makro-, Meso- und Mikro-Ebene illustriert, wie sie von SIMON (2004) beschrieben wird. Zudem wäre anzunehmen, dass die kontrollierten (mentalen) die automatisch ablaufenden Prozesse (DEVINE, 1989) inzwischen weitgehend abgelöst haben.

Den qualitativen Charakter dieser Einstellungen zu bestimmen, fällt vordergründig leicht: Es gibt so gut wie keine explizit abwertenden Äußerungen und Stereotypisierungen. Dies ist sehr auffallend und entspricht nicht der allgemeinen gesellschaftlichen Tendenz, wenn man die Befunde diverser Studien zugrunde legt (vgl. BOCHOW, 1993; HEITMEYER, 2002, 2003, 2004, 2005, 2006; STEFFENS & WAGNER, 2004). Letztlich hat dieser Befund in dieser Teilstichprobe, für die kein Anspruch auf Repräsentativität erhoben wird, aber auch Bestand, wenn man die impliziten Haltungen erschließt. Allerdings kommen dann auch interessante Erweiterungen in der Interpretation der Befunde zum Tragen. Das Verhältnis von impliziten zu expliziten Haltungen, worauf STEFFENS (2005) verweist, kommt insbesondere bei den Äußerungen zu Klischees der Geschlechterrollen zum Tragen. Mag auch oftmals darauf hingewiesen werden, dass man sich mit solchen Klischees schwertut, mögen sogar Beispiele dafür angeführt werden, dass Homosexuelle diesem Klischee nicht entsprechen (im Sinne von gegengeschlechtlichen Attribuierungen; vgl. auch RAUCHFLEISCH, 1997), so ist dem Hinweischarakter dieser Äußerungen doch die Kenntnis um das Klischee immer schon inhärent, was im Verlauf der Interviews schließlich doch explizit wird. In dieser Hinsicht bricht sich das kulturell geteilte Vorurteil dann doch Bahn. Wenn auf den Fußball spielenden homosexuellen Freund des Ehemannes hingewiesen wird (als Beleg für dessen Klischeeferne), bleibt doch die Einschätzung des eigenen Sohnes als potenziell homosexuell nicht aus, eben weil er „typisch weibliche" Interessen zeigt.

Die vordergründig abgelehnten Stereotypisierungen homosexueller Männer als besonders feminin und homosexueller Frauen als eher maskulin finden in den Interviews ihre Wiederholung. Während diese Beobachtungen im eigenen Kontakt nicht durchgängig gemacht werden konnten, werden implizit jedoch genau diese Zuschreibungen durchaus immer wieder vorgenommen. Sie sind gewissermaßen das Erkennungszeichen einiger Homosexueller, was durchaus im Einklang mit den Angaben RAUCHFLEISCHS (1997) steht. Dennoch lassen sich solche Erklärungsansätze nicht eindeutig zuspitzen, weil durchaus eben auch andere Beobachtungen bestehen, die letztendlich auf ein *Sowohl-als-auch* hinauszulaufen scheinen, wie es im Bild des homosexuellen Mannes mit Spaß sowohl an Technik als auch an Kaschmir zum Ausdruck kommt. Dennoch bleibt die an heteronormativen Rollenvorstellungen orientierte Zuordnung bestehen. Dies zeigt sich in der Beobachtung, dass in homosexuellen Partnerschaften jeweils ein männlich attribuierter Part und ein weiblich attribuierter Part eingenommen werden können. Nimmt man dies mit der Haltung des Sowohl-als-auch zusammen, finden sich hier Ansätze zur Lösung des Widerspruches, wie denn in einer homosexuellen Partnerschaft z. B. zwei Männer nebeneinander leben, die beide weiblich attribuiert sind, aber eine männliche und eine weibliche Rolle übernehmen. Wenn bei Homosexuellen allgemein sowohl als weiblich als auch als männlich definierte Eigenschaften und Verhaltensweisen vorliegen, könnte diese Beobachtung der *TNoM* darauf hinweisen, dass diese Eigenschaften in der Partnerschaftsgestaltung Homosexueller unterschiedlich akzentuiert werden. Dann wäre gewissermaßen auch die heteronormative Welt wieder in Ordnung. Zusammengenommen kann man für alle *TNoM* feststellen, dass vielfältige Einzelbeobachtungen in verschiedenen Bereichen abhängig von Kontakterfahrungen gemacht wurden, die die immer wieder auch auftauchenden klischeehaften Vorstellungen bezogen auf Geschlechterrollen relativierten.

Wenn aber zum Beispiel homosexuelle Männer eben auch als feminin beschrieben werden, so hat dies beinahe durchgängig eine positive Konnotation dahingehend, dass die befragten Frauen zwischen sich und diesen Männern Gemeinsamkeit herstellen können, die aber über ein besonderes Interesse an Mode und die Neigung, allgemein besonderen Wert auf Äußeres zu legen, hinausgehen. In dieser Hinsicht werden Aspekte des emotionalen Erlebens und der Selbstreflektiertheit betont. Die Erweiterung solcher Zuschreibungen ergibt sich offenbar aus der Vielfalt der Kontakte, und immer dann, wenn diese Kontakte zur Sprache kommen, werden Ausdifferenzierungen vorgenommen, die Klischeebilder relativieren – z. B. auch hinsichtlich der von Homosexuellen ausgeübten Berufe (vgl. KNOLL et al., 1997). Dennoch, auch wo Klischees scheinbar bedient werden, gehen sie keinesfalls mit Entwertungen einher, sie werden vielmehr positiv hervorgehoben.

Unter Bezug auf die Fragestellung zur rechtlichen Gleichstellung Homosexueller wird von keiner Frau eine ablehnende Haltung eingenommen. Die „Homo-Ehe" wird kaum mehr als diskussionswürdig betrachtet, so selbstverständlich ist die Zustimmung, was interessant ist, weil sie ja durchaus noch keine vollständige rechtliche Gleichstellung mit der Ehe darstellt. Dies wird jedoch nicht problematisiert, obwohl vorausgesetzt werden darf, dass darüber Kenntnis bestehen dürfte. Dies weitergehend zu interpretieren wird jedoch dadurch erschwert, dass die Möglichkeit besteht, unter „Homo-Ehe" könnte die Zustimmung zur noch ausstehenden völligen Rechtsangleichung verstanden worden sein. Inhaltlich wird dagegen stärker auf den Gegenstand des Adoptionsrechtes eingegangen. Hier kommen punktuell durchaus Vorbehalte zum Ausdruck, die jedoch unterschiedliche Aspekte betreffen. Zum einen wird auf die soziale Situation eines Kindes in einer homosexuellen Beziehung reflektiert, dann werden die fehlenden Rollenvorbilder angesprochen, die Nachteile von zu viel Bemutterung etc. In keinem Fall führt dies jedoch zur Ablehnung des Adoptionsrechtes, obwohl nicht ausgeschlossen kann, dass auch zumindest Vorbehalte, die erzieherische Kompetenz Homosexueller betreffend (vgl. RAUCHFLEISCH, 1997), bestehen.

Zur Genese von Homosexualität werden sehr unterschiedliche Angaben gemacht, die insgesamt eher aufzählenden Charakter haben, mit einer einzigen Ausnahme aber alle darauf hinauslaufen, dass Homosexuelle keine Wahl treffen, was ihre sexuelle Orientierung angeht. Das ist insofern von Bedeutung, als dass in diesem Falle eben auch von keiner Änderung dieser Orientierung ausgegangen werden kann, womit eine wichtige Voraussetzung für die Haltungen gegenüber der möglichen homosexuellen Orientierung des eigenen Kindes gegeben ist. Denn keine der *TNoM* würde die Änderung dieser sexuellen Orientierung auch nur in Betracht ziehen.
Ein spezifisches Muster in dieser Teilstichprobe zeigt sich darin, dass die Anerkennung der homosexuellen Orientierung des eigenen Kindes als alternativlos erachtet wird. Allerdings erkennen diese Frauen dabei eben auch, dass sie selbst vor der Herausforderung stehen, sich mit dieser Situation zu konfrontieren und zu beschäftigen. In dem Zusammenhang werden unterschiedliche Punkte angesprochen. Es kommen wiederholt Äußerungen vor, in denen der eigene Reflexionsprozess antizipiert wird, womit ja immer auch eine bewusste Auseinandersetzung verbunden ist. Dabei fällt dann auf, dass es gelegentlich zu Versprechern kommt, die anzeigen, dass doch Schwierigkeiten bestehen, sich diese Situation vorzustellen. Allerdings werden solche Versprecher wahrgenommen und rasch korrigiert. Dieser Umstand ist vor allem dahingehend interessant, dass reflektiert wird, dass neben den explizit zum Ausdruck gebrachten Einstellungen implizite Haltungen bestehen. Folgt man DEVINES (1989) *Dissociation Model*, kann in diesem Verhalten die Aktivierung kontrollierter Prozesse bei gleichzeitigem Bestehen automatischer Prozesse gewissermaßen in vivo beobachtet werden. Als bemerkenswert bleibt darüber hinaus festzuhalten, dass die in keinem Fall infrage gestellte Akzeptanz eines homosexuellen Kindes unter dem Vorzeichen steht, dass die Beziehung *trotzdem* aufrechterhalten würde. Vielmehr werden qualitative Aspekte dieser Beziehung ins Gespräch gebracht. So ist es beispielsweise wichtig, dass das Kind ausreichend Vertrauen haben sollte, sich mit seiner Homosexualität nicht zu verbergen; dieses Vertrauen herzustellen, wird als eigene Erziehungsaufgabe angesehen. Zum anderen wird darauf hingewiesen, dass man hofft, man würde sich auch mit dem Partner des Kindes gut verstehen. Dies alles verweist darauf, dass der Fokus auf die Qualität der Beziehung gerichtet ist, und es unterstreicht das Muster der sozialen Orientierung, wenn der Wunsch nach einer guten Beziehung auch auf den Partner oder die Partnerin eines vielleicht homosexuellen Kindes ausgedehnt wird.
Insgesamt genommen vermitteln die erhobenen Befunde ein recht einheitliches Bild der Toleranz, die als Ergebnis eines Entwicklungsprozesses und des Interesses an Homosexuellen gewertet werden kann und im Einklang mit der konstatierten sozialen Orientierung der Befragten interpretierbar ist. Insofern sind die gemachten Äußerungen durchaus konsistent. Die Selbsteinschätzungen als tolerant und sozial orientiert spiegeln sich in den Einstellungen wider, wobei

sie sozial schon deshalb sind, weil auf der Meso-Ebene vielfältige Kontakte bestehen, worauf nun näher eingegangen werden soll, weil sich hieraus Hinweise für die Bedingungen für das Zustandekommen dieser Einstellungen auf der Mikro-Ebene ergeben könnten.

Modifizierte Ausgangsannahme 4:

Erweiterte Kontaktmöglichkeiten zu Homosexuellen verweisen auf Bedingungen, die Einstellungen zu Homosexualität und zu Homosexuellen modifizieren und günstig beeinflussen.

Die Annahme bestehender Kontaktmöglichkeiten zu Homosexuellen erwies sich als berechtigt. Abgesehen von dieser Tatsache als solcher kann aufgrund der vorliegenden Befunde festgehalten werden, dass mit Ausnahme einer *TNoM* alle anderen nicht nur über vereinzelte, zufällige Erfahrungen aus Begegnungen mit Homosexuellen verfügen, sondern dass i. d. R. in mehreren Lebensbereichen Begegnungen stattgefunden haben, und dass sie Teil der Alltagserfahrung wurden. Hier ließen sich also die für positive Einstellungsmodifikationen identifizierten Bedingungen unterschiedlicher Autoren (HEREKS, 1988; HEREK & CAPITANO, 1996; PETTIGREW, 1997, 1998) bestätigen. Es gibt sowohl Homosexuelle innerhalb einzelner Familien als auch in den Freundeskreisen, unter Kollegen, in der Nachbarschaft, im näheren und entfernten Bekanntenkreis. Gemäß der Überschneidung von Netzwerken innerhalb dieser Teilstichprobe sind auch in dieser Hinsicht die Grenzen fließend. Ein Homosexueller kann guter Freund und Kollege sein, zum Paten des eigenen Kindes und damit zum Familienmitglied gemacht werden. In der Konsequenz heißt das, dass die Erfahrungen mit Homosexuellen alle auf personalisierter Ebene stattfanden oder stattfinden.

Dabei unterliegt die Generierung von Einstellungen Entwicklungsprozessen, die entlang der Kontakterfahrungen beschreibbar sind. Und das wiederum findet auf der Basis der sozialen Orientierung dieser Frauen seine spezifische Tendenz hin zu kaum antihomosexuell oder gar homosexuellenfeindlich akzentuierten Äußerungen. Dem liegt in aller Regel eine Bereitschaft zugrunde, sich mit der Situation Homosexueller auseinanderzusetzen, die nicht zwingend von der Intensität der Kontakterfahrung abhängt. **Karin,** die eine Zwischenstellung einnimmt, weil sie homosexuelle Kollegen und entfernte homosexuelle Verwandte hat, zu denen kein enges persönliches Verhältnis besteht, offenbarte in ihren Schilderungen von Begegnungen noch am wenigsten Interesse für die eigentliche individuelle Lebenssituation Homosexueller. Sie beschreibt ihre Einstellungen auch eher als intellektuell generiert – anhand von wissenschaftlicher Literatur im Studium. **Rosa** hingegen, die ihrerseits außer zum Floristen im Stadtteil keinerlei personalisierte Kontakterfahrung hat, macht auf der Basis eigener Erfahrungen mit Sexualität und ihrer Introspektionsfähigkeit einen Umweg, sich in Homosexuelle einzufühlen - auch wenn sie sie persönlich nicht kennt, was noch innerhalb des Interviews zu einem beobachtbaren Einstellungswandel führte. Bei ihr wie bei allen anderen verbleibenden Frauen besteht eine grundsätzliche Bereitschaft oder *Offenheit* (GADAMER, 1975) in der Erfahrung des Gegenübers, die differenzierte Wahrnehmungen zulassen. Gerade auch Rosas Beispiel zeigt, dass Empathie nicht unbedingt im Kontakt mit Homosexuellen entwickelt wird, sondern an den Kontakt oder antizipierten Kontakt herangetragen werden kann, also etwas ist, was als integraler Bestanteil der eigenen Persönlichkeit bereits mitgebracht wird.

Neben der immer wieder klar zum Ausdruck kommenden Möglichkeit, sich einzufühlen und die Perspektive des anderen kognitiv und intellektuell (als Komponenten von Empathie; vgl. KÖRNER, 1989) zu übernehmen, besteht zumeist eine Situation, in der kaum zwischen Gruppen von Heterosexuellen und Homosexuellen, zwischen „wir" und „denen" unterschieden wird. Prägnant tritt dieser Umstand dort hervor, wo Einstellungen zum Ausdruck gebracht werden, die einerseits immer wieder durch Kontakterfahrungen fundiert werden, andererseits jedoch häufig durch Formulierungen wie *„Meine Schwester ..."*, *„Im Kollegenkreis ..."*, *„Die Nachbarn, an die ich denke ..."*, *„Der Pate meines Sohnes ..."*, *„Einer meiner Freunde ..."* eingeleitet werden. Solche Formulierungen verweisen immer schon auf stattgefundene Rekategorisierungen und geteilte Gruppenidentitäten, sei es als Familie, Freundeskreis, Nachbarschaft oder Kollegenkreis. Das heißt, dass eine Intergruppen-Differenzierung nicht mehr primär auf Basis der sexuellen Orientierung stattfindet, ohne dass Unterschiede oder die spezifische Situation Homosexueller geleugnet würden, was laut WIESENDANGER (2002) Grundvoraussetzung für Empathie im Kontakt mit (nicht nur, P. S.) Homosexuellen ist, wodurch wiederum eine Intergruppen-Differenzierung auf der Basis der Anerkennung ermöglicht wird (vgl. SIMON, 2004).

Auch hinsichtlich anderer Aspekte des Modells für Intergruppen-Kontakte gibt es Hinweise in den Interviews. Auf die Sanktionierung durch Autoritäten kann man z. B. durch das offene Auftreten von Homosexuellen am Arbeitsplatz schließen, allerdings gibt es noch andere bedeutsame Hinweise. In einem Fall, **Elke,** ist es die Peergroup, die den Kontakt zum Homosexuellen am Ort sucht und unterstützt, in einem anderen die Familie. Auch wenn **Marias** Eltern kein Wort über die Homosexualität des Freundes ihres Bruders verlieren, so wird die Freundschaft als solche doch keinesfalls behindert oder infrage gestellt – der Freund verkehrt weiterhin selbstverständlich in ihrer Familie. Wenngleich anhand dieser Beispiele auch HEWSTONES und LORDS (1998) Konzept von Typikalität und Generalisierungen, sowie ihrer Wandelbarkeit durch *Bookkeeping* diskutiert werden kann, so erscheint dieses Konzept doch recht artifiziell, wenn man die lebendigen Schilderungen der befragten *TNoM* daneben stellt. In diesen kommen sehr viel bedeutsamere Faktoren zum Ausdruck, die ohne einen intensiven, *personalisierten* Austausch mit Homosexuellen nicht ausreichend verstehbar sind. HEWSTONE und LORD (1998) betonen ja gerade die Tatsache, dass ein Zuviel an persönlicher Information dem generalisierten Einstellungswandel entgegenstehen. Dem scheinen die Bespiele in dieser Teilstichprobe klar zu widersprechen. *Subtyping* hat hier allenfalls den Effekt, die Vielfalt individueller Lebensweisen zu respektieren.

Zusammenfassend lassen sich hinsichtlich der Ausgangsfragestellung anhand dieser Teilstichprobe Bedingungen herausstellen, die einen günstigen Einfluss auf Einstellungen Homosexuellen gegenüber haben. Auf der Basis der sozialen Orientierung (Mikro-Ebene) als grundlegendem Wertekonzept zeigen die *TNoM* eine weitgehende Bereitschaft und/oder Fähigkeit zu Perspektivübernahme und Einfühlung Homosexuellen gegenüber. Die auf der Makro-Ebene stattfindenden Anerkennungsprozesse erweitern und erleichtern dabei die Möglichkeiten von Kontakterfahrungen mit Homosexuellen auf der Meso-Ebene. Die Ausgestaltung dieser Kontakterfahrungen gelingt auf der Basis der sozialen Orientierung dann in differenzierter Weise, sodass tiefgehende und vielfach auch intime und emotional bedeutsame Beziehungen zustande kommen, die wiederum deutlichen Einfluss auf die Einstellungen der *TNoM* gewinnen. Annahmen des Intergruppen-Kontaktmodells fanden in Einzelaspekten ihre Bestätigung für die Bedeutung der Ausformung dieser Einstellungen.

5.2 Diskussion

Die im Intergruppen-Vergleich zu Tage tretenden Unterschiede hinsichtlich der Ausprägungsformen von Einstellungen zu Homosexualität und Homosexuellen sind augenfällig. Dabei sieht man zum einen, dass sowohl die *TNeS* als auch die *TNPo* eindeutig stärker ausgeprägte Stereotypisierungen und antihomosexuelle Haltungen zum Ausdruck bringen als die *TNoM*, bei denen Hinweise auf explizit zum Tragen kommende antihomosexuelle Haltungen beinahe in Gänze fehlen. Zum anderen unterscheiden sich, bezogen auf die Ausprägungsformen antihomosexueller Einstellungen und deren Bedingungsgefüge, auch die Teilstichproben der *TNeS* und der *TNPo* partiell untereinander. Dabei ist zu berücksichtigen, dass es sich um keine repräsentativen Stichproben der jeweiligen Bevölkerungsgruppen handelte. Bei der Auswahl der *TN* wurde jedoch darauf Wert gelegt, bezogen auf einige Merkmale einheitlich strukturierte Stichproben zusammenzustellen.

Vergleichbarkeit der Zusammensetzung der Stichproben

Befragt wurden ausnahmslos Frauen, für die aufgrund in der Literatur beschriebener Befunde (HEREK, 1988; RAUCHFLEISCH, 2002; STEFFENS & WAGNER, 2004) gilt, dass bei ihnen in aller Regel weniger stark ausgeprägte antihomosexuelle Einstellungen als bei Männern vorliegen. Eine interessante Ausnahme bildet in dieser Hinsicht die Untersuchung von SIMON (2008), der diesbezüglich keine Unterschiede bei *Jugendlichen* aus der ehemaligen Sowjetunion feststellen konnte. Die kulturspezifische Dimension der Geschlechter*differenz* hinsichtlich Einstellungen war aber nicht Gegenstand der vorliegenden Arbeit. Über die Homogenität bezogen auf das Geschlecht hinaus waren die Gruppen auch im Hinblick auf andere Merkmale relativ ähnlich zusammengesetzt. Hinsichtlich des Alters waren fast alle Frauen zum Untersuchungszeitpunkt in der Gruppe derer, für die STEFFENS und WAGNER (2004) fanden, dass sie sich bezüglich antihomosexueller Einstellungen etwa im Mittelfeld zwischen weniger und stärker ausgeprägten Ausdrucksformen bewegen (30–49 Jahre). In allen drei Teilstichproben gibt es einen großen Anteil von Akademikerinnen, der bei den *TNoM* mit der Hälfte noch am geringsten ausfällt. Mit Ausnahme einer *TNPo*, die kurz zuvor von der Stadt aufs Land gezogen war, lebten alle Befragten in Großstädten. Auch diese Aspekte – Ausbildungsstand und städtisches Wohnumfeld – werden (STEFFENS & WAGNER, 2004) als günstige Bedingungen für weniger stark ausgeprägte antihomosexuelle Einstellungen benannt. Insgesamt also spricht die Zusammensetzung im Querschnitt über alle drei Teilstichproben hinweg für

Bedingungen, die *relativ* moderate Ausdrucksformen antihomosexueller Einstellungen erwarten lassen.

Darüber hinaus waren mit Ausnahme zweier Frauen alle Mütter; eine der beiden Frauen ohne Kinder war direkt mit familiären Erziehungsaufgaben betraut. Zudem ergab sich aus dem Vorgehen (Interviews in deutscher Sprache), dass die befragten *TNeS* und *TNPo* Deutsch ausreichend gut beherrschen mussten, um mit der nötigen Differenziertheit Stellung nehmen zu können, da Interviews in den jeweiligen Muttersprachen nicht vorgesehen waren. Auch hieraus ergab sich ein Aspekt der Vorauswahl, dem es vielleicht geschuldet ist, dass im Vergleich mit den Erhebungen GREIFS et al. (2003) in beiden Teilstichproben der Migrantinnen ein deutlich geringerer Anteil arbeitslos war, als aufgrund der statistischen Erhebungen zu erwarten gewesen wäre. Dennoch entspricht der Umstand, dass die *TNeS* deutlich schlechter als die *TNPo* am Arbeitsmarkt integriert waren, den von GREIF et al. (2003) erhobenen Befunden. Dieser Unterschied könnte mit einer anderen Differenz in Bezug zu setzen sein, und zwar mit den erheblich voneinander abweichenden durchschnittlichen Verweildauern der jeweiligen Teilstichproben in Deutschland. Während die *TNeS* seit durchschnittlich 12,7 Jahren in Deutschland leben, leben die *TNPo* durchschnittlich knapp zehn Jahre länger, nämlich bereits seit 22,2 Jahren in Deutschland. Der Unterschied bleibt auch bestehen, wenn in beiden Teilstichproben die *TN* mit der jeweils längsten und kürzesten Verweildauer („Ausreißer") in Deutschland herausgenommen werden; tatsächlich vergrößert er sich dann noch geringfügig (*TNeS*: 11,8 Jahre; *TNPo*: 22,1 Jahre). Diese Differenz ist gewiss makropolitischen Entwicklungen geschuldet. Zwischen der BRD und der VR Polen bestand seit 1975 ein Ausreiseabkommen, doch erst 1990 wurde Entsprechendes im deutsch-sowjetischen Vertrag festgelegt. Auch die Ausweitung des Kontingentflüchtling-Gesetzes auf Juden aus der ehemaligen Sowjetunion datiert aus dieser Zeit. Dies ist zu berücksichtigen, wenn Integrationserfolge der einzelnen Teilstichproben in Bezug zum Untersuchungsgegenstand gesetzt werden.

Die Vergleichbarkeit der drei Teilstichproben aufgrund der Einschlusskriterien sollte jedoch nicht darüber hinwegtäuschen, dass die Erfahrung des biografischen Bruchs eine grundlegende Zäsur darstellt, die im Leben der *TNoM* fehlt. Diejenigen unter den *TNeS* und *TNPo*, die ihre Heimat vor 1989/1990 verließen, taten dies noch mit der Gewissheit, sie wahrscheinlich nicht wiederzusehen. Und diejenigen, die nach 1989/1990 nach Deutschland kamen, hatten unmittelbar epochale Umbrüche erlebt, an denen die *TNoM* eher als Beobachterinnen teilhatten, sodass ihnen die Erfahrung der fundamentalen Infragestellung all ihrer vormaligen Lebensentwürfe in dieser Radikalität erspart blieb. Darüber hinaus ist die Vergleichbarkeit der Teilstichproben vielleicht auch dadurch limitiert, dass sie bei den *TNoM* eine von den *TNPo* und *TNeS* abweichende Gruppenstärke aufweist (8:12:15). Die Homogenität in der Gruppe der *TNoM* als Angehörige gesicherter Mittelschichtsverhältnisse, in die hinein sie geboren wurden und aus denen sie auch nie „herausgefallen" sind, kontrastiert augenfällig mit den Biografien der *TNeS* und *TNPo* – und sie ist gewiss auch nicht repräsentativ für die Bevölkerung der deutschen Aufnahmegesellschaft. Wahrscheinlich ist sie auch den Zugangswegen zu den *TNoM* geschuldet, durch die bereits eine Vorauswahl gebahnt worden sein könnte. Der Zugang zu den *TNeS* und *TNPo* fand demgegenüber auf unterschiedliche Weise statt. Insofern sollten die Ergebnisse bei den *TNoM* dieser Untersuchung nicht zu dem Schluss verleiten, dass sie repräsentativ sind für Einstellungen in der deutschen Aufnahmegesellschaft gegenüber Homosexualität und Homosexuellen. Sie können aber in ihrer Verdichtung wichtige Hinweise liefern, wodurch solche Einstellungen positiv beeinflusst werden.

Wahrnehmung der gesamtgesellschaftlichen Situation Homosexueller (Makro-Ebene) in Deutschland

Beleuchtet man vor diesem Hintergrund die Unterschiede zwischen den Teilstichproben hinsichtlich der Wahrnehmung der Situation Homosexueller in Deutschland auf der Makro-Ebene, fällt sofort auf, dass die *TNeS* Homosexuelle als öffentlich repräsentiert und anerkannt wahrnehmen, während die *TNPo* diese Wahrnehmung zwar teilen, aber anders akzentuieren. Sie erkennen in der Repräsentanz Homosexueller in vielen Bereichen des öffentlichen Lebens auch einen kämpferischen Aspekt, den sie mit der Diskriminierung Homosexueller und ihren Emanzipationsbestrebungen in Verbindung bringen. Die *TNPo* nehmen daher eine Zwischenstellung zu den *TNoM* ein, die ihrerseits zwar weniger auf die Makro-Ebene reflektieren, aber ebenso darauf verweisen, dass die Anerkennung Homosexueller in Deutschland Ergebnis dieses Prozesses ist. Implizit beziehen sich die *TNPo* und die *TNoM* also auf Entwicklungen hinsichtlich der Makro-Struktur, wie sie unter 1.2.1 skizziert wurden, während die *TNeS* sich wahrscheinlich auch aufgrund ihrer kürzeren Verweildauer vor allem mit dem Ergebnis eines langjährigen Anerkennungsprozesses „konfrontiert" sehen, ohne dass sie an ihm teilhaben konnten. Dadurch könnte auch der Blick der *TNeS* auf die soziale Realität Homosexueller oder die *„Ungleichzeitigkeit"* (ZINN, 2004) ihrer Situation auf den unterschiedlichen Ebenen des Erlebens verstellt sein.

Differenzerfahrungen in der Wahrnehmung von Homosexualität und Homosexuellen zwischen der Herkunfts- und der Aufnahmegesellschaft

Während die Sozialisationserfahrung der *TNeS* in der Herkunftsgesellschaft auf der Makro-Ebene darauf hinauslief, Homosexuelle als Kriminelle zu sehen, was zur Folge hatte, dass Homosexuelle in keinerlei Kontext in Erscheinung treten konnten (vgl. Amberg, 1996; KON, 1993), sehen sie sich in Deutschland unvorbereitet einer veränderten Situation gegenüber. Hierin könnte auf der Mikro-Ebene ein Überforderungsmoment bereitliegen, das bei den *TNPo* nicht ganz so ausgeprägt sein dürfte, wenngleich auch sie mit der Erfahrung aufwuchsen, dass Homosexualität weitestgehender Tabuisierung in der Herkunftsgesellschaft unterlag. Sie unterscheidet von den *TNeS* neben der Möglichkeit, im Durchschnitt bereits länger die Anerkennungsprozesse in der aufnehmenden Gesellschaft verfolgen zu können, aber auch der Umstand, in ihrer Herkunftsgesellschaft mit andersartigen Ausgrenzungsprozessen gegenüber Homosexuellen konfrontiert worden zu sein.

Obgleich die Forschungslage bezogen auf die Situation Homosexueller in der VR Polen dürftig ist, gibt es in dieser Hinsicht fundierte Hinweise auf die Rolle der Religion und mithin der katholischen Kirche. Abgesehen davon, dass in der Literatur wiederholt auf die katholische Wert- und Moralbasierung in der polnischen Gesellschaft hingewiesen wird, bringen auch die *TNPo* diesen Umstand durchgängig zum Ausdruck und setzen dazu die gesellschaftliche Ausgrenzung Homosexueller in Bezug. Anders aber als in der ehemaligen Sowjetunion stand die Stigmatisierung nicht unter dem Vorzeichen von Kriminalisierung, was erklären könnte, weshalb eine Vielzahl der *TNPo* bereits in ihrer ursprünglichen Heimat Kontakte zu Homosexuellen hatte, sodass bei ihnen das „Überforderungsmoment" in der Begegnung mit Homosexualität und Homosexuellen abgeschwächt gewesen sein könnte. Bei den *TNoM* entfällt dies „Überforderungsmoment" bezogen auf die Bedingungen der Makro-Ebene ganz, ihre Sozialisationserfahrungen und die Anerkennungsprozesse gegenüber Homosexuellen sind eingebettet in ein gesellschaftliches Kontinuum.

Herkunftsidentität und eigene Diskriminierungs- und Integrationserfahrung

Die Einordnung der Einstellungsäußerungen zu Homosexualität und Homosexuellen im Kontext von Migration erfordert eine Berücksichtigung individueller Erfahrungen der *TNeS* und *TNPo* mit Diskriminierungen und eigenen Integrationsfortschritten. Wie SIMON (2008) in einer ersten Untersuchung zum Thema zeigen konnte, bestehen durchaus Wechselwirkungen zwischen Diskriminierungswahrnehmungen und eigener Integration auf der einen Seite und antihomosexuellen Einstellungen auf der anderen Seite. Vor diesem Hintergrund lohnt es sich, die Zuwanderungssituation der befragten Frauen aus den Teilstichproben der *TNeS* und der *TNPo* näher in Augenschein zu nehmen. Dabei müssen jedoch auch die spezifischen makro-strukturellen Bedingungen der Herkunftsgesellschaft mit ihrem Ausdruck im sozialen Kontext (Meso-Kontext) und ihrer Auswirkung auf die Mikro-Ebene Berücksichtigung finden.

Aus den Angaben den *TNeS* ließ sich ableiten, dass ein politisch-ideologisch vorgegebener Konformitätszwang die Unterwerfung individueller Lebensentwürfe unter ein begrenztes Set kollektiver Identitäten erforderte. Dabei kam zum Ausdruck, dass die von HERWARTZ-EMDEN (2003) beschriebene Doppelidentität der Frau als *„unhinterfragt weiblich-mütterlich und zugleich weiblichberufstätig"* von den *TNeS* nicht als Frage der Wahl, sondern als Notwendigkeit erlebt wurde. Der vergleichsweise hohe *„Standard in der rechtlichen Gleichstellung"*, wie ihn WESTPHAL (2003) konstatiert, zeigte sich in der Lebensrealität der *TNeS* vor allem auch darin, dass hierdurch ihre Mehrfachbelastung als Hausfrau, Mutter und Berufstätige gewährleistet wurde. In diesem Zusammenhang scheinen sich ihre Selbstkonzepte vor allem um die Aspekte Anpassungsfähigkeit und Leistungsbereitschaft zu zentrieren, durch die ein anerkannter Platz in der Gesellschaft und die Aufrechterhaltung von Selbstachtung gewährleistet waren. Bei den *TNPo* spielen diese Selbst-Aspekte zwar auch eine gewichtige Rolle, sie sind aber viel stärker mit einem übergeordneten Werte- und Normensystem, dem der katholischen Kirche, verbunden. Ihrer Identität als Katholikinnen sind diese Selbst-Aspekte *inklusiv*, während sich ein wesentlicher Teil der Identität der *TNeS* vor allem auf diese Selbst-Aspekte zu *stützten* scheint. Mögen die Einstellungen zum Katholizismus unter den *TNPo* im Laufe der Zeit auch Modifikationen in unterschiedlichem Grade bis hin zu sehr persönlichen Überzeugungen im Sinne einer *Questing Orientation* erfahren haben, so erscheint die katholische kollektive Identität doch als recht stabile Klammer, der noch dazu die nationale Identität als Polin inklusiv ist. Ähnliches kann für die *TNeS* nicht ausgesagt werden. Sie bezeichnen sich in keinem einzigen Fall als „Kommunistinnen" oder ehemalige Bürgerinnen der Sowjetunion, schon gar nicht als Ukrainerin, Russin, Litauerin etc. Sie kommen aus einem in seine Einzelteile zersprungenen Staatswesen, mit dem die Ideologie untergegangen ist, innerhalb derer sie ihre Sozialisation erfahren haben. Sie selbst erleben sich als Deutsche, eine Auffassung, die von den Angehörigen der aufnehmenden Gesellschaft nicht geteilt wird, vielmehr werden sie unspezifisch als „Frauen aus dem Osten" wahrgenommen, wie es einmal zum Ausdruck gebracht wird. Ebenso unspezifisch werden die Diskriminierungserfahrungen beschrieben, die darauf hinauslaufen, dass ihnen Rückständigkeit attestiert wird, was wiederum aus einer Nichtbeachtung ihres ökonomischen Status hervorgeht. Außer im familiären Kontext – der in der Regel dadurch gegeben ist, dass ganze Familienverbünde zugewandert sind – haben sie zunächst keine Möglichkeit, eine übergeordnete Zugehörigkeit mit allen anderen damit verbundenen Identitätsfunktionen zu erleben. Einen Ausweg bietet nur der rasche Zugang zu den jüdischen Gemeinden, der aber nur einem Teil von ihnen aufgrund ihrer Herkunft offen steht. (Offen muss dabei zunächst auch bleiben, ob innerhalb dieser jüdischen Gemeinde dann tatsächlich vielfältige Kontakte zur aufnehmenden Gesellschaft ermöglicht werden. Vgl. HARRIS, 2003) Für die *TNPo* ist diese Situation deutlich weniger prekär. Auch wenn sie wie die *TNeS* i. d. R. offiziell Deutsche sind, bleibt ihre polnische Identität in mehrfacher Hinsicht salient, sei es als Ausdruck von Heimatverbundenheit, der Zugehörigkeit zur katholischen Kirche oder weiter bestehender enger familiärer Bindungen. Dies bietet einen Erklärungsansatz, weshalb sie sich Diskriminierungserfahrungen selbstbewusster und offensiver stellen, denn durch die Aufrechterhaltung einer als positiv bewerteten Herkunftsidentität verbleibt ihnen eine Basis der Selbst-Interpretation, von der aus sie ihre Integrationsbemühungen unternehmen können. Bei den *TNeS* ist dagegen die Zuwanderungssituation deutlich stärker mit einem Statusverlust verbunden. Um es zugespitzt zu formulieren: Der Unterschied zwischen beiden Teilstichproben besteht darin, dass die *TNPo* eine gesicherte kollektive Identität als Basis mitbringen, von der aus sie neue Selbst-Aspekte übernehmen und erweiterte Selbst-Interpretationen vornehmen und im Integrationsprozess ihre individuelle Identität transformieren können, während die *TNeS* im Rahmen der Zuwanderung bezüglich wesentlicher Identitätsanteile eine *Tabula-rasa-Situation* vorfinden. Hinzu kommt, dass es ihnen trotz Anpassungsbereitschaft und Leistungsfähigkeit als wesentlichen Stützen ihrer Selbst-Konzepte aufgrund der veränderten makroökonomischen Situation in Deutschland nur sehr schwer gelingt, auf dem Arbeitsmarkt Fuß zu fassen. Auch diesbezüglich waren die *TNPo* aufgrund ihrer früheren Zuwanderung im Vorteil.

Integrationserfolge und Kontaktmöglichkeiten zu Homosexuellen

Bezieht man diese Hintergrundaspekte ein, ergeben sich Erklärungsansätze für die spezifischen Ausformungen von Einstellungen zur Homosexualität und zu Homosexuellen in den beiden Teilstichproben der *TNeS* und der *TNPo*.
Mit ausbleibendem Integrationserfolg ist auch ein Fehlen von Kontakten zu Angehörigen der aufnehmenden Gesellschaft verbunden, wodurch wiederum die Wahrscheinlichkeit, Kontakte zu Homosexuellen zu knüpfen, stark reduziert ist. In der Tat ist gerade bei den *TNeS* ein deutlicher Mangel an Kontakten außerhalb der Angehörigen ihrer Herkunftsgesellschaft feststellbar. Insofern kommt es zu Kontakten mit Homosexuellen dort auch eher selten, und wenn, dann oftmals nur punktuell. Gerade aber auch die Häufigkeit der Kontakte wird von HEREK und CAPITANO (1996) als besonders einflussreich auf die Sichtweise, dass Homosexuelle *„atypical"* sind, angesehen. Dies würde erklären, warum unter den *TNPo* schon eher eine leichte Tendenz zur Aufweichung von Stereotypisierungen Homosexueller ausgemacht werden kann – im Vergleich mit den *TNeS* haben sie aufgrund ihrer besseren Integration und allgemein ausgeweiteten Kontaktmöglichkeiten mehr Gelegenheiten, Homosexuellen zu begegnen. Noch ausgeprägter ist diese Tendenz bei den *TNoM*, bei denen ohnehin der Aspekt von Diskriminierungserfahrungen als Migrantinnen und Integrationserfolgen entfällt.

Bezüge und Funktionen von Einstellungen (Mikro-Ebene) zu Homosexualität und Homosexuellen im Kontext kultureller Wert- und Normvorstellungen

Bevor aber näher auf den Themenkreis der Kontakterfahrung als auf der Meso-Ebene anzusiedelnder vermittelnder Instanz eingegangen werden wird, soll zunächst auf die im Einzelnen bestehenden Einstellungen zu Homosexuellen und Homosexualität, wie sie herausgearbeitet werden konnten, näher eingegangen werden. Sie weisen qualitative und quantitative Unterschiede auf, die für die Teilstichproben charakteristisch sind und Bezug zur Erfahrung in der Herkunftsgesellschaft haben.

Augenfällig wird dies unter den *TNeS* an der Auffassung, Homosexualität resultiere aus gestörter Heterosexualität. Damit wird auf der Ebene der Kognition eine negative Einstellung zum Ausdruck gebracht, die ihre Ursachen mit guter Wahrscheinlichkeit im normativen Gefüge der Herkunftsgesellschaft hat. Abgesehen davon, dass Homosexualität auf diesem Wege als sexuelle Orientierung der Wahl gekennzeichnet wird, was HEREK (1995) zufolge schon für sich genommen auf eher antihomosexuelle Einstellungen verweist, orientiert sich diese Zuschreibung sowohl an einem Wertigkeitsgefälle, wenn Heterosexualität als die Norm, Homosexualität als deren Störung angesehen wird, als auch allgemeiner an heteronormativen Vorstellungen. Diese Dynamik wird bezogen auf deutsche Verhältnisse von verschiedenen Autoren dargelegt (vgl. BOCHOW, 2001; RAUCHFLEISCH, 2002). Heterosexualität wird dadurch unhinterfragt zum Normalfall erklärt, was bei den *TNeS* wie selbstverständlich mit der Auffassung korrespondiert, Homosexualität sei widernatürlich und unnormal. Damit kommen auf der Mikro-Ebene ganz klar Einstellungen zum Ausdruck, die in der Sowjetunion vorherrschten. Indem diese Vorstellungen weiterhin Bestand haben, verweist ihre Äußerung auf unverändert bestehende Identifikation mit traditionell vermittelten Werten und ihre Wertausdrucksfunktion oder *„value-expressive-function"* (HEREK, 1986, 1988, 1993). Die tiefe Übereinstimmung mit diesen Werten kommt aber auch vor allem darin zum Ausdruck, dass die Möglichkeit, das eigene Kind wäre homosexuell – oftmals auch mit spürbarer affektiver Beteiligung – abgelehnt wird. Die *TNeS* signalisieren in dieser Hinsicht deutlichen und zumeist spontanen Widerwillen. Der Nachdruck, dem die Ablehnung gegeben wird, findet seine Entsprechung in Befunden von STEFFENS und WAGNER (2004), die bezüglich dieser Möglichkeit auch im Rahmen ihrer Erhebungen klar ablehnende Antworten erhielten. Die Begründung der *TNeS*, dass sie dann auf Enkel verzichten müssten, verweist wiederum auf ihre eigene starke traditionelle Familienorientierung und zieht nicht unbedingt in Betracht, dass der Verzicht auf Enkel damit nicht zwingend verbunden sein muss, bedenkt man die Möglichkeiten von Adoption, künstlicher Befruchtung etc. Tatsächlich aber scheint die kategorische Ablehnung dieser Möglichkeit mit einem traditionellen Familienbegriff verbunden zu sein, der nicht infrage gestellt wird. Homosexualität wird offenkundig als Angriff auf diese zentralen, verinnerlichten Werte erlebt. Auch ungeachtet dessen, dass die rechtliche Gleichstellung Homosexueller in der Bundesrepublik unter den *TNeS* fast durchgängig Befürwortung findet, bringen sie bei ihrer Diskussion des Adoptionsrechtes doch oftmals auch diese traditionellen Rollen in Verbindung mit Vorbehalten gegenüber dem Adoptionsrecht für Homosexuelle.

Der „Normalfall" Heterosexualität ist es auch, der als Maßstab für Stereotypisierungen Homosexueller dient, die möglicherweise erst nach der Zuwanderung vorgenommen wurden. Entsprechend der Feststellung HEREKS (1993), dass homosexuelle Männer *„are perceived as effeminate and lesbian women as masculine"* (HEREK, 1993, 318), bringen auch die *TNeS* diese Auffassungen in ihren Stellungnahmen zum Ausdruck. Darin zeigt sich ein traditionelles Geschlechterrollenverständnis, das unhinterfragt Attribuierungen entlang der Linie männlich/weiblich vornimmt. Diese immer wieder auch in der Literatur beschriebenen Zuschreibungen werden an (z. T. auch nur medial vermittelten) Wahrnehmungen Homosexueller *nach der Zuwanderung* festgemacht, was einen Mangel an Kontakterfahrungen signalisiert. Vor dem Hintergrund von *Heterosexism* oder einer heteronormativ geprägten Weltsicht fallen vor allem die Homosexuellen auf, die von den tradierten Rollenmustern in Verhalten und Auftreten abweichen. Diejenigen wiederum, die diesem Schema nicht entsprechen, werden ihrerseits wahrscheinlich gar nicht erst als Homosexuelle wahrgenommen, was umgekehrt nur durch ein Fehlen von Kontakten zu einer Vielzahl von Homosexuellen relativiert werden könnte. In der Terminologie von HEWSTONE und LORD (1998) könnte man in so einem Fall dann einen Effekt des *Bookkeepings* erwarten. Weil dem aber nicht so ist, werden auch die Vorstellungen von den Rollen, die Homosexuelle in ihren Beziehungen einnehmen, durchaus an heteronormativen Aspekten ausgerichtet. Es fehlt schlicht die aus Erfahrung gewonnene Kenntnis, dass, wie RAUCHFLEISCH (1994) es formuliert, in homosexuellen Beziehungen nicht mehr die den traditionellen Familienvorstellungen entsprechenden *„Rollen eines dominierenden und eines submissiven Partners"* (RAUCHFLEISCH, 1994, 174) am biologischen Geschlecht festzumachen sind. Allerdings geraten die *TNeS* mit diesen Einschätzungen von den jeweils gegengeschlechtlichen Attribuierungen Homosexueller und ihren an Heterosexuellen orientierten Rollenzuschreibungen für Homosexuelle in Partnerschaften in Widerspruch zu sich selbst. Denn Letzterem muss ja die implizite Annahme zugrunde liegen, dass es einen nicht gegengeschlechtlich attribuierten Part in Beziehungen von Homosexuellen gibt. Dieser Widerspruch, dem vielleicht eine selektive Wahrnehmung zugrunde liegt, wird aber in keinem Interview wahrgenommen oder aufgelöst. Mögen auch vereinzelte Kontakte mit Homosexuellen bestehen, die nicht dem von den *TNeS* als typisch interpretierten Homosexuellen entsprechen, so führen diese offenbar lediglich zu *Subtyping*, nicht aber zu einer generalisierten Veränderung in den Stereotypisierungen. Vielmehr steht dieser

Widerspruch wahrscheinlich im Dienste der Aufrechterhaltung von an traditionellen Rollen- und Familievorstellungen orientierten Geschlechtermerkmalen, indem diese, je nachdem, in welchem Kontext es passt, auf Homosexuelle übertragen werden. Die hierin zum Ausdruck kommenden Stereotypisierungen dürften nur einen Ausschnitt der Realität repräsentieren. Und auch sie weisen implizit auf die *Wertausdrucksfunktion* der Einstellungen zu Homosexualität und Homosexuellen hin, indem sie tradierte Vorstellungen auf das gewissermaßen unbekannte Terrain homosexueller Partnerschaften projizieren.

Unter den *TNeS* wird nicht deutlich, ob ihre Einstellungen nicht auch die Zugehörigkeit zu einer sozialen Gruppe (der Herkunftsgesellschaft) unterstreichen, also *social-expressive-function* (HEREK, 1986) erfüllen. Dies erscheint allerdings von daher unwahrscheinlich, dass sie sich selbst eher der Aufnahmegesellschaft zugehörig fühlen möchten und ihren Staus als so wahrgenommene „Frauen aus dem Osten" ablehnen. Eine Anpassungsleistung gegenüber der aufnehmenden Gesellschaft könnte jedoch darin bestehen, dass die rechtliche Gleichstellung Homosexueller prinzipiell befürwortet wird, sodass hierin eine nicht als *political correctness* geringschätzig abzuwertende Integrationsbemühung zum Ausdruck kommt, wenn deutsche Rechtsnormen übernommen werden. Abgesehen davon, dass die negativen Kognitionen durch mangelnde Kontakterfahrungen aber in der Breite nicht relativiert werden konnten, sodass auch auf diesem Wege eine Anpassungsleistung möglich gewesen wäre, scheinen sie mit ihren Einstellungen zur Homosexualität vor allem verinnerlichte Wertvorstellungen auszudrücken, die DEVINE (1989) zufolge noch ein Vorherrschen automatischer Prozesse als Ausdruck kulturell geteilten Wissens um Stereotypisierungen signalisieren. Nur in einem Fall kann in einem Teilbereich recht eindeutig von der Anpassungsfunktion antihomosexueller Einstellungen ausgegangen werden. Dies ist die *TNeS*, die sich einer fundamentalistischen, freikirchlichen evangelischen Kirchengemeinde angeschlossen hat.

Für die *TNPo* können in Teilen den Einstellungen der *TNeS* analoge Ausprägungsformen beschrieben werden. Dies betrifft sowohl die heteronormativ motivierten gegengeschlechtlichen Attribuierungen Homosexueller als auch den logischen Widerspruch zwischen diesen Attribuierungen und den Rollenübernahmen in Partnerschaften Homosexueller, der hier ebenfalls zumeist unaufgelöst bleibt. Fast identische Begründungsmuster wie bei den *TNeS* finden sich auch die Vorstellung betreffend, das eigene Kind wäre homosexuell. Allerdings treten diese Muster in unterschiedlicher Ausprägung hervor, sodass hier schon Transformationsprozesse stattgefunden haben dürften. Das Spezifische in dieser Teilstichprobe leitet sich denn auch eher aus einem anderen Gesichtspunkt ab, in dem sich die beiden Teilstichproben mit Migrationshintergrund unterscheiden. Und dieser ergibt sich aus der Bedeutung der Religion in der Gruppe der *TNPo*. Der Stellenwert der Religion und die herausragende Funktion der katholischen Kirche innerhalb der polnischen

Gesellschaft wurden hinreichend beschrieben. Religiosität als Indikator für antihomosexuelle Einstellungen wird immer wieder in der Literatur herausgestellt. Insofern verwundert die Bedeutung dieses Themas unter den *TNPo* für deren Einstellungen zu Homosexuellen und Homosexualität nicht. Gerade vor dem Hintergrund der Werteorientierung haben religiöse Überzeugungen unter den *TNPo* effektiv Anteil an bestehenden antihomosexuellen Einstellungen, aber eben auch an deren Aufweichung. Die Bedeutung der *Wertausdrucksfunktion* solcher Einstellungen wurde für diese Teilstichprobe bereits unter 4.4.2 unterstrichen. Allerdings kann unter den einzelnen Befragten wahrscheinlich eher auch ein Mischungsverhältnis zwischen *Wertausdrucks-* und *Anpassungsfunktion (social-expressive-function)* angenommen werden – wie die Sachlage in dieser Teilstichprobe überhaupt etwas komplexer strukturiert zu sein scheint. Die zum Ausdruck gebrachten Einstellungen zur Homosexualität und zu Homosexuellen sind heterogener. Zwar besteht eindeutig eine Tendenz zu antihomosexuellen Einstellungen, die verglichen mit den *TNeS* auch stärker mit deutlich entwertenden Begriffen unterstrichen werden, andererseits gibt es unter den *TNPo* anders als bei den *TNeS* Einzelfälle konsistenter homosexuellenfreundlicher Einstellungskonstellationen.

Anders als bei den *TNeS* hat die nationale Identität bei vielen der *TNPo* als integraler Bestandteil ihrer kollektiven Identität als Katholikinnen nach wie vor Salienz. Tatsächlich ist beides in vielerlei Hinsicht wahrscheinlich kaum voneinander zu trennen. Während jedoch in Polen diese Identität gewissermaßen implizit, weil selbstverständlich, als „Interpretationsrahmen" sozialer Erfahrung fungierte, wurde sie nach der Zuwanderung stärker akzentuiert. Insofern könnten auch die Einstellungen zu Homosexuellen und Homosexualität in Polen zuvorderst Wertausdrucksfunktion erfüllt haben, weil die Teilhabe an der kollektiven katholischen Identität unhinterfragt Bestand hatte. Nach der Zuwanderung blieb diese Wertausdrucksfunktion zwar erhalten, bekam nun aber auch einen Akzent auf der Anpassungsfunktion in dem Sinne, dass die Zugehörigkeit zur Gruppe der aus Polen stammenden Katholiken unterstrichen wurde, wobei die Betonung auf der Konfession und nicht auf der Nationalität liegt. Trägt man diese Interpretation an den Sachverhalt heran, wird deutlich, dass antihomosexuelle Einstellungen zugleich auch (wie schon in der Herkunftsgesellschaft) Abgrenzungsfunktion erfüllen, indem die Selbstkategorisierung positiv konnotiert bleibt und die Fremdstereotypisierung auf dem Wege der Wertausdrucksfunktion verstärkt wird. Die Anpassung an religiöse Moralvorstellungen bleibt erhalten, während dadurch zugleich eine Abgrenzung von allem, was diesen Moralvorstellungen nicht entspricht, erreicht wird. Dieser Effekt ist vor allem dort besonders ausgeprägt, wo eine fundamentale religiöse Orientierung vorzufinden ist, die im Widerspruch zu einer pluralistischen Gesellschaftsform steht, in der verschiedenen Lebensentwürfe auf der Grundlage unterschiedlicher Überzeugungen und Orientierungen vielfältigster Art gleichberechtigt nebeneinander bestehen können. Selbststereotypisierungen auf der

Grundlage von Anpassungsdruck in Verbindung mit Ausgrenzungstendenzen und Fremdstereotypisierungen besteht vor allem dort unangefochten, wo Auffassungen vorherrschen, in denen zum Ausdruck gebracht wird, im Besitz einer allein gültigen Wahrheit zu sein. Die Aufweichung solcher Selbstkategorisierungen und Fremdstereotypisierungen aber sind wahrscheinlich ursächlich für einzelne moderate Einstellungen zur Homosexualität und zu Homosexuellen und ein Indikator für auch mental vollzogene Integrationsschritte, die ihrerseits eine innere Distanzierung von fundamental geprägten religiösen Werte- und Normenorientierungen anzeigen. Dies könnte erklären, warum es unter den *TNPo* einerseits erheblich drastischere Entwertungen Homosexueller gibt als bei den *TNeS*, auf der anderen Seite aber auch merklich homosexuellenfreundlichere Einstellungen bestehen. Auch wenn in manchen spontanen Äußerungen der *TNPo* kulturell präformierte Einstellungen Homosexualität und Homosexuellen gegenüber zum Ausdruck kommen, so ist ihre Haltung zumeist durchaus auch durch kontrollierte (mentale) Prozesse fundiert. Sowohl die ablehnende Haltung als auch die zum Teil homosexuellenfreundlichere Haltung basieren auf bewusst bejahten, im Integrationsprozess entweder beibehaltenen oder transformierten Wertsystemen. Ein Teil der *TNPo* hat lediglich einen Identitätsshift weg von der kollektiven Identität als *polnische Katholikin* hin zur *deutschen Katholikin* vollzogen, ein anderer entwickelte seine kollektive Identität ausgehend von der *polnischen Katholikin* hin zur *u. a. katholischen Deutschen*, wobei das „Katholische" in unterschiedlichen Ausprägungsformen erhalten blieb. Dort, wo die Zugehörigkeit zur aufnehmenden Gesellschaft zunehmend Salienz bekam, kam der Abwendung von oder Relativierung von religiös motivierten Werthaltungen Abgrenzungsfunktion gegenüber der Herkunftsgesellschaft zugunsten des Integrationserfolges zu. Hier dürften Rekategorisierungsprozesse im Sinne des von SIMON (2004) beschriebenen Kontaktmodells eingetreten sein, in deren Folge die religiöse Identität in ihrer Anpassungsfunktion zurücktrat, während parallel die veränderte Realität in der aufnehmenden Gesellschaft wahrscheinlich Einfluss auf die Selbst-Konzepte der *TNPo* gewann. In dieser Hinsicht ist ein breites Spektrum von Entwicklungslinien unter den *TNPo* feststellbar. Eine von ihnen geht so weit, dass sie ihren polnischen Namen in einen deutschen Namen abändern möchte, und kommt damit gewissermaßen Julias Aufforderung an Romeo in Shakespeares „Romeo und Julia" nach: *„Oh, Romeo leg Deinen Namen ab. / Und für den Namen, der Dein Selbst nicht ist, / Nimm meines ganz" (SHAKESPEARE, W., (1595/1983; 2, 2, 68 f.).* Mit dem Ablegen des Namens aus der Herkunftsgesellschaft und der Annahme eines deutschen Namens wird die Verschmelzung mit der Aufnahmegesellschaft besiegelt.
Religiöse Orientierung in einer eher fundamental geprägten Bedeutung hat in Deutschland kaum Relevanz, was z. B. STEFFENS und WAGNER (2004) dazu veranlasste, Religion oder religiöse Orientierung erst gar nicht mehr zur

Untersuchung antihomosexueller Einstellung unter Deutschen heranzuziehen. Nun kann die Beibehaltung eines katholischen Wertesystems in Verknüpfung mit rigiden Moralvorstellungen nicht zwingend als Integrationsmisserfolg gewertet werden. Dies würde erhebliche und unzulässige Implikationen beinhalten. Umgekehrt sind Relativierungen dieses Wertesystems und damit verknüpfter Moralvorstellungen jedoch durchaus Indikatoren für die Integration in eine säkular geprägte Gesellschaft. Wenn also die katholische Identität den bruchlosen Übergang von der polnischen Gesellschaft in katholisch geprägte Kreise der deutschen Gesellschaft ermöglichte, liegt das Problem antihomosexueller Einstellungen unter den *TNPo* nicht zwingend in der Herkunft, sondern in der religiösen Orientierung. Werden daher zum Beispiel bezüglich der rechtlichen Gleichstellung in dieser Teilstichprobe kategorische Ablehnungen zum Ausdruck gebracht, so stehen diese im Einklang mit Einstellungen, die keinen primären Bezug zur Herkunft, sondern zum Glauben haben. Für diese Interpretation spricht auch, dass die Situation Homosexueller in Deutschland im Querschnitt durch die Teilstichprobe der *TNPo* differenzierter wahrgenommen, aber abhängig von der religiösen Basierung des eigenen Wertesystems unterschiedlich bewertet wird. So wären klare Entwertungen, aber auch zugleich bestehende affirmative Einschätzungen erklärbar.

Unter den *TNoM* stehen die Einstellungen zu Homosexualität und Homosexuellen ebenfalls mit einem identifizierbaren Wertekanon in Verbindung. Anders aber als bei den *TNeS* und den *TNPo* resultieren sie dabei nicht so eindeutig aus einem traditionellen, ideologischen oder weltanschaulich fundierten Normensystem. Was bei ihnen als Identifikation mit einer *sozialen Orientierung* beschrieben wurde, hat seine Wurzeln in vielfältigen Möglichkeiten zur sozialen Interaktion. Dabei sind ideologische und/oder weltanschauliche Bezüge kaum mehr auszumachen. Allerdings wurde bezüglich dieser Teilstichprobe auch nicht näher untersucht, wie sie gesellschafts-spezifische Werte- und Normensysteme auf der Makro-Ebene wahrgenommen und beurteilt haben. Welche implizite Bedeutung die nationale Identität unter den *TNoM* hat, bliebe noch zu untersuchen. Die soziale Orientierung stellt unter ihnen jedoch ein stabiles Muster dar und hat im Laufe ihrer Sozialisation Verstärkung in verschiedenen erweiterten Netzwerken erfahren. Der mit der sozialen Orientierung verbundene Toleranzbegriff und die darin implizit zum Ausdruck gebrachten Werte wie Offenheit, Hilfsbereitschaft, Aufrichtigkeit und Vertrauen ermöglichten offenbar als integrale Selbst-Aspekte kohärente Selbst-Konzept-Strukturen und Selbstinterpretationen auf hoher Inklusivitätsebene der Identität. Die *Zentrierung* der Identität um diese Orientierung trägt dabei schon die Möglichkeit zur *De*-Zentrierung in sich. Es ist durchaus nicht unwahrscheinlich, dass die soziale Identität der *TNoM* Ausdruck ihrer Sozialisation in einer pluralistischen Gesellschaft ist, dass mithin die soziale Orientierung Ausdruck dieser Makro-Struktur auf der Mikro-Ebene der individuellen Identität darstellt. Diese Wechselwirkungen ermöglichen dann auf dem Wege vielfältiger kollektiver Selbstinterpretationen Offenheit für immer neue Kontexte, die andererseits aber auch gesellschaftlich zur Verfügung stehen. In dieser Hinsicht kommt den makro-gesellschaftlichen Anerkennungsprozessen Homosexuellen gegenüber, wie sie immer wieder beschrieben werden – ohne dass sie abgeschlossen wären –, offenbar doch erhebliche Bedeutung zu, wie sich an den *TNoM* zeigen lässt. Auch wenn die Annahme gewagt erscheint, so könnte es doch sein, dass möglicherweise inzwischen durchaus auch in der Breite ein Wandel der Einstellungen Homosexuellen gegenüber eingetreten ist, sodass davon auch das kulturell geteilte Vorurteil nicht unbeeinflusst bleiben konnte. Interessanterweise nehmen die *TNoM* ja weniger die Anerkennungs- und schon gar nicht die Emanzipationsbemühungen Homosexueller, sondern ihr Ergebnis wahr. Und das hat praktische Folgen. Parallel zur gesellschaftlichen Entwicklung erweiterten sich offenkundig die Möglichkeiten, Kontakte zu Homosexuellen zu knüpfen, die inzwischen von den *TNoM* weniger als Gruppe Homosexueller angesehen werden, sondern auf dem Wege vielfältiger Kontaktmöglichkeiten als Individuen im personalisierten Miteinander Kontur gewinnen. Insofern verwundert es nicht, wenn Stereotypisierungen Homosexueller zwar – zumeist implizit – noch zum Ausdruck gebracht werden, jedoch immer wieder Relativierungen erfahren, die an wiederholten Kontakten festzumachen sind. Und diese Kontakte sind unbedingt auch qualitativ tiefgehender Natur, sie sind stark personalisiert und beinhalten sehr persönliche und intime Kenntnis der Lebenswirklichkeit Homosexueller. Und es ist unübersehbar, dass unter den *TNoM* praktisch keine antihomosexuellen Einstellungen explizit zum Tragen kommen. Ob dies nun nur einer als „*political correctness*" zu apostrophierenden Haltung geschuldet ist, ist fraglich, denn es lässt sich doch nicht leugnen, dass sich doch tatsächlich ein tiefgehender Wandel vollzogen hat. Das zeigt sich zum einen an der Selbstverständlichkeit, mit der die rechtliche Gleichstellung von allen *TNoM* ohne Ausnahme befürwortet wird. Noch tiefgreifender sind jedoch die Befunde für die Einstellungen zum möglicherweise homosexuell orientierten eigenen Kind. Aufgrund der Befunde von STEFFENS und WAGNER (2004) wäre auch in dieser Gruppe eine Distanzierung diesbezüglich zu erwarten gewesen. Umso bemerkenswerter ist der Befund, der sich aus dieser Teilstichprobe ergibt. In keinem Fall wird Ablehnung zum Ausdruck gebracht, in keinem Fall werden eigene Bedürfnisse in den Vordergrund der Erwägungen gestellt, immer wird die eigene Reaktion vor dem Hintergrund der Anerkennung der sexuellen Orientierung des eigenen Kindes reflektiert. Die signalisierte soziale Orientierung besteht hier gewissermaßen den Test, was sich in einigen Stellungnahmen in der Feststellung zeigt, dass man in der Erziehung der Kinder gescheitert wäre, würden diese ihre Homosexualität verschweigen. Wenn man so will, haben die Einstellungen zu Homosexualität unter *TNoM* ihrerseits ebenfalls *Wertausdrucksfunktion*. Diese zeigt sich unter den *TNoM* jedoch darin, dass die Homosexualität des eigenen Kindes nicht in Widerspruch zu rigiden Moralvorstellungen stünde. Vielmehr wäre ein intoleranter Umgang mit dem eigenen homosexuellen Kind mit den Werten der *TNoM* unvereinbar. Würde ein homosexuelles Kind darüber hinaus auch noch seine Homosexualität verschweigen, wäre dies ein Beweis dafür, dass die *TNoM* sich in ihrem Bemühen um eine offene, tolerante Erziehung als gescheitert ansähen müssten. Hier liegt das augenfälligste Unterscheidungsmerkmal zwischen den einzelnen Teilstichproben, bezogen auf die der Mikro-Ebene zuzuordnenden Einstellungen zur Homosexualität und zu Homosexuellen.

Die Bedeutung der Kontakterfahrung mit Homosexuellen (Meso-Ebene)

Reflektiert man nun stärker auf die Meso-Ebene, also den Kontext der sozialen Erfahrungen, ergeben sich aus den stark voneinander abweichenden Einstellungskonstellationen unter den Teilstichproben gewichtige Hinweise auf Bedingungen für einen Einstellungswandel oder aber zumindest weniger stark ausgeprägte antihomosexuelle Haltungen.

Unter allen Autoren besteht Einigkeit über die ausschlaggebende Bedeutung von Kontakterfahrungen mit Homosexuellen bezüglich der Ausprägungsformen antihomosexueller Einstellungen. Quantität und vor allem Qualität von Kontakterfahrungen werden dabei unter verschiedenen Gesichtspunkten wiederholt diskutiert. Mit Blick auf die hier untersuchten Stichproben fallen einige Eigenarten auf. Zum einen ist es bemerkenswert, dass die Quantität von Kontakterfahrungen in ihrer Bedeutung, wie HEREK und CAPITANO (1996) sie diskutieren, für sich genommen in den hier untersuchten Teilstichproben offenbar keinen zwingenden Effekt auf bestehende antihomosexuelle Einstellungen hat, wobei unter den *TNeS* ohnehin nicht „viele" Kontakterfahrungen gemacht werden konnten. Umgekehrt können aber vereinzelte, akzidentielle Begegnungen durchaus Einfluss auf solche Einstellungen gewinnen. Auch die von HEREK (1988) beschriebene *experiential-schematic-function* konnte nicht identifiziert werden, wenn positive Einstellungen Homosexuellen gegenüber aufgefunden wurden. Wenn aber aufgrund anderer, noch näher einzugrenzender Bedingungen gute Erfahrungen mit Homosexuellen bestehen, werden Homosexuelle auch freundlicher beurteilt. Für sich genommen haben aber gute Erfahrungen mit Homosexuellen, auch wenn sie wiederholt gemacht werden, keinen zwingenden Einfluss auf Einstellungsänderungen. Dies gilt übrigens auch in Einzelfällen umgekehrt für negative Erfahrungen, wie die als überwältigend erlebte erste Begegnung mit Homosexuellen in Deutschland auf dem CSD, die Maja schilderte. In der Folge hat sich daraus keine durchgängig negative Einstellung Homosexuellen gegenüber entwickelt.

Wie aber kann es sein, dass selbst länger bestehende Freundschaften oder gute Kontakte keinen Einfluss auf antihomosexuelle Einstellungen gewinnen? Aufgrund der vorliegenden Befunde lässt sich diese Frage zunächst nicht eindeutig beantworten. Zum einen aber gibt es Hinweise, dass bei den *TNPo* eine rigide Haltung auch unter der Bedingung des Kontaktes bestehen bleibt, wenn die religiösen Überzeugungen eher fundamental ausgeprägt sind. Stabile Wechselwirkungen zwischen individueller und kollektiver (katholischer) Identität erlauben in diesen Fällen keine Aufweichung des Wertekanons. Erst wenn die individuellen Selbst-Interpretationen um Selbst-Aspekte, die der Zuwanderungssituation zuzuordnen sind, z. B. er- und gelebte Toleranz in Freundes- und Kollegenkreisen, erweitert wurden, kommt es hier zu Modifikationen. Mit zunehmender Zugehörigkeit zu Netzwerken, in denen der Glaube, wenn überhaupt, eine nachgeordnete Rolle spielt, erweitern sich auch die Identifikationsmöglichkeiten mit kollektiven Identitäten. Je starrer aber exklusiv am religiösen Aspekt der Herkunftsidentität festgehalten wird, desto weniger haben auch Kontakterfahrungen modifizierenden Einfluss auf Einstellungen.

Anders gelagert scheint die Situation unter den *TNeS* zu sein. Auch bei ihnen fällt auf, dass einige durchaus angeben, Freundschaften zu Homosexuellen zu pflegen, ohne dass aber qualitativ tief greifende Einstellungswechsel erkennbar sein müssen, wie verschiedene Autoren nahe legen. Ohne dass diese Dynamik zu generalisieren ist – es gibt durchaus Freundschaften, die eine weniger ausgeprägte antihomosexuelle Tendenz zur Folge zu haben scheinen –, bleibt doch der Befund bestehen, dass fast durchgängig Stereotypisierungen und grundsätzlich eine ablehnende Haltung gegenüber der Möglichkeit, das eigene Kind wäre homosexuell, zum Ausdruck gebracht werden. Eine Erklärung könnte der Umstand beinhalten, dass in beinahe allen Fällen, wo Freundschaften zu Homosexuellen unter den *TNeS* angegeben werden, die betreffenden Freunde ebenfalls aus der ehemaligen Sowjetunion stammen. Dann wäre die Annahme berechtigt, dass die Statusungleichheit, wie sie zwischen Homosexuellen und Heterosexuellen in der Herkunftsgesellschaft bestand, in diesen Beziehungen implizit erhalten bleibt. Und es wäre verstehbar, warum Homosexualität nicht näher Gegenstand der Reflexion werden kann. Der Status quo ante bleibt gewissermaßen bestehen, wenn in der Begegnung untereinander (innerhalb einer Gruppe von Mitgliedern der Herkunftsgesellschaft) die kollektive Herkunftsidentität wieder salient werden kann. Die Freundschaft besteht dann nicht zu einem Homosexuellen, sondern zu einem anderen Russen, Ukrainer etc. Vordergründig mögen dann in einem Orchester die Bedingungen des Kontaktmodells nach SIMON (2004) erfüllt sein: Statusgleichheit, gemeinsame Ziele und Anstrengungen, sie zu erreichen, Sanktionierung durch Autoritäten. Implizit bleibt ihnen aber auf höherer Inklusivitätsebene die Selbstkategorisierung vor dem Hintergrund der Herkunftsgesellschaft eingeschrieben. Das heißt, dass sich nicht heterosexuelle GeigerInnen mit homosexuellen PianistInnen begegnen, sondern weiterhin Russen, Ukrainer etc. untereinander, wodurch ein Prozess der Rekategorisierung als homosexuelle und heterosexuelle

Orchestermitglieder obsolet würde. Zudem wären solche Begegnungen nicht zwingend Ergebnis von Integrationserfolgen.
Verglichen damit gehen die *TNoM* unter ganz anderen Bedingungen in jedwede Kontaktqualität mit Homosexuellen. Zum einen gehören Homosexuelle inzwischen zur Alltagserfahrung in verschiedenen Kontexten, deren Vielfalt durch die Vielzahl von Netzwerken der *TNoM* erklärbar ist. Zum anderen begegnen sie ihnen mit einer Werthaltung der sozialen Orientierung. Die Sozialisation mit gesellschaftlichen Anpassungsprozessen hat zudem dafür gesorgt, dass die Statusgleichheit in vielen Bezügen zunehmend gewährleistet ist. Sie wuchsen unter soziokulturellen Rahmenbedingungen auf, die einen Wandel der Bedingungen in sich trugen oder begünstigten. Auf makrostruktureller Ebene erfolgten innerhalb dieses Prozesses Transformationen, die in mancherlei Hinsicht Anlass dazu geben, dass die Bedingungen des Kontaktmodells zunehmend gesamtgesellschaftlich erfüllt werden – ein Prozess, der aber gewiss nicht abgeschlossen ist. Dennoch erleichtert dies wiederum personalisierte Kontakte zu Homosexuellen, deren sexuelle Orientierung durchaus explizit werden kann. Damit sind Grundbedingungen erfüllt, die laut PETTIGREW (1998) *friendship potential* in sich tragen. Und in der Tat ist es ja auffallend, dass die *TNoM* nicht nur quantitativ über mehr Kontakte verfügen, sondern auch über qualitativ tiefergehende, affektive Bindungen zu Homosexuellen.
Hier besteht eine Diskrepanz zu den Annahmen von HEWSTONE und LORD (1989) deren experimentell abgeleitete Kontaktempfehlungen möglichst standardisierte Begegnungen mit typischen Vertretern der out-group auf Gruppenebene mit wenig persönlicher, auf Individualität beruhender Information abzielen. Aus den Schilderungen ihrer Kontakterfahrungen geht hervor, dass die *TNoM* im personalisierten Kontakt ihren homosexuellen Freunden, Bekannten, Nachbarn und Kollegen in aller Regel mit Empathie begegnen. KÖRNER (1989) verweist darauf, dass Empathie die Grundvoraussetzung für die Wandelbarkeit von Einstellungen und Beziehungen ist. Ihre Komponenten der affektiven Einfühlung in die innerseelischen Vorgänge des anderen und der intellektuell-kognitive Aspekt der Perspektivübernahme ermöglichen es, sich in die Situation des Gegenübers probehalber hineinzuversetzen, um seine seelische und soziale Realität in aller Offenheit als die des anderen wahrzunehmen. Analysiert man die Beziehungserfahrungen der *TNoM* mit Homosexuellen näher, fällt ins Auge, dass sie genau diese Aspekte beinhalten. Es scheint durchgängig eine Offenheit und Bereitschaft zu bestehen, sich in den anderen einzufühlen, zumindest aber kognitiv-intellektuell seine Perspektive zu übernehmen. Daraus resultieren auf Erfahrungen basierende Einschätzungen, deren Differenziertheit gegenüber den meisten Einstellungen der *TNPo* und *TNeS* deutlich ausgeprägter ist. Es erscheint schwierig, zu einem Urteil zu gelangen, ob Empathie als *Erfahrungsweise des Du* (vgl. GADAMER, 1975) Ursache oder Folge dieser freundschaftlichen Beziehungen ist. SIMON

(2004) verweist unter Bezugnahme auf PETTIGREW (1998) darauf, dass die engen freundschaftlichen Bindungen als zwischenmenschliche Brücke Empfindungen wie zum Beispiel Empathie begünstigen. Es liegt also nahe, dementsprechend wechselseitige Prozesse anzunehmen. Letztlich bleibt unklar, ob Einfühlung und Perspektivübernahme Ergebnis oder Ursache von qualitativ tiefergehenden Bindungen sind, auf deren Basis dann wieder Einstellungsmodifikationen vorgenommen werden können. Folgt man Hinweisen KÖRNERS (1989) und BERGMANN-MAUSFELDS (2000, 2006), ist die Annahme berechtigt, dass entwicklungspsychologisch Störungen der Empathiefähigkeit auftreten können, was letztendlich auch auf zwischenmenschliche Beziehungserfahrungen im frühen Kindesalter zurückgeht.

Es ist daher interessant, Hinweisen nach empathischen Zugängen der *TNeS* und *TNPo* zu Homosexuellen zu folgen. Und tatsächlich fällt auf, dass es einzelne Fälle gibt, in denen die Schilderung der Kontakterfahrung unter diesem Vorzeichen steht, auch wenn keine freundschaftliche Bindung beschrieben wird. Tatsächlich entsteht in diesen Fällen ein tieferes Verständnis für die Situation Homosexueller, wenn ihre Situation qua Einfühlung und Perspektivübernahme reflektiert wird. Dies wiederum könnte die sodann ermöglichte partielle Einstellungsänderung erklärten, wenn plötzlich beispielsweise die Möglichkeit aufscheint, auch als *TNeS* die mögliche Homosexualität des eigenen Sohnes zu respektieren - nicht weil es der eigene Sohn ist, sondern weil es seine Realität widerspiegeln würde. Umgekehrt kann das Fehlen von Empathie trotz bestehender freundschaftlicher Beziehungen erklären, weshalb keine Einstellungsänderung vorgenommen wird. In diesen Fällen wird Empathie eben nicht allein durch die Tatsache der Freundschaft geweckt oder aktiviert. Als vermittelnde Instanz scheint sie dann effektiv *arretiert* zu sein, wenn die fundamentale weltanschauliche oder vor allem religiöse Wertebasierung nicht infrage gestellt wird, oder wenn kollektive Identitäten der Herkunftsgesellschaft salient werden. Diese beiden Aspekte entfallen bei den *TNoM*. Ihrer Werteorientierung käme ohne die Bereitschaft zur Perspektivübernahme und Einfühlung keine Authentizität zu.

Weiterführende Überlegungen

Aus sozialpsychologischer Sicht sind damit die wesentlichen Ergebnisse dieser Arbeit zusammengetragen. Es gibt weitere akzidentielle Befunde, die hinzugefügt werden könnten. Zum Beispiel ist es auffallend, dass die Erfahrungen mit sexueller Aufklärung sehr unterschiedlich verteilt sind. Während in der ehemaligen Sowjetunion von den *TNeS* dieses Thema unter dem Vorzeichen der Tabuisierung beschrieben wird, was den Hinweisen aus der Literatur entspricht, ist diese Befundlage bei den *TNPo* nicht ganz so eindeutig. Die *TNoM* hingegen fühlen sich in aller Regel deutlich besser aufgeklärt. Inwieweit dies konkreten

Einfluss auf die antihomosexuellen Einstellungen hat, muss aber dahingestellt bleiben, weil bezüglich dieses Themas nicht durchgängig nach Aufklärung über Homosexualität gefragt wurde. Dies schien obsolet zu sein, wenn man in Rechnung stellte, welchen Stellenwert Homosexualität in den Herkunftsgesellschaften hatte. Allerdings wäre es gewiss interessant gewesen, hier Genaueres von den *TNoM* zu erfahren.

Die Interviewsituation war in aller Regel auch nicht dazu angetan, tiefergehend die individuellen sexuellen Erfahrungen und Entwicklungswege zu thematisieren. Wenn dies in Einzelfällen bei den *TNoM* aber durchaus möglich wurde, so war es aber vom gesamten Interviewkonzept her nicht intendiert. Ohne Frage wäre eine Vertiefung dieses Themas aufschlussreich auch für die Ausgangsfragestellung gewesen. Allerdings muss festgehalten werden, dass oftmals, wenn auch unbeabsichtigt, solche Aspekte aufschienen.

Es gibt darüber hinaus auch nicht wenige Passagen in den Interviews, die auf sehr persönliche Motive für die Einstellungen zu Homosexualität und Homosexuellen hindeuten. Ihnen ein Stück weit nachzugehen war oftmals, auch in der Auswertung, sehr interessant. Ihrer systematischen Darstellung stand aber nicht nur das im Querschnitt der Stichproben nicht verfügbare Material entgegen, sondern auch die Notwendigkeit, die Untersuchung dann um eine theoretische Dimension zu erweitern, nämlich um einen tiefenpsychologischen oder vielmehr psychoanalytischen Zugang, was den Rahmen gesprengt hätte.

Wenn aber beispielsweise in einem Interview Bezüge zwischen antihomosexuellen Einstellungen und der eigenen jüdischen Identität und tief beunruhigenden Erinnerungen an verstörende Filmszenen, die den Holocaust zum Inhalt haben, zusammenkommen, dann können die zu Tage getretenen Einstellungen nicht allein vor dem sozialpsychologischen Hintergrund umfassend verstanden werden. Ebenso wenig, wenn nur blande erscheinende Verleugnungen eigener homoerotischer Bedürfnisse deutlich werden, während zugleich antihomosexuelle Einstellungen zum Ausdruck gebracht werden können, ohne aber in offenkundigen inneren Widerspruch zur Teilnahme an einem Sprachkurs in einem „Verein lesbischer Frauen" zu treten. Darauf aufmerksam zu werden war eine Sache, dem nicht nachzugehen erschien im Rahmen des Zuschnitts dieser Untersuchung ethisch geboten. Die Untersuchung hätte dann einen anderen Weg nehmen müssen. Vor dem Hintergrund der umfassenden sozialpsychologischen Ausgangsfragestellung, die auf mehreren Dimensionen hochkomplexe Sachverhalte zu berücksichtigen suchte, wäre eine Erweiterung des qualitativen Zugangs um den Aspekt des Tiefeninterviews jedoch unrealistisch gewesen.

Dennoch verweisen solche Beispiele auf die unbewusste Dimension des Themas antihomosexueller Einstellungen. In dieser Hinsicht gibt es jedoch nicht allein inhaltliche Bezüge zu den hier dargestellten Ergebnissen, sondern auch theoretische Anknüpfungspunkte zu vorliegenden sozialpsychologischen Untersuchungen anti-homosexueller Einstellungen. Für die auf der Mikro-Ebene zu verortenden Prozesse (die ja immer schon Ergebnisse von Austauschprozessen auf der Meso-Ebene vor dem Hintergrund der auf der Makro-Ebene wirksamen Rahmungen sind) gibt es bei verschiedenen zitierten Autoren Hinweise auf nicht der bewussten Kontrolle zugängliche Aspekte im Hinblick auf antihomosexuelle Einstellungen. SIMON (2004) unterscheidet zwischen *explicit* und *implicit identities*, von denen Letztere außerhalb der bewussten Aufmerksamkeit Einfluss auf Einstellungen und Handlungen, die in Bezug zu bewussten bzw. jeweils gerade expliziten, *salienten* Identitäten stehen, ausüben können. STEFFENS (2005) untersuchte die Bedeutung *impliziter Einstellungen* im Bereich antihomosexueller Ausdrucksformen und fand empirische Hinweise auf das Vorliegen solcher impliziten Einstellungen, die mit den bewusst geäußerten Einstellungen kontrastieren. Und HEREK (1988) untersuchte *Externalisierungsstrategien* wie die *Projektion* innerer Konflikte auf ein äußeres Symbol als Funktion antihomosexueller Einstellungen, um im außerhalb des Selbst verorteten Objekt solche intrapsychisch abgewehrten Anteile zu entwerten. Ohne explizit auf die Psychoanalyse Bezug zu nehmen, verweist HEREK (1988) in diesem Kontext dennoch auf ein *psychodynamisches* Modell, wenn er von unbewussten Motiven für antihomosexuelle Ausdrucksformen spricht. Und DEVINE (1989) unterscheidet *kontrollierte* von *automatischen* (mentalen) *Prozessen*, von denen erstere ohne bewusste Möglichkeit der Einflussnahme unausweichlich aktiviert werden. Nimmt man diese Hinweise auf das Vorliegen, wenngleich empirisch nur schwer fassbarer, unbewusster Einflussgrößen am Zustandekommen antihomosexueller Einstellungen ernst, so liegt in der Psychoanalyse das Instrumentarium bereit, sie zu beschreiben und damit zu einem erweiterten Verständnis des Phänomens beizutragen. Mit FREUDS für die Psychoanalyse konstitutioneller Konzeptualisierung des Unbewussten als integralem Bestandteil der menschlichen Psyche wurde es möglich, eine Vielzahl von Funktionsweisen und Ausdrucksformen des Seelenlebens zu beschreiben.

Zudem ist dem Konzept antihomosexueller Einstellungen, wie es HEREK (2004) dargestellt hat, der psychoanalytische Zugang inhärent, indem es auf WEINBERGS Terminus der *Homophobie* zurückgeht. Der gänzliche Verzicht auf diesen Terminus hätte aber eventuell das Versperren eines zusätzlichen Erkenntnisweges zum Phänomen antihomosexueller Einstellungen zur Folge. Insofern sollte der Begriff *Homophobie* innerhalb der Entität sexuelles Vorurteil erhalten und für die Anteile des sexuellen Vorurteils reserviert bleiben, die im psychoanalytischen Sinne unbewusst sind, aber u. a. aus Abwehrmechanismen wie z. B. der Projektion abgeleitet werden können. Unter dieser Prämisse beinhaltet der Begriff Homophobie dann die schon von WEINBERG (1972) identifizierten Aspekte kultureller, sozialer und individueller Provenienz, deren ausführliche Darlegung RAUCHFLEISCH (1994) unternimmt und die HEREK (1986, 1988, 1993) dann in seiner Konzeptualisierung der Funktion antihomosexueller Einstellungen wieder aufgreift, die wiederum Identitätsprozessen, wie

SIMON (2004) sie beschreibt, unterliegen. Es handelt sich um den Komplex unbewusster Anteile der im assoziativen Feld von Homosexualität bereitliegenden Infragestellungen von individueller Identität im Bereich des Geschlechts, der Geschlechterrolle, der sexuellen Orientierung, der verinnerlichten sozialen und gesellschaftlichen Werte.

Nach diesen Hinweisen auf mögliche und viel versprechende Erweiterungen bezüglich des Untersuchungsgegenstandes soll nunmehr die Diskussion der Ergebnisse beendet und zum abschließenden Fazit übergeleitet werden.

5.3 Fazit und Ausblick

Die in ihren Unterschieden dargelegten Einstellungen zu Homosexualität und Homosexuellen im Kontext von Migration sind psychischer Ausdruck von Sozialisationserfahrungen, mithin Ergebnis interaktioneller Prozesse auf der Basis spezifischer gesellschaftlicher Bedingungen. Diese Verschränkung wurde von SIMON (2004) folgendermaßen zusammengefasst:

„It is in such interaction situations that (meso-level) social psychological processes take shape and translate (macro-level) social structure or processes into (micro-level) psychological experiences which in turn guide the interaction, with possible consequences for the (macro-level) social structure as well as for (micro-level) psyche" (SIMON, 2004, 44).

In der vorliegenden Untersuchung musste berücksichtigt werden, dass die befragten Migrantinnen bereits mit Sozialisationserfahrungen sowohl auf der Makro- als auch mit ihrem Niederschlag auf der Mikro-Ebene auf die sozialen Kontexte der aufnehmenden Gesellschaft treffen. Die bis zum Zeitpunkt der Zuwanderung obwaltenden Verhältnisse hatten ihre Einstellungen zu Homosexualität und Homosexuellen bereits kulturspezifisch präformiert. Es konnte herausgearbeitet werden, dass diese Einstellungen auf der Matrix ideologisch bzw. weltanschaulich, i. e. S. religiös fundierter Wertesysteme, generiert wurden. Diese beinhalten unspezifische und spezifische antihomosexuelle Einstellungen, die sich als recht stabil erwiesen, insofern ihnen nicht günstige Bedingungen entgegenwirkten. Als günstige Bedingungen konnten Zugänge zu Netzwerken, wie sie durch die Integration am Arbeitsmarkt zustande kommen, identifiziert werden, wodurch Kontakte zu Angehörigen der Mehrheitsgesellschaft herstellbar wurden und die Wahrscheinlichkeit wuchs, Homosexuellen zu begegnen, um mit ihnen in personalisierten Kontakt zu treten.
Die Kontakterfahrung mit Homosexuellen kann in ihrer Bedeutung nicht überschätzt werden, wie der Vergleich der Ergebnisse mit den *TNoM* belegt. Bei

diesen konnte ein weitgehendes Fehlen manifester, expliziter antihomosexueller Einstellungen festgestellt werden. Aufgrund der kleinen Stichprobe läßt dies aber keine zu verallgemeinernden Schlüsse auf die Ausprägungsformen von Einstellungen zu Homosexualität und Homosexuellen in Deutschland unter den Deutschen ohne Migrationshintergrund zu. Aber auch, wenn diese Studie nicht den Anspruch von Repräsentativität erhebt, weisen ihre Befunde doch darauf hin, dass Kontakterfahrungen zu Homosexuellen maßgeblich Einstellungen beeinflussen. Bedingungen dafür sind vielfältige, alltägliche Begegnungsmöglichkeiten, Aspekte des von SIMON (2004) unter Bezugnahme auf ALLPORT (1954/1979) und PETTIGREW (1997, 1998) dargelegten Kontaktmodells sowie in besonderem Maße die innere Möglichkeit, Homosexuellen gegenüber Empathie aufzubringen. Insgesamt ist hinsichtlich der in dieser Untersuchung erhobenen Befunde die Annahme berechtigt, dass das Fehlen oder die Modifikation von antihomosexuellen Einstellungen immer mit Empathie oder einer ihrer Komponenten einhergeht.

Da, wo Integrationserfolge stärker zum Ausdruck kommen, nämlich bei den *TNPo*, zeigen sich die Effekte von Kontakterfahrungen dann, wenn die religiös basierte Werteorientierung Transformationen zugänglich wurde, die mit einer Zurücknahme hergebrachter Selbstinterpretationen auf der Basis kollektiver Identitäten verbunden ist. Eine stabile, der Änderung nicht zugängliche, religiöse Orientierung erwies sich als prognostisch schlecht bezogen auf Einstellungsänderungen gegenüber Homosexualität und Homosexuellen. Sie blieb in dieser Hinsicht auch dann dominant, wenn Kontakterfahrungen in unterschiedlicher Quantität und Qualität vorlagen. Eine fundamentale religiöse Orientierung kann daher als Prädiktor für antihomosexuelle Einstellungen bestätigt werden. Sie dominiert jedoch nicht die Orientierungen aller *TNPo*, vielmehr gibt es deutliche Abstufungen bis hin zu konsistenten homosexuellenfreundlichen Einstellungen. Diese können mit Integrationserfolgen, relativierten religiösen Wertvorstellungen und der notwendigen Möglichkeit, Empathie in Beziehungen zu Homosexuellen aufzubringen, in klaren Zusammenhang gebracht werden. Erfolgt dies nicht, bleiben zum Teil stark entwertende Einstellungen bestehen.

Die religiöse, katholische Orientierung als Einflussfaktor auf antihomosexuelle Einstellungen ist jedoch nur spezifisch für die *TNPo*. Auf ähnliche Effekte, sieht man von einem Einzelfall einmal ab, gibt es keinen eindeutigen Hinweis bei den *TNeS*. Auch wenn unter ihnen eine nicht geringe Anzahl von Frauen jüdischer Herkunft an der Untersuchung teilnahm, so stehen deren Einstellungen nicht in identifizierbarem Zusammenhang zur jüdischen Religion oder Glaubensüberzeugungen. Vielmehr fällt auf, dass es gerade die Jüdinnen sind, die gehäuft Kontakte zu Homosexuellen haben, ohne dass dies aber im Zusammenhang mit Einstellungsänderungen steht.

Gegenüber den *TNPo* haben die *TNeS* eine im Querschnitt relativ konsistente Tendenz, Homosexuelle zu entwerten und zu stereotypisieren. Ihre Kontakter-

fahrungen mit Homosexuellen in der aufnehmenden Gesellschaft sind insgesamt deutlich begrenzter. Es kann also auch daraus geschlossen werden, dass die Gruppe der *TNeS* weit weniger als der *TNPo* Integrationserfolge verzeichnen konnte. Wahrscheinlich steht dies im Zusammenhang mit ihrer bisher geringeren Verweildauer in Deutschland einerseits und andererseits mit den von ihnen vorgefundenen *makro*ökonomischen Bedingungen, die eine Integration am Arbeitsmarkt erschweren. Allerdings sind auch andere Aspekte zu berücksichtigen. Die *TNeS* erleben sich in offensichtlich stärkerem Maße Diskriminierungen ausgesetzt, denen sie zudem eher hilflos gegenüber zu stehen scheinen. In dieser Hinsicht kommt es möglicherweise zu ungünstigen negativen gegenseitigen Verstärkungen zwischen der aufnehmenden Gesellschaft und der Gruppe der Zuwanderinnen aus der ehemaligen Sowjetunion. Aus der hier untersuchten Stichprobe der *TNeS* kamen in aller Regel beruflich hoch qualifizierte Frauen, deren Sozialstatus in der aufnehmenden Gesellschaft sehr oft in keiner Weise diesen beruflichen Qualifikationen angemessen ist. In dieser strukturellen und kontext-abhängigen Dequalifizierung werden sie als rückständig wahrgenommen – zumindest ist dies so in ihrem Erleben repräsentiert. In der Folge gibt es eine Tendenz, sich vor allem unter Angehörigen der Herkunftsgesellschaft aufzuhalten, was bestehende Stereotypisierungen dieser Frauen seitens der aufnehmenden Gesellschaft wiederum verstärkt. Eine vergleichbare Dynamik lässt sich bei den *TNPo* nicht ausmachen. Unberücksichtigt könnte diese Differenz zu Fehlschlüssen dahingehend Anlass geben, Frauen aus der ehemaligen Sowjetunion seien homosexuellenfeindlicher eingestellt als Frauen aus Polen. Richtig ist vielmehr: Fortschreitende Integrationserfolge führen sehr wahrscheinlich zu weniger ausgeprägten antihomosexuellen Einstellungen – immer eingedenk anderer Einflussgrößen wie der der religiösen Orientierung.
SIMON (2008) kommt in einer empirischen Untersuchung antihomosexueller Einstellungen bei Migranten zu dem Schluss, dass dieser Umstand *„die Bedeutung und Notwendigkeit von komplementären Integrationsbemühungen, die sowohl von Migranten als auch von der Aufnahmegesellschaft ausgehen müssen"* (SIMON, 2008, 98) unterstreicht. Bezogen auf den Untersuchungsgegenstand heißt dies konsequenterweise, dass *„entsprechende Bemühungen (...) auch die Förderung von persönlichen Kontakten zwischen Homosexuellen und Migranten beinhalten (sollten)"* (SIMON, 2008, 98).
Gerade aber die Bedeutung von Kontakterfahrungen konnte in dieser Untersuchung herausgearbeitet werden, wobei es darauf ankommt, die Kontakte so zu gestalten, dass sie es ermöglichen, einander in der ganzen Komplexität der biografischen Erfahrungen wahrzunehmen und anzuerkennen. Respekt und Anerkennungen können dabei keine Einbahnstraßen sein. Solche Kontakte sollten idealerweise von der gegenseitigen Bereitschaft zu Empathie, zumindest der zur Perspektivübernahme, getragen werden. Dies kann durch Bedingungen, wie sie das Kontaktmodell nach SIMON (2004) identifiziert, begünstigt werden.

Individuelle Dispositionen hinsichtlich dieser Bereitschaft dürften jedoch auch einen Einfluss auf die Möglichkeit zu Einstellungsmodifizierungen Homosexualität und Homosexuellen gegenüber nehmen.

Bleiben personalisierte Kontakterfahrungen aus und werden die Wahrnehmungen Homosexueller in der aufnehmenden Gesellschaft vorwiegend durch die mediale Vermittlung generiert, so könnte es sein, dass zu alten Stereotypisierungen neue hinzutreten. Dies betrifft zum Beispiel die immer wieder feststellbare Zuordnung von gegengeschlechtlichen Attribuierungen homosexuellen Frauen und Männern gegenüber, die so nicht unbedingt in der Herkunftsgesellschaft vorgenommen wurde, was insbesondere bei den *TNeS* vermutet werden darf. Offenbar wird ihre Aufmerksamkeit dadurch sehr viel leichter auf solche Homosexuelle gelenkt, die diesen typischen Klischeebildern entsprechen. Mögen sie partiell auch der Realität entsprechen, so bleiben doch kritische Anfragen unbeantwortet.

Warum beispielsweise wird in den Medien oftmals vor allem auf das vermeintlich „Exzentrische" Homosexueller fokussiert? Zur Einstellungsänderung beitragen könnte es vielleicht auch, wenn beispielsweise nicht nur den karnevalistisch anmutenden Bildern von homosexuellen Männern, die prächtig geschminkt und mit Federboa ausgestattet auf dem CSD zu sehen sind, der Vorzug gegeben würde - wodurch es so leicht fällt, klischeehafte Vorstellungen zu verfestigen - sondern wenn auch „Jan und Jederfrau" in den Fokus der Kameras gerieten. Wenn RAUCHFLEISCH (1995) eine durch Erfahrungsberichte dokumentierte Bestandsaufnahme der Lebensrealität Homosexueller mit *„Die stille und die schrille Szene"* betitelt, so gerät scheinbar häufig nur die *„schrille Szene"* ins Zentrum der Aufmerksamkeit. Gewiss kann es nicht darum gehen, die Lebenswelt Homosexueller nun im Umkehrschluss als „ganz normal" und an traditionellen heteronormativen Werten orientiert umzudeuten. Das hieße, das Kind mit dem Bade auszuschütten. Vielmehr sollte es möglich sein, solche Bedingungen zu schaffen, unter denen Homosexuelle als *„Gleich und doch anders"* (ebenfalls ein Buchtitel von RAUCHFLEISCH, 2002) erlebt werden können. Ein solches Erleben oder eine solche Wahrnehmung könnte dann auch dazu führen, dass eben diese heteronormativen Wertorientierungen, die mit Stereotypisierungen von Geschlechterrollen einhergehen, aufgelöst werden. Homosexuellen könnte in dieser Hinsicht durchaus Vorbildfunktion zukommen, weil sie sehr viel spielerischer und kreativer mit solchen Rollenvorstellungen umgehen, wenn sie, wie Nelli (*TNoM*) es ausdrückte, zum Beispiel als homosexuelle Männer *„technische Pillepalle"* und *„den Kaschmir-Schal"* als Repräsentanten zuvor unhinterfragter traditioneller Männlichkeits- und Weiblichkeitsnormen in ihren Selbst-Konzepten zu etwas Neuem integrieren können.

Wie dieses Beispiel zeigt, sind solche Erweiterungen der Wahrnehmung offenbar stark an persönliche Kontakterfahrungen geknüpft. Diese herbeizuführen bliebe Aufgabe von Integrationsbemühungen. In den Teilstichproben finden sich durchaus Hinweise, wie solche Kontakte unter den Bedingungen des Kontaktmodells denkbar wären. Unter anderem werden von einigen *TNoM* Erfahrungen mit Kirchengemeinden geschildert, in denen Homosexuelle Pfarrer oder Kantor sind. Vorstellbar wären Kontakte zwischen solchen Gemeinden und anderen, in denen vorwiegend Zuwanderer vertreten sind. Bedenkt man, dass mit der „Ökumenischen Arbeitsgruppe Homosexuelle und Kirche (HuK) e. V." (http://huk.org/index_d.htm) eine Organisation besteht, die in dieser Hinsicht als Klammer zwischen den Konfessionen auftreten könnte, ergibt sich ein breites Spektrum an Kontaktmöglichkeiten. Eine weitere Frau, Hanna (*TNeS*), spricht davon, dass sie einen Sprachkurs in einem „Verein lesbischer Frauen" absolvierte - auch dies ein interessanter Hinweis, dem leider nicht genauer nachgegangen wurde (eine Nachexploration war aufgrund der Anonymität der Befragten nicht möglich, sodass näher zu erkunden gewesen wäre, weshalb dieser Kurs wenig Effekt auf ihre Einstellungen hatte). Der Gedanke aber, seitens von Homosexuellenorganisationen praktische Hilfestellung bei der Integration von Migranten anzubieten, könnte tragfähige Projekte hervorbringen, in denen sich Homosexuelle und Migranten begegnen würden. Solche Kontakte aber müssten wiederum auf höherer Organisationsebene angebahnt werden, um die Sanktionierung durch jeweils anerkannte Autoritäten zu gewährleisten. Ein dritter Schritt bestünde in der Möglichkeit von Unternehmen, die ein breites Spektrum von Mitarbeitern sowohl unterschiedlicher Herkunft und Religion als auch z. B. unterschiedlicher sexueller Orientierung beschäftigen, offensiv *Diversity-Strategien* zu verfolgen. Auch hierfür gibt es bereits Beispiele. Der „Völklinger Kreis", Berufsverband homosexueller Führungskräfte aus Wirtschaft, Wissenschaft, Verwaltung und Kultur (http://www.vk-online.de/1.html) zeichnet jährlich solche Unternehmen mit dem „Max-Spohr-Preis" aus, *„die Diversity-Programme implementieren und dadurch Vielfalt aktiv fördern"* (http://www.vk-online.de/max-spohr-preis.html), z. B. die Ford Werke AG (2001) oder die Deutsche Bahn AG (2004). In solchen großen Unternehmen erhöht sich die Wahrscheinlichkeit, Kontakte zwischen Migranten und Homosexuellen auf der Basis von Statusgleichheit zu gewährleisten. Es wäre gewiss sehr nutzbringend, gezielt Projekte auf der Basis dieser bestehenden Möglichkeiten zu initiieren, um Kontakte zwischen MigrantInnen und Homosexuellen herzustellen und wissenschaftlich zu begleiten.

Ein weiterer Zugangsweg zu einem noch vertieferen Verständnis antihomosexueller Einstellungen bei Migranten könnten Tiefeninterviews sein, die stärker auf die Mikro-Ebene des Erlebens und dort vor allem auf die unbewussten Prozesse reflektieren. Noch nachhaltiger müssten sich auf diesem Wege zusätzliche Bedingungen identifizieren und herausarbeiten lassen, die auf der Makro-Ebene und im jeweiligen sozialen Meso-Kontext bereitliegen, um antihomosexuelle Einstellungen in ihrer im engeren Sinne *homophoben* Ausprägungsform zu begünstigen. Hier könnten, wie erwähnt, auch

Konzeptualisierungen von DEVINE (1989), HEREK (1988), SIMON (2004) und STEFFENS (2005) zum Verhältnis von automatischen und kontrollierten (mentalen) Prozessen, zu Externalisierungsstrategien wie der Projektion von antihomosexuellen Einstellungsaspekten und impliziten und expliziten Identitäten oder Einstellungsanteilen hinzugezogen werden. Ein integratives Forschungsmodell, in dem diese Zugänge mit psychoanalytischen Modellen auf der Basis der Annahme des Unbewussten als eines psychodynamisch außerordentlich wirksamen Einflussfaktors zusammengeführt werden, könnte das Verständnis von Prozessen, die auf der Mikro-Ebene antihomosexuelle Einstellungen fundieren, erweitern. RAUCHFLEISCHS (1994) Herleitung antihomosexueller Einstellungen und deren Verankerung auch aufgrund unbewusster Prozesse hält eine Vielzahl von Hinweisen bereit, welchen Aspekten mit einem solchen integrativen Zugang auch hinsichtlich der Untersuchung antihomosexueller Einstellungen bei Migranten nachgegangen werden kann.

Die vorliegende Untersuchung fokussierte auf Ausprägungsformen antihomosexueller Einstellungen bei Migrantinnen aus der ehemaligen Sowjetunion und aus Polen. Dabei wurden Frauen aus der ehemaligen Sowjetunion und der vormaligen Volksrepublik Polen im Vergleich mit einer Stichprobe deutscher Frauen ohne Migrationshintergund interviewt. Bei fast allen befragten Frauen handelte es sich um Mütter. Diese Vorauswahl wurde getroffen, weil angenommen wird, dass Müttern zentrale Bedeutung für die Vermittlung und Weitergabe von Werten und Moralvorstellungen an die nächste Generation zukommt. Ganz besonders vor diesem Hintergrund wird deutlich, wie groß die Anstrengungen sein müssen, bereitliegende antihomosexuelle Einstellungen einer Veränderung zugänglich zu machen. Andernfalls ginge eine Möglichkeit verloren - schon zu einem frühen Zeitpunkt der Sozialisation der nachfolgenden Generation – homosexuellen-feindlichen Einstellungen entgegenzuwirken. Die Befunde von SIMON (2008) stellen ein durchaus alarmierendes Zeichen dar, wie es um diese Einstellungen in weiten Teilen dieser nachfolgenden Generation bestellt ist, womit wiederum ihre Integrationschancen in einer pluralistischen Gesellschaft gefährdet werden – aber eben auch die Errungenschaften dieser Gesellschaft. Ein ermutigender Hinweis, dass der Ansatz, bereits bei den Müttern Transformationsprozesse anzustoßen, Effekte erzielen könnte, lässt sich aus HERWARTZ-EMDENS und WESTPHALS (2003) Einschätzung entnehmen, dass es gerade die Mütter sind, die in Zuwandererfamilien die *„Veränderungsprozesse in der Familie tragen"*. Und sie sind es demnach eben auch, die *„ihre Haltungen zugunsten des erwarteten Integrationserfolges ihrer Kinder und damit auch der gesamten Familie"* einer mit hoher Wahrscheinlichkeit nicht folgenlos bleibenden Revision unterziehen können. Hierzu muss die Möglichkeit vorliegen, ihre Aufmerksamkeit gezielt auf das Thema Homosexualität zu lenken.

Abschließend möchte ich zwei Teilnehmerinnen an dieser Studie, eine aus Polen, eine aus der ehemaligen Sowjetunion stammend, zu Wort kommen lassen. Auch wenn die vorliegende Untersuchung nicht die Bedingungen eines Kontaktmodells, wie sie oben benannt wurden, erfüllte, verweisen diese Beispiele gleichwohl darauf, dass, sind Aufmerksamkeit und Interesse erst einmal geweckt, immerhin Reflexionsprozesse angestoßen werden können:

Eva:

"Ja bei mir ist es so, dass man sich eigentlich selber bewusst ist, also, es ist ja die Bewusstmachung einen selbst, wie man dazu stand, wenn man selber nicht in die Situation kommt, darüber nachzudenken. Und das ist jetzt (in der Interviewsituation; P.S. - in) *einer, konzentrierter Form. (...) Das finde ich eigentlich okay. Das ist letzten Endes auch eine gewisse Selbsterkenntnis: Wie steht man dazu? (...) Das macht vielleicht das bewusst."*

Tati:

"Dass ich jetzt (...) verpasst habe vielleicht in diesem Leben, was sozusagen so, ich meine nicht so selbst in der Beziehung, sondern eine Seite ist geschlossen geblieben, und da bin ich Analphabetin geblieben. Möchte ich nicht so bleiben, und deswegen versuch' ich doch die Leute kennenzulernen, die wirklich also solche Beziehung erlebt haben. (...) So, das haben Sie doch beeinflusst."

Mögen diese Effekte auch vom Untersuchungsdesign her nicht intendiert gewesen sein, so zeigen sie doch, dass manchmal schon ein ernsthaftes, aufmerksam geführtes Gespräch Einstellungsänderungen zumindest am Horizont aufscheinen läßt. Wenn dies nebenbei auch ein praktisches Ergebnis der Untersuchung war, dann ist schon ein wenig gewonnen.

Zusammenfassung

Die vorliegende qualitative Studie untersucht Bedingungen und Ausprägungsformen von Einstellungen zu Homosexualität und Homosexuellen bei Migrantinnen aus der ehemaligen Sowjetunion und Polen im Vergleich mit deutschen Frauen ohne Migrationshintergrund. Unter Berücksichtigung der Makro-Ebene (soziokulturellen Rahmung) in der jeweiligen Herkunftsgesellschaft und in der aufnehmenden Gesellschaft findet dabei sowohl die Situation Homosexueller als auch die Situation der befragten Frauen Beachtung. Dabei werden Erfahrungen auf der Meso-Ebene in der Herkunftsgesellschaft mit Erfahrungen in der aufnehmenden Gesellschaft und ihren jeweiligen Auswirkungen auf die (psychische) Mikro-Ebene in Bezug gesetzt.
Befragt wurden 15 Frauen aus der ehemaligen Sowjetunion, zwölf Frauen aus Polen und acht deutsche Frauen ohne Migrationshintergrund. Die Untersuchung wurde als qualitative Studie konzipiert und anhand von an RUBIN und RUBIN (2005) orientierten Leitfaden-Interviews im Zeitraum von Oktober 2005 bis November 2007 durchgeführt. Ihre Auswertung erfolgte in Anlehnung an die „Qualitative Inhaltsanalyse" nach MAYRING (2003).
Im Ergebnis zeigte sich, dass in Abhängigkeit von Erfahrungen in der jeweiligen Herkunftsgesellschaft spezifizierbare Ausprägungsformen von Einstellungen zu Homosexuellen und Homosexualität vorliegen. Antihomosexuelle Einstellungen und negative Stereotypisierungen fallen besonders dann auf, wenn sich zugleich starke religiöse Wertorientierungen finden lassen. Stereotypisierungen wiederum stehen in negativem Zusammenhang mit zunehmenden Kontaktmöglichkeiten. Die Kontaktmöglichkeiten in der aufnehmenden Gesellschaft stehen ihrerseits mit Integrationserfolgen der befragten Frauen, z. B. am Arbeitsmarkt, in erkennbarem Zusammenhang. Ein Ausbleiben von Integrationserfolgen führt dagegen zu stärkeren eigenen Diskriminierungswahrnehmungen. Wenn diese gering ausfallen und dementsprechend bessere Integrationserfahrungen vorliegen, sind negative Einstellungen zu Homosexualität und Homosexuellen unter der Voraussetzung von Kontakterfahrung und fehlender rigider religiöser Werteorientierung weniger deutlich identifizierbar. Darüber hinaus kann ein deutlicher Zusammenhang zwischen homosexuellenfreundlichen Haltungen und der Möglichkeit, Homosexuellen mit Empathie zu begegnen, angenommen werden.

Literatur

Adorno et al. (1950). Studien zum autoritären Charakter. Frankfurt am Main: Suhrkamp.

Allport; G. W., & Ross, J. M. (1967). Personal religious orientation and prejudice. Journal of Personality and Social Psychology, 5, 432–443.

Allport; G. W. (1954/1979). The nature of prejudice. Reading, MA: Addison-Wesley Publ. Company.

Altemeyer, B., & Hunsberger, B. (1992). Authoritarianism, Religious Fundamentalism, Quest, and Prejudice. The International Journal for the Psychology of Religion, 2, 113–133.

Altemeyer, B. (2003). Why do religious fundamentalists tend to be prejudiced? The International Journal for the Psychology of Religion, 13, 17–28.

Amberg, E. (1996). Lesben international: Frauenliebe in der ehemaligen Sowjetunion, der Türkei und Südafrika. In: Reipen, M. (Hg.). Ganz normal?! Lesbischer und schwuler Alltag zwischen Selbstbestimmung und Anpassung (88–97). München, Wien: Profil Verlag.

Auer, K. (2002). „Political Correctness" – Ideologischer Code, Feindbild und Stigmawort der Rechten. In: ÖZP, 31, 3, 291-303.

Bade, K. J., & Oltmer, J. (2003). Einführung: Aussiedlerzuwanderung und Aussiedlerintegration. Historische Entwicklung und aktuelle Probleme. In: Bade, K. J., & Oltmer, J. (Hg.). Aussiedler: deutsche Einwanderer aus Osteuropa. Schriften des Instituts für Migrationsforschung und interkulturelle Studien (IMIS) der Universität Osnabrück (9–51). V&R unipress.

Baumeister, R. F. (1986). Identity: Cultural change and the struggle for the self. New York: Oxford University Press.

Baumeister, R. F., & Leary, M. R. (1995). The need to belong: Desire for interpersonal attachments as a fundamental human motivation. Psychological Bulletin, 117, 497–529.

Bergmann-Mausfeld, G. (2000). Empathie und Resonanz. Forum Psychoanal, 16, 204-213.

Bergmann-Mausfeld, G. (2006). Pathologische Passung, Mentalisierung und negative therapeutische Reaktion. Forum Psychoanal, 22, 249-267.

Bessmertnyj, A., & Furman, D. (1990). Religion, Atheismus und Perestrojka. In: Klaus Segbers (Hg.) Perestrojka Zwischenbilanz. Frankfurt am Main: Suhrkamp, 220-229.

Biechele, U., et al. (2000). Schwule Jugendliche: Ergebnisse zur Lebenssituation, sozialen und sexuellen Identität. Studie, gefördert durch das Niedersächsische Ministerium für Frauen, Arbeit und Soziales. URL: http://cdl.niedersachsen.de/blob/images/C2563512_L20.pdf

Bochow, M. (1993). Einstellungen und Werthaltungen zu homosexuellen Männern in Ost- und Westdeutschland. In: Cornelia Lange (Hg.). AIDS – Eine Forschungsbilanz. Berlin: Edition Sigma.

Bochow, M. (2001). Sozial- und sexualwissenschaftliche Erkenntnisse zur Homosexualität. Unveröffentlichtes Manuskript zum Vortrag auf der Tagung: Gleichgeschlechtliche Lebensgemeinschaften in sozialethischer und rechtlicher Perspektive. Evangelische Akademie Bad Boll, 26.–28.01.2001. (Persönliches Manuskript, zur Verfügung gestellt vom Verfasser).

Bohleber, W. (1992). Identität und Selbst. Die Bedeutung der neueren Entwicklungsforschung für die psychoanalytische Theorie des Selbst. Psyche, 46. 336–365.

Bollas, Ch. (2000). Genese der Persönlichkeit. Stuttgart: Klett-Cotta.

Brand, C. (2008). Berlin: Gleichstellung von eingetragenen Lebenspartnerschaften. Newsletter des Völklinger Kreises e. V., September 2008, 4.

Breakwell, G. M. (1986). Coping with threatened identities. London: Methuen.

Brewer, M. B. (1991). The social self: On being the same and different at the same time. Personality and Social Psychology Bulletin, 17, 475–482.

Chaussy, U. (1989). Speerspitze der neuen Bewegung. In: W. Benz (Hg.). Rechtsextremismus in der Bundesrepublik. Frankfurt am Main: Fischer.

Choluj, B. (2003). Zugänge zur Geschlechtergerechtigkeit in Ost und West. Dokumentation der Konferenz: Grenzen überwinden. Der EU-Erweiterungsprozess und Visionen für Europa aus frauenpolitischer Sicht (21.–23. Februar 2003) Frauenakademie München e. V. URL: http://www.frauenakademie.de/dokument/img/choluj.pdf

Cropley, A. J. (2005). Qualitative Forschungsmethoden. Eine praxisnahe Einführung. Eschborn: Verlag Dietmar Klotz GmbH.

Crosby, F.; Bromley, S., Saxe, L. (1980). Recent unobtrusive studies of black and white discrimination and prejudice: A literature review. Psychological Bulletin, 87, 546-563.

Danneker, M., & Reiche, R. (1974). Der gewöhnliche Homosexuelle. Eine soziologische Untersuchung über männliche Homosexuelle in der Bundesrepublik. Frankfurt am Main: S. Fischer Verlag.

Devine, P. G. (1989). Stereotypes and Prejudice: Their Automatic and Controlled Components. Journal of Personality and Social Psychology, 56, 1, 5-18

Devine, P. G.; Monteith, M. J.; Zuwerink, J. R.; Eliot, A. J. (1991). Prejudice With and Without Compunction. Journal of Personality and Social Psychology, 60, 6, 817-830.

Dietzsch, M; Maegerle, A (2000). Kampfbegriff aller Rechten: „Political Correctness". URL: http://www.diss-duisburg.de/Internetbibliothek/Artikel/Kampfbegriff.htm

DSM-III-R (1989). Diagnostisches und statistisches Manual psychischer Störungen. Basel: Springer

Ermann, M. (1990). Psychodynamische Aspekte der Angst. Med Welt 41: 449–452.

Erüstün, A., & Frommer, D. (2007). Antihomosexuelle Einstellungen im Kontext vom Migration. (Unveröffentlichte Diplom-Arbeit)

Eurobarometer 66. (2006). Die öffentliche Meinung in der Europäischen Union. Erste Ergebnisse. URL:http://ec.europa.eu/public_opinion/archives/eb/eb66/eb66_highlights_de.pdf

Feldmann-Wojtachia, E. (2005). Nach dem EU-Beitritt: Die politische Teilhabe von Frauen in Polen. URL: http://www.cap.lmu.de/download/2005/2005_Frauen_Polen.pdf

Fiske, S. (2000). Stereotyping, prejudice, and discrimination at the seam between the centuries: Evolution, culture, mind, and brain. European Journal of Social Psychology, 30, 299–322.

Flick, U. (2005). Qualitative Sozialforschung. Eine Einführung. Reinbek bei Hamburg: Rowohlt.

Fliess, R. (1942). The metapsychology of the analyst. Psychoanalytic Quarterly, 11, 211–227.

Freud, S. (1905). Der Witz und seine Beziehung zum Unbewussten. Studienausgabe, Bd. IV(1982, 5. Auflage). Frankfurt am Main: S. Fischer Verlag.

Freud, S. (1913). Zur Einleitung der Behandlung. Studienausgabe/ Ergänzungsband (1994, 4. Auflage). Frankfurt am Main: S. Fischer Verlag.

Freud, Sigmund (1921). Massenpsychologie und Ich-Analyse. Studienausgabe, Bd. IX (2003, 9. Auflage). Frankfurt am Main: S. Fischer Verlag.

Friedman, R. C. (1993). Männliche Homosexualität. Berlin, Heidelberg: Springer.

Gadamer, H.-G. (1975). Wahrheit und Methode. Anwendungen einer philosophischen Hermeneutik. Tübingen: Mohr.

Gaertner, S. L., Mann, J., Murrell, A., & Dovido, J. F. (1989). Reducing intergroup bias: The benefits of recategorization. Journal of Personality and Social Psychology, 57, 239–249.

Glasenapp, H. v. (1963). Die Fünf Weltreligionen. München: Wilhelm Heyne Verlag.

Glaser, B. G., & Strauss, A. (1967). The discovery of grounded theory: Strategies for qualitative research. Chicago: Aldine.

Greif, S., Gediga, G., Janikowski, A. (2003). Erwerbslosigkeit und beruflicher Abstieg von Aussiedlerinnen und Aussiedlern. In: Bade, K. J., und Oltmer, J. (Hg.). Aussiedler: Deutsche Einwanderer aus Osteuropa. Schriften des Instituts für Migrationsforschung und interkulturelle Studien (IMIS) der Universität Osnabrück (81–106). V&R unipress.

Grossmann, Th. (1982). Schwul – na und? Reinbek bei Hamburg: Rowohlt Taschenbuch Verlag.

Grunow, D., Schulz, F, Blossfeld, H.-P. (2007). Was erklärt die Traditionalisierungsprozesse häuslicher Arbeitsteilung im Eheverlauf: soziale Normen oder ökonomische Ressourcen? Zeitschrift für Soziologie, 36.

Hark, S. (1998). Neue Chancen – Alte Zwänge. Zwischen Heteronormativität und posttraditionaler Vergesellschaftung. Zur sozialen und psychischen Situation lesbischer Mädchen und schwuler Jungen in Nordrhein-Westfalen. Expertise im Auftrag des Ministeriums für Arbeit, Gesundheit und Soziales, NRW. Manuskript. Berlin. URL: http://www.uni-potsdam.de/u/frauenforschung/profil-Hark.html

Harris, P. A. (2003). Russische Juden und Aussiedler. In: Bade, K. J., und Oltmer, J. (Hg.). Aussiedler: Deutsche Einwanderer aus Osteuropa. Schriften des Instituts für Migrationsforschung und interkulturelle Studien (IMIS) der Universität Osnabrück (247–263). V&R unipress.

Heitmeyer, W. (2003). Deutsche Zustände, Folge 1. Frankfurt am Main: Suhrkamp.

Heitmeyer, W. (2004). Deutsche Zustände, Folge 2. Frankfurt am Main: Suhrkamp.

Heitmeyer, W. (2005). Deutsche Zustände, Folge 3. Frankfurt am Main: Suhrkamp.

Heitmeyer, W. (2006). Deutsche Zustände, Folge 4. Frankfurt am Main: Suhrkamp.

Heitmeyer, W. (2007). Deutsche Zustände, Folge 5. Frankfurt am Main: Suhrkamp.

Herek, G. M. (1986). The Instrumentality of Attitudes: Toward a Neofunctional Theory. Journal of Social Issues, 42, 2, 99–114.

Herek, G. M. (1987). Religious Orientation and Prejudice: A Comparison of Racial and Sexual Attitudes. Personality and Social Psychology Bulletin, 13,1, 34–44.

Herek, G. M. (1988). Heterosexuals Attitudes toward Lesbians and Gay Men: Correlates and Gender Differences. The Journal of Sex Research, 25 (4) 451–477.

Herek, G. M. (1993). On Heterosexual Masculinity: Some Psychical Consequences of the Social Construction of Gender and Sexuality. In: L. D.Garnets & D. C. Kimmel (Hg.), Psychological Perspectives on Lesbian and GayMale Experiences (317–330). New York: Columbia University Press.

Herek, G. M. (1994). Assessing heterosexual's attitudes toward Lesbians and gay Men: A review of empirical research with the ATLG scale. In Greene, B., & Herek, G. M. (Eds.). Lesbian and gay psychology: Theory, research and clinical applications. Psychological perspectives on lesbian and gay issues (1, 206–228). Thousand Oaks, CA: Sage.

Herek, G. M. (1995). Black Heterosexuals Attitudes toward Lesbians and GayMen in the United States. The Journal of Sex Research, 32, 95–105.

Herek, G. M., & Capitano, J. P. (1996). "Some of my best friends": Intergroup contact, concealable stigma, and heterosexuals attitudes toward gay men and lesbians. Personality and Social Psychology Bulletin, 22, 412–424.

Herek, G. M. (2004). Beyond "Homophobia": Thinking about sexual prejudice and stigma in the twenty-first century. Sexuality Research & Social Policy, 1, 6–24.

Herwartz-Emden, L., und Westphal, M. (2003). Konzepte mütterlicher Erziehung. In: Herwartz-Emden, L. (Hg.). Einwandererfamilien. Schriften des Instituts für Migrationsforschung und interkulturelle Studien (IMIS) der Universität Osnabrück (99–120). V&R unipress.

Herwartz-Emden, L. (2003). Konzepte von Mutterschaft und Weiblichkeit. In: Herwartz-Emden, L. (Hg.). Einwandererfamilien. Schriften des Instituts für Migrationsforschung und interkulturelle Studien (IMIS) der Universität Osnabrück (85–98). V&R unipress.

Hewstone, M., & Lord, C. G. (1998). Changing intergroup cognitions and intergroup behavior: The role of typicality. In C. Sedikides, J. Schopler, & C. A. Insko (Eds.), Intergroup cognition and intergroup behavior (367-392). Hillsdale, NJ: Erlbaum.

Hewstone, M. (1996). Contact and categorization: Social-psychological interventions to change intergroup relations. In C. N. Macrae, C. Stangor & M. Hewstone (Eds.), Foundations of stereotypes and stereotyping (323-368). New York: Guilforf.

Holzer, J. (1998). Die Kirche und die nationale Identität. In: Lobkowicz, N.,und Luks, L. (Hg.). Der polnische Katholizismus vor und nach 1989 (67–73).Köln, Weimar, Wien: Böhlau Verlag.

Huth-Hildebrandt, Ch. (2002). Der Blick auf die fremde Frau. In: Rohr, E., und Jansen, M. M. (Hg.). Grenzgängerinnen. Frauen auf der Flucht, im Exil und in der Migration (85–116). Gießen: Psychosozial-Verlag.

ICD-10 (1991). Internationale Klassifikation psychischer Störungen. Bern: Huber

Jack, R. (2008). Erste Erfolge in der AG Versorgungswerke. Newsletter des Völklinger Kreises e. V., September 2008, 3.

James, W. (1890). The principles of psychology (Vol. 1). Cambridge, MA: Harvard University Press.

Jonas, K., Stroebe, W., Hewstone (Hg.) (2007). Sozialpsychologie. Eine Einführung. Heidelberg: Springer Medizin Verlag.

Jetz, K. (2007). Germany. Spartacus 2007. Berlin: Bruno Gmünder Verlag.

Jurek, D. (2006). Der homosexuelle Wortschatz im Polnischen. Hausarbeit im HS „Gruppensprachen, Soziolekte und gesprochene Variete im Slawischen" im SS 2006 am Institut für Slawistik, Universität Potsdam. URL: http://www.unipotsdam.de/u/slavisik/wsw/seminararbeiten/_jurkhomowortschatz.pdf

Klauber, J. (1974). Schwierigkeiten in der analytischen Begegnung. Frankfurt am Main: Suhrkamp.

Knoll, Ch., Bittner, M., Edinger, M., Reisbeck, G., Schmitt, R., & Keupp, H. (1995). Studie „Lesben und Schwule in der Arbeitswelt". Ergebnisse zur Diskriminierung von Lesben und Schwulen in der Arbeitssituation. Vortrag von Christopher Knoll am 6. März 1996 vor dem VK. Bezug durch Christopher Knoll, Institut für Psychologie – Sozialpsychologie, Leopoldstraße 13, 80802 München.

Körner, J. (1998). Einfühlung: Über Empathie. In: Forum der Psychoanalyse, 14, 1–17.

Kohut, Heinz (1979): Die Heilung des Selbst. Frankfurt am Main: Suhrkamp.

Kon, I., & Riordan, J. (Hg.) (1993). Sex and Russian Society (15–44). Bloomington, Indianapolis: Indiana University Press.

Kon, I. (1993). Sexual Minorities. In: Kon, I. & Riordan, J. (Hg.): Sex and Russian Society (89–116). Bloomington, Indianapolis: Indiana University Press.

Kon, I. (1993): Sexuality and Culture. In: Kon, I., & Riordan, J. (Hg.): Sex and Russian Society (15–44). Bloomington, Indianapolis: Indiana University Press.

Krause, R (1996). Umgang mit Leiden: Empathie, Mitleid und Handeln aus psychotherapeutischer Sicht. In: Hilpert, K. & Winterhoff-Spurk, P. W. (Hg.). Zwischen Nächstenliebe und Betroffenheit. St. Ingbert: Röhrig.

Krech, D., & Crutchfield, R. S. (1948). Theory and problems of social psychology. New York: McGraw-Hill.

Laplanche, J., & Pontalis, J.-B. (1973/1986). Das Vokabular der Psychoanalyse (7. Auflage). Frankfurt am Main: Suhrkamp Verlag.

Leslie, A (1991). The theory of mind impairment in autism: evidence for a modular mechanism of development? In: Whiten, A (Ed.) Natural theories of mind (63-78). Blackwell, Oxford.

Lichtenberg, J. D. (1981). The emphatic mode of perception: An alternative vantage point for psychoanalytic work. Psychoanalytic Inquiry, 1, 329–355.

Liekam, S. (2004). Empathie als Fundament pädagogischer Professionalität. Analysen zu einer vergessenen Schlüsselvariable der Pädagogik. URL: http://edoc.ub.uni-muenchen.de/2514/1/Liekam_Stefan.pdf

Linville, P. W. (1985). Self-complexity and affective extremity: Don't put all your eggs in one cognitive basket. Social cognition, 3, 94–12.

Linville, P. W. (1987). Self-Complexity as a cognitive buffer against stress-related illness and depression. Journal of Personality and Social Psychology, 52, 663–676.

Lipps, T. (1906). Leitfaden der Psychologie. Leipzig: Engelmann

Luks, L. (Hg.). Der polnische Katholizismus vor und nach 1989 (75–105). Köln, Weimar, Wien: Böhlau Verlag.

Maslow, A. (1970): Motivation and Personality. New York: Harper & Row.

Mayring, P. (2003). Qualitative Inhaltsanalyse. Weinheim/Basel: Beltz-Verlag.

Mertens, W., & Waldvogel, B. (Hg.) (2000). Handbuch psychoanalytischer Grundbegriffe. Stuttgart, Berlin, Köln: Kohlhammer.

Michnik, A. (1998). In der Falle des reinen Gewissens. In: Lobkowicz, N., und Luks,

L. (1998). Der polnische Katholizismus vor und nach 1989. Köln, Weimar, Wien: Böhlau Verlag.

Milch, W. (2000). Einfühlung, Empathie. In: Mertens, W. (Hg.). Kompendium psychoanalytischer Grundbegriffe. München: Quintessenz.

Mittelberg, D., & Lev-Ari, L. (1995). National and Ethnic Identities of Russian Immigrants to Israel. International Journal of Contempory Sociology 32 H, 269–276.

Moser, U., & Zeppelin, I. v. (1996). Die Entwicklung des Affektsystems. Psyche 50, 32–84.

Mummendey, A., & Simon, B. (1997). Selbst, Identität und Gruppe: Eine sozialpsychologische Analyse des Verhältnisses von Individuum und Gruppe. In A. Mummendey & B. Simon (Hg.). Identität und Verschiedenheit (11–38). Bern: Hans Huber.

Niedersächsisches Ministerium für Frauen, Arbeit und Soziales (2000). Dokumentation: Schwule Jugendliche: Ergebnisse zur Lebenssituation, sozialen und sexuellen Identität.
URL: http://www.ms.niedersachsen.de/master/C675_L20_D0.html

Pankratz, H. (1997). Was heißt denn hier „Coming-out"? Versuch über die Be- und Abnutzungserscheinungen eines einstmals politischen Begriffs. In: Steffens, M., & Reipen, M. (Hg.). Versteckt und mittendrin. Zur (Selbst-)Darstellung und Wahrnehmung von Lesben und Schwulen in der Öffentlichkeit (18–37). München, Wien: Profil Verlag.

Pettigrew, T. F. (1996). How to think like a social scientist. New York: Harper Collins.

Pettigrew, T. F. (1997). Generalized intergroup contact effects on prejudice. Personality and Social Psychology Bulletin, 23, 173–185.

Pettigrew, T. F. (1998). Intergroup contact theory. Annual Review of Psychology, 49, 65–85.

Premack, D; Woodruff, G (1978). Does the chimpanzee have a theory of mind? Behav. Brain Sci, 1, 515-526.

Rauchfleisch, U. (1994). Schwule, Lesben, Bisexuelle: Lebensweisen, Vorurteile, Einsichten. Göttingen, Zürich: Vandenhoeck und Ruprecht.

Rauchfleisch, U. (1995). Die stille und die schrille Szene. Freiburg, Basel, Wien: Herder.

Rauchfleisch, U. (1998). Zum Problem der Homophobie. In: WORT UNDANTWORT. Zeitschrift für Fragen des Glaubens. Themenheft Homosexualität. 39, 2. Hier zitiert aus der Internetveröffentlichung, URL:
http://www.dominikanerbraunschweig.de/Kloster/Homosex/Artikel/artrauchflei.html)

Rauchfleisch, U. (2002). Gleich und doch anders. Stuttgart: Klett-Cotta.

Reipen, M. (1996). Ganz normal?! Lesbischer und schwuler Alltag zwischen Selbstbestimmung und Anpassung (88–97). München, Wien: Profil Verlag.

Rosch, E. (1978). Principles of categorization. In: E. Rosch & B. B. Lloyd (Hg.), Cognition and categorization. Hillsdale, NJ: Erlbaum.

Rothbart, M. (1981). Memory processes and social beliefs. In: D. L. Hamilton (Ed.), Cognitive processes in stereotyping and intergroup behaviour (145-181). Hilsdale, NJ: Lawrence Erlbaum Associates.

Rubin H. J., & Rubin, I. S. (2005). Qualitative Interviewing. The Art of Hearing Data. Thousand Oaks, London, New Delhi. Sage Publications.

Schutz, A. (1967). The phenomenology of the social world. Evanston, IL: Northwestern University Press.

Schwartz, J. P., & Lindley, L. D. (2005). Religious Fundamentalism and Attachment: Prediction of Homophobia. The International Journal for the Psychology of Religion, 15, 145—157.

Shakespeare, W. (1595). Romeo und Julia. In: William Shakespeare, Werke in vier Bänden. Bd. I. Salzburg, 1983.

Simon, B. (1995). Individuelles und kollektives Selbst. In: Forschungsjournal NSB, 8, 46–55.

Simon, B. (1996). Was uns bewegt. Kollektive Identität und soziale Bewegung. In: Reipen, M. (1996). Ganz normal?! Lesbischer und schwuler Alltag zwischen Selbstbestimmung und Anpassung (26–44) München, Wien: Profil Verlag.

Simon, B. (2004) Identity in Modern Society. Oxford: Blackwell.

Simon, B., & Trötschel, R. (2007). Das Selbst und die soziale Identität. In: Jonas, K; Stroebe, W.; Hewstone, M. (Hg.), (147-185). Heidelberg: Springer Medizin Verlag.

Simon, B. (2008). Einstellungen zur Homosexualität: Ausprägungen und psychologische Korrelate bei Jugendlichen ohne und mit Migrationshintergrund (ehemalige UdSSR und Türkei). In: Zeitschrift für Entwicklungspsychologie und pädagogische Psychologie, 40, 87-99.

Smith, T. R. (2008). Kind 44. Köln: DuMont Buchverlag.

SNSJS (Senatsverwaltung für Schule, Jugend und Sport) (1999). Sie liebt sie. Er liebt ihn. Eine Studie zur psychosozialen Situation junger Lesben, Schwuler und Bisexueller in Berlin. Berlin. URL: http://www.sensjs.berlin.de/familie/gleichg/homsex.htm

SOFOS (2002). Einsamkeit und soziale Isolation schwuler Männer. Kurzfassung der Studie der Sozialwissenschaftlichen Forschungsstelle der Otto-Friedrich Universität Bamberg. URL: http://projekte.sozialnetz.de/homosexualitaet/medien/sofos_kurzfassung.pdf

Steffens, M., & Reipen, M. (1997): Versteckt und mittendrin. Zur (Selbst-)Darstellung und Wahrnehmung von Lesben und Schwulen in der Öffentlichkeit. München, Wien: Profil Verlag.

Steffens, M. C. (2005). Implicit and explicit attitudes towards lesbians and gay men. Journal of Homosexuality, 49, 39–66.

Steffens, M. C., & Wagner, C. (2004). Attitudes toward Lesbians, Gay Men, Bisexual Women and Bisexual Men in Germany. The Journal of Sex Research, 41, 137–149.

Stern, D. N. (1985). Die Lebenserfahrung des Säuglings. Stuttgart: Klett-Cotta.

Strübing, J. (2002). JUST DO IT? Zum Konzept der Herstellung und Sicherung von Qualität in grounded theorie-basierten Forschungsarbeiten. Kölner Zeitung für Soziologie und Sozialpsychologie, 2002, 54.

Süsselbeck, K. (2008). „Schieß ihn ab". In: Westdeutsche Allgemeine Zeitung vom 26.03.2008.

Tajfel, H., & Turner, J. C. (1979). An integrative theory of intergroup conflict. In: Austin, W. G., & Worchel, S. (Hg.). The social psychology of intergrouprelations (33–47). Monterey, CA: Brooks/Cole.

Tajfel, H., & Turner, J. C. (1986). The social identity theory of intergroup behavior. In: Austin, W. G., & Worchel, S. (Hg.): Psychology of intergroup relations (7–24). Chicago: Nelson Hall.

Tibi, B. (2007): Immigrantenkultur versus Menschenrechte; Referatzusammenfassung zum Symposium „Immigrantenkultur versus Menschenrechte – Homosexuelle im Kulturkampf?", Symposium in Zürich am 8. September 2007. (Bezug durch NETWORK, 0041-449181844)

Titchener, E. B. (1973). Lectures on the elementary psychology of feeling and attention. New York: Arno Press.

Turner, J. C., Hogg, M. A., Oakes, P.J., Reicher, S. D., & Wetherell, M. S. (1987). Rediscovering the social group. A Self-Categorization Theory. New York, NY:Basil Blackwell.

Turner, J. C.; Oakes, P. J.; Haslam, S. A.; McGarty, C. (1994). Self and Collective: Cognition and Social Context. Personality and Social Psychology Bulletin, 20, 454–463.

Tyler, T. R., & Smith, H. J. (1999). Justice, social identity, and group processes. In: Tyler, T. R., Kramer, R. M., & John, O. P. (Hg.). The psychology of social self (223–264). Mahwah, New Jersey: Lawrence Erlbaum Associates, Publishers.

Warkocki, B. (2006): Die Branche schweigt nicht mehr. Nach dem Christopher Street Day in Warschau. In: Freitag 25, Die Ost-West Wochenzeitung. URL: http://www.freitag.de/2006/25/06251701.php

Weber, R.; Crocker, J. (1983). Cognitive processes in the revison of stereotype beliefs. Journal of personality and Social Psychology, 45, 961-977.

Weidner, S.(2007). Als Schwulsein noch strafbar war: § 175 StGB. URL: http://www.schwulst.de/content/AlsSchwulseinNochStrafbarWar

Weinberg, G. (1972): Society and the healthy homosexual. New York: St. Martins.

Westphal, M. (2003). Familiäre und berufliche Orientierungen von Aussiedlerinnen. In: Bade, K. J., und Oltmer, J. (Hg.). Aussiedler: deutsche Einwanderer aus Osteuropa. Schriften des Instituts für Migrationsforschung und interkulturelle Studien (IMIS) der Universität Osnabrück (127–149): V&R unipress.

Wiesendanger, K. (2002). Grundlagen der Psychotherapie und Beratung bei schwulen und bisexuellen Männern. In: Rauchfleisch, U. (2002). Gleich und doch anders (104–120). Stuttgart: Klett-Cotta.

Zinn, A. (2004). Szenarien der Homophobie. Apologeten und Vollstrecker. In: W. Heitmeyer (Hg.). Deutsche Zustände. Folge 3 (S. 207–219). Frankfurt am Main: Suhrkamp.

http://www.russische-botschaft.de/Information/religion.htm

Zeit online (23.09.2007). Umfrage: Für 79 Prozent Homosexualität kein Hindernis für Kanzlerwahl. URL:http://www.zeit.de/news/artikel/2007/09/23/2385480.xml

Anhang 1

Kodierschema und Kategoriensystem pro TN

Kontexte	Mikro	Meso	Makro
Homosexualität			
- Herkunftsland			
- Deutschland			
- Allgemein			
- Merkmale			
- Geschlechterrolle			
- Rechte			
- Küssen i. d. Ö.			
- Genese			
- Eigenes Kind			
- Kontakterfahrung			
Sexualität			
- Aufklärung			
- Umgang			
Religion			
- Erziehung			
- Religiosität			
Geschlechterrollen			
- Herkunftsland			
- Deutschland			
- Individuell			
Diskriminierung			
Integration			
Tradition			

Anhang 2

Auswertungsschema am Beispiel „Homosexualität/Genese"

In dieser exemplarischen Darstellung werden für einen Teil der TN aus der ehemaligen Sowjetunion für diejenigen Aussagen/Kodereinheiten, ihre Paraphrasierungen, Generalisierungen und Reduktionen, die der Kategorie *Homosexualität*, Subkategorie *Genese* zuzuordnen waren, zunächst für den Einzelfall vorgenommen. Als *Kodiereinheiten* gelten diejenigen Aussagen der TN, die als relevant für das in Frage stehende Thema angesehen wurden. In der *Paraphrase* wurden nicht inhaltstragende Elemente der Aussagen gestrichen. Darauf erfolgten die *Generalisierungen* der Aussagen, die in einer ersten *Reduktion* zusammengefasst und in der schließlich Muster in den Aussagen kenntlich gemacht werden konnten

Auswertungsbeispiele für die Einzelfälle:

Jana

Kodiereinheit	Paraphrase	Generalisierung	Reduktion
Irgendwie früher hatte ich solche Gefühl, dass es nur von Versager, wissen Sie?	Gefühl gehabt, Homosexuelle sind Versager	Heterosexuelles Versagen	Homosexualität ist Folge heterosexuellen Versagens
Er konnte nicht mit Frau ausgehen, weiß ich nicht warum, und deswegen er hat andere Weg gefunden dass er überhaupt mit jemandem ausgeht, mit einem Mann.	Weil Homosexuelle nicht mit Frauen ausgehen können, suchen sie sich Männer	Homosexueller Ersatz	
Genetisch nein.	Ist nicht genetisch	Nicht genetisch	Nicht genetisch
Psst, pure Neigung	Es ist pure Neigung	Neigung	

Tati

Kodiereinheit	Paraphrase	Generalisierung	Reduktion
Ich denke, dass doch em, bestimmte Leute da sind, die beim anderen Geschlecht kein Verständnis eh finden,	Einige finden beim anderen Geschlecht kein Verständnis	Heterosexuelle Enttäuschung	Homosexualität ist Ersatz aus heterosexueller Enttäuschung und Unfähigkeit
sich zum Beispiel mit eh diesen so Vertreter des anderen Gespräch- eh Geschlechtes nicht richtig umgehen können	Einige können mit Vertretern des anderen Geschlechts nicht umgehen	Heterosexuelle Unfähigkeit	
und vielleicht sogar emotional abgelehnt werden, und dann finden sie doch Partner, also unter seinesgleichen oder ihresgleichen	Homosexuelle Partnerwahl aus heterosexueller Ablehnung heraus	Homosexueller Ersatz	Auch genetisch bedingt
Eh, wenn es funktioniert, das ist so wie eine Ersatzmöglichkeit,	Es ist eine Ersatzmöglichkeit	Ersatzmöglichkeit	

Maja

Kodiereinheit	Paraphrase	Generalisierung	Reduktion
Es gibt, Homosexuelle die, so geboren sind	Einige sind so geboren	Zum Teil angeboren	Homosexualität aus heterosexueller Enttäuschung
Homosexuelle, die so geworden sind, so zu Homosexuellen geworden sind aus, Lebenserfah- oder Lebensenttäuschung sozusagen, das auch oder, Partnerschaftsenttäuschung	Einige sind Enttäuschung so geworden	Heterosexuelle Enttäuschung	
Es gibt Menschen, die so geboren sind nach innerlichem Gefühl, so ist das irgendwie, einprogrammiert.	Einigen ist das Gefühl so einprogrammiert	Zum Teil angeboren	Genetischer Defekt
Früher habe ich gesagt dass falsche Chromosom- zusammenführung gewesen, irgendwas fehlt.	Hielt es früher für genetischen Defekt	Genetischer Defekt	

Zasa

Kodiereinheit	Paraphrase	Generalisierung	Reduktion
Als ich erfahren habe von meine Tochter, dass ihre Freundin, Klasskameradin, ist lesbisch geworden	Eine Bekannte ist lesbisch geworden	Homosexualität als Wahl	Homosexualität aus heterosexueller Enttäuschung
Und sie immer wieder gelittet, sie hatte diese Liebekummer, und dann hat sie sich einfach entschieden und sehr, sehr zielbewusst eh zu- suchte für sich eh die Frau, um diese Beziehung, lesbische Beziehung,	Bekannte hat sich aus Liebeskummer für lesbische Beziehung entschieden.	Homosexualität aus Enttäuschung	

Bella

Kodiereinheit	Paraphrase	Generalisierung	Reduktion
Kann sein, dass eh die Leute mm, wäre so, sage, Pech in der Liebe hatten, eh ich meine jetzt eh zwischen Mann und Frau	Ursächlich kann Pech in heterosexueller Liebe sein	Homosexualität aus Enttäuschung	Homosexualität aus heterosexueller Enttäuschung und Angst begünstigt
Irgendwelche Komplexe oder eem, dass die Angst hatten, mit, zum Beispiel Mann mit Frau kennen lernen.	Ursache ist Angst vor dem anderen Geschlecht	Angst vor Heterosexualität	
Ich habe darüber gelesen einige Artikel und geschaut, dass es kann genetisch sein.	Hat gelesen, dass es genetisch bedingt ist	Literatur nennt genetische Ursachen	Aus genetischen Gründen
Oder Bedingungen können das ehm provozieren	Bedingungen provozieren es	Begünstigende Bedingungen	
Bereitschaft dafür liegt irgendwo genetisch.	Genetische Bereitschaft liegt vor	Genetische Bereitschaft	
Schicksal glaub ich nicht, das ist mehr Wahl	Es ist eher Wahl als Schicksal	Wahl statt Schicksal	

Nora

Kodiereinheit	Paraphrase	Generalisierung	Reduktion
Das ist son Schicksal, das ist son, ja, wie soll ich sagen, das is Gefühl, die müssen so leben, ich denke, die können nicht anders leben.	Es ist Schicksal, weil sie nicht anders können	Sie können nicht anders	Homosexualität aus genetischen Ursachen
Und ich denke, das haben sie mitbekommen.	Sie haben das so mitbekommen	Ist angeboren	
Ich glaube nicht, dass das von der Erziehung, ich glaube nicht, dass da andere Einflüsse eine Rolle spielen.	Liegt nicht an äußeren Einflüssen	Keine äußeren Einflüsse	

Stella

Kodiereinheit	Paraphrase	Generalisierung	Reduktion
Es kann em eh genetisch sein	Kann genetisch sein	Genetische Ursachen	
Das kann also, das können Umstände sein.	Können die Umstände sein	Begünstigende Bedingungen	
Das kann em, eh, Überzeugung, kann man so sagen?	Kann Überzeugung sein	Innere Überzeugung	
Da kamen viele, ich, ich, ich habe nur einige genannt.	Gibt viele Ursachen	Multikausal bedingt	
Aber, hier, hier eher aussuchen.	Hier ist es Wahl	In Deutschland Wahl	In Deutschland Wahl
Der andere fühlt sich wohl in eh in diesem Zusammenhang. Also mit einem sexuell- also homosexuellen Menschen.	Manche fühlen sich in homosexueller Beziehung wohl.	Fühlen sich in homosexuellen Beziehungen wohl	Homosexualität ist multikausal bedingt - Genetik - Bedingungen - Wahl - Heterosexuelle Unbefriedigung
Also grob gesagt, erstens, das sind die Gene, die spielen Rolle.	Vor allem genetische Ursachen	Genetische Ursachen	
Zweitens, dass sind die Umstände, die, ich weiß nicht. Die Umstände, die ihn dazu gebracht haben.	Können auch Umstände sein	Begünstigende Bedingungen	
Zum Beispiel, dass sie sich nicht befriedigen können mit Frauen, und deswegen sucht ein Mann sucht eine andere Frau, oder ein Mann eine andere Mann.	Weil ein Mann sich nicht mit einer Frau befriedigen kann, sucht er einen anderen Mann	Heterosexuelle Unbefriedigung	
Ja. Weil, weil sie nicht die richtige Frau gefunden haben oder eh? Kann auch sein.	Sie haben nicht die richtige Frau gefunden	Nicht die richtige Frau gefunden	

Hanna

Kodiereinheit	Paraphrase	Generalisierung	Reduktion
Ich war in einem, Frauenverein für eeee lesbische Frauen. Und fast alle Frauen ee hatten Kinder, sie waren,und eh, sie waren so enttäuscht (?) nnn diese, eeeee Gemeinschaft.	Müttern begegnet, die aus Enttäuschung lesbisch wurden	Heterosexuelle Enttäuschung	Homosexualität als Ersatz für heterosexuelle Enttäuschung

Nicht zuerst genetisch bedingt |
Aber Statistik zeigt dass eh, dass Leute die geborn diese eeee Neigung sehr wenig. Ssss es gibt, es gibt e aber, ganz wenig und bein, bei Fraun ist, ist noch weniger.	Bei Frauen selten angeboren	Bei Frauen selten genetisch	
Die Fraun eeeehww sie eeeh gehen zu diese Weg wohl ganz bewusst wegen diese Enttäuschung.	Frauen entscheiden sich bewusst aus Enttäuschung	Bei Frauen Wahl aus Enttäuschung	
Frauen also sie, kkönnten nicht vvielleicht so gute Partner finden bei Mä-Männern.	Homosexuelle Frauen finden keinen guten Mann als Partner	Homosexualität als Ersatz	
Natürlich F-Frau versteht Frauen viel besser als Mann.	Frauen verstehen Frauen besser	Frauen verstehen einander besser	
Ich hab gesagt dass diese Frauen sind ganz enttäuscht innnn eeww ihr frühere Familien.	Diese Frauen sind von früheren Familien enttäuscht	Heterosexuelle Enttäuschung	
Es-es-es war nicht so, sie warn nicht geborn mit diese Wünschen aber eeeee irgendwie ist es so passiert.	Es ist nicht angeboren	Nicht genetisch	

Überindividueller Vergleich:

Nachdem diese exemplarisch dargelegten Auswertungsschritte durchgeführt worden waren, wurden die Reduktionen in ein weiteres Diagramm übertragen. Hierdurch wurde es möglich, die einzelnen Reduktionen einem überindividuellen Vergleich zu unterziehen und Muster für die gesamte Teilstichprobe herauszuarbeiten:

Ebene/ TNeS	Reduktion/ Mikro	Reduktion/ Meso	Reduktion/ Makro	Reduktion/ Kollektiv
Jana	Homosexualität ist Folge heterosex. Versagens Nicht genetisch			Homosexualität als Ausdruck gestörter Heterosexualität
Tati	Homosexualität ist Ersatz aus heterosexueller Enttäuschung und Unfähigkeit			
Maja	*Genetischer Defekt* Homosexualität aus heterosexueller Enttäuschung			
Zasa		Homosexualität aus heterosex. Enttäuschung		
Bella	*Aus genetischen Gründen* Homosexualität aus heterosexueller Enttäuschung und Angst bedingt	*Aus genetischen Gründen*		*Homosexualität ist genetisch bedingt*
Nora	*Homosexualität durch genetische Gründe*			
Stella	Multikausal bedingt: - *Genetik* (- Bedingungen) (- Wahl) - Heterosexuelle Unbefriedigung		(In Deutschland Wahl)	Homosexualität ist nicht genetisch bedingt
Hanna		Homosexualität als Ersatz für heterosexuelle Enttäuschung Nicht zuerst genetisch bedingt		

Dieses Vorgehen ermöglichte es dann, eine Rangfolge der bevorzugt auftretenden Argumentationsmuster zu erstellen, die in der Ergebnisdarstellung dann einer Beschreibung und Überprüfung am Material unterzogen werden konnten, wobei zudem eine Berücksichtigung der Kontexte erfolgte.

Anhang 3

Der Interview-Leitfaden

„Wie werden Homosexuelle im Kontext von Migration wahrgenommen?"

III. Einstieg (Warm-up)

Das Interview wird eröffnet mit der Aufforderung*:

„Zu Anfang möchte ich Sie bitten, mir möglichst spontan zu sagen, was Ihnen einfällt, wenn Sie an Homosexualität denken?"

Im Anschluss daran soll nachgefragt werden**:

„Wie geht es Ihnen, wenn Sie aufgefordert werden, (überhaupt) über Sexualität zu sprechen?"

---

*Unbeeinflusst von Reflexionen, die das folgende Gespräch unter Umständen anstößt, sollen hier assoziative Einfälle, die bereits auf un- und/oder Vorbewusste Einstellungen hinweisen, geäußert werden können. In Verbindung mit der abschließenden Frage ergibt sich hieraus auch die Möglichkeit, eventuelle Effekte des Interviews zu evaluieren.

**Mit diesem Vorgehen ist das Thema in den Mittelpunkt gerückt worden, und die Interviewpartnerin hat direkt Gelegenheit, Ihre Befindlichkeit in diesem Zusammenhang zu äußern. Dem Interviewer ist damit für das weitere Vorgehen ein wichtiger Indikator an die Hand gegeben.

Es folgt der Leitfaden mit einführenden Fragen (EF), Zusatzfragen (ZF), Stichworten (SW).

Wenn im Interviewleitfaden der Begriff „LAND" auftaucht, wird dieser im Interviewgespräch jeweils ersetzt durch die Nennung des vermeintlichen Herkunftslandes der Interviewten. „LAND" ist also nur ein Platzhalter.

IV. Interviewleitfaden

Mikro-Kontext:
individuell-subjektive Ebene, Aufforderung zur Introspektion, Reflexion innerer Prozesse

EF1
Können Sie mir etwas dazu sagen, welche Einstellung Sie zu Männern haben, die Männer lieben oder zu Frauen, die Frauen lieben (körperlich sowie emotional)?

ZF: Welche Gefühle weckt es in Ihnen, wenn Sie darüber nachdenken?

Wenn sich zwei Frauen oder zwei Männer in der Öffentlichkeit küssen, wie ist das für Sie?

Wie gehen Sie allgemein mit dem Thema Sexualität um?
SW: sexuelle Aufklärung, religiöse Sichtweise, Sex vor der Ehe, Nacktheit

Gibt es Menschen, mit denen Sie offen über Sexualität sprechen (können)?

Welche Erfahrungen haben Sie selbst in Ihrem Umfeld (Familie, Freunde, Bekannte) mit Homosexuellen gemacht?

Bitte erinnern Sie sich einmal daran, wann Sie zum ersten Mal davon hörten, dass es so etwas wie Homosexualität gibt.

Können Sie sich vorstellen, eines Ihrer Kinder wäre lesbisch oder schwul? Was wäre dann?
SW: Outing

Wie sind Ihrer Meinung nach Homosexuelle?
SW: Eigenschaften

Wie, glauben Sie, leben Homosexuelle zusammen?

Glauben Sie, dass es sich jemand aussucht, homosexuell zu sein?
SW: Schicksal, genetisch bedingt, natürlich, Krankheit? heilbar? Verbindung zu Aids?

Sollten Homosexuelle bestraft oder rechtlich gleichgestellt werden?
SW: „Homo-Ehe", Adoption von Kindern

Meso-Kontext 1:
Thematisierung der eigenen Situation als Migrantin bzw. Nachkomme von Migranten (2. oder 3. Generation); eigene Standortbestimmung im näheren sozialen Umfeld

EF2

In Deutschland wird viel über das Thema Integration gesprochen. Fühlen Sie sich integriert?

ZF: Gibt es bestimmte Erlebnisse oder Situationen, die verdeutlichen, wie gut oder weniger gut Sie sich in Deutschland integriert fühlen?

Welche Kontakte, bzw. was für einen Freundes- und Bekanntenkreis haben Sie? Eher nur Deutsche oder ... (Russen, Ukrainer, Polen etc.) oder gemischt?

Was gefällt Ihnen in Deutschland gut, was gefällt Ihnen gar nicht?

Fühlen Sie sich hier willkommen, akzeptiert, respektiert?

Würden Sie gerne irgendwo anders als in Deutschland leben? In welchem Land?

Was halten sie von der doppelten Staatsbürgerschaft? Ist diese für Sie vorstellbar?

Was meinen Sie, wer in Deutschland besser behandelt wird, die Gruppe der Homosexuellen oder die Gruppe der ... (Türken, Russen, Polen)? Wie? Warum?

Was denken Sie, wie tolerant Sie selbst sind, wie sehr Sie andere respektieren?

Meso-Kontext 2:
Konkrete Alltagserfahrungen im sozialen Umfeld in Bezug gesetzt zu übergeordneten Zusammenhängen des Makro-Kontexts

EF3

Könnten Sie mir bitte etwas von Ihrem Leben und Alltag hier in Deutschland erzählen?

ZF: Wie sieht ein typischer Tag in Ihrem Leben aus?
SW: Arbeitsplatz, Freizeit, Mitgliedschaften in Gemeinden, Vereinen etc.

Wie wichtig sind dabei
1. Herkunft?
2. Familie?
3. Glauben?

Welche Werte und Ideen sind Ihnen im Laufe Ihres Lebens besonders wichtig geworden?

Auf welche Werte und Ideen ist in Ihrer Familie (d. h. Herkunftsfamilie bzw. Eltern) besonderer Wert gelegt worden?

Was geschah, wenn Sie sich dem nicht untergeordnet haben?

Welche Rolle spielen Religion und Tradition in „LAND"?

Wie sieht es in Ihrer aktuellen eigenen Familie aus?

Wie religiös sind Sie?
SW: Einhaltung von Feiertagen; Riten, Gebete, Fastenzeiten, Abstinenz, Bedeutung von Ehe, Treue, Partnerschaft, Sexualität

Thematische Bezugnahme auf Homosexualität unter Berücksichtigung der übergeordneten Kontextebenen (Meso- und Makro-Kontext)

EF4

Ich würde gerne noch besser verstehen, welche Einstellungen zum Thema Homosexualität innerhalb Ihrer Traditionen vertreten wurden oder werden. Könnten Sie mir daher vielleicht erklären, wie Ihr Glaube oder Ihre Kultur zu diesem Thema stehen?

<u>ZF:</u> Welche Unterschiede im Umgang mit dem Thema Sexualität/Homosexualität gibt es Ihrer Meinung nach zwischen „LAND" und hier in Deutschland?

Und welchen Unterschied im Umgang mit Homosexuellen?

Wodurch, glauben Sie, ist Ihre Einstellung zu Homosexualität besonders beeinflusst worden?

Haben Sie das Gefühl, dass sich Ihre Einstellung zur Homosexualität im Laufe der Jahre verändert hat? Wodurch?

Kontexte übergreifende Nachfrage zum Thema Geschlechterrollen

EF5

Wir haben jetzt schon viel über Frauen und Männer gesprochen. Dabei geht es ja auch immer darum, welche Rolle jemand übernimmt. Genauer gesagt, würde ich gerne von ihnen wissen, was aus Ihrer Sicht typisch weiblich oder typisch männlich ist?

ZF: Wie bzw. wo werden diese Unterschiede deutlich?
SW: Äußerlichkeiten, Rollenverteilung, Rechte

Wie sah/sieht das Rollenverständnis in „LAND" aus?
SW: Äußerlichkeiten, Rollenverteilung, Rechte

Wodurch unterscheidet sich das Rollenverständnis von dem der Deutschen?

Was sind Ihre persönlichen Vorbilder?

Welche Bedeutung haben dabei Ihr/e Glauben/Herkunft?

Fühlen Sie sich als typische Frau? Sind Sie so zufrieden?
SW: Wie haben Sie sich als junges Mädchen gefühlt? Waren Sie glücklich?

Haben Sie jemals den Wunsch gehabt, ein Junge zu sein?

Inwiefern weichen Homosexuelle (Männer und Frauen) von Ihren Vorstellungen, wie Männer und Frauen sein sollten, ab?

Was ist aus Ihrer Sicht typisch homosexuell, typisch schwul, typisch lesbisch?

V. Abschluss des Interviews:

Wir haben jetzt eine ganze Weile über ein für Sie nicht ganz alltägliches Thema gesprochen. Gibt es etwas, was bisher noch nicht zur Sprache gekommen ist?

Hat sich durch unser Gespräch etwas in Ihrer Sichtweise geändert?

Können Sie mir sagen, wie es Ihnen nach unserem Gespräch jetzt geht?

Anhang 4

Soziodemographischer Fragebogen:

Chiffre-Nr.:

Angaben zu Ihrer Person:

Alter: _____ Jahre   Familienstad: _____

Staatsangehörigkeit: _____

Aufenthaltserlaubnis: ○ unbefristet ○ befristet

Doppelte Staatsbürgerschaft? ○ Ja ○ Nein

Wenn Ja, seit wann? _____   Welche zuerst? _____

Geb.-Ort: _____

Seit wann in Deutschland? _____

Wohnort: _____

Gläubig: ○ Ja ○ Nein   Welche Religion: _____

Von wem erzogen? (Wenn von beiden Elternteilen, dann Gewichtung):

_____

Wie erzogen? (Religiös, konservativ, traditionell?): _____

Bildungsweg (nur in Deutschland?):

_____

_____

Höchster Schulabschluss (in Deutschland?): _____

Beruf(e): _____

_____

Kulturell oder politisch aktiv: ○ Ja ○ Nein

Wenn ja, wie? _____

In welcher Sprache sprechen Sie:

Mit Ihren Eltern?	Mit Ihren Geschwistern?
O... polnisch/russisch O... deutsch O... beides gleich viel	O... polnisch/russisch O... deutsch O... beides gleich viel
Mit Ihren Freunden?	**Außerhalb von Familie und Freundeskreis? z. B. bei der Arbeit**
O... polnisch/russisch O... deutsch O... beides gleich viel	O... polnisch/russisch O... deutsch O... beides gleich viel

Mutter:

Alter: _____ Jahre

Staatsangehörigkeit: _____

Geb.-Ort: _____

Seit wann in Deutschland? _____

Wohnort: _____

Gläubig: O Ja O Nein   Welche Religion: _____

Bildung: _____

Beruf(e): _____

Vater:

Alter: _____ Jahre

Staatsangehörigkeit: _____

Geb.-Ort: _____

Seit wann in Deutschland? _____

Wohnort: _____

Gläubig: O Ja O Nein   Welche Religion: _____

Bildung: _____

Beruf(e): _____

Geschwister:

Alter: _____   Alter: _____

Geschlecht: _____   Geschlecht: _____

Geb.-Ort: _____   Geb.-Ort: _____

Staatsang.: _____   Staatsang.: _____

Wohnort: _____   Wohnort: _____

Bildung: _____   Bildung: _____

Lebenspartner (sofern vorhanden)**:**

Wenn verheiratet, Partner selbst gewählt?   ○ Ja   ○ Nein

Schon vor der Ehe zusammen gewesen/gelebt?   ○ Ja   ○ Nein

Erster Partner?   ○ Ja   ○ Nein

Staatsangehörigkeit: _____

Gläubig: ○ Ja   ○ Nein   Welche Religion: _____

Bildung: _____

Beruf(e): _____

Kinder

Alter: _____   Alter: _____

Geschlecht: _____   Geschlecht: _____

Geb.-Ort: _____   Geb.-Ort: _____

Staatsang.: _____   Staatsang.: _____

Wohnort: _____   Wohnort: _____

Bildung: _____   Bildung: _____

Anhang 5

Merkblatt für die Co-Rater

Homosexualität:
Alle Aussagen Homosexualität betreffend, z. B. Einstellungen, Kontakterfahrungen, wie Homosexuelle im Herkunftsland behandelt wurden, Geschlechterrollen, welchen Stellenwert die Religion beim Thema hat.

Sexualität:
Alle Aussagen zum Thema Sexualität (nicht Homosexualität), z. B. eigene Aufklärung, Umgang mit dem Thema (auch in der Familie), Situation im Herkunftsland.

Geschlechterrollen:
Alle Aussagen zu Geschlechterrollen, z. B. Stereotypien, wie etwas sein sollte, wie sie traditionell aussahen.

Religion:
Alle Aussagen Religion betreffend, z. B. Religionsunterricht, wie gläubig die Person ist, Kirchgang, Religion im Heimatland.

Tradition:
Alles dazu, in welchen Traditionen die Person aufgewachsen ist, welche Werte wichtig waren, welche Werte wichtig wurden, wie sich die Person in dieser Hinsicht selbst sieht, welche gesellschaftlichen Rahmenbedingungen gegeben waren.

Integration/Diskriminierung:
Alles, was auf Integrationsschritte hinweist, z. B. Spracherwerb, Staatsbürgerschaft, Kontakte sowohl zu Angehörigen des Herkunftslandes, aber auch zu Deutschen. Außerdem Diskriminierungserfahrungen; wie wurden diese erlebt, welche Haltung besteht dazu?

Bei Überschneidungen einzelner Themenkomplexe kann auch doppelt markiert werden, z. B.:

„In Polen hat man offiziell die Gleichheit immer stark betont. (I: Jaa) Also_ e da_ war die Frau soweit gleich, dass die auch schwere Arbeit – ausrichten – durfte (I: Mm) ne? Zum Beispiel – früher m- bei Gruben vielleicht nicht so, aber - wirklich in-in der Produktion, ne? (I: Mm) Dann man die Frau so weit gleich gestellt hat, dass die wieder_ zu ihrem Nachteil praktisch funktionieren musste.

Aus unserem Verlagsprogramm:

Daniela Ruhs
Duale Identität
*Konsequenzen und Antezedenzien
im Kontext gesellschaftlicher Partizipation*
Hamburg 2009 / 216 Seiten / ISBN 978-3-8300-4134-4

Jeannine Ohlert
Teamleistung
Social Loafing in der Vorbereitung auf eine Gruppenaufgabe
Hamburg 2009 / 324 Seiten / ISBN 978-3-8300-4001-9

Iva Slavova
Selbstdarstellung und Fremdwahrnehmung
Motive im Kontext unterschiedlicher Kulturen
Hamburg 2008 / 444 Seiten / ISBN 978-3-8300-3831-3

Anne Moog
Das Bild des Beamten in der Öffentlichkeit
*Das Wirksamwerden von Beamtenstereotypen
aus individualpsychologischer Sicht*
Hamburg 2008 / 216 Seiten / ISBN 978-3-8300-3297-7

Ramona Schürmann
**Motivausprägung, Leistungsverhalten und Selbstwert
in Abhängigkeit von der Art der Selbstkonstruktion**
Hamburg 2007 / 268 Seiten / ISBN 978-3-8300-3329-5

Theo Schülken
Commitment der Hilfeleistung
*Eine integrative Modelltestung der Antezedenzien und Konsequenzen des
Commitments beruflicher und ehrenamtlicher Helfer in Organisationen*
Hamburg 2007 / 490 Seiten / ISBN 978-3-8300-3304-2

VERLAG DR. KOVAČ
FACHVERLAG FÜR WISSENSCHAFTLICHE LITERATUR

Postfach 57 01 42 · 22770 Hamburg · www.verlagdrkovac.de · info@verlagdrkovac.de